ESQUISSE
DE
LA PHÉNOMÉNOLOGIE CONSTITUTIVE

BIBLIOTHÈQUE DES TEXTES PHILOSOPHIQUES

Fondateur : Henri GOUHIER — Directeur : Jean-François COURTINE

A. GURWITSCH

ESQUISSE DE LA PHÉNOMÉNOLOGIE CONSTITUTIVE

édité par

José HUERTAS-JOURDA

avec une introduction de

Lester EMBREE

Cet ouvrage est publié avec l'aide des exécuteurs littéraires du fonds Gurwitsch, représentés par Madame Alice Gurwitsch, la veuve du Philosophe

PARIS

LIBRAIRIE PHILOSOPHIQUE J. VRIN

6, Place de la Sorbonne, V^e^

2002

Imprimé en France

ISSN 0249-7972

ISBN 2-7116-1550-2

PRÉFACE DE L'ÉDITEUR

> Je ne cherche pas de parallèles à n'importe quel prix, et je sais que les concordances dogmatiques ne prouvent elles-mêmes rien du tout. Mais la part de mon *ego* mondain séculier – (c'est le seul que je possède) – qui a appris ses leçons de Leibniz est à chaque fois heureux de découvrir que tout honnête et sincère labeur philosophique a sa valeur et sa place légitime, bien qu'il ne soit pas facile de découvrir cela dans sa rivalité avec d'autres positions.
>
> A. Gurwitsch,
> Lettre à A. Schütz, 19/XII/1940[1].

> Cher ami Gurwitsch,
> Êtes-vous toujours assez optimiste pour croire que la phénoménologie se sauvera des ruines de ce monde – comme *philosophia aëre perennius ?*
>
> A. Schütz,
> Lettre à A. Gurwitsch, 26/IV/1941[2].

Le texte que nous avons l'honneur de présenter ici relève plus de l'archéologie intellectuelle que de notre actualité. Il est resté gisant pendant plus de cinquante ans, enseveli dans un presque oubli sous les décombres d'une Europe qui disparut peu de temps après que les conférences dont il préserve et l'esprit et la lettre furent prononcées.

S'il était besoin de prouver que l'écriture préserve la parole jusque dans son geste, ce texte en constituerait une preuve éclatante. En effet, le temps et les événements qui nous séparent du moment où cette parole « fut agie » sont devenus pour nous l'ambre dans lequel elle est prise en plein essor,

1. In *Philosophers in Exile*, the correspondence of Alfred Schütz and Aron Gurwitsch, 1939-1959, Richard Grathoff (éd.), traduit par J.-C. Evans, Indiana U. Press, Indianapolis, 1989, p. 31.

2. *Ibid.*, p. 37.

pour ainsi dire. Par cet ambre la patine et l'usure provenant du « jour le jour » de la rétention intellectuelle ont été évitées.

Au lieu de retrouver un texte récent qui vieillit avec nous, nous nous trouvons devant un texte qui, tout en datant d'avant-hier, est resté quand même tout neuf pour nous : le décalage de date fait œuvre de mise entre parenthèses puisqu'il suspend envers ce texte le jouet de nos controverses et de nos intentions, nous permettant ainsi de l'approcher dans son sens et dans son intention propres.

Pour mieux ce faire, il ne sera pas superflu de nous placer brièvement dans les perspectives dans lesquelles il fut écrit; car A. Gurwitsch eut à cœur de dialoguer avec ses hôtes tout en les conviant à se joindre à lui dans la tâche de « faire avancer les problèmes » (selon sa propre expression). Par delà les frontières et les ans, il apportait une méthode et une discipline qui répondaient au vœu de J. Lachelier :

> C'est donc dans la pensée et dans son rapport avec les phénomènes que nous devons maintenant chercher le fondement de l'induction (…)[1]

La fortune de cet apport est d'autant plus remarquable qu'elle se manifeste plus par ses effets distants que par la constatation des historiens. Bien que Merleau-Ponty se réfère scrupuleusement à lui comme l'une de ses sources[2], on cherche en vain le nom de A. Gurwitsch parmi les sources du « Husserl qui inspire Merleau-Ponty et nourrit l'existentialisme » dans le compte-rendu de Y. Belaval[3]. Par ailleurs, ce silence est rompu par Jean-François Lyotard dans son bilan de la phénoménologie pour la collection « Que sais-je ? »[4]; mais c'est au Gurwitsch des années cinquante qu'il se réfère, celui dont témoigne notre *Appendice* VI.

Curieusement, lorsqu'il affirme : « les psychologues de la forme sont des disciples de Husserl »[5], Lyotard ne fait aucune mention du Gurwitsch des années trente dont la création de la « phénoménologie *gestaltiste* »

1. J. Lachelier, *Œuvres*, t. I, Paris, Librairie Félix Alcan, 1933, « Du Fondement de l'Induction [1872] », p. 45.

2. Merleau-Ponty, *Phénoménologie de la Perception*, Paris, Gallimard, p. 440 n. 2 et p. 523, mentionnant l'article que nous donnons en Appendice, cf. *Appendice* I.

3. Yvon Belaval, « La Philosophie de Langue Française depuis la seconde guerre mondiale », *Histoire de la Philosophie*, (Encyclopédie de la Pléïade), t. III, du XIXe siècle à nos jours, volume publié sous la direction de Y. Belaval, Paris, N.R.F., Gallimard, 1974, p. 1052-1053.

4. J.-F. Lyotard, *La Phénoménologie*, Collection « Que sais-je ? », Paris, P.U.F., 1961, p. 41 ; nous citons : « Par conséquent pour vérifier un jugement, c'est-à-dire pour en dégager le sens de vérité, il faut procéder à une analyse régressive aboutissant à une "expérience" pré-catégoriale (anté-prédicative), laquelle constitue une présupposition fondamentale de la logique en général (Aron Gurwitsch) ».

5. *Id., ibid.*, p. 56.

(selon le mot heureux de L. Embree) est la conséquence la plus riche du dialogue que nous avons mentionné plus haut. Dialogue où Gurwitsch prend pour interlocuteurs, Bergson, M. Pradines, Paul Guillaume, Jean Piaget, et L. Lévy-Bruhl, tous hommes dont les travaux contribueront à cette « Transformation de la Philosophie Française » dont parle Émile Bréhier [1] et dont Gaëtan Picon confirmera l'importance lorsque, faisant son *Panorama des Idées Contemporaines,* il les citera entre autres pour mieux décrire « L'Homme de la Nouvelle Psychologie » [2] dans lequel nous sommes tentés de voir l'ombre extrême du passage de Gurwitsch à Paris. Mais il est grand temps que nous nous tournions vers le legs concret de ce passage.

Ce qui nous frappe le plus dès l'abord, c'est l'empirisme scrupuleux par lequel A. Gurwitsch nous convie à juger par et pour nous-mêmes de ce qu'il avance. C'est à notre autonomie dans son intégrité que s'adresse le professeur Gurwitsch, nous conviant ainsi à retrouver dans son ampleur la vaste émancipation cartésienne qui reste la fleur la plus éclatante de la philosophie d'expression française. De plus, à cet esprit largement tolérant et respectueux de l'autre par lequel l'autre, érigé en *alter ego,* est investi de la robe du juge, tout en étant, en même temps, invité à devenir partenaire et collaborateur à part égale, le professeur Gurwitsch joint et préserve pour nous l'esprit, très dix-huitième siècle, du vaste œcuménisme à envergure européenne de son érudition, grâce auquel l'âme d'une Europe que l'on s'acharna à détruire dans sa chair avant de s'essayer à en déconstruire l'esprit nous parle encore dans tout son élan collectif.

Précieux pour les raisons que nous venons d'ébaucher, le texte que nous présentons mérite d'autant plus la comparaison que nous avons faite à des restes archéologiques qu'il ne nous en parvient qu'un fragment. Le professeur Embree, ancien élève de A. Gurwitsch à la *New School for Social Research,* nous en décrit l'odyssée dans son introduction. Bien que fragmentaire, notre texte forme un tout auquel nous avons adjoint, sur les conseils du Professeur Embree (qu'il trouve ici l'expression de nos remerciements les plus chaleureux !) plusieurs articles datant de la même époque

1. É. Bréhier, *Transformation de la Philosophie Française*, Paris, Flammarion, 1950, cf. chap. VI, « La Crise des Principes », p. 87 *sq*.

2. Gaëtan Picon, directeur de l'édition, *Panorama des Idées Contemporaines,* 36e édition, Paris, Gallimard, 1957, voir Paul Guillaume p. 116 *sq.*, Jean Piaget 157 *sq.* et Kurt Goldstein 177 *sq.* Le même silence et les mêmes noms, avec en plus ceux de Maurice Pradines, de J.-P. Sartre, et de Merleau-Ponty, sont visibles dans la bibliographie que Michel Foucault donne à son article « La Découverte du Sens » pour *l'Histoire de la Philosophie Européenne*, t. II, « Tableau de la Philosophie contemporaine (de 1850 à 1957) », chap. XI, « Les Sciences », sect. 3, « La Psychologie », éd. A. Weber et D. Huisman, Paris, Éditions Fischbacher, 1957, p. 595-606.

et dont l'ensemble permettra au lecteur de se faire une bonne idée de la contribution d'Aron Gurwitsch à la vie intellectuelle française de l'entre-deux guerres. En général, les textes annexes furent publiés par A. Gurwitsch à cette époque et peuvent donc être considérés comme ayant été approuvés tels quels par Gurwitsch lui-même. Pour ce qui est de notre texte principal, l'*Esquisse*, il nous parvient sous la forme de deux cent trente-trois pages dactylographiées, format dit légal (21,25 cm x 35 cm), numérotées au haut et au milieu de la page, consécutivement, excepté pour une erreur que nous signalons plus loin en ses lieu et place. Ces pages ne portent presque aucune retouche manuscrite. Texte établi sur une xérocopie de la dactylographie originale (B17 du fonds Gurwitsch du *Simon Silverman Phenomenology Center* de l'Université Duquesne, Pittsburgh, PA, USA), par José Huertas-Jourda.

Dans l'ensemble, le français du professeur Gurwitsch, peut-être grâce à l'aide dont il remercie Mlle Monique Lipmann, nous paraissant très sûr, nous nous sommes borné à de rares retouches silencieuses (un "en" pour un "dans", un "parmi" pour un "entre", ou bien l'inévitable faute de frappe ou d'inattention).

Dans ses notes, l'auteur prévoit et souvent fournit des renvois à son propre texte. Lorsqu'ils avaient été seulement prévus, nous les avons laissés en blanc (le plus souvent sans bénéfice de note textuelle), afin que le lecteur soit à même de consulter le renvoi selon son gré.

Les Appendices publiés du vivant du professeur Gurwitsch nous ont parus ne requérir qu'un apparat critique aussi restreint que celui que nous avons donné à l'*Esquisse*, en nous guidant sur le principe d'intervention minimale. Quant aux autres, qui sont des conférences contemporaines de l'*Esquisse*, nous nous sommes soumis le plus possible aux conseils du professeur Embree qui nous a suggéré de les présenter presque tels quels.

Nous sommes heureux de trouver ici l'occasion de lui réitérer l'expression de nos remerciements les plus chaleureux. Outre cette aide bénévole et ces conseils, ce travail a bénéficié de bien des bonnes volontés que nous tenons à reconnaître ici en toute gratitude. Nous sommes heureux de trouver ici l'occasion d'exprimer notre vive reconnaissance envers le Doyen B. McPherson, directeur du Bureau des Recherches de l'Université Wilfrid Laurier, pour l'octroi, non seulement du congé sabbatique, mais aussi de la Bourse de préparation d'un livre dont le présent travail a bénéficié.

Pour leur aide précieuse, nous nous devons de remercier aussi Mme Elsie Grogan et ses services dactylographiques, ainsi que Mme Arleen Greenwood dont la science de l'ordinateur a plus d'une fois sauvegardé notre projet contre notre propre ineptie. De plus, il sied que nous reconnaissions ici le précieux « coup de main » collégial donné par le Département de Philosophie de l'Université d'Ottawa sur l'initiative de son directeur, le professeur Hilliard Aronovitch, pour l'informatisation des six appendices ; que Mmes Darquise Patry, et Julie-Andrée Bellemare reçoivent ici nos remerciements les plus chaleureux pour leur contribution. Finalement, mais non moins chaleureusement, nous sommes tenu de reconnaître ici l'aide précieuse si bénévolement donnée par Mme Alice Furst dans la correction des épreuves, ainsi que les non moins précieux conseils de nos collègues, les professeurs Thierry Belleguic et David Sehl. Toutefois, c'est au travail éditorial minutieux du professeur Danièle Letocha, aidée de M. Varus Sosoe et de Mme Sarah Marquardt que nos remerciement les plus vifs sont dus.

Il va sans dire que nous sommes seul responsable de l'usage que nous avons fait de tant d'aide bénévole et de l'état final du présent travail. De plus, nous tenons à exprimer ici notre vive reconnaissance pour la chaleureuse sollicitude avec laquelle les professeurs David Carr et Théodore Geraets de l'Université d'Ottawa, ont bien voulu soutenir ce projet.

José Huertas-Jourda

INTRODUCTION

LA PÉRIODE PARISIENNE D'ARON GURWITSCH

De 1933 à 1940, Aron Gurwitsch vit à Paris où il enseigne et fait ses recherches. Les sources orales, tant publiées qu'inédites, confirment ce qu'il dit lui-même, que ce furent « les années les plus heureuses et les plus productrices de sa vie » et qu'il « prit conscience de lui-même en France » [1]. La présente étude tente de montrer comment les vues de Gurwitsch se révèlent dans toute leur ampleur et culminent dans l'*Esquisse de la Phénoménologie Constitutive.* On trouve dans ce qui suit, d'une part les informations biographiques, bibliographiques et historiques, d'autre part l'exposition de théories et de méthodes. Fréquemment, nous laisserons l'auteur s'exprimer lui-même.

1. Lester Embree, « Sketch of Aron Gurwitsch », *Life-world and Consciousness : Essays for Aron Gurwitsch*, Evanston, III, Northwestern University Press, 1972, p. XXVIII. Cette source provient d'entretiens avec l'intéressé, qui a revu le manuscrit. Dans ce qui suit, nous y référerons sous le nom de « Sketch ». Notre principale source orale est Mme Alice Gurwitsch. Nous avons aussi recueilli, avec reconnaissance, les souvenirs de communications reçues de Gurwitsch par Walter Biemel, James Edie, Gerhard Funke, Fred Kersten, Jorge García-Gómez, et Richard Zaner. Le fonds littéraire Gurwitsch est déposé au *Simon Silverman Phenomenological Center,* Duquesne University, et des copies se trouvent aussi à l'*Archiv der Sozialwissenschaften,* Konstanz Universität, et au *Center for Advanced Research in Phenomenology,* University of Memphis. Quelques lettres sont maintenant aux Archives Husserl de Louvain, ainsi qu'aux dites archives. L'auteur tient à remercier le Dr. Alexandre Métraux, le Professeur Marina Paola Banchetti, le Professeur Wendy O'Brien, et M. Samuel J. Julian.

PREMIÈRE PARTIE : AVANT PARIS

Aron Gurwitsch naît le 17 janvier 1901 à Vilnius en Lithuanie, qui faisait alors partie de l'Empire Russe. Les deux branches de sa famille comprennent des rabbins érudits. Son père, Meyer, est propriétaire de forêts en Ukraine et exporte du bois de charpente en Allemagne. La Grande Guerre et la Révolution Russe détruisent sa fortune et rendent la famille apatride. Alexandre, le frère d'Aron, va étudier à Paris avant la Révolution Russe et plus tard, en Amérique, où il prépare des rapports économiques pour l'administration du Président Roosevelt. Leur mère meurt à Auschwitz.

Après les pogromes de 1905-06, la famille déménage à Dantzig, alors partie de l'Allemagne. Ici, le jeune Aron commence douze années de Lycée classique, étudiant les mathématiques et l'histoire, ainsi que l'Anglais, l'Allemand, le Français, le Grec et le Latin. Peu de temps avant la guerre, il prévoit avec son père de s'établir comme chercheur indépendant, sur les bords d'un lac en Suisse. Outre les circonstances, son plan survécut à toute l'adversité qui survint alors. Gurwitsch écrit, à propos de ses études après le Lycée de Dantzig :

> De 1919 à 1928, j'étudiais aux universités de Berlin, de Francfort, et de Göttingen. Mes études se concentrèrent en philosophie, psychologie incluse, mathématique et physique. Très tôt, je pris contact avec la phénoménologie de Husserl, qui depuis resta au centre de mes intérêts. En 1928 à Göttingen, j'ai passé *summa cum laude* l'examen du doctorat. Le sujet de ma thèse en philosophie portait sur les relations entre la phénoménologie et la théorie de la forme *[Gestalt]*. Les deux autres disciplines dans lesquelles je fus examiné étaient les mathématiques et la physique [1].

Cette déclaration peut être corroborée par d'autres sources. À Berlin, à partir de 1919, le jeune homme de dix-huit ans trouve toutes les disciplines intéressantes et prend jusqu'à huit classes par jour, le maximum permis. Il est bientôt admis, fortuitement, à un séminaire supérieur de Carl Stumpf. Après six semaines dans ce séminaire, Gurwitsch demande comment Hume peut savoir qu'une idée est plus faible qu'une impression, quand il ne peut réactiver ou préserver ni l'une ni l'autre de ces perceptions pour les comparer. Impressionné, Stumpf devient le tuteur du jeune étudiant. Il étudie les mathématiques avec Karathéodory, Schur, Schmidt et Rademacher ; la physique avec Max Planck, et la philosophie avec Riehl,

1. Aron Gurwitsch et Alfred Schütz, *Philosophers in Exile, The Correspondence of Alfred Schütz and Aron Gurwitsch, 1939-1959*, édité par Richard Grathoff et traduit par J. Claude Evans, Indiana University Press, Indianapolis et Bloomington, Indiana, 1989, p. 104. Cette œuvre sera citée par la suite sous le titre de *Correspondance*.

Erdmann, Dessoir, Hoffman et Stumpf. Il étudie aussi la psychologie avec ce dernier.

Après un compte-rendu des premiers mois du séminaire de 1921, Stumpf dit à Gurwitsch : « Ce que vous exprimez sont les mêmes problèmes que Husserl essaie d'explorer. Vous devriez aller l'écouter ». Ce que fait Gurwitsch. Plus tard, il dit à Kersten avoir assisté, à Fribourg, au cours sur *Natur und Geist*. L'impact de Husserl sur Gurwitsch est aussi décisif qu'il se peut. En plus de la déclaration de 1948, citée plus haut, selon laquelle la phénoménologie reste au centre de ses intérêts depuis son premier contact avec Husserl, nous avons aussi la déclaration suivante :

> Lorsque l'auteur eut son premier contact avec la philosophie de Husserl, il y a quelque quarante ans, il fut bouleversé par son esprit d'intégrité intransigeante et de responsabilité philosophique radicale, par la dévotion totale qui faisait que l'homme disparaissait derrière son œuvre. Bientôt, le jeune débutant commença à se rendre compte de la fécondité de ce que Husserl avait déjà accompli, et inauguré la promesse d'un travail encore plus fructueux. (...) C'était le style du travail philosophique de Husserl, son travail analytique assidu sur des problèmes et des phénomènes concrets, plutôt que l'ouverture de vastes perspectives, qui poussèrent le jeune étudiant à se décider à vouer sa vie et son travail à la continuation et à l'expansion de la phénoménologie de Husserl – en un mot, à rester pour toujours un disciple, fidèle à l'esprit et à l'orientation générale de Husserl, mais prêt aussi à se distancer de théories particulières si la nature des problème et la logique des situations théoriques le requéraient[1].

Ensuite, Stumpf envoie Gurwitsch à Francfort pour travailler sur le problème de l'abstraction avec Kurt Goldstein et Adhémar Gelb, qui dirigent un Institut spécialisé où sont étudiées les effets psychologiques causés par des traumatismes cérébraux chez des vétérans de la Grande Guerre. Il nous paraît plus opportun de discuter plus tard, en référence à son enseignement à la Sorbonne, ce que Gurwitsch apprend concernant les blessures du cerveau. Mais il convient de dire ici qu'il a toujours vu en Goldstein, qu'il rencontre à nouveau aux États Unis, un grand et unique savant. Son intérêt constant pour la théorie de la forme lui vient surtout du collaborateur de Goldstein, Adhémar Gelb. « Au cours d'une des leçons de Gelb, Gurwitsch vint à penser que l'abandon de « l'hypothèse de la constance » « équivalait à une réduction phénoménologique naissante et partielle » (« Sketch », p. XIX). L'élément *gestaltiste* joue un rôle si

1. Aron Gurwitsch, *Studies in Phenomenology and Psychology*, Evanston, III, Northwestern University Press, 1966, p. XV. Cette œuvre sera citée par la suite sous le nom de *Studies*.

important dans sa pensée que l'on peut parler de « phénoménologie *gestaltiste* ».

Gurwitsch rédige alors sa dissertation doctorale : « Phänomenologie der Thematik und des reinen Ich. Studien über Beziehungen von Gestalttheorie und Phänomenologie »[1]. Le *Gestaltiste* Paul Guillaume en a donné l'analyse suivante :

> G. n'a pas de peine à montrer la supériorité de la description phénoménologique dans la théorie de la forme sur celle de l'ancienne conception atomiste. Pour celle-ci le problème – mal posé – était d'expliquer la formation d'organisations plastiques à partir d'éléments constitués par les sensations, supposées fonctions invariables des excitations physiques. Pour la théorie de la forme, où les formes sont des faits premiers, le problème mieux posé ne disparaît pas : il s'agit de savoir comment la pensée arrive à constituer, en dépit de la relativité inhérente à ces phénomènes, des objets de connaissance identiques. Tout thème ou objet de pensée possède un champ thématique sur lequel il se détache comme une figure sur un fond. Dans ce champ, il faut distinguer des objets plus ou moins "proches" ou plus ou moins éloignés du thème. Enfin, ce champ lui-même, avec lequel le thème est en relation plus ou moins immédiate, est limité par un horizon de phénomènes quasi-indépendants. Ceci s'applique aux objets de la méditation comme à ceux de la perception. Si je songe à la théorie cartésienne de l'union de l'âme et du corps, l'environnement immédiat est formé par le reste de la philosophie de Descartes, mais l'horizon lointain est formé par des perceptions actuelles d'objets ou des complexes affectifs accidentels sans lien logique avec le thème. Chercher comment s'opère une modification de thème, c'est poser le problème de l'attention. Plusieurs sortes de modifications de l'attention sont étudiées : extension et éclaircissement du champ ; modification du champ n'affectant pas le thème ; changement de la qualité du thème lui-même (dans la même sphère de pensée) ; enfin remaniement intérieur du thème lui-même. Ces changements ne s'expliquent pas si on compare l'attention à une lumière projetée sur l'objet. Elle est déjà une modification de l'objet. Il faut abandonner la distinction de Husserl entre la matière et la forme de la pensée : cette distinction logique, comme celle de Kant, n'a pas de valeur descriptive. En réalité, il n'y a pas de matière sans forme ou bien antérieure à la forme, pas d'éléments antérieurs aux synthèses[2].

Dans sa dissertation, Gurwitsch se trouve sur deux points connexes en désaccord avec Husserl. Premièrement, parce que les deux composantes supposées ne peuvent être discernées réflexivement dans les objets tels

1. In *Psychologische Forschung*, vol. 12 (1929), tr. angl. in *Studies*.
2. *L'Année Psychologique*, vol. 30 (1931), p. 225.

qu'ils se présentent eux-mêmes, Gurwitsch s'oppose à la thèse selon laquelle les données hylétiques sont formées noétiquement dans la perception sensible. Il croit que de telles données sensibles sont posées en raison de l'hypothèse de la constance, selon laquelle il doit y avoir des données sensibles correspondant une à une aux stimuli physiques. Cette hypothèse n'est ni évidente, ni démontrable expérimentalement, puisque pré-supposée par toute expérience cherchant à la prouver. Deuxièmement, Gurwitsch suit William James en niant qu'il existe un Moi pur, qu'il considère aussi comme facteur phénoménologiquement inobservable et posé non-phénoménologiquement afin d'expliquer la structure évidente et la re-structuration des objets sensibles :

> Sur ce point, nous retournons à la position initiale de Husserl qui contraste avec sa position plus tardive, telle qu'elle s'est spécialement développée dans les *Ideen*. Dans la première édition des *Logische Untersuchungen*, ses polémiques contre Natorp et l'*ego* kantien de la "pure aperception" semblent nous convaincre car elles correspondent plus adéquatement aux découvertes phénoménologiques que les descriptions des *Ideen*, où chaque acte est présenté comme un acte de l'*ego*, et chaque particularité-de-l'acte comme un mode particulier avec lequel l'*ego* est actif dans ses performances vivantes. (…) Dans l'analyse de la conscience thématique, nous n'avons pas rencontré un moment descriptivement vérifiable de l'*ego* en tant qu'engagé dans chaque acte de la forme *cogito,* pour ne pas dire de l'*ego* en tant que "source primitive de générations" d'où rayonne chaque acte[1].

Pour la phénoménologie *gestaltiste* de Gurwitsch, les objets sensibles se présentent concrètement eux-mêmes comme étant toujours déjà intrinsèquement structurés (comme la musique), et leurs parties abstraites (telles la mélodie et les notes) ne sont que cela, abstraites, et n'ont aucun besoin d'un organisateur.

En 1928, Goldstein invite Gurwitsch à une conférence à Davos, en tant que correspondant auprès des Français. C'est l'occasion du célèbre débat sur Kant entre Heidegger et Cassirer. Gurwitsch y entend aussi Piaget et

1. *Studies*, p. 215, 217. L'objection aux données hylétiques est présentée d'une façon plus développée dans la section de la *Théorie du Champ de la Conscience*, tr. Michel Butor, Bruges et Paris, Desclée de Brouwer, 1957, intitulée « Le dualisme dans la théorie husserlienne de la perception », ainsi qu'en plusieurs endroits de l'*Esquisse*. Cf. Aron Gurwitsch, « Commentary on the "Phenomenology and Physics" of Henry Margenau », *in* Lee Hardy et L. Embree, (éd.), *Phenomenology of Natural Science*, Dordrecht, Kluwer Academic Publishers, 1992, où Gurwitsch jette une lumière nouvelle sur la manière dont les sensations pourraient encore être abstraitement discernées dans les objets. L'objection au Moi pur ne fut pas examinée à nouveau longuement, avant le séjour de Gurwitsch aux États-Unis.

rencontre Nikolai Hartmann (qui appuiera plus tard sa demande de bourse en tant qu'assistant à Berlin), Lévy-Bruhl, et d'autres.

Après avoir soutenu sa dissertation, Gurwitsch devient l'assistant de Moritz Geiger, à Göttingen, pendant le semestre d'hiver 1928-29. On sait peu de choses sur cette brève période. Gurwitsch fut très frappé par les conférences de David Hilbert, et la majorité de ses efforts semble s'être dirigée vers les mathématiques et la physique. (Pendant la Deuxième Guerre Mondiale, Gurwitsch enseigne la physique à Harvard et publie même en cette discipline)[1]. Il se trouve dans le fonds Gurwitsch un texte (A3) intitulé « Über die Komplexheit der I-Axiome, von A. Gurwitsch, Göttingen », avec des notes en marge écrites par Geiger. Les « Ontologische Bemerkungen zur Axiomatik der Euklidischen Geometrie : Im Anschluß an M. Geigers "Systematische Axiomatik der Euklidischen Geometrie" » auraient aussi été écrites à Göttingen[2], de même que sa demande de bourse d'assistant à Berlin. En 1932, Geiger appuie aussi sa demande pour une bourse Rockefeller. Pendant l'hiver 1929-30, Gurwitsch est invité à revenir à Göttingen et à présenter devant le chapitre de Göttingen de la *Kantgesellschaft* un exposé sur « Existenz und Erkenntnis » (fonds A4).

En avril 1929, Aron Gurwitsch et Alice Stern se marient, après le retour de celle-ci de Palestine, où elle participa au mouvement kibboutz, en une période de grandes idées et de grands espoirs. Ils se connaissent depuis 1927. Au printemps 1929, ils emménagent à Berlin où Gurwitsch écrit sa thèse d'habilitation, *Die mitmenschlichen Begegnungen in der Milieuwelt*[3].

L'une des vertus principales de l'*Esquisse* est de montrer la place des *Geisteswissenschaften* dans la philosophie de Gurwitsch. Ses derniers articles montrent clairement que cette place existe. Sa thèse d'habilitation peut être considérée comme une contribution à la philosophie de la psychologie sociale et de la sociologie, et montre qu'il en était ainsi avant la période parisienne. La diversité des lectures de Gurwitsch dans des champs correspondants peut être appréciée à partir de la liste de ses références et de ses publications à cette période[4].

1. Aron Gurwitsch, « Algebraic discussion of lenses », *American Journal of Physics*, t. XIV (1946), p. 49-50.

2. *Philosophische Anzeiger*, vol. 4 (1930).

3. Publication posthume dans une édition préparée par Alexandre Métraux pour les éditions Walter de Gruyter, Berlin et New York, 1977. La traduction anglaise de Fred Kersten, *Human Encounters in the Social World*, Duquesne University Press, 1979, sera citée par la suite sous le nom *Human Encounters*.

4. Cf. Aron Gurwitsch, « Hermann Cohen und der jüdische Zeitgeist », *Frankfurter Israelitisches Gemeindeblatt*, May 1930 ; « Critical Study of Fritz Kaufmann », *Die Philosophie des Grafen Yorck von Wartenburg, Zeitschrift für Aesthetik und allgemeine Kunstwissenschaft* (1931) ; « Zur Bedeutung der Praedestinationslehre für die Ausbildung des

Son travail en histoire de la philosophie n'est pas sans relation à cette thèse. Des indications attestant l'étude de nombreux ouvrages se trouvent dans le fonds. Plus particulièrement, son intérêt pour l'épistémologie et la métaphysique (et non pour l'esthétique, l'éthique, ou la politique) du début de la période moderne, incluant la tradition rationaliste continentale, et la tradition empiriste britannique, comme le montre le chapitre III, § 1, de l'*Esquisse*. L'ouvrage de Cassirer : *Das Erkenntnisproblem in der Philosophie und Wissenschaft der neuren Zeit*, de 1911, a toujours été une source pour lui, et beaucoup plus tard, il suggère aussi que « ce put très bien être une des sources majeures d'informations de Husserl » [1]. Descartes est sans cesse discuté. L'étude de Salomon Maïmon a une dimension personnelle : « Je me suis intéressé à [Maïmon] pendant des années, comme philosophe et comme phénomène : le premier d'entre nous et notre prototype, nous qui avons cherché le chemin qui mène du ghetto à l'Ouest et qui, chacun à notre manière, l'avons trouvé » (*Correspondance,* p. 63, cf. p. 163). En Amérique, quelques dizaines d'années plus tard, il écrit des livres sur Leibniz et sur Kant[2]. Sa tendance à approcher historiquement la science date aussi probablement de ses années à Berlin.

Ernst Cassirer a toujours été une personnalité de grand intérêt pour Gurwitsch. Bien qu'il l'ait entendu à Davos et qu'il doive avoir lu la *Philosophie der symbolischen Formen* (1929), au moins en ce qui concerne la discussion des traumatismes cérébraux, il ne semble avoir fait sa connaissance personnelle qu'aux États Unis, en une période où, comme le rapporte García-Gómez, il n'est guère encouragé par la manière dont l'éminent érudit fut reçu. Outre le travail sur l'aphasie et sur l'histoire de la philosophie, Gurwitsch partage avec Cassirer une position positive, opposée à la théorie de l'esprit d'autrui basée sur l'analogie :

> Au lieu de cela, pour Cassirer, les phénomènes expressifs doivent être acceptés en tant que strate primitive qui précède la perception des choses physiques et la perception des états de choses matérielles. En démontant les phénomènes expressifs, on arrive à de pures perceptions de choses physiques et de contenus sensibles ; mais ces dérivés, grâce à quelque théorie ou autre, ne permettent jamais d'atteindre à nouveau le

kapitalistischen Geistes », *Archiv für Sozialwissenschaft und Sozialpolitik*, vol. LXVIII (1933) ; et « Critical Study of Leo Strauss, *Die Religionskritik Spinozas als Grundlage seiner Bibelwissenschaft* », *Göttingische Gelehrte Anzeigen* (1933).

1. Aron Gurwitsch, *Phenomenology and the Theory of Science*, Lester Embree, éd., Evanston, Ill, Northwestern University Press, 1974, p. 39. Cette source sera citée par la suite sous le nom de *Science*.

2. Aron Gurwitsch, *Leibniz : Philosophie des Panlogismus*, Berlin and New York, Walter de Gruyter, 1974 ; *Kants Theorie des Verstandes*, Thomas M. Seebohm, éd., Dordrecht, Kluwer Academic Publishers, 1990.

> phénomène expressif. Si l'on commence par ces dérivés – et c'est ici la critique que fait Cassirer de la position initiale –, alors le champ des phénomènes expressifs et, par conséquent, de la vie mentale d'autrui reste fermé pour toujours (*Human Encounters,* p. 31).

Le 30 décembre 1929, Husserl commence à lire la copie de la dissertation que Gurwitsch lui a fait parvenir[1]. Une série de visites à Fribourg suivront. En discutant la dissertation, Husserl dit : « Puisque vous avez bien vu aussi loin, vous arriverez à voir plus loin encore » (c'est-à-dire, en accord croissant avec lui !). En discutant les travaux de Lévy-Bruhl et de Gelb-Goldstein, Husserl dit : « Eh bien, peut-être voyez-vous plus loin que moi parce que vous êtes placé sur mes épaules ». Le plus grand compliment, cependant, ne vient qu'après une autre longue discussion : « Il y a beaucoup de philosophes ; quelqu'un doit faire la lourde tâche – c'est moi et vous » (« Sketch », p. XXI).

Dans cette période, Gurwitsch fait la connaissance des assistants de Husserl, Eugen Fink et Ludwig Landgrebe. Étant donné son projet d'habilitation, Gurwitsch aurait lu auparavant la dissertation de Landgrebe sur Dilthey. Il cite celle de Fink. Il fait aussi la connaissance de l'américain Dorion Cairns, qu'il rencontrera à nouveau en Amérique en 1940, et dont il deviendra le collègue à la *New School* pendant les années soixante[2]. Husserl l'encourage à faire un compte-rendu de *Formale und transzendentale Logik*, mais pour une raison ou une autre, Gurwitsch ne le fait pas[3].

On pourrait s'attendre à ce que Gurwitsch ne soit concerné que par la vie psychique ou la conscience humaine dite « normale ». Mais un examen plus attentif révèle qu'à Berlin il s'intéressait déjà à la conscience « non-normale » : « Les investigations des *gestaltistes*, qui ne se limitent pas aux “adultes civilisés normaux”, mais s'étendent aux animaux (Köhler), aux enfants (Koffka, K. Lewin) et aux traumatismes du cerveau (Gelb et Goldstein), dont tiennent compte les travaux de Lévy-Bruhl sur la mentalité primitive, conduisent à des problèmes significatifs pour la phénoménologie husserlienne aussi, bien qu'il ne les ait pas poursuivis »[4]. Ainsi son

1. Karl Schuhmann, *Husserl-Chronik : Denk- und Lebensweg Edmund Husserls*, Den Haag, Martinus Nijhoff, 1977, p. 355. Citée par la suite sous le nom de « *Husserl-Chronik* ».

2. Cf. Lester Embree, « The Legacy of Dorion Cairns and Aron Gurwitsch : A Letter to Future Historians », in Eugene F. Kaelin & Calvin Schragg, éds., *American Phenomenology : Origins and Developments*, Dordrecht, Kluwer Academic Publishers, 1989.

3. La philosophie de la logique de Husserl, qui inclut *Erfahrung und Urteil* aussi bien que *Formale und transzendentale Logik*, est examinée in Aron Gurwitsch, « Review of Marvin Farber, *The Foundation of Phenomenology* », *Philosophy and Phenomenological Research*, t. VI (1946), p. 439-445.

4. Aron Gurwitsch, « Rezension von Edmund Husserl, Nachwort zu meinen Ideen, zu einer reinen Phänomenologie und phänomenologischen Philosophie », *Deutsche Literaturzeitung* (28 février, 1932), tr. in *Studies*, p. 114.

intérêt pour les convergences entre la phénoménologie et d'autres tendances, si proéminent dans son travail à Paris, commence a s'étendre au-delà de la théorie de la forme, alors qu'il vit encore en Allemagne.

Les aspects politiques et économiques de la situation en Allemagne, de 1929 à 1933, ne sont pas les seuls qui déclinent. Une dizaine d'années plus tard, Gurwitsch se rappelle :

> Comment des artistes, philosophes, historiens, savants, etc., purent explicitement ou silencieusement, se conformer à la doctrine selon laquelle : (a) la nation allemande est un peuple élu – non par la volonté d'un pouvoir transcendant, ni en raison de ses hauts faits, mais en vertu de son sang et de sa race ; (b) la culture et toute vie spirituelle n'ont en propre aucune valeur intrinsèque, ni aucune signification universelle, mais sont déterminées par la race et par le sang, et doivent être considérées comme le produit et l'expression de l'âme d'une race conditionnée par le sang ; (c) ceci est valable aussi pour la science et même pour les mathématiques, de sorte qu'il y a une "mathématique allemande", à distinguer des mathématiques "française" et "juive"; (d) conformément à la supériorité du sang allemand, la civilisation allemande est incomparablement supérieure à toute autre civilisation, en sorte que chaque fois que d'authentiques hauts faits sont accomplis par d'autres nations, les auteurs, toute histoire confondue, doivent être supposés de sang allemand ; (e) il y a un "Führer", la plus haute incarnation et personnification de l'âme de la race allemande ; (f) ce dernier est le siège d'une compétence universelle et l'autorité suprême en tout champ d'activité, et il doit être obéi inconditionnellement ; (g) la foi en lui doit être substituée au raisonnement individuel, à la conviction rationnelle, voire à la religion ; et ainsi de suite ?[1].

Dans de telles conditions, les espérances de vivre à Berlin s'évanouissent pour les juifs. En 1932, Gurwitsch commence à penser à quitter l'Allemagne. Husserl y concourt fortement : « Votre destin m'affecte profondément et mes anxieuses pensées se tournent souvent vers vous. J'estime hautement votre talent et, si votre génie philosophique se maintient, un avenir significatif vous est réservé. La nouvelle voie prise par la philosophie, grâce à la découverte de la méthode et des problèmes phénoménologiques, a besoin d'un effort considérable afin d'être développée dans toute son ampleur. Ceci requiert une personnalité exceptionnelle qui puisse incorporer à sa volonté de vivre le radicalisme du questionnement

1. Dorion Cairns et Aron Gurwitsch, Lester Embree, éd., « Two Husserlians discuss Nazism : Letters between Dorion Cairns and Aron Gurwitsch in 1941 », *Husserl Studies*, vol. 8 (1991), p. 78.

philosophique et l'intégrité philosophique du travail, et tel est certainement l'esprit de la phénoménologie constitutive »[1].

La situation difficile de Gurwitsch est tranchée le 30 janvier 1933, lorsque le national-socialisme arrive au pouvoir en Allemagne. Le jury d'habilitation de Gurwitsch, selon son dire, "explose" et le nouveau ministre Nazi abroge sa bourse récemment renouvelée parce qu'il était juif, quoiqu'apatride. Gurwitsch avait lu *Mein Kampf* et chercha une position académique hors de l'Allemagne au cours de l'année précédente ; mais, puisqu'aucune personne d'influence parmi ses connaissances ne partageait son pronostic pessimiste, il ne fit aucun progrès. Le jour du boycottage des magasins et des entreprises juifs (le 1er avril 1933), Gurwitsch et sa femme quittent Berlin – sans visas, pour Paris. « Les *Lehrjahre* firent place aux *Wanderjahre* en un sens spécial » (« Sketch », p. XXII).

DEUXIÈME PARTIE : GURWITSCH À PARIS

Le *curriculum vitæ* de 1948 ne contient que trois phrases sur la période parisienne de Gurwitsch :

> À cause des événements politiques en 1933, je quittai l'Allemagne et émigrai à Paris. De l'automne 1933 au printemps 1940, j'ai été rattaché à l'*Institut d'Histoire des Sciences* de la Sorbonne, et j'y ai fait des conférences. En 1939, je fus nommé Chargé de Recherches par la Caisse Nationale de la Recherche Scientifique, un organisme de la République française, étant entendu que je devrais continuer mes conférences à l'Institut ci-haut nommé de la Sorbonne (*Correspondance,* p. 105).

Mais il existe des informations provenant d'autres sources.

On peut appréhender ce que représente le changement de l'Allemagne à la France dans la réponse de Gurwitsch à l'article de Schütz intitulé « The Stranger » :

> Selon vous, l'étranger est quiconque change son monde ambiant pour quelque raison. Certainement, [il y a] l'immigrant de style ancien qui va dans un autre pays et qui maintenant s'y oriente. Si ses affaires ne s'arrangent pas, il peut toujours s'en retourner, tout comme un citadin qui va à la campagne peut, s'il se doit, rentrer à la ville. Mais la situation de l'immigrant des dix dernières années est différente. Il n'avait pas le choix, il était confronté à sa survie, non pas seulement individuelle, mais

1. 1er octobre 1932, citée in Alexandre Métraux, « Editorial Preface », *Human Encounters*, p. X.

> nationale. Si déjà le réfugié [1] en général ne peut être inclus sous le concept formel d'étranger, comme il me semble, alors cela est d'autant plus clair dans le cas du réfugié d'aujourd'hui qui, en un sens, quitte le monde, et a en un autre sens un passé de trois milles ans. Et ainsi il apparaît tout aussi énigmatique et paradoxal à son nouvel environnement…
> L'étranger devient encore plus compliqué si nous tenons compte du fait que cet immigrant involontaire (par conséquent, réfugié) parfois non seulement provient en fait d'un monde historique spécifique, mais est encore intensément conscient de la constellation historique à laquelle il appartient. De plus, nous n'avons pas rompu avec ce monde propre; tout au contraire, il a été brisé. Si nous avons apporté quoi que ce soit avec nous, alors ce sont précisément les forces historiques qui ont fait de nous ce que nous sommes. Nous ne voulions pas rompre avec notre passé, nous ne voulions pas quitter le monde au sein duquel nous avons été élevés. (…) – Et ainsi, nous nous trouvons dans de nouvelles circonstances, et nous découvrons bientôt que nous sommes sur une autre planète (*Correspondance*, p. 70).

Cette description renvoie principalement à l'expérience des réfugiés juifs allemands pendant les années trente. Dans le Paris de 1933, la Grande Dépression est déjà bien commencée. Les Gurwitsch ont un appartement Square de Port-Royal, Alice trouve des emplois pour gagner un peu plus d'argent, et sa mère peut venir vivre avec eux. En France, le monde scientifique et intellectuel est fortement centralisé à Paris, et relativement restreint, en sorte que, bien que n'ayant fait connaissance que de Lucien Lévy-Bruhl et Alexandre Koyré, Gurwitsch en vient à connaître presque tous les gens pertinents [2].

Gurwitsch venait tout juste d'achever la rédaction de sa thèse d'habilitation et d'en obtenir l'approbation de son jury, mais confronté à une situation nouvelle, il décide pour deux raisons de procéder différemment. « En raison de la nécessité de trouver rapidement une place dans le monde scientifique français, Gurwitsch abandonna ses travaux sur les catégories fondamentales de la sociologie, car demandant trop de temps à compléter et à traduire » (« Sketch », p. XXIII, voir *Correspondance,* p. 104). La deuxième raison est que Husserl, au cours de leur dernier entretien, avait attiré son attention sur l'ouvrage *Der sinnhafte Aufbau der sozialen Welt : Eine Einleitung in die verstehende Soziologie* (1932) d'Alfred Schütz. Gurwitsch en commande une copie avec l'intention d'en écrire un compte-

1. « Nom donné originalement aux Calvinistes enfuis de France », cf. la note de Richard Grathoff, auteur de l'introduction.

2. Pour les noms et les relations, cf. « Sketch », p. XXII et l'introduction à la *Correspondance* de Richard Grathoff, p. XXII. S. de Beauvoir, Lévi-Strauss et Sartre semblent avoir été les seules exceptions majeures.

rendu. Cependant, ce projet ne se réalisa pas, car à partir d'avril 1933, les ouvrages provenant d'auteurs juifs ne sont plus acceptés en Allemagne. Le livre de Schütz est différent dans son approche et dans ses accentuations, mais il présente néanmoins l'initiation nécessaire à la phénoménologie constitutive de la sociologie interprétative. Les deux hommes se rencontrent à Paris, deviennent par la suite de grands amis, et nous laissent le document remarquable de leur *Correspondance*.

La majeure partie, mais non la totalité, des recherches et de l'enseignement de Gurwitsch à Paris porte sur la psychologie, au sens large. Son premier ouvrage commandé est un article, d'orientation historique [1], sur la philosophie de la psychologie. En général, il tente de clarifier en quoi consistent la psychologie et les autres sciences, ainsi que leurs approches et leurs avantages pour la philosophie première phénoménologique. Ces derniers peuvent sembler aller de soi en France, mais doivent être défendus quand Gurwitsch arrive aux États Unis :

> Les relations entre la phénoménologie et la psychologie sont de nature particulière. La phénoménologie essaie de clarifier ultimement les concepts fondamentaux de toutes les sciences (...), cependant, il y a, une communauté de contenu entre la phénoménologie et la psychologie, puisque la première s'intéresse aussi à la conscience, bien que d'un point de vue particulier. Par conséquent, les résultats de l'analyse phénoménologique concernent la psychologie et, inversement, les découvertes de la recherche psychologique, pour autant que cette recherche se rapporte à la conscience, doivent être considérées dans l'élaboration des théories phénoménologiques [2].

Avec l'aide de Léon Brunschvicg, Koyré et Lévy-Bruhl, « Gurwitsch trouva un poste académique dès la première année : Sylvain Lévi (sinologue à la Sorbonne) avait organisé un Comité d'Aide aux immigrants et avait reçu de l'argent de l'Amérique (H.I.A.S. Fund) pour une douzaine de postes de chargés de cours intégrés à la Sorbonne (...) Gurwitsch enseigna aux côtés d'Éric Weil (philosophie hégélienne), Paul-Louis Landsberg (spécialiste de Max Scheler), Fritz London (physicien de Bonn), David Nachmansohn (plus tard à Columbia ; biologie), Paul Schrecker (spécialiste de Leibniz, originaire de Vienne), et d'autres » (*Correspondance,* p. XXII).

La première série de conférences est intitulée « Le développement historique de la *Gestaltpsychologie* ». De 1933 à 1934, six conférences sont données à la Sorbonne. L'article « Quelques aspects et quelques dévelop-

1. Aron Gurwitsch, « La place de la psychologie dans l'ensemble des science », *Revue de Synthèse*, vol. 8 (1934), tr. angl. in *Studies*.

2. Réponse à Fritz Heider jointe à « On the Object of Thought », *Philosophy and Phenomenological Research*, vol. 7 (1947), p. 355.

pements de la psychologie de la forme » est issu de ces conférences [1]. Nous citons ici le sommaire donné par Gurwitsch lui-même :

> Avec l'hypothèse de la constance, la psychologie conçoit les données sensorielles en fonction des stimuli. Si, en s'appuyant sur cette hypothèse, on aborde les qualités de forme de von Ehrenfels, ou les moments figuratifs de Husserl, on aboutit à un dualisme dans la perception, entre les données sensorielles et des facteurs d'ordre supérieur (la "production" de l'école de Graz). La théorie de la forme, en abandonnant l'hypothèse de la constance, prend le perçu tel qu'il s'offre, comme un tout organisé et articulé qui dépend de facteurs, tant objectifs (les stimuli) que subjectifs (attention, disposition, etc.). La variation des facteurs, même subjectifs, entraîne une transformation radicale et profonde de l'objet phénoménal, sans que des données sensorielles qui correspondent aux stimuli subsistent à titre de faits non aperçus. Avec l'hypothèse de la constance, on laisse tomber ces faits dont l'admission est une conséquence inévitable de cette hypothèse. Des termes tel qu'identité, égalité, et ressemblance ne peuvent être appliqués aux données phénoménales qu'avec une signification immédiate et concrète, et non dans la signification catégorielle. Celle-ci constitue une limite de la notion de la forme, dans le sens que les faits qui relèvent de la pensée catégorielle ne peuvent pas être expliqués seulement par le regroupement et la restructuration des données immédiates, surtout perceptives [2].

Dans le cas de la philosophie phénoménologique, Gurwitsch a été à même d'entrer dans une perspective déjà établie et consciente d'elle-même ; en revanche, dans celui de la psychologie *gestaltiste*, il y avait une école scientifique amassant des résultats factuels, mais ses concepts fondamentaux avaient besoin de clarification. Sa dissertation aborde cette perspective. Ce qu'il dit plus tard, dans la section de la *Théorie du Champ* intitulée « Quelques principes de la théorie de la forme », s'applique aussi bien à « Quelques aspects » : « Toute la discussion vient de moi, jusqu'à un certain point même la terminologie ("cohérence-*gestaltiste*", par exemple), surtout toute la dialectique de la partie et du tout se rapportant à l'identité et à la modification phénoménales ; vous chercherez en vain les termes de "signification fonctionnelle", de "conception fonctionnelle du tout et de la partie", etc., chez Koffka, Wertheimer, et Köhler (...) je suis le seul responsable de l'interprétation conceptuelle et de la lecture phénoménologique de ses résultats descriptifs » (*Correspondance*, p. 143).

1. Aron Gurwitsch, « Quelques aspects et quelques développements de la psychologie de la forme », *Journal de psychologie normale et pathologique*, vol. 33 (1935), tr. angl. in *Studies*.

2. *L'Année Psychologique*, vol. 38 (1939), p. 593.

Méthodologiquement, la distinction entre la description de ce qui est immédiatement observé et son explication par des facteurs de diverses sortes, et la primauté de celle-là par rapport à celle-ci est fondamentale. Ceci ne veut pas dire que l'explication soit exclue, comme le montre le sommaire ci-dessus. L'« orientation descriptive » partagée par la phénoménologie, se trouve aussi discutée dans l'*Esquisse*. La description comprend l'analyse ainsi que la classification et, par conséquent, n'est pas limitée à l'enregistrement de détails.

La distinction entre deux genres de référents pour des termes descriptifs tels qu'identité et égalité est importante pour l'interprétation du langage des primitifs, des enfants, et des blessés au cerveau, et pour caractériser le niveau de pensée au dessus de l'expérience perceptuelle. Des problèmes au-delà de la portée de la théorie de la forme sont donnés à entendre dans la comparaison faite par Gurwitsch entre les travaux de cette école sur le développement mental et le travail de Jean Piaget, étudié depuis Berlin :

> Il nous semble donc que les notions de la *Gestalttheorie* et les lois qui découlent de ces notions suffisent à expliquer les phénomènes du plan sensori-moteur, et qu'on n'a pas besoin de recourir à une activité proprement intelligente, aussi longtemps qu'on s'arrête à ce plan. Il en va autrement quant à la pensée réfléchie. Le niveau de celle-ci est atteint, d'après M. Piaget, quand un équilibre s'établit entre l'assimilation et l'accommodation car, si interdépendantes que soient ces deux tendances, elles sont orientées selon deux pôles opposés. L'équilibre entre elles établi, un phénomène nouveau qui n'est que dans la pensée rationnelle se présente: la réversibilité des opérations au point de vue du fonctionnement psychologique (possibilité de rebrousser chemin), à celui du contenu (introduction de la permanence et d'invariants) et à celui de la forme logique (existence d'une opération inverse de toute opération donnée).
>
> Comme M. Piaget l'expose dans sa communication, la réversibilité des opérations et l'importance de la notion de “groupe” pour la psychologie de la pensée, la pensée de l'enfant connaît d'autant moins la réversibilité que l'enfant est plus jeune. Or, au niveau de la pensée rationnelle ou catégorielle, les opérations qui, évidement, continuent à être des structures articulées dans le sens de la *Gestalttheorie*, contractent entre elles des rapports qui ne se fondent plus sur l'aspect phénoménal de ces structures et qui ne s'expliquent pas par leur réorganisation phénoménale [1]. C'est de là que semble se tirer la réversibilité de ces opérations. À ce stade, en effet, il faut faire intervenir des activités spécifiques, c'est-à-dire des

1. « Nous avons abordé ce problème par un autre biais dans notre article : « Quelques aspects et quelques développements de la psychologie de la forme », *Journal de Psychologie*, 1936, p. 445 *sq*.

facteurs qui dépassent la plan perceptif. Avec la pensée réfléchie on est vraiment placé, semble-t-il, devant la limite de la notion de la forme [1].

Gurwitsch donne son deuxième cours à la Sorbonne en 1934-35 sur « La psychologie intentionaliste », « une tradition de la psychologie prenant son origine chez Hermann Lotze, et marquée par les noms de Franz Brentano [et ses étudiants, Twardowski, Kraus et Kastil], d'Alexius Meinong et de l'école dont Meinong fut le fondateur et le chef, de Carl Stumpf dont les idées – fût-ce en s'y opposant – animent l'école *gestaltiste*, et avant tout et plus particulièrement de M. E. Husserl, le maître de la phénoménologie » (MS. B3, p. A4).

Les questions de cette tradition surgissent en relation à la physique mathématique moderne. La notion de « contenu » de Brentano est l'ancêtre de la notion husserlienne de « noème » et, apparemment pour la première fois, Gurwitsch affirme que la théorie de l'intentionnalité concerne la corrélation noético-noématique. De plus, le sens objectif de Husserl « doit être conçu comme une forme, au sens donné à ce terme par les théoriciens de l'école *gestaltiste*, [et] il me semble nécessaire de dépasser (...) les conceptions que Husserl a élaborées » (*idem,* p. E15). Ces conférences forment aussi un lien entre sa dissertation et l'*Esquisse*, discutant le thème du champ et de la structure marginale, et poursuivant assez loin les sujets tels que la dérivation des objets « réiformes », à partir d'objets fonctionnels et de la spécification de diverses attitudes pratiques, aussi bien que théorétiques.

Gurwitsch est assez satisfait de ces conférences pour en envoyer une copie à Husserl. À la mort de ce dernier, Mme Husserl renvoie cette copie à Gurwitsch, à Paris, ainsi que celle du cours de 1937. Il les donne alors à Schütz. Le présent auteur les trouve dans le fonds Schütz en 1971, et les rend alors à nouveau à Gurwitsch. L'ensemble de 140 pages mérite d'être publié.

Pour autant que sa méthode est concernée, la psychologie est, pour Gurwitsch, une science théorétique. (Il s'était depuis longtemps familiarisé avec la psychiatrie grâce à Goldstein, mais il n'examine pas comment la théorie pourrait être appliquée.) En tant que telle, la théorie contraste avec la vie pratique, laquelle est originellement l'action dirigée vers les fins et les moyens. La méthode de la psychologie implique, en outre, « l'attitude de la réflexion », laquelle contraste avec « l'attitude directe » (*Esquisse*, p. 108). Les attitudes théorétique et réflexives sont conjointes dans la science psychologique, mais ne doivent pas être confondues. La réflexion

1. Aron Gurwitsch, « XIe Congrès International de Psychologie (Paris, 25-31 Juillet 1937) », *Revue de Métaphysique et de Morale*, vol. L (1938), p. 157.

peut se produire dans « la vie courante » (*Esquisse*, p. 108) et dans la plupart des théories qui ne sont pas réflexives, c'est-à-dire autres que celles des sciences de la culture et de certains types de philosophie. Cette position implique qu'une philosophie de la psychologie requiert une théorisation réflexive exercée sur une théorisation réflexive. La réflexion théorétique de la phénoménologie philosophique, qui exige en plus la réduction de l'attitude naturelle, est encore plus éloignée de la forme originelle de la vie, laquelle est « directe » ou irréfléchie et pratique.

Du point de vue phénoménologique, la réflexion est pratiquée alternativement sur des expériences vécues en tant qu'elles sont intentionnelles, c'est-à-dire dirigées vers des objets, et vers des objets tels qu'ils se présentent à des sujets. Phénoménologiquement parlant, il y a ainsi une réflexion « noétique » et une réflexion « noématique ». À cet égard, l'*Esquisse* contient l'examen le plus étendu sur le noème réalisé par Gurwitsch, auquel toutes les discussions ultérieures doivent, par conséquent, être référées et, soit dit en passant, elle contient la meilleure explication sur l'objet[1].

Gurwitsch nous confia que son cours à la Sorbonne (1935-36), portrait sur les travaux de Gelb et de Goldstein. Aucune transcription de ces conférences ne nous est parvenue. D'après une lettre à Fritz Kaufmann du 17 août 1947, le cours s'intitulait « La phénoménologie de l'idéation ». Il n'y a là aucune incompatibilité puisqu'il reliait couramment l'explication de Husserl sur les essences universelles et la conscience que l'on a d'elles, aux travaux de « Gelb-Goldstein ». Il est probable que les manuscrits furent détruits lorsqu'il rédigeait « Les objets idéaux dans la phénoménologie Husserlienne » (manuscrit inédit, cote B10 dans le catalogue du Fonds, 60 pages dont quatorze sont manquantes). Un article ultérieur fut peut-être extrait de ce manuscrit et/ou des conférences[2].

L'importance de l'intérêt de Gurwitsch pour Gelb-Goldstein ne saurait être exagérée[3]. Le passage suivant nous renseigne sur leur approche des blessés au cerveau :

1. Ceci comprend les objections de Husserl au compte rendu sur l'objet exprimées dans la *Théorie du Champ* et dans certains derniers articles tels que : « Perceptual coherence as the foundation for the judgment of predication », Frederick Kersten et Richard Zaner, éds.; *Phenomenology: Continuation and Criticism: Essays in Memory of Dorion Cairns*, The Hague, Martinus Nijhoff, 1973, repris in *Science*.

2. Aron Gurwitsch, « Gelb-Goldstein's Concept of "Concrete" and "Categorial" Attitude and the Phenomenology of Ideation », *Philosophy and Phenomenological Research*, t. X (1949), p. 172-196. Cf. la *Théorie du Champ*, p. 156-163.

3. Cf. Aron Gurwitsch, « La Science biologique d'après M. K. Goldstein », *Revue philosophique de la France et de l'Étranger*, vol. 24 (1940), tr. in *Studies*. Cf. aussi, Aron Gurwitsch, « Le fonctionnement de l'organisme d'après K. Goldstein », *Journal de psychologie normale et pathologique*, vol. 36 (1939). En plus de ces textes et de ceux cités plus loin,

Se rattachant dans une certaine mesure aux critiques que Pierre Marie avait adressées à l'endroit de la théorie classique des images-souvenirs d'une part, et aux idées de Jackson et de M. Head d'autre part – ces auteurs insistent sur la nécessité d'examiner tout le comportement des malades, et non pas seulement le comportement verbal, pour comprendre les altérations qui leur sont survenues. Il est apparu que les malades atteints d'une forme spéciale de l'aphasie motrice et de l'aphasie amnésique, présentent des défectuosités dans tous les domaines de l'activité, et que ces défectuosités sont toutes de la même structure qui se manifeste également dans leur parler. Ces malades ne sont pas des hommes chez qui il y a altération du langage, ils sont plutôt des hommes modifiés de fond en comble, donc aussi dans leur langage. La compréhension du parler de ces malades est donc liée à une interprétation exacte de la modification générale survenue dans toute leur attitude envers le monde.

Toutes les fois qu'il s'agit de faire quelque chose, d'agir, de venir au moyen d'une action au bout d'une situation, les malades savent le plus souvent bien faire. On obtient d'eux également un résultat heureux, si la tâche devant laquelle ils sont placés est de nature à pouvoir être résolue par une réaction automatique qui se déclenche d'elle-même et presqu'à l'insu du sujet ou si cette tâche permet de se tenir tout près de la réalité immédiate et de se laisser guider par les impressions concrètes que laisse cette réalité. D'autre part, si on met ces malades en face d'un problème qui, pour être résolu, exige qu'on mette une distance entre soi-même et les choses, qu'on prenne vis-à-vis de ces dernières une attitude tant soit peu distante, à savoir une attitude contemplative, celle d'un pur observateur désintéressé, ou les malades échouent complètement ou ils transforment à l'aide de détours et d'échappatoires typiques le problème jusqu'à ce qu'il devienne du type de ceux auxquels ils sont capables d'apporter une solution. Dans ce cas-ci, les malades font quelque chose d'autre que ce qu'on leur avait demandé, même si l'effet final est, en apparence, celui que l'examinateur attendait. Les faits de cette nature constituent un avertissement à ne pas juger de la nature psychologique d'une action sur l'effet tout à fait extérieur : il faut, au contraire, chercher à déterminer la voie par laquelle l'action en question a été accomplie. L'attitude que ces malades sont incapables d'adopter est qualifiée par les auteurs comme attitude catégorielle. Ils voient l'essentiel de cette altération maladive dans une régression à une attitude plus immédiate, plus concrète et, en ce sens-là, plus primitive. – Si l'emploi et la compréhension d'un mot exigent qu'on prenne une attitude catégorielle, le mot perd tout sens aux yeux des malades, et ils ne savent s'en servir. Mais, si le "même" mot rend une impression concrète et immédiate de la réalité, ou qu'il soit lié à quelques expériences pratiques faites dans le

on trouve finalement, sept pages et demi, très denses, sur Gelb-Goldstein dans l'étude critique consacrée à la *Psychologie du Language*.

> maniement de l'objet auquel il s'attache, les malades l'emploient et l'entendent sans hésitation. Il n'y a rien de surprenant, dans cette théorie de l'aphasie, à ce que certain malades éprouvent une difficulté spéciale devant les noms de couleurs. Ces noms, tels que "rouge", "vert", etc., expriment, en fait, non pas tant les particularités individuelles des teintes présentées que quelque chose de catégoriel qui est commun à toute une série de nuances qui, en égard à cette catégorie, se constituent en classe. Désigner une teinte comme rouge, c'est ne pas s'en tenir à la nature individuelle, à l'impression immédiate qu'elle laisse, c'est plutôt la prendre pour la représentante de toute une classe ou ne l'envisager que dans la mesure en laquelle elle réalise cette chose catégorielle qu'est la rougeur. – De ces vues, dont il n'a pu être donnée ici qu'une ébauche trop succincte, ce qui semble le plus mériter d'être retenu c'est que le problème platonicien des *eidè* vient se poser en pleine psychologie et en pleine psychopathologie [1].

Ainsi l'intérêt porté à la double signification des noms se prolonge au-delà de la vie « normale », tout comme l'analyse noético-noématique et la méthode d'approche réflexive-descriptive. De plus, bien que Gurwitsch ne le commente pas, en pratique la réflexion se différencie en ce qu'on peut appeler la « réflexion sur autrui » et l'« observation de soi », la première devant nécessairement être utilisée pour l'investigation du « non-normal », et pour la plupart des investigations portant sur des sujets « normaux ».

À plusieurs reprises Gurwitsch mentionne avoir assisté, les dimanches matins, aux cours du psychiatre Dumas (l'hôpital était situé près de son appartement), et avoir observé avec lui des psychotiques. Il est familier avec la psychiatrie depuis son travail à Francfort avec Goldstein et, en France, il fait la connaissance d'Eugène Minkowski ainsi que d'Ombredane, un aphasiologiste opposé à Goldstein. Il connaît aussi le psychiatre Henri Ey

1. Aron Gurwitsch, « Développement historique de la *Gestalt-psychologie* », *Thales*, vol. 2 (1935), p. 173. Le texte complet de « On the Object of Thought : Methodological and Phenomenological Reflections » (1946) (édité par Lester Embree, *The Phenomenology of the Noema*, John J. Drummond et Lester Embree, éds., Dordrecht, Kluwer Academic Publishers, 1991, p. 10) met l'accent sur les résultats en termes que l'on peut qualifier de noético-noématiques, plus que l'approche par laquelle ils furent obtenus : « Gelb et Goldstein maintiennent que le tout de la vie mentale du patient est réduit à un niveau plus bas. Son attitude générale est devenue plus pratique et plus immédiate, et cette altération profonde de la personnalité du patient est exprimée par, et apparaît dans les modifications typiques qui affectent chacune et toutes les fonctions. De façon correspondante, le monde dans lequel vit le patient diffère substantiellement du nôtre. Dans ce monde, il n'y a de place que pour ce qui est actuel et factuel. Ainsi le patient est incapable d'imaginer que les choses qu'on lui présente puissent être différentes de ce qu'elles sont en fait, il ne peut transformer une situation donnée ni dans sa pensée, ni dans son imagination, et il est tout à fait incapable de concevoir des possibilités. En d'autres termes, le patient en est réduit à accepter passivement la situation qui lui est donnée ou, mieux, qui lui est imposée. En ce qui concerne cette situation, le patient n'a aucune liberté et ne peut manifester aucune forme de spontanéité ».

dont *La Conscience* (1963) s'appuie de façon importante sur la *Théorie du Champ* de Gurwitsch. Son intérêt pour la psychiatrie ayant recours à la « réflexion sur autrui » est exprimé pour la dernière fois dans son compte-rendu du *The Phenomenological Approach to Psychiatry* (1955) de J.H. van den Berg :

> L'orientation phénoménologique permet au psycho-pathologiste de pénétrer dans la réalité du patient, laquelle est si souvent totalement différente de la nôtre, et de prendre cette réalité pour ce qu'elle est pour le patient. En voyant le "monde" dans lequel le patient vit, le psycho-pathologiste parvient à comprendre le patient et son existence même. Il nous semble intéressant de noter que des concepts, soulevant des difficultés théoriques énormes, deviennent superflus dans le cadre phénoméno-logico-existentiel. De tels concepts sont ceux de "projection", de "conversion", de "transfert", de "mythification du passé", et d'in-conscient', au sens de réalité seconde au-dessous de notre vie actuelle [1].

L'ampleur de l'intérêt de Gurwitsch envers la recherche psychologique comparée, pendant sa période parisienne, est remarquable. La comparaison est faite d'une part entre les vies des enfants, des blessés au cerveau, des primitifs, des grands singes, en tant que « non-normaux », et d'autre part, les vies humaines adultes, bien-portantes, civilisées, en tant que « normales » (des comparaisons selon le genre, le groupement ethnique, la classe sociale, etc., seraient aussi possibles, parmi les « normaux »). Son intention de poursuivre de telles recherches était déjà manifeste lorsqu'il était à Berlin. Elle apparaît aussi dans sa première publication en français : « La psychologie comparée nous apprend que le monde ambiant tel que nous autres adultes le connaissons, est à son tour lui-même le produit d'une évolution et même d'une révolution. Sans parler des mentalités primitive et animale, l'étude de celle de l'enfant nous met aussi en présence d'un monde à caractère tout différent du nôtre. Les travaux de MM. Stern [2], Piaget [3], et d'autres montrent que les choses appartenant au milieu enfantin se caractérisent soit par les fonctions qui leur sont assignées, soit par quelques traits particulièrement frappants, et que, par conséquent, il y a, pour l'enfant, des différences et des identités totalement différentes de celles que nous connaissons. En revanche, il n'y a pas, dans le monde enfantin, d'identité substantielle de la chose [4], qualité qui est, pour les adultes, une

1. *Philosophy and Phenomenological Research*, vol. 16 (1956), p. 420. Pour ses objections de longue date envers la psychologie de Freud en tant que physicaliste, cf. « La place de la psychologie dans le système des sciences », p. 175-176.

2. Stern, « *Psychologie der frühen Kindheit* », Leipzig, 1923.

3. J. Piaget, « *Le langage et la pensée chez l'enfant* », Neufchâtel et Paris, 1923; *La représentation du monde chez l'enfant*, Paris, 1926.

4. Cf. K. Bühler, « *Die geistige Entwicklung des Kindes* », Iéna, 1931.

des caractéristiques les plus essentielles, d'ailleurs une des conditions indispensables à la connaissance scientifique. Le passage du monde enfantin au monde des adultes ne s'accomplit pas graduellement. Il marque une des grandes révolutions intellectuelles que connaît la vie humaine. Aujourd'hui, on est enclin à attribuer au langage en tant que "langage représentatif"[1] une grande part dans ce processus révolutionnaire[2]. Bien entendu, le fait que le langage enfantin qui ne l'était pas auparavant devient, à une certaine étape, "langage représentatif", témoigne lui-même en qualité de symptôme du passage de la représentation enfantine à la représentation "objective" du monde »[3].

La dernière section de « Quelques aspects » (*Appendice* I) comprend son exposé principal sur la vie des chimpanzés. Mais pourquoi Gurwitsch s'est-il tant intéressé à la psychologie comparée? Dans l'*Esquisse*, Gurwitsch suggère qu'il y a une « certaine particularité de structure commune à ces mentalités et qui se réalise dans chacune d'entre elles, d'une façon spécifique. Cette particularité, on la retrouve, croyons-nous également dans l'attitude pratique du sujet normal où elle prend une forme spéciale. Ici où il n'est possible que d'y faire allusion, nous devons nous borner à signaler la tâche qui consiste à élaborer cette particularité et – corrélativement – à définir la notion d'objet dont la structure lui correspond, objet qu'on serait fondé à qualifier d'objet « primitif ».

Malheureusement, la tâche de définir l'objet primitif n'a pas été achevée, bien qu'il soit difficile de douter qu'il aurait été nommé « l'objet fonctionnel » et qu'il aurait eu plusieurs espèces. Néanmoins, dans la conférence publiée dans *Appendice* II, Gurwitsch affirme à nouveau que les aphasiques ne peuvent pas adopter l'attitude catégorielle, et ajoute que les enfants, les singes et les primitifs ne peuvent aller au-delà des objets fonctionnels en vue d'expérimenter les choses réiformes, tous deux nécessaires à la science naturelle. Dans la mesure où la comparaison éclaire ces opérations, il s'y intéressait.

À Paris, Gurwitsch ne s'intéresse pas seulement à la psychologie. Bien qu'il n'enseigne alors ni la psychologie du langage, ni la philosophie du langage, comme il le fera à New York dans les années soixante, il aurait pu le faire. Le langage tient une place centrale dans les recherches de Gelb-Goldstein sur les aphasiques, et dans celles de Delacroix, de Piaget, et

1. Cf. Goldstein, « L'analyse de l'aphasie et l'étude de l'essence du langage », *Journal de Psychologie normale et pathologique*, 1933, no. 1-4.

2. Cf. Cassirer, « Le langage et la construction du monde », *Journal de Psychologie normale et pathologique*, 1933, no. 1-4, p. 25-26.

3. Aron Gurwitsch, « La place de la psychologie dans l'ensemble des sciences », p. 183. En ce qui concerne le langage des enfants, voir aussi, Aron Gurwitsch, « L'acquisition du langage d'après H. Delacroix », *Revue de Synthèse*, vol. 12 (1930).

d'autres sur les enfants, pour ne rien dire de celles de Lévy-Bruhl et de Pradines (excluant celles sur les grands singes). Le long compte rendu critique de *Psychologie du Langage,* deuxième publication de Gurwitsch en France, ne doit pas être négligé. Son appréhension de la problématique du langage est ample et pluridisciplinaire. Les contributions de vingt-cinq chercheurs sont discutées et nous ne pouvons lui rendre justice ici. Hohlenstein l'a appelé « une des premières réactions à la nouvelle phonologie » [1], et c'est peut-être une source, avec la théorie *gestaltiste*, de l'accentuation ontologique ultérieure sur le contexte (*Zusammenhang*) :

> Cette discipline nouvelle [la phonologie] assigne à toute langue un système bien déterminé et caractéristique de phonèmes, et elle commence ses recherches en pénétrant dans la structure de ce système. C'est là qu'on rencontre les phonèmes isolés, mais ils ont chacun leur place dans un système. Ils ne sont donc pas envisagés en eux-mêmes, mais dans leurs rapports réciproques et selon le rôle qu'ils jouent à l'intérieur du système. Et c'est en quoi réside leur valeur linguistique, car ce qui sépare le son du phonème, c'est que le premier constitue un simple fait psycho-physique alors que le phonème se revêt d'un signifiant grâce auquel il différencie le sens des mots et des phrases, si bien qu'aux yeux du phonologue, le son n'est qu'une réalisation phonétique du phonème et qu'il en devient un symbole matériel.(...)
>
> Toutes ces idées sont étayées par une tendance capitale entre toutes et qui s'exprime chez le prince Troubetzkoy avec la même netteté et la même décision que chez M. Vendryès, la tendance à détourner les études des faits d'ordre objectif, tels que les conditions physiques et physiologiques de l'émission des sons, et à prendre les phénomènes phoniques tels qu'ils sont sentis et vécus par ceux qui en font un usage vivant. On ne peut déterminer la nature en se plaçant au point de vue d'un observateur "impartial" parce qu'étranger à la langue qu'il étudie. Il faut, au contraire, chercher à pénétrer et à se placer dans la conscience linguistique et phonologique des sujets parlants, et on est obligé de respecter le sentiment qu'ont d'un phonème ceux qui s'en servent, sans y porter aucun intérêt spéculatif.
>
> Le prince Troubetzkoy voit dans la phonologie, dont les principes sont appelés à trouver une application féconde dans beaucoup de domaines et à apporter des réformes dans toutes les branches de la linguistique, avant tout un symptôme ou une manifestation particulière d'un mouvement scientifique plus ample qui s'étend à beaucoup de disciplines et dont le structuralisme et l'universalisme font la marque distinctive. Plus

1. Elmar Hohlenstein, *Roman Jakobson's Approach to Language: Phenomenological Structuralism*, Bloomington, Indiana University Press, 1974, p. 55.

> importante encore nous paraît l'orientation vers le concret[1], la tendance à prendre les choses telles qu'elles sont senties et vécues, employées et maniées, et à l'interprétation implicite qui est immanente à l'usage qu'on en fait en vivant. Devant cette tendance s'efface l'effort que l'on faisait pour pénétrer dans une prétendue réalité objective cachée derrière les apparences dites subjectives. Elle envahit en fait, de nos jours, peu à peu, toutes les sciences humaines et peut-être leur donnera-t-elle une nouvelle physionomie[2].

La linguistique structurelle ou phonologie était ainsi vue aussi par Gurwitsch comme hautement convergente avec la phénoménologie. Ceci est à nouveau clairement exprimé dans son compte rendu de « Phénoménologie et linguistique » de H. J. Pos (1939), texte significatif qui inclut la parole dans la portée de ce qu'il appelle la conscience marginale[3], qui reconnaît que le langage peut être approché tant historiquement que synchroniquement, et relie les méthodes et le contenu de la science linguistique au constat husserlien sur la manière dont l'univers construit en physique s'éloigne de plus en plus, bien que pouvant y être à nouveau relié, du monde où nous vivons, agissons et nous comportons – du monde de la vie quotidienne[4].

En général, l'*Esquisse* exprime explicitement que « les sciences historiques, archéologiques, philologiques et économiques, sont des sciences morales ou humaines » (*Esquisse*, p. 81). Gurwitsch est à même d'apprécier de telles disciplines grâce aux recherches faites à Berlin pour son habilitation. Ces sciences sont effectuées dans l'attitude contemplative (*Esquisse*, p. 81). Puisqu'elles s'intéressent aux objets tels qu'ils se présentent à des sujets, et aux sujets tels qu'ils se rapportent intentionnellement à des objets, elles comportent aussi une réflexion, reconnue plus haut sous le nom de « réflexion sur autrui ».

Gurwitsch ne précise pas la manière dont ces sciences sont distinguées, mais il exprime très clairement dans l'*Esquisse* qu'elles ont en commun les objets fonctionnels, les situations et les vies pratiques dans lesquelles elles

1. Allusion au *Vers le concret*, de Jean Wahl (1936), « un titre qui exprimait particulièrement bien l'esprit de cette période ». Herbert Spiegelberg, *The Phenomenological Movement* (The Hague, Nijhoff, 1965), p. 434.

2. Aron Gurwitsch, « Étude critique de *Psychologie du langage* », *Revue philosophique de la France et de l'Étranger*, vol. CXX (1935), p. 430-432. En 1949, Schütz emprunta le volume, qui était épuisé, et Gurwitsch fit parvenir en même temps un exemplaire de son essai, à toutes fins utiles, à son ami (*Correspondance*, p. 110).

3. Aron Gurwitsch, *Marginal Consciousness*, Lester Embree, éd., Ohio University Press, Athens, Ohio, 1985.

4. *Philosophy and Phenomenological Research*, vol. 2 (1941), p. 256.

sont constituées[1]. Par contre les sciences naturelles font abstraction du caractère fonctionnel des objets fonctionnels, comme nous le verrons bientôt. Ceci pose d'intéressantes questions. D'une part, puisque les grands singes ont clairement affaire aux "objets fonctionnels" (*Funktiongegenstände,* expression introduite par Köhler dans son travail de 1917 sur les chimpanzés), la notion de sciences « humaines » est trop restreinte. Considérant que les objets ont originellement tout autant de valeurs que de fonctions, il serait peut être opportun de parler de sciences « culturelles ».

D'autre part, Gurwitsch affirme que la psychologie est une science biologique, par conséquent naturelle, et cependant il est clair, dans ce qui précède, que cette science s'intéresse néanmoins aux adultes humains normaux et aux enfants, originellement en rapport avec des objets fonctionnels. La distinction requise entre la psychologie en tant que science naturelle et la psychologie en tant que science « culturelle », distinction reçu de Dilthey, ne fut explicitée par Gurwitsch que beaucoup plus tard[2].

Malgré la rareté des passages explicites, il est difficile de croire que Gurwitsch ait nié que les univers scientifiques soient élaborés dans les sciences culturelles tout comme ils le sont dans les sciences naturelles, même si le contraste entre le monde quotidien et celui du sens commun n'est pas aussi tranché. Sinon, la dépendance des méthodes formelles et non-formelles se trouverait confortée, dans chacune de ces sciences.

Maurice Merleau-Ponty et Aron Gurwitsch sont présentés l'un à l'autre un soir d'automne 1933 à Paris, chez Gabriel Marcel. Merleau-Ponty lui demande s'il est apparenté à l'auteur de la *Phänomenologie der Thematik und des reinen Ich*, et Gurwitsch reconnaît son travail. Merleau-Ponty commence à assister à ses cours et le rencontre fréquemment[3]. Merleau-Ponty corrige le français de son étude critique de la *Psychologie du Langage* et de son essai « Quelques aspects et quelques développements de la psychologie de la forme ». Le Père van Breda nous confiait que Merleau-

1. En ce qui concerne sa phénoménologie de la vie pratique, cf. L. Embree, « Some Noetico-Noematic Analyses of Action and Practical Life », *The Phenomenology of the Noema*, John Drummond and Lester Embree, éds., Dordrecht, Kluwer Academic Publishers, 1992.

2. Aron Gurwitsch, « Edmund Husserl's Conception of Phenomenological Psychology », *Revue of Metaphysics*, t. XIX (1966), repris in *Science*.

3. « Sketch », p. XXIV. Comme sa dissertation n'avait été citée ni dans *La Structure du Comportement* (1942), ni dans la *Phénoménologie de la Perception* (1945), Gurwitsch fut heureux lorsque nous lui avons montré la citation qui se trouve dans Maurice Merleau-Ponty, « La Nature de la Perception » (1934), *in* Théodore F. Garaets, *Vers une nouvelle philosophie transcendantale : La genèse de la philosophie de Maurice Merleau-Ponty jusqu'à la Phénoménologie de la Perception*, The Hague, Martinus Nijhoff, 1971, p. 191. D'autres écrits de Gurwitsch sont cependant cités dans les ouvrages mentionnés ci-dessus, et dans d'autres écrits de Maurice Merleau-Ponty.

Ponty, « lors d'une visite aux Archives Husserl en avril 1939, le renseigne longuement sur les conférences de Gurwitsch de 1937 sur la phénoménologie » (« Sketch », p. XXIV n.). L'*Esquisse* développe principalement ces conférences. Gurwitsch écrit à Schütz au sujet des deux premiers livres de Merleau-Ponty :

> J'ai emprunté *La Structure du Comportement* de Merleau-Ponty à la bibliothèque. C'est un ouvrage très compétent. J'ai jeté un coup d'œil sur les sections où il parle des travaux de Goldstein. Il a beaucoup utilisé ce que j'en ai dit, tant par écrit que dans mes conférences. Que j'aie pu jusqu'à un certain point stimuler une pareille étude me rend heureux[.] Je suis en train de lire la [*Phénoménologie de la*] *Perception* de Merleau-Ponty. J'y entends une grande partie de mes conférences. Il a beaucoup appris de moi et a maîtrisé beaucoup de choses. Non seulement dans les détails, où il a fait avancer bien des choses. Je doute qu'il aurait eu sans mon influence l'idée d'interpréter le psycho-pathologique phénoménologiquement. Ma réaction à cette lecture est (...) du plaisir (...). Le plaisir honnête que donne un livre excellent, qui de plus est une belle réussite ; et aussi du plaisir devant le fait que mes années à Paris n'ont pas été inutiles et que mes conférences ont eu quelques résultats [1].

Gurwitsch entend parler du travail de Maurice Pradines par Merleau-Ponty. Une vingtaine de pages de l'*Esquisse* y sont consacrées. Dans un de ses derniers essais, Gurwitsch écrit :

> En une orientation totalement différente de la phénoménologie, soit du point de vue phylogénétique, Pradines a fait ressortir que les sons aussi bien que les couleurs sont primairement et fondamentalement attachés aux choses, qu'ils leurs appartiennent en tant qu'attributs, et n'ont pas le statut de "qualités pures", statut qui leur est donné dans les arts (la peinture et la musique) et dans les sciences (physiques : l'optique et l'acoustique)[2]. Pradines va assez loin pour poser la question de savoir si ces "qualités pures" qui, selon lui, ne sont certainement pas des données primaires, sont vraiment des données et non pas, plutôt, des produits

1. *Correspondance*, p. 88, 93. Il est clair que Gurwitsch, dans les premières pages de l'*Appendice* VI du présent volume, et dans d'autres écrits subséquents, trouva aussi des convergences chez Merleau-Ponty avec sa propre philosophie de la physique. Concernant les différences entre ces deux penseurs, fondées sur ses deux comptes rendus subséquents de la *Phénoménologie de la Perception*, cf. Lester Embree, « Gurwitsch's Critique of Merleau-Ponty », *The Journal of the British Society for Phenomenology*, vol. 12 (1981).

2. « *Philosophie de la Sensation* (Paris, 1928), l. I, chap. 6, § 3. Voir aussi la distinction faite par Merleau-Ponty entre la "fonction-couleur" et la "qualité-couleur" (*Phénoménologie de la Perception*, p. 305) ».

d'une opération mentale spéciale[1]. Du point de vue de la phénoménologie constitutive, l'opération en question s'avère être celle de l'idéation (*Science*, p. 264, voir *Correspondance*, p. 115).

Avant cette opération, il y en a une autre qui est essentielle pour la construction de l'univers scientifique naturel :

> La position de M. Pradines s'éclaire par la critique qu'il adresse à M. David Katz. Selon M. Katz, il faut assigner au sens tactile un privilège épistémologique, parce que les donnés qu'il fournit comportent une impression immédiate de réalité. Étant donné le rapport qui existe entre la tactilité et la vie affective, cette idée revient à la conception de Maine de Biran (reprise par Dilthey et défendue, de nos jours, par Scheler et par M. N. Hartmann) selon laquelle c'est surtout dans nos actions et dans nos passions que s'annonce et que se confirme la réalité du monde extérieur. M. Pradines est loin de vouloir contester l'existence d'une impression immédiate de réalité qui réside dans les faits affectifs ni celle de certitude "de chair et de sang" dont se revêtent ces faits. Mais il lui semble – cette vue s'accorde d'une façon très heureuse avec une tendance qui se fait jour de plus en plus dans la psychologie et dans la philosophie contemporaines – que la réalité garantie par l'affectivité est une réalité extrêmement subjective, faite de passions et de besoins. Pour se créer un monde objectif, le sujet doit se représenter les choses et les extérioriser, ce qui veut dire les mettre à distance de lui-même, et non pas chercher à en prendre une connaissance analogue à celle qu'il a de sa subjectivité affective. C'est donc le degré où les sens – donc le tact – réussissent cette mise à distance qui décide de leur valeur pour la constitution du monde objectif qui ne peut, par conséquent, être compris que comme l'œuvre de l'esprit et de l'intelligence travaillant au sein même de la sensibilité[2].

Gurwitsch aurait pu donner un autre cours en philosophie des sciences naturelles, et plus précisément sur la physique mathématique moderne, lorsqu'il était en France. On peut se faire une idée du contenu probable d'un tel cours en associant diverses remarques dans l'*Esquisse* et ailleurs, à celle qui figure dans une lettre adressée à Schütz en 1945 :

> Ma question concerne la constitution de ces sciences, particulièrement les mathématiques. Plus j'approfondis, plus claires deviennent, pour moi, les trois considérations suivantes : 1) l'entière problématique ne peut être traitée adéquatement si l'abord reste non-historique; et l'histoire doit être comprise au sens d'un traitement « positif » qui procède de

1. « La question est de savoir si ces états sont primitifs ou seconds, et même dans la seconde hypothèse, s'ils sont *donnés*, ou s'ils ne sont pas *produits* par quelque opération mentale qui pourrait dépasser l'ordre de la sensation (*Philosophie de la Sensation*, p. 40) ».

2. Aron Gurwitsch, « Recension de Maurice Pradines », *Philosophie de la Sensation*, II, *Recherches Philosophiques*, vol. 3 (1935).

> sédimentations. 2) Il n'y a pas d'espoir de commencer ailleurs qu'à partir du "monde-vécu". Toute la question de l'existence des sciences doit être posée comme la question de la transition de l'ordre du "monde-vécu", à l'ordre "pythagoricien". 3) Le motif le plus important et le vecteur dans cette transition est ce que Brunschvicg a appelé "conversion".
> Ainsi : les interconnections [*Zusammenhänge*] rationnelles, mathématiques, et finalement purement fonctionnelles prennent la place des régularités et des séquences du "monde-vécu". (Par exemple, dans le monde-vécu nous savons que bien des choses sont plus lourdes que d'autres. Nous en faisons l'expérience en portant, poussant, etc. Exprimé rationnellement, ceci donne le concept de poids spécifique.) Les problèmes de la physique doivent être formulés à ce niveau, et une théorie de la science qui ne commence pas là, au véritable commencement, est nulle, aussi nulle que tout ce qui s'intitule "philosophie de la science".
> Élucider les opérations de la conscience qui entrent en jeu dans cette "conversion", découvrir leur connexion avec l'expérience perceptuelle, mais aussi montrer en quel sens les structures de ces opérations de la raison demeurent voilées dans l'expérience perceptive, en quel sens la "perception" est une pensée confuse : tels sont les thèmes que j'aimerais avoir le temps d'élaborer comme thèmes dans cette vie[1].

Alexandre Koyré est l'une des deux personnes que Gurwitsch rencontre avant son arrivée à Paris. Koyré étudie avec Husserl à Göttingen, et de 1936 à 1940 il est co-éditeur des *Recherches philosophiques*. En 1939, Koyré publie ses *Études Galiléennes*, et Gurwitsch le suivra en considérant Galilée comme un platonicien (*Science*, p. 51). Ils eurent vraisemblablement des discussions sur l'histoire de la science et la phénoménologie. Le texte suivant exprime bien la méthode utilisée par Gurwitsch dans ses cours à la *New School* pendant les années soixante :

> Le sens ultime d'une science, à plus forte raison d'une telle science, où, comme c'est le cas avec la psychologie, à peu près tout : principes, méthodes, données primordiales et en un certain sens même le sujet sont contestés, ne se dégage qu'à condition de tenir compte des motifs et des idées qui étaient à son origine, des problèmes et des besoins théoriques qui avaient amené à lui donner naissance[2].

La plupart des analyses historiques de Gurwitsch sont consacrées à la psychologie, mais il y a des passages qui concernent aussi l'histoire de la physique et de la philosophie moderne, comme celui-ci :

1. *Correspondance*, p. 75. Il existe un passage tout à fait parallèle dans le premier article en français de Gurwitsch, « La Place de la Psychologie », p. 182.

2. « La Place de la psychologie », p. 179. Pour mieux comprendre ce à quoi l'histoire « positive » peut servir, cf. l'*Appendice* VI sur le sens de l'histoire chez Husserl.

> Le monde n'est pas tel qu'il paraît être, qu'il s'offre à la perception ordinaire. Il est plutôt tel que la science physique réussit à le construire. N'importe si ces constructions aboutissent à un pur mécanisme, idéal de la physique du XVIIe et XVIIIe siècles, ou qu'elles conduisent à des conceptions provenant de l'évolution de la théorie de l'électricité au cours du XIXe siècle, à tout jamais la séparation du monde réel, tel que le révèle l'effet scientifique de l'esprit humain, d'avec le monde tel qu'il ne fait qu'apparaître sera maintenue. À la lumière des sciences physiques, tout l'aspect phénoménal du monde : les qualités dites secondaires, les caractères de valeur de toutes sortes, les moments téléologiques qu'il semble contenir, etc. ne constituent rien de réel ; avec ces faits on est en présence d'un apport dû à la subjectivité humaine, que l'homme, grâce à sa constitution psycho-physiologique, projette sur un univers qui est de toute autre nature [1].

La physique moderne peut à nouveau être reliée au "monde-vécu" par le phénoménologue de la science, mais ce serait une erreur de croire que les sciences naturelles sont fondées sur les sciences culturelles en un quelconque sens positiviste à rebours ; elles sont liées directement au monde-vécu, comme nous le montrerons bientôt. La physique est une discipline théorique, comme les sciences culturelles décrites plus haut, mais celles-ci sont réflexives, au moins dans le sens de la réflexion sur autrui. La physique est irréfléchie ou « directe », comme la forme originale de la vie pratique, tout en étant théorique.

> Depuis Galilée la poursuite de la connaissance scientifique a pris la forme de l'élaboration, par la méthode de construction et d'inférence, de l'univers scientifiquement vrai et valide de la physique. Cet univers est entièrement et exclusivement caractérisé et déterminé par sa structure mathématique. Il est conçu, d'un bout à l'autre, en termes mathématiques. Entre le monde perceptible dans lequel on vit, tel qu'il nous est familier dans l'expérience de tous les jours, et l'univers vrai et scientifiquement valide, tel qu'il est conçu et construit dans la science physique, un gouffre s'est ouvert qui, dans le cours du développement de la science physique, s'est progressivement élargi. Mais, nous devons tenir compte de ce que l'élaboration de l'univers physique vrai a pour seul objectif d'expliquer le monde perceptible.
>
> Tous les objets constitués ainsi que toutes et les constitutions de la physique sont soumis à l'examen décisif de correspondance à, et en ce sens d'accord avec l'expérience perceptive. Leur seule raison d'être est de fournir une explication et un compte-rendu des événements et processus qui surviennent dans le monde perceptible – notre suprême réalité et, si le terme réalité est compris dans son strict sens, notre seule

1. « Développement historique de la *Gestalt-Psychologie* », p. 167.

> réalité. Aucun abandon de l'attitude naturelle n'est donc impliqué dans la transition de la conscience perceptive et de l'expérience commune à l'explication scientifique, ou bien dans la substitution correspondante de l'univers, tel qu'il est construit et élaboré dans la physique pour le monde perceptible. La croyance existentielle qui imprègne l'expérience perceptive est transposée dans l'interprétation scientifique du monde, et elle est sous-jacente à l'élaboration de l'univers de la physique sous la forme d'une acceptation implicite et irréfléchie de l'existence du monde perceptible. Une complication surgissant comme croyance existentielle secondaire – à savoir, une croyance dans la validité de l'élaboration scientifique et de l'univers construit de la physique – est ajoutée à, ou plutôt fondée sur la croyance existentielle primaire dans le monde perceptible[1].

Il peut être utile de recourir à la physique de Descartes pour illustrer, en partie, ce qui suit (Gurwitsch commence à utiliser cet exemple dans l'*Appendice* II). La mathématisation est essentiellement géométrique dans la physique de Descartes, et l'extension mathématiquement intelligible, qu'est pour lui la nature, n'est pas directement observable, la division entre le monde rencontré de façon perceptive et l'univers construit mathématiquement étant fondamentale. La question qui se pose alors est de savoir comment construire un tel univers à partir du monde-vécu.

La première opération peut être nommée « représentation », suivant en cela Pradines et d'autres. Le fameux morceau de cire est originellement un objet fonctionnel, peut-être un cierge. Mais quand Descartes en commence l'analyse, les caractères fonctionnels en ont déjà été écartés. Ce qui implique que le morceau de cire est considéré dans une attitude spéciale et que le champ thématique change (cf. *Appendice* II, p. 325). Cette opération est discutée à plusieurs reprises dans l'*Esquisse*. Au début, elle est dite être une abstraction, grâce à laquelle on obtient ce que l'objet est objectivement, c'est-à-dire indépendamment des fonctions qu'il a pour différentes personnes dans des situations pratiques (*Esquisse*, p. 76), par exemple, le cierge pour le marchand d'accessoires religieux, le même cierge pour l'exécutant d'un rituel religieux.

Plus tard, elle est dite être une opération purement mentale qui supprime les caractères et les références au thème fonctionnel de la situation pratique comme champ thématique, si bien qu'il ne reste que la longueur, la largeur, l'épaisseur, la couleur, la forme, la pesanteur, la dureté, etc., de l'objet de la perception[2], « de sorte qu'en fin de compte il en résulte l'objet

1. *Studies*, p. 97.

2. Cf. *Esquisse,* p. 212 pour une description de cette opération selon la psychologie de l'enfant chez Jean Piaget.

porteur de qualités perceptibles objectives » (*Esquisse*, p. 150). Gurwitsch nomme ce résultat « la chose réiforme ».

Une ou deux autres opérations pourraient être nécessaires avant que l'on ne puisse procéder à la construction de l'univers physique. Puisque la physique cartésienne ne peut mathématiser que les qualités dites premières, la forme par exemple, une distinction entre celles-ci et les qualités dites secondaires, telle la couleur, serait ensuite nécessaire. Ces dernières étant considérées comme des apparences subjectives, une science distincte, la psychologie, est requise pour en rendre compte (la mathématisation indirecte des qualités secondaires survint beaucoup plus tard, cf. *Science*, p. 54). De plus, dans le cas de l'objet animé, on aurait alors besoin de faire abstraction de ses déterminations psychiques, peut-être de la façon mentionnée plus haut en référence à la manière dont Cassirer aborde l'autre esprit[1].

Ensuite, puisque la chose réiforme est inexacte, on a besoin d'une idéalisation de ses déterminations (*Esquisse*, p. 82 *sq.*). Dans l'*Esquisse*, Gurwitsch explique comment

> on substitue à la chose réiforme (avec ses qualités perceptibles) le corps matériel physique qui est défini par des notions telles qu'atomes, ions, électrons, énergie, etc., entités qui ne comportent que des caractérisations par expressions mathématiques[2].

Pour la physique cartésienne, les choses seraient plus simples, car les notions servant aux définitions sont simplement géométriques. Néanmoins, puisque Descartes invente la géométrie algébrique ou analytique, l'effort pourrait être poursuivi jusqu'à inclure la formalisation. De plus amples détails sur la construction d'un espace physique non-perceptible sont donnés dans l'*Appendice* VI. Plus tard, il affirme :

> L'univers, tel que nous l'avons conçu au cours de l'histoire de la science moderne (une conception entretenue à toutes les périodes de cette histoire), est une construction, un système de constructions résultant de, et étant les corrélats de, conceptualisations d'un genre spécifique, à savoir, les idéalisations, les mathématisations, les algébrisations, les formalisations. De tels procédés – qui, bien entendu, sont de nature mentale – requièrent des matériaux sur lesquels opérer. Ces matériaux, qui doivent être pré-donnés, ne peuvent être autres que les objets de l'expérience quotidienne commune (*Science*, p. 17, voir p. 41 *sq.*).

À Berlin Gurwitsch a appris une physique plus rafinée avec Max Planck. Il fait allusion à des « connexions fonctionnelles » dans la lettre de 1945 à Schütz, dont s'inspire notre présente esquisse de philosophie de la

1. Cf. *supra*, p. 19.
2. *Esquisse*, p. 82, citant Husserl, *Ideen, I*, § 40.

physique gurwitschienne. De façon surprenante, cette allusion peut être clarifiée en relation avec son appréciation de l'œuvre de Lévy-Bruhl, dont il a aussi fait la connaissance à la conférence de Davos, en 1928. Il se réfère à Lévy-Bruhl dans son compte-rendu du « Nachwort » de Husserl, et parle de lui à ce dernier, l'incitant à lire *La Mentalité primitive* et la lettre du 11 mars 1935 que Merleau-Ponty a rendu célèbre[1].

Les fonctions mentales dans les sociétés inférieures (1928) est citée dans la plupart des livres de Gurwitsch, et l'étude de Lévy-Bruhl est recommandée dans l'*Esquisse*. Mais il n'y a qu'un seul examen substantiel dans tout l'œuvre, dans un compte rendu de *Society and Nature* de Hans Kelsen (1943), (« Ce compte-rendu est une des critiques que j'estime beaucoup. (...) j'y ai mis une partie très substantielle de ma théorie de la science » *Correspondance*, p. 78). Kelsen commentait diverses catégories de la philosophie grecque, telles que *archè* et *logos,* mais la réaction de Gurwitsch aux commentaires sur *aitía* est la seule qui soit ici pertinente. Ce qui suit clarifie la méthode de recherche comparative, ainsi que « la forme sous laquelle la “causalité” est comprise dans la science moderne » ; de plus, on a besoin de rappeler ce que l'“univers” signifie pour lui : « Imputer une faute à un malfaiteur implique donc l'idée que le malfaiteur a commis la faute; il est coupable de la faute dans le sens qu'il en est la “cause”. Autrement dit, dans les deux sens *aitía* comporte l'idée de causalité, appliquée dans un cas à la sphère morale ou légale, et dans l'autre à la sphère physique. Au lieu de parler de la transposition du concept d'un domaine à un autre, comme si l'interprétation du second domaine était dérivée du premier ou réductible à celui-ci, on devrait, selon nous, accentuer la structure spécifique du mode de penser concerné – dans le cas présent : penser selon le principe de causalité, compris comme connexion interne – et alors étudier la réalisation de ce mode de penser dans différents domaines.

Cette remarque nous conduit à un problème méthodologique. Supposons que nous sommes confrontés à diverses applications ou spécifications d'une idée, ou pour cette raison, à diverses manifestations d'une certaine mentalité, quel principe nous autorise-t-il à considérer une manifestation ou une application comme fondamentale et primaire, et d'en dériver les autres de celle-ci ? L'attribution d'un tel privilège à un motif particulier, plutôt qu'à un autre, n'est-elle pas injustifiée ? La méthode adéquate, selon nous, consiste à traiter tous les motifs comme coordonnés les uns aux autres, et à les référer à la constitution structurelle de la

1. Merleau-Ponty, *Signes*, Paris, Gallimard, 1960, p. 135. Lévy-Bruhl montre la lettre de Husserl à Gurwitsch en disant : « Expliquez-moi, je n'[y] comprends rien » (*Husserl-Chronik*, p. 459).

mentalité concernée. Pour la mentalité primitive, le premier problème est d'en dégager la structure essentielle, qui semble être définie par la "loi de participation" de Lévy-Bruhl. La question surgit alors de savoir quel sens et quelle portée un motif particulier, celui du châtiment par exemple, peut-il avoir avec le phénomène de "participation", et quel rôle joue ce motif dans le cadre de la mentalité ainsi caractérisée.

Ce problème méthodologique peut être formulé en termes encore plus généraux. « La "participation" de Lévy-Bruhl, le principe de causalité compris comme comportant une connexion interne entre deux événements qui se succèdent dans le temps et, finalement, l'idée d'une dépendance fonctionnelle qui (...) est la forme dans laquelle la "causalité" est conçue dans la science moderne, sont des spécifications du concept très général selon lequel il y a un contexte et une texture dans l'univers, que les choses tiennent ensemble. Ce concept général de contexte au sens large est une condition nécessaire et indispensable de l'expérience et de l'existence d'un univers possible, aussi restreint et confiné que soit un univers particulier. La référence aux formes spécifiques dans lesquelles le concept de contexte en général est réalisé doit être prise comme point de départ pour toute étude concernant l'une ou l'autre des spécifications mentionnées. Fondée sur cette référence, la question historique peut être posée : comment les différentes réalisations spécifiques de l'idée de contexte se développèrent-elles les unes à partir des autres ? »[1].

La théorie du contexte est au centre de l'ontologie de Gurwitsch; il semble qu'elle ait été élaborée surtout aux États Unis, mais comme son intérêt pour la pensée de Lévy-Bruhl remonte aux années 1920, elle commença probablement à se développer à Paris[2].

Une remarque faite en passant suggère que « le plan arithmétique » est semblable à l'univers physique pour Gurwitsch, mais les objets purement idéaux ne sont explicitement pas du domaine de l'*Esquisse* (*Esquisse*, p. 156-157, 292). L'*Appendice* V montre mieux ce qu'était déjà probablement sa position par rapport à la géométrie à Paris, étant donné particulièrement son article précédant sur Geiger et la référence à celui-ci. Par ailleurs, excepté le passage cité plus haut sur Piaget et la théorie des ensembles, il n'y a malheureusement aucune autre indication sur la philosophie des mathématiques de cette période.

1. Aron Gurwitsch, « Critical Study of Hans Kelsen, *Society and Nature* », *Isis*, vol. 36 (1946), p. 142-146. Il est dommage que Schütz se soit montré indifférent à la position de Lévy-Bruhl, sinon Gurwitsch aurait pu développer davantage ce sujet intéressant dans la *Correspondance*.

2. Cf. Aron Gurwitsch, « The Problem of Existence in Constitutive Phenomenology », *Journal of Philosophy*, vol. LVIII (1961), repris in *Studies*; voir aussi la *Théorie du Champ*, Sixième Partie.

En ce qui concerne la logique, il a suggéré assez tôt que « les notions utilisées en sciences physiques et chimiques (...) diffèrent beaucoup... des notions courantes de l'expérience journalière, les seules que la logique traditionnelle ait envisagées »[1]. Ceci a été poursuivi dans sa dernière publication : « La logique du Quoi, qui est la logique traditionnelle du sujet et du prédicat d'origine aristotélicienne, s'avère être au service d'une conception générale, selon laquelle le but de la connaissance consiste à dire ce que les choses sont en elles-mêmes, à les décrire et à en rendre compte en leurs termes propres. C'est cette logique qui est éminemment appropriée à (et indispensable pour) toutes occupations cognitives ou autres, dans la vie quotidienne commune et, en général, dans tous les efforts pour s'occuper cognitivement des affaires humaines, de la compréhension de personnalités historiques, par exemple. Par contre, la logique de la relation, telle que formulée et développée dans *Principia Mathematica*, est appropriée à l'esprit et au style de la science moderne, à la physique particulièrement, et entièrement guidée par la conception générale de la connaissance en vigueur dans la science moderne. D'après cette conception, la quête pour l'essence et la nature des choses, pour ce que les choses sont en elles-mêmes, doit être abandonnée du tout au tout, pour être remplacée par la recherche de la façon dont les choses fonctionnent, se comportent dans des circonstances variées, bref, des diverses manières dont elles sont reliées les une aux autres »[2].

Finalement, en ce qui concerne la philosophie de la physique élaborée par Gurwitsch à Paris, parmi tous les développements intéressants, il y a ce passage :

> Il n'existe pas encore de philosophie phénoménologique de la science. On peut présumer sans risque qu'une fois élaborée, elle suivra des lignes semblables à celles utilisées par Cassirer et Brunschvicg pour développer leurs idées. Aussi éloignés qu'ils soient du positivisme et du pragmatisme, ils ne défendent pas pour autant une interprétation réaliste ou ontologique de la science. La théorie de la connaissance dite de la reproduction a souvent et fortement été critiquée par Cassirer. Dans une philosophie de la science d'inspiration kantienne, l'univers de la science est considéré en relation avec les activités constitutives et constructives de la raison scientifique, avec les "démarches de l'esprit", selon la terminologie de Brunschvicg. À ce propos, je voudrais souligner les travaux de F. London et de E. Bauer[3]; ces auteurs, en se référant explicitement à

1. « La place de psychologie dans l'ensemble des sciences », p. 183

2. « Substantiality and Perceptual Coherence », *Research in Phenomenology*, t. II (1972), p. 29.

3. *La Théorie de l'observation en mécanique quantique* (Actualités Scientifiques et Industrielles 775), Paris, 1939.

> Husserl et à Cassirer, parlent de l'acte d'observation et de mesure comme d'un acte objectivant par lequel est constituée une nouvelle objectivité. La mécanique quantique, selon eux, rejette l'idée réaliste naïve d'objets existants indépendamment de toute observation, et ayant des propriétés mesurables, que l'on puisse ou non mesurer actuellement ces dernières [1].

Du 11 février au 14 avril 1937, Gurwitsch donne sept cours hebdomadaires à l'Institut d'Histoire des Sciences de la Sorbonne sous le titre « Introduction à la phénoménologie ». L'*Appendice* III inclut la dernière de ces conférences, non seulement parce que son contenu a trait à la théorie de la logique, mais aussi pour sa théorie originale des signaux, théorie qu'on ne trouve pas dans l'*Esquisse*. « Pour des besoins d'argent, Gurwitsch accepte d'écrire une introduction à la phénoménologie, d'une centaine de pages, pour les *Actualités scientifiques et industrielles*, une collection de vulgarisation dirigée par Jean Cavaillès. Cependant, après avoir écrit deux pages, il se rend compte que simplement résumer allait contre sa nature. Ainsi, un autre livre, inspiré de ses cours à la Sorbonne commença à prendre forme, l'*Esquisse* (« Sketch », p. XXV).

Puisque l'*Esquisse* est une introduction à la phénoménologie constitutive, il serait vain de s'étendre longuement ici sur ce qu'est la phénoménologie constitutive. De plus, « quelques principes fondamentaux de la phénoménologie constitutive », au stade des épreuves pour les *Recherches Philosophiques,* avant que cette revue ne cesse de paraître, constitue l'*Appendice* IV, et entreprend la même tâche d'une manière complémentaire. On peut néanmoins observer que ce genre de phénoménologie provient du Husserl des *Ideen* I et des écrits consécutifs ; que son accentuation est épistémologique, et que c'est une recherche demeurée ouverte et demandant les efforts de toute une vie.

La phénoménologie constitutive est semblable au kantisme en ceci qu'elle relie les objets au sujet constituant, mais ce sujet, lequel peut être collectif ou intersubjectif aussi bien qu'individuel, non-humain ou humain, renferme les profondeurs considérables d'une expérience qui est anté-prédicative, pré-conceptuelle, ou même pré-réflexive (Gurwitsch a tendance à dire « perceptive »). De plus, elle ne construit ni une chose inobservable en elle-même, ni un ensemble subjectif inobservable de conditions nécessaires à la possibilité des objets; elle s'appuie plutôt sur l'observation réflexive de processus intentionnels conscients, tels qu'intentionner des objets et, corrélativement, des objets idéaux aussi bien que réels, tels qu'ils

1. Aron Gurwitsch, « Recension de Yves Simon, *Prévoir et Savoir, Études sur l'idée de nécessité dans la pensée scientifique et en philosophie* » (1944), *Philosophy and Phenomenological Research*, vol. 7 (1946), p. 341. Pour une analyse critique de l'interprétation réaliste de la physique, cf. l'*Appendice* V.

peuvent être observés réflexivement comme se présentant eux-mêmes, de diverses manières, à des sujets, c'est-à-dire, à la réflexion noético-noématique.

D'ailleurs, la phénoménologie constitutive diffère de la phénoménologie existentielle par son accentuation intellectuelle ou épistémologique, en ce qu'elle ne se restreint pas à la vie humaine et, essentiellement, en ce qu'elle considère la vie constitutive consciente, au moins pour des raisons méthodologiques, comme n'étant pas mondaine, c'est-à-dire transcendantale[1]. La conscience transcendantale n'est pas une conscience seconde au-delà et en-deçà de la conscience mondaine, ou conscience dans l'attitude naturelle, mais plutôt la même conscience que celle qui est examinée dans la psychologie de l'enfant, la psychopathologie, l'ethnologie, l'éthologie des chimpanzés, etc., mais considérée selon une perspective différente. C'est-à-dire, dans les termes de Gurwitsch, comme le moyen universel d'accès à tout ce qui existe, y compris elle-même. En ce qu'elle réfléchit sur la conscience dans cette perspective, la phénoménologie n'est pas même la forme culturelle scientifique de l'attitude naturelle, mais plutôt transcendantale; elle est capable d'accomplir les tâches de la philosophie première dans le sens de la philosophie moderne depuis Descartes, Hume, Kant, Husserl, Gurwitsch et d'autres.

L'*Esquisse* est suffisamment avancée, avant que Gurwitsch ne quitte la France, pour convenir avec Mlle Monique Lipmann d'en corriger le français, contribution qui sera reconnue dans le manuscrit. Il la considère comme son élève. Convertie, mais d'origine juive, elle doit fuir, par conséquent, la ville de Paris occupée par les allemands. Une mention ultérieure mérite d'être citée : « Mon étudiante de Paris m'a écrit; elle est de retour à Paris, mais elle écrit de la zone libre. La pauvre jeune fille de 24 ans a traversé bien des épreuves : son père est décédé trois semaines avant leur fuite; puis la fuite avec son jeune frère, dormir en plein champs, bombardés par des avions, dévalisés de tout ce qu'ils avaient emporté. Parmi ces choses, il y avait une copie de mon livre que je lui avais confiée lorsque j'ai quitté la France. Cette image d'une jeune fille en fuite, essayant de sauvegarder mon manuscrit, en dit plus sur la loyauté humaine que tous les mots. Et l'on demeure avec guère plus que la conscience d'avoir été important à telle ou telle personne » (*Correspondance*, p. 36, voir aussi p. 102).

Le récit personnel de la manière dont Aron et Alice Gurwitsch parviennent à quitter la France pour les États-Unis d'Amérique alors que

1. Pour d'autres aspects de l'opposition de Gurwitsch à l'existentialisme, voir le compte-rendu de Paul Landsberg, « Husserl et l'idée de la philosophie » (1939), *Philosophy and Phenomenological Research*, t. I (1941). Pour des remarques un peu plus favorables, cf. *Correspondance*, p. 121, 253, et *Studies*, p. XIX.

les armées allemandes avancent, est donné par Grathoff dans son introduction à la *Correspondance*. La dernière initiative professionnelle de Gurwitsch en France est de participer à l'effort pour recruter Raymond Aron, Gaston Berger, Jean Héring, Alexandre Koyré, Maurice Merleau-Ponty et Jean-Paul Sartre comme membres fondateurs de l'*International Phenomenological Society* (*Correspondance*, p. 12). Son dernier acte intellectuel est la rédaction de « On the Intentionality of Consciousness » pour les *Essays in Memory of Edmund Husserl*.

TROISIÈME PARTIE : APRÈS LA FRANCE

La vie intellectuelle et professionnelle de Gurwitsch au cours de sa période américaine (1940-1972), pendant laquelle il obtient des postes temporaires à John Hopkins, à Harvard, et au *Wheaton College*, et ensuite des postes permanents à Brandeis et à la *New School for Social Research*, est mieux documentée que les précédentes grâce à sa correspondance avec Schütz. En se basant sur elle, Maurice Natanson parle de « Gurwitsch, dont la première urgence avait été d'échapper avec sa femme à l'avancée des troupes Nazies en France, et dont le besoin était de trouver un emploi académique convenable aux États Unis. Cette lutte, détaillée dans la correspondance, était terriblement difficile dans chaque cas. Prenant différentes formes, la lutte continua pendant bien des années, parfois transformée, parfois déguisée, mais toujours décourageante, bien que parfois soulagée par un changement de circonstances. Ce qui restait constant, c'était d'être un réfugié, un juif, et de représenter une école de philosophie à peu près inconnue aux États Unis dans les années trente et quarante, et largement mécomprise là où elle était connue » (*Correspondance*, p. x).

Dans sa biographie de Schütz, Helmut Wagner se concentre sur l'aspect social de la vie des deux correspondants et sur le contraste entre l'Amérique et l'Europe : « À Paris, Gurwitsch a pris conscience de lui-même et participa intensément aux activités de l'élite intellectuelle française. Aux États Unis, les deux hommes trouvèrent l'ensemble du climat intellectuel défavorable aux discussions, même informelles, entre intellectuels encore en formation, et au travail érudit en cours. Bien que leurs amis et connaissances émigrés essayèrent de le faire, ils trouvèrent que la vie intellectuelle de Berlin, Paris, Vienne, d'avant Hitler, ne pouvait être restaurée en terrain américain; les amis se trouvaient dispersés sur un vaste territoire. En conséquence, ils eurent à vivre une vie d'isolement intellectuel »[1].

Ceci nous rappelle le passage de Gurwitsch cité au début de la deuxième partie concernant son interprétation du changement de sa situation. S'y rapportent aussi le « On contemporary nihilism »[2] et les lettres à Cairns publiées sous le titre « Two Husserlians discuss Nazism ». Néanmoins, Gurwitsch travaille avec le groupe *Philosophy and Phenomenological Research*, écrivant articles, comptes-rendus, et évaluant des manuscrits remis à la rédaction. Il est en contact non seulement avec Cairns et Schütz mais aussi, à en juger par la correspondance qui nous est parvenue, particulièrement avec Marvin Farber, Felix Kaufman, Fritz Kaufmann et Herbert Spiegelberg. Schütz et lui écrivent des articles reliant la phénoménologie au premier William James, celui des *Principes de la Psychologie* (1890), déjà cité dans sa dissertation. Et ce, à l'occasion du Centenaire de James, car ils espèrent établir un contact avec la philosophie américaine[3].

En 1943, il fait une demande de subvention afin d'écrire La *Phénoménologie de la Perception (sic!)* : « Le but du livre projeté est de présenter une enquête phénoménologique sur les actes et les procédés de la conscience dans et par lesquels le monde perceptible, où les êtres humains vivent, est constitué – ce monde réel tel qu'il est familier dans la vie quotidienne, auquel se réfèrent les sciences physiques avec leurs explications théoriques. Quand il parle de phénoménologie, l'appliquant (*sic*) a toujours en vue ce corps de théories philosophiques, et particulièrement, de méthodes développées par Edmund Husserl. Le programme général de la phénoménologie peut être décrit comme la tâche de rendre compte d'objets de toutes sortes, en termes d'expériences de ces objets. Lorsque les objets dont on veut rendre compte sont des choses perceptibles, les expériences à examiner sont les perceptions sensibles et les actes reliées de la conscience. Le but ultime de la grande tradition empiriste en philosophie, apparue avec John Locke, peut d'ailleurs être exprimée en termes qui sont, en grande partie, semblables à ceux du programme de la phénoménologie »[4].

1. Helmut R. Wagner, *Alfred Schütz : An Intellectual Biography*, Chicago, University of Chicago Press, 1983, p. 206. Cf. Lewis A. Coser, *Refugee Scholars in America : Their Impact and Experiences*, New Haven and London, Yale University Press, 1984, p. 307-312.

2. *The Review of Politics*, vol. 7 (1945). D'abord écrit en français, en réaction aux préoccupations pratiques de la psychologie et de la sociologie que Gurwitsch trouva en Amérique.

3. Aron Gurwitsch, « William James' Theory of the "Transitive Parts" of the Stream of Consciousness » (1943), repris in *Studies*.

4. « Outline of a Projected Book to be entitled *Phenomenology of Perception* », *Essays in Memory of Aron Gurwitsch*, Lester Embree, éd., Washington, D.C., Center for Advanced Research in Phenomenology and University Press of America, 1983, p. xv.

La subvention n'est pas octroyée, mais la demande montre comment Gurwitsch a commencé à réorganiser et à élargir les pensées de l'*Esquisse* pour un nouvel auditoire, un processus qui commence pendant la guerre et qui culmine dans la *Théorie du Champ* et *Marginal Consciousness*.

Bien qu'il change de nation pour la seconde fois, Gurwitsch ne change pas l'orientation de ses recherches. Cependant, en Amérique, il y a peu de références aux sciences culturelles, tout au moins jusqu'à la mort de Schütz [1]. De plus, il semble qu'il y avait entre eux une division du travail tacite selon laquelle Gurwitsch s'occupe lui-même des philosophies de la psychologie, de la physique, des mathématiques et de la logique, laissant à son ami la philosophie des sciences sociales.

À son arrivée en Amérique, Gurwitsch écrit à Schütz: « C'est actuellement une histoire plutôt fantastique : nous étions destinés aux camps de concentration, et alors à tout ce que l'invasion Nazi a apporté avec elle, et au lieu de cela on se trouve dans cette maison spacieuse, on s'assied sur le porche et on travaille à la théorie de l'*ego* de Sartre. On doit "comprendre" tout cela. Et où Sartre peut-il bien être ? » (*Correspondance*, p. 15).

Il semble regrettable que Gurwitsch n'ait eu aucun contact avec Jean-Paul Sartre pendant les années trente. Il cite *La Transcendance de l'Ego* (1937) dans l'*Esquisse*, demande une lettre d'appui à Cairns en 1941 dans l'espoir de faire venir Sartre aux États Unis, et publie « Une conception non-egologique de la conscience », le premier article en anglais sur Sartre [2]. Il croit que sa traduction de l'expression de Husserl « *das Wahrgenommene als solches* » par « le perçu comme tel » est parvenue à Sartre par Merleau-Ponty [3]. Il se propose d'inclure une critique étendue de Merleau-Ponty et de Sartre dans *Marginal Consciousness*, mais abandonne le projet de ce livre. Leur accord commun s'étend à la conception non-égologique de la conscience (« cet essai est tout Sartre – à l'exception près d'un ou deux points indiqués – et tout Gurwitsch » *Correspondance*, p. 31). Nous pouvons citer son interprétation ultérieure : « En partie à cause de la place qu'il accorde à la théorie *gestaltiste*, en partie pour des raisons phénoménologiques immanentes, l'auteur a établi une conception non-égologique de la conscience. Prenant en cela ses distances envers Husserl, l'auteur se trouve d'accord avec Sartre. Par conception non-égologique de la

1. « The Common-Sense World as Social Reality – A Discourse on Alfred Schütz » (1962), repris in *Science* ; voir aussi § 1, § 4, et §5 de ce volume.

2. *Philosophy and Phenomenological Research* (1941), repris in *Studies*

3. « Sketch », p. XXIV. L'allusion renvoie à *L'imagination* de Sartre ; cf. l'*Esquisse* (62 n. 148). Une sectionde l'introduction à la *Conscience Marginale,* et des parties du travail de Lester Embree, « The Natural Scientific Constitutive Phenomenological Psychology of Humans in the Earliest Sartre », *Research in Phenomenology*, t. XI, 1981, sont consacrées à Gurwitsch et à Sartre.

conscience, on entend deux choses : (1) Les actes de la conscience ne sont pas conçus comme rayonnant, émanant, sortant, etc., d'un centre d'activité, comme les manifestations d'un agent qui vivrait dans ces actes. (2) Il s'ensuit le refus d'un *ego* pur, au sens husserlien de résistant ou “survivant” à la réduction phénoménologique, comme n'étant pas réduit à être dévoilé comme étant un phénomène, – plus précisément, un système de phénomènes organisés d'une façon particulière. Il n'y a que l'*Ego* mondain empirique en tant qu'entité psychosomatique ou personne socio-historique, deux aspects de la même réalité qui peuvent, pour des fins d'analyse, d'études et d'explication, être séparés abstraitement l'un de l'autre. Parce que l'*Ego* se révèle être un existant mondain, des problèmes de constitution s'élèvent à son égard. Nous soulignons, l'*Ego* n'est pas l'agent de, ni le participant à la constitution, mais bien plutôt son résultat, son corrélat, son produit » (*Studies*, p. XXIII).

Aux États Unis, Gurwitsch continue d'apprécier l'œuvre de Sartre. Le 31 janvier 1941, il adresse la lettre suivante à Dorion Cairns, qu'il connaissait depuis dix ans et qu'il rejoindra plus tard à la New School : « Je vous écris cette lettre dans l'intérêt de Jean-Paul Sartre. Il est possible que son nom signifie quelque chose pour vous. Dans tous les cas, laissez-moi vous dire qu'il n'est pas seulement l'un des philosophes plus doués de sa génération en France (il a environ 35 ans), mais qu'il est aussi un vrai phénoménologue. Parmi toux ceux qui ont écrit sur la phénoménologie en France, il est le seul à la comprendre vraiment et à contribuer à son progrès d'une manière créative et productive. Comme vous le verrez dans la liste ci-jointe de ses publications, sa spécialité est la phénoménologie de l'imagination. Je peux dire qu'il appartient au même courant phénoménologique que nous. Puisque je suis ici, j'essayerai d'inviter Sartre. Il est encore en France, mais cet homme doit être sauvé » . Sans aucun doute Cairns envoya la lettre de recommandation demandée par Gurwitsch, mais on ignore les raisons pour lesquelles l'initiative de Gurwitsch échoua. Pourtant, vingt ans après, en 1959, quand il fut appelé à succéder à Alfred Schutz à la New School, Gurwitsch proposa de donner un séminaire avancé, au Printemps 1960, sous l'intitulé suivant : « Étude et discussion d'extraits de *L'Être et le Néant*. Les idées de Sartre seront présentées dans le contexte de la pensée philosophique contemporaine et aussi dans leur contexte historique. L'accent sera mis sur l'importance systématique de ses théories » .

La *Correspondance*, tout comme les œuvres publiées, montrent Gurwitsch lisant attentivement Merleau-Ponty et Sartre, mais aussi Brunschvicg et Piaget, tout au long de sa période américaine. Pendant la guerre, en plus des comptes rendus de Pos et de Simon mentionnés plus haut, il recense des travaux de Jean Héring et de Gaston Berger[1]. Il semblerait que Gurwitsch se soit trouvé plus en accord avec Berger qu'avec quiconque en France.

Les lettres à Schütz, bientôt de passage là-bas pour affaires, montrent avec quelle chaleur Gurwitsch se rappelait Paris. Juste après la guerre, il reçoit l'offre d'un poste en France et l'envisage sérieusement. Mais Koyré, Raymond Aron, et Jean Wahl le lui déconseillent pour des raisons financières. Néanmoins, il serait peut-être rentré si un poste permanent ne lui avait été offert à Brandeis en 1948. Sa femme et lui ne revoient l'Europe qu'en 1949, y retournent ensuite presque chaque année, rendent visite à Monique Picard, née Lipmann, quand c'est possible. Gurwitsch s'est toujours considéré plus européen qu'américain et, en Europe, il s'est toujours trouvé plus chez soi en France qu'en tout autre pays.

Ses publications en français continuent après la guerre. Le manuscrit « Le monde perceptif et l'univers rationalisé » (*Appendice* V) appartient à cette période, ainsi que les trois contributions à la philosophie de la logique[2]. Puisqu'il est encore difficile, dans les années cinquante aux États Unis, de trouver un éditeur pour la phénoménologie, la *Théorie du champ de la conscience*, dont la préparation a duré plus de dix ans, est publiée en traduction française (on peut se demander si l'*Esquisse* aurait eu un impact différent). Elle contient presque l'ensemble de l'ontologie qui, bien qu'élaborée aux États Unis, remonte aux année parisiennes.

La situation de la phénoménologie en Europe après la guerre devient, du moins pour un certain temps, décourageante. Stéphane Strasser donne deux conférences à Cambridge en avril 1956 : « Leur conséquence fut pour moi le constat très triste qu'il n'y a plus d'écoles de phénoménologues. Strasser lui-même dit qu'il n'y avait que des tendances centrifuges et nulle tendance centripète. L'Existentialisme paraît tout dominer. – Je n'ai pas à vous dire combien je crois, moi aussi, que nous devons commencer par le monde-vécu, et combien il est nécessaire que nous l'examinions et que nous le décrivions. Mais cela veut-il dire que nous nous y soyons à ce point

1. Aron Gurwitsch, « Review of Jean Héring's "La Phénoménologie d'Edmund Husserl il y a trente ans" (1939) », *Philosophy and Phenomenological Research*, vol. 1 (1940); « Review of Gaston Berger's "Husserl et Hume" (1939) », *Philosophy and Phenomenological Research*, vol. 2 (1941) ; « Review of Gaston Berger's, *Le cogito dans la philosophie de Husserl* (1941) », *Philosophy and Phenomenological Research*, vol. 7 (1947); « Review of Gaston Berger's, *Recherches sur les conditions de la connaissance* (1941) », *Philosophy and Phenomenological Research*, vol. 8 (1947).

2. Aron Gurwitsch, « Présuppositions philosophiques de la logique », *Revue de métaphysique et de morale*, vol. LVI (1951), repris in *Phénoménologie-Existence* (1953); « Sur une racine perceptive de l'abstraction », *Actes du XIe Congrès International de Philosophie*, vol. 2 (1953); « Sur la pensée conceptuelle », *Edmund Husserl 1859-1959*, The Hague, Martinus Nijhoff, 1959.

enfoncés que nous ne puissions jamais parvenir à quoi que ce soit d'autre? (...) Je me sens plus attiré par Cassirer, Brunschvicg et Piaget qui, pour aussi différents qu'ils soient les uns des autres, n'abandonnent, ni ne veulent abandonner, la traditionnelle – dans le meilleur sens – orientation vers l'*épistèmè*. Le nouveau sang dont la phénoménologie a si désespérément besoin devra lui venir de ce côté-là » (*Correspondance*, p. 253).

Tard dans les années cinquante, Gurwitsch refuse une invitation à Berlin, il accepte une chaire Fulbright à Cologne en 1958-59, et donne des conférences à Louvain, tout en continuant d'être bien reçu en France. Il écrit à Schütz : « À Paris j'ai vu, entre autres, Wahl et Hyppolite, qui vous envoient tous deux leurs salutations. (...) Il y a un projet de me faire venir à Paris pour des conférences, tard en avril ou tôt en mai. Je devrai parler de l'idéation au Collège de Jean Wahl, comme je le fis à Louvain, sur Kant-Husserl, devant la Société de Philosophie, comme à Berlin, Bruxelles et à la *New School*, etc. Après j'aurai une soirée ou un après-midi avec les étudiants de philosophie de l'École Normale » (*Correspondance*, p. 307). Gurwitsch ne refuse pas, en 1971, l'interprétation selon laquelle son allocution devant la Société de Philosophie soit considérée comme un « certificat de membre de la communauté intellectuelle française » [1].

Alfred Schütz meurt en 1959 et Gurwitsch est appelé à lui succéder à la Faculté des gradués de la *New School for Social Research*. Pendant ses douze dernières années, il a joué un rôle central de direction en tant que grand représentant de la phénoménologie américaine. Sa position philosophique, cependant, germe, pourrait-on dire, dans l'Allemagne de Weimar et meurt à Paris, avec l'*Esquisse* comme sa plus belle expression.

Lester EMBREE
traduction Jose HUERTAS-JOURDA,
revue par Brigitte MCGUIRE

1. « Sketch », p. XXIII. La conférence a été publiée sous le titre : « La conception de la conscience chez Kant et chez Husserl », *Bulletin de la Société Française de Philosophie*, vol. LIV (1960), tr. in *Studies*.

INTRODUCTION DE L'AUTEUR

Ce volume contient le texte modifié et amplifié des conférences que l'auteur eut l'honneur de faire en 1937 à l'Institut d'Histoire des Sciences et des Techniques de l'Université de Paris. Pour assurer à ce livre le caractère d'une introduction – une introduction devra toujours être aussi et peut-être surtout une [esquisse[1]] – une partie considérable en est consacrée à l'exposé des mobiles qui, avec une force que l'auteur se croit fondé à estimer une force de contrainte logique, poussent la pensée philosophique dans la direction dans laquelle M. Husserl l'a engagée.

Introduire à une œuvre philosophique, c'est – nous semble-t-il – mettre en évidence les mobiles et les problèmes desquels cette œuvre tire sa vie, plutôt que donner un sommaire de solutions proposées; c'est reprendre les idées à leur point d'origine et à leur état de naissance, pour refaire et recréer en quelque sorte cette œuvre plutôt que de la regarder en spectateur impartial qui la fait passer pour un document plus ou moins littéraire. Ceci est vrai aussi pour des recherches qui portent sur l'histoire des sciences ou de la philosophie; ce l'est à plus forte raison quand il s'agit d'une pensée philosophique vivante et qui – comme nous le soutenons en accord avec M. Husserl – ne se trouve qu'au début de son épanouissement. C'est pour cette raison que l'auteur s'est borné à exposer les très grandes lignes de quelques théories phénoménologiques au lieu de cumuler, avec la prétention d'épuiser l'œuvre de M. Husserl, analyses sur analyses, ce qui n'aurait eu pour effet, que d'embarrasser le lecteur.

On a préféré chercher à faire naître en quelque sorte la phénoménologie devant les yeux du lecteur, au lieu de le mettre en présence de doctrines toutes faites et qui seraient comme tombées du ciel. La conséquence inévitable de cette manière de procéder est que l'auteur a dû passer sous silence beaucoup de théories phénoménologiques non moins intéressantes

1. lacune. *Éd.*

et non moins importantes que celles qui sont ici abordées. Ainsi il n'a pu être question de la théorie de l'évidence, ni de la théorie correspondante de l'existence véritable; qu'il soit permis de renvoyer à ce propos à l'article « Quelques principes fondamentaux de la phénoménologie constitutive » que l'auteur a fait paraître dans les *Recherches Philosophiques*, t. VI, 1937, où l'on trouvera quelques compléments [1]. L'auteur est loin d'ignorer l'arbitraire qu'il y a dans le choix fait par lui, mais tout autre choix l'eût été autant.

Une sélection s'est imposée, ne serait-ce que celle du cadre extérieur qu'un tel volume ne doit pas dépasser. Il ne faut donc pas prendre ce livre pour un résumé de la phénoménologie husserlienne, ni même pour un commentaire des œuvres de M. Husserl. Toute son ambition se restreint à chercher à éveiller chez le lecteur un intérêt pour la phénoménologie, à lui suggérer des études personnelles et à lui être utile dans ces études. Bien que l'auteur se soit efforcé de s'en tenir à la pensée de M. Husserl, sans travailler à faire avancer, de sa propre initiative, les problèmes au-delà de l'état où le maître les a laissés, il n'a pas hésité à se réclamer de quelques idées défendues surtout dans la psychologie plus récente, qui sont en rapport avec des vues husserliennes ou qui peuvent être rendues fécondes pour la phénoménologie, dans la mesure où une telle référence semble pouvoir servir à la compréhension.

L'auteur éprouve le besoin de dire sa profonde gratitude à tous ceux à l'hospitalité et à la générosité desquels il doit la possibilité matérielle et morale de continuer ses études : parmi d'autres que ne soient cités que le « Comité de Savants », fondé et présidé par feu Sylvain Lévi, le « Comité d'Accueil des Savants Étrangers », l'« Institut d'Histoire des Sciences et des Techniques » et son directeur M.A. Rey. Le lecteur doit à Mlle Monique Lipmann la correction du texte du point de vue de la langue. Qu'elle reçoive ici l'expression de mes remerciements.

1. La Revue interrompit sa publication avant la publication annoncée de cet article. L'auteur en avait corrigé les épreuves qui furent conservées dans ses papiers. L'article figure ici comme *Appendice* III. Note de l'Éditeur.

CHAPITRE PREMIER

LE PROBLÈME DE LA PHILOSOPHIE DE LA CONSCIENCE

§ 1. LA PHILOSOPHIE DE LA CONSCIENCE COMME « PHILOSOPHIE PREMIÈRE »

La caractéristique essentielle de la philosophie moderne consiste à ne plus porter sur l'être et les objets dans[1] l'âme humaine – comme la philosophie l'avait fait dans l'Antiquité et au Moyen Age – mais à placer au premier plan de l'intérêt la prise de conscience de l'être objectif et à voir, dans la conscience, un domaine particulier. Cette découverte de la conscience qui désormais sera le thème principal de la philosophie est une des gloires de Descartes.

Le *cogito ergo sum*, Descartes ne le fait pas passer seulement et exclusivement pour un axiome destiné à servir de point de départ à une série de déductions, donc pour une prémisse initiale. Résumant à la fin de la Seconde Méditation l'analyse et la critique qu'il vient de faire de la perception, Descartes[2] parvient à la conclusion que tout acte par lequel connaissance est prise d'un corps extérieur fait connaître la conscience elle-même *non tantum multo verius, multo certius, sed etiam multo distinctius evidentiusque*. On ne peut pas se mettre en rapport avec un objet extra-mental quelconque sans se mettre du fait même en rapport avec soi-même, c'est-à-dire avec son esprit. Du seul fait qu'une prise de conscience d'un objet est vécue, dans laquelle cet objet se présente, s'offre éventuellement comme existant, cette prise de conscience elle-même est saisie en même temps comme une réalité consciente, et elle l'est avec une force accrue.

1. Pour « dont ». *Éd.*

2. Descartes, *Œuvres* (publiées par Ch. Adam et P. Tannery), t. VII, p. 33-34; t. IX, p. 25-26.

Tous les actes et toutes les démarches de l'esprit qui suggèrent d'admettre, à tort ou à raison, l'existence d'une chose extérieure, raffermissent l'existence de l'esprit lui-même. Ainsi la conscience apparaît comme un domaine d'être, pour ainsi dire, mis devant les objets. De quelque objet que l'on s'occupe et de quelque manière que l'on en prenne conscience, on se trouve nécessairement ramené aux actes dans et par lesquels on le fait ; on se voit, à tout instant, mis en présence de la conscience, seul domaine qui résiste au doute universel. Le « *cogito ergo sum* » doit donc être compris comme l'expression de cette découverte d'un domaine d'être premier en soi, préalable à tout autre et qui est seul à connaître une existence indubitable et, dans ce sens, absolue.

Ce privilège que Descartes a attribué à la conscience lui est resté dans toute la philosophie moderne, surtout dans l'école classique anglaise inaugurée par Locke, Berkeley et Hume, et qui se prolonge dans l'empirisme du XIXe siècle. Ce furent, en effet, les penseurs appartenant à cette école qui, les premiers, ont cherché à rendre féconde la grande découverte de *Descartes*, en soumettant la conscience à une investigation systéma-tique [1].

1. La raison pour laquelle cette tâche d'une investigation systématique de la conscience est passée des cartésiens aux empiristes, est le « préjugé » [si l'on ose dire] mathématique dont les premiers sont imbus. Malebranche, par exemple, tout en soutenant (*De la recherche de la vérité,* livre III, partie II, chap. VII, 3 et 4) que nous connaissons « plus distinctement l'existence de notre âme que l'existence de notre corps et de ceux qui nous environnent », n'admet pourtant pas qu'il y ait « une connaissance aussi parfaite de la nature de l'âme que de la nature des corps ». « L'idée que nous avons de l'étendue suffit pour nous faire connaître toutes les propriétés dont l'étendue est susceptible. » Chaque modification particulière de l'étendue, chaque figure, chaque mouvement peuvent et doivent être conçus comme une variation de l'idée fondamentale de l'étendue, comme un cas spécifique d'une généralité idéale ressortissant, d'après des lois déterminées, à cette idée qui, elle, en garantit la possibilité aussi bien que la nécessité. Mais il en va tout autrement pour l'âme qui n'est pas ce que M. Husserl *(Ideen zu einer reinen Phänomenologie und phänomenologischen Philosophie, op. cit.* ici, comme *Ideen*, Halle 1913, p. 135, appelle une « *definite Mannigfaltigkeit* », parce que nous n'avons pas une idée de l'âme, mais n'en connaissons les modifications que « par le sentiment intérieur que nous avons de nous-mêmes » ou par la « conscience ». Dans ce domaine ainsi privilégié quant à son existence, il n'y a aucun moyen de concevoir ni d'embrasser une totalité de possibilités. À quiconque n'a jamais fait lui-même une expérience directe d'une couleur, d'une chaleur, d'un plaisir, d'une douleur, etc., « on ne pourrait faire connaître ces sensations par toutes les définitions qu'on en donnerait » ; il ne pourrait même pas « savoir si notre âme en serait capable ». En cette matière, il n'y a pas d'idée fondamentale qui se différencie et se déploie en un système de possibilités ; il ne reste donc qu'à observer ce que nous sentons se passer en nous », c'est-à-dire à constater la présence des faits qui se produisent. Or, une telle connaissance par expérience ne répond pas à l'idéal mathématique par lequel Malebranche se laissait guider. Malgré la thèse qu'il défend, Malebranche doit être compté parmi ceux qui ont inauguré la psychologie moderne ; M. Cassirer (*Das Erkenntnisproblem*, Berlin 1911, t. I, p. 554) le caractérise comme *« der erste wahrhafte* Psychologe *in der Geschichte der neueren Philosophie »*. Nous reviendrons encore [en blanc dans le texte] sur l'orientation générale dans laquelle Malebranche a engagé la psychologie naissante.

Nous n'avons pas ici à scruter les raisons historiques – d'ailleurs multiples – qui ont déterminé cette nouvelle orientation de la philosophie. Ce que nous voulons faire, c'est mettre en relief une considération selon laquelle le privilège assigné à la conscience se trouve fondé de façon décisive et définitive.

Cette considération qui a animé l'élan philosophique de l'empirisme et qu'il faut encore compter, et à titre éminent, parmi les motifs qui ont fait naître la *phénoménologie*, n'est à proprement parler qu'une généralisation approfondie de l'idée exprimée dans le texte de Descartes qui vient d'être cité. Les objets qui nous environnent et forment notre ambiance n'existent pour nous que grâce aux actes de la conscience dans lesquels ils nous apparaissent. Sans ces actes par lesquels on se met en rapport avec les objets, ceux-ci n'auraient aucune existence, on ne pourrait pas parler d'eux, on n'en soupçonnerait ni l'existence ni la possibilité. C'est dans et par les actes de la conscience que les objets deviennent accessibles, qu'ils se déploient devant le sujet qui les saisit, dans leurs déterminations et dans leurs qualités, qu'ils s'offrent tels qu'ils sont et qu'ils figurent pour ce sujet. Toute discussion portant sur une quelconque propriété d'un quelconque objet ne peut être tranchée que par une mise en contact avec l'objet en question, par une prise de conscience de cet objet dans laquelle il se présente dans sa nature authentique.

Même quand on croit ne pouvoir trouver la nature authentique d'un objet que dans sa vérité scientifique qu'on substitue – comme cela se fait en physique – à la chose perceptible, le corps physique et « objectif » qu'on construit, ce dernier ne se tire que des actes constructifs de la conscience, d'une activité spécifique de l'esprit, dans laquelle toutes les déterminations qui le caractérisent lui sont conférées[1]. Ce sont encore des actes de la conscience qui donnent la certitude de l'existence de tel ou tel objet. En effet, qu'un objet existe, cela veut dire ou bien que l'on en vit une expérience actuelle ou bien que, certaines conditions étant remplies, on peut s'attendre à vivre des actes de conscience dans lesquels l'objet en question s'offrira.

On peut, à coup sûr, se tromper sur un objet et sur son existence. Une chose que l'on avait fait passer pour existante peut se révéler comme apparente seulement. Mais dans ce cas aussi, c'est à des actes de conscience que la correction de l'erreur est due. Des actes en un sens plus parfaits que les premiers viennent infirmer ceux-ci et les supplanter. Ce n'est en tout cas que la conscience elle-même qui peut apporter une modification à ce qu'elle avait donné. C'est à elle seule que l'on doit l'existence d'un monde, et ce n'est que grâce à elle que ce monde se présente tel qu'il est.

1. Nous y reviendrons au chap. II, sect. 3.

Si l'on cherche une compréhension philosophique du monde et des objets qui le composent, il faut donc s'adresser à la conscience. Une compréhension philosophique, c'est une compréhension radicale où l'on ne se résigne pas à faire passer des réalités quelconques comme tout simplement données, comme venant d'un dehors, mais où l'on cherche à en saisir l'origine et à en dévoiler le sens d'être. Or, la source et l'origine des choses, de leur réalité et de leur sens d'être ne peut pas être cherchée ailleurs que dans la conscience, que dans les actes grâce auxquels les choses apparaissent et dans lesquels elles se forment, se constituent et se présentent comme existantes. Ces actes dans lesquels le sens spécifique de leur existence est conféré aux choses, il faut remonter à eux pour les examiner et les scruter. Comprendre les choses en philosophe revient donc à la tâche d'en établir les modes d'apparition, d'en dégager la formation, la constitution, la genèse pour la conscience.

C'est ainsi que Hume, par exemple, pour déterminer ce que sont la chose matérielle et le monde perceptible en général, s'est mis à analyser les perceptions et les autres actes par lesquels ce monde prend naissance. Ou, autre exemple, dans les nombreuses théories qui, dans l'école empiriste, ont été élaborées sur la genèse de la représentation de l'espace, les auteurs ont travaillé à mettre en évidence ce que c'est que l'espace, à dévoiler le sens même de la spatialité, en fixant les éléments dont cette représentation est faite et en dégageant sa formation progressive.

Le monde perceptible tel qu'il tombe sous les sens et est connu dans la vie courante peut être soumis à des déterminations scientifiques. On forme alors des notions, on porte des jugements, on élabore des théories. Notions, jugements, théories ne sont certainement que des créations de l'esprit qui jaillissent de la spontanéité de la pensée. L'univers des nombres, les données mathématiques, toutes sortes de relations, etc. n'ont leur origine, et ne peuvent l'avoir ailleurs, que dans ces actes de la conscience par lesquels ils sont conçus et construits. Encore une fois, pour la compréhension philosophique de ces formations de la pensée, on se trouve renvoyé à la conscience comme à la source d'où elles sont puisées.

Le sens de ces créations de la pensée, l'existence particulière qui leur appartient ou, pour mieux dire, leur mode d'être spécifique ne peuvent être dégagés que si l'on remonte à leur naissance dans la conscience, en surprenant pour ainsi dire les démarches de l'esprit par lesquelles ils sont constitués. Ainsi, dans l'analyse philosophique de la nature des nombres, on se voit conduit aux actes de compter dans lesquels les nombres sont créés. C'est pour cette raison que l'école empiriste a prêté une attention tellement grande à l'abstraction. Les théories psychologiques qui, dans cette école, ont été établies sur l'abstraction étaient destinées, dans l'intention de leurs auteurs, à apporter une clarté ultime et définitive sur la nature des notions générales, éléments si essentiels du savoir théorique. Il en va de même du *belief*[1], phénomène auquel, aux yeux des empiristes, se réduisent la vérité des théories et la croyance à l'existence d'objets extra-mentaux, comme la certitude de toute croyance en général.

Le monde entier, les objets de toute sorte avec leurs déterminations et leurs caractéristiques, toutes les notions, relations et autres créations de la pensée doivent donc être considérés comme des corrélats d'actes de la conscience. Ils proviennent soit d'actes particuliers, soit d'ensembles ou de groupes d'actes, quand il est nécessaire qu'une pluralité d'actes divers concoure à la constitution d'un objet, dans quelque rapport d'ailleurs que ces actes se trouvent les uns aux autres, et quel que soit le caractère spécifique du groupe qu'ils composent. Les problèmes *transcendantaux,* c'est-à-dire relatifs aux conditions de la possibilité d'objets, de leur unité, de leur objectivité, de leur existence, du sens de leur être, relatifs aussi aux conditions de possibilité de la vérité et de validité de tout ce qui s'offre comme vrai et valable, on ne peut les aborder et travailler à les faire avancer que par une étude analytique des actes de la conscience dont les objets, les notions, les vérités, etc. sont respectivement corrélatifs.

Ces conditions de possibilité ne peuvent en effet être cherchées ailleurs que dans la vie consciente elle-même. Dans la philosophie première, à l'idée de laquelle cette considération donne naissance, en tant que philosophie transcendantale, le repliement sur les prises de conscience d'objets se substitue à la direction directe du regard mental vers les objets eux-mêmes, direction qui, dans la vie courante aussi bien que dans les sciences, est l'attitude normale. La *philosophie transcendantale* semble devoir prendre nécessairement la forme d'une *psychologie universelle*. Peu importe que cette considération fondamentale ait été expressément formulée sous telle forme ou sous telle autre, ou que des philosophes (surtout empiristes) se soient inspirés d'elle plus ou moins à leur insu. On est en tout cas fondé à voir, dans ce raisonnement, une interprétation sinon, des paroles des philosophes, du moins de leurs actes.

C'est le fait qu'il s'est engagé dans cette voie qui assure une importance philosophique énorme à l'empirisme, à tel point que, même quand on trouve à rejeter toutes les doctrines particulières défendues dans l'école empiriste – et la phénoménologie husserlienne ne se trouve qu'en état de n'en retenir presqu'aucune – on ne peut s'abstenir d'admirer le radicalisme philosophique de ces penseurs, radicalisme qui consiste à avoir conçu un tel programme de travail.

Mais dès qu'on se met à le réaliser, à élaborer une psychologie universelle au service de la philosophie transcendantale ou conçue elle-même

1. En anglais dans le texte. *Éd.*

comme telle, on s'aperçoit d'une difficulté de principe insurmontable à tel point que toute la considération fondamentale qui vient d'être développée se trouve remise en péril. Cette difficulté, nous allons l'exposer sous sa forme la plus générale.

§ 2. La dépendance de la conscience à l'égard d'êtres objectifs

La conscience semble ne pouvoir exister que sous forme de conscience humaine ou animale ; au moins on ne la connaît pas sous une autre forme. On la rencontre comme liée à un système nerveux et, de ce fait, mise en rapport avec le monde extérieur. Ce rapport équivaut à une dépendance. Pour expliquer la perception, par exemple, il faut faire intervenir, en dehors de quelques facteurs purement psychologiques, l'état actuel dans lequel le système nerveux se trouve d'une part et, de l'autre, les effets que les excitants extérieurs, provoquent sur ce système en s'exerçant sur lui. De sorte que les données perceptives apparaissent comme des réactions de la conscience à des faits physiques et objectifs, réactions qui sont conditionnées par une pluralité de variables, mais parmi lesquelles il est impossible de mettre à l'écart les conditions physiologiques et les faits physiques.

Ainsi la conscience, pour une bonne partie au moins, peut et doit même être considérée comme une réalité, spécifique il est vrai, mais se trouvant néanmoins intégrée à l'ensemble des réalités qui existent dans le monde. Elle est une réalité parmi d'autres, desquelles elle subit les influences et sur lesquelles elle réagit. De là, l'étude de la conscience prend la forme de recherches qui portent sur cette interdépendance et sur cette interaction. En effet, dans cette branche de la psychologie qu'est la psychophysique, on travaille à établir les relations qui existent entre les changements se produisant dans les excitants extérieurs et ceux qui surviennent dans les données perceptives correspondantes. On cherche, en général, à se rendre compte des suites qui résultent du rapport dans lequel ce domaine particulier[1] qu'est la conscience se trouve à des faits physiques.

En ce qui concerne les principes, une telle considération de la conscience sous l'aspect de sa dépendance à l'égard de faits objectifs est déjà accomplie par Locke. L'âme qu'il compare à un papier blanc se trouve placée au milieu d'un univers que Locke conçoit sur le modèle des représentations de la physique contemporaine. Les faits et les événements physiques exercent des effets sur les organes sensoriels, en vertu desquels les

1. « particulier » pour « spécial ». *Éd.*

idées simples de la « sensation » viennent s'inscrire sur le « papier blanc »[1]. C'est avec ces idées auxquelles il joint celles de la « réflexion » que Locke cherche à expliquer l'origine des notions dont l'esprit humain dispose aussi bien que l'origine de cet aspect qualitatif sous lequel la réalité physique se présente. Il est dans son intention de dévoiler la formation et la constitution pour la conscience du savoir et des objets du savoir.

Mais toutes ses analyses et toutes ses constructions sont étayées par la supposition d'un univers physique réel dont l'existence est admise de prime abord et n'est soumise à aucun examen. Cependant la conscience ne dépend pas que de l'univers physique. L'homme vit au sein d'une société et à une certaine époque historique de cette société. Tout le monde sait aujourd'hui, grâce aux recherches des sociologues, ce que c'est que la force de contrainte de ce que l'école durckheimienne appelle le « fait social ». Quelle que soit la part qu'on est amené à faire au fait social et à l'initiative de l'individu, – qu'on voie, dans la pensée personnelle, une pure empreinte, une simple manifestation du fait social, ou qu'on la considère comme une réaction d'un fond personnel à ce fait, – pour une étude de la conscience, il semble requis que compte soit tenu de la situation historique et sociale concrète dans laquelle l'individu se trouve placé. Il faut donc faire entrer en jeu ces facteurs sociaux qui forment le cadre à l'intérieur duquel la vie humaine se déroule, facteurs dont l'action sur l'individu détermine le contenu de sa conscience.

Qu'on prenne en considération l'univers physique ou l'univers humain, on parvient au même résultat. La conscience dans laquelle la considération fondamentale tirée de la découverte cartésienne fait soupçonner un plan d'être préalable à tout autre être, parce qu'elle apparaît comme la source d'origine de toute existence, donc un domaine d'être premier et absolu dans le sens que *nulla re indiget ad existendum* se révèle, à l'envisager de plus près, dépendante de réalités extérieures à elle et conditionnée par ces réalités. Avec la conscience, il ne s'agit pas – semble-t-il – d'un domaine d'être clos et en dehors du monde, d'un plan d'être archimédique, pour ainsi dire, elle est au contraire une partie du monde, de sorte que dans l'étude de la conscience on se voit fatalement renvoyé à ces réalités mondaines dont elle se trouve à dépendre.

1. Locke, *An Essay Concerning Human Understanding,* livre II, chap. I, § 2, § 3 et chap. VII, § 12, § 13.

§ 3. La conscience comme réalité humaine

Il est possible, à la rigueur, de considérer la conscience sous le seul aspect de son immanence, en s'en tenant strictement et exclusivement à l'intériorité psychique. Dans une telle considération, on éviterait d'avoir recours à des réalités extra-conscientes ; on se restreindrait à décrire, à analyser et à classifier en eux-mêmes les faits qu'on rencontre dans la conscience, tout en renonçant à donner une explication de ces faits.

Dans la *Troisième Méditation*, Descartes, par la preuve qu'il y donne de l'existence de Dieu, s'engage dans une certaine mesure dans cette direction. Il n'est évidemment pas question de mettre ici en discussion cette preuve de l'existence de Dieu, ni d'interpréter la philosophie de Descartes d'un point de vue historique. Nous citons ces textes seulement comme exemples de la manière d'envisager la conscience que nous voulons examiner. Ces textes en sont en effet un exemple particulièrement frappant et instructif ; l'étude de Descartes, la première analyse de la conscience dans la philosophie moderne, n'a pas été sans exercer une influence plus ou moins grande sur les philosophes postérieurs. De sorte que, si grandes que soient les différences de détail du contenu particulier des doctrines, l'idée directrice de Descartes a été adoptée par des penseurs qui sont très éloignés des notions propres à Descartes qui vont être exposées.

Ayant fait [1] la découverte du domaine des *cogitationes* entendues en un sens si large [2] qu'on peut traduire ce terme par celui de faits de conscience, Descartes passe en revue le contenu de ce domaine. Ainsi, entre autres données de la conscience, il relève le sentiment que l'homme a de sa propre insuffisance, en se concevant soi-même comme borné, fini, imparfait, incomplet et dépendant. En même temps, il constate la présence dans la conscience humaine de l'idée de Dieu, Être dans lequel toutes les perfections se trouvent réunies [3] et se rencontrent actuellement et en effet [4], perfections dont l'homme se sent dépourvu, mais auxquelles il ne cesse d'aspirer. Ces deux faits assurent à Descartes le progrès de ses méditations. En se servant de notions qui lui ont été transmises de la philosophie scolastique, Descartes, au moyen d'une argumentation causale, cherche à tirer de ces deux faits l'existence de Dieu et sa véracité, et de là l'existence véritable de l'étendue. Le *cogito ergo sum* apparaît donc chez Descartes dans deux fonctions. À côté des textes dans lesquels il figure comme l'expression de la découverte due à Descartes de ce domaine d'être spécifique qui

1. « Ayant fait » pour « faite la découverte ». *Éd.*
2. Descartes, *loc. cit.*, t. VII, p. 34 ; t. IX, p. 27 ; cf. également *Principia philosophiae* I, 9.
3. *Id., ibid.*, t. VII, p. 45 ; t. IX, p. 35-36.
4. *Id., ibid.*, t. VII, p. 47 ; t. IX p. 37.

est la conscience, il y en a d'autres où il sert de point de départ à un raisonnement déductif destiné à démontrer l'existence du monde extérieur.

Le *cogito ergo sum*, comment a-t-il pu prendre, chez Descartes, cette deuxième fonction ? Ce sentiment que l'homme a du manque de perfection dans sa nature, Descartes ne le considère pas seulement comme un simple acte vécu, comme un fait de conscience parmi d'autres. Il n'en va pas de lui comme d'une perception, par exemple. Quand on perçoit telle ou telle chose, le doute universel défend de faire passer cette chose comme réellement existante, comme ayant une réalité quelconque en dehors de la pure présence devant la conscience. Tout ce qui, dans l'attitude du doute universel, peut être soutenu et doit même l'être avec une évidence ultime et inébranlable, est que tel acte de perception est vécu et que tel objet perceptif se présente à la conscience. Afin qu'ils puissent être reconnus comme ces données absolues et indubitables qu'ils sont en effet en tant que faits vécus de la conscience, les actes de la perception aussi bien que de l'imagination doivent donc subir cette modification réductrice que le doute universel entraîne. Or, tel n'est pas le cas du sentiment en question, celui de la faiblesse humaine. Ici aucune réalité située en dehors de la sphère de l'intériorité psychique n'est en jeu.

Par conséquent, le doute universel ne trouve pas de point d'application. En éprouvant le sentiment de l'insuffisance humaine, on fait plus que de constater la seule présence d'un acte vécu dans la conscience : on saisit la [1] réalité humaine. D'après l'usage qu'il en fait dans le contexte de la *Troisième Méditation*, Descartes voit dans cette faiblesse non seulement un simple phénomène qui se présente à la conscience : en nous sentant imparfaits et incomplets, nous nous apercevons que nous le sommes en réalité. Il s'agit non seulement de ce qu'un tel fait s'offre à la conscience; en se présentant, ce fait révèle [2] quelque chose de ce que nous sommes, pour autant que notre être se définit par l'humanité de l'âme. Le fait en question permet donc de saisir une caractéristique – et une caractéristique essentielle entre toutes – de l'être humain. Il révèle une des conditions de la réalité humaine et nous met ainsi en contact direct avec cette réalité elle-même, qui, répétons-le, est entièrement située au-dedans de l'immanence psychique.

Il n'en va pas autrement de la présence dans la conscience humaine de l'idée de Dieu. Ici non plus, la sphère de l'intériorité psychique n'est pas dépassée, puisqu'il ne s'agit que de la constatation dans la conscience de cette idée. Or, l'acte par lequel elle est saisie est invoqué par Descartes – de même pour le sentiment de l'insuffisance humaine – non à titre de fait vécu

1. « la », au lieu de « une ». *Éd.*
2. « révèle » au lieu de « signale ». *Éd.*

parmi d'autres, mais parce que la présence dans la conscience de l'idée de Dieu exprime d'un autre biais la réalité humaine, en révélant la deuxième grande condition de sa constitution. C'est en ce sens que Descartes entend l'innéité de cette idée; ... *non mirum est Deum, me creando, ideam illam mihi indidisse, ut esset tanquam nota artificis operi suo impressa; nec etiam opus est ut nota illa sit aliqua res ab opere ipso diversa. Sed ex hoc uno quod Deus me creavit, valde credibile est me quodammodo ad imaginem et similitudinem ejus factum esse, illamque similitudinem, in esse, illamque similitudinem, in qua Dei idea continetur, a me percipi per eandam facultatem, per quam ego ipse a me percipior... Totaque vis argumenti in eo est, quod agnoscam fieri non posse ut existantialis naturae qualis sum, nempe ideam Dei in me habens, nisi revera Deus etiam existeret...* [1]. C'est l'incompatibilité que Descartes croit devoir concevoir entre les deux conditions relevées de la réalité humaine qui le conduit à conclure à l'existence réelle de Dieu.

La différence entre les perceptions, les imaginations, etc., d'une part, et d'autre part, le sentiment que l'homme a de son insuffisance et la présence de l'idée de Dieu est cependant en vérité moins grande dans la pensée de *Descartes* qu'elle ne vient d'être présentée, simplification dont nous avons usé pour faciliter l'interprétation de ce qu'il entend par la conscience. Il est bien vrai que les actes de la perception, de l'imagination, etc., doivent subir la modification qu'exige le doute universel. Or, cette modification accomplie, tous ces actes doivent être considérés comme des données absolues de la conscience, dont l'existence ne peut pas être mise en question; sur lesquelles, par conséquent, le doute universel n'a plus d'emprise. Il n'y a pas de différence essentielle ni de principe entre des actes; actes, si hétérogènes soient-ils, dans la mesure où ils ne sont pris en considération qu'en tant que faits vécus de la conscience ... *quatenus ideae istae cogitandi quidam modi tantum sunt, non agnosco ullam inter ipsas inaequalitatem et omnes a me eodem modo procedere videntur*... [2].

Cette remarque établit non seulement l'égalité des actes en tant que faits indubitablement certains de la conscience, elle fait encore paraître le rapport dans lequel Descartes ne manque pas de les mettre vis-à-vis de la réalité psychique de l'âme. Ce n'est que parce qu'il envisage les actes de la conscience sous ce rapport qu'il peut étudier des idées telles que celles de substance, de durée, de nombre, etc., sous l'aspect de la possibilité qu'elles soient produites par l'âme humaine elle-même et les mesure, pour ainsi dire, à la capacité de cette âme en tant que humaine [3]. Ainsi tous les actes de

1. *Id., ibid.*, t. VII, p. 51-52; t. IX, p. 41.
2. *Id., ibid.*, t. VII, p. 40; t. IX, p. 31.
3. Cf. *Id., ibid.*, t. VII, p. 42-45; t. IX, p. 34-35.

la conscience apparaissent en quelque sorte comme des symptômes de la réalité psychique humaine de laquelle ils témoignent, ils sont pénétrés de cette réalité, ils sont conçus – pour parler en termes cartésiens – comme des modifications de l'âme avec le sens de *modi* ou *accidentia* d'une *substantia*.

Le domaine des *cogitationes*, la conscience n'est donc rien d'autre, pour Descartes, que *l'âme humaine*, que *l'individu humain réel* considéré comme un être purement spirituel, comme *res cogitans ... de ea tantum mei parte praecise nunc (ago) quae est res cogitans*[1]. Car abstraction doit être faite du corps humain qui, lui, tombe évidemment sous le doute universel. C'est cette compréhension de la conscience qui est exprimée par la synonymie que Descartes établit entre les termes de *res cogitans, mens, animus, intellectus, ratio*[2]. La conscience est la réalité psychique humaine, comme inversement cette réalité psychique ne consiste qu'à penser, c'est-à-dire vivre des actes de la conscience[3].

C'est seulement ainsi que le problème relatif à un « hors de Moi », problème qui est au centre de la *Troisième Méditation* et de celles qui suivent, acquiert un sens, que Descartes peut soulever celui de l'origine et de la conservation du Moi[4], et que les cartésiens ont pu discuter la question de savoir si « l'âme pense toujours », question à laquelle ils croyaient devoir donner une réponse positive, puisque, d'après les principes de la philosophie cartésienne, c'est la pensée, c'est-à-dire la présence actuelle d'actes vécus, qui fait la nature essentielle et spécifique de l'être humain[5]. *La conscience est donc conçue*, par Descartes, *comme une réalité : elle constitue une des deux substances créées dont,* d'après lui, *le monde est composé*.

C'est sous le même jour que la conscience est envisagée par Malebranche qui, dans sa *Recherche de la vérité,* examine les diverses classes d'actes, les perceptions, les imaginations, les inclinations naturelles et les passions, pour dégager le potentiel d'erreur que les actes de chacune de ces classes contiennent, erreurs dans lesquelles l'homme est menacé de tomber, corrompu qu'il est par le péché originel[6]. Ici aussi, la conscience est considérée à la lumière des deux grands faits qui constituent les deux conditions de la réalité humaine en tant que telle : la chute et le rapport dans lequel l'âme humaine se trouve à la Divinité, rapport grâce auquel, avec les

1. *Id., ibid.,* t. VII, p. 49-51 ; t. IX, p. 39.
2. *Id., ibid.,* t. VII, p. 27 ; t. IX, p. 21.
3. Cf. par exemple, *id., ibid.,* t. VII, p. 107 ; t. IX, p. 85 : *... nihil in me cujus nullo modo sim conscius, esse (potest)*.
4. *Id., ibid.,* t. VII, p. 48-51 ; t. IX, p. 38-40.
5. Cf. *Id., ibid.,* t. VII, p. 78 ; t, IX, p. 62.
6. Malebranche, loc. cit, *Préface*.

actes de l'esprit pur et la « vision par des idées », un accès à la vérité s'entr'ouvre.

§ 4. CRITIQUE ET CONSÉQUENCES

Le doute universel de Descartes concerne l'existence du monde extérieur et la certitude de la géométrie aussi bien que de l'arithmétique[1]. Mais, parce qu'il ne s'applique pas à la sphère de l'intériorité psychique, il laisse subsister, avec l'âme humaine, une partie du monde : une des deux substances créées est sauvée. Et c'est à partir de cette substance que Descartes, par le détour de la substance infinie, cherche à reconquérir l'autre substance créée qui est l'étendue.

Voilà à quoi s'attaque la critique de Husserl[2]. La découverte du *cogito ergo sum* permet de soulever des problèmes transcendantaux dans le sens indiqué plus haut[3]. Si cependant, suivant la pensée de Descartes, on aperçoit dans la conscience une *res cogitans sive mens sive animus*, on rapporte les problèmes transcendantaux à la réalité de l'âme; le terrain sur lequel ces problèmes se trouvent posés est celui de l'intériorité psychique humaine. Or, par sa définition même, cette sphère est conçue comme relative à un autre plan qui est extérieur à elle. Considérer la conscience comme réalité psychique de l'individu humain, c'est placer, du même coup, cet individu sur le plan du monde, et l'y opposer à des réalités qui ne sont pas autrement différentes, sur ce plan, de n'importe quelle réalité qui peut être opposée à n'importe quelle autre[4]. On ne parvient donc à la sphère de l'immanence psychique humaine que par une démarcation qu'on opère à l'intérieur du monde pris dans son intégrité – en présupposant d'emblée ce monde – et ce n'est qu'ensuite, après coup, que ce qui reste du monde est rapporté à cette sphère ainsi gagnée et détachée. Le terrain sur lequel les problèmes transcendantaux sont posés et où une solution de ces problèmes est abordée, n'est, par conséquent, obtenu que grâce à l'intervention, dans la circonscription même de ce terrain, du monde présupposé comme existant. Alors la position même du problème transcendantal se trouve grevée d'un élément contradictoire, d'une *petitio principii*, car poser les

1. Descartes, *loc. cit.*, t. VII, p. 21 ; t. IX, p. 16-17.

2. Husserl, *Méditations Cartésiennes* (cité ici *Méd. Cart.)*, 1931, p. 21, 70, Paris, Vrin, 1992, 2001 pour l'édition de poche.

3. Cf. p. 58 *sq.*

4. La version originale de cette phrase est : « Considérer la conscience comme réalité psychique de l'individu humain, c'est placer, du même coup, cet individu sur le plan du monde, et l'y opposer à des réalités différentes, pas autrement que, sur ce plan, n'importe quelle réalité peut être opposée à n'importe quelle autre. » *Éd.*

problèmes transcendantaux sur le terrain d'une réalité mondaine telle que l'intériorité psychique ou l'âme humaine, c'est invoquer et présupposer, dans le sens même de la question, ce qui ne doit figurer qu'à titre de résultat de l'enquête transcendantale.

Cette remarque critique, on le voit bien, concerne la compréhension toute générale de la conscience comme réalité psychique humaine plus que le contenu doctrinal de la conception particulière de la nature humaine que Descartes défend. On peut remplacer cette conception chrétienne – ce caractère est encore plus accentué chez Malebranche – par n'importe quelle autre, on peut lui substituer, par exemple, celle de Scheler qui aperçoit au cœur de la nature essentielle de l'homme cette dualité où une spiritualité pure et désintéressée, mais impuissante, s'oppose à des forces et à des impulsions vitales mais aveugles et obscures, facteurs dont la coopération fait naître les actions humaines individuelles aussi bien que collectives et historiques[1]. Quelle que soit la conception spécifique de la nature et de la réalité humaine qu'on adopte, du seul fait de choisir pour base de départ de la philosophie une donnée anthropologique qui, en tant que telle, ne peut être définie que par rapport au monde entier et sur le terrain du monde, on parvient à ce paradoxe qui consiste à rapporter les problèmes transcendantaux relatifs à la constitution du monde à une partie, à une parcelle de ce même monde. L'objectif de la critique husserlienne est donc l'orientation anthropologique dans laquelle Descartes a engagé la considération de la conscience, orientation qui, sous une forme ou sous une autre, réapparaît chez des penseurs qui lui sont postérieurs. Ce n'est que pour illustrer cette orientation anthropologique toute générale qu'à la section précédente nous avons analysé la doctrine de Descartes.

Même si l'on commence, comme le fit Descartes, par se placer à un point de vue strictement descriptif et par étudier en elles-mêmes des données de la conscience, sans en chercher une explication par des faits extra-mentaux, l'orientation anthropologique contient d'ailleurs, du moins en germe, un motif qui dépasse et finit par faire abandonner le point de vue initial. La sphère de l'intériorité psychique humaine n'est gagnée et ne peut l'être, comme on l'a fait remarquer, que par une séparation effectuée dans l'ensemble des réalités dont le monde est composé. Il faut donc s'attendre à parvenir tôt ou tard, dans l'étude descriptive et analytique de cette sphère ainsi circonscrite, à un point où il n'est plus possible de respecter les lignes de démarcation. On ne pourra manquer de s'apercevoir de la position où la conscience se trouve par rapport à des faits physiologiques et même physiques. Dès lors, il s'impose de restituer l'unité primitive qu'on avait brisée et de replacer la conscience en tant qu'intériorité psychique dans la

1. Cf. M. Scheler, *Die Wissensformen und die Gesellschaft*, Leipzig 1926, p. 6-7, 31-32.

totalité des faits mondains comme une réalité parmi d'autres. Cette considération de la conscience est ainsi reprise – nous l'avons caractérisée à la section 2 – dans ce qui fait naître la psycho-physique.

C'est dans cet ordre d'idées que la psychologie peut avoir tendance sinon à se transformer en biologie, du moins à s'interpréter comme une branche de celle-ci. Les données de la conscience peuvent être mises en rapport avec la totalité des faits qui constituent la vie. Les états vécus peuvent être considérés comme des manifestations vitales, comme un aspect sous lequel apparaît la réalité vivante dont l'autre aspect est formé par des faits physiologiques. Toute préférence donnée à un aspect plutôt qu'à l'autre paraît donc arbitraire et injustifiable. Tel est l'avis de M. K. Goldstein [1] selon lequel il faut abandonner l'idée que les faits physiologiques et les faits psychiques constitueraient deux plans indépendants et séparés par leur nature. L'auteur va même jusqu'à dénoncer comme mal posé le problème de l'interdépendance et de l'interaction psycho-physiques.

Ce que l'on a l'habitude de désigner respectivement par le « physique » et le « psychique », ce ne sont pas des réalités données, mais les résultats d'une séparation abstractive qui, en tant que telle, ne laisse pas d'apporter une modification à la réalité vivante concrète. Il faut donc employer avec beaucoup de prudence les termes de « physique » et de « psychique », en ne les prenant que pour de purs moyens auxiliaires de la description. Toutes les données observées, de quelque plan qu'elles semblent relever, et qui d'ailleurs sont toutes dominées par les mêmes lois, doivent être rapportées à ce fait biologique principal qui est la vie organique. L'organisme vivant est un tout organisé dont chaque « partie », région, secteur, etc., se trouve dans un rapport de dépendance fonctionnelle réciproque avec chacun des autres.

Tout phénomène, soit « physique », soit « psychique », qu'on observe chez un organisme doit être considéré comme provenant d'une réaction de l'organisme tout entier; c'est-à-dire qu'il faut voir en lui le symptôme local ou particulier d'une modification globale survenant dans tout l'organisme et qui, à tel endroit, dans un secteur déterminé etc., s'exprime par le phénomène en question. Au centre d'une telle réaction globale de l'organisme, il peut y avoir un fait physique aussi bien que psychique; c'est pourquoi il faut tantôt expliquer des faits physiques par des données psychiques, tantôt inversement comprendre ces dernières à partir des premiers. L'auteur reconnaît bien la nature propre du « physique » et du « psychique », mais il croit que l'importance et la valeur de l'un et de l'autre, que ce soit, pour un organisme déterminé, en général, ou pour une réaction particulière de cet

1. K. Goldstein, *Der Aufbau des Organismus*, La Haye, 1934, p. 198-202.

organisme, ne peuvent être évaluées qu'à la lumière de la structure spécifique de l'organisme et par rapport à son comportement global dans la situation donnée.

La considération biologique doit partir non de la séparation arbitraire et factice du « physique » et du « psychique », mais de cette union étroite et intime dans laquelle ils se trouvent dans l'organisme vivant. – Nous sommes évidemment bien loin de chercher à mettre en cause la légitimité de ce point de vue dans l'ordre psychologique, physiologique ou biologique. Tout ce que nous voulons faire ici, c'est développer les conséquences que la compréhension de la conscience comme réalité humaine entraîne pour l'idée même de la philosophie transcendantale ; dans le paragraphe suivant nous mettrons en relief l'antinomie qui surgit de l'orientation anthropologique.

Cette orientation aboutit fatalement à faire intervenir des faits extra-conscients dans l'examen de la conscience. L'orientation anthropologique de Descartes, après avoir reconquis cette autre substance créée qui est l'étendue, le conduit, dans sa *Sixième Méditation*, au problème de l'union de l'esprit et du corps et à celui de l'action que le corps exerce sur l'âme[1]. Dans cette étude, certains faits de la conscience, telles les données qualitatives de la perception, les douleurs, les plaisirs, les appétitions, etc., tout en étant des faits de conscience, s'avèrent ne pas relever de l'esprit en tant que tel, mais provenir de l'union où celui-ci se trouve avec le corps. Étant comme des signaux que le corps transmet à l'esprit, ces faits sont destinés à renseigner l'esprit sur les besoins, sur les nécessités du corps et sur les dangers qui le menacent plus que sur la vérité des choses extérieures. Ces idées sont reprises et développées par Malebranche qui, lui aussi, déprécie les perceptions, les imaginations, etc., au bénéfice des actes de l'esprit pur. Dans l'explication qu'il donne de ces faits de conscience qui, d'après lui, ne font pas atteindre la vérité, Malebranche se réclame de la tendance qu'a l'être humain à conserver sa vie, c'est-à-dire l'existence de son corps, et il considère ces données de la conscience comme des réactions de l'esprit et du corps unis à des faits physiques extérieurs. Ces faits sont conçus comme se révélant à l'esprit pur[2], c'est-à-dire, comme déterminés par la physique[3], dont les constructions passent non seulement pour la vérité scientifique, mais aussi pour la réalité du monde[4].

1. Descartes, *loc. cit.*, t. VII, p. 81-89 ; t. IX, p. 64-71.

2. Dans le manuscrit original, on lit : « Ces faits sont conçus comme tels qu'ils se révèlent à l'esprit pur ». *Éd.*

3. Pour : « c'est-à-dire qu'ils sont déterminés par la physique ». *Éd.*

4. À propos de cette distinction, cf. p. 60.

Ainsi, dans ses explications psychologiques qui assez souvent revêtent un caractère au plus haut degré naturaliste, Malebranche choisit pour base de départ la réalité objective du monde et cherche, à partir de là, à expliquer les apparences subjectives et les illusions naturelles. Bien qu'il rejette, comme nous l'avons remarqué[1], l'idée même d'une psychologie scientifique, il a inauguré en quelque sorte l'orientation de la psychologie dans laquelle celle-ci, par sa manière de voir les choses et de poser les problèmes, s'interprète elle-même comme un prolongement de la physique. Cette orientation qui fut reprise et développée conséquemment au XIXe siècle, Ernst Mach fut le premier à la combattre, et la psychologie de nos jours tend, avec la psychologie de la forme, à l'abandonner[2].

§ 5. L'ANTINOMIE DANS L'IDÉE D'UNE PSYCHOLOGIE UNIVERSELLE CONÇUE COMME PHILOSOPHIE TRANSCENDNTALE

Serrons de plus près ce qui jusqu'ici a été exposé. Le principe transcendantal dont la réalisation ne peut prendre, aux yeux des penseurs empiristes, que la forme d'une psychologie universelle suggère de remonter à la conscience, pour dévoiler, par l'analyse psychologique de ses actes, la constitution et la formation des objets de toute sorte, pour dégager le sens d'être de ces objets, pour tirer au clair l'origine et la cause de la vérité et de l'évidence de tout ce qui s'offre prétendant à une validité quelle qu'elle soit[3]. Mais, dans l'étude de la conscience, on ne peut s'abstenir de s'apercevoir, de la dépendance dans laquelle celle-ci se trouve envers[4] des réalités mondaines.

Que ces réalités soient les réalités extérieures, le monde objectif duquel, d'après Goldstein[5], l'organisme vivant, par une espèce de sélection, élabore le[6] milieu adéquat dans lequel seulement il peut exister, qu'il s'agisse de l'organisme lui-même et de ce qui en constitue l'essence, de réalités sociales, historiques ou bien – ce qui dans notre contexte est particulièrement important – qu'il s'agisse de quelconques réalités humaines situées entièrement au-dedans de l'intériorité psychique, – toutes

1. *Supra,* p. 56, note 1.

2. Nous avons tracé les très grandes lignes de cette évolution dans l'article « Quelques aspects et quelques développements de la psychologie de la Forme », *Journal de Psychologie Normale et Pathologique*, t. XXIII, 1936 (et *Appendice* I).

3. « quelle qu'elle soit », pour de « quel sens qu'elle soit ». *Éd.*

4. « envers des » pour « de ». *Éd.*

5. Goldstein, *loc. cit.,* p. 58, p. 78-79.

6. « élabore le » pour « s'élabore son ». *Éd.*

ces réalités, même celles dont la nature peut être conçue comme aussi psychique et spirituelle qu'on voudra, sont néanmoins des réalités mondaines comme n'importe quelles réalités matérielles.

Chacune de ces réalités, une réalité humaine par exemple, a son existence, son sens d'être. Par conséquent, pour pouvoir figurer pour nous, elle doit se présenter dans certains actes de la conscience, et ce n'est que grâce à ces actes et grâce à l'unité intrinsèque qui s'établit entre eux que cette réalité humaine se constitue en ce qu'elle est et qu'elle acquiert la consistance par laquelle son objectivité propre qui lui est spécifique[1] lui est assurée. À propos d'elle tout autant qu'à propos de n'importe quelle réalité mondaine, le problème transcendantal peut et doit donc être posé, si bien qu'on se trouve de nouveau ramené à l'étude de la conscience.

La pensée philosophique se trouve donc dans un mouvement oscillatoire perpétuel. Placée devant une alternative, elle est obligée d'accepter l'un et l'autre des deux termes qui se contredisent; et l'acceptation[2] de l'un entraîne fatalement celle de l'autre. L'idée impliquée dans la découverte du *cogito ergo sum* et qui paraissait s'imposer avec l'évidence ultime d'une philosophie radicale conçue comme psychologie universelle est compromise de prime abord. Non que les réalisations que cette idée a trouvées jusqu'ici soient incomplètes ni que les méthodes utilisées manquent de perfection. Cette idée elle-même, en tant que telle, contient un élément contradictoire, par lequel sa possibilité même est mise en question.

Échapper[3] à cette antinomie est une question de vie ou de mort pour le radicalisme philosophique. On ne peut songer à abandonner le principe transcendantal. Toutes les oppositions, telles que : *expérience authentique, expérience trompeuse, être, apparence, pensée évidente, pensée aveugle et purement verbale, nécessité, absurdité,* etc., aussi bien que des termes tels que *existence véritable, existence nécessaire, possibilité, probabilité,* etc., ne puisent et ne peuvent puiser leur sens ailleurs que dans les actes de la conscience et dans des ensembles de tels actes. Et c'est encore grâce à des actes de la conscience qu'il y a le monde en entier et les multiples domaines d'être qui le composent : les choses matérielles, les êtres animés, les êtres humains, les institutions sociales, les œuvres artistiques, l'univers des nombres, les notions générales, le système des relations, etc. Tous ces objets sont le perçu de nos perceptions, le pensé de nos pensées, le compris de nos compréhensions, le créé de nos créations, etc.

1. pour « par laquelle son objectivité spéciale et qui lui est spécifique lui est assurée ». *Éd.*
2. « acceptation » pour « acception ». *Éd.*
3. « échapper à » pour « pour sortir de cette antinomie ». *Éd.*

Non seulement l'homme vit en fait dans le monde, mais en même temps, il se conçoit lui-même [1] comme situé dans le monde en tant que réalité parmi d'autres [2], il prend conscience et se voit, par un raisonnement inéluctable, dans l'obligation de rapporter la constitution du monde à sa conscience. Or, celle-ci semble ne pouvoir être prise en considération que sous forme de conscience humaine et individuelle liée à l'organisation physique d'un être qui, lui, se trouve dans des rapports de dépendance les plus divers aux réalités qui l'entourent. À ce titre, la conscience elle-même, réalité première, il est vrai, spéciale et privilégiée à tel et tel égard, se révèle tout de même comme une réalité mondaine. Voilà d'où naît l'antinomie dans laquelle la philosophie transcendantale conçue comme psychologie universelle tombe à son début même et dans laquelle elle doit fatalement tomber.

Il n'y a aucun espoir de sortir de cette antinomie à moins qu'on ne réussisse à rompre avec une notion de la conscience dont la conséquence est que les problèmes transcendantaux sont posés sur le terrain d'une réalité mondaine. Il faut donc chercher à élaborer une notion de la conscience qui ne fasse plus de celle-ci une réalité humaine, ni une expression, ou un symptôme de cette réalité, quel que soit le rapport où l'on voudra l'y mettre. Pareille [3] notion de la conscience, dans laquelle l'existence du monde et des réalités mondaines n'est plus impliquée ni présupposée, c'est à la théorie que M. Husserl a établie de la *réduction phénoménologique* qu'on la doit. Cette théorie permet de dissiper l'antinomie qui jusque là a pesé sur la philosophie de la conscience, et de résoudre la contradiction profonde qui a compromis l'idée même de cette philosophie.

C'est avec la *réduction phénoménologique qu'on franchit le seuil de la phénoménologie*. Or, la réduction phénoménologique ne pouvant être caractérisée, au premier abord du moins, que de façon négative, comme une modification radicale de *l'attitude naturelle*, la plus radicale qui soit, il faut exposer au préalable ce qu'est l'attitude naturelle.

1. « lui-même » pour « soi-même ». *Éd.*
2. « en tant que réalité parmi d'autres » pour « à titre d'une réalité parmi d'autres ». *Éd.*
3. « Pareille » pour « Une telle ». *Éd.*

CHAPITRE II

L'ATTITUDE NATURELLE ET LA RÉDUCTION PHÉNOMÉNOLOGIQUE

§ 1. L'AMBIANCE

À tout instant de la vie, tant qu'on est en état de veille, on se trouve – ce qui n'est pas qu'un fait purement objectif – dans le monde qu'on prend pour réellement existant. L'état de veille ne consiste qu'en ceci qu'on a conscience du monde environnant et[1] qu'on a encore conscience de soi-même comme placé dans cette région circonscrite d'une manière plus ou moins confuse du monde, qui constitue l'ambiance du sujet en question. Dans cette ambiance, le sujet est mis en présence des objets les plus divers qui appartiennent à des classes différentes. Par rapport à ces objets, on ne se comporte pas toujours en pur spectateur. Tout au contraire, loin d'être permanent, le comportement purement contemplatif est une attitude spécifique et dans laquelle aucun sujet, ni même celui pour lequel elle est devenue une disposition habituelle (tel le savant), ne peut persévérer continuellement.

Ce qui fait le cas ordinaire et, dans ce sens, le cas normal de la vie courante, c'est que le sujet se trouve dans une situation concrète de l'ambiance, dans laquelle il agit et qui lui pose des problèmes d'ordre pratique dont il cherche à venir à bout. Une telle situation est formée par des objets que le sujet emploie ou sur lesquels porte son activité. Ces objets lui apparaissent à la lumière de la fonction qu'ils ont dans la situation donnée et sous l'aspect du rôle qu'ils y jouent. Un marteau, par exemple, se présente

1. « environnant » pour « entourant ». *Éd.* – Sous ce terme, « ambiance », qui traduit l'allemand *Umwelt,* A. G. caractérise ce qu'on nommerait plutôt aujourd'hui « monde ambiant », « monde environnant ».

comme apte à servir à tel et tel emploi dans une situation de telle et telle nature. Il se définit par l'usage qu'on peut en faire.

Mais il n'est pas une pure chose réiforme d'une certaine longueur, largeur, épaisseur, de telle forme et de telle nuance chromatique bien déterminée, de telle pesanteur, etc. Toutes ces déterminations, que sans doute on perçoit et qu'on remarque, ne figurent dans l'attitude pratique qu'en tant qu'elles annoncent l'utilité et l'aptitude d'un objet à être employé à telles et telles fins. Les objets qui composent l'ambiance et auxquels on a affaire dans la vie courante et dans la pratique de cette vie ne se caractérisent pas en premier lieu par ces déterminations qui, pour être qualitatives et perceptibles, ne cessent pas de devoir être désignées comme objectives dans ce sens qu'elles appartiennent à l'objet pris en lui-même et en dehors de tout rapport à une situation dans laquelle il peut être utilisé.

Les objets familiers de l'ambiance ne sont pas définis par ce qu'ils sont, mais par *ce à quoi ils servent*, par ce qu'on peut faire avec eux. Et un objet nouveau et inconnu jusque là ne devient pas familier à force d'être regardé fréquemment. On en fait la connaissance moins quand on note ses déterminations objectives dans le sens indiqué que quand on découvre l'usage qu'on en peut faire, la manière dont il faut le manier – dans l'acception propre ou figurée du mot – dans cet emploi, quand on parvient à le rapporter à la situation à laquelle il est destiné et à comprendre la fonction qu'il a à accomplir en elle.

La nature des objets qui composent l'ambiance est déterminée par les « valeurs fonctionnelles » qu'ils prennent soit dans des situations typiques, soit dans une certaine situation particulière, valeurs qui leur viennent de l'ensemble de cette situation et de sa structure globale. C'est pourquoi nous les appellerons ici objets d'usage ou, mieux encore, objets fonctionnels[1].

1. Cf. V.W. Köhler, « Intelligenzprüfungen an Anthropoïden I », *Abhandlungen der K. Preussischen Akademie der Wissenschaften, Phys. – Math. Klasse,* Berlin 1917, p. 29-32. Au-delà des observations de M. Köhler sur le comportement des singes supérieurs, nous nous référons, dans cette caractérisation trop rapide des objets fonctionnels, à celles que Gelb et M. Goldstein ont faites sur quelques troubles aphasiques (cf. les résumés qu'ils ont publiés de leurs vues dans le *Journal de Psychologie Normale et Pathologique* 1933) : dans ceux-ci, ils voient une *régression* vers un *comportement moins abstrait, moins rationnel, plus immédiat et plus concret*, donc en ce sens *plus primitif* (*loc. cit.*, p. 408). Cette primitivité cependant ne doit pas être assimilée à celle qui, d'après M. Lévy-Bruhl, caractérise la mentalité des sociétés inférieures (p. 424-429). Les auteurs soulignent en outre la différence entre le comportement des aphasiques et celui des enfants (p. 474 note) d'une part, et l'attitude pratique de sujets normaux, d'autre part (p. 413-417). Cependant il nous semble que les recherches sur la mentalité primitive, la mentalité de l'enfant, sur celle des aphasiques, et sur le comportement des animaux supérieurs ont mis en lumière une certaine particularité de structure commune à ces mentalités qui se réalise dans chacune d'entre elles d'une façon spécifique. Cette particularité, on la retrouve, croyons-nous, également dans l'attitude pratique de sujet normal où elle prend une forme spéciale. Puisqu'il n'est possible ici que d'y faire allusion, nous

Du fait que, dans une situation donnée, un rôle bien déterminé est attribué aux objets fonctionnels que ceux-ci ne peuvent accomplir qu'à telle et telle place de la situation, leur nature leur est conférée par les rapports qu'ils entretiennent avec les autres objets fonctionnels avec lesquels ils composent conjointement la situation en question. Les valeurs fonctionnelles des divers objets qui figurent dans une telle situation se déterminent donc les unes par rapport aux autres; toutes ces valeurs s'étayent et se fondent réciproquement. De là il suit que la valeur fonctionnelle n'est pas une propriété indélébile de l'objet pris en lui-même, qui lui serait adhérente en tant que tel[1]. Tenant à la fonction qui, à l'intérieur d'une situation pratique, est assignée à un objet, sa valeur fonctionnelle ne lui appartient que pour autant qu'il figure dans la situation correspondante. Ce n'est que dans celle-ci ou, au moins, par rapport à elle, qu'il devient et qu'il est tel et tel objet fonctionnel. Il ne faut pas croire que la structure d'une situation du genre de celles dont il s'agit, dépendrait seulement des objets qui y sont présents et que l'attitude du sujet n'y serait pour rien.

Au contraire, un élément essentiel entre[2] tous ceux qui contribuent à former cette structure est la compréhension à caractère – nous le verrons au prochain paragraphe – a-théorique et même a-conceptuel que le sujet a de la situation dans laquelle il se trouve placé. Une telle situation ne doit passer pour autre chose que ce pour quoi la prend le sujet qui vit en elle; elle n'est que ce qu'elle signifie pour ce sujet. Sa structure est donc relative au comportement du sujet et dépend de sa compréhension. Par conséquent, si les objets qui figurent dans une telle situation se déterminent par les fonctions qu'ils y ont, c'est parce que le sujet, dans la compréhension qu'il a de la situation et qui est constitutive pour la structure de celle-ci, assigne selon cette compréhension des rôles bien déterminés à ces objets.

En dernière analyse, c'est donc à cette compréhension du sujet que les objets fonctionnels doivent leur emplacement et, avec celui-ci, tout leur être en tant qu'objets fonctionnels. Pour cette raison, un objet fonctionnel peut être pour une personne différent de celui qu'il est pour une autre. Objectivement parlant, quand, faisant abstraction de l'emploi auquel il sert dans une situation pratique, on envisage cet objet en lui-même, il est néanmoins identiquement le même, à savoir en tant que pure chose réiforme. Ainsi une lampe électrique se présente à celui qui s'en sert sous l'aspect des

devons nous borner à signaler la tâche qui consiste à étudier cette particularité et – corrélativement – à définir la notion d'objet correspondant à cette structure, objet qu'on serait fondé à qualifier d'objet primitif. Cette tâche appelle une étude comparative dans laquelle on aurait à éviter – ce qui va sans dire – toute assimilation et même toute analogie inconsidérées.

1. Pour « n'est pas une propriété indélébile de l'objet et qui lui serait adhérente en tant que tel et pris en lui-même ». *Éd.*

2. « entre » pour « parmi ». *Éd.*

services qu'elle lui rend tandis que l'électricien qui l'installe ou la répare la regarde sous celui de son métier.

Ou, autre exemple, une marchandise apparaît au fabricant qui la vend à la lumière du procédé de fabrication, du profit qu'il en tire pour son entreprise, etc., mais le client qui l'achète la voit par rapport à l'emploi qu'il en fera et aux besoins qu'elle est susceptible de satisfaire. Si ces deux personnes peuvent s'entendre entre elles, c'est parce qu'elles se rencontrent dans une situation commune, celle du marché, au centre de laquelle se trouve la marchandise et dans laquelle chacune des deux personnes joue son rôle à elle, rôles qui se déterminent réciproquement l'un par rapport à l'autre; c'est aussi parce que l'orientation dans cette situation commune entre en qualité de facteur dans l'attitude des deux personnes vis-à-vis de situations différentes de la situation commune.

C'est à cet égard qu'on peut soutenir l'identité de l'objet fonctionnel en tant que tel, qui cependant est envisagé par une personne sous une perspective différente de celle sous laquelle il apparaît à l'autre. Mais il n'est pas nécessaire de se réclamer des différentes manières dont diverses personnes envisagent les choses pour s'apercevoir des modifications subies par les objets en vertu de changements qui surviennent dans les valeurs fonctionnelles. Il y a assez de cas où l'on ne réussit à venir à bout d'une situation pratique ou à résoudre le problème qui s'y pose, qu'à force de conférer à un objet une fonction différente de celle dans laquelle il avait jusque là figuré dans cette situation, ou en y introduisant un objet étranger pour lui faire jouer un rôle[1].

Dans tous ces cas l'objet, en prenant des valeurs fonctionnelles qu'il n'avait pas eues, se transforme sous les yeux de celui qui le manie. Placé dans une situation pratique et faisant usage des objets fonctionnels qui y figurent, on peut être absorbé par cette activité. Mais on ne l'est jamais à tel point qu'on perd entièrement de vue, qu'on oublie pour ainsi dire l'existence du monde autour de la situation actuelle. En écrivant, par exemple, ou en faisant quoi que ce soit, on garde une certaine conscience du lieu où on se trouve. On a un savoir plus ou moins imprécis qu'on se trouve dans cette chambre de cette maison qui est située dans telle rue de telle ville, etc., que quelque chose se passe au dehors, sans que l'on sache quoi, du moins sans que l'on doive le savoir, et on a un pareil savoir approximatif et vague de l'heure du jour, de ce qui a précédé la situation actuelle comme de ce qui va la suivre.

1. Cf. les exemples tirés du comportement d'animaux dans Köhler, *loc. cit.*, p. 81-85, et ceux que M. Wertheimer, *Über Schlussprozesse im produktiven Denken*, Berlin-Leipzig, 1920, donne de l'activité humaine.

Avec ce savoir tout particulier dont nous aurons plus tard à approfondir l'étude[1], il ne s'agit certainement pas de souvenirs, d'anticipations, de représentations, d'images, etc., qui se surajouteraient tout simplement, par association, aux perceptions et aux autres actes dans lesquels le sujet se rapporte à la situation actuelle. Celle-ci renvoie, de par sa propre nature, à des faits situés hors d'elle-même. Le travail dont on est occupé se présente à la lumière des fins que l'on veut atteindre grâce à lui, sous l'aspect des raisons qui ont amené à l'entreprendre ; en l'accomplissant, on s'oriente sur des situations qu'on prévoit et qu'on cherche soit à provoquer soit à prévenir ; chaque situation actuelle s'intègre à l'ordre chronologique de la vie du sujet aussi bien qu'elle occupe un certain rang dans cette vie, etc.

Tous ces faits relèvent sûrement de l'attitude du sujet, ce qui cependant ne suffit pas à les dénoncer comme « purement subjectifs ». La situation dans laquelle un sujet vit – on vient de le faire remarquer – n'est pas indifférente à l'attitude du sujet ; celle-ci apporte au moins une certaine coloration à la situation. Les renvois en question forment l'horizon dans lequel la situation actuelle apparaît. Ils en assurent le rapport avec le reste du monde et, par eux, le contexte est créé en vertu duquel chaque situation particulière se présente comme « particularisation au sein d'un univers »[2] et revêt le caractère de situation mondaine. C'est sous la forme de ces renvois que l'existence du monde se signale au sujet à tout instant de sa vie.

Ainsi toute activité qui évidemment ne peut porter que sur une situation particulière se déploie, aux yeux du sujet vivant, dans le cadre du monde qui, lui, est présent tout le temps, non comme se surajoutant à la situation particulière, mais comme l'embrassant dans sa totalité. Ce à quoi le sujet qui vit dans une situation actuelle se trouve renvoyé peut être plus ou moins indéterminé. L'horizon en question est même toujours indéterminé dans ce sens qu'il n'a pas de limites précises et circonscrites, mais se perd dans l'indéfini[3]. On n'a jamais une conscience parfaitement claire de tout ce qu'il y a dans le monde, pas plus qu'on n'en a une de la vie passée tout entière. C'est tout au plus une partie de ce qui, en fait, circonscrit la situation actuelle et de ce à quoi cette situation se trouve objectivement en rapport qui se présente à l'horizon. Celui-ci est enveloppé d'une espèce de « brouillard » qui, à tel ou tel endroit, pénètre dans l'horizon lui-même et le rend plus ou moins nébuleux.

D'ailleurs, plus on est plongé dans la situation actuelle, plus cette nébulosité va croissant, plus les détails auxquels on est renvoyé perdent en précision et se confondent dans le brouillard jusqu'à ce qu'à la limite, ce ne

1. Cf. chap. III.
2. Cf. Husserl, *Méd. Cart.*, p. 31.
3. Husserl, *Ideen*, § 27.

soient plus que la forme et le style généraux ou, pour mieux dire, génériques du monde qui sont donnés. Si indéterminés cependant que soient les contours de l'horizon, celui-ci en tant que tel ne peut pas faire défaut à une situation particulière et n'y fait jamais défaut, pour autant qu'aucune situation de ce genre ne se présente comme isolée ni, pour ainsi dire, coupée du reste du monde.

§ 2. L'ORIENTATION DANS L'AMBIANCE

La vie dans l'ambiance, le maniement des objets fonctionnels qui s'y trouvent, sont guidés par une compréhension dont l'un des caractères distinctifs est qu'elle n'a rien d'une intelligence théorique ni même conceptuelle. On peut s'orienter dans la vie sociale, répondre aux exigences qui se posent dans cette vie, utiliser toute espèce de possibilités que la société met à la disposition de ses membres, sans aucune intelligence des mécanismes sociaux, des lois qui en règlent le fonctionnement, des raisons qui ont amené à monter tels mécanismes plutôt que tels autres [1].

Ainsi tout le monde se sert de l'argent, sans devoir se faire une idée sur la manière dont ce qu'on appelle l'argent – des « pièces métalliques » et des « billets imprimés » – acquiert ces propriétés qui les habilitent à la fonction de moyen universel d'échange, pas plus que, pour marcher, on n'a besoin de connaissances anatomiques ou physiologiques. De façon tout à fait analogue, pour conduire une machine il n'est point nécessaire de connaître les lois physiques qui en règlent le fonctionnement, ni, à plus forte raison, celles d'après lesquelles elle a été construite. Il suffit de s'orienter sur certains points de repère, par exemple de lever ou de baisser un levier suivant une consigne donnée ou quand certains faits se produisent. Ces points de repère servent de signaux au sujet qui vit dans une situation d'action; ils le préparent aux événements qui vont se produire et l'invitent à des réactions adéquates.

Cette orientation sur des points de repère que l'on pourrait être tenté de qualifier d'extérieurs, si superficielle qu'elle apparaisse si on la compare à l'intelligence scientifique, est cependant le seul comportement qui puisse être utile à celui dont le souci n'est pas de disposer d'une explication théorique de la situation dans laquelle il se trouve placé, mais d'agir dans cette situation et de répondre, à temps et de façon convenable, aux changements qui s'annoncent par certains signes précurseurs. Nul doute que l'orienta-

1. Cf. Max Weber, « Über einige Kategorien der verstehenden Soziologie », *Logos,* t. IV (1913), p. 293-294.

tion pratique ne soit inférieure à l'intelligence scientifique, surtout à l'intelligence mathématico-physique, en rationalité, précision, exactitude, etc. Mais tous ces avantages que personne ne contestera aux connaissances mathématico-physiques, ne les habilitent pas à apporter des solutions à des problèmes du genre de ceux qui se posent dans l'ambiance.

Les théories physiques donnent une intelligence sublime du monde, qu'on ne saurait assez admirer; mais ce qu'elles ne donnent pas, c'est justement ce savoir dont on a besoin dans les situations d'action, alors que l'orientation pratique permet d'en venir à bout[1]. La raison n'en est pas un manque de perfection dans les sciences physiques auquel on pourrait espérer que leur évolution ultérieure remédiera. L'objet fonctionnel est ignoré par les sciences physiques et ne peut même pas ne pas l'être, parce que ces sciences ne peuvent se constituer qu'après que l'aspect fonctionnel auquel l'ambiance doit son être en tant que telle a été décomposé, et parce que les objets que ces sciences construisent diffèrent totalement, quant à leur structure et à leur sens d'être, des objets fonctionnels[2].

Or, l'aspect fonctionnel de l'ambiance, une fois décomposé, ne peut plus être reconstruit. L'intelligence mathématico-physique, non pour des raisons accidentelles, mais parce qu'elle se déploie sur un plan en tous points étranger à celui de l'ambiance, n'est pas en mesure d'atteindre l'objet fonctionnel; c'est pourquoi elle ne peut pas se substituer à l'orientation pratique. Au lieu donc de mesurer celle-ci à l'intelligence mathématique et de la déprécier au bénéfice de cette dernière, il faut lui reconnaître la valeur même cognitive qu'elle a pour la vie dans l'ambiance, valeur qui évidemment est relative, parce que ce savoir est strictement restreint au plan de l'ambiance, mais qui, si relative qu'elle soit, est valeur tout de même. La vie et le comportement dans l'ambiance prennent le plus souvent la forme d'une habitude automatique.

Il ne faut cependant pas croire que cet automatisme qui est la règle de toute conduite pratique, de tout savoir-faire, ne serait, à son origine même, qu'un mécanisme aveugle. Les théoriciens de la forme ont démontré que, pour qu'une habitude, aussi automatique qu'elle finisse par devenir à la fin de l'apprentissage, puisse se former, il est requis que la perception soit remaniée et réorganisée[3]. En vertu de cette réorganisation, un objet qui figure dans une situation donnée n'est plus le même que celui qu'il était au début de la formation de l'habitude, du point de vue phénoménal et psychologique, c'est-à-dire aux yeux du sujet vivant, à la fin de l'apprentissage

1. Cf. Husserl, *Formale und transzendentale Logik* (*op. cit.* ici comme *F.T.L.*), Halle 1929, p. 245-246.

2. Nous en parlerons brièvement au § 4 de ce chapitre.

3. Cf. surtout P. Guillaume, *La formation des habitudes*, Paris 1936, chap. III.

quand il aura trouvé une place bien déterminée dans la situation en question.

Ce remaniement de la perception n'est que l'attribution d'une valeur fonctionnelle à un objet qui soit n'en avait aucune, soit avait une valeur fonctionnelle différente; il dépend donc de la mise à découvert du rôle que cet objet doit jouer dans la situation, comme nous l'avons remarqué quant à la connaissance qu'on acquiert d'un objet jusque-là inconnu[1]. Ces transformations des objets expriment la structuration de la situation d'action elle-même qui, dans ces processus, prend sa forme définitive, celle sous laquelle elle se présentera désormais à l'être vivant. C'est dans ce sens que l'attitude, la disposition, la compréhension et d'autres facteurs que d'ordinaire on fait passer pour purement subjectifs, contribuent à constituer une situation d'action. C'est dans et par l'orientation pratique qu'une telle situation revêt son aspect fonctionnel spécifique et qu'elle devient telle qu'elle est pour le sujet qui y est placé.

Le savoir qui accompagne la vie dans l'ambiance et qui la dirige n'est que l'appréhension des objets fonctionnels dans leurs emplacements dans la situation donnée, la découverte des structures générales et particulières de la situation et l'adaptation progressive à ces structures; ce savoir ne consiste qu'à suivre les renvois les uns aux autres, qui, dans une telle situation, existent parmi les objets fonctionnels, renvois qui forment la structure de la situation, lui assurent son contexte et lui prêtent son aspect. Plus d'ailleurs une situation devient familière, plus le maniement des objets fonctionnels devient une habitude stabilisée et automatique, plus ce caractère spécial et spécifique s'efface dans ce sens que la perception de la situation et des effets que l'activité du sujet y provoque cède la place à la « proprioception » de cette activité elle-même : la sensibilité kinesthésique supplante progressivement la perception proprement dite[2].

§ 3. Les sciences humaines

Considérons maintenant l'attitude contemplative que l'on peut adopter non de façon permanente, ni en face de l'ambiance tout entière, mais par rapport à l'un ou l'autre domaine – de quelque manière d'ailleurs que celui-ci soit délimité – de l'ambiance, domaine qu'on choisit alors pour objet d'études scientifiques. En prenant cette attitude contemplative, il est possible de respecter l'aspect fonctionnel qui est spécifiquement propre à

1. *Id.*, p. 23.
2. Guillaume, *loc. cit.*, p. 121-124.

l'ambiance en tant que telle. Quand il s'agit d'une époque passée, la tâche est même de reconstruire l'ambiance passée, c'est-à-dire l'ambiance telle qu'elle prenait forme pour ceux qui vivaient à cette époque.

Dans cette orientation de la pensée scientifique, on travaille à établir les mécanismes qu'il y a dans l'ambiance en question, à fixer les lois dont dépend le fonctionnement de ces mécanismes; on étudie la formation des institutions sociales et les métamorphoses qu'elles subissent au cours de l'histoire, on en détermine les conditions d'origine, d'épanouissement, de décadence, etc. C'est ainsi que se constituent les sciences historiques, archéologiques, philologiques, économiques, sociologiques, et autres. Ces sciences morales ou humaines ont en commun qu'en elles les objets, même quand il s'agit de choses, ne sont pas envisagés d'après leurs déterminations physiques et chimiques, ni même d'après leurs propriétés purement qualitatives et perceptibles, mais bien d'après leurs déterminations objectives dans le sens indiqué[1]. Dans ces sciences, les objets sont pris en considération selon leurs emplacements dans une ambiance, d'après les fonctions qui leur sont assignées dans celle-ci. Ils passent non pour tels qu'ils sont en eux-mêmes, mais pour tels qu'ils prennent forme pour ceux qui en font un usage vivant: *dans les sciences humaines, les objets restent des objets fonctionnels.*

Ainsi, par exemple, le fer est considéré par un économiste non comme un corps matériel caractérisé par telles et telles propriétés physico-chimiques, mais en tant qu'il est d'une valeur économique et a une importance dans un système d'économie. Les propriétés physico-chimiques, si elles entrent dans les considérations de l'économiste, n'y figurent que très indirectement : pour autant qu'elles fondent des possibilités techniques qui, à leur tour, prennent une valeur économique. Les dites propriétés ne peuvent donc jouer un rôle que dans la mesure, tout au plus, où quelque chose se rapportant à l'économie s'annonce en elles. C'est en ce sens qu'il faut soutenir que le fer est, pour l'économiste, un objet différent de celui qu'il est pour le physicien.

Ou, autre exemple, un son du langage humain n'est pas pour les sciences linguistiques une pure donnée auditive produite par la superposition de tels et tels mouvements ondulatoires de l'air, et dont il ne s'agirait que d'établir les conditions physiologiques d'émission. La linguistique de nos jours – *l'école phonologique* surtout, qui s'efforce de frayer un chemin à cette tendance[2] – considère le son dans la place qui lui est assignée dans le

1. Cf. p. 76.

2. Cf. Prince N. Troubetzkoy, « La phonologie actuelle », *Journal de Psychologie Normale et Pathologique*, 1933. Cf. aussi J. Vendryès, « Sur les tâches de la linguistique

système phonologique d'une langue donnée, elle l'étudie du point de vue de la contribution qu'il apporte pour différencier les significations des unités verbales (mots et phrases). Le son est donc envisagé moins sous l'aspect de sa réalisation effective que sous celui de l'intention et de l'imagination qu'ont les sujets parlants quand ils le profèrent; il est considéré dans le rôle qu'il joue dans la conscience linguistique d'une communauté.

§ 4. Les sciences physiques

La science n'est cependant pas tenue à respecter l'aspect spécifique de l'ambiance. En coupant les rapports par une opération purement mentale, et en supprimant, de la même façon, les renvois desquels un objet tire son caractère et son sens d'être en tant qu'objet fonctionnel, on retient la *chose réiforme* qui est caractérisée seulement et exclusivement par des déterminations perceptibles et qualitatives, telles que longueur, largeur, épaisseur, couleur, forme, pesanteur, dureté, etc. C'est sur la chose réiforme entendue en ce sens que portent l'analyse et la critique que Descartes[1] a faites de la perception, et c'est elle que Locke[2] cherche à composer avec ses éléments simples de la « sensation ».

Mais les sciences physiques ne s'arrêtent pas à la chose réiforme. Dans ces sciences, on substitue à la chose réiforme (avec ses qualités perceptibles) le corps matériel physique qui est défini par des notions telles qu'atomes, ions, électrons, énergie, etc., entités qui ne comportent que des caractérisations par expressions mathématiques[3]. Ce corps matériel est situé dans un espace qui, lui aussi, n'est pas l'espace visuel et tactile tel qu'il nous est familier comme champ d'action; l'espace dont il est question dans les sciences physiques est l'espace mathématique qui n'admet que les déterminations qui découlent des axiomes de la géométrie.

En construisant l'univers de la physique, on ne sépare donc pas – comme Locke[4] l'avait cru – les qualités prétendues secondaires de la chose de ses propriétés spatiales perceptibles, pour ne retenir que les dernières qui, elles, passeraient pour la réalité physique véritable de la chose. Le corps matériel physique est, au contraire, transcendant en tout point à la chose réiforme dont aucune des déterminations perceptibles n'entre telle

statique », *ibid.*, Qu'il soit permis à l'auteur de citer les analyses qu'il a faites de ces deux travaux dans la *Revue Philosophique de la France et de l'Étranger*, 1935, p. 427-432.

1. Descartes, *Œuvres*, t. VII, p. 30-31 ; t. IX, p. 23-25.
2. Locke, *loc. cit.*, livre II, chap. XII, sect. 6 et chap. XXIII, sect. 6 et 14.
3. Husserl, *Ideen*, § 40.
4. Locke, *loc. cit.*, livre II, chap. VIII, sect. 15-23.

quelle dans les constructions de la physique. Avec l'univers tel que la physique le construit, on est devant la *vérité scientifique du monde*.

Mais les constructions de la physique ne doivent pas passer pour des images dans lesquelles, avec une approximation plus ou moins grande, la *réalité authentique* du monde serait reproduite, réalité sous-jacente et cachée que notre organisation psycho-physique, en nous faisant fatalement tomber dans des illusions naturelles, nous voilerait et ne nous ferait apparaître que sous la forme spécieuse du monde perceptible[1]. Le procédé suivi dans l'explication physique des données qualitatives diffère bien de l'intercalation parmi des faits observés d'autres faits susceptibles d'observation, eux aussi, mais qui n'ont pas encore été observés, comme on a expliqué certains troubles des mouvements planétaires en supposant l'existence d'une planète inconnue jusqu'alors et que plus tard on réussit à observer.

En ce qui concerne les principes, cette méthode est la même que celle d'un archéologue qui, s'appuyant sur quelques ruines creusées et notices littéraires, conçoit le plan architectural d'un ancien bâtiment, hypothèse qui peut être confirmée par une documentation trouvée ultérieurement. Tous les faits observés, calculés, supposés sont situés sur le même plan qui n'est dépassé en aucune phase du raisonnement. Dans l'explication des faits qualitatifs, au contraire, le physicien s'installe sur le plan du monde perceptible et ne cesse de s'orienter sur ce plan, puisque son but est de prévoir les événements se produisant dans les choses réiformes dont les déterminations perceptibles et qualitatives lui servent d'instance de vérification de ses théories. Mais il dépasse ce plan en ceci qu'il en traduit les données en termes physiques.

Cette traduction consiste à faire correspondre à la chose réiforme un corps matériel situé sur le plan spécifiquement physique, corps auquel certaines déterminations mathématico-physiques n'appartiennent que dans la mesure où la chose réiforme présente les propriétés qualitatives correspondantes. Ainsi la chose réiforme apparaît comme un X portant des déterminations physiques qui, elles, ne sont accessibles que dans et à travers les propriétés qualitatives de la chose. Les entités de la physique ne peuvent donc être construites que si les déterminations qualitatives sont données au préalable. C'est le monde perceptible se trouvant à la base de la constitution de l'univers physique qui fonde et qui étaye cette constitution; à cet égard, l'univers de la physique doit passer pour supérieur au monde perceptible[2].

1. Husserl, *Ideen*, § 52.

2. Un plan d'être A est supérieur à un plan d'être B si, pour la constitution ou pour la construction de A, celle de B est requise comme achevée préalablement. Voilà la définition formelle de la supériorité qui peut prendre des formes diverses. Plus tard (cf. chap. III, § 2,

Mais il ne faut pas entendre cette supériorité dans le sens d'une interprétation réaliste de la physique, comme si le physicien, grâce à une espèce d'instinct heureux, réussissait à pénétrer derrière les apparences naturelles de la vie naïve et à saisir un « en-soi » : les choses telles qu'elles sont en réalité. Dans cette interprétation, les entités de la physique sont prises pour des choses, auxquelles une sensibilité non assujettie aux conditions de l'organisation psychophysique humaine pourrait accéder directement et immédiatement par la perception, tandis que l'être humain serait réduit à ne se faire de ces choses véritablement réelles que des représentations indirectes et symboliques.

La chose étant le corrélat objectif de la vie perceptive, son sens d'être ne se détermine donc que par rapport à cette vie[1]. Mais la construction des entités physiques, toute fondée qu'elle soit sur l'apparition du monde perceptible, ne peut pas se faire sans l'intervention d'actes de la pensée catégorielle, et surtout de cette forme distinctive de cette pensée qu'est la raison mathématico-physique. Or, les créations de la pensée catégorielle (pas même à l'échelon le plus bas de cette pensée), ne peuvent – nous y reviendrons[2] – être transformées en données perceptibles ; elles ne doivent aucunement être considérées comme pouvant se prêter à une pure perception, comme susceptibles d'être saisies par des actes autres que ceux de la pensée catégorielle.

Conférer aux entités de la physique le sens d'être de choses réiformes, ce qui est une conséquence inévitable de la substitution au monde perceptible de ces entités à titre de « réalités absolues », c'est fausser le sens de l'existence de l'univers physique, quelle que soit, d'ailleurs, la définition qu'on trouve à donner de ce sens. La thèse réaliste prend le fait que « la nature est en elle-même mathématique » comme allant de soi. Avec cela, elle écarte le vrai problème que les sciences physiques posent à la philosophie. Car, si avec ces sciences, un problème philosophique est posé, c'est en raison non de leurs résultats mais de leur existence elle-même[3].

La « nature donnée » – la transformation des objets fonctionnels en choses réiformes, supposée déjà accomplie – non seulement contient des faits qualitatifs, mais – avant tout – elle ne connaît pas de déterminations exactes. Même les formations spatiales et temporelles sont vagues et flottantes, elles n'admettent que des déterminations du type qui comporte des marges de variation. Cette nature est rapportée à l'univers des objets idéaux

p. 100 *sq.*), nous mettrons en relief quelques types de cette supériorité, différents de celui dont il s'agit ici.

1. Cf. chap. IV sect. 3, p. 103 *sqq.*

2. Cf. p. 44.

3. Husserl, « Die Krisis der europäischen Wissenschaften und die transzendentale Phänomenologie », § 9. *Philosophia,* t. I, 1936.

mathématiques, elle est considérée à la lumière de ces objets, elle est conçue comme réalisant des rapports mathématiques que le physicien cherche à déterminer avec une approximation progressive.

Ce passage de la « nature donnée » à la nature mathématisée, la thèse réaliste se le dissimule, parce qu'elle substitue d'emblée la nature mathématisée ou du moins mathématisable à la « nature donnée ». Cependant, c'est en ce passage que réside le problème philosophique des sciences physiques. En devenant l'objet de la physique, la « nature donnée » subit cette transformation qui est l'idéalisation et la mise en rapport avec les objets mathématiques, transformation qui s'accomplit par des actes de la conscience, dans des processus et dans des opérations, desquels la nature mathématisable aussi bien que la nature mathématisée [l'univers de la physique] se révèlent comme les produits ou, pour mieux dire, comme des corrélats objectifs.

L'existence des sciences physiques ne met donc point en péril le principe avancé plus haut[1], d'après lequel tout objet et tout plan d'être doivent être conçus par rapport aux actes de la conscience, dans lesquels ils se constituent et dont ils sont les corrélats objectifs. Il faut, au contraire, remonter à ces actes, aux opérations de la conscience, aux motifs qui mettent en mouvement ces opérations ; il faut élucider et expliciter les suppositions qui, dans la formation historique des sciences physiques, y figuraient implicitement et passaient inaperçues en tant que suppositions, parce que, pour une bonne partie, elles étaient transmises par la tradition de la pensée géométrique.

Ce n'est qu'à force de faire de telles médiations qu'il devient possible de dégager le sens d'être de l'univers de la physique en tant que corrélat objectif des actes dans lesquels il est construit, corrélat objectif de degré supérieur, parce qu'il est conçu et élaboré à partir de cet autre corrélat objectif de la conscience qu'est le monde perceptible. Et c'est ainsi seulement qu'on peut saisir l'origine et la nature spécifique de l'évidence qui est propre aux sciences physiques.

§ 5. LA THÈSE GÉNÉRALE DANS L'ATTITUDE NATURELLE

Le relevé des attitudes qui vient d'être fait est fragmentaire dans le double sens qu'il faut le compléter[2] aussi bien que l'approfondir[1]. Telle

1. Cf. p. 56-60.
2. Ainsi il n'a pu être question, par exemple, de l'attitude artistique.

n'est cependant pas ici notre tâche. Cherchant à nous frayer un chemin vers la phénoménologie constitutive, dont l'accès n'est possible que par la réduction phénoménologique, nous sommes plus intéressés à ce que ces attitudes ont en commun qu'à ce qui les différencie.

Dans chacune de ces attitudes, si différentes qu'elles soient entre elles, les objets sur lesquels on se porte, à quelque plan d'être qu'ils appartiennent, se présentent avec un caractère existentiel[2]. Ainsi dans une ambiance donnée, les objets fonctionnels aussi bien que les formations sociales, qu'on adopte l'attitude active de la vie ordinaire ou l'attitude contemplative des sciences humaines, s'offrent comme étant là. En élaborant l'univers de la physique, non seulement on présuppose l'existence des choses réiformes qui servent de base à cette construction, mais encore une existence spécifique est conférée à l'univers lui-même, aux entités qui le forment. Il en va de même à propos des mathématiques pures : Les objets mathématiques, les nombres, les fonctions, les équations, les formations géométriques se présentent comme donnés.

Dans l'attitude mathématique, ils sont pris en considération comme existants, en quelque sens que l'on conçoive cette existence. Il faut ajouter que le système des déductions mathématiques qui, avec une complication croissante, est tiré des axiomes, se présente comme valable, et la validité est, elle aussi, un caractère existentiel ; elle est la forme particulière que la notion générale et toute formelle d'existence revêt dans le domaine de la pensée. Le sens spécifique de l'existence se différencie selon les plans d'être, il varie donc d'un plan à l'autre parmi ceux que nous avons pris en considération aussi bien que parmi ceux que nous n'avons pas pu envisager. Mais il ne peut y avoir aucun plan[3] sans que les objets qui relèvent de lui s'offrent comme portant ce caractère existentiel qui peut être traduit par « être simplement là ».

L'existence d'un objet, bien sûr, peut devenir douteuse dans un cas particulier. Cependant être douteux, être problématique tout comme être possible, probable, etc. – ce sont aussi des caractères existentiels et qui doivent être conçus comme des variations du caractère existentiel fondamental qu'est l'existence pure et simple[4]. Ce qui importe le plus, c'est que ce n'est qu'un objet particulier dont l'existence devient problématique ou douteuse. Cependant cet objet se présente dans un contexte plus ou moins

1. Soulignons seulement l'intérêt qu'il y aurait à pénétrer plus profondément dans la structure de l'objet fonctionnel, notion qui – nous semble-t-il – devrait être fondamentale dans la philosophie des sciences humaines.

2. Husserl, *Ideen*, § 30.

3. « Mais aucun tel plan n'est sans que les objets... ». *Éd.*

4. Husserl, *ibid.*, § 104.

global[1] avec des objets autres qui, eux, gardent leur caractère existentiel. Et surtout, le plan d'être lui-même dont ces objets relèvent n'est aucunement concerné par une altération du caractère existentiel qui survient dans un objet particulier.

Ceci est vrai aussi longtemps que le sujet ne fait pas de la philosophie, mais se porte naïvement, dans une attitude ou dans une autre, au plan d'être en question. L'attribution[2] aux objets d'un caractère existentiel et, corrélativement, la croyance à l'existence de ces objets, bien que le sens de l'existence ne soit pas toujours le même, est donc un fait très général, de quelque objet et de quelque plan d'être qu'il s'agisse. Ce fait ne constitue donc pas un privilège qui distingue une attitude, par exemple, celle de la vie courante, par opposition à quelque autre, telle une attitude scientifique. Il domine et étaye toutes les attitudes particulières; la thèse existentielle générale est présente dans toute activité mentale, quelle que soit l'attitude qu'elle prend[3].

Cette thèse est donc une espèce de dénominateur commun à toutes ces attitudes. C'est en raison de la présence de la thèse existentielle générale dans chacune d'entre elles, que toutes les attitudes en question se groupent sous le titre commun d'attitude naturelle. Mais la thèse existentielle générale n'est pas posée explicitement. Le sujet qui vit dans l'*attitude naturelle* accepte cette thèse et en fait usage, mais il ne s'en rend pas expressément compte, du moins, il peut se passer de le faire. Tout en intervenant dans la constitution de l'attitude naturelle et tout en y étant efficace, la thèse en question l'est ou peut l'être à titre de sous-entendu; elle n'est pas aperçue en tant que telle, elle est cachée et comme « oubliée ».

Avec cette thèse, nous sommes devant un des phénomènes[4] qui, dans la vie normale et ordinaire, ne se présentent que sous forme implicite[5], phénomènes qui contribuent essentiellement à constituer le sens de certaines données, mais qui ne se prêtent pas sans plus de façon au regard mental portant directement sur ces données, lesquelles, au contraire, ne peuvent être saisies et rendues explicites que par une méditation spéciale. Comme nous le verrons plus loin, une des méthodes principales de la phénoménologie consiste à expliciter ces phénomènes implicites[6] qui d'ailleurs ne sont pas tous de même type.

1. « global » pour « embrassant ». *Éd.*

2. « L'attribution » pour « L'adhérence ». *Éd.*

3. Cf. E. Fink, « Vergegenwärtigung und Bild », *Jahrbuch für Philosophie und phänomenologische Forschung*, t. XI, 1930, p. 248-249.

4. « un des phénomènes » pour « un des cas phénomènes ». *Éd.*

5. « implicite » pour « impliquée ». *Éd.*

6. « implicites » pour « impliqués ». *Éd.*

§ 6. La réduction phénoménologique

La thèse existentielle générale subit une modification radicale par la réduction phénoménologique. Cette altération concernant la thèse elle-même et en tant que telle, il n'est donc pas question de remplacer une des attitudes particulières[1] citées par une autre. Pour la même raison, la nouvelle attitude qui résulte de la réduction phénoménologique ne doit aucunement passer pour une attitude parmi d'autres. En raison du radicalisme même de la modification qui fait naître la nouvelle attitude, celle-ci s'oppose à toutes les attitudes naturelles en tant que telles.

Dans la réduction phénoménologique, le caractère existentiel accordé[2] aux objets n'est pas mis en doute. Cela n'aurait pour effet que de substituer à un caractère existentiel donné un autre caractère, mais il n'y a aucun motif plausible pour mettre en doute l'existence de tous les objets et de tous les plans d'être. Il n' y en a pas non plus pour que la croyance existentielle soit niée de façon générale, négation qui fait la caractéristique et le dogme de la philosophie sceptique. La modification, dans la réduction phénoménologique, de la thèse existentielle générale consiste à pratiquer une certaine abstention, envers cette thèse, à ne pas effectuer l'acte de croyance existentielle, sans que, de ce chef, cette croyance disparaisse ou qu'elle soit mise à l'écart[3].

La croyance en question est suspendue; corrélativement, le caractère existentiel est mis entre parenthèses, il est *inhibé*. Mais inhibition n'est pas suppression. En eux-mêmes, les objets ne subissent aucune modification par le fait de la réduction phénoménologique; ils demeurent, en tous points, tels qu'ils sont connus dans les diverses attitudes naturelles. Toutes leurs déterminations, propriétés, qualités, structures, etc., restent sauvegardées. Même le caractère existentiel avec lequel un objet se présente reste intact; en particulier aucun caractère existentiel différent ne lui est substitué, ni, à plus forte raison, n'est biffé. Chaque objet continue à être cette réalité véritable, hypothétique, possible, problématique ou bien apparente, etc., qu'il était antérieurement à la réduction phénoménologique.

Mais par celle-ci le caractère existentiel est mis hors jeu et hors action, on ne s'en sert plus. Un objet qui continue donc à s'offrir à la conscience comme existant, est pris en considération, dans l'attitude phénoménologique, non en tant qu'existant tout simplement, non en tant que telle et telle réalité, mais en tant qu'il se présente comme existant, en tant qu'il prétend à l'existence. Dans l'attitude naturelle, le sujet a la conviction de se

1. « particulières » pour « spéciales ». *Éd.*
2. « accordé » pour « adhérent ». *Éd.*
3. Husserl, *Ideen*, § 31, § 32; *Méd. Cart.*, § 8.

trouver placé au milieu du monde réel et en face d'autres plans d'être dont les objets comportent, eux aussi, l'existence sous une forme ou sous une autre. Cette conviction n'est pas ébranlée; en adoptant l'attitude phénoménologique, le sujet persévère en elle.

Mais cette conviction n'est plus efficace dans ce sens qu'elle figure non à titre de *conviction vivante*, mais seulement à celui de conviction vécue. Par conséquent, dans les méditations phénoménologiques, aucun énoncé qui traduit une telle conviction ou qui traduit une des variations qu'elle peut prendre, qui prend donc un caractère existentiel, n'est admis à titre de prémisse. De même, un théorème logique ou mathématique ne perd aucunement, par la réduction phénoménologique, son caractère de validité; il continue à se présenter comme dérivé de tels axiomes et comme se trouvant à une place déterminée dans un système de conclusions. Mais ce théorème ne sert pas d'argument dans les considérations phénoménologiques, il ne fonde pas ces considérations, car elles n'y font pas appel[1].

Il n'y entre et n'y figure qu'à titre de fait qui apparaît devant la conscience, à titre de donné, mais il est tout à fait et exactement le même donné que celui qu'il était dans l'attitude naturelle, bien que sous le règne de la réduction phénoménologique usage ne soit pas fait de sa validité.

La réduction phénoménologique concerne donc moins les objets eux-mêmes ou les convictions que le sujet a sur les objets, que le titre auquel ces objets et ces convictions figurent en phénoménologie, la position que le phénoménologue prend à leur égard. Par la mise hors jeu et hors valeur du caractère existentiel, les objets – tous les objets – tout en subsistant tels quels, sont transformés en *objets-phénomènes* et, du même coup, les plans dont relèvent ces objets deviennent des plans d'être-*phénomènes*.

Cette modification concerne surtout le caractère existentiel que comportent les objets et qui se transforme en une donnée phénoménale, tout en restant sauvegardé dans son intégrité à l'intérieur des parenthèses entre lesquelles il est mis. C'est à titre de fait phénoménal, à titre de donnée vécue, mais à ce titre seulement qu'un caractère existentiel, donc également l'énoncé qui le traduit, peuvent figurer en phénoménologie. Voilà la raison pour laquelle les recherches auxquelles cette attitude modifiée qui, une fois prise, ne sera plus abandonnée, entr'ouvre l'accès, sont appelées des recherches phénoménologiques.

En raison de la modification qu'elle apporte à la thèse existentielle générale, la réduction phénoménologique a une portée universelle. Elle concerne tous les objets à quelque plan d'être qu'ils appartiennent[2], à la seule exception des actes de la conscience en tant que faits vécus. Sur ces

1. « elles n'y font pas appel » pour « dans elles, recours n'est pas eu à lui ». *Éd.*
2. Cf. Husserl, *Ideen*, § 56-60.

actes, la réduction phénoménologique n'a pas d'emprise pour la même raison que celle pour laquelle le doute universel de Descartes s'arrêtait devant eux. Or, *si les actes de la conscience échappent à la réduction phénoménologique, c'est seulement et uniquement en tant que faits vécus et données phénoménales, mais ce n'est point du tout en tant que symptômes, expressions ou quoi que ce soit d'une réalité humaine, voire même d'une réalité purement psychique*[1]. Toute réalité de ce genre tombe sous la réduction phénoménologique[2].

Le sujet se conçoit (et dans l'attitude phénoménologique, il continue de le faire) comme homme, individu, être social, être historique, etc. Il reste ce Moi concret réel et empirique qu'il était, et il le reste avec toute la plénitude des déterminations qui lui appartiennent. Mais cette réalité humaine avec la totalité de ses éléments et composants ne peut pas intervenir, dans les méditations phénoménologiques, en qualité de point de départ, et de donnée à caractère existentiel efficace, de même que les jugements qui la traduisent ne sont pas admis en qualité de prémisses, d'arguments, etc., non plus, d'ailleurs, que n'importe quelle autre réalité mondaine. Le Moi concret humain devient, lui aussi, phénomène.

Il ne peut figurer en phénoménologie qu'à titre de fait apparaissant devant la conscience et s'y présentant grâce à des actes qui se rapportent à lui et par lesquels il est saisi avec ses caractères essentiels. C'est dans ce sens que M. Husserl[3] parle d'un dédoublement du Moi : « …le moi de la méditation phénoménologique peut devenir en toute universalité *spectateur impartial de lui-même…* ». Il ne faut évidemment pas prendre cette formule au pied de la lettre[4]. Ce qu'elle exprime métaphoriquement, c'est la distinction à faire entre le Moi concret réel en tant que corrélat objectif constitué, et la conscience à laquelle ce Moi se présente.

La conscience peut être envisagée de deux manières : soit, comme c'est le cas dans les sciences biologiques et psychologiques, dans son rapport à des réalités mondaines, comme appartenant au Moi humain concret, donc imprégné de réalité humaine, soit comme pur champ d'actes vécus qui se

1. La provenance cartésienne de la réduction phénoménologique est manifeste. Or, tandis que chez Descartes il s'agit d'une espèce de négation universelle – [les objets sont pris pour inexistants et illusoires, les convictions pour fausses] – la réduction de M. Husserl n'est qu'une abstention, une « mise entre parenthèses ». D'autre part, les exposés du Premier Chapitre justifient assez, croyons-nous, la modification que M. Husserl apporte au doute cartésien en lui donnant une forme plus pure et plus radicale.

2. Cf. Husserl, *Méd. Cart.*, § 11.

3. *Id., Méd. Cart.*, p. 30, 31.

4. « Moi, qui demeure dans l'attitude naturelle, je suis aussi et à tout instant moi transcendantal, mais je ne m'en rends compte qu'en effectuant la réduction phénoménologique ».

rapportent à des objets, actes par lesquels, parmi d'autres objets, le Moi concret réel, lui aussi, est saisi et dans lesquels il se constitue. Et ce n'est qu'à ce dernier titre que la conscience possède ce caractère absolu que Descartes lui avait assigné et qui, se trouve raffermi[1] par la réduction phénoménologique. Tout élément anthropologique doit donc strictement être tenu à l'écart des considérations phénoménologiques : la réduction phénoménologique (c'est une de ses raisons d'être) creuse un abîme infranchissable entre la phénoménologie et toute espèce d'anthropologie philosophique[2].

Du même coup on s'aperçoit de la différence qui existe entre la phénoménologie et la psychologie, pour autant que dans celle-ci la conscience passe pour une réalité parmi d'autres et est étudiée dans la dépendance où elle se trouve envers des faits extra-conscients. La matière de ces deux sciences est évidemment la même, car la conscience n'est qu'une. C'est pourquoi la psychologie et la phénoménologie sont liées par des rapports assez intimes, et que les résultats, surtout les résultats descriptifs, de la psychologie peuvent acquérir une grande importance pour la phénoménologie, comme réciproquement la psychologie peut tirer très grand profit de la phénoménologie, si elle tient compte de ses résultats, de ses méthodes et de la manière dont, chez elle, les problèmes sont posés

Mais ce rapport spécial entre la phénoménologie et la psychologie – et celle-ci est la seule science à laquelle la phénoménologie soit liée de façon aussi intime – ne doit pas dissimuler la grande différence de principe entre les points de vue desquels l'une et l'autre considèrent respectivement leur domaine de recherches commun qui est la conscience. Ce qu'on retient, une fois la réduction phénoménologique effectuée, c'est la conscience réduite, c'est-à-dire envisagée sous le seul aspect de l'apparition et de la constitution devant elle d'objets ; et c'est à ce titre seulement que désormais la conscience sera invoquée. Ces objets, les objets-phénomènes, acquièrent une fonction téléologique dans les recherches de la phénoménologie[3]. Ils figurent comme *termini ad quos* les recherches phénoménologiques

1. Sur ce caractère absolu de la conscience, cf. Husserl, *Ideen,* § 44, 46, 49, 54.

2. Cette remarque ne vise évidemment pas l'anthropologie en tant que science positive dont au contraire, quand il s'agit de psychologie comparée, la phénoménologie, comme de tout travail psychologique positif, peut tirer grand profit ; et ici-même nous n'avons pas hésité à nous réclamer de quelques uns de ses résultats. Mais il faut chercher à éviter la situation antinomique exposée aux § 4 et 5 du chapitre précédent, dans laquelle on tombe fatalement, quand les problèmes philosophiques et transcendantaux se trouvent rapportés sur un terrain à propos duquel les mêmes problèmes doivent être soulevés.

3. Husserl, *Ideen,* § 86, *Méd. Cart.*, § 21.

doivent être dirigées, ils servent de fils directeurs par lesquels ces analyses sont guidées.

L'objet simplement donné est conçu comme le produit tout fait et achevé de processus de la conscience, qui cependant dans la vie « naturelle » courante aussi bien que scientifique restent cachés et voilés et ne peuvent être mis à découvert que par des efforts spéciaux. En partant de l'objet, on se demande quels sont les actes et les complications d'actes qui doivent être vécus ou qui doivent pouvoir l'être, quels sont les processus et les opérations qui doivent intervenir pour assurer[1] que le corrélat objectif de cet ensemble de faits de la conscience ne puisse être que l'objet en question.

Après avoir dégagé les actes particuliers, il s'agit d'étudier les groupes qu'ils forment, les synthèses et les formes d'unité qui s'établissent parmi les actes particuliers du fait qu'ils se rapportent à un objet donné; ainsi il devient possible de suivre la formation et la constitution progressive de l'objet jusqu'à le rejoindre tel qu'il est connu dans l'attitude naturelle[2]. Ces recherches sont donc à juste titre qualifiées de transcendantales, parce qu'il y est question des conditions de la possibilité d'objets, conditions qui ne peuvent être situées ailleurs que dans la conscience. Or, la réduction phénoménologique permet de poser les problèmes transcendantaux sur un terrain où on n'a plus à craindre que la pensée philosophique ne tombe dans la situation antinomique déjà mentionnée, situation de laquelle seule cette réduction peut la préserver.

Les méditations initiales de ce livre[3] ont amené à considérer chaque objet comme corrélatif de certains actes de la conscience. Ce principe doit maintenant être précisé : si *n'importe quel objet*, en ce qui concerne son objectivité, sa structure spécifique, son existence, le sens de son être, *est relatif*, il l'est à *la conscience réduite*, *mais non à la conscience envisagée comme réalité psychique humaine*, donc englobée dans la totalité du monde. Par conséquent, *la philosophie de la conscience* à l'idée de laquelle comme philosophie première le même principe donne naissance prendra la forme non d'une psychologie, mais d'une *phénoménologie universelle*.

La conscience réduite est définie comme champ d'actes vécus qui se rapportent à des objets. Ceux-ci, bien que transformés en objets-

1. « pour assurer » pour « tels ». *Éd.*

2. Les exposés trop incomplets qui, dans la description de l'attitude naturelle, ont été données de la structure de quelques types d'objets, indiquent donc certaines directions dans lesquelles les recherches constitutives de la phénoménologie doivent être engagées. Mais le cadre restreint de ce volume ne nous permettra pas de pénétrer dans ces problèmes spéciaux.

3. Cf. p. 55-57.

phénomènes, restent tels quels, à part la modification que leur caractère existentiel subit. C'est donc la dualité entre actes et objets qui entre dans la définition même de la conscience réduite, pour autant que la réduction phénoménologique ne fait pas disparaître les objets, ni ne les met à l'écart. La question va donc se poser de savoir quelle est, dans la conscience réduite, la nature du rapport entre actes et objets. La première tâche à aborder sur le terrain proprement phénoménologique est donc d'élaborer une conception de la conscience.

CHAPITRE III

LA CONCEPTION DE LA CONSCIENCE

§ 1. LA CONCEPTION EMPIRISTE DE LA CONSCIENCE

Pour définir la nature de la conscience, commençons par un exposé et par un examen de la conception générale élaborée et défendue dans l'école empiriste. Les penseurs qui appartiennent à cette école voient dans la conscience une espèce de scène où il y a apparition et disparition de données telles que les sensations, les imaginations, les volitions, les émotions, etc. Ces données qui sont considérées comme les éléments les plus simples de la conscience, co-existent et se succèdent, elles s'appellent et s'évoquent les unes les autres d'après les lois de l'association. La conscience n'est donc rien d'autre qu'une suite d'événements qui se produisent et qui se déroulent, suite réglée par des lois empiriques qu'on parvient à établir par voie d'induction.

La présence de ces données comporte la conscience des objets de ces lois, objets qui sont conçus, par les empiristes, comme composés de ces mêmes données. Nous parlons ici de préférence d'objets perceptibles, en invoquant la perception à titre d'exemple paradigmatique, pour exposer des vues qui, aux yeux des auteurs qui les défendent, ne se restreignent point à ce domaine particulier de la conscience, mais aspirent à une portée et à une valeur universelles. L'objet perceptible, un morceau de plomb par exemple, est défini par Locke [1] comme une collection d'idées simples telles qu'une couleur blanche pâle, un certain degré de pesanteur, de dureté, de malléabilité, de fusibilité et semblablement [2].

1. Locke, *loc. cit.*, B. II chap. XII Section. 6; cf. également chap. XXIII sect. 6 et 14.
2. « et semblablement » pour « et pareilles ». *Éd.*

Ces idées, en se joignant entre elles, se rattachent[1] en même temps à celle d'une substance qui, bien qu'elle soit confuse et même inconnue, est la première et la principale de toutes, parce que c'est elle qui donne de la cohérence à la collection d'idées simples. Cette idée de substance est attaquée par Berkeley[2] aussi bien que par Hume[3], ce qui ne les empêche cependant pas de retenir la thèse centrale de la théorie lockienne[4]. Tous deux tombent d'accord qu'une chose objective n'est et ne peut être que la combinaison de certaines qualités sensibles : « Thus, for example, a certain colour, taste, smell, figure and consistence having been observed to go together, are accounted one distinct thing signified by the name apple »[5]; de même chez *Hume*[6] : « our ideas of bodies are nothing but collections form'd by the mind of the ideas of several distinct sensible qualities, of which objects are compos'd, and which we find to have a constant union with each other. »

Or, une telle qualité sensible semble évidemment ne pouvoir être autre chose qu'une sensation; en tant que telle, elle ne peut exister ailleurs que dans la conscience qui la perçoit, son existence fait un avec son être vécu[7]. De là il suit que la chose réelle se réduit à une combinaison de données sensorielles[8] et qu'elle ne peut exister nulle part sinon dans une conscience les percevant[9]. Berkeley, il est vrai, réussit à esquiver les conséquences que comporte ce point de vue, en faisant appel à un Esprit Éternel dans lequel existent les choses, même quand elles ne sont perçues par aucun esprit créé[10] – Esprit Éternel qui imprime dans la sensibilité humaine les idées dont se composent les choses réelles[11]. Quoique ceci se rapporte à la théorie

1. « se rattachent » pour « s'accrochent ». *Éd.*

2. Berkeley, *A Treatise Concerning the Principles of Human Knowledge*, sect. 16 et 17. (*Works of Berkeley*, t. I, ed. A. C. Fraser, Oxford, 1901).

3. Hume, *A Treatise on Human Nature* B. I. P. I. sect. 6. (*The Philosophical Works of David Hume* t. I, T.H. Green et T.H. Grose, éds., London, 1874).

4. En ce qui concerne Hume, T.H. Green remarque, dans sa *General Introduction* (*loc. cit.*, p. 177) : « His account of the idea of a substance is simply Locke's, as Locke's would become upon elimination of the notion that there is a real "something" in which the collection of ideas subsist, and from which they result ».

5. Berkeley, *loc. cit.*, t. I, p. 258.

6. Hume, *loc. cit.*, t. I, p. 505-506.

7. Berkeley, *loc. cit.*, t. I, p. 301 « *Qualities*... are nothing else but *sensations* or *ideas*, which exist only in a mind perceiving them ».

8. *Id., ibid.*, t. I, p. 312-313. « all sensible qualities are alike *sensations* and alike *real*, ... the objects of sense are nothing but those sensations combined, blended, or...concreted together ».

9. *Id., ibid.*, t. I, p. 258 « ... the various sensations or ideas imprinted on the Sense, however blended or combined together (that is, whatever objects they compose), cannot exist otherwise than in a mind perceiving them ».

10. *Id., ibid.*, sect. 6 et 48.

11. *Id., ibid.*, t. I. p. 274, 342.

de la perception plutôt qu'à la métaphysique qui peut lui être superposée, soulignons que, d'après Berkeley, une chose qui est perçue existe, de ce chef, dans la conscience percevante, et qu'elle constitue un fait complexe réel de cette conscience[1].

En effet : « When we do our utmost to conceive the existence of external bodies, we are all the while only contemplating our own ideas »[2]. Si Berkeley a pu échapper au problème de continuité de l'existence des choses perceptibles[3], pour Hume qui ne connaît pas le recours à l'Esprit Éternel, ce problème se pose dans toute sa gravité. D'après lui, « nothing is ever really present with the mind but its perceptions or impressions and ideas », de là « tis impossible for us so much as to conceive or form an idea of anything specifically different from ideas and impressions »[4]. Les choses objectives sont, chez lui aussi, réduites à des combinaisons de données réelles de la conscience[5], et il n'admet aucune autre existence que celle de ce qu'il appelle « perceptions » dans la conscience[6].

Cette définition des choses, Hume ne la fait pas passer pour une théorie philosophique et explicative; il prétend par là exprimer fidèlement l'opinion du commun des hommes. Ceux-ci n'admettent pas la distinction que quelques philosophes établissent entre les objets et les données des sens; tout au contraire, « Those very sensations which enter by the eye or ear, are with them the true objects, nor can they readily conceive that this pen or paper, which is immediately perceiv'd, represents another, which is different from, but resembling it »[7]. Cependant le commun des hommes, tout en identifiant l'objet aux données sensorielles, lorsqu'il fait l'expérience d'une multiplicité de perceptions de la même chose qui lui sont données comme différentes, suppose être devant quelque chose d'identique.

La contradiction entre l'identité supposée et les multiples apparitions de données sensorielles distinctes les unes des autres, mène à l'hypothèse, plus exactement à la fiction d'une existence continue[8]. La supposition de

1. *Id., ibid.*, t. I, p. 310 « ... the sun, moon, and stars, and every other object of the senses, are only so much sensations in their [scl. the men's] minds, which have no other existence but barely being perceived ».

2. *Id., ibid.*, t. I, p. 270; cf. le passage correspondant chez Hume, *loc. cit.*, t. p.[le numéro de la page est manquant. *Éd.*] « ...we never really advance a step beyond ourselves, nor can conceive any kind of existence, but those perceptions, which have appear'd in that narrow compass ».

3. Cf. Berkeley, *loc. cit.*, t. I, p. 284.

4. Hume, *loc. cit.*, t. I, p. 371.

5. *Id., ibid.*, t. I, p. 504 « ...'tis impossible for us distinctly to conceive objects to be in their nature any thing but exactly the same with perceptions ».

6. *Id., ibid.*, B.I.P. II. sect. 6.

7. *Id., ibid.*, t. I, p. 491.

8. *Id., ibid.*, t. I, p. 493-494.

l'identité, aussi bien que celle de la continuité de l'existence non seulement contredisent le témoignage des sens, elle ne se tirent pas non plus de la raison : à proprement parler, elles sont fausses toutes les deux [1]. Il ne s'agit donc pas de les justifier, mais d'établir la voie par laquelle l'imagination nous fait parvenir à elles, et d'expliquer cette «*propensity to feign*» à laquelle elles se doivent. Le problème de l'identité, nous le retrouverons plus tard [2]. Bornons-nous ici, sans suivre son analyse explicative, à fixer les termes dans lesquels Hume doit présenter l'hypothèse ou la fiction d'une existence continue.

Les choses n'étant rien d'autre que ce qu'il appelle *perceptions*, il s'ensuit que « this very perception or object is suppos'd to have a continu'd uninterrupted being... » [3]. C'est en effet vers ce but qu'il dirige son explication : la supposition de l'existence continue de données réelles de la conscience, même quand elles ne se présentent pas à celle-ci. Que cette supposition ne soit qu'un fruit de l'imagination ne lui semble impliquer rien de contradictoire. C'est cette supposition qui, d'après lui, constitue l'opinion du commun des hommes. Une forme plus récente de la conception empiriste de la conscience, encore actuelle, est celle de Mach à qui nous devons la doctrine des *letzte Elemente* qui, dans leur ensemble composent le monde tout entier [4].

Ces éléments qui sont les couleurs, les sons, les chaleurs, les pressions, les mouvements, les impressions spatiales, les données temporelles, etc., ne se juxtaposent pas, d'après l'auteur, tout simplement les uns aux autres. Ils forment une seule masse cohérente, mais le degré de cohérence entre ces éléments n'est pas partout le même [5]. Cette cohérence témoigne des «rapports fonctionnels» (*Funktionalbeziehungen*) qui existent entre les éléments, rapports en vertu desquels une modification survenant en l'un de ces éléments ne laisse pas d'être accompagnée d'effets affectant un certain nombre d'autres éléments. On peut se servir de ces effets pour mesurer la cohérence entre les éléments en question.

Ainsi Mach, se défendant des critiques qui lui ont été adressées, soutient que, d'après lui, le monde est non une somme de sensations, mais un ensemble de rapports fonctionnels entre celles-ci; en dernière analyse, le monde entier doit être considéré comme un seul complexe de rapports.

1. Cf. *Id., ibid.*, t. I, p. 497-498 et p. 483.

2. Cf. p. 109 § 3.

3. Hume, *loc. cit.*, t. I, p. 495-496. Il en est d'ailleurs de même quant à l'identité; cf. p. 493 : « *This very image, which is present to the senses, is with us the real body; and tis to these interrupted images we ascribe a perfect identity* ».

4. E. Mach, *Die Analyse der Empfindungen* (9e éd.), Iéna 1922, p. 17-18, p. 24-25.

5. *Id., ibid.*, p. 12-14.

Pour caractériser ces éléments, Mach s'exprime en termes qui, dans la langue courante, désignent des données sensorielles, et il n'hésite pas à les qualifier comme tels [1]. Cependant, pris en eux-mêmes, ces éléments ne sont ni d'ordre physique, ni d'ordre psychologique. Ils deviennent l'un ou l'autre selon le point de vue d'où ils sont étudiés, à savoir selon les rapports fonctionnels en lesquels ils sont envisagés [2]. Ainsi une couleur, par exemple, quand on en examine la dépendance vis-à-vis de la source lumineuse, d'autres couleurs, de chaleurs, d'espaces, etc., est un objet physique ; la même couleur doit être prise pour une sensation, donc, relevant de l'ordre psychologique, si elle est considérée dans son rapport de conditionnement par l'état de la rétine et par les processus qui s'y produisent.

Que les uns ou les autres de ces rapports fonctionnels soient pris en considération, la couleur en elle-même ne subit, de ce chef, aucune altération [3]. Ce qui sépare le plan physique et prétendu [4] objectif du plan psychologique et prétendu [5] subjectif, ce n'est que la différence des directions dans lesquelles la recherche scientifique portant sur les éléments ultimes peut être engagée. Mais aucune hétérogénéité des matériaux avec lesquels ils seraient respectivement composés, ne fonde la démarcation à faire entre ces deux plans. Ces matériaux, au contraire, sont, d'après Mach, absolument les mêmes, à tel point qu'au lieu de les tenir [6] soit pour physiques, soit pour psychologiques, il serait plus exact de les caractériser comme étant à la fois et au même titre l'un aussi bien que l'autre.

Aussi, l'auteur n'admet-il aucune différence fondamentale ou de principe entre le physique et le psychologique, ni entre les données sensorielles et la chose perceptible, ni enfin entre le Moi et le monde [7], démarcations, qui, d'après lui, ne tiendraient qu'à des raisons et à des buts purement pratiques, que la recherche scientifique n'est nullement obligée de respecter [8]. Les recherches de la physique – comme Mach ne se lasse pas de le souligner – ne portant que sur des faits sensoriels, on est donc bien fondé à soutenir que, dans la conception de cet auteur, ce sont des données réelles de la conscience qui composent et constituent les objets de la perception, c'est-à-dire les choses réelles du monde objectif.

Ces choses ne sont en effet que des rapports fonctionnels entre des éléments qui, envisagés d'un autre point de vue, se révèlent comme des

1. *Id., ibid.*, p. 13-14.
2. Cf. *id., ibid.*, p. 300-301.
3. *Id., ibid.*, p. 34-36.
4. « prétendu » pour « soi-disant ». *Éd.*
5. « prétendu » pour « soi-disant ». *Éd.*
6. « tenir » pour « donner ». *Éd.*
7. *Id., ibid.*, p. 11.
8. Cf. *id., ibid.*, p. 18, 25.

données sensorielles de la conscience. De là il suit que l'objet de la physique est exactement le même que celui de la psychologie, ces deux sciences ne différant l'une de l'autre que par les points de vue respectifs qu'elles prennent sur les éléments ultimes homogènes.

§ 2. Critique de la conception empiriste

La définition empiriste de la chose perçue comme ensemble – quelle qu'en soit la nature – de données sensorielles qui existent réellement dans la conscience, est intenable. La perception d'une chose quelconque signifie qu'une certaine quantité de données du genre de celles que Mach invoque est en effet présente dans la conscience. Les yeux fermés, les données visuelles, par exemple, disparaissent, pour ne réapparaître dès qu'on a rouvert les yeux. Mais il serait bien inexact et même erroné de parler d'une réapparition des données visuelles et en général sensorielles [1].

Quant à la chose perçue, celle qu'on perçoit maintenant est, sans aucun doute, à tout égard identiquement la même que celle qu'on avait perçue et dont on a, pour quelques instants, abandonné l'observation. Mais il n'en va pas de même des données sensorielles, *faits réels de la conscience* qui contribuent à former – quel que soit d'ailleurs le rôle qui leur est attribué dans cette formation – l'acte de la perception, cet événement psychique réel de la vie perceptive qui se produit à tel ou tel moment du temps phénoménal, c'est-à-dire du temps vécu. Comme il est indiqué par les expressions « perception antérieure », « perception ultérieure » de la même chose, ces actes sont bien distingués l'un de l'autre. Donc, les données sensorielles qui sont vécues lors d'une perception ne sont point identiques à celles qui sont présentes lors d'une autre perception.

Ces données sensorielles, puisque d'une façon ou d'une autre l'acte perceptif en est composé, partagent le sort de cet acte qui, rivé qu'il est au temps immanent et subjectif et situé à une certaine place dans cet ordre temporel, ne peut par principe se reproduire, non plus qu'une des diverses phases qui composent le temps immanent et phénoménal. Autrement dit, la vie consciente dans sa totalité, quand elle s'écoule, ne se répète ni ne revient jamais. C'est par égard à leur temporalité et à leur facticité que les actes vécus aussi bien que tous leurs composants, dont les données sensorielles [2],

1. Husserl, *Ideen*, § 41.

2. Pour le moment, nous ne mettons pas en cause cette thèse particulière de la théorie empiriste de la perception d'après laquelle c'est des sensations en qualité d'« éléments » que l'acte perceptif se compose. Nous y reviendrons brièvement plus loin.

doivent être qualifiés de faits réels de la conscience, la réalité, en matière de conscience, n'étant définie que par cette facticité et cette temporalité phénoménales. Ce problème a déjà été soulevé par Hume[1] qui se réclame de la ressemblance entre les perceptions interrompues de la « même chose ». En vertu de cette ressemblance parfaite et qui existe à presque tous les égards, l'esprit passe si facilement d'une perception à une autre qu'il ne s'aperçoit guère de la transition. Il est ainsi mis dans la même disposition ou dans une disposition bien semblable à celle où il se trouve, quand il regarde un objet identique, c'est-à-dire lorsqu'il vit une perception ininterrompue. Si donc, lors d'une multiplicité de perceptions interrompues et différentes les unes des autres, le sujet croit être devant la même chose, c'est que son imagination lui fait considérer ces multiples perceptions comme identiques, en confondant la relation de la ressemblance avec celle de l'identité.

Or, afin que cette confusion soit possible, il faut que les termes confondus soient, aussi bien l'un que l'autre, donnés à la conscience. En effet, d'après Hume, l'esprit parvient à la notion d'identité quand il regarde un objet durant un certain temps, sans interrompre sa perception ni constater en[2] elle un quelconque changement. L'intervention du facteur temporel dans la définition de l'identité est nécessaire, car, comme Hume le remarque[3] à juste titre, juger un objet comme identique n'a de sens que si l'on veut dire que l'objet existant à tel moment du temps est le même que celui qui existe à tel autre moment. Or, afin que l'écoulement du temps soit vécu, il faut qu'une succession de «*perceptions*» se présente à la conscience; autrement, même s'il y avait *a real succession in the objects*, le sujet ne s'apercevrait pas du temps[4]. De là, comme Green[5] l'a bien souligné, le même problème de l'identité se pose à propos de la perception dite permanente, que celui que Hume soulève lui-même quant aux perceptions interrompues. Dans un cas aussi bien que dans l'autre, il n'y a que succession de faits réels de la conscience; dans l'un pas plus que dans l'autre, il n'y a rien d'identique. Il n'est pas possible d'échapper à cette difficulté en définissant la permanence d'une perception par sa co-existence, au début, avec telles perceptions secondaires, à la fin, avec telles autres, comme si l'écoulement du temps se faisait sentir par un changement survenant seulement dans les perceptions concomitantes. Une perception permanente est telle qu'elle dure pendant un certain temps.

1. Hume, *loc. cit.*, t. I, p. 491-493.
2. « en » pour « dans ». *Éd.*
3. *Id., ibid.*, t. I, p. 489-490.
4. *Id., ibid.*, t. I, p. 342.
5. Green, *General Introduction*, Section. 305. *loc. cit.*

Or, la durée d'un acte comporte des modifications qui concernent cet acte lui-même; elle n'est rien d'autre que la succession de diverses phases temporelles, le passage de l'acte qui dure par ces différentes phases [1]. Cette critique fait écrouler toute l'analyse explicative de Hume. Car si ses principes ne lui permettent pas d'atteindre l'identité dans le cas de la perception dite permanente, il faut constater avec Green [2] que dans la théorie de Hume, l'un des deux termes fait défaut et reste inaccessible. La confusion entre ces termes est appelée à expliquer l'identité dans le cas des perceptions interrompues. Les données sensorielles changent et varient, quand le sujet, au lieu d'interrompre son observation, se promène autour de la chose perçue, la prend dans la main pour la tourner de côté, se déplace d'un point d'observation à un autre, s'éloigne, par exemple, de la chose ou s'en approche, etc. [3].

Alors la chose perçue apparaît tantôt de ce côté, tantôt de l'autre, tantôt sous tel aspect, tantôt sous un aspect différent, elle se présente tantôt de près, tantôt de loin. Mais malgré toutes ces fluctuations dans les données sensorielles, conscience est prise de la chose comme étant identiquement la même et comme revêtant, tour à tour, ces diverses modalités d'apparition [4]. Cette conscience de l'identité est un caractère constitutif de la perception. Ce flottement des données sensorielles est bien connu de Mach [5] qui, lui aussi, l'invoque, mais en vue d'ébranler la croyance à l'identité de la chose perçue. Cette croyance tient, d'après lui, au fait que la quantité des données sensorielles qui changent, est, dans chaque cas particulier, peu considérable en proportion de celles qui restent relativement constantes [6].

Mach se réclame surtout de ces changements qui se produisent, à titre permanent, dans l'objet lui-même, sans oublier les autres à caractère passager et qui dépendent des conditions dans lesquelles un objet est perçu plus qu'ils ne signalent une modification de cet objet lui-même. Prenons en considération les derniers faits. La couleur d'une chose, par exemple, s'offre sous des aspects qui varient avec les conditions de l'éclairage: tantôt cette couleur apparaît claire, tantôt obscurcie, tantôt elle est vue en pleine lumière, tantôt en vision crépusculaire, etc. Mais on a tout le temps la

1. On voit donc qu'il n'est même pas possible de définir la durée d'un « même » acte, si l'on ne considère que les successions des faits réels de la conscience et si l'on ne fait appel à quelque chose d'identique qui évidemment doit être situé ailleurs que là où les successions se déroulent.

2. Green, *loc. cit.*, p. 255-256, 258.

3. Husserl, *Méd. Cart.*, p. 34.

4. *Id., Logische Untersuchungen* (*op. cit.* ici comme *Log. Unt.*) 2e éd., Halle 1913, t. II. 1 p. 382-383.

5. Mach, *loc. cit.*, p. 7-8.

6. *Id., ibid.*, p. 2; cf. également Hume, *loc. cit.*, t. I, p. 484-485.

conscience de se trouver en présence de la même chose avec la même couleur, et cette conscience d'identité est un fait vécu.

La couleur qui appartient à la chose à titre de qualité objective prend, à tour de rôle, diverses modalités d'apparition, dont la succession ne trahit néanmoins aucune modification survenue dans l'objet lui-même. Cette couleur objective se présente – elle ne peut pas se présenter autrement – sous une multiplicité de données sensorielles, d'aspects ou, comme dit Husserl, d'*Abschattungen.* Mais sous chacun des aspects qu'elle prend, la couleur en tant que qualité attribuée[1] à une chose est perçue comme étant identiquement la même que celle qui antérieurement avait revêtu tel autre aspect, qui ultérieurement apparaîtra sous tel troisième aspect différent des deux premiers, etc.

Tous ces aspects variés ne sont donc considérés que comme autant de modes possibles selon lesquels la même qualité objective peut se présenter. D'autre part, même quand, au cours d'une observation, quelques « données sensorielles » restent invariantes, il s'agit avec elles d'un aspect sous lequel la chose ou une de ses qualités se présente, l'un des aspects sous lesquels elle peut apparaître, tout en étant donnée comme identiquement la même. Et elle se présentera sous un aspect différent, aussitôt que les circonstances – dans le sens le plus large[2] du mot – dans lesquelles elle est observée, seront modifiées, soit que les changements résultant de cela relèvent de l'ordre physique, physiologique, ou purement psychologique.

On ne gagne donc rien à avoir recours aux qualités relativement permanentes de l'objet pour expliquer, comme Mach le fit, l'origine de la conscience de leur identité, ni à opposer ces qualités à celles qui sont plus ou moins flottantes. En effet, à propos de chaque qualité de l'objet, si constante soit-elle, le même problème se pose de nouveau (celui qui se pose à propos de l'objet en entier) : chaque « caractère se présente comme "unité" de multiplicités qui s'écoulent »[3]. Il faut donc établir une séparation entre les données sensorielles, les aspects – les multiplicités flottantes et fluctuantes – et les *qualités sensibles* ou, pour mieux dire, *perceptibles* des choses – les unités identiques et stables comme les choses elles-mêmes[4] – bien que cette différenciation soit ignorée par la langue courante où le mot rouge, par exemple, sert à désigner la teinte chromatique d'un objet en même temps et aussi bien qu'une « donnée sensorielle », donc une donnée réelle de la conscience.

1. « attribuée » pour « adhérente ». *Éd.*

2. « large » pour « vaste ». *Éd.*

3. Husserl, *Méd. Cart.*, p. 34.

4. *Id., Log. Unt.*, t. II, V, 2; *Ideen*; p. 75; cf. également *Die Krisis der europäischen Wissenschaften und die transzendentale Phänomenologie, loc. cit.*, p. 104, note.

Cette séparation est tellement rigoureuse et définitive qu'aucune variation de point de vue ne peut transformer une « donnée sensorielle » de la conscience en une qualité perceptible de chose ou réciproquement. Aussi ne conviendra-t-on pas, avec Mach, que ce serait sur des données sensorielles que porteraient les recherches de la physique, et on décèlera[1] dans la confusion dénoncée la raison qui a conduit cet auteur à son interprétation de la physique. Celle-ci, comme nous l'avons remarqué[2], s'appuie et s'oriente sur des faits relevant de la sensibilité, ses constructions sont fondées par ces faits et ne peuvent être élaborées qu'à partir d'eux. Cependant, si des faits de l'ordre sensible sont à la base de la physique, ce sont non les « données sensorielles » de la conscience, mais les qualités perceptibles des choses.

La critique que Husserl exprime à l'endroit des théories empiristes de la perception ne s'attaque pas, à la différence de la plupart des critiques adressées surtout à la philosophie de Berkeley, dont par exemple celle de Kant[3], au seul problème de l'existence réelle des choses et au prétendu[4] « idéalisme dogmatique ». Le problème que Husserl met au premier plan est celui de l'objectivité des choses, c'est-à-dire de leur identité par opposition à la multiplicité des actes vécus qui sont des prises de conscience de ces choses, actes qui diffèrent non seulement numériquement, c'est-à-dire par leur emplacement dans le temps phénoménal, mais aussi par leur contenu. Pour cette raison, la critique de Husserl se révèle la plus profonde et la plus radicale entre toutes celles que nous avons fait valoir jusqu'ici à propos des théories de la perception en question.

Pour généraliser les idées que nous sommes en train de développer, prenons rapidement en considération les actes de l'imagination. Quand on imagine le dieu Jupiter, il est dans la tradition d'assigner à ce dieu qui, pour ne pas exister en réalité, serait un « objet immanent »[5], une « existence mentale » dans la conscience du sujet qui l'imagine. Or, si on fait une analyse descriptive de cet acte imaginatif, on constate, à titre de faits réels de la conscience, la présence en elle d'un certain nombre de données qui composent cet acte, et encore peut-être celle de certaines autres données qui, sans être nécessaires à la composition de l'acte imaginatif, ne font que l'accompagner.

Mais ce qui, en qualité de fait réel de conscience, ne pourra jamais être découvert, pour aussi loin qu'on veuille pousser l'analyse, c'est le dieu Jupiter lui-même, auquel tel caractère est attribué et dont telles fables sont

1. « décèlera » pour « surprendra ». *Éd.*

2. Chap. II, sect. 4.

3. Kant, *Kritik der reinen Venunft* (2e éd.), p. 274-279.

4. « prétendu » pour « soi-disant ». *Éd.*

5. Cf. Husserl, *Log. Unt.*, t. II, V sect. 11, et *Ideen,* sect. 23; cf. également *infra* [nul numéro ne vient compléter la référence. *Éd.*]

racontées. Ce personnage mythologique, le sujet est libre de revenir à lui en tant que le même, aussi souvent qu'il le veut, et il le fait en vivant des actes de l'imagination différents, actes qui peuvent être séparés les uns des autres par n'importe quel intervalle temporel. Tout en n'existant pas dans le monde réel, le dieu Jupiter qui est un et identique par opposition aux multiples actes qui se rapportent a lui, n'existe pas non plus sur le plan psychique; il ne fait pas partie du courant du vécu qu'est la vie consciente.

Ce personnage mythologique n'existe ni dans la conscience, ni en dehors d'elle, il n'existe nulle part, ce qui pourtant ne l'empêche pas d'être l'objet ou le thème identique de toute une multiplicité d'actes qui, à leur tour, comme tous leurs composants, sont des faits réels de conscience. Il en va donc de même en matière d'imagination qu'en matière de perception. Malgré les différences qui existent entre la perception, le souvenir, l'attente, l'imagination, etc., tous ces types d'actes et, en général, tous les actes de la conscience ont en commun une particularité à laquelle l'existence ou l'inexistence de l'objet est tout à fait indifférente : aucun de ces actes ne se confond avec l'objet dont on prend conscience par ces actes.

Pour cette raison, l'expression « création de l'imagination », qu'on a l'habitude d'appliquer au dieu Jupiter, est affectée d'une équivoque : tantôt cette expression désigne l'objet imaginé, le produit créé par l'imagination qui, tout en correspondant à l'acte de l'imagination, n'en fait pourtant pas partie réellement; tantôt elle indique l'acte de créer, de constituer en imagination l'événement dans la vie psychique qui est cette prise de conscience imaginative. Aussi M. Husserl propose-t-il de substituer au terme d'« objet immanent » celui d'« objet intentionnel »[1] pour éviter une terminologie susceptible de suggérer que l'objet imaginé serait contenu, à la manière d'une partie, dans l'acte de l'imagination.

L'équivoque dénoncée n'est d'ailleurs pas fortuite. Par elle est signalé le rapport où se trouvent les actes imaginatifs envers leur objet[2]; en ce qui concerne les principes, ce rapport est le même que celui de la multiplicité des perceptions envers la chose perçue, et il comporte les mêmes problèmes. De quelque objet qu'il s'agisse, ni l'objet en entier, ni l'un de ses éléments, moments, attributs, qualités, propriétés, etc., ne peut passer pour un fait réel de la conscience[3]. L'objet, cette « unité d'une multiplicité de modalités de conscience »[4], n'est rien moins qu'indifférent ou étranger à la multiplicité d'états vécus à laquelle il s'oppose. Car il ne peut apparaître

1. À propos de l'intentionnalité voir les paragraphes 4-6 de ce chapitre.

2. Le texte porte : « Par elle, le rapport est signalé où se trouvent les actes imaginatifs à leurs objets ». *Éd.*

3. Cf. Husserl, *Ideen*, p. 76; *Méd. Cart.*, p. 36.

4. *Id., Méd. Cart.*, p. 35.

et se présenter que dans et par une multiplicité d'actes vécus qui en sont autant de prises de conscience.

Mais ce rapport très intime et étroit entre l'objet et la multiplicité d'actes qui correspondent à cet objet, n'est sûrement pas celui d'une partie au tout, du contenu au contenant. Il ne s'agit pas là d'une relation qui s'établirait entre des faits situés sur le même plan. L'objet, soit perçu, soit remémoré, soit imaginé, etc., restant identiquement le même, alors que les actes par lesquels il est appréhendé changent, flottent et se succèdent, même parfois de façon discontinue, les uns aux autres, cet objet ne peut être assimilé à aucun de ces actes, ni à leur ensemble. Pour ne parler que de la perception, l'être de la chose qui est perçue, mais qui n'est pas vécue, relève d'un tout autre ordre que l'être des actes qui sont vécus, mais qui ne sont pas perçus [1].

Die Welt... ist nimmermehr Erlebnis des Denkenden. Erlebnis ist das die-Welt-Meinen, die Welt selbst ist der intendierte Gegenstand[2]. Qu'un acte vécu n'est pas perçu ou, pour mieux dire, qu'il n'est pas saisi, cela veut dire que, dans l'attitude directe, à savoir quand par l'acte qu'il vit le sujet se porte vers un objet, cet acte n'est pas le thème de la préoccupation mentale qu'il est lui-même. Ainsi dans la perception, c'est la chose perçue, mais non l'acte perceptif qui est le thème ou l'objet. Cependant, tout acte peut devenir thème pour la conscience dans cette attitude modifiée qu'est la réflexion où un nouvel acte vient prendre pour objet l'acte antécédent. Ce détournement du regard mental de l'objet original et ce repliement sur l'acte lui-même apporte à celui-ci une altération.

Du fait d'être transformé d'état vécu en objet saisi, il perd en quelque sorte sa « naïveté » et sa « spontanéité » [3]. Encore se peut-il que la réflexion entrave le déroulement libre de l'acte saisi par elle. En éprouvant une joie, par exemple, sur une pensée théorique qu'on accomplit librement et spontanément, et en saisissant par un acte de réflexion soit la joie, soit l'acte de pensée, celui-ci se trouve, de ce chef, comme freiné et inhibé, ce qui ne manque pas d'altérer la joie aussi [4]. Cependant, que l'acte saisi dans l'attitude de la réflexion subisse ou non une telle modification qu'on pourrait qualifier de « matérielle », le caractère capital de l'altération que la réflexion apporte en tant que telle à l'acte qu'elle concerne est qu'elle constitue une objectivation de cet acte.

Qu'une perception quelconque, par exemple celle d'une maison, soit actuellement vécue; tout en l'étant, cette perception peut être saisie par un acte de réflexion. Alors cet acte réflexif dont l'objet est la perception

1. *Id., Log. Unt.*, t. II, 1 p. 385; cf. également p. 75-76.
2. *Id., ibid.*, t. II. 1, p. 386-387.
3. *Id., Méd. Cart.*, p. 28-29.
4. Cf. *id., Ideen*, § 77.

actuellement vécue a, lui-même, un caractère perceptif, à savoir celui d'une perception intérieure ou immanente[1]. Les yeux détournés de la maison, l'acte perceptif cesse d'être vécu, mais l'acte réflexif dont l'objet est cette perception maintenant disparue peut ne pas disparaître en même temps. L'acte perceptif, bien que devenu inactuel, continue à être présenté *devant*, mais non *dans* la conscience. Il ne l'est évidemment plus en perception immanente, mais en mémoire immédiate, en rétention[2].

Du fait que l'acte saisi a passé de l'actualité à l'inactualité, une modification « parallèle » se produit dans l'acte de la réflexion. Pour être précis, disons qu'un acte réflexif de rétention se substitue à un acte réflexif de perception intérieure. Dans la rétention, la perception devenue inactuelle est donnée comme venant d'être actuellement vécue, et elle est donnée comme identiquement la même que celle qui vient d'être vécue. Plus tard, cette perception passée de la maison peut être rappelée, ce qui n'est pas la même chose que de se rappeler la maison perçue[3]. On peut prendre position par rapport à elle, etc., toujours avec la conscience de son identité. L'objectivation dans la réflexion ne confère point (inutile d'y insister) à l'acte saisi, le sens d'être d'une chose, elle lui laisse celui d'un fait de la conscience; mais elle l'oppose, à titre d'objet, en qualité d'unité identique, à la multiplicité d'actes de saisie.

La réflexion ne fait point revivre l'acte passé, ce qui est une impossibilité manifeste; sa tâche consiste à le rendre présent à la conscience, sous quelque mode de présentation que ce soit – perception immanente, rétention, souvenir, etc., – à l'observer, à l'expliciter. Ici donc, pas plus que dans la perception extérieure, dans la perception des choses sensibles, l'objet d'un acte – l'acte saisi – ne s'identifie avec l'acte saisissant, pas même quand l'être devant la conscience de l'acte saisi fait un avec son être dans la conscience, c'est-à-dire quand l'acte saisi et l'acte saisissant, en coexistant simultanément ou en se succédant immédiatement, forment un seul fait réel complexe de la conscience, privilège de la perception immanente et, à la rigueur, de la rétention en mémoire immédiate[4].

1. Par la perception intérieure ou immanente, Husserl (*Log. Unt.*, II, V, § 5; *Ideen*, § 38) entend tout acte réflexif dont l'objet est un acte actuellement vécu. Quant à l'exemple cité dans le texte, la réflexion est une perception immanente non en raison du caractère perceptif de la perception de la maison, mais en raison de l'actualité de cet acte. Il peut y avoir des perceptions immanentes d'actes de souvenir, d'attente, d'imagination, de volition, de valorisation, etc., au fur et à mesure que ces actes sont actuellement vécus et qu'en l'étant, ils sont saisis en réflexion.

2. Husserl, *Ideen,* § 78; cf. également *Vorlesungen zur Phänomenologie des inneren Zeitbewusstseins,* § 8-9, 11-12. *Jahrbuch für Philosophie und phänomenologische Forschung,* t. IX (1928).

3. *Id., Ideen,* p. 148.

4. *Id., ibid.,* p. 68-69.

L'attitude de la réflexion, bien qu'elle soit en quelque sorte artificielle, est assez souvent pratiquée dans la vie courante. Ainsi, quand on énonce « je vois une maison », « je me rappelle tel événement », « je pense que... », « je suis convaincu que... », « je doute que... », etc. La réflexion est d'ailleurs la seule manière dont il est possible de disposer d'un savoir exprès et explicite sur la vie consciente. Pour cette raison, elle est la condition nécessaire de toute étude phénoménologique aussi bien que psychologique.

Dans la critique où nous avons dénoncé la confusion commise par l'empirisme entre l'objet d'un acte et cet acte lui-même, nous nous sommes abstenu de mettre en discussion une thèse spéciale défendue dans toute l'école empiriste. Il s'agit des données sensorielles dans lesquelles, d'après la tradition psychologique et philosophique, il faut voir les faits les plus simples et les plus élémentaires de la conscience, données qui, en se juxtaposant et en se combinant, composent les actes perceptifs aussi bien que les objets perçus. L'existence de ces faits dits élémentaires que sont les sensations est connue également de Husserl. Les sensations et des faits élémentaires analogues relèvent, d'après lui, d'une couche inférieure de la conscience, couche à laquelle des actes interprétant et qui prêtent un sens se superposent[1].

C'est en ces actes qui animent les sensations et les informent en perceptions que Husserl aperçoit le caractère spécifique[2] de l'intentionnalité[3]. La psychologie de nos jours, avec la théorie de la forme, tend de plus en plus à abandonner cette vue atomistique de la conscience pour substituer à la notion de sensation considérée comme donnée élémentaire et simple parce qu'isolée, celle de *Gestalt,* unité organisée de détails solidaires et cohérents, qu'il est impossible d'isoler sans qu'une modification parfois assez profonde soit apportée, du seul fait de l'isolement, à la partie isolée aussi bien qu'au tout duquel elle est extraite[4]. Ce progrès dans la pensée psychologique n'est pas sans avoir une très grande importance pour

1. *Id., Log. Unt.*, II. V, § 14 ; et *Ideen*, § 85.

2. « le caractère spécifique » pour « le spécifique ». *Éd.*

3. Nous ne suivrons pas ici l'évolution que l'idée de l'intentionnalité a prise dans la pensée de Husserl. Aux paragraphes 4-6 de ce chapitre, nous présenterons la théorie de l'intentionnalité sous la forme qui nous paraît la plus évoluée et sous laquelle elle se trouve affranchie d'éléments par trop traditionnels.

4. Cf. P. Guillaume, *La psychologie de la forme,* p. 19-22, Paris, 1937. Cette notion définie par M. Wertheimer, *Untersuchungen zur Lehre von der Gestalt* I. (*Psychologische Forschung* t. I. 1922), les théoriciens de la forme ne se contentent nullement de la présenter en termes généraux et sous une forme abstraite. Des applications très fécondes en ont été faites dans tous les domaines de la vie mentale aussi bien que – en vertu du principe de l'« isomorphisme » (cf. Guillaume, *loc. cit.*, p. 23-25) – dans celui de la physiologie ; cf., outre le livre de Guillaume, les exposés d'ensemble de W. Köhler, *Gestalt Psychology*, New York 1929, et K. Koffka, *Principles of Gestalt Psychology*, London 1936. – Nous reviendrons brièvement *infra*, p. 123 à la notion de la forme.

la phénoménologie; les théories phénoménologiques, tout comme les théories psychologiques, doivent s'y conformer.

En ce qui concerne la perception, par exemple, on ne pourra plus soutenir la distinction admise par Husserl entre une couche inférieure de matières brutes et des actes supérieurs appelés à informer ces matières [1]. Mais l'opposition que nous cherchons à élaborer ici entre l'objet un et identique et, d'autre part, la multiplicité d'actes qui se rapportent à lui n'est point du tout concernée par cette conversion de la théorie psychologique. Le fait qu'une chose apparaisse sous le même aspect dans une multiplicité d'actes et, de plus, qu'une chose identique se présente en tant qu'identique sous une pluralité d'aspects différents les uns des autres, ces faits, aussi bien que les problèmes qu'ils soulèvent, restent les mêmes, et cela que l'on conçoive les aspects en question comme composés d'éléments sensoriels indépendants les uns des autres ou qu'ils soient caractérisés au moyen de la notion de la forme. – Plus loin, nous mettrons en relief un rapport plus intime entre la théorie de la forme et la phénoménologie.

§ 3. La conscience de l'identité

L'école empiriste voit dans la conscience un pur champ de faits réels. Ceux-ci, si différents qu'ils soient à beaucoup d'égards les uns des autres, ont en commun ceci : tous sont des événements qui se produisent dans la conscience, des modifications survenant dans celle-ci. Leur être s'épuise à être vécu, c'est-à-dire à apparaître et à disparaître; en dehors de leur présence dans la conscience, ils ne sont rien. C'est dans la logique d'une telle conception que Hume ne voit, dans les *perceptions* que *internal and perishing existences* [2], et qu'il les traite toutes sur le pied de parfaite égalité, qu'elles soient des « qualités primaires » ou « secondaires » ou bien encore des états affectifs, tels que les plaisirs et les douleurs [3].

L'objet duquel conscience est prise, lors de la présence de ces faits, est considéré, par les empiristes, comme composé avec les mêmes données réelles que celles qui composent l'acte de conscience lui-même. S'assimilant en tout point aux actes et à leurs composants, l'objet ne peut pas, dans la conception empiriste, ne pas passer, lui aussi, pour un fait réel de conscience, c'est-à-dire réellement vécu, bien que complexe. Il est donc conçu

1. Cf. notre article « Phänomenologie der Thematik und des reinen Ich », chap. III sect. 16, *Psychologische Forschung*, t. XII (1929).

2. Hume, *loc. cit.*, t. I, p. 483.

3. *Id., ibid.*, t. I, p. 480, p. 482-483.

comme existant réellement dans la conscience dont il ferait effectivement partie, tout de même qu'un acte particulier fait partie du courant du vécu et s'insère dans la totalité de ce courant. *L'objet est contenu, dans l'acception propre de ce terme, dans l'acte par lequel conscience est prise de lui.*

Par conséquent, l'apparition d'un objet devant la conscience non seulement coïncide et ne fait qu'un avec la présence dans la conscience de certaines données réelles, mais elle va jusqu'à se confondre entièrement avec cette présence, de sorte qu'à proprement parler il ne peut y avoir aucun problème quant au rapport entre actes vécus et objet qui se présente, parce que les termes entre lesquels un tel rapport pourrait exister sont tout à fait indiscernables. Cette conception et des actes de la conscience et des objets auxquels ces actes se rapportent, n'est point restreinte à la perception qui, dans ce contexte, nous sert d'exemple illustratif. Les empiristes appliquent cette conception à tous les actes de la conscience, à ceux de l'imagination aussi bien que de l'abstraction, etc.

De quelque acte et de quelque objet qu'il s'agisse, les empiristes situent l'objet dans la conscience, à titre de fait réel; ils l'identifient aux actes de celle-ci. La thèse fondamentale qui préside à toute cette conception est que *prendre conscience d'un objet ne signifie rien d'autre que de le trouver existant réellement dans la conscience*[1]. Dès lors il n'y a plus de place pour l'identité de l'objet dont on peut prendre conscience par une multiplicité d'actes. En effet, l'objet situé, à titre de fait réel, dans la conscience, qu'il soit défini comme somme de données réelles de la conscience ou comme un rapport fonctionnel entre de telles données, ou de quelqu'autre façon, doit fatalement partager, en tous points, le sort de ces données. Il est impossible qu'il n'apparaisse et ne disparaisse avec elles.

Cette identité de l'objet n'est évidemment pas un fait purement objectif. Il ne faut pas la classer parmi ces faits qui existent indépendamment d'une prise de conscience actuelle, comme par exemple lorsqu'on donne au regard une certaine direction et qu'on peut percevoir une chose qui jusque-là n'était pas perçue, à laquelle le sujet n'avait pas songé et qui ne s'était présentée à la conscience sous aucune forme; la perception de cette chose a donc en quelque sorte la valeur d'une découverte ou d'une redécouverte. L'identité de l'objet n'est jamais, par principe, découverte en ce sens; cela veut dire que cette identité ne se tire point de raisonnements ni de conclusions. La conscience de cette identité a un caractère d'immédiateté, et c'est en tant qu'immédiate qu'elle est présente à tout acte, sur quelqu'objet que porte celui-ci.

1. Cf. Berkeley, *loc. cit.*, sect. 23 « bodies… are apprehended by or exist in [scl. the mind] ».

Mais elle y est présente d'une façon assez spéciale. Cette identité n'est pas toujours expressément saisie ; le sujet ne s'en rend pas continuellement compte, comme si, quand un objet quelconque fait le thème d'une préoccupation mentale, l'identité de cet objet constituait, pour ainsi dire, un thème secondaire en qualité de concomitant permanent du thème principal. Cependant, à tout instant de la vie consciente, le sujet est libre de saisir, sous forme expresse et explicite, l'identité de l'objet en question. Il le fait en accomplissant un repliement sur les actes, où il se rend compte que l'objet dont il prend actuellement conscience est le même que celui qu'il a antérieurement appréhendé, qu'il puisse localiser temporellement cet acte antérieur ou que celui-ci soit remémoré tout simplement avec le caractère du passé, mais sans emplacement temporel précis.

Dans cette attitude réflexive, le sujet s'aperçoit aussi de la possibilité de revenir, par autant de prises de conscience ultérieures qu'il voudra, au même objet que celui dont il s'occupe actuellement. Ainsi l'objet se révèle, dans ce repliement sur les actes, comme celui-là même qui a été appréhendé, qui l'est et qui le sera. Il faut cependant bien souligner que la réflexion ne crée rien de nouveau ici non plus que dans le repliement sur le caractère temporel d'un acte qui est saisi non comme prenant naissance avec son appréhension, mais comme ayant déjà duré, avant d'avoir été saisi, toute une durée qui, pour avoir été vécue, n'a pourtant pas été expressément appréhendée[1]. Ce qui fait le repliement sur les actes, ce n'est que le fait de dégager et de rendre thématique l'identité de l'objet qui, dans le cas normal, c'est-à-dire aussi longtemps que le regard mental suit la direction de l'objet lui-même, n'est pas donnée explicitement. La conscience de cette identité est inhérente à toutes les prises de conscience, mais elle y est présente sous forme impliquée et enveloppée, à titre de sous-entendu, d'une manière comparable à celle du[2] caractère existentiel[3]. Mais la conscience de cette identité n'est évidemment aucunement concernée par la réduction phénoménologique.

Sous cette forme implicite, la conscience de l'identité de l'objet est un élément constitutif de toute prise de conscience perceptive aussi bien que de n'importe quelle autre ; elle supporte et étaye toute la vie consciente, et aucune théorie explicative ne saurait l'effacer. Le but de toute théorie semblable doit être d'atteindre la conscience de l'identité telle qu'elle figure en réalité dans la vie consciente concrète. En premier lieu, elle est obligée de tenir compte de la différence et de l'opposition entre l'identité et la multiplicité, c'est-à-dire de laisser subsister, l'un en face de l'autre, ces

1. Husserl, *Ideen*, p. 146 ; cf. également § 45.
2. « celle du » pour « celle dont c'est également le cas du ». *Éd.*
3. Cf. p. 86-87.

termes opposés, mais corrélatifs. Ce but est manqué dans la théorie de Hume où l'identité est expliquée comme une ressemblance méconnue. Hume avoue lui-même l'impossibilité qu'il y a de sacrifier l'un de ces deux termes à l'autre aussi bien que de les raccorder et de les laisser subsister en même temps [1].

De là le peu de satisfaction que donne sa théorie et que son auteur lui-même ne s'est point dissimulé. Même si l'on fait abstraction de la critique exprimée plus haut [2] à l'endroit de la théorie de Hume, et qu'on admet tous les principes et toutes les prémisses dont elle se réclame, on ne peut pas s'empêcher de constater que cette théorie aboutit à un résultat bien différent de celui auquel elle devrait parvenir. Ce que, toutes concessions faites, la théorie de Hume explique, c'est la naissance d'une croyance à l'identité de *perceptions* qui sont vécues comme distinctes, à l'existence de données sensorielles, même quand elles ne se présentent plus à la conscience, donc à la survivance de faits réels de conscience, quand ces données ont disparu [3].

Il va sans dire que de telles absurdités ne vont nullement dans le sens de l'identité telle que, à chaque instant, elle figure dans la vie consciente du sujet. Si la théorie de Hume est insoutenable, c'est moins parce qu'en elle l'identité apparaît comme une « fiction » et est imputée à l'imagination, que parce que l'opinion du commun des hommes sur l'identité ne peut être rejointe et qu'on finit par être ramené à une interprétation de cette opinion qui lui est tout à fait étrangère. – De nos jours Pradines [4] a de nouveau tenté de réduire l'identité à la ressemblance ou, pour mieux dire, de supplanter la première par la seconde; nous reviendrons plus loin [5] sur sa théorie.

Il faut donc respecter comme un fait primordial cette conscience de l'identité qui seule permet de percevoir la même chose sous différents aspects ou bien de la percevoir sous le même aspect à différentes reprises. Elle seule permet de se rappeler une chose perçue autrefois et de la rappeler en tant que telle, de reprendre une observation ou une méditation qu'on a interrompue, de se servir d'un théorème qu'on a démontré et qui donc s'est présenté comme le terme final d'une chaîne de conclusions, comme base de départ pour des raisonnements ultérieurs. Ce n'est qu'en invoquant cette conscience de l'identité qu'il est possible de cumuler des connaissances à propos d'un même objet, de s'assurer de la certitude d'une proposition qui naguère apparaissait seulement probable et possible, d'abandonner une présomption qu'on reconnaît erronée, etc.

1. Hume, *loc. cit.*, t. I, p. 501-505.
2. Cf. p. 104.
3. Cf. le résumé que nous avons donné p. 109 *sq.* de la théorie de Hume.
4. Pradines, *Philosophie de la sensation*, t. I, p. 258, Paris, 1928.
5. Cf. p. 186 *sq.*

Sans cette conscience de leur identité, les objets n'auraient pas cette stabilité et cette capacité d'être reconnus et d'être repris avec les quelles ils figurent pour le sujet! À proprement parler: il n'y aurait[1] point d'objets, mais seulement des fantômes instantanés, s'éteignant sitôt que jaillis, toujours nouveaux et inattendus, mais jamais indentifiables les uns avec les autres; il n'y aurait[2] rien de constant, de permanent, de répétable. Le sujet ne connaîtrait que le courant perpétuel du vécu, cette vie flottante et coulante de la conscience où continuellement une phase succède à une autre pour ne revenir jamais – que cette vie consciente soit conçue, avec l'ancien empirisme, comme une suite de faits rigides et indépendants les uns des autres, ou qu'on insiste, avec James[3] et Bergson[4] – à juste titre d'ailleurs – sur la continuité du courant, sur la pénétration mutuelle, sur la fusion et l'organisation intrinsèques des états vécus.

La conscience de l'identité se révèle être ainsi la source à laquelle se nourrit la fonction de l'objectivation, *la condition inéluctable de l'objectivité* elle-même. Par celle-ci, il faut n'entendre rien d'autre que *l'unicité de l'objet par opposition à la multiplicité d'actes* qui se rapportent à lui, en laissant de côté toute question concernant l'existence ou la réalité de cet objet. Dans cette identité, il faut apercevoir le fait le plus capital et le plus fondamental de la conscience, pour autant qu'il soit dans la nature de celle-ci de se trouver devant des objets et qu'elle se trouve en effet devant eux. Ces objets peuvent être indifféremment des objets fonctionnels, des choses réiformes, ou des qualités de telles choses, des œuvres d'art, des institutions sociales, des nombres, des figures géométriques, des jugements, des théorèmes, des chaînes de conclusions, des théories, des systèmes d'axiomes, des ensembles dans le sens mathématique ou quoi que ce soit.

En effet, dans tous ces exemples, ce qui se présente à la conscience s'oppose comme un et identique à une multiplicité d'actes, soit effectivement vécus, soit virtuels. Une conception exacte de la conscience, si elle ne part de là[5], ne peut, en tout cas, aucunement se dispenser de tenir compte du fait paradoxal et peut-être énigmatique entre tous qu'une conscience qui, considérée dans de sa facticité, n'est que courant continuel du vécu, connaît des objets et des plans d'être permanents, stables, identifiables,

1. « aurait » pour « eût ». *Éd.*

2. « aurait » pour « eût ». *Éd.*

3. W. James, *The Principles of Psychology,* chap. IX, sect. 2 et 3, London 1908. – James avoue d'ailleurs (t. I, p. 480) l'impuissance de la psychologie introspective devant le problème de l'identité.

4. H. Bergson, *Essai sur les données immédiates de la conscience,* chap. II.

5. « part de là » pour « si elle n'en part ». *Éd.*

donc objectifs[1], et qu'elle se rapporte à eux en tant qu'identiques par des actes qui non seulement peuvent être séparés les uns des autres par des intervalles temporels quelconques, mais qui, même quand ils durent sans interruption, sont soumis en raison de leur durée à des changements et à des transformations temporels incessants, en passant par diverses phases de la temporalité, dont, pour ne citer que celles-ci, les phases initiale, intermédiaire, et finale. Voilà le fait sur lequel se base la conception de la conscience élaborée par Husserl et vers laquelle nous allons maintenant nous tourner.

§ 4. Le noème

La critique exprimée à l'endroit de la théorie de Mach met à notre disposition presque tous les éléments qui sont nécessaires pour ébaucher les très grandes lignes de cette nouvelle conception de la conscience. En reprenant l'étude de la perception qui nous sert ici d'exemple paradigmatique, rappelons la trichotomie opérée[2] dans l'acte perceptif, l'aspect sous lequel, dans cet acte, la chose se présente, et cette chose elle-même. Celle-ci s'offrant sous une multiplicité d'aspects, ne doit donc être identifiée à aucun de ses modes de présentation particuliers.

Cherchons à préciser l'apparition d'une chose sous un certain aspect. En regardant par la fenêtre, on perçoit un arbre. Cet arbre se présente de ce côté-ci, dans une orientation déterminée envers le sujet percevant, il est vu de tel ou tel point d'observation, comme proche ou éloigné, il apparaît avec une clarté plus ou moins parfaite ou bien indistinctement (quand par exemple il fait un temps brumeux), il est perçu en pleine lumière ou en vision crépusculaire, il se présente éclairé ou plongé dans l'ombre, etc. L'attention de l'observateur peut porter non tant sur l'arbre en entier que sur sa cime ou sur un détail de la cime, de sorte que certaines parties, qualités, déterminations, etc., de l'arbre ainsi apparu sont mises au premier plan et se trouvent privilégiées au détriment d'autres.

L'arbre est perçu comme situé dans le jardin, devant le mur qui sépare le jardin de la rue, à côté d'une aile de la maison qui apparaît en même temps; il s'offre donc, dans la perception, en se détachant sur un arrière-fond ou, ce qui signifie la même chose, en s'insérant dans un entourage. En le percevant, le sujet adopte une attitude ou une autre. Quand, par exemple,

1. Cf. la question que Green, *General Introduction, loc. cit.,* t. I, sect. 176, p. 196-197, soulève à l'égard de Hume, de Berkeley et de l'« idéalisme » de Locke : « How can feelings, as "particular in time" or (which is the same) in "perpetual flux", constitute or represent a world of permanent relations ? ».

2. Cf. *supra*, p. 100, 107.

l'arbre évoque des souvenirs de jeunesse, il se présente comme témoin de la vie enfantine passée. Ainsi il porte des valeurs sentimentales ou autres ; il apparaît comme beau, joli, utile, agréable, etc. Remarquons enfin que cette description [1] dans laquelle il faut s'en tenir strictement aux phénomènes et se garder scrupuleusement de mêler un savoir étranger aux phénomènes eux-mêmes [2], ne doit pas être limitée aux seules données qui sont directement et immédiatement accessibles à la vue.

Il faut également tenir compte ici de faits qui, sans être vus, figurent néanmoins dans la perception. L'arbre se présente par un de ses côtés au sujet qui l'observe. Cependant, ce que ce sujet perçoit, est un arbre qui apparaît sous un certain aspect, mais ce n'est pas la silhouette ni le dessin d'un arbre. Cet aspect sous lequel l'arbre s'offre, contient donc un renvoi à ceux de ses côtés qui ne sont pas vus, qui, dans une perception particulière, peuvent être plus ou moins déterminés, ou tout à fait indéterminés, mais qui sont présents dans la perception en ce sens que, sans le renvoi à eux, le phénomène – à savoir, l'arbre s'offrant par ce côté-ci – ne serait plus tel qu'il est en fait [3].

Tout élément qui, à quelque titre que ce soit, figure dans une perception ou, quand on généralise comme il faut le faire [4], dans n'importe quel acte de la conscience, doit être respecté dans une description [5] du genre de celle dont nous venons de tracer quelques grandes lignes. Ce qui a été décrit ici n'est ni la chose pure et simple, la chose objective, ni – comme on le verra dans la suite [6] – l'acte perceptif. Ce que nous avons cherché à élaborer, Husserl l'appelle *le noème de la perception* [7]. Dans l'exemple cité, il n'a pas été question de l'arbre en lui-même, tel qu'il est en réalité ; il ne s'est agi que de l'*arbre-perçu-comme-tel* – pour emprunter à Sartre [8] la traduction de l'expression husserlienne *das Baumwahrgenommene als solches* – de l'arbre-noème.

Par le noème d'une perception, il faut donc entendre la chose telle – mais seulement et exclusivement telle – qu'elle apparaît dans la perception, qu'elle se présente au sujet percevant, qu'elle figure dans cet acte particulier de la vie perceptive, qu'on est en train d'étudier. Le noème peut

1. « description » pour « caractéristique ». *Éd.*

2. Nous reviendrons dans la suite sur l'orientation purement et exclusivement descriptive qu'il faut donner à cette description et aux raisons qui requièrent une telle orientation.

3. Pour le moment, nous nous bornons à cette allusion provisoire au phénomène de renvoi, auquel, parce qu'il est d'une importance fondamentale pour la perception, nous allons consacrer une étude plus approfondie au chap. IV, sect. ... [la référence manque. *Éd.*].

4. Cf. p. 109.

5. « description » pour « caractéristique ». *Éd.*

6. P. [en blanc dans l'original. *Éd.*]

7. Husserl, *Ideen*, § 88.

8. J.-P. Sartre, *L'imagination*, p. 154, Paris, 1936.

évidemment varier avec les perceptions, quand le sujet s'approche ou s'éloigne de la chose observée, quand, l'ayant regardée d'un côté, il passe à un côté différent, quand il accomplit un changement d'attitude, etc. Ainsi c'est toute une pluralité de noèmes qui peuvent être et qui sont en effet en rapport avec la même chose objective, rapport qui constituera le thème principal du chapitre suivant. Mais dans chaque perception particulière, la chose s'offre sous un certain aspect.

Et c'est la chose se présentant sous tel aspect et de telle façon bien déterminée – mais, répétons-le, la chose seulement telle qu'elle apparaît en effet dans une perception concrète – qui est le noème de cette perception. À cette définition formelle du noème, la description précédente est appelée à apporter une illustration; si incomplète qu'elle soit, elle indiquera la direction dans laquelle il faut chercher le noème lui-même et les caractères qui lui appartiennent. Le noème d'une perception peut être qualifié également de « sens » de cette perception, pour autant que c'est à lui que la perception considérée doit d'être non seulement une perception de tel objet, mais encore telle perception de l'objet en question.

Ce n'est pas que dans la vie perceptive qu'il y a des noèmes. Dans un acte de souvenir, d'attente, de jugement, de volition, etc., un objet s'offre au sujet qui vit l'un ou l'autre de ces actes, et cet objet se présente à lui dans un certain mode d'apparition, par tel biais, sous tel aspect, de tel côté, etc.[1]. Ainsi on peut et on doit admettre des noèmes de souvenir, d'attente, de jugement, de volition, etc., en définissant en général le noème comme l'objet tel, et seulement tel, qu'il figure dans cette prise de conscience particulière et variable selon les cas. À propos de la pensée, James[2] avait déjà en vue en quelque sorte ce que Husserl désigne par « le noème ». Soulevant la question de savoir quel est l'objet – au sens psychologique – présent à l'esprit de celui qui énonce la phrase : « Colomb a découvert l'Amérique en 1492 », James souligne que cet objet n'est ni Colomb, ni l'Amérique, ni la découverte de l'Amérique. *The objet of every thought ... is neither more nor less than all that the thought thinks, exactly as the thought thinks it.* La séparation préconisée par James entre l'objet sur lequel porte la pensée et l'objet de la pensée ne coïncide pas parfaitement avec la distinction entre l'objet objectif et l'objet noématique – il y a encore, dans le domaine de la pensée, et surtout du jugement, des distinctions très minutieuses à faire, que nous ne pouvons pas aborder ici[3] – mais elle la prépare.

1. Cf. Husserl, *Ideen*, § 91, 94-96.
2. James, *loc. cit.*, t. I, p. 275-276.
3. Cf. à ce propos Husserl, *Log. Unt.*, II, V, § 17, 20, 21 ; *Ideen*, § 94.

En ce qui concerne la perception, il faut mettre en évidence que le noème ne se confond ni avec la chose objective en entier, ni avec une de ses parties réelles, comme si les divers aspects sous lesquels la même chose se présente n'étaient que des parties réelles, bien que peut-être artificielles, en lesquelles la chose aurait été [1] mentalement décomposée par la perception. L'arbre objectif avec toutes ses parties, objectives elles aussi, occupe une certaine place dans l'espace. Il se présente dans son emplacement, il apparaît dans un certain entourage. Cet emplacement entre donc dans le noème de la perception et revêt le caractère d'« emplacement-perçu-comme-tel » : Le noème complet de la perception en question doit être décrit comme « arbre-perçu-comme-tel-situé-dans-cet-emplacement-perçu-comme-tel ».

Dès lors, il serait tout à fait absurde de spacialiser le noème lui-même, c'est-à-dire de chercher un emplacement pour un « emplacement-perçu-comme-tel », donc de mettre dans l'espace un aspect sous lequel se présentent l'espace lui-même et toutes les relations spatiales. Celles-ci, dans la mesure où elles sont données en perception, figurent dans le noème perceptif, quand par exemple l'arbre apparaît situé devant un mur, à droite d'une aile de la maison, etc. Ainsi, un noème peut et – comme nous verrons [2] –, quand c'est un noème perceptif, doit nécessairement contenir des relations spatiales parmi une pluralité d'objets noématiques, et ces relations spatiales doivent, elles aussi, être entendues avec le sens noématique, comme « relations-spatiales-perçues-comme-telles ».

Mais le noème lui-même n'est en rapport spatial ni avec la chose objective – assigner à l'aspect sous lequel une chose se présente la même place qu'à la chose elle-même, c'est revenir à l'absurdité qui vient d'être dénoncée – ni avec l'acte – celui-ci est a-spatial par nature –, ni avec un autre noème. Deux noèmes, qu'ils se rapportent ou non à la même chose, peuvent contracter entre eux maintes relations ; mais ces relations, de quelle nature qu'elles soient, ne sont aucunement des relations spatiales. Cela pour la raison que *le noème est, de par sa nature, a-spatial*. Un « espace-représenté-comme-tel » n'a aucune position spatiale par rapport à un autre « espace-représenté-comme-tel ». Il est, sans doute, possible de se faire une idée de la relation spatiale entre deux espaces.

On se fait cette idée par une troisième représentation à laquelle correspond un noème embrassant les deux espaces, ce qui ramène au cas déjà mentionné des relations spatiales noématiques parmi une pluralité d'objets noématiques. Mais ce noème global n'a aucun rapport spatial avec l'un ou avec l'autre des noèmes cités auparavant, pas plus que ceux-ci n'en ont entre eux. De plus, l'arbre objectif peut brûler, se désagréger en ses

1. « aurait été » pour « fût ». *Éd.*
2. Cf. p. 139.

éléments; alors toutes ses parties sont annihilées avec lui. Mais le noème, le sens de telle perception déterminée ne peut pas brûler, ni subir aucune des transformations physico-chimiques dont les choses réelles sont susceptibles [1].

L'arbre anéanti, il ne peut évidemment plus y en avoir de perceptions; cependant ce qui a subi cette métamorphose qu'est la combustion, c'est la chose objective, mais non l'objet noématique, à savoir « l'arbre apparaissant de tel côté, légèrement agité par le vent, s'offrant sous un jour agréable, etc. ». Car après l'anéantissement de l'arbre objectif, il est possible de le remémorer et de se le rendre présent, dans le souvenir, sous le même aspect, par le même biais, dans la même orientation, etc., que ceux qui figuraient dans la perception antérieure. Ainsi, « l'arbre-remémoré-comme-tel » coïncide avec « l'arbre-perçu-comme-tel ». Cette coïncidence signifie plus que le rapport à la même chose objective; elle comporte l'identité du noème de la perception passée et de celui du souvenir actuel, à la seule exception du mode d'apparition qui, dans un cas, fut celui de présence perceptive et, dans l'autre, est celui de représentation commémorative.

Certes, il n'est pas possible de faire revivre la perception passée pour la confronter avec le souvenir actuel, celui-ci étant le seul moyen de savoir quelque chose du passé. Or, le fait même que l'acte de souvenir est vécu comme tel, comme souvenir de telle perception passée déterminée, implique la survivance à l'anéantissement de la chose objective, du noème perceptif. Dans tous les cas, – pour s'affranchir des conditions spéciales de l'exemple choisi – il implique l'identité du noème perceptif et du noème commémoratif. Mais, à proprement parler, il s'agit de l'identité d'un noyau noématique de part et d'autre, puisque les modes d'apparition sont différents [2].

La conscience commémorative a en vue la même chose que celle qui a été perçue, et elle l'a en vue comme ayant été perçue. Sans cette identité, la possibilité même de la mémoire en tant qu'acte par lequel est remémoré ce qui a été perçu et apparaît, comme souvenir, sous le même aspect que celui sous lequel il était perçu, n'existerait pas pour la conscience. Ces remarques démontrent par surcroît que le noème ne peut pas plus passer pour une partie, un élément, ou comme on voudra, de l'acte en tant que fait réel de la conscience. En effet, si le noème appartenait réellement à l'acte, s'il était contenu par lui, à titre de partie réelle, il serait impossible que le noyau

1. Husserl, *Ideen*, § 89.

2. Ne pouvant pas entrer dans une étude approfondie de la structure du noème, nous sommes obligé de renoncer à exposer la distinction établie par Husserl entre le noyau et les caractères noématiques; cf. en ce qui concerne les modes d'apparition, *Ideen*, § 99 et, quant aux caractères doxiques et thétiques, § 102-103.

central d'un noème fût commun, en tant qu'identique, à une perception passée et à un souvenir actuellement vécu.

Le même résultat ressort également de la critique adressée à la théorie de Mach où il a été souligné[1] que, si au cours d'une observation d'une chose, on ferme et rouvre les yeux à quelques reprises, on vit une pluralité d'actes dans lesquels non seulement la même chose est perçue, mais se présente encore du même côté, sous le même aspect, dans la même orientation, etc. Enfin le noème n'est pas non plus concerné par la succession des diverses phases temporelles par lesquelles l'acte en tant que fait réel de conscience passe du fait même de sa durée. C'est en effet la même chose et celle-ci s'offrant sous le même aspect, donc la même « chose-perçue-comme-telle » qui, tout le temps, est présente devant la conscience perceptive ou autre.

Il résulte de tout cela que le noème n'est ni un fait physique ni un fait psychique. Il est étranger aux déterminations spatiales et temporelles, qu'il s'agisse du temps physique ou du temps phénoménal. Or, ces déterminations sont les seules marques distinctives de la réalité physique aussi bien que psychique. Encore faut-il souligner que même quand l'objet auquel le noème se rapporte n'appartient pas à la réalité, mais est un objet idéal, une création de l'esprit – comme il on a l'habitude de dire – tel un nombre, une figure géométrique, une relation, etc., – le noème (par exemple, la figure géométrique telle que le sujet pensant l'a en vue) ne se confond pas avec l'objet lui-même, l'objet objectif, pour ainsi dire.

Ainsi avec le noème, on est devant une entité irréelle, idéale et qui relève d'un plan tout à fait spécial qu'il faut bien distinguer des divers plans des objets idéaux[2]. *Le plan spécifique des noèmes est celui du sens ou de la signification*. Dans ce contexte, nous nous sommes laissés aiguiller vers le noème par le problème de l'identité de l'objet qui s'offre à la conscience dans des actes différents.

Ce problème devant lequel échoue la conception empiriste de la conscience, ne se pose pas que sur le terrain proprement phénoménologique. En effet jusqu'ici la réduction phénoménologique n'est pas intervenue dans nos exposés. La position du problème en question ne dépend point des motifs qui suggèrent à la pensée philosophique l'orientation phénoménologique. Ce problème surgit pour toute considération de la conscience, donc également pour la psychologie où la conscience est envisagée comme une réalité parmi d'autres, est replacée au milieu des réalités

1. Cf. *supra*, p. 102-103.

2. Cf. Husserl, *F.T.L.*, p. 138. – Le problème des objets idéaux dans le sens, comme Husserl s'exprime (*ibid.*, p. 152), de la « sphère platonicienne élargie », compte parmi ceux qu'ici nous sommes obligés de laisser de côté.

mondaines et est étudiée dans ces rapports d'interdépendance avec ces réalités. Par conséquent, la notion du noème ne doit pas passer pour un monopole de la phénoménologie. Son admission s'impose à la psychologie aussi qui doit reconnaître, dans cette notion, une de ses notions fondamentales [1]. Pourtant cette notion ne se dévoile dans toute sa fécondité que si on la met en rapport avec la réduction phénoménologique, dont on peut tirer les normes méthodologiques pour l'exploration du noème.

La réduction phénoménologique mène de la conscience conçue comme réalité psychique, donc comme réalité mondaine, à la conscience pure, c'est-à-dire envisagée seulement comme théâtre – pour ainsi dire – de l'apparition et de la constitution d'objets [2]. Ce que cette réduction laisse subsister, ce ne sont pas seulement les actes vécus en tant que faits réels de la conscience, ce sont également les objets qui, par ces actes, se présentent à la conscience. Ces objets sont sauvegardés tels quels, sauf pour la mise entre parenthèses de leur caractère existentiel. Dès lors ces objets ne doivent plus être pris pour des réalités, mais seulement pour des objets-phénomènes.

Or, ceux-ci ne peuvent entrer en ligne de compte qu'en tant qu'ils s'offrent véritablement et effectivement à la conscience, que si le sujet les a en vue, quand il vit tel acte particulier de perception, de mémoire, de jugement, de pensée, etc. Un objet-phénomène quelconque n'est donc admis, dans l'attitude phénoménologique, qu'en tant qu'il figure dans un acte particulier concret, c'est-à-dire en se présentant de tel côté, sous tel aspect, dans tel mode d'apparition. En d'autres termes, et pour utiliser la terminologie introduite : *en vertu de la réduction phénoménologique, les objets, tout en subsistant, se transforment en noèmes* [3]. L'arbre qu'on perçoit dans le jardin ne passe plus pour cette réalité objective pour laquelle il est pris dans l'attitude naturelle. Mais ce changement d'attitude ne l'empêche pas de continuer à s'offrir comme prétendant à cette réalité objective. Il ne l'empêche pas de se présenter – ce qui ici nous intéresse le plus – sous un certain aspect, en renvoyant en même temps à des aspects différents [4], d'être retenu, les yeux fermés, en mémoire immédiate, et d'y apparaître sous le même aspect que celui sous lequel il vient d'être donné en perception, et sous lequel il le sera de nouveau après la réouverture des yeux. La réduction phénoménologique ne supprime donc nullement la dualité

1. C'est dans l'introduction de la notion de noème que consiste la grande réforme que la phénoménologie comporte pour la psychologie ; cf. Husserl, « Nachwort zu meinen *Ideen, zu einer reinen Phänomenologie und phänomenologischen Philosophie* », p. 565-568, *Jahrbuch für Philosophie und phänomenologische Forschung*, t. XI (1930) [...].

2. Cf. chap. II, sect. 6.

3. Cf. Husserl, *Ideen*, § 90, 97 ; *Méd. Cart.*, p. 29.

4. Cf. *supra*, p. 115.

entre l'objet-phénomène qui se présente, et l'acte vécu par lequel il se présente; tout ce qui a été exposé à l'égard de cette dualité garde sa valeur sur le terrain phénoménologique.

Du même coup, on s'aperçoit que les objets qui subissent la réduction phénoménologique – celle-ci s'applique à la totalité des objets, sans aucune exception – réapparaissent sur le plan phénoménologique et y réapparaissent sous la forme noématique. Voilà le sens le plus profond dans lequel la conservation des objets dans la réduction phénoménologique doit être entendu. Ainsi Husserl[1] a-t-il pu soutenir que tous les plans d'être réels et idéaux par rapport auxquels la réduction phénoménologique est effectuée, se trouvent représentés sur le plan phénoménologique par des groupes et des contextes de noèmes. On verra au prochain chapitre qu'en effet le problème du passage du noème à l'objet (problème qui se pose avec la découverte du noème) se ramène à celui de replacer le noème particulier dans un ensemble ou dans un système de noèmes.

Les objets ne pouvant figurer qu'en qualité d'objets-phénomènes, aucune place n'est laissée à une réalité objective pure et simple, c'est-à-dire qui n'ait pas subi la réduction phénoménologique. Par conséquent, dans l'ordre phénoménologique, il n'est plus licite[2] d'avoir recours à une réalité non mise entre parenthèses pour, en se servant de lui pour la mesurer, la faire supplanter par un phénomène donné de la conscience[3]. De par la réduction phénoménologique, une orientation rigoureusement descriptive s'impose à l'étude du noème, d'où toute interprétation et toute explication dépassant le donné doivent être écartées[4]. Dans une telle étude, chaque caractère du noème examiné doit être respecté tel qu'il s'offre à l'observation directe et immédiate; en revanche, rien de ce qui, dans l'observation strictement descriptive, ne se constate sur un noème, ne doit lui être imputé.

Selon cette analyse, aucun savoir indirect, c'est-à-dire qui n'est pas puisé dans le noème lui-même, ne doit être admis à intervenir[5]. Ce principe méthodologique concerne surtout les connaissances théoriques, par exemple les connaissances physiques et chimiques qui donc ne doivent jouer aucun rôle dans l'étude phénoménologique de la perception. Aussi avons-nous pu caractériser[6] l'objet noématique comme porteur de valeurs différentes, comme beau, joli, comme placé dans un certain entourage, que celui-ci soit donné en perception ou qu'il soit représenté, remémoré, etc.,

1. Husserl, *Ideen*, p. 278-279.

2. « il n'est plus licite d' » pour « on n'est nullement fondé à ». *Éd.*

3. « en se servant de lui pour la mesurer » pour « en le mesurant à elle, la faire supplanter par un phénomène donné de la conscience ». *Éd.*

4. *Id.*, *Méd. Cart.*, p. 30.

5. *Id.*, *Ideen*, p. 184, 188.

6. Cf. *supra*, p. 115.

sans nous soucier des explications psychologiques et physiologiques qu'on saurait donner de ces caractères.

Dans ces explications, il est dans l'habitude de faire une distinction[1] entre les vraies données sensorielles et ce que ces données évoquent du côté du sujet, par voie d'association ou de quelque manière que ce soit. Ainsi ces caractères ou quelques-uns d'entre eux, attribués à des facteurs non-perceptifs en eux-mêmes, mais qui se mêleraient à la perception, passent pour secondaires ou accessoires, parce qu'ils sont considérés comme ajoutés aux données sensorielles véritables, ou plus exactement, comme projetés sur elles. En phénoménologues, nous n'avons pas à nous réclamer des objections qui, du point de vue psychologique, peuvent être exprimées (et l'ont été en fait), par les théoriciens de la forme, à l'endroit de ces explications.

Il suffit de relever que dans celles-ci les données de la conscience sont mises en rapport avec des excitations nerveuses dans les organes récepteurs, donc également avec des *stimuli* extérieurs à la constitution du système nerveux en général, enfin à l'état actuel de ce système conditionné et modifié par son passé. Ces explications reposent sur la séparation entre des faits objectifs et des données subjectives, séparation que la phénoménologie ne peut pas présupposer d'emblée, mais qui, pour elle, est un but à atteindre ; sans parler de la liaison dans laquelle la conscience est envisagée avec des faits corporels et vitaux, réalités objectives eux aussi. Pour la même raison, dans l'analyse trop rapide de la mémoire[2], nous n'avons pas parlé du conditionnement du souvenir par une perception antérieure, ni des traces laissées par cette perception, faits qui sont évidemment incontestables. Nous nous sommes borné à ce que, dans l'acte de se souvenir, un objet se présente dans un mode non-original d'apparition, et se présente comme s'étant offert et comme pouvant s'offrir *modo originali*. Nous nous en sommes donc tenu au sens descriptif du noème de souvenir et nous avons mis en relief la conscience d'identité qu'il enveloppe.

La réduction phénoménologique acquiert donc la fonction très importante – importante pour la psychologie aussi – de fournir la définition de l'« objet psychologique », c'est-à-dire de l'objet tel que le sujet l'a en vue, à la différence de l'objet objectif, de l'objet en lui-même[3].

Certes, le seul problème de l'identité suffit déjà pour placer toute considération de la conscience devant le plan noématique. Cependant, ce qui permet de préciser la notion de noème, de tirer profit de la découverte qu'elle exprime, de pénétrer dans la nature des faits groupés sous ce titre, et

1. « faire une distinction » pour « faire le départ ». *Éd.*

2. Cf. *supra*, p. 119.

3. Husserl, *Ideen*, p. 184.

d'assigner à ces faits la place qui leur convient – c'est la réduction phénoménologique ou un procédé méthodologique analogue à elle.

Un tel procédé méthodologique, la *théorie de la forme* en dispose avec l'*abandon de l'hypothèse de la constance*[1]. Cette hypothèse qui, dans la psychologie antérieure à la théorie de la forme, était à la base de toute explication, présuppose la distinction entre les données sensorielles élémentaires à l'état pur et ce que des facteurs supérieurs à la pure sensibilité font de ces données sensorielles. Et elle consiste à établir une correspondance stricte et rigoureuse entre les données sensorielles et les *stimuli* extérieurs, à concevoir ou plutôt à construire ces données en fonction seulement et uniquement des *stimuli*.

Abandonner l'hypothèse de la constance, c'est ne plus orienter l'étude de la perception sur la considération des *stimuli*, c'est au moins ne plus choisir cette considération comme point de départ des recherches psychologiques. À cet égard, il y a une certaine équivalence entre l'abandon de l'hypothèse de la constance et la réduction phénoménologique[2]. De part et d'autre, les procédés méthodologiques analogues entraînent une orientation strictement descriptive de la recherche. Dans leurs études sur la perception, les théoriciens de la forme prennent ce qui s'offre tel qu'il se présente, sans se soucier de ce qui, étant donnée telle constellation de *stimuli*, devrait apparaître et est plus ou moins faussé et défiguré par des facteurs dits supérieurs.

Or, envisager et analyser un « perçu-comme-tel », s'arrêter à l'objet tel que le sujet percevant l'a en vue, c'est prendre en considération un noème. Les analyses descriptives dans lesquelles toute considération de faits extra-conscients est expressément exclue, portent sur des noèmes ; de même les notions qui sont construites à partir de ces analyses descriptives, en premier lieu la notion de *Gestalt* elle-même, concernent des faits noématiques. La théorie de la forme, par son côté descriptif, se révèle donc être une investigation sur le plan noématique. C'est pourquoi il est possible de faire avancer quelques problèmes phénoménologiques à l'aide de cette théorie.

Ainsi, par exemple, il y a une quantité de détails qui figurent dans le noème « arbre-perçu-comme-tel » : le tronc, les rameaux, les feuilles, des faits chromatiques, des formes spatiales, etc. ; il va de soi que tous ces

1. L'hypothèse de la constance a été mise en discussion par Köhler, « Ueber unbemerkte Empfindungen und Urteilstäuschungen », *Zeitschrift für Psychologie* t. LXVI (1913) ; cf. à propos de cette hypothèse et de son abandon dans la théorie de la forme Köhler, *Gestalt Psychology*, chap. III ; Koffka, *Principles of Gestalt Psychology*, p. 80-88 ; cf. également notre article « Quelques aspects et quelques développements de la psychologie de la forme », *loc. cit.*, p. 413-415, p. 420-431. Ici, *Appendice* I.

2. Nous avons cherché à mettre en relief cette équivalence dans notre article « Phänomenologie der Thematik und des reinen Ich », *loc. cit.*, p. 295-298.

détails en qualité d'éléments d'un noème doivent être entendus, eux aussi, dans le sens noématique. De là, la question se pose de savoir de quelle façon ces détails noématiques coexistent. On peut montrer[1] que l'ensemble que ces détails constituent par leur coexistence avec la nature d'un tout global dans le sens de la théorie de la forme, que la liaison qui existe entre[2] eux est une *Gestaltverbindung* telle que Wertheimer l'a définie[3].. La structure intrinsèque du noème, plus exactement, de ce noyau noématique central qui peut être identiquement commun à une perception, un souvenir, une attente[4], doit être décrite en termes de théorie de la forme. D'autre part, si les recherches descriptives de la théorie de la forme portent sur les noèmes, le problème du passage du noème à l'objet se pose à la théorie de la forme, et il se pose en raison de son orientation descriptive elle-même; car nous avons conscience de l'objet identique qui se présente sous une pluralité d'aspects[5]. L'affinité que l'équivalence de la réduction phénoménologique et de l'abandon de l'hypothèse de la constance crée entre la phénoménologie husserlienne et la théorie de la forme assure à celle-ci un droit de cité dans la phénoménologie et confère à ses vues un intérêt et une valeur philosophiques. Cette affinité fait encore surgir devant la théorie de la forme les problèmes constitutifs de la phénoménologie. C'est justement l'ambition philosophique profonde qui inspire la théorie de la forme, et ses créateurs le savent, qui la pousse en avant et qui lui fait prêter aux problèmes qu'elle soulève une forme radicalisée et vraiment philosophique. Mais, ici, il faut laisser en suspens la question de savoir si les problèmes constitutifs peuvent être résolus au moyen de la seule notion de forme.

Pour prévenir tout malentendu, soulignons que ce sont seulement les analyses descriptives, issues de l'école de la forme, qui peuvent être utilisées en phénoménologie, mais non les explications physiologiques qui sont données dans cette école et que celle-ci, en poursuivant des recherches psychologiques, en persévérant par conséquent dans l'attitude naturelle, est bien fondée à élaborer[6]. Cette remarque permet de réduire à sa juste

1. Nous avons essayé de le faire dans le chap. I. de l'article précédemment cité.

2. « entre » pour « parmi » *Éd.*

3. M. Wertheimer, *Untersuchungen zur Lehre von der Gestalt I*, p. 52; *loc. cit.*; cf. sur cette organisation intérieure le résumé de Guillaume, *La psychologie de la forme*, chap. III, sect. 4. Plus haut (p. 108-109), nous avons donné une définition succincte de la *Gestalt*.

4. Cf. *supra*, p. 119. Pour une définition précise de ce noyau central cf. Husserl, *Ideen*, § 91, 130.

5. Cf. le développement de ce problème pour la théorie de la forme, dans notre article « Quelques aspects et quelques développements de la psychologie de la forme », *loc. cit.*, p. 460-461.

6. Même dans ces explications, l'orientation descriptive prévaut, comme on peut en juger par le principe méthodologique que Koffka (« Psychologie », III, 5 *in* M. Dessoir, *Lehrbuch der Philosophie* t. II, Berlin 1925) a établi. D'après ce principe, les notions fonctionnelles qui

mesure l'équivalence entre la réduction phénoménologique et l'abandon de l'hypothèse de la constance. À vrai dire, l'abandon de l'hypothèse de la constance est une réduction phénoménologique fragmentaire et incomplète; en effet, dans la théorie de la forme, appel est fait aux réalités humaines, y compris l'organisation psycho-physique, et par cette voie on se réclame également d'objet réels, de l'existence d'un monde objectif. En qualité de science positive, la théorie de la forme n'est pas obligée d'aller plus loin.

La réduction phénoménologique ne s'impose sous la forme radicale et universelle que Husserl lui a donnée que quand on pose les problèmes en philosophe. Il faut insister sur cette différence mais il faut en même temps souligner que la réduction phénoménologique, même sous cette forme rétrécie qu'est l'abandon de l'hypothèse de la constance, en raison de l'orientation descriptive qu'elle entraîne, permet de soulever des problèmes vraiment philosophiques et de contribuer à leur avancement, sans parler des progrès qu'on doit à la théorie de la forme en matière de psychologie pure.

§ 5. La corrélation noético-noématique

Nous avons beaucoup insisté sur la distinction, voire la séparation à établir entre noème et acte. Cependant cette distinction ne doit pas dissimuler le rapport dans lequel le noème se trouve vis-à-vis de l'acte, bien qu'il ne se confonde pas avec celui-ci et n'en soit pas une partie ou un élément. C'est ce rapport que signale déjà la caractérisation du noème de sens d'une perception, d'un souvenir, d'une attente, d'une pensée, d'un jugement, etc. Le rapport à un acte est nécessaire au noème défini comme le "perçu-comme-tel", plus généralement comme le "donné-comme-tel". En tant que sens d'un acte, le noème a besoin d'un acte auquel il puisse s'incorporer, duquel il puisse être le sens.

En effet, étant défini comme l'objet tel que le sujet l'a en vue, le noème ne peut être que par rapport au fait que le sujet a en vue l'objet, c'est-à-dire par rapport à un acte dans lequel l'objet en question apparaît et se présente sous un certain aspect. L'*esse* du noème ne peut donc consister que dans son *percipi*, ce qui cependant ne doit pas être entendu avec le sens de Berkeley,

n'expriment pas les observations immédiates et phénoménales, mais qui servent à les expliquer – dont les idées qu'on se fait sur les processus physiologiques – doivent être conçues sur le modèle des notions descriptives.

parce que le *percipere* ne contient pas l'*esse* à titre d'ingrédient réel [1].Loin d'être indifférent à l'acte, le noème est au contraire lié à lui. Il est dans sa nature d'appeler un fait situé hors de lui-même et qui relève d'un ordre bien différent, et d'avoir besoin de ce fait pour pouvoir être.

D'autre part, l'acte ou, comme Husserl dit encore, la noèse [2] n'est pas seulement un événement psychique qui, à tel moment du temps phénoménal, se produit dans la conscience, en quoi consistent sa facticité et sa réalité en qualité de fait réel de conscience. Dans la mesure où vivre un acte, c'est prendre conscience d'un objet dans un mode ou dans un autre – par perception, remémoration, etc., (et avoir en vue cet objet qui apparaît sous un certain jour), le rapport à l'« objet-donné-comme-tel », c'est-à-dire au noème est essentiel et nécessaire à la noèse [3]. Noème et noèse s'appellent donc réciproquement : l'un ne peut être sans l'autre. Ils forment une unité indissoluble qui est celle d'un phénomène concret de la conscience. Mais dans cette unité, il faut distinguer un côté noétique et un côté noématique.

Étant données les distinctions établies, cette unité du noème et de la noèse ne peut pas avoir la nature d'un tout qui s'articule en des parties homogènes ou qui soit composé avec de telles parties. Les termes qui entrent dans cette unité relevant de plans tout à fait différents, le rapport entre noème et noèse ne peut être qu'une *correspondance* ou un *parallélisme*.

Le parallélisme noético-noématique se manifeste non seulement en ceci que ce n'est que par rapport à son noème qu'un acte peut être qualifié de prise de conscience de tel objet plutôt que de tel autre [4]. Tout caractère, toute qualité, toute modalité, etc., d'un acte se reflète dans un caractère noématique correspondant. Ainsi, au caractère perceptif de l'acte correspond la présence actuelle, caractère que porte l'objet tel qu'il s'offre à la conscience perceptive. Le mode du souvenir s'exprime dans le caractère « passé » ou « ayant été présent », avec lequel l'objet noématique apparaît, celui de l'attente dans le caractère « allant être présent », etc. [5].

1. Husserl, *Ideen*, p. 206.

2. *Id., Méd. Cart.*, p. 31. En ce qui concerne la définition de ce terme dans les *Ideen*, p. 174, il faut nous référer à nos remarques *supra*, p. 108-109.

3. Ici nous n'avons pas à soulever la question de savoir si tous les faits de conscience ont cette particularité d'offrir un objet, ou si, à côté de ceux qui jouissent de ce privilège, il y en a d'autres auxquels il fait défaut, telles les dispositions sentimentales et affectives, comme par exemple l'angoisse, la dépression, l'excitation, la gaîté, etc. Alors on prendra les derniers pour des états généraux plutôt que pour des actes, en définissant ceux-ci par la fonction d'objectivation. Quoi qu'il en soit, dans notre contexte, comme dans ce livre tout entier, il n'est question que d'actes dans le sens défini.

4. Husserl, *Ideen*, p. 204.

5. Cf. *id., ibid.*, p. 209.

Dans un autre ordre de caractères noématiques aussi bien que noétiques, le caractère noématique « étant là », « étant réel » correspond à la simple certitude ou à la croyance qui normalement est contenue, à titre de composant réel, dans la perception et aussi dans le souvenir sûr [1]. La sûreté de la mémoire (en tant que fait vécu par le sujet qui se rappelle un objet) consiste, noématiquement parlant, en ceci que l'objet remémoré s'offre comme « ayant été vraiment présent », comme « réellement existant », bien qu'actuellement il ne soit pas présent.

Si un acte est vécu dans les modalités de la présomption, de la conjecture, de la question, du doute, l'objet noématique correspondant porte respectivement les caractères « possible », « probable », « problématique », « douteux ». Une proposition certaine et une proposition douteuse peuvent ne pas différer par leur contenu objectif, pour autant que la même proposition, qui antérieurement a été tout simplement acceptée, peut devenir douteuse. Devenue telle, la proposition est donnée avec une certaine instabilité, avec un certain flottement, pas autrement d'ailleurs qu'une perception à propos de laquelle le sujet percevant se demande s'il n'est pas dupe d'une illusion.

La proposition ou la perception douteuses peuvent se stabiliser; alors au caractère noématique « douteux », il se substitue celui « sûrement vrai », « sûrement réel ». Ce caractère correspond non à la certitude simple, mais à la certitude affirmative, c'est-à-dire qui l'a emporté sur un doute [2]. C'est par égard au parallélisme noético-noématique que, dans l'exposé de la thèse générale de l'attitude naturelle, nous avons pu parler indifféremment d'un caractère existentiel inhérent aux objets, ou de la croyance à l'existence d'objets présente dans toute activité mentale, et que de même la réduction phénoménologique peut être caractérisée soit comme une mise en suspens de la croyance en question, soit comme une inhibition du caractère existentiel [3].

Encore un exemple du parallélisme noético-noématique. Dans l'acte d'appréciation, une valeur est conférée à un objet. Mais il n'est pas exact que quelques propriétés de l'objet, en se présentant à la perception, par exemple, déclencheraient l'acte d'appréciation qui, lui, serait vécu simultanément avec l'acte perceptif, mais resterait un fait purement subjectif, c'est-à-dire sans aucune emprise sur l'objet noématique. Celui-ci, au contraire, se présente avec un caractère de valeur; ce caractère noématique est inhérent à l'objet tel que le sujet qui l'apprécie l'a en vue. Ce qui dans

1. *Id., ibid.*, § 103.
2. Cf. *id., ibid.*, § 106.
3. Cf. chap. II, § 5, § 6.

l'acte d'appréciation est donné, est un « objet de[1] valeur », à la différence de l'objet pur tel qu'il s'offre dans une simple perception, – qu'il s'agisse d'ailleurs d'une chose réiforme ou d'un objet fonctionnel.

Mais l'objet de valeur se fonde sur l'objet pur dans ce sens qu'un objet doit être présent pour qu'une valeur puisse lui être attribuée. Noétiquement parlant, l'acte d'appréciation ne peut être accompli que si au préalable ou en même temps un acte perceptif est vécu. Le corrélat noématique de cet acte perceptif – l'objet pur – sert de support au caractère noématique de valeur qui, en s'étageant sur l'objet pur, le transforme en objet de valeur. D'autre part, un objet qui autrefois a été apprécié, peut être simplement perçu, sans qu'une valeur ne lui soit encore conférée. Par là on voit que l'objet pur est indépendant de l'objet de valeur, tandis que celui-ci appelle l'objet pur en qualité de fondement, et en a besoin, pour se constituer[2].

Avec l'objet de valeur, il s'agit donc d'un objet d'ordre supérieur dans le sens dont la définition formelle a été donnée plus haut[3]. Cependant tandis que l'objet de valeur non seulement présuppose l'objet pur, mais encore l'implique et le contient, ce n'est pas le cas du corps matériel qui, tout en étant construit à partir et à la base de la chose réiforme, n'en renferme rien des déterminations perceptibles. Non seulement donc un caractère noématique correspond à l'acte d'appréciation même qu'on considère régulièrement comme purement « subjectif », mais encore, grâce à ce caractère noématique, le sujet passe d'un objet simple à un objet d'ordre supérieur.

Il faut nous limiter à ces quelques exemples trop rapidement analysés. Nous ne pouvons pas reproduire les analyses dans lesquelles Husserl a suivi le parallélisme noético-noématique dans les phénomènes les plus divers, en examinant des structures de plus en plus compliquées et dont les unes se fondent sur les autres[4]. Ces analyses confirment pleinement la thèse mise en avant : *kein noetisches Moment ohne ein ihm spezifisch zugehöriges noematisches Moment*[5]. Mais il ne faut pas croire que les caractères noématiques seraient dus à la réflexion[6]. Bien sûr, ils sont saisis par la réflexion, mais dans un repliement sur les noèmes, tandis que le repliement sur les noèses fait saisir les caractères noétiques correspondants.

1. « de » pour « à ». *Éd.*

2. Husserl, *Ideen*, § 95. Husserl distingue le « *werter Gegenstand* », l'objet pur qui porte une valeur, et le « *Wertgegenstand* », l'objet pourvu de valeur en lequel l'objet pur, du fait qu'il porte une valeur, se constitue. – Ces analyses sur les relations de fondation ne doivent d'ailleurs pas être entendues en un sens psychologique, comme si l'acte fondant devait précéder temporellement l'acte qui se fonde sur lui; ces analyse ne portent que sur l'organisation structurale des noèmes et des noèses en question.

3. Cf. p. 84.

4. Tout le chap. IV de la IIIe section des *Ideen*, est consacré à ces études.

5. *Id.*, *ibid.*, p. 193.

6. Cf. *id.*, *ibid.*, § 108.

Ceux-ci diffèrent des caractères noématiques dans la mesure où la négation valable diffère de la non-existence, notions qui, pour être équivalentes, ne sont pas identiques. La réflexion, ici comme ailleurs[1], ne crée rien de nouveau. Sa fonction ne consiste qu'à dégager ce qui, dans la vie courante de la conscience, n'est pas expressément saisi, mais y est donné, et dont, dans cette vie, usage est fait perpétuellement. Ainsi, par exemple, le sujet, en vivant un acte de mémoire sûre, s'oriente très bien sur l'objet remémoré qui, bien qu'il ne soit pas actuellement présent, lui apparaît comme réellement existant, sans que le sujet ait besoin de se rendre explicite ce caractère noématique par un repliement sur le noème.

La corrélation noético-noématique domine toute la vie consciente; on peut caractériser le noème comme le corrélat de la noèse, ce qui exprime la relation étroite entre les deux. Or, cette corrélation est de telle nature que, bien qu'à toute noèse appartienne un noème et inversement, le même noème peut correspondre et correspond en effet à toute une multiplicité de noèses. La définition du noème comme unité irréelle et idéale qui n'est aucunement contenue, à titre d'élément réel, dans un acte[2], comporte cette nature particulière de corrélation noético-noématique qui a constamment été invoquée par nous, quand il était question d'un objet identique se présentant sous le même jour dans une pluralité d'actes.

C'est ainsi et ainsi seulement que cette conscience de l'identité devient possible et compréhensible, conscience dont les théories empiristes et surtout celle de Mach ne sont pas en mesure de tenir compte[3]. Mais il ne s'agit pas d'expliquer cette identité, c'est-à-dire de la ramener à des faits plus simples. Au contraire, c'est avec elle considérée comme un fait primordial et irréductible, que la nouvelle conception de la conscience est élaborée[4].

En élaborant cette nouvelle conception, Husserl rompt avec toute la tradition de la philosophie et de la psychologie modernes, dans laquelle la conscience passe pour une espèce de scène où des événements se produisent, où des faits réels apparaissent et d'où ils disparaissent. La conscience n'est plus considérée comme un plan à couche simple et unique. Il faut y voir un *phénomène corrélationnel*. Ce qui fait la substance et la *nature essentielle de la conscience*, est la *corrélation noético-noématique non-biunivoque et l'opposition d'une multiplicité de noèses à un noème identique*. Dans cette compréhension de la conscience, comme phénomène corrélationnel, on peut rendre compte de sa temporalité et de sa facticité en

1. Cf. *supra*, p. 111.
2. Cf. *supra*, p. 119.
3. Cf. *supra*, p. 110.
4. « élaborée » pour « construite ». *Éd.*

même temps que du fait que, par des actes de ce courant perpétuel du vécu, où il n'y a que transformation et changement continuels, on peut prendre conscience d'objets stables, permanents qui s'offrent comme identiques.

L'objectivité des objets définie par leur identité[1], la temporalité et l'identité sont les deux grands faits dont l'opposition constitue la conscience. Ces deux grands faits séparent les recherches phénoménologiques dont les unes s'orientent vers le côté subjectif de la conscience, alors que les autres portent surtout sur les problèmes de l'apparition et de la constitution d'objets[2].

§ 6. L'INTENTIONNALITÉ

C'est cette corrélation noético-noématique qu'on doit avoir en vue, quand on parle de *l'intentionnalité* de la conscience. Dans la littérature philosophique allemande antérieure à la phénoménologie et même dans celle qui est contemporaine des œuvres de Husserl, il est assez souvent question – qu'on emploie ou non le terme d'intentionnalité – de la propriété particulière qu'auraient les actes de conscience (tous ou seulement quelques-uns) de se rapporter à un objet. Ainsi on souligne que la perception est perception de la chose perçue, que dans une représentation un objet est représenté, que dans l'acte de vouloir, il y a une chose voulue, etc.

L'intentionnalité est donc définie comme le rapport où l'acte de conscience se trouve nécessairement par rapport à un objet. On peut très généralement caractériser un acte intentionnel[3] comme conscience de quelque chose. Cette formule, employée par Husserl lui aussi[4], est parfaitement correcte et il n'y a rien à y objecter, pourvu qu'elle soit entendue dans le sens du parallélisme noético-noématique. Cependant, il y a lieu de signaler une erreur fondamentale – trop souvent commise – qui non seulement compromet la compréhension de l'innovation que Husserl a introduite dans la conception de la conscience, mais encore qui engage dans une impasse toute étude des problèmes en question.

1. Ci-dessus p. 113.

2. Cf. Husserl, *Ideen*, p. 161. La subjectivité des actes de la conscience qui, d'après nous, consiste dans leur temporalité et dans leur facticité, Husserl la met en rapport avec le « Moi pur ». Cette question ne sera pas abordée dans ce livre; nous avons exposé notre point de vue à propos du « Moi pur » dans notre article « Phänomenologie der Thematik und des reinen Ich », *loc. cit.*, surtout p. 317-320 et chap. IV, sect. 4.

3. Toute allusion à l'« intention » dans le sens volitif doit strictement être écartée de la signification du mot « intentionnalité » et de ses dérivés.

4. Cf. Husserl, *Ideen*, entre autres § 36, § 84; *Méd. Cart.*, p. 28.

Cette erreur consiste à faire passer l'intentionnalité pour un trait de plus des actes de la conscience, pour une qualité parmi d'autres, pour un caractère, une teinte, bref, pour un attribut réel et palpable qui appartiendrait soit à tous les faits de conscience, soit à une classe particulière d'entre eux, comme l'intensité qui, aux yeux de quelques psychologues, constitue un attribut de toutes les données sensorielles, ou comme, selon le nativisme, la spatialité est une des données sensorielles, soit visuelles, soit tactiles, soit les deux. Considérée ainsi comme un attribut des actes, voire comme l'attribut le plus essentiel à un certain égard, l'intentionnalité sert en quelque sorte le pont jeté de l'intériorité de la conscience à des objets extra-mentaux; elle est appelée à assurer le rapport et la communication entre cette intériorité et les choses qui se trouvent au dehors. On se dit[1] : tout ce qui existe et est valable pour un sujet quelconque, existe et est valable grâce à des actes que vit le sujet; c'est ainsi, et ainsi seulement, que le sujet parvient à des croyances, à des certitudes, même à des évidences. Si tout ce qui se déroule dans la conscience est plus qu'un tas de faits purement subjectifs, plus qu'une série d'événements psychiques qui ne concernent que le sujet dont ils sont les états vécus et les modifications, si tout cela peut prétendre à une portée objective, c'est en raison de cette propriété spéciale des actes qu'est l'intentionnalité. Celle-ci habilite les actes, sans les faire sortir de l'intériorité de la conscience, d'atteindre les choses qui se trouvent en dehors de cette intériorité. Mais une telle théorie de l'intentionnalité, à la regarder de plus près, n'est qu'une solution verbale donnée à un problème factice. Au moyen de quel attribut immanent à la conscience, grâce à quelle propriété réelle lui appartenant, un acte de conscience, rivé qu'il est, de par sa nature, à l'intériorité psychique, peut-il parvenir à dépasser les limites de cette sphère pour porter sur un objet extérieur à celle-ci? Aucune qualité réelle d'un acte ne peut jamais être plus qu'un fait subjectif et ne peut par conséquent de nulle façon conférer à cet acte une portée sur[2] un dehors. Même l'idée d'un dehors – qu'il s'agisse de choses spatio-temporelles ou d'objets idéaux, tels que les nombres, les faits géométriques, etc. – c'est-à-dire de faits qui ne sont pas des données réelles de conscience, n'existerait pas pour une conscience et ne saurait être conçue par elle, si, dans cette conscience, ne sont admises que des données réellement vécues et les composants réels eux aussi de ces données. Invoquer l'intentionnalité pour expliquer par elle, en l'envisageant comme une propriété réelle de la conscience, cette impossibilité absolue qu'est le dépassement par des actes de la sphère de l'intériorité psychique, c'est faire de l'intentionnalité une force vraiment magique.

1. Cf. *id., Méd. Cart.*, § 40.
2. « sur » pour « pour ». *Éd.*

La raison ou au moins une des raisons principales pour laquelle une telle théorie a pu être établie, est le réalisme philosophique ; à savoir l'opposition de la conscience et de la chose objective qui, l'une aussi bien que l'autre, sont données dans cette opposition comme situées sur le même plan, qui est celui de la réalité mondaine. Cette réalité mondaine décomposée en un domaine dit intérieur qui est la conscience, et en un domaine extérieur à celle-ci, la tâche se pose alors de remettre en rapport ces deux domaines. Et rétablissant ce rapport compte doit être tenu du fait que l'homme qui vit dans le monde, qui se trouve entouré d'objets appartenant à ce monde, qui subit les influences venant de ces objets et qui réagit à ces influences se rapporte en même temps à ces objets, en prend conscience, en acquiert des expériences et s'en construit des connaissances scientifiques. Ce rapport à établir entre la conscience et l'univers (plutôt les univers objectifs), doit être de telle nature qu'il soit garanti exclusivement par des caractères intrinsèques immanents aux faits de conscience. C'est ainsi que le problème se pose pour toute considération de la conscience où on part des *stimuli* extérieurs et conçoit les faits de l'expérience sensorielle en fonction de ces *stimuli*, – quelque idée qu'on se fasse d'ailleurs de ce rapport fonctionnel. Il ne suffit pas d'interpréter des données de conscience comme des effets conditionnés et provoqués par les *stimuli* et d'expliquer le mécanisme qui conduit des causes aux effets. Même si l'on admet n'importe quelle explication de ce mécanisme, le fait énigmatique reste que les données de conscience – aux yeux du sujet qui, en les vivant, subit tous les effets de la stimulation – se rapportent à leurs « causes », c'est-à-dire que le sujet, par ces données, prend conscience du monde objectif[1]. Dans ces prises de conscience, les objets se présentent comme identiques et identifiables, tandis que les prises de conscience elles-mêmes changent de l'une à l'autre et ne comportent rien de permanent ni de répétable. On est donc ramené à la tâche qui vient d'être dénoncée comme insoluble, de rendre intelligible l'identité et l'extériorité, en ne se basant que sur des faits réels de la conscience.

Cette difficulté fait ressortir de nouveau la grande importance qu'a la réduction phénoménologique. Trop d'auteurs, même des auteurs-phénoménologues, ne se sont pas aperçus de cette importance énorme ; et ainsi ils ont pu se croire fondés à se dispenser de la réduction phénoménologique qui en réalité répond à une nécessité philosophique d'extrême urgence. Non seulement elle fait sortir la philosophie de la conscience de la situation

1. Ce problème est bien mis en relief par Pradines, *loc. cit.*, t. I., p. 255. Le même problème réapparaît d'ailleurs dans la distinction heureuse de Pradines (*loc. cit.*, livre II, partie I, chap. II, sect. II II et sect. III III) entre « réaction au lieu » et « représentation du lieu ».

antinomique dans laquelle cette philosophie est menacée de s'égarer[1]. La réduction phénoménologique entr'ouvre de plus l'accès au noème et en facilite la compréhension complète[2] ; elle prépare ainsi une théorie satisfaisante et cohérente de l'intentionnalité. À cette fin, il est impérativement nécessaire de laisser tomber toute présupposition réaliste qui consiste à envisager préalablement à la réflexion et de l'analyse philosophiques la conscience et les choses objectives comme deux réalités mondaines. Aussi avons-nous commencé l'exposé de la conception husserlienne de la conscience par une critique de celle défendue dans l'empirisme, et surtout par Mach.

En effet, Mach ne s'est pas placé à un point de vue réaliste, pas plus que Hume dont Mach a repris et systématiquement développé les vues. C'est dans Hume que Husserl croit pouvoir percevoir en quelque sorte le premier phénoménologue [3]. D'après Husserl, Hume a pratiqué la réduction phénoménologique sous une forme rudimentaire ou, plus exactement, germinale, sans, il est vrai, la saisir expressément comme méthode philosophique et sans se rendre explicitement compte de ses principes. Il fut le premier à réaliser sérieusement les suggestions de Descartes, à concevoir la conscience comme un pur champ de *perceptions*, d'*impressions* et d'*ideas*, sans intégrer à l'ensemble de ces réalités ce champ à titre de réalité mondaine.

Par l'analyse des données de la conscience ainsi conçue, Hume a cherché à dégager le sens d'être des choses objectives et le vrai sens des catégories valables pour ces choses, par exemple celui de la causalité. Il faut poursuivre les conséquences et les évolutions de la conception empiriste de la conscience, soit sous la forme qu'elles prennent avec Mach, soit sous celle que Bergson [4] leur donne, et les pousser jusqu'au point où se pose le problème, insoluble dans la conception empiriste, de l'identité de l'objet par opposition à la multiplicité d'actes qui se rapportent à lui. Cette identité dans laquelle il voit le fait cardinal de la conscience, Husserl l'a choisie

1. Chap. I, sect. 5.
2. Cf. *supra*, p. 120 *sq*.
3. Husserl, *F.T.L.* p. 226-227.
4. Le cadre de ce livre ne nous permet pas de discuter la doctrine de Bergson. Une critique de cette doctrine, entreprise du point de vue de la phénoménologie, doit rejoindre celle que Pradines exprime à son endroit. Certes, Pradines n'accentue pas le problème de l'identité, et la notion de l'intentionnalité, bien qu'il en parle en passant (*loc. cit.*, t. I, p. 252), lui est étrangère, au moins dans le sens dans lequel Husserl emploie cette notion. Cependant Pradines souligne (*ibid.*, t., I., p. 22-24) que la conception de la conscience défendue par Bergson et aussi par James n'est qu'un empirisme ou un impressionnisme radicalisé : « La conscience impolluée n'est plus peut-être une poussière, faite de grains durs et discontinus, mais sa fluidité n'est que celle d'une fumée qui se serait faite de leur écrasement ». Cela revient à soutenir – à juste titre, nous semble-t-il – que dans la conception de James et de Bergson, la conscience n'est pas plus près de l'objet qu'elle ne l'était dans l'empirisme classique.

comme clef de voûte, si l'on peut dire, de la théorie de l'intentionnalité qu'il a établie.

La notion d'intentionnalité a été introduite dans la philosophie contemporaine par F. Brentano qui a renouvelé quelques vues d'Aristote et des scolastiques. Brentano a cherché des marques distinctives aptes à différencier ce qu'il appelle les « phénomènes psychiques » (tout acte de percevoir, de se rappeler, de juger, de penser, de douter, etc., aussi bien que les actes émotionnels, par exemple la joie, la tristesse, l'amour, la haine, l'adoration, etc.) et les « phénomènes physiques » (une couleur, une forme perçues par la vision, un accord entendu, une chaleur, une odeur senties, etc.)[1].

Parmi les caractéristiques qui distinguent les « phénomènes psychologiques », Brentano cite l'*intentionale (auch wohl mentale) Inexistenz eines Gegenstandes, die Beziehung auf einen Inhalt, die Richtung auf ein Objekt, ... die immanente Gegenständlichkeit...*[2]. Cette marque distinctive des « phénomènes psychiques » est, d'après lui, la plus importante de tout[3]. Évidemment l'objet qui est contenu dans le « phénomène psychique » n'est pas l'objet réel, mais un objet immanent; celui-ci cependant est réellement présent dans la conscience[4].

Mais alors, l'objet immanent est rivé à l'acte et doit disparaître avec lui, il ne peut pas être commun à deux actes différents. Par conséquent, le problème de l'identité de l'objet se pose de nouveau ; et, bien que les termes en lesquels ce problème se pose dans la conception de Brentano diffèrent de ceux en lesquels il faut le soulever vis-à-vis de la conception empiriste[5], il n'est pas plus soluble dans l'une que dans l'autre. C'est par égard à ce problème qu'il faut insister sur la séparation de la noèse et du noème, et que Husserl substitue le noème à l'objet immanent de Brentano, c'est-à-dire l'objet – réel ou transcendant, puisqu'il n'en connaît pas d'autre – se

1. F. Brentano, *Psychologie vom empirischen Standpunkt*, réédité pas O. Kraus, Leipzig 1924-1925, t. I, p. 111-112. Obligé, par les limites de ce livre, de nous borner à relever seulement la différence entre Brentano et Husserl, en ce qui concerne la théorie de l'intentionnalité, nous devons renoncer à montrer sous son vrai jour, même dans une mesure insuffisante, la grande importance de l'œuvre de Brentano qui a préparé les voies à la phénoménologie. Quant à la distinction des « phénomènes psychiques » et des « phénomènes physiques », nous devons également nous limiter à signaler l'intérêt qu'il y aurait à suivre les évolutions et les filiations de cette doctrine dans la *Gegenstandstheorie* de Alexius Meinong, dans la *Funktionspsychologie* de C. Stumpf et dans la phénoménologie de Husserl. C'est par l'étude de ce développement et des discussions qu'il a provoquées qu'on parviendra à dégager le sens légitime dans lequel il est nécessaire de connaître, dans la conscience, une différence entre des faits d'ordre inférieur et ceux d'ordre supérieur. Ceci est d'ailleurs également vrai à propos d'autres distinctions préconisées par Brentano.

2. Brentano, *loc. cit.*, t. I, livre II, chap. I, sect. 5.

3. *Id.*, *ibid.*, t. I, p. 137.

4. Cf. *id.*, *ibid.*, t. II, p. 8-9.

5. Cf. *supra*, p. 113.

présentant sous un certain jour, à savoir sous l'aspect où il s'offre au sujet dans un acte concret.

C'est dans cette substitution que consiste la différence la plus essentielle entre Husserl et Brentano aussi bien que d'autres penseurs qui s'inspirent de Brentano. Cette substitution marque le progrès accompli par Husserl dans la théorie de l'intentionnalité comme dans la conception de la conscience en général. D'autre part, en admettant un objet immanent, on aurait, dans la perception par exemple, deux objets, et l'objet immanent servirait d'image, de signe, de symbole, ou comme on voudra, de l'objet réel. Sans parler de la confusion que cette interprétation comporte entre la conscience perceptive et la conscience d'images, de signes, de symboles [1], remarquons seulement que ce rapport entre l'objet immanent et l'objet réel doit être constaté pour qu'il figure pour la conscience.

Cette constatation ne peut se faire que dans un second acte qui comparerait l'objet immanent de l'acte premier avec l'objet réel. Mais pour cette comparaison, il est requis que l'objet réel soit accessible au second acte, ce qui dans la théorie de Brentano n'est possible que par l'intermédiaire d'un deuxième objet immanent, de telle sorte que, à proprement parler, la comparaison ne porte que sur l'objet immanent de l'acte premier et celui du second acte. Mais ces deux objets immanents se trouvent dans un rapport au même objet réel, rapport dont la constatation entraîne donc fatalement une régression à l'infini [2].

Enfin, l'observation immédiate et l'analyse descriptive ne connaissent pas d'objet immanent contenu dans l'acte à titre de partie réelle, à la différence de l'objet transcendant, ni dans la perception ni dans n'importe quel autre acte, ce qui, pour le cas des actes d'imagination a déjà été relevé [3]. D'après Oskar Kraus qui a réédité des œuvres de Brentano et préparé la publication de ses écrits posthumes, celui-ci a abandonné, au cours de l'évolution ultérieure de sa pensée, la doctrine de l'existence mentale des objets immanents [4]. Pourtant, ce que Brentano n'a pas abandonné, c'est l'interprétation de l'intentionnalité comme une propriété réelle des « phénomènes psychiques ».

Kraus lui-même vient le confirmer en soutenant [5] que, d'après Brentano, toute différence entre des actes de la conscience, qu'il s'agisse de la substitution d'un mode de prise de conscience à un autre (de la volition, par exemple, à la simple représentation) ou du passage d'un objet à un autre

1. Nous y reviendrons plus loin.

2. Cf. Husserl, *Ideen*, p. 186.

3. Cf. *supra*, p. 100.

4. Cf. L'introduction de l'éditeur, chap. II, à la *Psychologie vom empirischen Standpunkt*, t. I.

5. Brentano, *Psychologie*..., éd. O. Kraus, *ibid.*, t. I, p. XXXI.

– toute question relative à l'existence ou à l'inexistence de ces objets étant mise à l'écart dans l'analyse des actes – doit être comprise comme variation de la réalité psychique dans des directions différentes. Brentano a donc persévéré dans l'interprétation de la conscience comme plan à couche unique. En dépit du progrès qu'avec l'introduction de la notion d'intentionnalité il accomplit par rapport à l'empirisme, la conscience n'est, pour lui, comme pour les empiristes, qu'une suite de faits et d'événements réels.

Or, si c'est un attribut réel de l'acte qui est appelé à assurer à l'acte sa direction vers l'objet, non seulement on se heurte au problème de l'identité, mais encore à celui, dénoncé comme factice, de la mise en rapport de la conscience avec les choses objectives et en général avec les objectivités de toutes sortes. Husserl, bien qu'il soit influencé dans une mesure fort considérable par Brentano et lui soit redevable d'assez d'inspirations – il est le premier à le reconnaître – ne reprend pas la théorie de l'intentionnalité sous la forme que cette théorie revêt chez Brentano et il ne l'a pas continuée en ligne droite. L'intérêt de Husserl porte non sur un attribut réel des actes, inconnu ou trop négligé jusqu'ici, mais sur l'identité des objets et sur la conscience de cette identité.

Ainsi, il parvient à rompre avec la conception traditionnelle de la conscience et à apercevoir dans celle-ci un phénomène corrélationnel. Cette nouvelle compréhension de la conscience signifie que tout acte est en rapport avec un sens, incorpore un sens. Mais il ne faut pas croire que l'acte en tant que fait vécu soit une matière brute qu'un sens qui se projette d'un dehors viendrait informer. Tout au contraire, en lui-même et de par sa nature propre, l'acte est incorporation d'un sens. Sa temporalité et sa facticité d'une part, son rapport au sens de l'autre, sont les deux côtés indissociables et inséparables (bien que discernables) d'un même phénomène.

Le rapport au plan du sens, la participation au sens, c'est-à-dire à des faits idéaux et irréels, font la substance essentielle de la conscience qui, en tant que telle et par sa nature même, est orientée vers ce plan. Vivre un acte de la conscience, c'est donc actualiser un sens. Ce serait donner une définition trop étroite de l'intentionnalité que de la restreindre au parallélisme noético-noématique. En vérité, l'intentionnalité signale l'opposition d'une multiplicité à une unité et le rapport où l'une se trouve envers l'autre. Cette opposition est un des faits les plus généraux de la conscience ; elle apparaît dans tous les actes et dans tous les groupes d'actes. Mais cette opposition ne prend pas partout la même forme.

Selon la constitution des objets visés, les formes de cette opposition diffèrent les unes des autres en ceci que les faits figurant dans la multiplicité et ceux figurant en unités varient et que, par conséquent, le sens de cette opposition elle-même se modifie lui aussi. Le parallélisme noético-noématique est une des formes sous lesquelles apparaît l'opposition en question.

C'est même un type remarquable d'intentionnalité. Car ce parallélisme entre dans toutes les formes supérieures d'intentionnalité qui, elles, le présupposent et s'appuient sur lui. Ainsi, le parallélisme noético-noématique se révèle être le type non seulement le plus élémentaire, mais aussi le plus fondamental de l'intentionnalité, comme l'infrastructure de toutes ses formes supérieures et plus compliquées.

Dégager toutes les formes que peut prendre l'opposition entre une multiplicité et une unité et corrélativement établir la totalité des types d'intentionnalité, ce n'est faire rien d'autre que la phénoménologie complète et c'est élucider la constitution de tous les objets et de tous les plans d'être. Mais la phénoménologie en est à son début plutôt qu'à sa fin, et les limites de ce volume nous imposent des restrictions. Aussi ne prendrons-nous en considération – au prochain chapitre – qu'une seule forme supérieure d'intentionnalité, celle qui entre en jeu dans la constitution des choses objectives.

§ 7. Le cogito et la coprésence

Tous les actes qui jusqu'ici ont été pris en considération ont cette particularité que l'objet qui s'offre dans chacun d'entre eux, non seulement se présente à la conscience, mais encore figure en thème de la préoccupation mentale du sujet. Non seulement celui-ci vit-il ces actes, mais par surcroît il vit en eux. Les actes qui ont cette particularité, Husserl les appelle *cogitationes*, et il les définit par un rapport particulièrement intime au Moi pur[1]. Les *cogitationes* émanent en quelque sorte du Moi pur; quand un tel acte est vécu, un regard mental jaillit du Moi pur et, tout y restant rivé, il se dirige vers l'objet en question. Ainsi Husserl voit-il dans les actes de la forme *cogito*, des activités spontanées du Moi pur[2]. Dans ce livre, nous laissons de côté toute question concernant le moi pur[3]; aussi ne discuterons-nous pas la description du *cogito*. Nous nous en tiendrons à une autre définition qu'en donne Husserl[4]. D'après cette définition, c'est l'actualité qui caractérise les états vécus de la forme *cogito*. Dans un tel acte, on prend une conscience thématique de l'objet qui, lui, se trouve placé de ce fait au centre de la vie consciente. En adoptant cette définition, il nous semble opportun de qualifier l'actualité dont il s'agit ici : l'*actualité théma-*

1. Cf. Husserl, *Ideen*, § 57, 80.
2. *Id., ibid.*, p. 192, 253.
3. Cf. *supra*, p. 130, note 2.
4. Husserl, *Ideen*, p. 50-51, 63 et § 37.

tique. Car, comme on le verra plus loin[1], les termes d'actualité et d'inactualité sont employés aussi par rapport à d'autres phénomènes et prennent alors des significations différentes.

Se limiter dans l'analyse de la vie consciente aux seules *cogitationes*, c'est rétrécir cette vie par voie d'abstraction. En effet, si la conscience ne comportait que des *cogitationes*, non seulement le sujet se plongerait-il dans le thème dont il s'occupe au moment même, mais il s'y abîmerait à tel point que sa vie consciente serait comme concentrée en ce moment. Rien de son passé, ni de son avenir, ni même de la durée de l'acte qu'il vit, ne pourrait être présent au sujet qui se perdrait entièrement dans son thème actuel[2] et serait réduit à une vie instantanée. Ainsi, le courant du vécu se présenterait comme une suite d'états quasi-ponctuels et distincts les uns des autres. À proprement parler, il n'y aurait plus de courant du vécu.

En passant d'un thème à un autre, différent du premier, le sujet, en se plongeant dans le second thème, ne pourrait avoir aucun savoir, sous quelque forme que ce soit, concernant le thème précédent[3]. D'autre part, l'objet qui, dans un acte de la forme *cogito*, figure comme thème serait, aux yeux du sujet, comme isolé du reste du monde. Le sujet ne pourrait avoir en vue que son thème, mais rien de plus; c'est-à-dire que le thème ne pourrait avoir aucun rapport avec des faits situés en dehors de lui-même, ni ne pourrait se présenter sous une perspective qui ne lui soit prêtée par ces faits.

Par exemple, en regardant attentivement le livre qui se trouve sur la table, cette dernière et les autres objets placés sur elle qui, sans figurer en thèmes, apparaissent néanmoins au sujet, devraient être anéantis pour le sujet, si celui-ci ne vivait qu'une *cogitatio*. Le thème est un tout articulé et fragmenté dans le sens que lui donnent les théoriciens de la forme[4]; pourtant, aussi différencié et aussi riche en détails qu'il soit, ce qui s'offre ne peut être qu'un secteur du monde, et même ce terme est inadéquat dans la mesure où il renvoie au tout dont la partie en question est détachée. De même que toute la vie consciente s'épuiserait dans la *cogitatio* actuellement vécue, de même le sujet perdrait de vue le reste du monde.

Telle n'est pourtant pas, en réalité, la vie consciente, comme on peut bien le voir par l'exemple de la perception. La chose sur laquelle porte l'attention perceptive ne s'offre jamais seule, elle se présente toujours située dans un milieu, se détachant d'un arrière-fond[5]. Un papier, par exemple,

1. Cf. p. 141-142.

2. « dans son » pour « dans l'occupation avec son ». *Éd.*

3. « ne pourrait avoir aucun savoir, sous quelque forme que ce soit, concernant le thème précédent », pour « n'aurait, sous aucune forme, un quelconque savoir qu'antérieurement il s'était occupé d'un autre thème ». *Éd.*

4. Cf. *supra*, p. 117.

5. Cf. Husserl, *Ideen*, § 35.

qu'on regarde attentivement, apparaît dans un champ perceptif dont il occupe le centre. Ce champ perceptif est formé de la table sur laquelle le papier est placé, des livres, crayons, encriers, etc., qui se groupent autour de lui. Tous ces objets, sans qu'on en ait une conscience thématique, sont perçus eux aussi : ils sont coprésents avec le thème. Mais il ne faut pas croire que le sujet soit en présence d'une pluralité de noèmes. Le noème défini comme l'« objet-perçu-comme-tel » est, dans notre cas, le « papier-perçu-comme-situé-dans-tel-entourage ».

Il ne s'agit donc que d'un seul noème à structure interne bien déterminée : un champ perceptif organisé par rapport à un centre auquel correspond l'acte de la forme *cogito*. C'est ainsi que se justifie l'affirmation avancée plus haut[1] que des relations spatiales doivent figurer dans tout noème perceptif. En regard de cette structure noématique, on peut caractériser la perception cogitative comme une « exception » (au sens étymologique) du thème de son arrière-fond coprésent. Il semble intéressant de noter ici une particularité de la vision des hémianopsiques. Si, par suite de lésions cérébrales, une moitié de la rétine cesse de fonctionner, il se crée une fovéa fonctionnelle différente de la fovéa anatomique, cette dernière se trouvant située, dans ces conditions, en marge de la partie saine de la rétine. La fovéa fonctionnelle est placée à l'intérieur de la moitié saine de la rétine, mais à un emplacement qui varie avec les circonstances de la vision[2]. La conséquence en est que l'objet est perçu avec attention (dans notre terminologie : le thème perceptif) est situé pour l'hémianopsique aussi bien que pour l'homme normal au centre du champ perceptif. Or, les yeux de l'hémianopsique changent de position par rapport au monde extérieur de telle sorte que le malade, quand il vise un objet, semble le regarder de côté, et que cette direction-ci devient pour lui la direction de face. Toutes ces réorganisations et tous ces déplacements tiennent, d'après Goldstein[3], à ce que seule une telle organisation du champ visuel garantit une vision nette et claire. On voit par cet exemple emprunté à la psychopathologie que les résultats de la phénoménologie gardent leur valeur pour les études psychologiques et physiologiques où l'on persévère dans l'attitude naturelle.

La coprésence ne se restreint évidemment pas à la vie perceptive. À se rappeler un événement passé, ce n'est jamais que ce seul événement qui s'offre. Tout comme quelques unes des circonstances dans lesquelles il s'est produit, quelques autres événements qui, sans avoir de rapport interne

1. Cf. p. 117.

2. Cf. l'étude détaillée et approfondie de ce phénomène faite par Fuchs, « Untersuchungen über das Sehen der Hemianopiker und Hemiamblyopiker. I. Verlagerungserscheinungen », *Zeitschrift für Psychologie*, t. LXXXIV, 1920.

3. Goldstein, *Der Aufbau des Organismus*, p. 32-38.

avec l'événement en question, lui étaient simplement contemporains, se présentent également en mémoire avec plus ou moins de clarté et de netteté. Ici aussi, c'est donc tout un champ plus ou moins articulé et fragmenté, avec des structures plus ou moins distinctes, qui apparaît, champ organisé par rapport à son centre, qui est le thème du souvenir. Encore est-il vrai que le sujet, aussi plongé qu'il soit dans ses souvenirs, ne perd pas entièrement conscience de sa situation actuelle, mais garde une certaine orientation par rapport à celle-ci.

Cette orientation peut être très générique, vague et confuse, mais elle ne fait jamais défaut. Les objets qui entourent le sujet vivant dans ses souvenirs continuent à se présenter à lui comme perception, qu'ils soient remarqués ou non. Le sujet a un savoir peut-être très indéterminé et diffus des circonstances dans lesquelles il se trouve, de ce qu'il vient de faire, de ce qu'il va faire, etc.

Il résulte de l'analyse provisoire de ces deux exemples – dans la suite, nous allons les multiplier aussi bien que les approfondir – qu'un acte de la forme *cogito* n'est jamais vécu seul; par conséquent, le courant du vécu ne se compose pas que d'actes actuels [1]. Tout acte semblable [2] est au contraire comme situé au milieu d'actes inactuels dont les corrélats objectifs sont coprésents avec celui qui correspond à l'acte cogitatif. Étant donné que sans le phénomène de la coprésence, il ne pourrait y avoir ni conscience de continuité et de contexte, ni courant du vécu, ni monde qui se présente, il faut voir dans ce phénomène non seulement un fait, mais bien une nécessité.

Les actes ou – si l'on préfère ne pas parler d'une pluralité d'actes, eu égard au seul noème – les composants de l'acte, auxquels correspondent les données coprésentes, sont des faits intentionnels authentiques. Cela signifie que les données coprésentes ont le caractère d'objectivité. En effet, le même noème pouvant correspondre à une multiplicité d'actes, non seulement le centre noématique peut réapparaître en qualité de thème à plusieurs reprises, mais encore les éléments noématiques qui remplissent l'arrière-fond peuvent (tous ou en partie) se présenter dans chacun de ces actes. Un tel élément noématique semblable s'offre en tant qu'identiquement le même que celui qui s'est offert antérieurement, en n'étant que coprésent à chaque fois. Par exemple, en vivant un acte perceptif, il y a encore la possibilité de détourner le regard mental de l'objet sur lequel il avait porté jusque-là et de choisir comme nouveau thème un objet qui

1. Husserl, *Ideen*, p. 63-64.
2. « Tout acte semblable » pour « Tout tel acte ». *Éd.*

originellement se présentait en arrière-fond[1]. Alors, dans le second acte, l'objet noématique en question apparaît comme exactement le même que celui qui était déjà donné par l'acte précédent, mais qui, dans cet acte-ci, avait revêtu la forme de la coprésence, tandis que, maintenant, il fait le thème de la préoccupation mentale. Par rapport à ce passage possible, les faits coprésents peuvent être caractérisés comme des *thèmes potentiels*; noétiquement parlant, l'inactualité des actes correspondants peut être qualifiée de *potentialité*: ces actes peuvent se transformer en conscience thématique[2]. Le passage de la forme potentielle à la forme actuelle d'une donnée s'accompagne évidemment toujours d'un passage en sens inverse d'une donnée autre. Ainsi, par exemple, en construisant ou en reconstruisant une démonstration mathématique un peu compliquée, on passe d'une prémisse à la prémisse suivante. Or, quand celle-ci est devenue le thème de la pensée, la prémisse antécédente n'est pas refoulée de la conscience, elle n'est pas oubliée; au contraire, elle reste retenue, elle est devenue coprésente avec le thème actuel[3]. Le terme de rétention traduit, avant tout, un caractère temporel : la survivance en mémoire immédiate d'une donnée qui apparaît ainsi comme n'étant plus présente, mais comme venant de l'être.

Cependant, dans l'exemple invoqué, le terme de rétention rend non seulement ce caractère temporel, donc une forme spéciale de la coprésence. En effet, à force d'être retenue en mémoire immédiate, une donnée est contemporaine de celle qui, au moment du temps phénoménal en question, est présente à la conscience en qualité de thème. Dans l'exemple cité, le terme de rétention exprime aussi, comme on va le voir, une forme *privilégiée* de coprésence. Le même objet noématique apparaissant tantôt comme thème, tantôt comme fait coprésent[4], la distinction entre l'actualité et l'inactualité introduit une nouvelle dimension de variations qui peuvent se produire dans les actes se rapportant au même objet. Cette distinction fait

1. En réalisant cette possibilité, on passe d'un acte à un autre et, corrélativement, d'un noème à un autre. Ce passage n'est pas pourtant un passage quelconque, mais un passage motivé, ce qu'indiquent les rapport spéciaux entre les noèmes des deux actes. La nature des passages motivés et des rapports internoématiques correspondants constitue un problème assez important de la phénoménologie qu'ici nous devons nous borner à signaler.

2. Husserl, *Ideen*, § 35, p. 169-170.

3. Cf. *id.*, *ibid.*, p. 236, et surtout p. 253-254.

4. Il est dans la tradition d'attribuer cette modification à l'attention. On doit pourtant souligner que ce n'est que dans des cas particuliers qu'un changement dans l'attention prétendue a pour seul effet de conférer ou d'enlever le caractère de thème à un objet noématique. Dans d'autres cas, considérés d'ordinaire également comme produits par un changement de l'attention, le noyau noématique est si profondément altéré qu'il n'est plus possible de parler d'un même objet qui se trouverait tantôt au centre, tantôt à l'arrière-plan. Nous ne pouvons pas pénétrer ici dans les problèmes de l'attention qui se ramènent tous, nous semble-t-il, à ceux de la conscience thématique; qu'il nous soit donc permis de renvoyer à ce propos à notre article « Phänomenologie der Thematik und des reinen Ich », *loc. cit.*, chap. III.

apparaître une structure très générale de l'intentionnalité : l'actualité et l'inactualité thématiques sont deux formes alternatives dont tout acte de conscience doit revêtir l'une ou l'autre.

§ 8. LE CHAMP THÉMATIQUE

En vue d'approfondir l'étude des phénomènes de la coprésence, nous reprenons quelques idées de notre article *Phänomenologie der Thematik und des reinen Ich*. Nous avons cherché là à rendre fécondes quelques vues de la théorie de la forme pour l'analyse phénoménologique des faits en question, et nous avons essayé de la faire avancer ainsi au-delà de l'état dans lequel Husserl l'a laissée, tout en lui restant redevable non seulement de quantité de suggestions, mais avant tout de la direction dans laquelle nous avons cherché à faire progresser les recherches.

Parmi les faits coprésents avec un thème, il faut établir une distinction qu'on exposera mieux à partir de quelques exemples. Lorsqu'on réfléchit, en se promenant dans la rue, sur un quelconque théorème scientifique, celui-ci, qui fait le thème de la préoccupation de la pensée ne se présente jamais seul, mais apparaît sur un arrière-fond.

Cet arrière-fond peut se composer des prémisses dont le théorème en question dérive, ou avec les conséquences qui en découlent ; le sujet peut songer au théorème en question en faisant entrer en considération des applications possibles. Ou bien le théorème se présente comme occupant une certaine place dans un contexte théorique plus englobant pour lequel il a une signification déterminée ; les raisons par lesquelles on peut défendre ce contexte théorique, c'est-à-dire telle manière de concevoir les faits sur lesquels le théorème en question porte, peuvent s'annoncer dans l'arrière-fond aussi bien que des objections qui pourraient être exprimées à son endroit, etc.

Ces données et des données pareilles diffèrent sensiblement de ces autres faits coprésents eux aussi comme le souvenir, venant au sujet qui continue à être plongé dans son thème, qu'il a déjà médité le théorème en question qui, jadis, s'était présenté sur le même arrière-fond ou sur un arrière-fond différent. En poursuivant sa marche, le sujet, si absorbé qu'il soit par ses méditations, ne perd pas de vue le but de sa promenade, il voit, sans y faire attention, la rue, les maisons qui la bordent, les hommes qui passent, il entend le bruit des voitures, etc. Il sent encore l'écoulement du temps phénoménal : il a un savoir immédiat, bien que global et diffus, que ses méditations durent depuis déjà assez longtemps, il en prévoit l'interruption imminente, etc.

Les faits de la deuxième classe n'ont pas d'autre rapport au thème que celui de lui être simultanés. Il est tout à fait indifférent au thème tel qu'il est présent à la conscience, que le sujet s'en soit déjà occupé antérieurement ou non, pourvu que, grâce au souvenir de la préoccupation antérieure avec le thème, des faits ayant trait à celui-ci, mais auxquels le sujet n'avait pas encore songé, ne viennent enrichir ni le thème lui-même, ni l'arrière-fond sur lequel il s'offre. Si un tel enrichissement se produit, les faits qui le déterminent sortent évidemment de cette classe des faits coprésents. Et cet enrichissement tient à l'apparition devant la conscience de faits que, dans son occupation actuelle avec le thème, le sujet n'a pas encore fait entrer en jeu, bien qu'ils aient été présents lors d'une méditation antérieure sur le même thème, plutôt qu'au simple souvenir de cette méditation antérieure.

En effet, le thème ou l'arrière-fond, tels qu'ils se modifient par suite de cet enrichissement, constitués et stabilisés, il ne leur importe en rien que le sujet se rappelle, en même temps qu'il se porte sur le thème en question, de l'avoir déjà médité antérieurement et de l'avoir eu en vue tel qu'il se présente maintenant. À plus forte raison, il est indifférent à un « théorème-scientifique-pensé-comme-tel », que les perceptions faites par le sujet, quand il y songe, soient telles plutôt que telles autres, ou que le sujet le médite longtemps, ou qu'il interrompe bientôt ses méditations, etc. Tous ces faits sont seulement concomitants au thème ; ils s'épuisent à lui être coprésents, c'est-à-dire à être vécus en même temps, mais ils se situent pour ainsi dire en marge de l'activité de la pensée.

Par opposition à ces faits coprésents marginaux, que nous retrouverons à la prochaine section, ceux qui ont été cités en premier lieu déterminent la manière dont le thème s'offre. Qu'un théorème scientifique apparaisse comme résultat de telles prémisses ou comme point de départ de telles conclusions ultérieures, qu'il se présente à la lumière de tel contexte théorique plutôt que de tel autre, ou bien comme susceptible d'être mis en doute pour telles raisons et d'être défendu pour telles autres, etc., voilà ce qui définit l'orientation de la pensée, la disposition ou l'attitude dans laquelle le sujet envisage le thème, ce que les psychologues allemands appellent *Einstellung*. Ces données coprésentes ne constituent pas seulement un horizon de simultanéité autour du thème, mais elles se trouvent dans un rapport interne et qualitatif avec lui.

Elles déterminent la direction de la pensée, plus exactement elles créent un milieu pour la pensée. Ainsi, le thème apparaît à la lumière des faits coprésents de cette catégorie, et c'est d'eux qu'il tient la perspective sous laquelle il se présente. L'ensemble des faits coprésents qui, dans chaque cas, ont cette importance pour l'apparition du thème, forment le champ thématique où le thème se trouve situé. Le *champ thématique* n'est rien d'autre que le corrélatif noématique de la disposition, de l'attitude, de l'*Einstellung*, notions par lesquelles on désigne dans la règle, des faits psychiques, c'est-à-dire noétiques – autre exemple de la rigueur et de l'universalité du parallélisme noético-noématique.

Pour autant qu'il est impossible de prendre en considération, de quelque façon que ce soit, un thème quelconque, sinon dans une certaine orientation, dans une certaine *Einstellung*, un thème ne peut être donné que situé dans un champ thématique dont il occupe le centre. Cela signifie l'émergence du thème du champ thématique aussi bien que l'organisation de celui-ci par rapport au thème. Car ce qui assure à un fait coprésent sa place dans le champ thématique n'est que la contribution de ce fait à la formation de la perspective du thème.

L'emplacement du thème dans un champ thématique qui, lui, se sépare des faits coprésents purement marginaux, est une structure très générale qu'on observe sur tous les plans de l'activité mentale. Plus haut[1], nous avons relevé que si, dans une méditation mathématique, on passe d'une proposition à la suivante, la première est retenue en mémoire immédiate et devient coprésente avec la seconde. Quand celle-ci est devenue le thème de la pensée, nous avons également signalé que cette proposition prend une forme privilégiée de coprésence. Or, cette forme privilégiée n'est rien d'autre que la situation de la proposition en question dans le champ thématique relatif à celle qui est devenue thématique : celle-ci apparaît, en effet, comme découlant de la première, ou bien comme menant, conjointement avec elle, à une proposition ultérieure, conclusion des deux, etc.

Si, d'autre part, absorbé par la même méditation, on entend un bruit, sans être détourné de la méditation, ce bruit n'est que concomitant de celle-ci, perçu simultanément. Quand il a cessé, le bruit est encore retenu en mémoire immédiate comme venant d'être entendu, jusqu'à ce qu'il tombe dans l'oubli. Mais, de quelque façon qu'il soit donné, il n'entre jamais dans le champ thématique : il reste un fait purement coprésent qui relève de la conscience marginale.

Des constatations analogues se font quant à la perception. Le thème et le champ thématique, c'est sur le plan visuel que, sous le titre de *Figur* et *Grund*, Edgar Rubin, le premier, les a soumis a un examen systématique. Toutes les caractéristiques que Rubin[2] donne de la figure respectivement au fond : la figure est formée, alors que le fond ne l'est pas ; le contour apparaît comme délimitation de la figure et non du fond qui, au contraire, semble se continuer au-dessous de la figure ; la figure a le caractère d'une

1. Cf. p. 141.

2. E. Rubin, *Visuell wahrgenommene Figuren*, Copenhague, 1921, partie I, sect. 5, 6 et 9.

chose (*Dingcharakter*), tandis que le fond a en quelque sorte la nature d'une matière, d'un médium (*Stoffcharakter*); la figure s'impose à la conscience plus que le fond, elle y joue un rôle prépondérant au point de vue fonctionnel et contient plus d'expériences sédimentaires que le fond – tous ces caractères ou presque sont susceptibles de généralisation et peuvent être appliqués, *mutatis mutandis,* à des données autres que visuelles ou même perceptives[1].

Les études analytiques de Rubin portent sur la forme spéciale que le rapport entre le thème et le champ thématique prend sur le plan visuel. L'auteur signale également la différence que, dans notre terminologie, nous rendons par les termes de champ thématique et de faits marginaux : à regarder une figure dessinée sur un papier, on n'envisagera pas comme appartenant au fond la cheminée qu'on perçoit par la fenêtre simultanément avec la considération de la figure[2]. Ce n'est cependant que dans une certaine attitude, en percevant simplement les choses dans l'emplacement où on les rencontre, que le champ thématique est formé par cette partie du champ perceptible qui est voisine de la chose prise pour thème.

Ainsi, par exemple, quand on regarde le Palais du Louvre et qu'on ne s'intéresse qu'à la forme architecturale de ce monument, ce sont la Cour du Carrousel, le Jardin des Tuileries, les rues avoisinantes, bref la disposition urbanistique dans laquelle le monument se trouve situé, qui forment le champ thématique. Mais si le Palais du Louvre apparaît sous une perspective historique, sous celle, par exemple, de l'histoire de sa construction, comme théâtre de tels événements dans l'histoire de France, ce sont les faits historiques en question qui constituent le champ thématique, tandis que les parties de ses entours qui sont perçues et continuent à l'être, tombent sous la conscience marginale.

Les faits qui appartiennent au champ thématique ne se présentent pas tous en pleine clarté et avec une parfaite précision. Seuls ceux d'entre eux qui se trouvent, pour ainsi dire, le plus près du thème sont donnés de cette sorte, alors que d'autres se confondent entre eux et fusionnent en un phénomène global diffus. Jamais le champ thématique n'apparaît avec une fragmentation et avec une articulation parachevées, c'est-à-dire comme un contexte de faits qui se détachent distinctement et nettement les uns des autres. Il contient toujours quelques indéterminations et une espèce de nébulosité qui enveloppe ses éléments, en efface les contours et les rend ainsi indécis et confus. Cette nébulosité peut se répandre plus ou moins dans le champ thématique jusqu'à ce que, dans les cas extrêmes, elle le remplisse tout entier.

1. Cette généralisation a été accomplie dans l'École de la forme.
2. Rubin, *loc. cit.*, p. 50.

Même chose, alors – et, à plus forte raison, dans les cas moins extrêmes – la nébulosité n'est jamais absolue à tel point que toute différence entre des champs thématiques extrêmement diffus et indéterminés soit supprimée. Aussi confus et aussi imprécis que soit un champ thématique, il n'est jamais sans porter un caractère spécifique, une teinte distinctive et très globale par quoi telle orientation de la pensée se distingue de telle autre. Le milieu où se trouve un thème, la perspective sous laquelle il se présente peuvent être aussi diffus et imprécis qu'on le voudra, au moins ce qu'il aura de plus générique et de plus global sera donné d'une façon plus ou moins vague et indécise.

Ainsi, on peut envisager un théorème scientifique par rapport à des conséquences qu'il entraîne, bien qu'aucune d'entre elles ne se présente clairement. Alors, pour ainsi dire, toutes les étapes que la pensée atteindrait, si elle se mouvait dans une certaine direction, sont comme plongées dans un brouillard. Mais cette direction elle-même s'annonce à la conscience comme différente de celle qui se signalerait, de façon aussi confuse, si le théorème s'offrait comme découlant de prémisses dont également aucune ne serait distinctement donnée. Si diffus donc que soit le milieu, l'arrière-fond d'une pensée, le sujet ne cesse d'avoir une conscience vague, indécise, approximative, de l'orientation de cette pensée.

Le champ thématique doit être pris et décrit tel qu'il s'offre en effet, dans toute son indétermination et imprécision, avec son flottement et le caractère vague qui est propre à ses éléments. Une orientation purement et rigoureusement descriptive de la recherche s'impose ici aussi bien que partout en matière phénoménologique.

Ainsi, on ne comptera pas parmi les éléments composant l'arrière-fond phénoménal autour d'une chose perçue et choisie comme thème de la perception, tous les faits qui se trouvent « objectivement » à proximité de la chose en question, et que, par une exploration scientifique, on saurait y constater ou même découvrir[1]. Il ne s'agit que de ces faits qui, dans une situation concrète, apparaissent effectivement au sujet percevant et qui, par surcroît, pour être plus que des faits simplement marginaux, contribuent à former le fond sur lequel le thème perceptif se détache, en lui restant lié, de ce fait même. De façon générale, dans l'étude phénoménologique de champs thématiques aussi bien d'ailleurs que des faits marginaux, il est question non de ce qui *pourrait* être coprésent, mais seulement de ce qui, dans un cas concret, l'est en *réalité*. La méthode pour l'analyse phénoménologique des faits coprésents est donc l'observation dans la réflexion : le repliement sur les phénomènes vécus tels qu'ils s'offrent, avec leurs contours effacés et diffus, dans toute leur imprécision, demi-jour et clair-

1. Husserl, *Ideen*, p. 62.

obscur. Il est de première importance d'éviter, dans une telle étude, toute modification du phénomène vécu concret. Aussi ne doit-on pas, pour l'observer mieux, porter son attention sur une donnée coprésente.

Celle-ci deviendrait, de ce fait, le thème d'un acte nouveau, situé au centre d'un nouveau champ thématique, tandis que le thème antérieur, si le sujet ne le perd pas entièrement de vue, tomberait dans le nouveau champ thématique, ou encore deviendrait un fait marginal. Il faut, en plus, se défendre de poser la question de savoir si un fait qui n'apparaît pas de son propre chef est ou non coprésent avec le thème donné. Quand, par exemple, le sujet a en vue un théorème scientifique se présentant à la lumière de ses prémisses et qu'il se demande, si l'une ou l'autre parmi les conclusions à tirer du théorème ne serait peut-être également coprésente, l'orientation de la pensée, la perspective du thème sont altérées par cette question.

En effet, le théorème qui jusque là s'était offert en qualité de terme final d'une série de raisonnements, dès que la question, même une pensée – si fugitive soit-elle – relative à des conclusions éventuelles intervient, apparaît ou bien comme point de départ de ces conclusions, ou bien comme terme intermédiaire entre ceux qui le précèdent et ceux qui le suivent; les prémisses aussi bien que les conclusions pouvant être données avec une indétermination plus ou moins grande, jusqu'à ce que seul un horizon soit entr'ouvert et que tout le contenu spécial des conclusions éventuelles et qui ne sont présentes qu'à ce titre, restent dans une obscurité nébuleuse. Quoi qu'il en soit, rien qu'en posant une telle question, on fait survenir un changement plus ou moins sensible dans le phénomène vécu, c'est-à-dire un phénomène différent se substitue à celui qu'on a voulu étudier.

Le champ thématique constituant le milieu où le thème se trouve situé et lui prêtant le jour sous lequel il se présente, la liaison entre l'un et l'autre n'est donc pas une «*Underverbindung*» dans le sens défini par Wertheimer[1]. Des changements survenant dans le champ thématique, le thème ne leur est pas tout à fait indifférent. Ces changements le font apparaître sous une autre lumière, sous une perspective différente, ils altèrent l'attitude dans laquelle le thème est saisi, l'orientation de la pensée qui s'y rapporte. Mais ils concernent seulement la perspective du thème, une modalité de sa présentation très essentielle, sans doute, ils ne regardent point le thème en lui-même. Celui-ci est invariant par rapport à ces changements. En effet, ayant en vue un théorème scientifique, il est possible de passer d'une attitude à une autre, de l'envisager, par exemple, alternativement à la lumière de ses prémisses et à celle des conclusions à tirer de lui qui, durant tout ce temps, et à travers ces modifications, est donné comme le même et avec la conscience de son identité. Le thème (lié qu'il est au champ

1. Wertheimer, « Untersuchungen zur Lehre von der Gestalt I », *loc. cit.*, p. 48-50.

thématique dont il tient sa perspective), n'y est pourtant pas rivé, il ne se fond pas en lui. Tout au contraire, il jouit d'une certaine indépendance par rapport au champ thématique ; et, même quand l'attitude n'est pas changée, le thème s'offre comme susceptible d'être détaché de tel champ thématique et d'être transporté sur tel autre.

Cette consistance du thème tient à son organisation intérieure *gestaltiste*. Wertheimer[1] a proposé des figures qui, tout en étant contenues, à titre de parties géométriques, dans des figures plus englobantes, n'en apparaissent cependant pas comme des parties phénoménales, parce qu'elles sont complètement englouties par les dernières. Si l'on considère isolément ces figures-parties, leurs composants et surtout leurs contours contractent entre eux des relations et s'assignent, de ce chef, mutuellement des fonctions tout à fait différentes de celles que les mêmes traits (les mêmes au point de vue objectif et géométrique) prennent à l'intérieur des figures plus englobantes. L'isolement d'une partie et l'extraction d'un détail comportent donc la dissociation de la figure originelle et la formation de figures nouvelles, donc un changement profond et radical des données.

Une telle cohérence parmi les composants d'une figure nécessite que ceux-ci, en même temps qu'ils se solidarisent le plus intimement les uns avec les autres, se détachent nettement et distinctement de tout fait qui ne figure pas parmi eux, c'est-à-dire qui n'entre pas dans l'organisation de la figure. De là cette indépendance de la figure et, en général, du thème par rapport au champ thématique, indépendance relevée par *Rubin*[2] et qui se trouve dans un contraste marqué avec la structure du thème. Dans celui-ci, en effet, aucun détail n'est indépendant d'un autre, tous s'étayent et se soutiennent mutuellement et ils n'existent que dans ce conditionnement réciproque. La consistance du thème qui se manifeste dans son invariabilité phénoménale par rapport aux diverses perspectives sous lesquelles il peut apparaître, est également à la base de la possibilité mentionnée plus haut[3] que la même donnée apparaisse tantôt comme thème, tantôt comme fait coprésent (élément du champ thématique ou fait marginal). La comparaison de la structure du thème avec le rapport entre le thème et le champ thématique amène à distinguer *deux types* de *Gestaltverbindung*. Le premier est relatif à l'organisation intérieure du thème. C'est dans ce sens que les travaux inaugurés par Wertheimer sont orientés ; on a signalé plus haut[4] le point où ces recherches rejoignent la phénoménologie.

1. *Id.*, « Untersuchungen zur Lehre von der Gestalt II », *Psychologische Forschung*, t. IV (1923), sect. 34, 40, 41 ; cf. également Köhler, *Gestalt Psychology*, chap. VI.

2. Rubin, *loc. cit.*, p. 70.

3. Cf. p. 124-125.

4. Cf. p. 124.

L'autre type de *Gestaltverbindung* concerne la liaison entre le thème et le champ thématique, ainsi les analyses de Rubin se trouvent, elles aussi, replacées dans le contexte de la phénoménologie. Les objets d'usage, comme nous l'avons exposé[1], sont définis par ce à quoi ils servent, par l'emploi auquel ils se prêtent. Ces objets sont déterminés, dans leur être, par les valeurs fonctionnelles qu'ils prennent dans une situation pratique, et ils prennent ces valeurs par rapport aux autres objets d'usage qui, avec eux, figurent dans la situation d'action. Une telle situation pratique dans laquelle le sujet vit, est un champ thématique relatif à l'objet que le sujet manie et sur lequel porte son activité.

Ainsi la structure spécifique des objets d'usage semble se réduire à la relation entre le thème et le champ thématique : la détermination d'un objet d'usage par la situation pratique d'ensemble, c'est-à-dire par le rôle que cet objet y joue, semble être un cas spécial du fait très général que le champ thématique prête la perspective au thème et le met en lumière. Et, en effet, la consistance du thème et son indépendance par rapport au champ thématique se retrouvent ici aussi. Quand, par exemple, un artisan perçoit, dans un étalage, un outil dont il connaît l'emploi pratique, cet outil n'est pas absorbé par son entourage actuel, il ne fusionne pas avec lui, mais au contraire, il continue à s'offrir sous la perspective de l'usage que le sujet percevant a l'habitude de faire de lui, c'est-à-dire à la lumière d'une situation d'action qui, au moment de la perception, n'est pas actualisée.

Il en est ainsi, même si le sujet perçoit l'outil dans une attitude où il ne songe pas à son utilisation et où sa pensée n'est pas orientée vers la situation de travail à laquelle l'outil est destiné. Cet exemple témoigne d'abord de la consistance du thème et de sa susceptibilité d'être transféré d'un champ thématique à un autre; il apporte aussi une confirmation à la thèse soutenue plus haut[2] que l'entourage perceptible d'un objet perçu peut ne pas coïncider avec son champ thématique. Cet exemple met encore en évidence un fait assez important: l'outil apparaît sans doute sous le jour de l'attitude actuelle dans laquelle il est perçu, mais il garde néanmoins les valeurs fonctionnelles qu'il tire d'une situation différente qui, dans cette perception, n'est pas donnée ou du moins n'y figure pas en champ thématique.

L'objet d'usage tient donc les valeurs fonctionnelles qui en déterminent l'être, non de n'importe quel champ thématique, mais d'un champ thématique distinct qui constitue, pour ainsi dire, son entourage naturel et qui pour le même objet peut varier d'un sujet à un autre. Avec les objets de ce type, on est en présence d'un cas privilégié plutôt que spécial de la relation entre thème et champ thématique. Tout en gardant son indépendance

1. Chap. II, § 1.
2. Cf. p. 144.

relative, l'objet d'usage est lié à son entourage naturel de façon tellement particulière que, où qu'il soit placé et dans quelque attitude qu'il soit considéré, il est perpétuellement imprégné du rôle qu'il joue dans cet entourage.

Les recherches phénoménologiques sur la constitution de l'objet d'usage appellent donc l'analyse du champ thématique et surtout du champ thématique distinct, et la mise à découvert des facteurs et des processus par lesquels se forme l'entourage naturel. D'autre part, le passage de l'objet d'usage à la chose réiforme exige un relâchement des liens entre l'objet d'usage et son entourage naturel jusqu'à rupture complète de leurs rapports et effacement total des valeurs fonctionnelles, de sorte qu'en fin du compte il en résulte l'objet porteur de qualités perceptibles objectives [1]. On est donc fondé de soupçonner que, pour une conscience, plus les objets sont liés à leur entourage naturel, moins cette conscience connaîtra les choses réiformes, moins, par conséquent et à plus forte raison, l'univers de la physique lui sera accessible. L'indépendance relative de l'objet d'usage par rapport même à son entourage naturel est finalement à la base de l'intercompréhension de divers sujets, soit que l'un d'entre eux parvient à se mettre à la place d'un autre et à adopter sa manière de voir, soit que les sujets se rencontrent dans une situation commune à eux tous. Dans ce cas-ci, l'objet leur apparaît sous le jour de la situation commune, et c'est ainsi que l'intercompréhension est rendue possible; mais l'objet garde pour chacun d'entre eux les valeurs fonctionnelles, différant parfois d'un sujet à l'autre, qui lui sont essentielles et qui le caractérisent.

§ 9. La conscience marginale

Les faits marginaux, comme il a été exposé [2], ne contribuent en rien à la formation du thème lui-même, ni à celle de la perspective sous laquelle celui-ci apparaît. Des changements survenant dans ces faits, la succession par exemple des unes aux autres parmi les perceptions qui accompagnent la pensée d'un théorème scientifique, n'entraînent aucune modification du théorème-pensé-comme-tel, ni de l'orientation ni de l'attitude dans laquelle il est saisi. La liaison qui existe entre ces faits, d'une part, et entre le thème et le champ thématique d'autre part, est une *Undverbindung* : car il fait la marque distinctive d'une somme que l'altération apportée à l'un ou à l'autre de ses termes ne regarde que ceux qui sont directement concernés par elle, tandis que les autres termes restent tels quels.

1. « Objectives » avec le sens indiqué p. 74.
2. Cf. p. 144 *sq*.

Le côté « objectif » des actes, c'est-à-dire le « quoi » de la donnée, entendu en un sens assez élargi, est donc complètement indifférent aux faits marginaux qui en revanche ont une grande importance pour le côté « subjectif » des phénomènes de la conscience. Étant donnée l'identité du noème – non seulement du thème, mais aussi du champ thématique et encore du mode d'apparition (perception, souvenir, pensée, etc.) par opposition à la multiplicité d'actes auxquels il correspond – la question doit surgir de savoir, en quoi consiste, pour la conscience, la diversité de ces actes, comment ceux-ci se signalent comme multiples à la conscience. Cette question se pose d'autant plus que ce n'est que sous son angle noématique qu'un acte peut être caractérisé : comme telle prise de conscience de l'objet s'offrant sous un aspect déterminé, de tel côté, saisi dans une certaine attitude, etc.

Or, par exemple, en percevant un objet quelconque, le souvenir peut se produire en marge de l'activité perceptive que cet objet a déjà été perçu et que jadis il est apparu sous le même aspect, du même côté, dans la même perspective qu'il le fait maintenant. Ce n'est que cette possibilité d'être rappelé à titre de fait marginal qui constitue, au point de vue phénoménologique, l'antériorité d'un acte par rapport à celui au cours duquel le premier est rappelé[1]. Encore se peut-il que, quand un acte passé est ainsi rappelé, ces données qui l'ont accompagné en qualité de faits marginaux le soient également, c'est-à-dire que le sujet se souvient, par surcroît, des circonstances dans lesquelles il a perçu le même objet que celui qu'il perçoit maintenant, a médité le théorème scientifique vers lequel il se tourne maintenant, etc.

Ces faits marginaux concomitants d'un acte passé peuvent être rappelés avec une indétermination plus ou moins grande, jusqu'à ce que, à la limite, le sujet se souvienne seulement de l'acte antérieur, mais sans que celui-ci se replace d'une manière précise dans l'ordre chronologique de la vie consciente. Ce qui empêche donc des actes multiples qui correspondent au même noème de s'identifier, ce qui les différencie pour la conscience et en fonde la diversité phénoménale, c'est la possibilité pour tout acte d'être rappelé, à titre de fait marginal, lors d'un acte postérieur à lui ; c'est en général la différence qui sépare les faits marginaux concomitants d'un acte par rapport à ceux qui sont coprésents avec un autre.

En effet, sans cette différence entre les faits marginaux de part et d'autre, deux perceptions et, généralement, deux actes quelconques qui correspondent au même noème, ne seraient plus discernables et feraient

1. Cf. H. Bergson, « Introduction à la Métaphysique », p. 5, *Revue de Métaphysique et de Morale*, t. XI (1903).

numériquement et individuellement un seul acte[1]. C'est donc grâce aux faits marginaux qui ne sont pas essentiels[2] du point de vue[3] noématique que, malgré l'identité du noème, il n'y a pas pour les actes de la conscience, un *principium identitatis indiscernibilium*. Ces méditations apportent après coup le fondement au raisonnement par lequel nous avons cherché à ébranler la conception empiriste de la conscience, en opposant l'identité de la chose perçue à la multiplicité des actes perceptifs[4]. En effet, en distinguant entre la « perception antérieure » et la « perception ultérieure » de la même chose, en soulignant le fait que tout acte est rivé à la place qu'il tient dans le temps phénoménal, nous avons fait usage, sans les invoquer expressément, de données qui tombent sous la conscience marginale.

L'une des grandes fonctions attribuées parmi d'autres aux faits marginaux est d'assurer aux actes de la conscience leur emplacement dans le temps phénoménal. Cet emplacement se manifeste surtout dans le phénomène de la durée. Quand un acte est vécu, ceux qui l'ont précédé ne sont pas complètement effacés ; ils sont retenus en mémoire immédiate et survivent de la sorte à leur passage au passé. Ces actes retenus se situant en marge de l'activité consciente actuelle, le passé se glisse pour ainsi dire, dans le présent[5]. Ainsi, le sujet, si accaparé qu'il soit par le thème auquel il se porte à ce moment, garde un souvenir global plus ou moins indifférencié et indéterminé de son passé, au moins de son passé immédiat. Il n'y a aucune différence, à cet égard, que le sujet se souvienne, par mémoire immédiate, ou qu'il vienne de passer d'un thème à un autre, ou que son thème actuel se présente à lui comme le même que celui dont il vient de se préoccuper.

Ce qui est essentiel pour le phénomène de la durée, c'est qu'aucun moment présent n'est isolé, mais que le passé s'y annonce toujours, quels qu'en soient les contenus et à quelque degré que ceux-ci soient diffus et nébuleux. Le même est vrai en ce qui concerne l'avenir vers lequel le sujet est sans cesse tendu en quelque sorte, en prévoyant, soit la continuation, soit l'interruption, soit une modification de son activité actuelle, ou bien en se tournant vers de quelconques événements qui se signalent avec une indétermination plus ou moins complète. Ainsi, chaque moment qui est

1. Husserl, *Ideen*, p. 167.

2. *Id., ibid.*, Husserl parle de « *ausserwesentliches Bestimmungsstück* ».

3. « du point de vue » pour « pour le biais ». *Éd.*

4. Cf. p. 97-98.

5. Ce glissement du passé dans le présent, James, *loc. cit.*, t. I, p. 240-241, l'a bien mis en relief. Cependant, l'exemple qu'il cite – un coup de tonnerre qui rompt le silence diffère, en tant qu'objet phénoménal et psychique du même coup de tonnerre, qui, objectivement parlant, continue une série de tels coups – est apte à illustrer la structuration du thème et du champ thématique plutôt que de le faire entrer dans la classe des faits marginaux ; cf. Guillaume, *La psychologie de la forme*, p. 59.

vécu avec la caractéristique temporelle du présent, l'est comme situé entre un horizon ouvert vers l'avenir et celui du passé qui se perd dans l'indéterminé et dans l'indéfini.

Le présent phénoménal n'est d'ailleurs pas entièrement occupé par les actes de la forme *cogito*. Le sujet, sur quelque thème qu'il se porte, ne peut jamais s'abstenir de vivre des perceptions par lesquelles l'ambiance où il se trouve situé, s'annonce à lui, pour autant qu'aucune activité mentale n'est jamais sans s'accompagner, comme James [1] l'a remarqué, d'un quelconque savoir, si inattentif soit-il, du corps propre et de ses conditions posturales. Ces données proprioceptives aussi bien qu'extéroceptives, vagues, globales, confuses, n'ont aucun rapport avec le thème ni avec le champ thématique, sauf à celui de la simultanéité. C'est par des changements survenant dans ces données que, sous un autre point de vue [2], la durée est vécue et sentie, quand, par exemple, un certain fait est retenu comme venant d'être présent par opposition à celui, différent du premier, qui l'est maintenant, alors que le thème et le champ thématique restent pendant tout le temps invariants.

L'ensemble des faits marginaux purement concomitants et coprésents [3] composent l'horizon temporel autour de l'acte dans lequel vit le sujet, horizon qui comporte des différenciations selon les caractères temporels du simultané, du passé et du futur, l'acte cogitatif figurant comme centre de référence; cet acte contracte donc des relations temporelles avec une quantité de faits vécus qui ne revêtent pas la forme privilégiée du *cogito* aussi bien qu'avec ceux qui ne la revêtent plus, mais qui l'avaient revêtue, quand le sujet vivait en eux. C'est par ces relations que tout acte se révèle appartenir à un contexte plus englobant de faits de conscience, et que se manifeste la continuité de ce contexte. L'horizon temporel, comme l'acte cogitatif auquel il est relié, se trouvent dans un mouvement perpétuel : à chaque instant, ce qui porte le caractère du présent se transforme en prenant celui de « venant d'être présent », du même coup que ce qui est donné comme passé, recule et s'éloigne de plus en plus du présent, point culminant de la vie consciente [4]. Ces transformations constamment senties et vécues ne sont rien d'autre que l'écoulement du temps phénoménal, ce qui est désigné par le terme de « courant du vécu ».

1. James, *loc. cit.*, t. I, p. 241-242.

2. « sous un autre point de vue » pour « d'un biais de plus ». *Éd.*

3. On est fondé à qualifier de co-présent même un fait qui est donné comme venant d'être présent, parce que le savoir y est relatif, la rétention en tant que telle, est une donnée présente et simultanée à l'acte qui se rapporte au thème.

4. Husserl, *Ideen*, § 81, 82.

Nous devons nous arrêter à ces quelques indications. Elles nous semblent cependant suffisantes pour montrer que c'est le domaine des faits marginaux où doivent se porter les recherches sur le temps phénoménal, sur le courant du vécu, son unité[1] et sa continuité, et enfin celles qui sont relatives au Moi phénoménologique.

Les données coprésentes, comme tous les actes de la conscience, ont un côté noétique et un côté noématique. Si, par le premier, elles assurent la cohérence entre l'acte de la forme *cogito* dont elles sont concomitantes et la totalité du courant du vécu, par leur côté noématique ou « objectif », elles mettent le sujet, à chaque instant de sa vie consciente, en présence du monde extérieur. Plus haut[2], nous avons exposé que, quelle que soit l'activité du sujet et à quelque degré qu'il soit absorbé par elle, il a toujours une conscience inarticulée, imprécise, diffuse de se trouver dans l'ambiance qui l'entoure et il garde une certaine orientation globale et approximative dans cette ambiance, du moins quant à son style générique.

Ce phénomène, que le sujet se sent constamment placé dans un monde, dérive des faits de la coprésence et surtout des perceptions qui figurent parmi ces faits. En raison de la fonction d'objectivation qu'elles ont en tant qu'actes intentionnels, ces perceptions font apparaître tels ou tels objets et signalent ainsi au sujet l'existence de choses en dehors de son champ d'activité. Cependant, quoiqu'il se fonde en quelque sorte sur ces données perceptives, pour y trouver son appui, le savoir en question ne s'épuise pas en elles. Des choses et des situations étrangères à l'activité actuelle au sens où elles n'entrent pas dans le champ thématique, la situation dans laquelle vit le sujet y renvoie, ou bien elles peuvent être rappelées ou représentées d'une manière plus ou moins brusque et fortuite.

Les faits non perceptifs ont même une certaine prépondérance sur les données perceptives, en annonçant l'existence d'un monde environnant. Ainsi, le sujet, si plongé soit-il dans une activité quelconque, par exemple dans la méditation d'un théorème scientifique, non seulement prend conscience des choses qui sont situées dans son champ perceptif, ce qu'il voit, entend, etc., sans y faire attention, mais il a en outre un savoir plus ou moins indéterminé de ce qui se trouve derrière son dos, de ce qui se passe

1. D'après Brentano, *op. cit.*, t., I, p. 229-232, l'unité de la conscience consiste en ceci que tous les phénomènes psychiques qui se produisent simultanément composent une seule réalité de laquelle ils sont des parties. Parmi ces phénomènes partiels, il y a des liaisons qui diffèrent selon le degré d'intimité. Il nous semble ressortir surtout de la distinction établie entre les faits marginaux et ceux qui composent le champ thématique, que ces liaisons diffèrent les unes des autres non seulement par plus ou moins d'intimité, mais qu'elles relèvent de types foncièrement différents. Les différences qui les séparent sont donc de nature qualitative.

2. Cf. p. 73-76.

dans un certain entourage autour de lui, etc. Cette prépondérance des faits marginaux non perceptifs explique le caractère approximatif de ce savoir, l'imprécision et l'indétermination avec laquelle le monde à tout instant est présent à la conscience.

C'est par les données mêmes qui tombent sous la conscience marginale, que se signale une double continuité : celle du courant du vécu et celle de l'ambiance naturelle. On est fondé à y voir une confirmation de plus, et sous un nouvel angle[1], de la doctrine qui voit dans le parallélisme noético-noématique la nature essentielle de la conscience.

Il s'agit de continuité et de contexte au sens strict des termes quand le champ thématique est une situation pratique de l'ambiance. Par les renvois à des objets et à des situations en dehors d'elle-même que chaque situation semblable contient, elle se présente comme une situation mondaine, c'est-à-dire qui s'insère dans une totalité englobante. Le monde qui ne cesse d'apparaître à chaque instant de la vie consciente, forme l'horizon plus ou moins indéterminé et nébuleux de la situation actuelle. Ces indéterminations et obscurités sont susceptibles d'être éclaircies : les renvois imprécis et diffus peuvent être rendus clairs et explicites. Il y a aussi la possibilité de mettre en rapport, par un changement de l'attitude et de la direction du regard mental, la situation actuelle avec n'importe quelle partie de l'ambiance.

C'est par ces possibilités que se traduit le contexte au[2] moins potentiel qui existe entre[3] toutes les parties du monde. Il n'en est pas ainsi quand le sujet se porte sur un plan idéal, par exemple celui de l'arithmétique[4]. Dans ce cas aussi – nous l'avons assez souligné – l'ambiance continue à s'offrir au sujet. Mais le plan arithmétique, ou bien la partie de ce plan qui forme le champ thématique du sujet pensant, ne contient pas de renvoi à des faits appartenant à l'ambiance, ni ne s'insère dans celle-ci en qualité de partie ; en fait, il n'y occupe aucune place. L'ambiance, bien que son apparition forme un arrière-fond de la pensée arithmétique, ne constitue pas un horizon du plan arithmétique.

Ces deux plans sont sans aucun rapport interne, sauf que le sujet, en se portant sur l'un, se sent en même temps en présence de l'autre et placé dans celui-ci. D'autre part, tandis que l'ambiance apparaît au sujet à chaque instant de sa vie, à l'état de veille, quelles que soient son activité et la direction de sa pensée, le plan arithmétique ne se présente à lui que quand il

1. « sous un nouvel angle » pour « d'un biais nouveau ». *Éd.*
2. « au » pour « du ». *Éd.*
3. « entre » pour « parmi ». *Éd.*
4. Cf. Husserl, *Ideen*, p. 51.

s'y dirige, le prend expressément en considération, bref adopte une attitude arithmétique. Ce plan n'est donné à aucun titre, quand par exemple le sujet vit tout simplement dans une situation d'action de l'ambiance, réfléchit sur sa vie en évoquant son passé, quand il se plonge dans une musique qu'il entend, etc.

Quoiqu'il ne forme pas un horizon de l'ambiance, ni du courant du vécu, ni d'un plan idéal autre, le plan arithmétique n'est pas non plus un concomitant permanent de la vie consciente. Son apparition, à la différence de celle de l'ambiance, ne constitue pas un arrière-fond général dans cette vie. Le plan arithmétique ne figure ici qu'à titre d'exemple paradigmatique : ce qui est vrai de lui, l'est également de l'univers de la physique, des divers plan artistiques, etc., en un mot de tout plan qui ne s'intègre pas dans l'ambiance naturelle. Celle-ci jouit d'un privilège par rapport à tout plan semblable qui consiste en sa présence permanente, soit comme champ thématique, ou horizon d'un tel champ, soit comme arrière-fond pur et coprésent.

Quelques suggestions se dégagent de ces remarques, quant aux plans idéaux séparés, dans le sens exposé, de celui de l'ambiance : leur autonomie se reflétera dans la nature des actes par lesquels ils sont constitués ; ces actes sont spécifiquement différents de ceux qui interviennent dans la constitution de l'ambiance et se révèlent irréductibles à ces derniers ; à savoir aux perceptions et à leurs dérivés tels que les souvenirs, les imaginations, les représentations intuitives, etc. Telle est la thèse que Husserl[1] a défendue dans sa critique des théories empiristes de l'abstraction. L'ambiance étant donnée à chaque instant de la vie consciente indépendamment de toute attitude spéciale du sujet, sa constitution prendra le caractère de la spontanéité dans ce sens qu'aucun apport du sujet n'est requis pour elle.

Par contre, le fait que les plans idéaux ne se présentent que quand le sujet s'y porte, semble indiquer que leur constitution doit être considérée comme une création, une élaboration, une construction. Alors que la constitution de l'ambiance a la nature d'une expérience passive, celle des plans idéaux exige une certaine activité du sujet[2]. Cette activité dont les objets idéaux apparaissent comme des produits, ne peut cependant pas s'accomplir dans le vide. Elle a besoin de matériaux sur lesquels elle s'exerce et qui ne peuvent lui être fournis que par l'expérience passive.

L'élaboration des plans idéaux donne naissance à des objets nouveaux et autonomes à l'égard de ceux de l'ambiance ; elle se fait par des actes spécifiques, mais elle n'est possible que sur la base de l'ambiance ; ce qui

1. *Id., Log. Unt.*, II, II.
2. Cf. *id., Méd. Cart.*, § 38.

revient à considérer les plans idéaux comme supérieurs dans le sens défini plus haut[1]. L'ambiance joue donc le rôle de base de départ dans l'élaboration des plans idéaux, rôle que déjà son apparition permanente devant la conscience suggère de lui attribuer. Ces suggestions ne peuvent pas être poursuivies plus loin, l'existence des objets idéaux étant un des problèmes de la phénoménologie que nous devons renoncer à aborder dans ce livre.

1. Cf. p. 85.

CHAPITRE IV[1]

LA STRUCTURE DU NOÈME PERCEPTIF

§ 1. LA MULTIPLICITÉ DES NOÈMES ET L'IDENTITÉ DE LA CHOSE

Dans les analyses exposées jusqu'ici, la perception ne figurait qu'à titre d'exemple paradigmatique, car l'objectif de ces analyses était de dégager les structures fondamentales de la conscience. La nature essentielle de celle-ci a été aperçue dans l'opposition et dans la corrélation entre une multiplicité et quelque chose d'identique. La forme la plus élémentaire en même temps que la plus fondamentale de cette opposition, qui est le parallélisme noético-noématique, a été approfondie, non sans que d'autres formes aient été invoquées. C'est ainsi que nous avons fait allusion au fait que la même chose se présentant sous le même aspect peut être donnée, tantôt en perception, tantôt en souvenir, tantôt en attente, tantôt en représentation, etc.[2].

Nous nous sommes réclamés de l'identité d'une proposition qui apparaît tantôt comme certaine, tantôt comme problématique, ou douteuse, tantôt comme sûrement vraie[3]. Nous avons enfin mentionné les formes de l'opposition en question, que comportent les modifications de la conscience thématique (le même objet noématique peut être donné tantôt comme thème, tantôt il se trouve situé dans le champ thématique, tantôt il tombe sous la conscience marginale)[4]. En abordant la constitution

1. La dactylographie fait erreur et donne à ce chapitre le numéro « V », nous corrigeons. Celui-ci est le dernier chapitre du fragment que nous possédons, et il suit le chapitre « III », correctement numéroté. *Éd.*

2. Cf. p. 116.

3. Cf. p. 127.

4. Cf. p. 145.

phénoménologique de la chose objective (objet d'usage aussi bien que chose réiforme), la perception passera du rang d'un pur exemple à celui de sujet d'études.

Il s'agira ici de faire ressortir la nouvelle forme que prend l'opposition entre la multiplicité et l'unité identique, c'est-à-dire de dégager un nouveau type de l'intentionnalité. Les analyses qui vont suivre n'épuiseront pas le problème. Par rapport à lui comme par rapport aux autres problèmes, nous sommes obligés de nous limiter à retracer les très grandes lignes de la théorie phénoménologique.

La critique exprimée à l'endroit des idées de Mach a conduit à la distinction entre les éléments suivants : l'acte perceptif, fait psychique réellement vécu ; l'aspect sous lequel, dans cet acte, un objet apparaît à la conscience, soit l'objet tel qu'en le percevant le sujet l'a en vue ; enfin l'objet en lui-même, la chose objective[1]. Jusqu'ici nos analyses n'ont porté que sur le rapport entre les deux premiers termes de cette trichotomie, c'est-à-dire sur l'acte perceptif ou une multiplicité de tels actes et l'« objet-perçu-comme-tel ».

C'est en opposant celui-ci à cette multiplicité-là que nous sommes parvenus à la notion du noème[2]. Or, nous avons supposé (pour faire ressortir la notion du noème, il était nécessaire de le faire) que non seulement la même chose objective est perçue dans tous les actes multiples, mais qu'il s'agit encore du même objet noématique, du même « objet-perçu-comme-tel ». Nous n'avons pris en considération qu'une multiplicité, aux actes de laquelle correspond le même objet noématique. Ces études se sont donc tenues dans un cadre artificiel, parce qu'en elles il n'a été question que d'une seule des possibilités que comporte la vie perceptive. Il faut maintenant renoncer à cette restriction par abstraction et faire sortir les analyses phénoménologiques d'un cadre trop étroit.

En effet, dans la vie perceptive concrète la même chose ne se présente pas toujours du même côté, sous le même aspect, dans la même orientation ; le sujet percevant n'est pas forcé de rester immobile devant la chose et de la regarder d'un point d'observation fixe ; le sujet ne revient pas non plus toujours au même point d'observation quand il reprend la perception d'une chose, après l'avoir abandonnée pour un certain temps. En percevant une maison, par exemple, le sujet est libre de se déplacer d'un point d'observation à un autre, de s'approcher de la maison ou de s'en éloigner, de se déplacer à droite ou à gauche, etc. La maison est donc perçue une fois de tout près, une fois à une distance moyenne, une troisième fois à une distance considérable.

1. Cf. *supra*, p. 97-98, p. 99-100.
2. Cf. chap. III, sect. 4.

Une observation plus ou moins périphérique se substitue à celle qui a été faite d'un point de vue relativement central, etc. [1]. Le sujet peut encore se promener autour de la maison. Alors il vit une suite de perceptions par lesquelles la maison s'offre sous des aspects qui varient et qui se succèdent les uns aux autres. Ce n'est plus maintenant le même noème qui correspond à cette multiplicité d'actes perceptifs, c'est au contraire tout une pluralité de noèmes, de telle sorte que, dans le cas idéal, chaque acte perceptif qui appartient à cette suite, a son objet noématique à lui. Bien que le passage d'un noème perceptif à l'autre se fasse de manière continue et soit ainsi vécu, il y a dans la multiplicité de noèmes, qui sont successivement actualisés, deux ou plusieurs [noèmes] [2] dont l'un n'a rien de commun avec l'autre.

C'est le cas, quand par exemple le sujet a commencé par regarder la maison d'un côté et la voit ensuite d'un côté latéral relativement au premier ou bien du côté opposé, etc. Aucun des moments qui ont constitué l'aspect sous lequel la maison s'est offerte antérieurement ne figure plus dans celui sous lequel elle apparaît maintenant. Or, ces noèmes multiples sont donnés comme des aspects divers et différents sous lesquels se présente la même chose; c'est à elle en tant que «la même» que se rapportent toutes les perceptions qui appartiennent à la suite en question. À travers des variations et des modifications dans les aspects, la même maison apparaît et est perçue dans toute la suite avec la conscience de son identité [3].

Cette conscience de l'identité n'accompagne pas à titre de fait accessoire la vie perceptive; elle est au contraire inhérente à la suite de perceptions et en fait un élément constitutif. Cette conscience de l'identité n'est pas due à des raisonnements ni à des conclusions, elle est donnée avec

1. Ces faits ont donné naissance, en psychologie, aux problèmes des constances: constance de forme, de grandeur et aussi de couleur. Il était dans la tradition d'expliquer ces constances par l'interprétation qui, en vertu du savoir acquis, serait apportée aux données sensorielles, celles-ci conçues en fonction stricte et exclusive de la stimulation locale. Les théoriciens de la forme rejettent cette explication (Köhler, *Gestalt Psychology*, chap. III; Koffka, *Principles of Gestalt Psychology*, p. 84-98). D'après eux, les constances en question relèvent de l'expérience sensorielle immédiate, sans que celle-ci ait besoin d'être corrigée par un savoir acquis, ni par de quelconques facteurs supérieurs à la sensibilité; mais ces constances dépendent de ce que l'objet perçu soit placé dans tout une champ perceptif, ce qui met en lumière sous un autre point de vue (cf. *supra*, p. 139), la grande importance qu'a pour la vision l'existence du champ perceptif, cas spécial de l'arrière-fond. À adopter ces vues *gestaltistes*, non seulement le problème que nous sommes en train de développer reste tel quel, mais il peut encore être posé à partir de ces vues mêmes. En effet, si l'objet garde sa forme, en s'offrant dans une orientation tantôt normale, tantôt anormale, et si – dans certaines limites – il garde sa grandeur, en se présentant à des distances qui varient, etc. (cf. Koffka, *loc. cit.*, chap. VI), il s'agit tout le temps du même objet qui, en tant qu'identique, apparaît sous des aspects différents, et le problème de cette identité doit être soulevé.

2. « noèmes », mot manquant suppléé par nous. *Éd.*

3. Cf. Husserl, *Méd. Cart.*, p. 34.

immédiateté, mais elle l'est sous cette forme implicite qui plus haut[1] a été dégagée. Il est d'ailleurs sans importance, que, comme nous venons de le supposer, les perceptions se suivent immédiatement et sans interruption, ou que le sujet, ayant perçu la maison d'une de ses façades, en abandonne l'observation pour la reprendre après un certain temps, en regardant la maison, cette fois-ci d'une autre façade. Dans le dernier cas aussi, il a conscience de se trouver devant la même maison que celle qu'il percevait antérieurement, mais qui auparavant se présentait d'un côté différent de celui duquel elle s'offre maintenant. La règle de la vie perceptive est une combinaison de ces deux possibilités : après avoir vécu une suite continue de perceptions, on se détourne de la chose observée; plus tard on y revient, soit pour vivre la suite des « mêmes » perceptions, c'est-à-dire celles dans lesquelles la chose s'offre sous les mêmes aspects que ceux qui ont figuré dans la première observation, soit pour compléter celle-ci, en vivant des perceptions dans lesquelles la même chose se présente sous des aspects différents et nouveaux, peut-être même inconnus et insoupçonnés jusque là.

Nous voilà donc de nouveau devant l'opposition entre quelque chose d'identique et une multiplicité, c'est-à-dire devant un phénomène qui relève de l'intentionnalité de la conscience. Le type de l'intentionnalité dont il s'agit maintenant est supérieur au parallélisme noético-noématique[2] en ceci que la multiplicité se compose ici d'actes qui diffèrent les uns des autres non seulement par leurs emplacements dans le temps phénoménal, et non seulement par des caractères attachés au contenu noématique qui leur correspond (modes de présentation et caractères doxiques[3]) ou bien par la place que ce contenu noématique tient dans la conscience thématique[4], mais de plus, ici les actes en question diffèrent aussi et surtout par leurs contenus noématiques mêmes.

La chose réelle et objective s'oppose en effet en qualité d'unité identique à une multiplicité non seulement d'actes, mais encore de noèmes[5]. La réduction phénoménologique défend de se réclamer de l'existence d'une chose objective, c'est-à-dire de faire appel, dans les analyses phénoménologiques, à une chose objective considérée non seulement comme prétendant à l'existence, mais prise tout simplement pour existante[6]. En

1. Chap. III, sect. 3.

2. Cette supériorité est cependant tout à fait relative au parallélisme noético-noématique. Comme nous le verrons dans la suite nous indiquerons un critère de discernement pour les types supérieurs de l'intentionnalité, la forme sous laquelle celle-ci est en jeu dans la constitution de la chose perceptible, doit être considérée comme élémentaire.

3. Cf. *supra*, p. 113.

4. À vrai dire, ces derniers cas sortent déjà du pur parallélisme noético-noématique.

5. Cf. Husserl, *Ideen*, p. 207-208.

6. Cf. chap. II, § 6.

phénoménologie, on ne doit pas partir d'une chose objective préexistante, ni faire intervenir, de quelque façon que ce soit, une chose ainsi conçue. Il faut, au contraire, dégager l'unité de la chose réelle, son objectivité et le sens de son existence, en partant seulement des caractères noético-noématiques inhérents aux prises de conscience de cette chose, et en ne s'appuyant que sur ces caractères.

Dans les analyses phénoménologiques, la chose objective et réelle ne peut figurer qu'à titre de fil directeur pour ces analyses qui doivent être menées de façon que la chose telle qu'elle est connue dans l'attitude naturelle se révèle en fin de compte le corrélat objectif des expériences relatives à elle, et que soit tirée au clair la manière dont les moments constitutifs pour cette chose correspondent (et doivent le faire) à certaines structures de ces expériences. C'est ainsi qu'il faut poser le problème du troisième terme de la trichotomie mentionnée et celui du rapport entre l'acte perceptif et la chose perçue. La formule qu'on entend si souvent que la perception est perception de quelque chose et qu'il est dans sa nature de se rapporter à un objet, est en vérité l'énoncé du problème plutôt que sa solution.

Nous sommes donc ramenés à examiner la structure intrinsèque de la suite des perceptions qu'on vit, quand on se promène autour d'une chose et qu'on la perçoit sous des aspects qui varient continuellement, quand on la voit tantôt de tel côté, tantôt d'un côté différent.

Remarquons d'abord qu'avec cette suite, il ne s'agit pas d'une simple succession d'actes. Les actes qui appartiennent à une telle suite sont immédiatement vécus comme formant en quelque sorte une unité, comme composant un groupe cohérent. À ce caractère de groupe, il est tout à fait indifférent que les actes se succèdent immédiatement et de façon continue ou non. En effet, deux perceptions dans lesquelles (bien que sous des aspects différents) se présente la même chose, se trouvent entre elles dans un rapport qui les fait apparaître comme appartenant au même groupe, même quand ces perceptions sont séparées par un certain intervalle temporel pendant lequel le sujet ne prend conscience en aucune façon de la chose en question.

Mais aucune d'entre elles ne contracte un tel rapport avec un acte vécu pendant cet intervalle, bien que, quant aux relations temporelles, elle soit plus proche d'un tel acte que de l'autre perception. Il s'ensuit que le caractère du groupe ne se déduit ni de la réalité ni de la temporalité phénoménales des actes. Le groupe que forment les actes ne doit donc pas être considéré comme un fait réel de conscience, comme un phénomène global que les actes particuliers composent grâce à leur contiguïté temporelle[1/2]. Même si les actes perceptifs qui se rapportent à la même chose se succèdent immédiatement et forment ainsi un groupe en même temps qu'ils se fondent en un fait réel complexe, le caractère du groupe, pour autant qu'il coexiste avec la forme du phénomène global, ne fait point un avec elle, non plus que celle-ci n'est à la base du caractère de groupe.

Ce caractère doit donc être conçu comme le corrélat noétique d'une structure noématique. En effet, si des actes perceptifs forment un groupe cohérent, ce n'est pas en raison de l'ordre temporel dans lequel ils sont vécus, mais par rapport à ce qui se présente en eux. Et on pourra conjecturer que le caractère de groupe n'est pas étranger à la conscience qu'on a, quand on vit une telle suite de perceptions, d'être en face de la chose identique, bien que celle-ci n'apparaisse pas toujours sous le même aspect. Aussi est-ce sous l'angle noématique que nous allons aborder l'étude du caractère de groupe.

§ 2. La théorie du point noématique central

Si ce caractère est le corrélat noétique d'un fait noématique, c'est que le groupe d'actes correspond à un groupe de noèmes et ce dernier groupe ne peut se constituer qu'en vertu des rapports entre les noèmes qui le composent. D'où le problème suivant : quel est l'élément dans la structure d'un noème qui met celui-ci en rapport avec d'autres noèmes ? Comment comprendre que l'acte qui lui correspond est vécu comme appartenant à un groupe cohérent ? Pour résoudre ce problème, Husserl a établi deux théories. L'analyse critique de l'une, c'est-à-dire de la Théorie du point noématique central, nous conduira à son autre théorie qui est une théorie d'implications.

Dans la structure d'un noème concret, c'est-à-dire d'un objet tel et exactement tel que le sujet l'a en vue, il faut distinguer – comme nous l'avons mentionné[3] – le noyau et les caractères. Faisons abstraction de ceux-ci, pour prendre en considération le noyau ou, comme Husserl dit encore, le sens noématique[4]. Celui-ci peut être défini comme le « Quoi » de

1. Nous devons renoncer à analyser ces phénomènes globaux réels de la conscience qui se forment seulement grâce aux relations temporelles parmi les actes, à cause du cadre imposé à ce volume.

2. « à cause du » pour « parce que le ». *Éd.*

3. Cf. p. 113.

4. La distinction soutenue par Husserl (*Ideen*, § 132) entre le noyau plein et concret et le sens noématique peut être négligée dans cet exposé.

la donnée concrète. En le décrivant, on emploiera des termes tels que « objet », « état de fait », « chose », « figure », « coloré », « dur », « âpre », etc. ; mais on évitera des termes tels que « donné en perception », « rappelé au souvenir », etc., car ces termes indiquent non ce qui est donné, mais la manière dont il l'est, le mode dans lequel le donné se présente à la conscience [1].

D'autre part, il faut faire entrer dans une telle description des prédicats de valeur, quand la chose perçue s'offre comme jolie, belle, etc. Même des indéterminations figureront dans cette analyse noématique. Comme nous l'avons déjà remarqué [2], et comme nous l'approfondirons dans la prochaine section, des faits qui ne tombent pas sous la vision directe et qui peuvent même être plus ou moins indéterminés, contribuent dans ce sens à la formation du « perçu-comme-tel ». Celui-ci est tel grâce au renvoi à ces faits que le sujet percevant a en vue, quand par exemple le sujet perçoit une maison vue de la façade [3], et non le dessin de la façade d'une maison.

Dans une analyse où il s'agit de dégager ce qui est donné tel qu'il l'est effectivement, aucun fait ne doit être négligé qui appartient au donné, le détermine et le fait tel qu'il figure dans un acte concret de la conscience. Ce qui dans une telle analyse est décrit, n'est pas le noème plein et concret, mais seulement le « quoi » qu'il contient, son contenu matériel [4], pour ainsi dire, l'objet noématique dans un sens restreint. En effet, cet objet noématique peut être donné tantôt en perception, tantôt en souvenir, en attente, en imagination, etc. ; l'analyse de tous ces noèmes, si on l'oriente vers leur contenu matériel, aboutira au même résultat. Le sens noématique ainsi défini désigne une couche fondamentale dans la structure du noème et qui est identiquement la même pour une perception, un souvenir, une certitude, une question, un doute, etc.

En analysant de la sorte un noème perceptif, on dégage un ensemble d'attributs, de qualités, de propriétés, de déterminations avec lesquels l'objet tel qu'il figure dans la perception, se présente à la conscience. Ces attributs, qualités, etc. dans lesquels il ne faut évidemment voir que des éléments du noème, composent le sens noématique. Cependant ces attributs sont donnés comme des attributs d'un substratum. Ce qui figure dans un *tel substratum* est l'élément le plus intrinsèque de la structure du sens noématique, un « point central d'unification » que Husserl qualifie de

1. Husserl, *Ideen*, § 130.
2. Cf. p. 111.
3. « de la façade » pour « du frontispice ». *Éd.*
4. Sur la matière d'un acte ou, plus exactement, d'un noème, cf. Husserl, *Log. Unt.*, II, V, § 20 ; cf. également *Ideen*, p. 267-268, 274, où la terminologie modifiée exprime l'évolution que les vues de Husserl ont connue.

« pur X »[1]. Cela signifie que le centre noématique n'est pas déterminé en lui-même en ce sens qu'il ne compte pas parmi les attributs qui définissent le « quoi » noématique ; mais il est susceptible de déterminations qu'il tient des attributs : il est le *bestimmbare Subjekt seiner möglichen Pradikäte*.

Dans la structure du sens noématique il faut donc distinguer un point noématique central d'avec les attributs qui lui sont adhérents. Mais distinction n'est évidemment pas séparation. Le centre noématique et les attributs ne peuvent pas exister l'un sans les autres ; ils s'appellent réciproquement. Aucun des deux ne peut manquer à un noème concret. En effet, il ne peut y avoir de noème qui ne contienne pas de « Quoi », donc des attributs définissant ce « Quoi ». Ces attributs, à leur tour, se présentent comme des attributs de « quelque chose » ; ils sont *polarisés* vers le point noématique central qui leur sert de support et leur prête la cohérence. Husserl insiste sur la nature spéciale de cette cohérence qui ne s'établit pas entre les attributs du seul fait de leur coexistence, et, par conséquent, ne doit pas être confondue avec l'unité d'un complexe d'attributs.

Ici, il y a unification des attributs non en raison d'un équilibre intrinsèque entre eux, mais grâce au rapport qu'ils entretiennent avec un fait noématique situé en dehors d'eux ; c'est une unification due à un élément noématique qui lui-même ne compte pas parmi les matières noématiques à unifier. On peut donc parler d'une cohérence créée et étayée par le dehors. C'est en ce sens que Husserl oppose comme discernables, bien que comme non-séparables, les attributs et le X, qu'il qualifie de dernier *substratum* des attributs, de leur support, de leur porteur, de leur point de liaison (« *Verknüpfungspunkt* »), et qu'enfin il caractérise les attributs comme attributs du point noématique central.

La *polarisation* des attributs noématiques vers un centre est destinée à expliquer le rapport du noème à l'objet. Ce qui est exprimé par le parallélisme noético-noématique est la correspondance entre un acte vécu et un sens, le fait que vivre un acte de la conscience est actualiser un sens. Or, en actualisant un sens, le sujet se porte sur un objet qui apparaît dans ce sens ou à travers celui-ci. Quand, par exemple, un acte perceptif est vécu, un « objet-perçu-comme tel » se présente, c'est-à-dire un objet s'offre sous un certain aspect. Cependant, ce sur quoi le sujet se porte, et ce qui fait le thème de son acte perceptif, ce n'est pas l'objet se présentant sous un certain aspect, c'est l'objet en lui-même, l'objet tout court, qui maintenant s'offre sous tel aspect, qui antérieurement s'est présenté sous un aspect différent, qui est actuellement perçu de manière plus ou moins confuse, mais qui peut l'être en vision nette, etc.

1. Husserl, *Ideen*, § 131.

Ainsi, on peut soutenir que le sujet, tout en ayant présent un « objet-perçu-comme-tel », perçoit non l'objet noématique, mais l'objet en lui-même, l'objet objectif. Mais il ne peut percevoir l'objet que si celui-ci se présente sous un certain aspect ; un objet ne peut être saisi que par le sens qui correspond à l'acte d'appréhension. On voit alors que le rapport de l'acte à l'objet n'est pas la même chose que l'actualisation d'un sens, mais que le rapport en question est un moment inclus dans cette actualisation[1]. Ce qui correspond à l'acte est le noème dans sa plénitude concrète; l'objet, au contraire, pour autant qu'il s'annonce dans le noème et à travers le noème, ne fait pas un avec lui[2].

Or, le rapport de l'acte à l'objet, qui est un fait noétique, doit correspondre, en vertu du parallélisme noético-noématique général, à un fait noématique ; plus exactement, il doit correspondre à une structure dans le noème de l'acte par lequel le sujet se porte sur l'objet en question. Cette structure est, d'après Husserl, la polarisation du contenu noématique vers le point central, l'inhérence[3] des attributs à leur porteur.

Celui-ci, parce que déterminable, sans être déterminé de par lui-même, n'est pas lié à tels attributs noématiques plutôt qu'à tels autres. Par conséquent, il peut être identiquement le même par rapport à une pluralité de noèmes. On s'en aperçoit en actualisant une telle pluralité, en vivant donc une multiplicité de perceptions qui se rapportent au même objet ; que ces perceptions se suivent de façon continue ou qu'elles soient séparées les unes des autres[4]. L'objet se présente alors sous des aspects et des côtés différents ; des indéterminations qui étaient données à une certaine phase de la vie perceptive s'éclaircissent; inchangé jusqu'ici, l'objet commence à subir des modifications, il gagne en beauté, il perd en utilité, etc. Les noèmes actualisés au cours d'une telle suite de perceptions, diffèrent les uns des autres, et ils diffèrent justement par leur sens noématique. Or, tous les noyaux noématiques sont polarisés vers le même centre, tous ont en commun le même point noématique central. C'est en vivant une telle suite de perceptions qui, pour le X, comporte un enrichissement progressif en déterminations, que la distinction devient particulièrement nette entre le pur X identique et les attributs variables et changeables. Ce qui, dans la structure d'un noème, assure à celui-ci le rapport à d'autres noèmes qui appartiennent au même groupe, est donc un élément noématique matériel qui, en tant qu'identique, est renfermé dans chacun de ces noèmes.

1. Cf. *id., ibid.*, p. 268-269.
2. Sur la différence entre noème et objet, cf. *supra*, p. 114-116.
3. « inhérence » pour « adhésion ». *Éd.*
4. Husserl, *Ideen*, p. 271-272.

Le rapport entre ceux-ci consiste simplement en ceci qu'ils s'accrochent tous à un élément noématique identique qui correspond à la conscience de l'identité de l'objet qu'on a, quand on vit une suite de perceptions dans lesquelles l'objet se présente sous des aspects qui varient successivement. Corrélativement, si ces perceptions forment un groupe, c'est parce que dans l'actualisation du sens perceptif est inclus le rapport au même centre noématique.

La structure du noème, même d'un noème particulier, doit donc être décrite comme suit : à l'intérieur, il y a le X, le point central des inhérences[1], l'objet noématique en tant qu'il est invariant par rapport aux aspects différents sous lesquels il se présente et même par rapport aux modifications réelles qu'il subit : le *noematischer Gegenstand schlechthin*[2]; celui-ci, par les déterminations qu'il tient du sens noématique, devient l'objet tel qu'il apparaît dans un acte concret : le *Gegenstand im Wie seiner Bestimmtheiten*[3]; les caractères, enfin, en indiquent les modes de l'apparition et de la présentation. Ainsi, Husserl soutient que tout noème possède un contenu par lequel et « au moyen » duquel il se rapporte à un objet[4] et il s'y rapporte du fait de sa centralisation.

La théorie du point noématique central répond d'après Husserl à deux problèmes. L'un est celui de la cohérence entre les faits qui composent le sens noématique. À cet égard, la théorie en question rappelle en quelque sorte l'analyse que Locke[5] a donnée de l'idée de substance : une idée confuse et obscure de quelque chose de presque inconnu qui sert de support

1. « inhérences » pour « adhésions ». *Éd.*

2. *Id., ibid.*, p. 272.

3. *Id., ibid.*, p. 272. Il y a donc, sur le plan noématique, deux notions d'objet à distinguer l'une de l'autre.

4. *Id., ibid.*, p. 267-269. La distinction entre « contenu » et « objet » était familière à l'école de Brentano, où l'on parlait de contenu et d'objet de l'acte, surtout de la représentation. Mais les brentanistes faisaient passer le contenu pour un élément inhérent à l'acte, donc pour une partie réelle de celui-ci (par exemple A.v. Meinong, « Über Gegenstände höherer Ordnung und deren Verhältnis zur inneren Wahrnehmung », p. 187-188, *Zeitschrift für Psychologie und Physiologie der Sinnesorgane*, t. XXI, 1899; en ce qui concerne la position de Brentano lui-même, cf. *supra*, p. 135-136). Husserl transpose cette distinction sur le plan noématique, plus exactement, il la dédouble : on peut distinguer contenu et objet de l'acte, mais le contenu n'est rien d'autre que le noème, dans la mesure, au moins, où l'on entend par contenu ce qui fait d'un acte une prise de conscience de tel objet plutôt que de tel autre (cf. *supra*, p. 135 sur la substitution du noème à l'objet immanent de Brentano). La même distinction peut être faite à propos du noème et coïncide avec celle qu'on fait entre l'objet invariant et l'objet tel qu'il apparaît : le contenu du noème est le sens noématique et son objet est le centre vers lequel ce sens est polarisé. Évidemment l'objet du noème, l'objet invariant auquel le noème se rapporte ou auquel il est accroché fait un avec l'objet de l'acte, ce ... [La note, incomplète, s'interrompt en bas de page, à la dernière ligne et n'est pas reprise plus loin dans notre dactylographie. *Éd.*]

5. Locke, *An Essay concerning Human Understanding*, livre II, chap. XXIII, sect. 1 à 6.

à ces idées ou qualités simples qui, dans leur ensemble, composent les choses perceptibles. On est amené à se faire cette idée de la substance, parce que, tout en constatant la coexistence d'une pluralité de telles idées, on ne voit pas comment celles-ci pourraient subsister seules ou les unes sans les autres. Avec l'idée de la substance, on leur donne donc un *substratum*, et on leur prête ainsi de la cohérence qui, autrement, ou bien ne serait pas assurée, ou bien serait du moins incompréhensible.

Cette cohérence apparaît dans une tout autre lumière, si l'on se réclame des vues issues de la théorie de la forme, et il faut faire appel à cette théorie, justement en ce qui concerne la structure de cette couche du noème qu'est le sens noématique[1]. Celui-ci, dans la conception de la forme, est une unité fermée et équilibrée douée d'une organisation et d'une articulation intérieures. Ses composants, c'est-à-dire les faits qui, dans leur ensemble et de par leur coexistence, constituent l'objet tel qu'il apparaît dans un cas concret, sont solidaires les uns des autres; ils se tiennent mutuellement et n'existent que chacun à la[2] place et dans la fonction qu'ils s'assignent réciproquement du fait de former une *Gestalt*.

S'il y a cohérence parmi les attributs noématiques, c'est parce que ceux-ci ne figurent qu'en moments d'un ensemble de nature *gestaltiste* et que tout leur être, en tant que faits phénoménaux et noématiques, s'épuise dans leur contribution à former un tel ensemble. Cette cohérence cependant, contrairement à la thèse soutenue par Husserl[3], n'est pas assurée par un *substratum* commun à tous les attributs noématiques; elle ne provient pas des rapports où chacun d'entre ces attributs se trouverait à un tel *substratum*. La théorie de la forme explique la cohérence entre les parties d'une *Gestalt*, sans avoir recours à un arrangement spécial[4]. Pour rendre compte de la cohérence entre les faits qui composent un sens noématique, on n'a donc pas besoin de faire appel à une entité située derrière ces faits ou en dehors d'eux et à laquelle ceux-ci seraient inhérents.

Les données qui composent une *Gestalt* ne sont qu'à l'intérieur de celle-ci ce qu'elles sont dans un cas concret; elles subissent des modifications profondes quand elles sont extraites du tout organisé qu'elles forment, c'est-à-dire quand elles sont isolées les unes des autres. Aussi la cohérence entre ces données est-elle une condition de leur existence même. Point n'est besoin que la cohérence entre les attributs noématiques soit créée, parce

1. Cf. *supra*, p. 124.
2. « la » pour « cette ». *Éd.*
3. Cf. *supra*, p. 165-166.
4. Au sujet d'un arrangement spécial destiné à garantir l'ordre et la cohérence, cf. Köhler, *Gestalt Psychology*, chap. IV. – Köhler a en vue des processus physiologiques et il emprunte ses exemples à la physique; cependant *mutatis mutandis* sa pensée peut être appliquée aux faits phénoménaux et noématiques en question.

qu'elle s'établit avec leur seule coexistence qui signifie toujours formation d'un tout organisé, structuré et équilibré. En ce sens, la notion de cohérence, dont on est redevable à la théorie de la forme, peut être qualifiée d'immédiate et d'intrinsèque.

Le type d'une telle unité qui n'est pas ajoutée aux faits entre lesquels elle existe, mais qui résulte de leur simple coexistence (qui va même juqu'à faire un avec celle-ci), n'est pas inconnu de Husserl. Sous le titre de facteurs quasi-qualitatifs (*quasi-qualitative Momente*) ou de facteurs figuraux (*figurale Momente*), il décrit[1] certains caractères d'unité, de groupe, de ressemblance, etc., qu'on observe sur des collectivités d'objets, telles par exemple la configuration que forment les objets distribués dans le champ visuel, l'impression chromatique d'ensemble laissée par ces objets, s'ils sont de couleurs différentes, et qui varie non seulement avec les teintes des objets, mais encore en fonction de la configuration qu'ils forment. D'autres exemples de facteurs figuraux sont un tas de pommes, une allée d'arbres, une volée, une assemblée, etc.

Une telle collectivité se présente comme un groupe à caractère d'unité dans la perception même et de façon immédiate. Son apparition et sa formation ne relèvent aucunement de la pensée catégorielle, où, pour constituer un groupe, il en faut percevoir les éléments l'un après l'autre et ensuite les réunir tous par un acte de jonction explicite, ce qui n'est évidemment pas le cas des collectivités prises en considération ici[2]. Le facteur figural a aussi un caractère d'immédiateté sensorielle et perceptive : il ne résulte d'aucune activité mentale qui dépasse l'activité perceptive ; c'est, au contraire, avec lui et en le portant que se présentent les objets qui composent une collectivité du genre de celle dont il est question : le « facteur figural » appartient à titre de teinte immédiate et perceptive à une telle collectivité. Entre les objets qui la composent, il y a une cohérence qui, immédiate et perceptive elle aussi, provient de ce fait même, donc de leur simple coexistence dans la perception ; ces objets n'empruntent donc pas leur cohérence à un centre situé en dehors d'eux.

C'est de l'unité de cette nature que Husserl distingue celle qui prévaut parmi les attributs noématiques. La raison pour laquelle il insiste sur cette distinction, est la dépendance du « facteur figural » à l'égard des objets qui, en qualité d'éléments, composent le groupe pourvu de ce facteur. Bien que ce soit le « facteur figural » qui, à première vue, tombe sous les yeux, ce facteur, comme le fait voir l'analyse, est en réalité conditionné par les

1. Husserl, *Philosophie der Arithmetik*, Halle, 1891, p. 225-236.

2. *Id., ibid.*, p. 219-224 ; sur la différence entre les groupes, les unités et toutes sortes de formes catégorielles et celles dont il s'agit dans le texte, cf. également *Log. Unt.*, II, III, § 23 et II, VI, § 51, 61.

éléments et encore par des relations de toute sorte qui existent entre ces éléments; il varie en fonction des uns aussi bien que des autres [1]. Avec ce facteur, il s'agit d'une nouvelle qualité perceptive qui se surajoute à celles qui figurent en éléments; ceux-ci, du seul chef de leur coexistence, fondent donc une qualité sensorielle du deuxième degré, pour ainsi dire [2].

Si l'on soutient qu'il y a, pour les attributs noématiques qui composent le sens perceptif, une unité immédiate, sensorielle, et qui ne se fonde que sur la coexistence de ces attributs (que cette unité s'accompagne d'ailleurs ou non de l'apparition d'une nouvelle qualité), cette unité dépendrait des faits entre lesquels elle s'établit. Dans cette conception, le problème de la cohérence entre les composants d'un noème qui correspond à une perception actuelle serait bien résolu. Mais ce qui resterait inexpliqué est le phénomène de la cohérence entre ces attributs et ceux qui composent des noèmes correspondant à d'autres perceptions, donc le problème du rapport entre une multiplicité de noèmes relatifs au même objet, en fin de compte le problème de l'identité de l'objet par opposition aux multiples noèmes et aussi celui du rapport dans lequel chaque noème se trouve vis-à-vis de l'objet.

Voilà l'autre problème auquel Husserl a voulu donner une solution. Pour pouvoir répondre aux deux problèmes par la même théorie, Husserl introduit le point noématique central et le fait passer pour neutre par rapport aux attributs qui s'accrochent à lui; donc il le suppose capable de recevoir des attributs qui s'offrent dans des perceptions différentes, de sorte que l'unité et la cohérence entre tous ces attributs seraient indépendantes à l'égard de ceux qui apparaissent dans une perception concrète. C'est ainsi que le second problème intervient dans la solution de celui de la cohérence entre les faits qui composent un sens perceptif particulier, solution dont on peut dire qu'elle s'en trouve compromise.

Cependant, Husserl a pu procéder de la sorte parce qu'il restreint son étude à la considération des ensembles dont les éléments sont séparés les uns des autres; il exclut expressément le rapport des qualités d'une chose à cette chose même [3]. Cette restriction est une conséquence du problème même que Husserl s'est posé et qui l'a conduit à la découverte des « facteurs figuraux »: la question de savoir comment une collectivité peut être reconnue comme telle d'un seul coup d'œil et sans que soient accomplis tous les actes qui sont requis pour la constitution d'un ensemble catégoriel. Le critère pour cette reconnaissance est le « facteur figural » dont l'existence est liée à ce que les éléments en question se détachent les uns des autres aussi bien que du fond sur lequel ils apparaissent.

1. *Id., Philosophie der Arithmetik*, p. 228-234.
2. *Id., ibid.*, p. 225.
3. *Id., ibid.*, p. 217-218.

Autrement ces éléments se souderaient les uns aux autres et, au lieu de fonder cette qualité de deuxième degré qu'est le « facteur figural », ils se fondraient dans une qualité continue ordinaire, comme c'est le cas des points d'une ligne continue[1]. D'autre part, ce ne sont que des éléments séparés et indépendants les uns des autres de par leur nature, parmi lesquels une unité peut s'établir grâce à une nouvelle qualité qu'ils fondent. Car si des données ne sont pas indépendantes, si quelques unes d'entre elles ne peuvent exister sans les autres – comme, par exemple, dans le cas de l'inséparabilité de la couleur et de l'étendue ou bien en ce qui concerne la hauteur et l'intensité d'un ton musical –, il n'y a aucun besoin pour qu'une qualité fondée et de deuxième degré se produise qui serve spécialement à leur prêter l'unité[2].

Cette indépendance des uns à l'égard des autres entre les éléments qui fondent un « facteur figural » se maintient, même quand ces éléments sont réunis en groupe. Ils ne subissent aucune modification du fait que, par leur coexistence, ils fondent un « facteur figural »; chacun d'entre eux est, à l'intérieur du groupe, tel qu'il serait si on l'envisageait isolément[3]. Or, si les éléments restent tels quels, qu'une unité immédiate et perceptive s'établisse entre eux ou non, peut-on alors admettre d'autres types d'unité à côté de celui-ci ? Ainsi, Husserl a-t-il pu soutenir une unité qui résulte d'un centre en dehors des matières à unifier, en ce qui concerne les attributs noématiques, ce qui est une transposition sur le plan noématique du rapport entre les qualités d'une chose et la chose même.

Les « facteurs figuraux » de Husserl et surtout les « qualités de forme » de von Ehrenfels ont joué un rôle important pour l'évolution de la théorie de la forme[4]. Les autres théoriciens ont repris et ont généralisé le problème de von Ehrenfels et de Husserl. Les « qualités de forme » ne concernent pas des données sensorielles isolées correspondant à des stimulations locales. Elles ne se présentent, au contraire, que sur des ensembles de données qui se constituent en unités fermées et cohérentes, mais en revanche, sont la marque distinctive de ces ensembles, dans la mesure où dans ce cas il s'agit d'ensembles donnés en perception même, et non d'ensembles formés par la pensée catégorielle.

Or, la ségrégation de telles unités fermées et cohérentes, comme les choses telles que nous les percevons, est un problème important entre tous

1. *Id., ibid.*, p. 231-233.
2. Cf. *id., Log. Unt.*, II, III, p. 22.
3. *Id., Philosophie der Arithmetik*, p. 225, 231.
4. Nous avons essayé de suivre cette évolution dans notre article « Quelques aspects et quelques développements de la psychologie de la forme », *loc. cit.*, p. 415-430. Cf. *Appendice* I.

ceux que se pose la théorie de la forme[1]. Cependant, bien qu'elle tire son origine de la notion de «qualité de forme» ou du «facteur figural», la notion de *Gestalt* diffère grandement de ces notions[2]. Les théoriciens de la forme n'admettent pas d'éléments indépendants les uns des autres et qui, à l'intérieur du groupe qu'ils composent, seraient les mêmes que pris isolément. La forme n'est pas non plus conçue comme un nouvel élément sensoriel ou quasi-sensoriel qui s'ajouterait aux éléments ordinaires.

De même que les faits qui composent un ensemble de nature *gestaltiste* ne passent que pour des moments d'une *Gestalt*, définis exclusivement par les fonctions qu'ils y remplissent, de même la forme n'est rien d'autre que l'ensemble fragmenté, articulé et structuré des faits qui le composent: derrière leur coexistence équilibrée, il n'y a rien à chercher. Il s'ensuit que la cohérence entre ces faits dépend de leur nature, c'est-à-dire du rôle que chacun d'entre eux joue pour la formation de la *Gestalt*; elle dépend donc des matières qu'elle concerne, de la structure bien déterminée que leur ensemble a dans un cas concret.

Si – comme cela nous semble être le cas – le sens noématique doit être considéré comme une *Gestalt*, il faut tirer toutes les conséquences qu'entraîne cette dépendance. On devra donc répondre par une théorie différente de celle du point noématique central au problème du rapport entre le noème et l'objet et à celui des rapports entre une pluralité de noèmes relatifs au même objet. Le problème reste tel que Husserl l'a posé[3]. Si, en vivant un acte, le sujet se dirige vers un objet, ce fait a un statut surtout noématique. Le noème qui correspond à l'acte se rapporte[4] à l'objet, et il s'y rapporte grâce au sens qui lui est immanent, plus exactement parce qu'il n'est rien d'autre qu'un sens. Ce rapport du noème à l'objet doit s'exprimer dans la structure du noème, car autrement il ne saurait exister pour la conscience. Cette structure qui est ici en cause, ne consiste cependant pas en ceci qu'à l'intérieur de l'objet tel qu'il s'offre, de l'objet apparaissant sous un certain aspect, résiderait un autre objet noématique, indépendant en quelque sorte de l'aspect sous lequel il se présente, donc invariant par rapport aux changements qui surviennent dans sa présentation actuelle, de sorte que les différents aspects sous lesquels le même objet peut apparaître et apparaît en effet seraient comme des déguisements que le centre

1. Wertheimer, *Untersuchungen zur Lehre von der Gestalt* II, *loc. cit.*,; Köhler, *Gestalt Psychology*, chap. V et VI; Koffka, *Principles of Gestalt Psychology*, chap. IV; Guillaume, *La psychologie de la forme*; chap. III, sect. 2.

2. Cf. sur cette différence notre article précédemment cité p. 433-435. – Cf. *Appendice* I, p. 260 *sq.*

3. Husserl, *Ideen*, p. 266.

4. « se rapporte » pour « ce rapport ». *Éd.*

noématique prendrait à tour de rôle, et qui lui seraient nécessaires dans ce sens qu'il ne pourrait être saisi que sous tel déguisement ou sous tel autre.

Dans cette interprétation, la direction du sujet percevant vers l'objet tout court, vers l'objet objectif, qui est incluse dans l'actualisation du noème correspondant à l'acte perceptif, est conçue comme un élément partiel de cette actualisation. Elle n'est rien d'autre que l'actualisation d'un composant spécial et distinct du noème. Lorsqu'on perçoit un objet qui se présente sous tel aspect, cet objet est donné comme identiquement le même que celui qui s'est présenté antérieurement sous un aspect différent, qui, dans certaines conditions, apparaîtra de tel côté, dans telle orientation, dont telles et telles prises de conscience sont possibles, etc. Cette conscience de l'identité de l'objet, on ne peut pas en rendre compte en invoquant un élément noématique matériel commun à tous les noèmes en question.

Car prendre conscience d'un objet qui en tant qu'identique apparaît sous des aspects différents, dans diverses orientations, etc., cela ne signifie point la même chose que prendre conscience d'un élément matériel identique contenu dans toutes les présentations différentes. En effet, ce que le sujet percevant a en vue quand un objet s'offre à lui, sous un certain aspect, ce n'est pas tel élément matériel commun à l'aspect actuel et à d'autres aspects, ni quelque chose de caché derrière les multiples présentations. Aussi, pour répondre à la conscience de l'identité de l'objet, chercherons-nous à remplacer la conception *substantialiste* dont s'inspire la théorie du point noématique central par une conception *relationnelle.*

Nous allons reprendre l'examen de la structure du noème, pour mettre à découvert les renvois que le noème particulier contient, à titre d'éléments constitutifs, à des noèmes différents, renvois grâce auxquels il contracte avec eux des relations déterminées, si bien que le noème en question apparaît comme formant un groupe avec ces autres noèmes. Dans la théorie du point noématique central, Husserl commence par aborder le rapport du noème à l'objet, et, en répondant à ce problème par la thèse de la polarisation du sens noématique vers un centre qu'il donne pour un X, il parvient à la conception résumée plus haut[1] des rapports inter-noématiques. Nous allons, au contraire, analyser d'abord les rapports inter-noématiques et la nature du groupe que les noèmes forment en vertu de ces rapports, et c'est à partir de là que nous allons chercher à éclaircir l'identité de l'objet et le sens de cette identité.

Bien que nous soyons amené à abandonner la théorie du point noématique central, nous croyons ne pas nous éloigner de la doctrine de *Husserl.* Cette théorie, non seulement n'est pas la seule qu'il ait établie, mais il ne la défend encore que dans les paragraphes cités des *Ideen*. Dans les ouvrages

1. Cf. p. 167.

postérieurs, il n'en est plus question. Même dans la conclusion de l'exposé qu'il donne de la théorie en question, Husserl écrit : *Durch den zum Sinn gehörigen Sinnesträger (als leeres X) und die im Wesen der Sinne gründende Möglichkeit einstimmiger Verbindung zu Sinneseinheiten… hat nicht nur jeder Sinn seinen "Gegenstand" eben sofern sie in Sinneseinheiten einzuordnen sind, in welchen die bestimmbaren X der geeinigten Sinne miteinander und mit dem X des Gesamtsinnes der jeweiligen Sinneseinheit zur Deckung kommen*[1]. Si le point noématique central figure dans ce passage c'est, à proprement parler, comme indication de la conscience qu'on a de l'identité de l'objet, phénomène qui, avec le centre noématique, paraît ainsi énoncé plutôt qu'expliqué. En revanche, dans le passage cité, Husserl se réfère à sa conception des *synthèses* dans la vie perceptive et dans la vie consciente en général, de l'*identification par des synthèses*, des *contextes d'actes et de noèmes*. Ces conceptions que Husserl a développées pour la première fois dans les *Ideen* et qu'il a approfondies dans *Formale und transzendentale Logik* et dans les *Méditations Cartésiennes*, c'est vers elles que nous allons nous laisser guider ; nous chercherons à les rejoindre.

§ 3. Les implications

Le noème qui correspond à une perception a été défini comme l'objet tel qu'il figure pour le sujet percevant[2]. Il est donc l'objet donné dans un certain mode d'apparition et de présentation, s'offrant de tel côté, sous un certain aspect, dans telle orientation, etc.

Cet « objet-perçu-comme-tel » n'est cependant pas épuisé par les faits qui, dans l'acte perceptif concret, sont donnés en vision directe et immédiate. Si, par exemple, on regarde une maison qui s'offre par l'une de ses façades, c'est celle-ci qui est vue, alors que les façades latérales et opposées ne le sont pas. Elles figurent néanmoins dans le perçu-comme-tel et y sont présentes en quelque sorte, pour autant que ce que le sujet perçoit et qu'il a en vue, est une maison qui apparaît d'un certain côté, donc de façon unilatérale. Dans ce phénomène, il ne s'agit pas de souvenirs exprès des façades qui actuellement ne sont pas vues, ni d'images plus ou moins

1. Husserl, *Ideen*, p. 272-273 ; cf. également p. 271 : « *Mehrere Aktnoemata haben hier überall* verschiedene Kerne, *jedoch so, dass sie sich trotzdem zur* Identifikationseinheit zusammenschliessen, *zu einer Einheit, in der das "Etwas", das Bestimmbare, das in jedem Kerne liegt, als identisches bewusst ist* ».

2. Cf. p. 114 *sq.*

intuitives et plus ou moins vagues que le sujet se fait de ces façades, images et souvenirs que la perception actuelle éveille à titre de faits concomitants.

Une telle évocation peut bien se produire : en percevant la maison qui lui apparaît sous un certain aspect, le sujet se rappelle des aspects différents sous lesquels la maison (en tant que la même, donc donnée avec la conscience de son identité) lui est apparue antérieurement en perception actuelle, il se rappelle les côtés de la maison qui maintenant ne sont pas vus, il se fait une idée ou une image de l'aspect sous lequel la maison se présenterait, si elle était observée dans des conditions dans lesquelles le sujet n'a pas encore eu l'occasion de la regarder, du mode de présentation dans lequel elle s'offrirait d'un point de vue auquel l'observateur ne s'est pas encore placé, quand, par exemple, il percevrait la maison d'un avion.

Ces souvenirs et ces images constituent la forme déployée d'un phénomène qui cependant peut ne pas prendre cette forme, donc exister sous forme non déployée, mais qui, sous une forme ou sous l'autre, est un élément essentiel et constitutif dans la structure du sens perceptif. L'objet tel qu'il apparaît dans une perception concrète et tel que le sujet percevant l'a en vue, contient des renvois à des côtés qui, dans la perception en question, ne sont pas donnés « en vision immédiate », à des aspects différents de celui sous lequel l'objet s'offre, à des modes de présentation et d'apparition actualisables, bien que non actualisés au moment considéré[1]. Ainsi, quand du haut d'une montagne on perçoit des hommes, des maisons, des automobiles, etc., qui apparaissent assez petits et surtout très éloignés, cet aspect sous lequel ils s'offrent contient un renvoi à celui sous lequel ces objets se présenteraient, si le sujet les percevait à une distance « normale », dans la rue, par exemple, et se trouvant parmi eux. Sans de tels renvois, ce que le sujet perçoit du haut de la montagne n'aurait pas pour lui le sens perceptif de choses véritables, mais seulement celui de phénomènes fantomatiques. De façon analogue, afin que le perçu puisse figurer, pour le sujet percevant, en une maison qui s'offre d'un certain côté, il faut que la façade vue soit perçue comme s'intégrant aux façades latérales et opposée.

Des faits qui ne sont pas vus doivent donc être présents dans le perçu ; et ils doivent y compléter ceux qui sont donnés en vision directe. Or, des faits non visibles ne peuvent être présents dans le perçu que sous forme d'*indication* et d'*implication*, c'est-à-dire par des renvois à ceux que le perçu contient. Aucune perception n'est donc complète par ce qui, en elle, est donné comme réellement vu ; elle contient et – comme nous le verrons plus loin[2] – elle doit contenir plus que ce qui est donné en vision directe et immédiate. Pour dévoiler le sens perceptif complet et pour dégager tous les

1. Cf. Husserl, *Méd. Cart.*, § 19.
2. Cf. p. 180-181.

éléments qui lui sont essentiels et qui contribuent à sa formation, il faut tenir compte de l'excédent que toute perception contient sur ce qui est vu en elle. Cet excédent n'est rien d'autre que les renvois en question, qu'implique le « perçu-comme-tel » lequel, sans eux, ne saurait être tel que le sujet percevant l'a en vue.

Ces renvois ne constituent point le monopole des perceptions de choses que le sujet connaît grâce à ses expériences passées, de sorte qu'en se souvenant de ces expériences, il peut plus ou moins facilement déployer ce qu'implique sa perception actuelle. Même si un observateur perçoit une maison, pour la première fois de sa vie, des renvois et des implications du genre de ceux qui viennent d'être mentionnés ne font pas défaut à sa perception. Certes, dans ce cas, les façades de la maison, que l'observateur ne voit pas, sont indéterminées pour lui. Mais cette indétermination n'est pas absolue. Tout au plus s'agit-il de l'indétermination complète des détails des façades latérales et opposée, de leurs couleurs, de leurs formes, de leurs dispositions architecturales, etc. Tout en ignorant ces détails, l'observateur « sait » cependant que ces façades existent et qu'elles s'accorderont avec celle qu'il voit.

Ce savoir n'a rien de notionnel, et ne résulte pas de raisonnements ni de conclusions; il est un élément immanent de la perception même. En lui, s'expriment les renvois à des faits indéterminés qu'implique le « perçu-comme-tel ». L'explicitation de ce savoir n'est donc rien d'autre que celle du sens noématique qui correspond à la perception en question, sens perceptif qui est « maison inconnue qui se présente de tel côté ». Si, en vivant un tel acte, le sujet cherche à éclaircir les renvois impliqués, à force de les déployer, il est amené à prendre en considération des possibilités. Il s'imagine les aspects sous lesquels la maison pourrait s'offrir, quand elle serait perçue de tel point d'observation différent de celui où le sujet se trouve placé, il conçoit des dispositions que les façades qui ne sont pas vues pourraient avoir, à condition de continuer et de prolonger ce qu'il voit de l'arrangement architectural de la maison, etc. Dans le cas de ces possibilités, il ne s'agit pas de possibilités « formelles » et « vides », c'est-à-dire, par exemple, de contradictions du genre de celles dont se réclame Hume[1] pour démontrer qu'on n'est nullement empêché de se représenter le cours des choses naturelles différemment de ce qu'il est en réalité – idée concevable que pourtant rien ne suggère. Ici, au contraire, les possibilités sont fondées et motivées non par ce qui est vu, comme s'il était possible de l'isoler, mais par le perçu tel qu'il s'offre au sujet et figure pour lui; elles sont *prédessinées* et *prétracées* dans l'objet noématique que le sujet a en

1. Hume, *An Enquiry concerning Human Understanding in Essays moral, political, and Literary* (édité par T.H. Green et T.H. Grose), t. II, p. 23, 31.

vue, tel que cet objet est aux yeux du sujet qui vit la perception en question. En concevant ces possibilités, le sujet se rend explicites le sens noématique et les indéterminations que le sens perceptif contient implicitement.

De telles indéterminations figurent d'ailleurs également dans des noèmes perceptifs se rapportant à des objets assez connus ; il n'y a guère de perception qui, parmi les renvois qu'elle implique n'en contienne quelques-uns à des faits plus ou moins indéterminés. Cette indétermination est de nature spéciale. Elle peut être très complète, quand, par exemple, dans la « maison-perçue-comme-telle » est indiquée seulement la présence des côtés latéraux et opposés en général, et que tout le reste, en ce qui concerne ces côtés, est plongé dans l'ombre. Si incomplète cependant qu'elle soit, cette indétermination a toujours « une certaine structure de déterminatio »[1].

En eux-mêmes, les faits qu'un noème contient sous forme impliquée, sont indéterminés (ou bien ils peuvent l'être). Pourtant, ce qui est donné avec une détermination plus ou moins parfaite, c'est le style, pour ainsi dire, de ces faits, leur nature générale ou pour mieux dire générique, un certain cadre dans lequel ils s'insèrent.

Par des expériences ultérieures, une sélection sera effectuée entre les possibilités mentionnées; ces perceptions auront encore à confirmer ou bien à infirmer les présomptions et les anticipations que le sujet conçoit en déployant les renvois à des faits déterminés que le noème implique. Même le cadre dont il vient d'être question peut être rompu par le cours de l'expérience. Dans ce cas, la perception se révèle après coup être illusoire : l'objet n'est pas tel que le sujet l'avait pris. Nous retrouverons au chapitre suivant ce « dynamisme » de la vie perceptive; pour l'instant nous nous bornons à l'étudier d'un point de vue pour ainsi dire « statique », c'est-à-dire à analyser et à expliciter le sens perceptif particulier tel qu'il est en lui-même, et à dégager les renvois qu'il implique à titre d'éléments constitutifs.

Il ne faut en effet pas voir dans ces implications des faits accessoires ou secondaires. Le rôle qu'elles jouent pour la formation et pour la constitution du sens perceptif peut, au contraire, être si considérable que c'est à la lumière des faits impliqués qu'apparaît ce qui est directement vu. Cette importance des implications ressort dans l'exemple suivant. Dans un pays qu'on ne connaît pas ou qu'on connaît très peu, on remarque, à l'horizon, quelque chose qui paraît être un nuage. Tout d'un coup, le « nuage-perçu-comme-tel » subit, devant les yeux de l'observateur, une transformation phénoménale et devient une chaîne de montagnes qui se présentent comme

1. *Id., Méd. Cart.*, p. 39.

très éloignées[1]. Il est dans la tradition de la psychologie de faire appel à l'hypothèse de la constance pour expliquer un tel phénomène.

Les données sensorielles y sont[2] considérées comme constantes parce que les excitants extérieurs qui les provoquent ne changent pas, la transformation du « nuage » en des « montagnes » ne peut donc tenir qu'à une altération qui survient dans l'interprétation des données sensorielles. Celles-ci sont conçues comme une espèce de signes qu'au cours de sa vie le sujet apprendrait à interpréter, interprétation dans laquelle il pourrait se tromper, qu'il pourrait corriger, perfectionner, etc. Husserl, lui-même, bien qu'il rejette l'assimilation de la perception à la compréhension de signes (entendus au sens de signaux[3]) n'est pas trop éloigné de cette manière de voir les choses.

En raison de la conception dualiste qu'il défend de la perception, Husserl impute la transformation en question à un changement qui survient seulement dans la [...][4] dans les données hylétiques en elles-mêmes, en effet, un rapport à une unité objective n'est pas prétracé de manière

1. Évidemment, il s'agit seulement de ce pour quoi se donne, dans la perception, ce qui apparaît à l'horizon, et non point de ce que c'est « en réalité ».

2. « y sont » pour « ... sont ». *Éd.*

3. Husserl (*Ideen*, § 43, 52) s'oppose à la thèse réaliste d'après laquelle la perception ne saurait atteindre la chose véritable, et selon laquelle la chose perçue ne serait pas la chose réelle, mais seulement un signe de celle-ci qui, elle, serait telle qu'elle est conçue et construite dans les sciences physiques. Or, afin qu'une entité figure comme un signe d'une autre, il faut que la dernière, outre qu'elle soit signalée, soit accessible par un acte de prise de conscience direct, de sorte que, par cet acte, elle soit donnée et saisie en elle-même. Tel n'est pourtant pas le cas de la vie perceptive, où il n'y a pas une entité qui soit signalée par là, la chose perçue et qui puisse, par surcroît, se présenter *modo originali,* dans un acte différent de celui de la perception. La chose perçue n'est pas une entité intermédiaire qui s'intercale entre l'acte perceptif et la chose réelle, elle ne doit pas passer pour un représentant, un remplaçant, un symbole, un signe, etc. de la chose réelle. La chose perçue est, au contraire, la chose réelle même qui, dans la perception, bien qu'elle apparaisse sous un certain aspect, d'un certain côté, bref de manière unilatérale, se présente néanmoins en elle-même et en personne (quant à l'interprétation que Husserl défend des sciences physiques, cf. *supra,* chap. II, § 4). Cette reconnaissance de la perception comme seule voie d'accès aux choses réelles n'est évidemment pas incompatible avec la conception dualiste mentionnée plus haut (p. 103-104) que Husserl soutient en ce qui concerne la structure intrinsèque de la perception. Ce sont les données hylétiques dans lesquelles Husserl aperçoit une espèce de signes. Or il faut remarquer que d'après lui le terme de signe est équivoque : ce terme peut être entendu au sens de signal ou bien au sens d'une chose qui, comme par exemple les mots parlés ou écrits, a une signification, plus exactement à laquelle, par des actes spécifiques, une signification est prêtée (cf. à ce propos *Log. Unt.*, II, I, § 2-10). C'est des signes entendus au dernier sens que Husserl rapproche les données hylétiques qui figurent dans la perception, non sans souligner quelques différences qui existent entre la compréhension des mots et l'animation des données hylétiques par les actes qui les informent (cf. *Log. Unt.*, II, I, § 23).

4. Mot manquant. dans tous ces cas de lacunes dans notre dactylographie, nous avons, le plus souvent, préféré laisser au lecteur le soin de remplir la lacune selon leur propre interprétation du texte tel qu'il nous est parvenu. *Éd.*

univoque[1]. Les deux objets noématiques sont entièrement différents l'un de l'autre. Or, le noème étant le corrélat de l'acte perceptif, qui se compose avec les données hylétiques et les actes par lesquels celles-ci sont animées, la constance, dans un cas comme celui qui vient d'être cité, de données hylétiques, de données chromatiques par exemple, doit s'exprimer dans les noèmes. Ce qui, du côté noématique, correspond aux données chromatiques, c'est la couleur avec laquelle s'offre « l'objet-perçu-comme-tel », donc la couleur noématique en tant que qualité objective[2], et qui doit être considérée comme un mode d'apparition (*Abschattung*) de la couleur réelle[3]. Tout changement dans les données hylétiques traduit une altération survenue dans l'objet que le sujet a en vue; il la traduit au moins dans le mode de présentation de l'objet. En ce qui concerne l'exemple en question, il est dans la logique de cette conception dualiste de soutenir, en raison de la constance des données hylétiques, l'égalité, par exemple, de la couleur qui appartient au « nuage-perçu-comme-tel » et de celle des montagnes telles qu'elles apparaissent, bien que, grâce à la différence dans la [...], cet élément commun s'intègre à des unités noématiques englobantes dont l'une diffère profondément de l'autre.

Cette égalité peut bien subsister[4]. Elle ne justifie cependant pas une conclusion à des données hylétiques constantes qui survivraient à la transformation du perçu, comme si ces données étaient informées, une fois de telle manière, une autre fois de manière différente. En n'admettant pas le dualisme husserlien entre la [μορφή] et la [ὕλη][5], nous nous en tenons, dans l'exemple cité, malgré toute ressemblance, qui peut être constatée après coup entre n'importe quels détails des objets noématiques, à leur différence foncière et surtout à la transformation sentie et vécue de l'un en l'autre. Le « nuage » se transformant en « chaîne de montagnes », celles-ci impliquent des renvois à des faits qui ne sont pas vus, qui, dans les conditions de l'exemple, sont tout à fait indéterminés sauf en ceci qu'ils entrent dans la forme générique de « montagnes ».

Cependant, c'est par rapport à ces faits implicites et indiqués qu'est structuré ce qui est donné en vision proprement dite, et c'est grâce à ces faits que le perçu apparaît comme des montagnes très éloignées aux contours imprécis. Dans le « nuage-perçu-comme-tel », à la place de ces faits-ci, des renvois étaient impliqués à des faits différents qui ont rendu le perçu tel

1. Cf. Husserl, *Ideen*, p. 206.
2. Cf. *supra*, p. 103-104.
3. Husserl, *Ideen*, § 97.
4. En supposant cette égalité, nous faisons abstraction des différentes modalités d'apparition de couleurs décrites par David Katz, *Der Aufbau der Farbwelt*, § 2 (Leipzig 1930), et qui peuvent jouer dans un exemple comme le nôtre.
5. Cf. *supra*, p. 107-108.

qu'il s'est offert, de sorte qu'en raison de la différence entre les faits impliqués, ce qui, dans les deux perceptions, est donné en vision directe, n'est pas la même chose de part et d'autre. On est donc fondé à soutenir que la transformation radicale du perçu, du noème perceptif en entier, tient à une altération qui survient dans les faits impliqués. Étant donné que le noème a été défini comme une *Gestalt*, il suit que les implications et les renvois doivent compter parmi les facteurs qui contribuent de manière assez décisive à la constitution des formes.

§ 4. LA PERCEPTION D'APRÈS PRADINES

Le phénomène de l'implication figure, bien que – comme on va le voir – sous une forme trop restreinte, dans la théorie que Pradines a établie de la perception. Au point de vue biologique et évolutif, la conscience perceptive ne doit pas être considérée comme primitive, ni comme élémentaire; elle est au contraire précédée et conditionnée par une vie réactive, par ces états affectifs et intensifs qui, tel le sentiment de la résistance, sont vécus lors d'un contact intime avec les choses, ou bien quand un excitant d'une intensité particulièrement forte s'exerce sur l'organisme, comme par exemple l'éblouissement de l'éclair, l'éclat du tonnerre, etc.

Ces états passifs et impressifs, qui ont le caractère de l'immédiateté et que l'être vivant sent être les siens, parce qu'en eux, son existence lui paraît mise en cause, Pradines les appelle passions [1], et il tient à les distinguer des « réactions émotives et motrices » provoquées par des sensations qui donc supposent la sensorialité constituée et ne peuvent par conséquent pas contribuer à sa constitution [2]. Le passage du stade purement impressif de la vie mentale au stade sensoriel ou perceptif se fait par un processus de sublimation [3] ou d'exténuation [4] de la passion, de sorte que des états mentaux deviennent possibles, d'où l'élément passionnel est progressivement exclu.

C'est cet effacement graduel de la passion qui domine l'évolution de la sensorialité et qui en est la loi. Cependant effacement et exténuation ne signifient nullement suppression ni disparition. Le processus de sublimation est « comme un processus de décantation qui [...] laisse un précipité d'affectivité et d'intensité » [5]. Dans la perception, aucune passion n'est

1. M. Pradines, *Philosophie de la sensation*, t. I., livre I, chap. VII; II.
2. *Id., ibid.*, p. 186.
3. *Id., ibid.*, p. 177-178.
4. *Id., ibid.*, p. 153, 157.
5. *Id., ibid.*, p. 67.

vécue, le sujet n'éprouve aucune affection. Mais la condition biologique d'un tel état inagissant et qui, en lui-même, ne possède pas d'efficacité affective, est que sa liaison à l'affectivité originelle ne soit pas rompue[1]. Pour ne pas être présente dans la perception, la passion y est représentée, elle y est anticipée.

Ainsi Pradines définit-il la perception comme « la représentation d'une passion éventuelle, *c'est-à-dire d'une passion subordonnée à l'éventualité d'un mouvement* », à savoir, surtout de ce mouvement que l'être vivant fait en s'approchant ou en s'éloignant de l'objet, mouvement pour lequel la perception sert de guide[2]. La chose perçue ne figurant, au point de vue biologique, qu'en agent éventuel, la perception se révèle donc être la médiation de cet agent et de l'action que celui-ci exercerait sur l'être vivant au terme d'un mouvement[3].

Ce qui, si cela était présent, ferait agir[4] l'être vivant par passion, lui est *représenté,* dans la perception, en phénomène; c'est-à-dire atteint le sujet sans l'impressionner. Cette apparition de l'objet en phénomène a cependant sa raison biologique en ceci qu'il serait en même temps le signe de l'objet, c'est-à-dire l'annonciateur et l'avant-coureur d'une passion éventuelle[5]. Aussi, sous forme de couleur ou de son, des objets nous apparaissent-ils qui, s'ils entraient avec nous en contact direct et immédiat, nous agiteraient[6] autrement que par couleur ou par son[7]. Ces qualités sensorielles sont comme des déguisements dont se revêtent les objets en tant qu'agents, en tant qu'occasions d'affections passionnelles.

Il faut entendre en ce sens la définition que Pradines donne de la sensation comme signe[8] de la chose et de la perception comme connaissance anticipée et symbolique. La perception s'épuise à transmettre à l'être vivant une « ambassade » d'un agent; elle n'est que représentation de ce qui agit, donc qui est, mais qui à ce moment n'est pas présent dans le sens d'une communion intime avec l'être vivant, dont l'action, par conséquent, au lieu de s'exercer, apparaît seulement[9]. Ces états perceptifs énigmatiques trouvent leur justification biologique dans l'utilité qu'il y a pour l'être

1. Cf. *id., ibid.,* p. 181.

2. *Id., ibid.,* p. 69; cf. également p. 237 : La perception « nous donne [la passion] en phénomène, et elle ne tire sa valeur représentative que de ce qu'elle est une sorte de sublimation et d'idéalisation de cette passion même ».

3. *Id., ibid.,* p. 74-75.

4. « ferait agir » pour « agirait ». *Éd.*

5. *Id., ibid.,* livre III, partie I, sect. II.

6. « nous agiteraient » pour « nous agiraient ». *Éd.*

7. Cf. *id., ibid.,* p. 71.

8. Nous reviendrons plus tard au sens spécifique avec lequel Pradines emploie le terme de signe par opposition à l'acception traditionnelle.

9. Cf. *id., ibid.,* livre I, chap. VII, sect. I.

vivant de disposer de renseignements sur les choses et sur leurs actions, avant que ces actions ne soient subies [1]. Les sens se sont développés comme instruments de l'action, et ils ont gardé dans leur fonctionnement l'empreinte de cette genèse.

Dans la perception, l'objet est représenté comme absent en ce qui concerne son action, mais comme présenté en phénomène. Cela revient à dire qu'il est représenté comme distant du sujet, mais comme susceptible d'être atteint par un mouvement au terme duquel, s'il devient réel, la perception représentative cède la place à une impression passionnelle. Celle-ci qui est l'action subie de l'objet, étant annoncée dans la perception, il faut donc que l'espace, la distance et le mouvement s'inscrivent dans la perception. La manière dont ils le font ne doit cependant pas être confondue avec une « réaction au lieu », pas plus qu'avec la connaissance automatique du lieu qu'impliquerait un mouvement exécuté [2].

Il ne s'agit pas de l'exécution d'un mouvement, ni même de l'ébauche d'une telle exécution, mais de sa représentation immobile dans des qualités sensorielles comme les sons et les couleurs. Pour être représenté, le mouvement ne doit être donné que sous forme de représentation, c'est-à-dire qu'il doit perdre tout caractère moteur [3]. D'autre part, si l'espace et le mouvement figurent dans la perception représentative, dans la vision, par exemple, ce n'est pas qu'en vertu d'innombrables expériences une corrélation se serait établie entre certaines données visuelles et les souvenirs de certains mouvements tâtonnants, et que le sujet aurait fini par apprendre de la sorte à situer ce qu'il voit dans une certaine direction et à une certaine distance [4].

L'orientation spatiale est étrangère à la locomotion en tant que telle; celle-ci non seulement ne peut pas révéler la première à la vision, mais elle a, au contraire, besoin d'être instruite [5] à cet égard. Si elle est exécutée sous forme de mouvement orienté, la locomotion doit être guidée par la vision ou par un autre sens capable de connaître l'espace. En ce qui concerne la vision, elle ne peut pas tirer l'orientation spatiale qui y entre d'une association entre des données visuelles et des données autres, hétérogènes et étrangères aux premières. Il faut, au contraire, que la vision – comme d'ailleurs tout sens externe – contienne l'espace et le mouvement par ses propres moyens, c'est-à-dire grâce à des faits qui sont constitutifs pour elle.

1. *Id., ibid.*, p. 51, 173.
2. Cf. *id., ibid.*, livre II, partie I, chap. II, sect. II, II et sect. III.
3. *Id., ibid.*, p. 137, p. 210-211.
4. Cf. *Id., ibid.*, livre II, partie II, chap. I, sect. II.
5. « instruite » pour « enseignée ». *Éd.*

Ces faits sont les intensités des sensations, plus exactement les variations d'intensité qui se produisent, quand l'être vivant s'approche de l'objet perçu; mouvement à la limite duquel l'intensité atteint son maximum et où une impression passionnelle se substitue à la représentation perceptive[1]. Ces variations intensives sont immédiatement interprétées en valeurs d'espace et c'est dans ce sens que la perception est interprétation ou intellection. L'espace ne peut donc être représenté que par une suite d'intensités qui sont en proportion inverses avec les distances et qui sont ainsi conçues. Il faut cependant bien noter que la représentation de l'espace et du mouvement ne doit pas faire supposer[2] que le mouvement serait effectivement exécuté, donc qu'une pluralité de sensations seraient vécues et que la suite d'intensités serait réellement parcourue.

Le phénomène en question est la représentation immobile du mouvement, c'est-à-dire sa représentation dans une seule perception. Une telle représentation n'est possible que si cette perception « enveloppe la conscience d'une suite régulière de variations intensives ». Tel est en effet le cas, selon M. Pradines. Toute qualité sensorielle est saisie comme « un moment nécessaire d'une suite ordonnée d'intensités... ». Même sous sa forme la plus élémentaire, la perception n'est possible que si le sujet peut avancer quelque peu sur l'« échelle d'intensités » et comparer la valeur présente d'une qualité à sa valeur passée dans un ordre de temps qui aboutit à quelque passion. Il faut donc qu'il conserve à chaque moment un souvenir des degrés de qualité disparus et précisément comme disparus[3].

Il entre donc dans chaque perception des perceptions autres où la même qualité sensorielle est donnée, et qui ne diffèrent de la première que par les intensités de cette qualité. Nous voilà en effet devant le phénomène de renvois impliqués, restreint, chez M. Pradines, aux intensités. Toute intensité donnée comporte la conscience d'intensités différentes qui forment une gamme, et dans cette gamme s'insère l'intensité donnée. Cet enveloppement est constitutif pour l'intensité qui en tant que quantité ne peut exister que dans une série ordonnée. Si on la considère isolément et la prend pour particulière elle perd tout caractère intensif : en réalité toute intensité particulière est déjà en elle-même une « relation d'intensités », c'est-à-dire qu'elle est constituée par les renvois qu'elle implique à toute une gamme intensive plus ou moins étendue.

1. *Id., ibid.*, livre III, partie II, chap. II, sect. II.

2. « faire supposer » pour « supposer ». *Éd.*

3. Pradines voit dans le phénomène en question l'intervention, même l'intervention nécessaire, dans la constitution de la perception, de la mémoire, plus exactement de l'activité mnémonique sous cette forme spéciale qu'il appelle la « reconnaissance du présent ». Plus loin nous aurons à discuter cette thèse.

En reprenant la discussion de la thèse de l'empirisme anglais, d'après laquelle la différence entre la sensation et l'image consiste en une différence d'intensité, Pradines adopte l'argument des adversaires de l'empirisme selon lequel, par un affaiblissement de son intensité une sensation ne se transforme pas en image. Mais Pradines rejette en même temps leur autre argument selon lequel une image ne devient pas sensation du fait que son intensité se trouve accrue. Ce qui est erroné dans cet argument, c'est l'idée d'un renforcement ou généralement d'un changement de l'intensité d'une image, c'est la considération même de la possibilité d'un tel changement.

L'image se sépare de la perception non par son moindre degré d'intensité, mais par l'invariabilité de celle-ci, d'où il suit que l'image est entièrement privée d'intensité. C'est par cette variabilité que la sensation diffère de l'image sous toutes ses formes, même celles qui semblent s'approcher de la sensation au plus haut degré. La variabilité en question doit s'inscrire dans toute perception même statique et immobile, elle doit y figurer à titre de fait dont conscience est prise; cela n'est possible que par les renvois que la perception actuelle implique à des états perceptifs différents.

L'enveloppement dans une perception d'une suite ordonnée d'intensités est, d'après Pradines, la condition indispensable de la perception : « si nous ne connaissons que la qualité représentative, si nous n'en connaissons pas la *valeur d'ordre*, c'est-à-dire le rang qu'elle occupe dans une suite d'intensités, nous n'en connaissons pas la signification, et, par suite, nous ne connaissons même aucune qualité ». Aussi l'auteur définit-il la perception comme attente « sous la condition d'un mouvement convenable, en nous ou hors de nous, [sujette] [1] à une intensité croissante de l'objet perçu », et l'anticipation du mouvement tel qu'il figure nécessairement dans toute perception n'est que l'anticipation de diverses intensités de la sensation donnée.

Il faut distinguer cet enveloppement d'une liaison associative entre des états étrangers par leur nature l'un à l'autre, états qui peuvent bien s'évoquer réciproquement, mais dont aucun n'entre dans la constitution de l'autre. C'est cette distinction qui fonde celle, capitale pour Pradines, entre vision et prévision. L'espace représenté grâce à l'interprétation de la suite d'intensités qu'implique la perception actuelle, la distance à laquelle se trouve l'objet perçu comme l'espace même sont perçus et non seulement prévus [2]. L'espace perçu n'est pas un espace vide; il est, au contraire, peuplé d'objets qui sont les fins et les buts des actions humaines, cet espace

1. « sujette » suppléé par nous. *Éd.*

2. *Id., ibid.*, p. 172; cf. également livre II, partie II, chap. I, sect. I, la critique à l'endroit de l'explication de l'espace visuel par l'association entre des données visuelles et les données tactiles et musculaires évoquées.

« n'est que notre champ d'action » [1], et dans ce sens on peut dire de lui qu'il est rempli de passions humaines [2].

Cela signifie qu'une passion est symbolisée, anticipée, annoncée par toute perception d'un objet situé dans l'espace. Cependant si « l'attente d'une passion sous la condition d'un mouvement [...] est enveloppée dans toute représentation », cette passion apparaît non comme simplement et purement future, mais comme représentée, comme présente en phénomène [3]. La passion est, sans doute, située dans l'avenir, mais cet avenir est lui-même vu en phénomène, il n'est pas prévu [4]. Aussi le terme d'attente ne doit-il pas être entendu avec le sens de deux états mentaux séparés entre lesquels il y aurait un passage, de sorte que l'un donnerait un avertissement de l'autre qui, à son tour, serait consécutif au premier [5].

La passion est si loin d'être séparée de la perception qu'elle est présente et immanente en celle-ci, bien qu'elle le soit sous forme sublimée et atténuée, comme la « résonance lointaine » de la « secousse initiale » [6]. Sous cette forme, la passion entre dans la constitution de la perception qui se compose avec elle, la passion fait partie de la perception et elle est contenue en elle [7]. De là cette distinction mentionnée [8] que soutient Pradines entre des réactions émotionnelles déclenchées par des perceptions et qui s'ajoutent à celles-ci, et les éléments passionnels au sein même de la perception, qui y figurent à titre de faits essentiels et constitutifs.

Aussi la thèse de Pradines que la sensation est un signe de la chose, ne doit-elle pas être confondue avec la thèse traditionnelle. Selon cette thèse, les données sensorielles *deviennent* signes d'objets en vertu d'une liaison associative régulière à ceux-ci dont elles donnent donc un avertissement, c'est-à-dire qu'elles font attendre, ce qui revient à les laisser prévoir. Les données sensorielles deviennent signes, cela veut dire qu'elles ne le sont pas par nature. Par conséquent, elles peuvent exister en dehors de ce rôle et elles doivent même lui préexister. Cette séparation entre l'existence des données sensorielles et leur fonction de signes n'est pas admise par M. Pradines [9].

D'après lui, la donnée sensorielle ne doit pas cette fonction à un « accident » (association empirique ou originelle), elle est, au contraire,

1. *Id., ibid.*, p. 96.
2. *Id., ibid.*, p. 138.
3. *Id., ibid.*, p. 217-218.
4. *Id., ibid.*, p. 173.
5. *Id., ibid.*, p. 175; cf. également p. 234-235, p. 237.
6. *Id., ibid.*, p. 64.
7. Cf. *Id., ibid.*, p. 95.
8. Cf. p. 181-182.
9. Cf. Pradines, *loc. cit.*, p. 95, 103 et livre II, partie II, chap. IV, sect. I.

signe « par substance » : elle n'est que signe, dans tout son être, elle est imprégnée du rôle de transmettre une médiation de l'objet, et elle s'épuise dans ce rôle auquel elle est indissolublement liée et en dehors duquel elle n'est rien. Contrairement aux vues de la psychologie traditionnelle, la fonction de la sensorialité consiste, d'après Pradines, non à nous fournir des qualités sensorielles telles que les couleurs et les sons, mais à nous faire apercevoir des objets qui, dans les sensations, sont directement et immédiatement saisis.

Donc, au lieu d'être signalés comme à prévoir, ils sont vus et compris dans ces signes que sont les données sensorielles. C'est par l'objet et à travers l'objet dont elles sont les qualités et auquel elles sont attachées que nous viennent les couleurs et les sons et non inversement. De sorte que la question ne se pose plus de savoir comment, à partir des qualités sensorielles considérées comme des données élémentaires, la conscience parvient aux objets[1]. Sous leur forme pure, c'est-à-dire détachée de l'objet et privée de la fonction représentative, les qualités sensorielles telles qu'elles figurent dans les sciences et dans les arts (dans l'acoustique et dans la musique, par exemple) ne doivent pas passer pour des données immédiates de la conscience; il faut, au contraire, voir en elles, des produits d'une activité sursensorielle, et qui se situent à un stade très avancé de l'évolution[2]. Cette immédiateté de la relation entre la sensation et l'objet a sa raison en ceci que l'objet est essentiellement défini pour le sujet par l'état de passion qui se produit lors d'un contact direct et intime avec l'objet, et que c'est cette passion qui, en tant qu'annoncée, figure dans la sensation à titre d'élément constitutif. Or, une passion qui, sans être actuellement vécue, figure dans une perception, ne peut y être présente que sous forme d'un renvoi à elle, qu'implique la perception (ainsi que c'est le cas de la suite d'intensités à laquelle s'insère l'intensité donnée). Avec la théorie de Pradines, nous [nous trouvons][3] donc vraiment devant une théorie d'implication.

Il ne sera peut-être pas sans intérêt de confronter les vues de Husserl avec celles de Pradines qui, tous deux, accordent une large place, dans la constitution de la perception, à des faits relevant de l'« intelligence ». Tout acte perceptif se compose, d'après Husserl, de données hylétiques, les

1. *Id.*, *ibid.*, livre I, chap. VI, sect. II et sect. IV.

2. Cf. à ce propos *id.*, *ibid.*, livre I, chap. V, et livre III, partie II, chap. III, sect. III. Nous ne pouvons que faire allusion ici à cette idée précieuse entre toutes celles dont on est redevable à Pradines. Cette idée est appelée à jouer un rôle fondamental dans une théorie qui porte sur la constitution de certaines classes d'entités supérieures aux objets perceptibles, donc pour une théorie de l'« abstraction » – quelques modifications d'ailleurs qu'on soit amené à apporter à la conception que Pradines soutient de l'activité sursensorielle.

3. « nous trouvons » suppléé par nous. *Éd.*

sensations, qui sont animées et informées par des actes interprétants et qui prêtent un sens, de manière comparable en quelque sorte à celle dont une signification est prêtée à des mots[1]. C'est à ces couches réunies que correspond l'objet tel qu'il s'offre dans la perception. Si l'on rapporte l'intelligence à ce que Husserl appelle la [...][2], on pourra dire que, d'après lui, l'intelligence entre en fonction et s'exerce dans chaque perception particulière.

D'après Pradines « la sensorialité est tout entière intelligence » et il va jusqu'à renverser « l'adage de l'empirisme », en soutenant que « *nihil est in sensu quod non prius fuerit in intellectu* »[3]. La sensorialité est intelligence dans ce sens que c'est aux efforts et au travail de celle-ci qu'elle doit sa formation et son évolution dans les espèces. Le travail de l'intelligence consiste à dissocier progressivement les éléments impressifs des éléments représentatifs que contient l'irritation originelle, à assurer la prévalence des derniers sur les premiers, à créer cette gamme des intensités dont il a été question, à établir enfin une corrélation entre les intensités et les distances, c'est-à-dire à élaborer l'interprétation de celles-là en valeurs spatiales[4].

Ainsi l'intelligence, au cours de milliers de siècles, a poussé la vie mentale d'un stade purement impressif à un niveau où des états représentatifs sont possibles. Ce niveau atteint, la sensorialité constituée, le travail de l'intelligence est en quelque sorte achevé et se trouve comme déposé ou sédimenté dans chaque état représentatif. Toute perception contient à sa racine l'intelligence, parce qu'un tel état n'a pu naître sinon sous l'impulsion de celle-ci qui donc s'y trouve comme incorporée à titre d'élément organique[5].

Aussi Pradines peut-il se passer de faire appel, lors de toute perception particulière se produisant chez des êtres qui, comme les humains, sont capables de vivre des états vraiment perceptifs, à des facteurs dépassant le

1. Cf. *supra*, p. 109 , p. 179, note 3.

2. Mot manquant. dans tous ces cas de lacunes dans notre dactylographie, nous avons, le plus souvent, préféré laisser au lecteur le soin de remplir la lacune selon leur propre interprétation du texte tel qu'il nous est parvenu. *Éd.*

3. Pradines, *loc. cit.*, p. 266.

4. Cf. *id.*, *ibid.*, p. 157, p. 238.

5. L'échelle d'intensités dans laquelle s'insère l'intensité actuelle nous est donnée, d'après Pradines (*loc. cit.*, p. 220-221), par l'hérédité. « Ce qui crée cette gamme, c'est l'affinement progressif du sens aux excitations qu'il reçoit [...] l'acquisition consciente de tous les renseignements que cet affinement rend possible se confond avec l'éducation naturelle du sens, qui se réalise automatiquement chez tous les hommes en vertu d'une impulsion tout organique, et qui aboutit chez tous à une même expérience de l'univers. » Ce que nous apprenons, en montant et en descendant cette gamme, n'est « que ce que nous savions déjà, et l'expérience ne nous est qu'une occasion de réveiller en nous une science innée et qu'on peut dire organique, étant la conscience éveillée dans l'organe de la loi même de sa constitution » (*ibid.*, p. 237).

plan purement sensoriel, facteurs par lesquels les sensations seraient informées en perceptions. À cet égard, les vues qu'en nous réclamant de la théorie de la forme, nous avons opposées au dualisme husserlien, se rapprochent de la théorie de Pradines, à cette différence près : ce qui, d'après nous, correspond à la perception conçue comme à couche unique, est l'objet-perçu-comme-tel, donc le noème perceptif, tandis que ce qui, d'après Pradines, apparaît dans la sensation, est l'objet réel considéré comme agent éventuel.

§ 5. CRITIQUE DE LA THÉORIE DE PRADINES

Sous la considération de l'objet réel comme agent se dissimule la notion du noème qu'il faut dégager de la théorie de Pradines. Plus exactement, il faut y introduire cette notion dont l'absence – comme nous aurons à le montrer[1] – met cette théorie devant une difficulté insurmontable en ce qui concerne l'identité de l'objet par rapport à un groupe d'actes séparés les uns des autres, par lesquels l'objet est perçu. Il y a, d'après Pradines, une différence profonde qui sépare les qualités sensibles, couleurs, chaleurs, etc., des impressions et des affections. Les qualités sensibles appartiennent à la chose – et l'auteur reproche à juste titre à la « psychologie impressionniste » de faire passer pour des « qualités de l'âme » ou pour des « états du sujet » ce qui, en réalité, appartient à la chose même – ce sont des qualités attachées à l'objet à tel point qu'elles ne sont pas désignées sans rapport avec celui-ci, comme par exemple l'odeur de rose[2].

Les impressions et les affections, au contraire, appartiennent au sujet qui les éprouve, elles sont vécues par lui comme ses états subjectifs et ne le renseignent que sur lui-même, mais elle ne lui fournissent aucun renseignement sur les choses[3]. Cela ne peut cependant pas signifier que, quand la passion est vécue, l'objet n'y serait pour rien et qu'il serait effacé pour la conscience. De même que, dans la perception, la passion qui y est anticipée est liée à l'objet représenté, de même l'objet doit être lié à la passion, quand celle-ci est actuellement vécue. Autrement il n'y aurait plus de lien interne entre l'action anticipée et l'action subie, entre ce qui est présent phénoménologiquement et ce qui l'est ontologiquement.

La théorie de Pradines manquerait son but qui est de surmonter l'atomisme psychologique, en rattachant par un lien qui dépasse tous les

1. Cf. *infra*, p. 190.
2. Cf. Pradines, *loc. cit.*, p. 36-37.
3. *Id., ibid.*, p. 64.

moyens de l'association la conscience à l'être et en donnant au sujet de l'objectivité[1]. Même cette irréversibilité du temps dont l'ordre va dans le sens du phénomène à l'être, c'est-à-dire de la représentation à la passion[2], ne serait pas possible. En effet, la passion vécue, qui est donnée comme celle qui, dans une perception antérieure, a été anticipée, n'est pas détachée de l'objet. Elle rend, au contraire, présent l'objet qui, en elle, s'exerce sur le sujet et dont l'action est sentie et subie.

C'est en ce sens que les rencontres utiles et nuisibles avec les choses, où naissent les passions, doivent être considérées comme des expériences de ces choses, quelle que soit la différence entre cette espèce d'expérience et celle des représentations. Il faut introduire ici la notion de noème. L'objet qui est rendu présent par la passion, s'y offre dans un certain mode de présentation : à la passion correspond l'« objet-subi-comme-tel », plus exactement l'« objet-à-une-action-subie-comme-telle ». Et cet objet est donné comme identiquement le même que celui qui, dans la perception antérieure, apparaissait sous un autre aspect, qui y était vu, au lieu d'être subi, et dont l'action y était représentée et annoncée, au lieu d'être vécue.

Traduite en termes phénoménologiques, la théorie de Pradines peut se résumer comme suit : tout noème perceptif implique un renvoi à l'apparition de l'objet perçu sous l'aspect de l'action qu'il exerce et du résultat passionnel de cette action. Noétiquement parlant : si la perception est la représentation d'une passion éventuelle, c'est qu'elle renvoie et qu'elle est même constituée par ce renvoi à une expérience passionnelle potentielle du même objet[3]. En poursuivant cette pensée jusqu'au bout, on sera amené à soutenir que toutes les perceptions qui se rapportent au même objet, renvoient à la même passion potentielle ; corrélativement : il y a un noème correspondant à cette expérience passionnelle, auquel tous les noèmes correspondant aux perceptions en question impliquent un renvoi qui est le même pour tous ces noèmes perceptifs, si différents soient-ils entre eux.

On voit alors l'analogie entre la théorie à laquelle on parvient en replaçant les idées de Pradines dans l'ensemble de la phénoménologie et la théorie du point noématique central[4]. Cette théorie-là aussi bien que celle-ci donnent le noème comme polarisé vers l'un de ses composants qui joue un rôle constitutif dans la structure du noème et doit pour cette raison être considéré comme privilégié. La conséquence en est que dans les deux théories les noèmes qui se rapportent au même objet possèdent en commun le même composant privilégié par rapport auquel ils se réunissent en

1. [...] Cette note manque dans notre dactylographie. *Éd.*

2. *Ibid.*

3. Sur le sens qu'il faut donner ici au terme de potentialité, cf. § 9 de ce chapitre.

4. Cf. *supra*, p. 165-169.

groupe et qui prête la cohérence à ce groupe. C'est ce composant privilégié qui assure pour la conscience l'identité de l'objet perçu dans une pluralité d'actes qui diffèrent les uns des autres par les noèmes qui leur correspondent[1].

Cependant la théorie phénoménologique qu'on peut établir en utilisant les suggestions de Pradines, comporte un progrès sur la théorie du point noématique central. Ce progrès consiste à ne plus voir le composant privilégié du noème dans un élément noématique matériel qui figurerait en *substratum* ou en support dans l'organisation structurale du noème, mais à lui substituer une conception relationnelle. C'est en effet défendre une conception relationnelle que de considérer le noème perceptif comme polarisé vers le renvoi qu'il implique à un certain noème différent ; et, corrélativement, de définir l'acte de perception par le renvoi, constitutif pour cet acte, à une expérience distincte : la passion.

La théorie de Pradines répond sans doute à un grand nombre de perceptions surtout en ce qui concerne la sensorialité dite inférieure, comme les sens gustatif et olfactif. Elle répond à tous les cas où l'objet perçu apparaît à la lumière de la satisfaction qu'il donne à un besoin ou bien à la lumière de l'aversion qu'il suscite. Ici en effet, la perception est polarisée vers la passion qu'elle contient à titre d'élément constitutif ; la perception est comme imbue de la passion qu'elle annonce comme imminente sous la condition d'un mouvement d'approche, et elle peut bien guider ce mouvement grâce à son intensité et grâce à l'échelle d'intensités où s'insère l'intensité donnée[2].

Dans ce cas, l'aspect sous lequel s'offre l'objet perçu renvoie (et il va jusqu'à être constitué par ce renvoi qu'il implique) à celui sous lequel il se présenterait, si le sujet entrait en contact intime avec lui. Entre les phénomènes qu'explique la théorie de Pradines, il faut compter – nous semble-t-il – aussi la perception que l'enfant a de la flamme d'une bougie, après s'être déjà brûlé les doigts une fois. La flamme telle que l'enfant la voit lui apparaît par rapport à un attouchement douloureux, et toute la réaction de l'enfant est déterminée par cette expérience affective qui n'est pas présentement vécue, mais qui figure sous forme impliquée dans sa perception actuelle, si bien que celle-ci n'est telle quelle que grâce à ce renvoi qu'elle implique[3].

1. On verra dans la suite que cette conséquence découle en effet de la théorie de Pradines qui cependant, parce qu'il ne connaît pas la notion de noème, n'a pas abouti à une solution complète et suffisamment générale du problème de l'identité de l'objet.

2. Cf. *supra*, p. 184-185.

3. Nous ne sommes pas sûr que M. Pradines permette de citer cet exemple en faveur de sa théorie, ou s'il n'y verra qu'un cas d'attente d'une passion déjà éprouvée et qui s'associerait à la perception, parce que cette réaction enfantine est acquise par l'expérience individuelle qui

Il ne s'agit cependant pas de chercher des exemples (ils abondent) à l'appui de la théorie de Pradines. La question est de savoir si cette théorie peut être établie en toute généralité. Toutes nos perceptions ne sont pas pénétrées des éléments passionnels qu'elles impliquent. On ne soutiendra guère que la plupart des choses que nous voyons, telles les maisons, les arbres, les montagnes, etc., nous apparaissent sous l'aspect d'un attouchement affectif éventuel que nous éprouverions quand nous nous heurterions à elles, comme cela devrait être le cas, si la vision était vraiment l'auxiliaire de l'attouchement affectif et que celui-ci fît partie de la vision[1], c'est-à-dire si toute perfection visuelle était essentiellement constituée par une passion qu'elle annonce, en y impliquant un renvoi.

Pour rendre justice à la théorie de Pradines, il faut la replacer dans l'ensemble des vues et surtout de l'orientation générale où elle a pris naissance. Pradines envisage la perception du point de vue de l'intérêt vital qu'a l'être de tirer des renseignements sur les choses utiles et nuisibles qui l'entourent, avant qu'il entre en contact direct avec ces choses et en subisse l'action[2]. Ce n'est que l'utilité biologique qui justifie et qui rend compréhensibles les soins et les peines prolongés, dans les espèces, pendant des milliers de siècles, que la vie s'est imposée, pour se créer une sensorialité. Celle-ci est donc un « progrès organique et psychologique » plutôt qu'un état[3]; et l'auteur cherche à établir les forces actives de l'esprit à la base de cette genèse, forces qui ont poussé la passion à une atténuation et à une sublimation progressives et qui ont assuré aux éléments représentatifs, que la passion initiale ne contient que sous forme germinale, une prépondérance croissante sur les éléments passionnels et intensifs, jusqu'à ce que, avec la vision, la sensorialité représentative atteigne son plein épanouissement[4]. Or, la genèse d'une activité mentale est inscrite dans cette activité parachevée; tout le travail qui était nécessaire pour la formation et pour

semble supposer la perception constituée. Ainsi, la passion ne pourrait se lier que par association à la perception, mais ne saurait entrer dans la constitution de celle-ci. Si nous citons cet exemple, c'est, comme on le verra par la suite (cf. sect. 7 de ce chap.), que nous ne pouvons pas admettre la distinction entre une liaison par endosmose et une liaison par association, telle au moins que Pradines la soutient. De cette distinction, générale d'ailleurs, celle entre des passions qui constituent les perceptions et y sont contenues et celles déclenchées par les perceptions (cf. *supra*, p. 181-182) n'est qu'un cas particulier. En ce qui concerne l'acquisition par l'expérience individuelle, ou, d'après nous, il ne s'agit pas d'une accumulation de données s'associant les unes aux autre, cf. sect. 7 de ce chapitre.

1. Pradines, *loc. cit.*, p. 95.

2. Cf. *id., ibid.*, p. 51, 172, p. 230-231.

3. *Id., ibid.*, p. 265.

4. Cf. *id., ibid.*, p. 134. Cf. dans ce contexte, livre I, chap. III, et p. 44 sur l*a priori*té génétique des réactions à la lumière par rapport à celles à des couleurs, et les remarques que Pradines fait p. 160-162 sur la genèse de l'ouïe.

l'élaboration d'une fonction et tous les facteurs qui ont contribué à cette élaboration, se trouvent sédimentés dans chaque exercice de cette fonction.

C'est ainsi que la connaissance de la distance par la vue, grâce à l'échelle d'intensités dans laquelle s'insère l'intensité donnée est comme « une science innée et qu'on peut dire organique, étant la conscience éveillée dans l'organe de la loi même de sa constitution »[1]. C'est donc ainsi que tout acte perceptif est en lui-même et en tant que tel pénétré et imprégné d'intelligence, parce que ce n'est que sous l'impulsion de celle-ci que la fonction représentative et perceptive a pu se former[2] ; c'est ainsi enfin que, au-dessous de la qualité achevée, « des intensités et des affections s'aperçoivent dont le rôle en quelque sorte génétique par rapport à la qualité représentative est comme indiqué dans la fonction même de cette dernière »[3].

Pour dégager la nature essentielle d'une fonction mentale à l'échelle achevée, il faut donc remonter à ses origines et à son histoire qui y est déposée[4]. Aussi des considérations phylogénétiques l'emportent-elles, chez Pradines, sur l'analyse phénoménologique et même sur les études de la psychologie comparée restreinte à l'être humain[5]. Ce qu'il cherche à établir est l'ordre de genèse des fonctions mentales, et non l'ordre de leur apparition. Or, ce qu'on constate chez l'enfant, même chez le très jeune enfant, peut être « le fruit immédiatement récupéré d'une évolution tardive dans l'espèce ».

Dans cette orientation de la pensée, l'être vivant et conscient est considéré comme placé dans le monde réel, entouré d'objets qui figurent en agents pour lui et qui l'intéressent à ce titre seulement. Ce sont ces objets dont il subit les actions et reçoit des impressions et auxquels il réagit. Pour pouvoir mieux y réagir, pour prévenir les rencontres nuisibles avec les choses et pour chercher celles qui sont utiles à la vie, au cours des milliers de siècles, s'est créée la sensorialité représentative qui est au service de ses besoins vitaux et de sa conservation. La conscience humaine doit donc être conçue comme une réalité parmi d'autres, et qui s'est formée, pendant son évolution, au contact des réalités mondaines.

Cette structure en elle-même, dans sa structure intrinsèque, est marquée des traces de son histoire. Cette manière de voir les choses est parfaitement légitime, tant qu'on étudie la conscience en psychologue, c'est-à-dire tant qu'on persévère dans l'attitude naturelle. Mais si, dans cette attitude, les

1. *Id., ibid.*, p. 237.
2. Cf. *supra*, p. 188-189.
3. Pradines, *loc. cit.*, p. 271 ; cf. aussi p. 174-175.
4. Nous retrouverons plus tard cette question posée en d'autres termes.
5. Cf. Pradines, *loc. cit.*, p. 41.

problèmes philosophiques sont abordés, on tombe fatalement dans une situation antinomique dont il n'est possible de sortir que par la réduction phénoménologique[1]. La théorie de Pradines est très instructive à cet égard : elle montre en effet qu'on ne peut pas concevoir la conscience en tant que conscience humaine, sans présupposer les réalités mondaines comme constituées, et sans faire intervenir cette présupposition dans la définition même de la conscience, de sorte que, dans toute étude de la conscience ainsi conçue, on est constamment obligé de faire appel au réel pris comme préexistant à la conscience[2].

La phénoménologie est loin de se désintéresser du réel; elle cherche aussi à donner au sujet de l'objectivité. Or le réel (qu'il s'agisse du monde perceptible ou des entités construites dans les sciences physiques, qu'il faut bien se garder d'hypostasier[3]) ne peut être compris dans sa constitution et dans son sens d'être que s'il est conçu comme le corrélatif de la conscience, des actes et des complications d'actes qui s'y rapportent, dans lesquels il est appréhendé et grâce auxquels il se présente tel qu'il est[4]. Le réel figure donc, pour la phénoménologie, en objectif plutôt qu'en objet; il est le terme à atteindre et non le point de départ.

Aussi faut-il s'enfermer dans une attitude rigoureusement descriptive et se défendre de faire appel, dans les analyses phénoménologiques, à une entité quelconque dont le sens ultime ne peut être révélé que par ces analyses mêmes[5]. Nous retenons donc l'idée de l'implication que Pradines ne s'est pas contenté d'énoncer, mais dont il a donné une réalisation concrète. Cette réalisation nous paraît cependant partielle, parce que sa théorie s'applique seulement aux perceptions du type mentionné[6] et, de plus, par rapport à l'échelle d'intensités à laquelle toute intensité actuellement donnée contient un renvoi[7], à ces perceptions qu'on vit, quand on s'approche ou s'éloigne en ligne droite d'une source de lumière ou de son.

L'implication constitue, d'après Pradines, le privilège du rapport entre la perception et la passion représentée et annoncée par la première. Une telle relation n'existe pas entre des perceptions. Celles-ci peuvent bien s'évoquer les unes les autres, mais aucune perception ne trouve sa raison

1. Cf. *supra*, chap. I, sect. 4 et 5, et chap. II, sect. 6.

2. Cf. par exemple Pradines, *loc. cit.*, p. 162-163, où les différences entre les renseignements spatiaux de la vue et ceux que fournit l'ouïe sont expliquées en fonction des différences physiques entre les conditions de production des ondes lumineuses et celles des ondes sonores.

3. Cf. chap. II, sect. 4.

4. Cf. chap. I, sect. 1.

5. Cf. *supra*, p. 121-124 sur le rapport entre la réduction phénoménologique et l'orientation strictement descriptive à donner aux analyses phénoménologiques.

6. Cf. p. 190.

7. Cf. *supra*, p. 184-185.

dans l'évocation d'une perception différente[1]. Si, par exemple, en touchant un objet, on en évoque une image visuelle (comme cela arrive presque dans la règle), ce n'est pas que l'aspect visuel de l'objet ait été représenté et signifié dans l'expérience tactile, comme si celle-ci avait enveloppé les données de la vue, et que cette évocation était une explicitation de ce que l'expérience tactile contenait sous forme impliquée[2].

En vérité, il s'agit, dans cette évocation, d'une « polarisation visuelle »[3] des données tactiles, dont d'ailleurs tous les sens sont susceptibles. La vue étant le sens où la fonction de représentation a atteint son plein achèvement, les renseignements fournis par les autres sens gagnent en puissance de représentation s'ils sont élevés au le plan visuel. Le sens tactile n'implique donc aucun renvoi qui serait constitutif pour ce qui s'offre, à l'aspect sous lequel l'objet touché apparaîtrait, s'il était donné en vision, pas plus que cet aspect visuel n'est constitué par un renvoi qu'il implique à des données de la tactilité, aussi longtemps qu'il est question de la tactilité représentative et non affective[4].

La polarisation visuelle n'est qu'un moyen auxiliaire, pour mieux représenter ce que la vue et le tact représentent en commun, à savoir la passion qui est l'attouchement affectif. Aussi aucun problème ne se pose-t-il pour Pradines concernant la correspondance entre ce qu'on voit et ce qu'on touche, ni de celle des espaces sensibles visuel et tactile[5]. En effet, si toute perception, de par sa nature, est une représentation de l'expérience passionnelle qu'on vivrait en subissant l'action directe de l'objet perçu, et que celui-ci ne figure qu'en agent éventuel, c'est-à-dire en tant que, sous la condition d'un mouvement, il exercerait une action immédiate, alors c'est la même passion qui est annoncée dans une perception visuelle aussi bien que tactile.

L'objet étant lié à la passion annoncée, c'est donc identiquement la même chose qui est représentée par la vue et par le tact, c'est le même agent éventuel qui s'offre tantôt en couleur, tantôt en solidité. Ainsi le tact qui est plus proche que la vue de l'attouchement affectif qu'il symbolise, mais qui pour cette raison est d'une moindre puissance de représentation, peut avoir recours aux procédés plus perfectionnés du sens visuel, pour élever à un plus haut niveau de représentation la signification qui lui appartient conjointement avec la vision. En transposant la théorie de Pradines sur le

1. Pradines, *loc. cit.*, p. 70.

2. *Id., ibid.*, p. 176-177.

3. On ne confondra pas cette signification du terme "polarisation" avec celle dans laquelle nous avons employé ce mot p. 191 et à la sect. 2 de ce chapitre.

4. Au sujet de la différence et du rapport entre ces deux tactilités, cf. Pradines, *loc. cit.*, p. 163-164.

5. *Id., ibid.*, p. 97-99, p. 130-131.

plan phénoménologique, comme nous venons de le faire [1], on voit que c'est en effet le renvoi au même noème passionnel qu'impliquent tous les noèmes qui correspondent à des perceptions relevant de sens différents, mais se rapportant au même objet, qui en assure l'identité pour la conscience, et par rapport auquel toutes ces perceptions sont réunies en groupe [2].

La théorie de la polarisation visuelle est une conséquence de la théorie générale de Pradines voulant que la perception soit le produit d'un processus d'atténuation et de sublimation de la passion et qu'elle soit constituée par un renvoi qu'elle implique à celle-ci. Nous n'insisterons plus sur cette thèse qui – nous venons de le dire – n'est pas tirée exclusivement d'analyses purement descriptives. Ce qui nous intéresse maintenant, c'est la nature du rapport que Pradines voit entre des perceptions différentes qui se rapportent au même objet. Si l'évocation d'une image visuelle n'a pour effet que de renforcer la signification qui appartient en propre au sens tactile, c'est que les données de celui-ci se suffisent à elles-mêmes en ce sens qu'elles ne renvoient pas à d'autres perceptions qui les compléteraient et les prolongeraient. En effet, la signification des sens tactile aussi bien que visuel est l'objet en tant qu'agent tel qu'il est subi dans l'attouchement affectif. Toute perception, puisque sa fonction consiste à annoncer cette passion comme éventuelle, est donc complète en elle-même, en ce qui concerne la représentation de son objet. Par le concours d'une pluralité de perceptions, les renseignements fournis par l'une d'entre elles peuvent bien être enrichis, ou bien ils peuvent être élevés à une plus haute puissance de représentation. Mais ce n'est pas le cas [3] qu'une perception offre *modo originali* ce qui, sans être donné dans ce mode privilégié dans une autre perception, y figure tout de même et y figure à tel point qu'il contribue à la constituer telle qu'elle est vécue par le sujet percevant.

Voilà cependant ce qui décide si le rapport entre deux états mentaux est celui que nous appelons implication. Pradines est donc amené, par sa conception générale de la perception, à admettre un tel rapport seulement entre une perception et la passion annoncée par celle-là, mais à l'exclure en ce qui concerne une pluralité de perceptions qui se rapportent au même objet. Voilà un autre point sur lequel nous ne pouvons partager l'opinion de Pradines.

Examinons l'exemple suivant. Quand on entend le bruit d'une voiture, on peut évoquer de celle-ci une image visuelle plus ou moins schématique et indéterminée. Ce faisant, on explicite le sens perceptif de cette audition. Entendre le bruit d'une voiture, ce n'est pas en effet avoir des données

1. Cf. p. 188-189.
2. Au sujet de ce problème, cf. *infra*, p. 199 *sq*.
3. « mais ce n'est pas le cas » pour « mais il n'en n'est pas ». *Éd.*

acoustiques qui, en elles-mêmes, sont indifférentes à l'objet qu'elles signalent, mais auxquelles se lient par association des images et des représentations plus ou moins intuitives, résidus de perceptions visuelles antérieures qui s'accompagnaient régulièrement de ces données acoustiques, de sorte que la perception du bruit se décompose à la lumière de l'analyse avec les données sensorielles proprement dites et avec l'interprétation qui leur est apportée grâce à des images et à des représentations associées [1].

L'audition du bruit est une perception auditive de la voiture. Le bruit est entendu et non interprété comme bruit d'une voiture; celle-ci s'y offre en elle-même, mais elle s'y offre comme susceptible d'être vue, d'être touchée, de se présenter de près, de loin; d'apparaître sous des aspects différents, dans des orientations diverses, de tel côté ou de tel autre, etc. Tous ces modes de présentation qui ne sont pas actualisés sur le moment, sont tout de même enveloppés dans l'expérience auditive de la voiture, et c'est par leur présence, sous forme d'indication et d'implication, dans celle-ci, qu'elle est telle qu'elle figure pour le sujet: expérience auditive d'une voiture qui s'offre sous l'aspect du bruit qu'elle fait. À cet égard, il est d'ailleurs tout à fait indifférent que par l'évocation d'images on explicite ou non ces renvois impliqués [2]. Que l'on passe à cette explicitation ou que, mieux encore, on passe à vivre les perceptions qui correspondent aux images évoquées, c'est toujours le même objet qui est représenté dans toute cette multiplicité de perceptions: la voiture qui maintenant apparaît en vision est la même que celle dont on vient d'entendre le bruit, qu'on est libre de toucher, dont on peut s'approcher, s'éloigner, etc. On peut bien dire que de la sorte l'objet est mieux représenté. Cela ne signifie pas, pour autant, seulement une élévation à une plus haute puissance de représentation.

Par cette multiplicité de perceptions, les renseignements qu'on a de l'objet sont enrichis, celui-ci se présente sous des aspects et de côtés nouveaux et encore – ce qui nous intéresse ici particulièrement – les anticipations sur des expériences tactiles, visuelles, etc., à faire de l'objet, qu'implique l'expérience auditive, sont confirmées ou infirmées, les renvois indéterminés se déterminent, etc., quand, par exemple, croyant que la voiture dont on entend le bruit est celle qu'on attend, on regarde par la fenêtre, pour trouver une confirmation ou une infirmation perceptives de ce qui, dans l'expérience auditive, était seulement indiqué.

Cet enrichissement ne signifie donc pas que des perceptions s'ajoutent simplement les unes aux autres; par le déroulement de ces perceptions, est donné et apparaît *modo originali* ce qui, dans l'audition du bruit, n'est que

1. Cf. à ce sujet § 6 de ce chapitre.
2. Cf. *supra*, p. 176.

prétracé et prédessiné, mais qui, même sans être explicite, et, à plus forte raison, sans être actualisé, figure dans le « bruit-entendu-comme-tel » et le constitue tel qu'il est perçu. Les bruits, d'après l'idée si heureuse et si féconde de Pradines[1], doivent être considérés comme les données primaires et même naturelles de l'ouïe, et ils sont attachés à l'objet qu'ils annoncent.

Or, cet attachement ne peut se manifester pour la conscience que par les renvois que le bruit entendu contient à d'autres expériences à faire de l'objet en question, et surtout à des expériences tactiles et visuelles[2]. Voilà comment un bruit a pu se constituer en ambassade d'un objet qui y est présent et dont il figure en « signe naturel »[3]. Il n'en est pas autrement en ce qui concerne la perception visuelle d'un objet : la voiture telle qu'elle apparaît, quand on la regarde par la fenêtre, donc d'en haut, implique un renvoi à l'aspect sous lequel elle s'offre quand on la perçoit de la rue ; la voiture-perçue-comme-telle, quand on la regarde de tel côté, renvoie aux aspects sous lesquels elle se présente successivement quand le sujet percevant se promène autour d'elle, etc.

Il résulte de cette analyse qu'aucune perception particulière n'est en elle-même complète en ce qui concerne la représentation de l'objet auquel elle se rapporte. Celui-ci s'offre, sans doute, en lui-même dans tout acte perceptif ; ni cet acte, ni le noème qui lui correspond ne doivent passer pour quelque chose d'intermédiaire entre la vie perceptive et l'objet perçu. Pourtant cet objet, pour se présenter en lui-même, dans une perception particulière, y apparaît sous un certain aspect, d'un certain côté, dans une certaine orientation, bref, il s'y offre de manière unilatérale et dans une certaine *Abschattung*, et il ne peut pas s'offrir autrement[4].

Ce qui, dans une perception particulière, est donné de l'objet perçu en vision ou, plus généralement, en intuition directe et véritable, est plongé dans un *halo d'implications* et de renvois aux côtés non vus de l'objet perçu, à des aspects sous lesquels il pourrait se présenter, à des modes d'apparition différents de celui qui est actualisé. Cet halo n'est pas un fait accessoire ; c'est, au contraire, par rapport à lui et grâce à lui que le « sens objectif » de la perception particulière en question devient tel qu'il est aux

1. Pradines, *loc. cit.*, p. 41-43.

2. Cf. G. F. Stout, « The common-sense conception of a material thing », *Proceedings of the Aristotelian Society*, New Series, T. I (1901) p. 2-3. D'après Stout, les qualités visuelles et tactiles forment un « noyau central » de la chose matérielle auquel d'autres qualités, notamment les qualités auditives, sont liées plus ou moins étroitement.

3. Cf. *supra*, p. 186-187.

4. Cf. Husserl, *Ideen*, § 42, 44.

yeux du sujet percevant et que ce qui est donné en intuition véritable acquiert le rôle qu'il joue dans le sens noématique[1].

Le noème perceptif comporte donc nécessairement des faits noématiques qui en lui ne sont qu'indiqués et impliqués, mais qui néanmoins entrent dans sa constitution à titre d'éléments essentiels. Avec ces faits impliqués qui, par surcroît, peuvent être plus ou moins déterminés, il ne s'agit point de faits cachés et à tout jamais inaccessibles. Tout au contraire, les indéterminations impliquées dans un noème perceptif sont caractérisées comme déterminables ; ce qui y figure, sans être vu, est donné comme visible, etc. Cela signifie que toute perception particulière renvoie à d'autres qui la prolongeront et qui compléteront son apport, dans lesquelles sera donc donné en vision ou en intuition véritable ce qui, dans la perception actuelle, ne figure que sous forme d'implication.

Ainsi, pour reprendre un exemple cité plus haut[2], les montagnes se présentant de très loin, avec des contours imprécis, le tout assez indistinct[3], etc., cette perception renvoie à des perceptions ultérieures de montagnes qui s'offriront avec une clarté et une détermination accrues, dont les contours, la forme et toute la disposition se préciseront, perceptions qui, dans la perception actuelle, ne sont qu'indiquées de façon assez vague et très générique. C'est dans ces renvois à d'autres perceptions (le corrélatif noétique du halo d'implications que contient nécessairement chaque noème perceptif) que réside le caractère phénoménologique d'être incomplète qu'a toute *perception particulière qui en elle-même se dépasse ainsi elle-même*.

Du fait même d'avoir besoin d'être complétée, la perception particulière s'annonce à la conscience comme appartenant à tout un groupe ou à un système de perceptions avec lesquels elle est dans un rapport de continuité et qui s'enchaînent toutes les unes avec les autres, de sorte que dans l'une d'entre elles est donné sous forme déployée ce qui, dans une autre, figure implicitement. Ce système de perceptions et surtout la cohérence spéciale qui lui est propre, voilà d'où se déduit – comme on va le faire ressortir[4] – la conscience de l'identité de l'objet par opposition à une multiplicité de perceptions qui diffèrent les unes des autres par leurs noèmes mêmes.

Étant donné le rôle important et constitutif que jouent ces renvois au point de vue noématique aussi bien que noétique, on est bien fondé à

1. Cf. Husserl, *Méd. Cart.,* § 19. Pour prévenir toute confusion avec les structures exposées au quatrième chapitre, nous évitons ici le terme d'horizon employé par Husserl comme synonyme du terme de halo.

2. Cf. p. 178.

3. « en grande inclarté ». *Éd.*

4. Chapitre VI, Section

dépasser les limites trop étroites dans lesquelles Pradines veut enfermer la notion d'implication. Ce sont des considérations portant sur le rôle qu'un aspect non actuellement donné d'un objet joue dans la constitution d'un sens noématique correspondant à une perception actuelle du même objet par lesquelles nous nous sommes laissé guider, quand, à la section 3 de ce chapitre, nous avons introduit la notion d'implication. Là il s'agissait des renvois qu'un aspect visuel implique à d'autres aspects visuels.

Même cette restriction doit être abandonnée et il faut admettre un rapport d'implication partout où des faits quelconques qui ne sont pas donnés en intuition véritable entrent dans l'aspect sous lequel un objet apparaît dans une perception actuelle et contribuent à constituer ce noème perceptif tel qu'il figure pour le sujet percevant, peu importe si ces faits relèvent du même sens ou de sens différents[1]. Ici on rejoint l'idée de Stout[2] que parmi les faits qui constituent la « chose matérielle » telle qu'elle est connue de la « conscience ordinaire », il faut compter également ses « forces actives et passives », c'est-à-dire les changements que, dans certaines conditions, elle est capable de produire et de subir.

Une tasse de porcelaine peut se présenter en perception visuelle comme susceptible d'être cassée; sous l'aspect où elle apparaît alors, figure en effet sa fragilité. Stout a bien remarqué que ce renvoi à une modification possible ou éventuelle de la tasse est impliqué dans la perception statique, qui donc se dépasse ainsi elle-même, sans que le sujet percevant l'abandonne en vivant des expériences de changements réels. En ce cas, la perception statique d'un objet peut impliquer une infinité de « forces actives et passives » qui jamais n'ont été actualisées et ne le seront jamais.

Cependant, il faut ajouter qu'aucune[3] de ces « forces » ne doit passer pour impliquée dans une perception statique d'un objet que si celui-ci, dans le cas concret, s'offre en fait sous l'aspect des modifications en question, que, dans certaines circonstances, il peut produire ou subir. Ici comme partout en phénoménologie, il faut donner aux analyses une orientation purement et rigoureusement descriptive et ne rien attribuer à un état de conscience concret qu'il ne contienne pas en lui-même[4].

Stout aperçoit l'implication non seulement dans le phénomène qui vient d'être cité. Il a réuni, sous ce titre, des phénomènes assez hétérogènes, tels la durée d'une donnée de la conscience, d'un mal de dents par exemple, qui passe par des phases temporelles en changeant d'intensité, l'apparition

1. En ce qui concerne l'implication entre des faits visuels et des faits tactiles, cf. *infra*, p. 217.

2. Stout, « The common-sense conception of a material thing », *loc. cit.*, p. 4-5.

3. « aucune » pour « chacune ». *Éd.*

4. Cf. aussi p. 194.

d'un thème cohérent qui, comme un *crescendo* ou un *decrescendo*, ne peut se déployer que dans le temps, ou bien le rapport qui existe entre l'image-souvenir actuellement vécue et le fait passé qui, par elle, est rappelé[1]. L'implication a, d'après lui, sa raison ultime dans l'unité de l'univers, de sorte qu'elle embrasse également les rapports qu'il y a entre le thème et ce qui lui est coprésent (le champ thématique et les faits qui tombent sous la conscience marginale)[2]. Il faut bien distinguer ces phénomènes différents, pour parvenir à une notion précise de l'implication et pour assurer à celle-ci la place qui lui convient.

§ 6. Explication associationniste de la formation des implications

Il est incontestable que les implications sont acquises par l'expérience. En effet, la perception qu'on vit en regardant une maison d'un côté, comment pourrait-elle contenir des renvois aux côtés non vus de la maison, et comment ceux-ci pourraient-ils s'annoncer dans la perception actuelle avec plus ou moins de précision, si ce n'est grâce à des perceptions antérieures que le sujet a faites des façades en question de la maison, de sorte que ces perceptions passées se prolongent dans la perception actuelle. De même, pour percevoir un bruit qu'on entend comme bruit d'une voiture, il faut avoir appris par expérience que des bruits de telle nature sont en liaison constante avec certaines perceptions visuelles dans lesquelles se présente ce que nous appelons une « voiture ». Même les renvois indéterminés découlent d'expériences passées.

Nous avons appris que les choses qui, regardées d'un point d'observation, se présentent d'un certain côté, possèdent d'autres côtés par lesquels elles peuvent s'offrir et desquels en effet elles s'offrent successivement, au fur et à mesure que le sujet se promène autour d'elles. Ainsi s'établissent et, grâce à l'expérience répétée, se stabilisent certaines formes ou certains schèmes de la vie perceptive qui s'appliquent à toute perception nouvelle. En percevant un objet pour la première fois, cette perception entre dans les schèmes établis, et c'est pourquoi elle contient des renvois aux côtés non vus et inconnus de l'objet, au côté de derrière par exemple,

1. Stout, « Things and sensations », sect. 7, *Proceedings of the British Academy,* 1905-1906.

2. Ce n'est d'ailleurs pas l'unité de l'univers qui explique la coprésence, c'est, au contraire, celle-ci et surtout le rôle privilégié qu'y joue l'ambiance, grâce à laquelle se constitue, pour la conscience, l'unité et la continuité objectives de l'univers; cf. p. 155-156 et *infra,* p. 213.

renvois complètement génériques et tout à fait indéterminés en ce qui concerne tous les détails ou presque de ces côtés.

Le sujet ignore tout d'un tel côté, sauf qu'il existe, c'est-à-dire qu'il est accessible dans des perceptions ultérieures qui compléteront la perception actuelle, de façon [1] que le côté de derrière, si indéterminé qu'il soit, ne l'est pas en ce qu'il est annoncé comme s'encadrant dans le style du perçu-comme-tel qui s'offre actuellement. Dans le phénomène de l'implication, il s'agit donc d'effets et d'influences que le passé exerce sur le présent, d'où il semble suivre que ces phénomènes relèvent de la mémoire [2]. Le problème qui se pose concerne la manière dont le passé se prolonge dans le présent et y intervient, et dont il contribue à la formation des perceptions telles que nous les connaissons et qui contiennent des implications

Une réponse donnée à ce problème est celle de la théorie associationniste. Les données sensorielles qui sont à la base de la perception s'offrent non pas isolément, mais réunies en groupe. En raison de la régularité avec laquelle certaines données sensorielles s'accompagnent les unes les autres, elles contractent entre elles des liaisons telles que, si l'une de ces données se présente seule, elle évoque des images ou des souvenirs de celles avec lesquelles elle s'est conjointement offerte dans un très grand nombre de perceptions. Au cours de sa vie, l'individu perçoit les objets dans des circonstances assez différentes et il en fait les expériences les plus variées. Cela signifie que de nouvelles données sensorielles viennent s'ajouter à celles qui se sont déjà liées en groupe, et qu'à leur tour, ces nouvelles données contractent des liaisons associatives avec celles auxquelles elles s'ajoutent. La stabilité de ces liaisons qui se manifeste par la promptitude avec laquelle une de ces données ou un groupe d'entre elles éveille les images et les souvenirs des autres, est fonction de la fréquence des cas où toutes ces données sensorielles ont coexisté, soit simultanément, soit en succession immédiate. Pour des raisons multiples, les liaisons associatives peuvent être affaiblies ou même rompues, ce qui entraîne un appauvrissement des perceptions.

D'après la théorie associationniste, l'évolution de la vie mentale consiste en un renforcement progressif aussi bien qu'en la multiplication et la complication croissantes des liaisons associatives. Cette théorie définit l'expérience comme *présentation répétée de groupes de données sensorielles entre lesquels, en raison de la fréquence des rencontres, se créent et s'affermissent les liaisons associatives*. Les perceptions que connaît la vie

1. « de façon » pour « ainsi ». *Éd.*

2. Nous retrouverons à la sect. 8 de ce chapitre, la question de savoir si cette conclusion est justifiée et dans quel sens elle l'est.

évoluée se révèlent en dernière analyse comme des complexes composés de données sensorielles actuelles et de résidus de sensations antérieures.

Si l'on parle de renvois qu'un aspect, sous lequel se présente un objet en perception, implique à un autre aspect, ou bien d'une interpénétration des faits qui figurent dans une perception concrète, c'est en raison de la stabilité et de la fermeté des liaisons associatives entre les éléments composant le complexe. Celui-ci peut bien paraître indissoluble; en réalité il ne l'est pas. L'analyse psychologique parvient à le décomposer et à découvrir les éléments qui le forment. Ceux-ci, du fait d'être réunis en groupe et de composer un complexe, acquièrent seulement la possibilité de s'évoquer réciproquement – voilà d'ailleurs en quoi consiste la liaison associative –, mais, de ce fait, ils ne subissent aucune modification en eux-mêmes.

Il est enfin indifférent dans cet ordre d'idées que la transformation des sensations en perceptions soit due à l'association même, ou qu'elle appelle un acte spécifique qui s'exercerait sur les données sensorielles et sur les résidus évoqués et associés, et qui les informerait.

Telle est également la manière de voir de Pradines. En ne faisant qu'un emploi restreint de l'implication, il n'a dépassé l'associationnisme que partiellement. Il l'a vraiment dépassé en ce qui concerne la localisation en perception de l'objet: si celui-ci est vu situé à une distance déterminée, c'est par l'interprétation en valeurs d'espace de la suite d'intensités, en laquelle s'insère l'intensité actuellement donnée[1]. Entre cette dernière et la gamme dans laquelle elle s'inscrit, il y a rapport d'implication; cette gamme se lie à l'intensité donnée non par association, mais par une « endosmose intime »[2]. Voilà pourquoi il y a vision et non prévision de l'espace, et que la perception ne fait pas attendre la passion qui la constitue, mais l'annonce en la symbolisant[3].

C'est donc justement la notion d'implication qui permet à Pradines d'établir entre des états mentaux différents une liaison qui dépasse tous les moyens de l'associationnisme, comme un état qui entrerait dans la constitution d'un autre. Cependant, en restreignant, comme nous l'avons exposé à la section précédente, l'extension de la notion d'implication, Pradines est amené à soutenir une différence entre la manière dont on perçoit le lieu d'un

1. Cf. *supra*, p. 184-185.

2. Pradines ne met pas en doute que cette liaison relève de la mémoire: « [...] comme plusieurs intensités d'une même qualité ne peuvent être simultanément présentées, il est évident que l'expérience de cette corrélation des intensités aux espaces ne peut être donnée sans succession, et que la perception extérieure, c'est-à-dire dans l'espace, est liée à la mémoire » (*loc. cit.*, p. 266). Nous reviendrons sur cette question dans la section 8 de ce chapitre.

3. Cf. *supra*, p. 185-186.

arbre et celle dont on « perçoit » l'arbre lui-même[1]. Car une chose est de percevoir une forme colorée plus ou moins proche, autre chose de s'apercevoir des significations empiriques que revêt la forme colorée, c'est-à-dire « reconnaître dans une perception l'illustration d'une notion ».

L'erreur de l'empirisme consiste à confondre ces deux choses; mais il a raison avec l'explication qu'il donne de la dernière. Ce qui fait que[2] nous percevons des « arbres », des « chaises », bref des objets fonctionnels dans le sens défini[3], tels que nous les manions et tels qu'ils figurent dans la vie pratique, c'est quelque chose de notionnel qui s'adjoint à la perception. Or, le notionnel ne pénètre pas dans la perception. Il n'est pas enveloppé dans celle-ci; il s'y ajoute et il est lié à la perception par pure association. À vrai dire, on ne devrait même pas parler de « perceptions acquises », car ce qui est acquis n'est pas perçu et ne peut pas l'être, cela est seulement attendu.

Il m'est impossible de percevoir un homme; je ne perçois même pas un chapeau et un manteau; je perçois une forme colorée plus ou moins proche que je suppose être un homme par expérience ou plutôt par habitude. C'est-à-dire que, de cette forme, j'attends par association, les impressions qui répondent au caractère habituel de ce que j'appelle « homme ». La perception se borne à l'interprétation des distances à travers les intensités; elle est un phénomène d'implication, non d'association. Cette dernière qui est à la base de ce que Pradines appelle la « reconnaissance notionnelle » consiste à attendre des consécutions d'états qui, tout en se succédant, restent étrangers les uns aux autres et dont aucun n'est inhérent à un autre.

Aussi les passions déclenchées par ces attentes doivent-elles être distinguées de celles que la perception annonce et qu'elle donne en phénomène[4]. Pradines est loin de se dissimuler l'intérêt vital que l'être vivant a de voir des amis, des proies, des choses utiles ou[5] dangereuses, etc., donc de percevoir les objets d'après leurs valeurs fonctionnelles. C'est pourquoi la « mémoire des qualités dans leur ordre d'intensité et d'extension » n'a pu se constituer sans celle des significations empiriques attachées aux choses perçues, et que la perception a même dû se former « au bénéfice des associations ». Si liées cependant que soient en fait la « reconnaissance perceptive » et la « reconnaissance notionnelle », il faut néanmoins distinguer deux groupes entre les états mnémoniques de la perception.

Les états du premier groupe sont ceux qui assurent la perception de l'espace. Ils sont indispensables à toute perception humaine aussi bien

1. Pradines, *loc. cit.,* livre III, partie II, chap. III, sect. I.
2. « Ce qui fait que » pour « Ce qui fait de ce que ». *Éd.*
3. Cf. p. 74-76.
4. Cf. *supra,* p. 183-184.
5. « ou » pour « et » *Éd.*

qu'animale; c'est à eux qu'est due cette « science innée et qu'on peut dire organique, étant la conscience éveillée dans l'organe de la loi même de sa constitution ». Cette science n'est pas acquise et elle est indépendante de l'expérience individuelle. Le germe nous en est transmis par l'hérédité et sa perfection est le fruit de l'éducation naturelle des sens[1]. Aussi son perfectionnement progressif aboutit-il, chez les hommes, à la même expérience de l'univers.

Dans la mesure où cette expérience est purement perceptive, c'est-à-dire où elle est tenue à l'écart des éléments associatifs, elle est universelle, objective et même infaillible. La perception qui n'est que qualité, intensité et extension « n'enveloppe rien de *notionnel*, c'est-à-dire d'empirique, et en réalité est presque toute mathématique ». Il n'en est pas ainsi de l'autre groupe d'états mnémoniques qui ne contribuent pas à la constitution de la perception, mais s'ajoutent seulement à celle-ci par association. Ils s'y ajoutent au fur et à mesure qu'ils sont acquis par l'expérience individuelle.

Si régulière, si constante que soit la liaison entre ces états et la perception proprement dite, elle ne perd jamais le caractère associatif et ne sait s'élever au-dessus du niveau de « l'expérience purement occasionnelle ». Aussi l'apport de ces états mnémoniques n'offre-t-il aucune garantie d'objectivité, et il est seulement probable et reste à tout jamais exposé à l'incertitude et à l'erreur. Descartes avait tort en prenant la qualité perceptive pour toute notionnelle, mais il faut chercher, avec lui, dans l'étendue, le réel de la perception. Avec ce dualisme des « éléments perceptifs » et des « éléments associatifs », Pradines attribue nettement à la chose réiforme la priorité par rapport à l'objet fonctionnel[2].

Si la théorie associationniste était exacte, on devrait s'attendre à l'invariabilité de l'apport dû aux « éléments proprement perceptifs », même quand la « reconnaissance notionnelle » de cet apport change, quand donc tout d'un coup l'objet perçu se révèle être différent de celui qu'il vient d'apparaître un instant auparavant. Quelle influence, en effet, pourrait avoir sur ce qui est vraiment donné en perception, une altération survenant dans des faits qui s'ajoutent seulement au perçu et qui tiennent à lui par le lien tellement lâche qu'est l'association, quand bien même elle serait renforcée par le plus grand nombre de répétitions? La stabilité des associations ne pourrait s'exprimer que par une difficulté accrue de changer l'interprétation notionnelle de la perception.

1. Cf. Pradines, *loc. cit.*, p. 220-221.

2. Pradines se trouve d'accord à cet égard avec Husserl d'après qui (*Ideen*, p. 315) la « res extensa » – la forme spatiale remplie de qualités sensibles – constitue la couche fondamentale dans la structure de la chose et est à la base de la « res materialis », donc, à plus forte raison, à la base de l'objet fonctionnel.

Cette difficulté surmontée, les données perceptives devraient rester telles quelles, et la modification ne pourrait concerner que les attentes suggérées par la perception. Tel n'est pourtant pas le cas en réalité. Plus haut[1], nous avons mentionné la transformation, dans la perception même, du « nuage » en une « chaîne de montagnes ». Ce qui se produit n'est pas une révision ou une correction du jugement que le sujet porte sur ce qu'il voit, ni de l'interprétation qu'il cherche à en donner. Ce sont, au contraire, les données perceptives elles-mêmes qui subissent une modification. Elles sont regroupées et restructurées, elles acquièrent des « significations » qu'elles n'avaient pas, s'insèrent à certains emplacements dans la structure nouvelle, etc., de sorte qu'on ne peut dire d'aucune d'entre elles qu'elles survivent, sans variation, à la transformation.

Celle-ci ne dépend d'ailleurs aucunement de la familiarité des objets perçus. Un homme et un arbre sont des objets très familiers. Cependant, quand à l'heure du crépuscule on se promène dans un bois, il arrive qu'on croie percevoir un homme assis au milieu du bois; tout d'un coup, ce qui vient de paraître un homme se révèle être un tronc d'arbre. Ici aussi la transformation immédiatement vécue concerne les données perceptives elles-mêmes et en tant que telles. Elle se produit presque malgré le sujet percevant et sans que celui-ci fasse un effort pour interpréter ce qu'il voit à l'aide de points de repère ou de critères quelconques. Ces faits s'accordent assez mal avec la théorie associationniste, et enfin, on ne voit pas comment expliquer dans cette théorie l'apparition alternante de deux figures différentes l'une de l'autre, qui jaillissent du même dessin objectif[2].

Cette alternance comporte un changement foncier des données perceptives, à tel point que, quand Köhler présenta à un jeune physicien, dans une chambre obscure, une figure de cette sorte composée de lignes lumineuses, le sujet lui demanda par quel arrangement technique Köhler, se trouvant à une distance d'environ six mètres du dessin présenté, pouvait échanger l'une contre l'autre les deux figures qui alternaient[3]. Le sujet n'avait donc aucun soupçon de données perceptives qui auraient été les mêmes dans les deux figures.

À l'appui de sa thèse, Pradines se réclame de cas pathologiques, où la perception proprement dite survit à l'affaiblissement et même à la ruine des associations, jusqu'à ce que, dans les cas les plus graves de cécité psychique et de surdité verbale, les troubles atteignent les représentations motrices qui sont constitutives pour la perception, de sorte que celle-ci est

1. Cf. 178-181.

2. Edgar Rubin a étudié de telles figures dont on trouve quelques spécimens dans son livre *Visuell wahrgenommene Figuren*; cf. surtout figures 2 à 6.

3. Cf. Köhler, *Gestalt Psychology*, p. 363.

réduite à une impression[1]. Plus loin, nous reviendrons brièvement sur un cas de cécité psychique; jetons pour le moment un coup d'œil rapide sur quelques faits qu'on constate dans l'aphasie amnésique[2]. Pour autant qu'ils éprouvent des difficultés à trouver les noms d'objets usuels, les malades n'ont point perdu la « reconnaissance notionnelle » de ces objets.

Tout au contraire, les gestes qu'ils font et les périphrases qu'ils emploient montrent que les malades savent fort bien de quels objets il s'agit et à quel usage ils servent, quand, par exemple, ils appellent un crayon « pour écrire », une lampe de poche « briquet à lumière », etc. En employant des mots qui, en apparence, ont un sens très général, tel le mot « chose », les malades n'ont pas en vue des concepts abstraits; le mot « chose » signifie, chez eux, tel objet à manier, tel objet fonctionnel, et, par la pantomime et par les gestes, ils imitent l'usage concret à faire de l'objet en question. Invités à grouper des objets, les malades les classent d'après la couleur, la forme, la matière, impressionnés par quelque convenance concrète et momentanée qui leur « saute aux yeux ».

Ou bien ils mettent ensemble les objets qui se prêtent à un usage commun, par exemple, un guide, une boîte de crème pour la peau, un recueil de chansons de route, en donnant comme explication : « c'est pour une excursion ». Cependant, dans ce classement, les malades s'en tiennent scrupuleusement aux particularités concrètes des objets en question et ne prennent jamais ces objets pour des représentations ou pour des exemples de toute une classe d'objets de ce genre. Ainsi un malade a refusé de ranger ensemble un tire-bouchon et une bouteille dans laquelle le bouchon ne tenait pas très bien, sous prétexte que la bouteille était déjà débouchée.

Plus instructif encore est le comportement de sujets atteints d'amnésie des noms de couleur. Ces malades ne savent pas nommer une couleur qu'on leur montre, ni choisir, dans un tas d'échantillons colorés, la teinte dont on leur dit le nom. Mais ils sont bien capables de choisir, dans le tas, la couleur qui est celle d'un objet familier, par exemple de la fraise, de la boîte aux lettres, du tapis de billard, etc. C'est par ce détour que les malades arrivent parfois à choisir une couleur dont on leur dit le nom. Invité à choisir un échantillon rouge, le malade se redit à lui-même le mot « rouge », jusqu'à ce que lui vient la locution « rouge-sang » et il choisit ensuite un échantillon dont la couleur est celle du sang.

1. Pradines, *loc. cit.*, p. 232-233, 236.

2. Cf. A. Gelb et K. Goldstein, « Ueber Farbenanamnesie nebst Bemerkungen über das Wesen der amnestischen Aphasie überhaupt und die Beziehung zwischen Sprache und dem Verhalten zur Umwelt », *Psychologische Forschung*, t. VI (1924); A. Gelb, « Remarques générales sur l'utilisation des données pathologiques pour la psychologie et la philosophie du langage », *Journal de Psychologie*, 1933; K. Goldstein, « Analyse de l'aphasie et l'étude de l'essence du langage », *Journal de Psychologie*, 1933, surtout p. 469-491.

Si, devant ces malades, on prononce, en présence d'un certain échantillon coloré, la désignation exacte de la couleur, ce nom ne leur dit rien, par opposition aux amnésiques des noms d'objets d'usage, qui se précipitent sur le nom exact et n'acceptent jamais une désignation fausse. Les malades atteints d'amnésie des noms de couleur ne sont d'ailleurs pas sans employer ces noms, tels les mots «rouge», «vert», etc., mais ils ne les appliquent qu'à des nuances très déterminées et refusent de désigner par ces noms des nuances différentes. Très souvent les malades emploient des mots comme «bleu de violette», «bleu ciel», «comme du sang», «comme des bleuets», etc.

Ces observations confirment bien la thèse de Pradines que les qualités nous viennent par l'objet et à travers l'objet plutôt que ce n'est le cas inversement[1]. Mais elles ne témoignent pas en faveur de son autre thèse que les éléments mnémoniques dont dépend la «reconnaissance notionnelle» se lient par association seulement à la perception, que donc, tout en s'y ajoutant, ils lui restent au fond étrangers. S'il en était ainsi, on devrait s'attendre à ce qu'à la suite de la maladie qui, dans la théorie associationniste, comporte un affaiblissement et même une perte d'associations le sujet atteint éprouve quelque difficulté pour reconnaître à quoi servent les objets qu'il perçoit, tandis qu'en réalité les malades réduits à un niveau plus primitif, à savoir au niveau de l'action et du maniement, ne connaissent que des objets fonctionnels et que tout accès à la chose réiforme est barré pour eux.

Ce sont ces résultats aussi bien que des observations faites sur des enfants[2] qui nous ont suggéré la thèse de la priorité de l'objet fonctionnel par rapport à la chose réiforme qui, elle, relève de processus supérieurs à la vie perceptive.

§ 7. La formation des implications dans la théorie de la forme et dans la psychologie fonctionnelle de Jean Piaget

Une autre explication de la manière dont l'être vivant, au cours de sa vie, fait des acquisitions, est due aux théoriciens de la forme. D'après ceux-ci, l'évolution de la vie mentale ne consiste pas en une accumulation de plus en plus compliquée de résidus de données sensorielles, évoqués par une donnée actuelle et liés les uns aux autres par association, c'est-à-dire du fait

1. Cf. *supra*, p. 187.

2. Cf. K. Koffka, *Die Grundlagen der psychischen Entwicklung*, Osterwiek a/Harz 1921, chap. v, § 7, § 10. – Il faut évidemment se réclamer également de la mentalité primitive telle que Lévy-Bruhl l'a caractérisée. Cependant, l'interprétation phénoménologique de cette mentalité, surtout de la «loi de la participation», conduit à des problèmes très vastes et très complexes; cette interprétation exige des études toutes spéciales.

d'avoir coexisté ou de s'être immédiatement succédés dans un très grand nombre de cas. Si un être vivant, un enfant, un animal, un homme adulte, se trouve placé devant une tâche à laquelle il ne sait pas répondre d'emblée, et qu'après un certain temps, il réussit à résoudre la tâche posée, il a acquis une action ou une performance. Ce qui, dans cette solution, est le fait le plus saillant et le plus essentiel, ce sont *la réorganisation et la restructuration de la situation donnée, le regroupement des faits qui la composent*. Un objet quelconque, tel un bâton, que l'être vivant n'a guère remarqué ou bien qui lui servait à n'importe quoi – il vient de jouer, par exemple, avec cet objet – est tout d'un coup employé pour arriver à un but qu'il s'agit d'atteindre. Köhler a étudié sur des chimpanzés cette première utilisation en instrument d'un bâton, d'une caisse, etc.[1], et Duncker l'a observée sur des enfants[2]. Deux de ces enfants cherchaient en vain à prendre un objet intéressant posé hors de portée de leurs mains en même temps qu'ils jouaient avec un bâton; mais la préhension et le maniement du bâton étaient deux actions séparées. Tout d'un coup, cette dernière action est mise au service de la première; le maniement du bâton cesse d'être un jeu indépendant du désir de prendre l'objet trop éloigné, et il devient un complément de la préhension : le bâton-jouet se transforme en bâton-instrument-pour-attirer, et ainsi l'enfant atteint son but. Dans cet exemple aussi bien que dans les performances des chimpanzés et, en général, dans tous les cas de cette nature, une tâche est accomplie, si un certain objet est employé d'une manière bien déterminée. Pour qu'il le soit, il faut que l'objet qui jusque-là était plus ou moins étranger à la tâche posée, acquière un rapport à celle-ci, qu'il entre dans la situation donnée et qu'une certaine fonction lui soit attribuée. L'instrumentalisation d'un objet signifie toujours une transformation qu'il subit dans la perception, c'est-à-dire aux yeux du sujet qui apprend à s'en servir; c'est ainsi qu'un bâton est tout d'un coup reconnu apte à approcher quelque chose, qu'une caisse devient un escabeau, que telle chose se révèle un obstacle, etc.[3]. Cette réorganisation de la situation et surtout la transformation en perception même de l'objet employé, est le fait le plus important de tout le processus en question. Les animaux de Köhler, dans la phase qui précédait immédiatement la réussite, ont assez souvent suspendu toute activité pour regarder attentivement autour d'eux. D'autre part, si l'objet auquel il s'agit d'attribuer une certaine fonction, figure déjà dans la situation donnée, mais dans une fonction différente, il est plus difficile de le

1. Köhler, *Intelligenzprüfungen an Anthropoïden* in *Abhandlungen der K. Preussischen Akademie der Wissenschaften*, Phy. Math. Klasse, Berlin, 1917, chap. II, II et III, chap. VI, I et IV.

2. K. Duncker, *Zur Psychologie des produktiven Denkens*, Berlin, 1935, chap. V, sect. 7.

3. Cf. Duncker, *loc. cit.*, chap. I, sect. 6, chap. II, sect. 9, p. 91.

transformer en cet instrument dont on a besoin, que ce n'est le cas quand l'objet, tout en étant présent dans la situation en question, n'y sert à rien[1].

Quand, après un certain temps, le sujet est placé de nouveau devant la même tâche ou devant une tâche analogue, il réussit plus vite à l'accomplir, soit que cette fois il en trouve d'emblée la solution, soit qu'il la trouve après moins d'hésitation jusqu'à ce que, avec un nombre suffisant de « répétitions », l'action acquise soit complètement automatisée, comme il en est chez nous du maniement des objets fonctionnels usuels. L'amélioration dans le comportement est due sans doute au fait que le sujet, quand il fut placé pour la première fois devant la tâche, a fini par la résoudre.

C'est en effet le passé du sujet qui se prolonge dans son présent et qui l'influence; on est donc bien fondé à apercevoir, dans un tel apprentissage, une acquisition par l'expérience. Mais, par l'expérience, il ne faut pas entendre, avec les associationnistes, une répétition à maintes reprises des mêmes données, de sorte qu'en raison de cette fréquence des liaisons associatives s'établissent et se renforcent entre ces données. Car si la première réussite se tire d'une réorganisation et d'une restructuration des données, ce qui, dans cette rencontre avec la tâche en question, sera efficace pour les rencontres ultérieures, c'est la situation finale, la situation réorganisée, et non la situation initiale telle qu'elle existait pour le sujet avant que celui-ci n'ait trouvé la solution.

L'acquisition par l'expérience relève donc bien de la mémoire, parce que c'est le fait d'avoir déjà résolu le problème qui influence, dans l'avenir, les conduites du sujet par rapport au même problème ou par rapport à des problèmes analogues. Or, ce qui, dans cette acquisition par expérience, est le plus essentiel, c'est la réorganisation de la situation donnée, la restructuration des manières d'agir (dans le sens le plus large du mot) du sujet aussi bien que la transformation des objets tels que ceux-ci figurent pour le sujet – réorganisation progressive dans le cas où les solutions se perfectionnent d'une expérience à l'autre, jusqu'à ce qu'une structure définitive se forme, à savoir celle qui est la plus adéquate à la situation donnée et à la tâche posée; et ce n'est qu'à partir de ce moment qu'on peut parler d'une répétition dans le sens strict. *C'est par ces réorganisations et par cette formation de structures qu'il faut définir l'expérience.*

Ce que le sujet apprend par expérience, n'est pas seulement à résoudre tel problème particulier ou encore à accomplir une autre tâche en tous points pareille à la première. Les animaux de Köhler, quand ils reproduisaient une performance qu'ils avaient acquise, accomplissaient toujours la même action, mais ils n'exécutaient pas toujours les mêmes mouvements

1. Cf. Köhler, *loc. cit.*, p. 140-141 et Duncker, *loc. cit.*, chap. VII.

que ceux qu'ils avaient faits lors de la première réussite [1]. La solution d'un des problèmes que Köhler posait à ses chimpanzés consistait à faire passer un fil dans une certaine direction le long d'une grille, et à le faire à l'aide des deux mains en raison de la structure de la grille [2].

Après qu'un des animaux eut réussi à trouver la solution du problème, Köhler répéta l'expérience quelques jours plus tard, mais cette fois l'animal devait faire passer le fil dans la direction opposée à celle de la première expérience : il a trouvé la solution sans la moindre hésitation. Le sujet apprend donc par l'expérience non à exécuter une série de mouvements, mais à accomplir une action, celle, par exemple, d'employer un bâton pour attirer quelque chose, de se servir d'une caisse comme escabeau, etc. Il acquiert une certaine manière d'agir, un *schème d'action* qui, de par sa propre nature est générique, c'est-à-dire doué d'une force d'empiétement et d'expansion.

Dès que les animaux de Köhler avaient acquis un tel schème d'action, ils étaient poussés à l'appliquer à toutes sortes d'objets, à l'imposer même à tout objet qui s'y prêterait en quelque mesure [3]. Ces acquisitions sont donc surtout dynamiques et fonctionnelles. Or l'objet dont le sujet apprend la manipulation subit, dans l'acquisition originaire d'une manière d'agir, un remaniement et il se transforme en ce qu'il figure dans le cadre du schème d'action en question ; il prend une valeur fonctionnelle qui lui vient de ce schème, et c'est cette valeur qui caractérise et qui définit l'objet tel qu'il existe pour le sujet qui se trouve dans la situation d'action.

En raison du dynamisme intrinsèque du schème d'action, cette valeur fonctionnelle a elle-même une tendance généralisatrice : elle pénètre en quelque sorte dans toutes sortes d'objets qui, par certaines propriétés de forme et de consistance, y sont propices [4]. Ces objets s'assimilent au schème d'action acquis et ils apparaissent au sujet dans le sens et à la lumière de celui-ci, en revêtant la valeur fonctionnelle qui lui correspond. Cette conception de l'acquisition par l'expérience se tient assez près des idées que Piaget défend en cette matière dans sa *psychologie fonctionnelle* [5]. D'après cet auteur, les acquisitions individuelles les plus primitives de l'enfant se greffent sur les réactions héréditaires et elles en dérivent grâce au fait que celles-ci s'exercent.

Les réactions héréditaires s'appliquent à tout objet à portée de l'enfant. Dans la mesure où un tel objet est assimilable aux réactions en question, il y

1. Köhler, *Intelligenzprüfungen an Anthropoïden* I, *loc. cit.*, p. 50-51, p. 170-172.
2. *Id., ibid.*, p. 156-158.
3. Cf. *id., ibid.*, p. 27-28, p. 39-41.
4. Cf. *id., ibid.*, p. 29-30.
5. J. Piaget, *La naissance de l'intelligence chez l'enfant*, Neuchâtel-Paris, 1936.

est incorporé. Mais quand il ne l'est pas (au moins, ne l'est pas sans plus de façon) ou bien quand les circonstances actuelles entravent une assimilation immédiate de l'objet, ces réactions s'ajustent aux circonstances données, s'accommodent à l'objet réfractaire, alors une première acquisition individuelle prend naissance, à laquelle l'objet en question est assimilable[1]. C'est de la sorte que l'enfant acquiert ses premiers schèmes d'action aussi bien que de perception.

Tout le progrès ultérieur s'accomplit de la même manière, et il est dominé par les deux grandes tendances de la vie : par l'assimilation généralisatrice et par l'ajustement aux circonstances nouvelles des schèmes antérieurement constitués, la différenciation de ces schèmes en fonction de l'expérience actuelle. À force de se généraliser et de se différencier, à force de se dissocier pour se regrouper de façon nouvelle, à force enfin de s'accommoder et de s'assimiler les uns aux autres, des schèmes complexes, issus à leur tour, de schèmes plus simples, donnent naissance à des schèmes encore plus complexes.

Piaget ne laisse pas de mettre en relief le pouvoir généralisateur et assimilateur de ces schèmes; chacun d'entre eux a tendance à s'incorporer l'univers tout entier. Les objets qui subissent cet empiétement sont, de ce fait, chargés de « significations », de « valeurs fonctionnelles » pour parler le langage de Köhler, que nous avons adopté ici. Du fait d'être assimilé à un schème fonctionnel, un tel objet lui sert d'aliment, pour ainsi dire, il devient ce qu'il figure dans le cadre du schème en question. C'est seulement sous cette forme, c'est-à-dire déterminé et défini dans son être par le schème auquel il est incorporé, qu'un objet existe pour l'enfant.

Ainsi, l'enfant, à un stade relativement primitif de son évolution, ne s'intéresse point à des objets en eux-mêmes, il ne s'y intéresse que dans la mesure où, dans un sens tout à fait littéral[2], ils servent d'aliments à ses fonctions, c'est-à-dire qu'ils offrent l'occasion d'exercer l'une ou l'autre de ces fonctions[3]. À ce stade, les objets ne sont rien d'autre pour l'enfant que « quelque chose à regarder », « quelque chose à sucer », « quelque chose à saisir », etc. Plus tard, l'enfant s'intéressera à des objets en eux-mêmes et surtout à des objets nouveaux; il cherchera même à les « comprendre ». Or, il ne pourra le faire qu'en essayant d'appliquer à l'objet donné tous les schèmes dont il dispose[4].

L'objet est défini pour l'enfant par l'usage qui peut en être fait, donc par le schème auquel il se prête. Si au contact des objets et des circonstances, un

1. Cf. *id.*, *ibid.*, chap. II, sect. 5.
2. « littéral » pour « textuel ». *Éd.*
3. Cf. *id.*, *ibid.*, chap. II.
4. Cf. *id.*, *ibid.*, chap. IV.

schème se différencie et donne ainsi naissance à un schème nouveau mieux ajusté à la réalité, l'objet qui a provoqué cette différenciation et qui entre dans le schème nouveau, subit lui-même une transformation : antérieurement à la différenciation, l'enfant ne savait pas quoi faire de l'objet ; la différenciation accomplie, il est devenu « à manier de telle façon déterminée ». La différenciation et la réorganisation des schèmes va donc de pair avec la restructuration des objets que connaît l'enfant et de l'ambiance entière où il vit.

Nous n'avons pas ici à discuter la différence entre les vues de Piaget et celles des théoriciens de la forme, qui d'ailleurs nous paraît moins grande que Piaget ne la présente[1]. La conception de l'expérience à laquelle les théoriciens de la forme ont adressé leurs critiques est bien différente de celle élaborée par Piaget. Si l'on considère l'expérience définie comme des réorganisations progressives et renouvelées, la théorie de la forme peut bien accorder à cette notion une large place dans son système. Piaget insiste sur la continuité de la vie et de son évolution, et il met en relief les racines que toute conduite nouvelle, toute structure qui vient d'être acquise plonge dans le passé de l'individu ; toute performance qu'un sujet accomplit pour la première fois ne peut être comprise, d'après lui, qu'à la lumière de l'histoire individuelle.

Les théoriciens de la forme se sont moins intéressés, il est vrai, à cet aspect historique, mais cela ne veut pas dire qu'ils contestent toute influence de manières d'agir antérieurement constituées sur le comportement que le sujet adopte devant un problème nouveau[2]. À cet égard, le désaccord se trouve d'autant plus atténué que Piaget ne met pas en doute l'originalité créatrice d'une solution que le sujet réussit pour la première fois, quoiqu'il y soit préparé grâce à son passé[3]. Il reste cependant un point sur lequel la divergence est réelle.

Ce qui, dans l'évolution et pour toute performance, est essentiel, c'est d'après Piaget non la structure achevée mais l'activité structurante, et c'est à celle-ci qu'il cherche à rapporter toute organisation dans les données. Les théoriciens de la forme au contraire insistent sur la ségrégation autochtone (c'est-à-dire antérieure à toute expérience) d'unités fermées qui se détachent sur un arrière-fond plus ou moins homogène ou diffus. Ce n'est que quand ces unités se sont détachées au préalable, que des acquisitions dues à l'expérience peuvent y pénétrer[4]. Ces acquisitions suivent l'organisation

1. *Id., ibid.*, Conclusions, sect. 3.

2. Köhler souligne lui-même (*loc. cit.*, p. 43-45) que la solution d'un problème a été facilitée par les expériences antérieures à la position du problème, que les animaux avaient l'occasion de faire sur l'objet à utiliser dans cette solution.

3. Cf. Piaget, *loc. cit.*, p. 350-351.

4. Cf. Köhler, *Gestalt Psychology*, p. 150-153, p. 208-214.

autochtone des données et elles appellent des formes et des unités ségréguées pour se précipiter sur elles – de quelque structure spécifique que soient ces unités – et cette structure sera pour l'enfant au début de son évolution sûrement différente de ce qu'elle est pour un homme adulte qui va apprendre le maniement d'un outil inconnu de lui jusque-là[1].

Les expériences, selon une formule fort heureuse de Piaget[2], sont toujours des expériences « interprétées ». Or, si la ségrégation d'unités nettement détachées sur leur arrière-fond ne précédait pas leur interprétation, celle-ci ne trouverait pas de point d'appui, les schèmes généralisateurs et assimilateurs manqueraient de matériaux auxquels ils puissent s'appliquer et s'incorporer[3]. Cette thèse n'a aucunement pour conséquence d'attribuer la priorité à la chose réiforme par rapport à l'objet fonctionnel.

Ces idées défendues dans la psychologie contemporaine, en ce qui concerne l'acquisition par l'expérience, permettent une compréhension approfondie des implications. *Celles-ci sont des traces que les expériences*

1. Sur la structure des données chez le très jeune enfant, cf. Koffka, *Die Grundlagen der psychischen Entwicklung*, chap. III, 13.

2. Piaget, *loc. cit.*, p. 143.

3. On peut citer, à l'appui de cette thèse, les difficultés que les chimpanzés de Köhler (cf. *Intelligenzprüfungen an Anthropoïden* I, *loc. cit.*, p. 82-87) ont trouvées à se servir comme instrument d'un objet dont l'utilisation leur était familière depuis assez longtemps, quand cet objet ne se détachait pas sur son arrière-fond avec une netteté suffisante. Une autre confirmation est fournie à cette thèse par un cas de cécité psychique, examiné par Gelb et Goldstein (« Zur Psychologie des optischen Wahrnehmungs und Erkennungsvorgangs », *Zeitschrift für die gesamte Neurologie und Psychiatrie*, XLI, 1918). Par des moyens purement visuels, le malade ne pouvait pas lire, ni reconnaître des croquis, des dessins ou des objets usuels. Ce qui lui était resté de données visuelles, était un ensemble de traits et de taches colorés qui différaient par leur longueur et par leur épaisseur, dont l'un était à gauche de l'autre, ou situé au-dessous de l'autre, etc., le tout en un chaos inextricable, sans groupement ni organisation. Pourtant le malade s'orientait parfaitement dans la vie pratique, il reconnaissait les objets qui se présentaient à lui, il était même parvenu à lire. Il réussit toutes ces actions par des mouvements qu'il faisait et par lesquels il suivait ce qui lui était donné en vision, et encore en s'orientant sur toutes sortes de points de repère non visuels. Contrairement à l'avis de Pradines (cf. *supra*, p. 207), la vision du malade, pour être devenue désordonnée, n'était pas réduite au stade impressif (dans le sens de cet auteur); ces états mnémoniques n'avaient pas non plus disparu chez le malade, états qui, en s'ajoutant au perçu proprement dit, constituent, d'après Pradines (cf. *supra*, p. 204-205), la « reconnaissance notionnelle ». Si le malade, tant qu'on l'obligeait à se borner à la pure vision, ne pouvait pas reconnaître les objets qu'on lui présentait, ce n'est pas que des liens associatifs aient été relâchés, c'est parce que les données visuelles ne s'organisaient aucunement pour lui. Le problème de l'organisation des données perceptives n'est pas abordé par Pradines. N'étant structurées d'aucune façon, les données visuelles ne pouvaient par conséquent plus se grouper dans les sens de l'expérience du malade; dans les termes de Piaget : les schèmes dont disposait le malade, ne pouvaient pas s'assimiler les données visuelles, parce que, en raison de la désorganisation de ces données, ils n'avaient plus où s'appliquer. Mais ces schèmes s'assimilaient bien les données d'autres domaines, surtout du domaine kinesthétique, d'où il suit qu'il ne faut pas conclure à un affaiblissement de ces schèmes, ni à des acquisitions par l'expérience.

passées ont laissées dans l'objet. Grâce aux faits auxquels la perceptions actuelle d'un objet renvoie par implication, cet objet se présente, dans la perception en question, tel qu'il s'est formé par l'expérience passée, c'est-à-dire tel que, par les transformations subies dans les expériences passées, il s'est constitué pour le sujet percevant. Ainsi, par exemple, quand on regarde une maison, qui se présente d'un certain côté, et que cette perception particulière implique des renvois aux façades et aux côtés non vus de la maison, c'est que le sujet s'est promené autrefois autour de la maison et que celle-ci, dans ces prises de conscience, s'est constituée telle qu'elle existe pour le sujet.

Le passé se prolonge dans le présent dans ce sens que c'est à la lumière des expériences passées qu'on perçoit ce qu'on voit[1]. Il peut arriver que, pour l'objet tel qu'il figure aux yeux du sujet percevant, des faits soient essentiels au plus haut degré qui cependant, dans une perception concrète, ne sont pas donnés en vision directe. Alors non seulement cette perception implique des renvois à ces faits, mais c'est encore par rapport à ceux-ci que s'organisent, comme nous l'avons exposé[2], les données offertes en vision directe.

Tel est le cas aussi quand on perçoit un objet d'usage dans une situation qui n'est pas celle où il est employé et sans qu'on songe sur le moment à la situation de travail à laquelle l'objet est destiné. Plus haut[3] nous avons aperçu, dans ce phénomène, un cas spécial et même un cas privilégié de la relation entre le thème et le champ thématique. Maintenant nous pouvons préciser la nature de ce privilège. Du fait que l'objet a été employé dans une certaine situation d'action et qu'il y a joué un rôle, il a subi une restructuration telle que, dans quelque attitude qu'il soit perçu, il se présente imprégné de ce rôle.

Si donc un objet d'usage est perçu à la lumière du rôle qu'il joue dans une certaine situation, sans que celle-ci soit donnée en qualité de champ thématique, c'est que la perception en question implique un renvoi à ce rôle, et ce renvoi est constitutif pour elle. Ce phénomène relève donc de la conscience thématique autant que des implications. Ce n'est que parce que

1. Ce prolongement du passé dans le présent signifie donc que l'objet perçu apparaît dans le sens de la dernière réorganisation dans laquelle il s'est constitué. Ce n'est d'ailleurs que dans cette conception de l'expérience qu'il est possible d'expliquer que les faits auxquels une perception implique des renvois peuvent figurer dans cette perception, sans qu'ils soient déployés (cf. *supra*, p. 176). D'après la théorie associationniste, ces faits ne pourraient pas ne pas prendre la forme d'images et de représentations plus ou moins intuitives, évoquées par les données sensorielles et s'ajoutant à celles-ci.

2. Cf. *supra*, p. 179-182.

3. Cf. p. 149-151.

l'objet a été le thème dans un certain champ thématique, qu'il a pu se réorganiser et se constituer en l'objet fonctionnel qu'il est pour un sujet concret.

D'autre part, cette réorganisation accomplie, les valeurs fonctionnelles que l'objet n'a pu tirer que de ce que nous avons appelé son entourage naturel ou le champ thématique distinct, entrent à titre de faits impliqués dans la constitution de perceptions qui sont faites dans les circonstances en question. Et ce n'est que parce que les valeurs fonctionnelles prennent la forme d'implications, que l'objet tel qu'il se présente dans une perception concrète, peut les garder, même quand l'entourage naturel dont il les tire n'est pas donné. Il peut donc alors apparaître sous la perspective empruntée à un champ thématique qui, dans cette perception, n'est pas présent tel quel.

En raison de la dépendance ainsi définie où l'objet fonctionnel se trouve à l'égard de l'expérience individuelle, un tel objet peut pour une personne être différent de ce qu'il est pour une autre. On voit, en même temps, que le passage de l'objet fonctionnel à la chose réiforme comporte une transformation foncièrement radicale de l'objet; cette transformation est comparable aux réorganisations que les objets subissent au cours de l'évolution de l'enfant. Car ce passage équivaut à la suppression de toute une classe d'implications, à savoir celles que l'objet tire de son rapport à l'activité de l'individu, et qui sont constitutives pour le sens du perçu en tant qu'objet fonctionnel.

Il s'ensuit que les types d'objets qui, dans l'évolution, précèdent les objets fonctionnels avec le sens d'outils ne sont pas des choses réiformes. Car tous ces objets sont relatifs à des schèmes d'action d'un niveau plus primitif que celui où les outils apparaissent [1]. Tous ces objets se sont constitués, en servant d'aliments à telle ou telle [2] fonction; tous, ils sont déterminés dans leur être par les schèmes dans les cadres desquels ils entrent.

Avec ces types d'objets, on ne sort donc pas du domaine des objets fonctionnels entendus dans un sens assez large. La chose réiforme, au contraire, se constitue par une rupture complète de tout rapport avec un entourage naturel ou avec un schème d'action. Avec elle, on est devant un type d'objet qui, de par les principes mêmes de sa structure, se sépare de tout ce qu'on peut qualifier d'objet fonctionnel.

L'acquisition par l'expérience joue également dans les coordinations intersensorielles, entre le sens visuel et le sens tactile par exemple, coordinations auxquelles se doivent l'unicité de l'espace, l'identité de la chose vue et de la chose touchée, etc. [3]. Dans la théorie associationniste, ces

1. Cf. *supra*, p. 211-212.

2. « à telle ou telle » pour « à l'une ou à l'autre ». *Éd.*

3. Köhler, *Gestalt Psychology*, p. 231-232 laisse en suspens la question de savoir si l'unicité de l'espace perçu (« experienced space ») appelle une explication nativiste ou empiriste.

coordinations ne peuvent être admises que sous forme de corrélations. Une corrélation, à s'en tenir au sens strict de cette notion, existe entre des éléments qui appartiennent à deux classes séparées l'une de l'autre, mais qui se trouvent dans une relation telle que, d'après un principe ou une loi déterminés, à tout élément de l'une correspond un élément de l'autre classe, tels les rapports, envisagés dans la théorie des fonctions, entre des points situés respectivement sur deux plans différents.

Si cette théorie était exacte, il ne pourrait y avoir que des données visuelles d'une part, des données tactiles d'autre part, en particulier un espace visuel à côté de l'espace tactile, de sorte que, d'après un principe de corrélation, une place dans l'espace tactile correspondrait à une certaine place dans l'espace visuel et inversement. Mais il ne pourrait y avoir d'espace perceptif unique où trouveraient leur emplacement les données visuelles aussi bien que tactiles et de plus, en même temps, les données de l'audition et des autres sens[1]. Cependant, un tel espace perceptif unique existe pour notre conscience et compte doit être tenu de son existence.

La locomotion, comme Pradines[2] l'a bien souligné, peut et doit même être guidée par la vision; nous pouvons nous déplacer sur une ligne que la vue trace au mouvement, saisir un objet que nous regardons de sorte que la préhension se fait dans la direction du regard; suivre des yeux les mouvements de la main, etc. Dans la théorie de la corrélation, il ne peut être question de l'identité de la direction; il y aurait une direction du regard en correspondance avec une direction de la préhension ou de la locomotion, mais ces deux directions ne se confondraient pas plus que ne le font les deux espaces auxquels chacune d'entre elles est relative. La réalité de la conscience pourtant est l'unicité de l'espace et l'identité de la direction.

En revanche, un principe de correspondance n'est pas plus donné que ne le sont les termes entre lesquels une corrélation devrait exister. Ce n'est pas comme si un objet visuel se présentait à côté d'un objet tactile, entre lesquels une correspondance ou bien serait établie, ou encore serait à établir. Nous avons conscience d'un objet unique qui peut être vu, touché, saisi, etc. L'expérience visuelle de l'objet ne se confond évidemment pas avec l'expérience tactile; l'objet tel qu'il apparaît en vision, « l'objet-vu-comme-tel », bref le noème visuel, diffère bien du noème tactile. Quant aux rapports entre ces noèmes aussi bien qu'entre les actes qui leur correspondent, nous ne pouvons pas, en phénoménologues, nous réclamer d'un objet identique

1. B. Russell qui adopte cette théorie de la corrélation (*Our knowledge of the external world*, London, 1922, p. 80) aboutit à la conclusion (*ibid.*, p. 113) que l'espace perceptif unique « *is an intellectual construction, not a datum* » et « *... though convenient as a way of speaking, need not to* ».

2. Pradines, *loc. cit.*, livre II, partie II, chap. I, sect. II.

préexistant à toute prise de conscience et à la constitution pour la conscience, car c'est l'existence de l'objet et surtout son identité qui sont ici en cause.

Cependant, l'objet vu se présente comme susceptible d'être touché, l'expérience visuelle même renvoie à des expériences tactiles à faire ; noématiquement parlant, l'objet tel qu'il s'offre en vision implique un renvoi à un noème tactile plus ou moins déterminé, et ce renvoi est constitutif pour le sens perceptif de ce qui s'offre en vision. Inversement, quand, les yeux fermés, on touche un objet, celui-ci tel qu'il apparaît renvoie à des expériences visuelles à vivre, il annonce les expériences qu'on fera quand on aura ouvert les yeux, quand on aura donné au regard une certaine direction qui d'ailleurs est la même que celle de la préhension, etc.

Si enfin, on regarde un objet en même temps qu'on le touche, l'expérience tactile apporte, de manière originale, ce qui, dans l'expérience visuelle, est seulement indiqué, comme c'est inversement le cas de l'expérience visuelle par rapport à l'expérience tactile. Ces deux actes non seulement se prolongent, mais encore ils se confirment l'un l'autre, en ce sens que, dans chacun d'entre eux, est donné en perception directe ce qui, dans l'autre, n'est qu'impliqué. De ce fait, les deux actes entrent *en synthèse*[1], rapport plus intime et plus intrinsèque que ne peut l'être une corrélation d'après un principe de correspondance.

C'est dans ces synthèses que se constitue l'identité de l'objet[2]. Les expériences visuelles et tactiles sont si loin d'être séparées les unes des autres, comme elles doivent l'être dans la théorie des corrélations, que non seulement elles s'enchevêtrent mutuellement, mais qu'encore les unes peuvent être contenues dans les autres sous forme d'implications.

Ces faits trouvent une explication dans la théorie de Piaget. Il y a assimilation et accommodation non seulement entre les schèmes et les objets auxquels ceux-là s'appliquent, mais aussi entre les schèmes mêmes. Cette assimilation réciproque entre des schèmes hétérogènes est conditionnée par le pouvoir généralisateur dont est pourvu chacun d'entre eux. Quand, par exemple, l'enfant chez lequel la vision et l'audition se sont constituées à un certain degré, entend un son, il regarde dans la direction d'où celui-ci lui vient[3]. Non que l'enfant sache que le son est en relation avec un objet visible, mais la donnée auditive fait appel à tous les schèmes dont dispose l'enfant, donc à la vision aussi bien qu'à l'audition.

1. Nous étudierons les synthèses au chap. VI, sect. [la référence prévue manque dans notre dactylographie, et le texte de ce chapitre ne nous est pas parvenu. *Éd.*].

2. Cf. chap. VI, sect. [à propos de cette référence, même remarque que précédemment. *Éd.*].

3. Cf. Piaget, *loc. cit.*, p. 89-95.

Chacun de ces schèmes, en raison de son pouvoir assimilateur, tend à s'englober la nouvelle réalité, et Piaget va jusqu'à soutenir que l'enfant cherche à voir le son. Si le succès confirme cette recherche, c'est-à-dire s'il y a un tableau intéressant à regarder là d'où vient le son entendu, les schèmes de la vision et de l'audition se coordonnent l'un à l'autre, en s'assimilant et en s'ajustant réciproquement. Ils se réorganisent en entrant dans un schème complexe nouveau qui se forme par leur coordination. C'est à ce schème nouveau que s'assimile ce qui est vu et ce qui est entendu, les données visuelles et auditives « s'identifient » ; plus exactement, il se constitue un objet à structure nouvelle, assimilable et assimilé au schème complexe : un objet à regarder en même temps qu'à entendre[1].

Il en est de même pour la coordination entre la vue et la préhension. Cette coordination passe par plusieurs étapes, et Piaget en a minutieusement étudié le détail[2]. Ici aussi, l'évolution se fait par une coordination progressive de schèmes hétérogènes dont chacun se différencie de plus en plus. L'enfant cherche à suivre du regard ce que fait la main, celle-ci conserve et répète les mouvements qui constituent des tableaux visuels intéressants. Le domaine auditif[3] s'assimile donc aux schèmes de la main, comme inversement les schèmes visuels s'intègrent le domaine auditif[4]. Ainsi l'enfant acquiert des schèmes plus complexes, tels que « regarder la main prendre », « regarder la main tenir », etc.

À la fin de cette période, la coordination entre la vision et la préhension est complète : tout ce que l'enfant voit, il cherche à le saisir. Du fait que ces schèmes se coordonnent, par assimilation et par accommodation réciproques, les objets auxquels s'appliquent les schèmes réorganisés subissent des restructurations profondes. Ils se trouvent au point de croisement de plusieurs tendances assimilatrices, ils sont assimilés simultanément à plusieurs schèmes qui, en s'ajustant les uns aux autres, forment le schème complexe nouveau. De là, ces objets sont chargés à la fois de multiples significations, chacune relative à un schème particulier. C'est ainsi que se constitue le type d'un objet qui en même temps peut être regardé, entendu, touché, saisi, etc. – ébauche de la solidification et de l'objectivation des données. On peut juger de la portée de ces transformations, en comparant l'aspect visuel sous lequel se présente un tel objet avec les tableaux visuels du début de l'évolution[5].

1. C'est ainsi qu'il faut interpréter la constitution du bruit en expérience auditive de la voiture, exemple analysé *supra*, p. 197-198.

2. Piaget, *loc. cit.*, chap. II, sect. 4.

3. « auditif » pour « visuel ». *Éd.*

4. « auditif » pour « manuel ». *Éd.*

5. *Id.*, *ibid.*, p. 71-73.

Les perceptions de la vie développée portent l'empreinte de leur formation. Les objets sont perçus selon le sens et avec le sens des manières de percevoir aussi bien que d'agir acquises par l'expérience. C'est de ces schèmes auxquels elles s'assimilent que dépend ce que les unités ségrégées sont aux yeux du sujet percevant. La coordination tactilo-visuelle parachevée, tout objet vu apparaît à la lumière de ce schème perceptif qui, en raison de sa tendance assimilatrice et généralisatrice, s'en empare, pour ainsi dire : l'objet vu se présente comme susceptible d'être touché, d'être saisi, etc. Cette susceptibilité en tant que fait donné de conscience doit figurer dans l'aspect visuel même sous lequel se présente l'objet, et elle y figure sous forme d'implication. Dans ces implications, se manifeste la structuration définitive de la fonction perceptive, elles trahissent, dans l'objet, son assimilation à l'un ou à l'autre des schèmes en question. Les coordinations intersensorielles, le fait qu'un objet vu apparaît comme tangible, résultent donc d'une réorganisation de la perception et de la restructuration correspondante que les objets subissent de cette réorganisation, et aussi de la tendance généralisatrice propre aux acquisitions dues à l'expérience. Ainsi, une chose qu'on voit peut apparaître rugueuse : les qualités tactiles de sa surface sont indiquées dans son aspect visuel. Bien qu'une prise de conscience authentique de ces qualités ne soit possible que par le toucher, elles figurent dans l'aspect visuel et contribuent à le former, de sorte que celui-ci renvoie, de par lui-même, à un aspect tactile ; et est même constitué par ce renvoi qu'il implique.

La tendance assimilatrice des schèmes de perception explique un autre phénomène déjà signalé[1]. Quand on perçoit un objet pour la première fois, tous les détails des côtés non vus de l'objet sont indéterminés. Cependant, l'objet étant perçu à la lumière d'un schème acquis, les faits indéterminés auxquels renvoie ce qui est vu de l'objet, sont donnés avec une « structure de détermination », comme s'insérant dans un cadre déterminé, comme ayant un « style » déterminé. Cette détermination du cadre ou du style tient au schème auquel l'objet est assimilé : il répond à la nature générique de tout schème de ce genre, que ce qui est déterminé, quant aux faits en question, est leur style, générique lui aussi. Ainsi dans l'« objet-perçu-comme-tel » sont générées certaines possibilités à l'exclusion d'autres, en ce qui concerne les côtés inconnus de l'objet, (possibilités qu'on conçoit en s'explicitant le sens noématique perceptif). Ces possibilités se tiennent toutes à l'intérieur de certaines délimitations qui répondent aux schèmes d'assimilation. D'autre part, les implications sont en quelque sorte des

1. Cf. p. 177-179.

anticipations sur des perceptions à faire[1]; les faits indéterminés s'offrent donc comme déterminables.

Les mêmes principes doivent enfin être appliqués à l'explication des perceptions polarisées vers un élément passionnel[2]. Quand l'enfant s'est brûlé les doigts à la flamme d'une bougie, la flamme qui, antérieurement à cet attouchement douloureux, était attirante, devient redoutable et à éviter; désormais elle sera perçue à la lumière de cette expérience[3]. Ici aussi, l'acquisition par l'expérience signifie une réorganisation de la manière de percevoir et une restructuration de l'objet, dont les résultats permanents prennent la forme d'implications que contiendrons les perceptions futures de l'objet.

§ 8. Implications et mémoire

Dans les analyses précédentes, nous nous sommes placés au point de vue d'un observateur qui examine les implications, en en étudiant la formation dans l'histoire individuelle d'un sujet. Envisagé de ce point de vue, le phénomène en question semble bien relever de la mémoire. Maintenant sa pose la question de savoir si les implications se présentent également ainsi au sujet qui les *vit,* étant donné que ce qui, dans une perception concrète, s'offre de façon originelle, en vision directe par exemple, est comme plongé dans un halo d'implications et de renvois, et que les faits qui figurent sous cette forme dans la perception, peuvent être de la plus haute importance pour la constitution du sens perceptif. Est-ce qu'à toute perception se mêlent des souvenirs ? Le sujet ne peut-il percevoir une chose sans se rappeler inéluctablement certains épisodes de sa vie passée ?

En regardant une chose connue, une maison par exemple, le sujet auquel cette maison se présente sous un certain aspect peut bien élucider le sens de cette perception pour lui, et, pour déployer ce sens, il peut aller jusqu'à se représenter en images les côtés et les façades de la maison, qu'il connaît, sans les voir actuellement, mais parce que la perception qu'il vit implique des renvois. Il se peut encore que le sujet, quand il élucide de la sorte le sens de sa perception actuelle, se souvienne d'avoir perçu autrefois cette maison de l'un ou de l'autre des côtés desquels il ne la voit pas actuellement, ou bien qu'un souvenir de cette sorte jaillisse brusquement.

1. Cf. p. 200. Nous préciserons le sens de ces anticipations à la section 9 de ce chapitre.
2. Cf. *supra,* p. 190-191.
3. Cf. Koffka, *Die Grundlagen der psychischen Entwicklung*, p. 216; sur des faits analogues chez les chimpanzés, cf. Köhler, *Intelligenzprüfungen an Anthropoïden* I, *loc. cit.*, p. 65-66.

Peu importe d'ailleurs que cette perception passée soit rappelée avec son emplacement précis dans l'histoire du sujet, ou qu'elle le soit simplement comme appartenant au passé, sans que les circonstances dans lesquelles elle s'est produite soient rappelées en même temps ; ou enfin que ces circonstances soient rappelées avec une détermination plus ou moins grande : on se souvient d'avoir vécu, à une certaine période de sa vie, la perception en question, mais le souvenir ne porte pas sur une date plus précise.

Quoi qu'il en soit, aussi longtemps que le sujet vit dans la perception de la maison et que c'est sur celle-ci que porte son attention, de tels souvenirs, s'ils jaillissent, ne font qu'accompagner la vie dans cette perception, ils se situent en marge de l'activité perceptive dont le thème est la maison, comme c'est le cas du souvenir d'avoir déjà médité un théorème scientifique par rapport à ce théorème lui-même, tel qu'il se présente, quand il fait le thème de la vie consciente[1]. Si le sujet se porte sur un tel souvenir qui vient de jaillir en marge de son activité perceptive, non seulement il abandonne ce qui jusqu'ici était son thème – du moins il l'abandonne en tant que thème –, mais il abandonne de plus « l'attitude directe », où le regard mental porte sur l'objet même, pour adopter l'attitude de la réflexion[2].

Ce qui, dans ce repliement sur la conscience, est le thème, ce sont des actes perceptifs et autres actes présents aussi (bien que surtout passés) ; ce sont des épisodes entiers de son histoire individuelle, qui tous étaient en rapport à la maison qui est actuellement perçue, mais ce n'est plus cette maison même qui, malgré ce changement d'attitude, peut bien continuer de s'offrir en perception. Ces souvenirs, s'ils surgissent, tombent donc dans la conscience marginale. Mais ils peuvent bien ne pas se produire du tout. Il est possible de regarder une chose très connue et familière sans la moindre évocation d'un passé quelconque, comme en écrivant, par exemple, on ne se souvient généralement pas d'occasions passées où l'on a exercé cette aptitude, ni (ce qui est presque impossible) de l'apprentissage par lequel on l'a acquise.

Les souvenirs en question ne contribuent donc aucunement à constituer le sens de la perception actuelle. En effet, ce qui est essentiel pour celui-ci, c'est qu'il y a d'autres aspects sous lesquels la chose perçue peut apparaître, aspects auxquels renvoie celui sous lequel elle se présente dans le moment, de sorte que ce dernier aspect s'insère ainsi dans toute une série d'aspects[3] ; c'est (corrélativement) que la perception actuelle peut être continuée et prolongée par d'autres perceptions qui sont des actualisations de noèmes

1. Cf. *supra*, p. 142-144.
2. Cf. *supra*, p. 106-108.
3. Cf. *infra*, p. 231-232.

bien déterminés, mais ce n'est pas le fait que l'une ou l'autre de ces perceptions a été vécue à tel moment du temps plutôt qu'à tel autre, ni le fait qu'elle a déjà été simplement vécue.

Si donc des noèmes différents d'un noème donné entrent dans celui-ci et figurent dans sa structure sous forme impliquée, c'est à titre de noèmes actualisables, mais non en tant qu'actualisés autrefois. La perception d'un objet fonctionnel, qu'on l'utilise ou qu'on le perçoive en dehors de tout emploi, est pénétrée d'un savoir-faire. Or, savoir-faire n'est pas la même chose que se souvenir d'avoir appris à faire. L'objet-fonctionnnel-perçu-comme-tel, comme il a été exposé[1], implique à titre de fait constitutif un renvoi à la manière de le manier, mais il n'en est aucunement ainsi du souvenir de l'apprentissage de ce maniement, ni du souvenir d'un maniement effectué antérieurement à la perception en question.

En soutenant que les implications, bien que leur formation soit due à des expériences passées, ne sont pas vécues comme provenant du passé, et qu'elles peuvent donc bien figurer dans une perception sans que celle-ci s'accompagne d'un quelconque souvenir, nous rejoignons la thèse de Bergson quant aux deux mémoires[2]. Ici il ne peut pas être question de l'ensemble de problèmes et d'idées qui ont amené Bergson à introduire cette distinction, ni des diverses conséquences qu'il en a tirées et dont quelques unes ont donné les preuves de leur fécondité. Nous ne nous en tenons qu'à la caractéristique descriptive qu'il donne surtout de « la mémoire qui répète ».

Celle-ci prolonge le passé dans le présent dans la mesure où pour s'adapter à une situation nouvelle, le sujet peut tirer profit du passé. En ce sens la « mémoire qui répète » est une mémoire, mais elle l'est en ce sens seulement. Grâce à elle, le passé est utilisé, « joué », mis à contribution, mais il n'est pas évoqué, représenté, il n'est pas vécu en tant que passé. Le passé se glisse dans le présent et fait corps avec celui-ci à tel point que le sujet, tout en l'utilisant, ignore ou – du moins – peut tout ignorer de sa provenance.

Ainsi, quand on récite une leçon apprise par cœur, celle-ci « ne porte aucune marque sur elle qui trahisse ses origines et la classe dans le passé ; elle fait partie de mon présent au même titre que mon habitude de marcher ou d'écrire ; elle est vécue, elle est "agie" plutôt qu'elle n'est représentée ; je pourrais la croire innée, s'il ne me plaisait d'évoquer en même temps, comme autant de représentations, les lectures successives qui m'ont servi à l'apprendre. Si donc, dans ce cas, il y a souvenir, dans le sens strict, c'est-à-dire dans le sens de l'évocation d'un passé, c'est (pour l'exprimer en notre

1. Cf. 124-125.
2. H. Bergson, *Matière et Mémoire*, p. 75-89.

terminologie) grâce à des faits marginaux concomitants qui pourtant sont si peu requis pour la récitation de la leçon que leur absence ne la modifierait aucunement.

En adoptant cette caractéristique de la « mémoire qui répète », nous ne pouvons pourtant pas accepter l'explication que Bergson en donne. Il y voit une habitude purement motrice. Et, en effet, l'exemple qui lui sert à illustrer la distinction en question (une leçon apprise par cœur) se prête bien à cette interprétation, car la récitation d'une leçon sue est très souvent et même généralement un phénomène purement moteur. Nous n'allons pas discuter ici l'idée que Bergson se fait de la manière dont les habitudes motrices se forment et s'élaborent[1]. Plus importante est la question de savoir si la « mémoire qui répète » est en réalité d'ordre purement moteur, si donc l'exemple cité est représentatif non seulement pour une certaine classe de faits qui relèvent de la « mémoire qui répète », mais pour cette mémoire entière.

Bergson la fait passer pour un phénomène moteur, parce qu'il la lie au *substratum* nerveux. La fonction de ce *substratum* du cerveau aussi bien que de la moëlle épinière consiste d'après lui, à recevoir le mouvement venu du dehors et à le transmettre à des organes d'exécution, en déclenchant ainsi une réaction motrice. Cette fonction consiste donc à transformer du mouvement en mouvement, soit exécuté, soit seulement ébauché et naissant[2]. Aussi la « mémoire qui répète » se révèle-t-elle être une « mémoire du corps », « habitude plutôt que mémoire » ; « fixée dans l'organisme », elle n'est que « l'ensemble des mécanismes intelligemment montés qui assurent une réplique convenable aux diverses interpellations possibles »[3]. Son fonctionnement dépend de l'intégrité du *substratum* nerveux ; des lésions survenues dans ce *substratum* entraînent des troubles d'ordre moteur ; et si des activités mentales sont compromises à la suite de lésions cérébrales, c'est dans la mesure où des facteurs moteurs interviennent dans ces activités, et c'est seulement du point de vue moteur.

Cette vue a pour conséquence[4] que Bergson cherche à découvrir[5] des facteurs moteurs partout où une perception actuelle est influencée et déterminée par le passé du sujet, sans que le passé ne se présente comme tel à la conscience. Ainsi, un tel facteur intervient nécessairement dans la compréhension de la parole entendue[6]. Les impressions qui frappent l'oreille se prolongent en mouvements articulatoires naissants par lesquels

1. « s'élaborent » pour « se montent ». *Éd.*
2. *Id., ibid.*, p. 14-18.
3. *Id., ibid.*, p. 164-165.
4. « Cette vue a pour conséquence » pour « Il est dans la conséquence de cette vue ». *Éd.*
5. « découvrir » pour « dépister ». *Éd.*
6. *Id., ibid.*, p. 113-122.

les phrases écoutées sont scandées, ces impressions auditives s'accompagnent d'une tendance non pas à répéter intégralement la parole entendue, mais à en ébaucher les traits saillants, à en dessiner une figure motrice simplifiée et schématique, bref à reproduire les très grandes lignes des mouvements articulatoires que fait la personne qui parle.

Cet accompagnement moteur intérieur, ce « schème moteur » de la parole entendue, n'est sûrement pas le tout de la compréhension, mais il la soutient et la rend possible. Or, en examinant notre conscience, nous constatons que très souvent nous comprenons parfaitement les paroles qui nous sont adressées, sans nous apercevoir de la moindre tendance motrice, même à l'état naissant. Il faut bien accorder à Bergson que « suivre un calcul, c'est le refaire pour son propre compte », et que comprendre des idées qu'on développe devant nous, c'est les repenser en quelque sorte. Mais repenser les idées que notre interlocuteur exprime par ses paroles est autre chose que d'être porté à répéter ces paroles sous une forme condensée et schématique. Si, en l'écoutant, nous sentons surgir en nous une tendance motrice, c'est pour lui donner une réplique, mais ce n'est sûrement pas pour ébaucher une esquisse motrice intérieure de ses mouvements articulatoires. Ici nous ne pouvons pas examiner l'explication que Bergson donne de la compréhension de la parole[1], ni aborder le fait que les mots ont un sens, qu'ils portent des significations et sont comme transparents[2] par rapport à des significations[3]. Quelle que soit la nature de ce fait, ce qui est sûr c'est que les mots ne pourraient pas être compris, s'ils constituaient une masse sonore amorphe. Pour que le sujet qui entend puisse appréhender les significations à travers les données auditives, il faut que celles-ci soient façonnées, fragmentées et articulées en unités cohérentes (les mots, les phrases, les contextes de phrases), et qui se détachent nettement les unes des autres.

À la base de la compréhension, il y a donc l'organisation des données auditives. C'est justement le problème de cette organisation que soulève Bergson, et, pour le résoudre, il fait appel au « schème moteur ». Celui-ci est destiné à décomposer et à articuler le son brut qui frappe les oreilles de la personne qui connaît la langue parlée aussi bien que celles de la personne qui ne la connaît pas; ce schème apporte donc une organisation aux données perceptives qui d'elles-mêmes en sont dépourvues. Il est incontestable que le facteur moteur tient une place particulièrement importante dans l'acquisition d'une langue, à tel point qu'on ne peut arriver à la comprendre, si on n'a pas appris à la parler soi-même.

1. *Id., ibid.*, p. 128-133.

2. « transparents » pour « translucides ». *Éd.*

3. Husserl a consacré à ce fait des études minutieuses dans *Logische Untersuchungen,* II, I, chap. I et II.

Mais acquérir une langue, si l'on se restreint au point de vue sensori-moteur de cette acquisition, consiste non seulement à monter des mécanismes articulatoires coordonnés à des impressions auditives qui cependant resteraient inchangées. Les mécanismes articulatoires se montent sous le contrôle de l'audition [1]. Celle-ci subit au cours de l'acquisition une réorganisation qui se fait sous l'influence du facteur moteur et de sa restructuration de telle sorte que, quand la langue est acquise, les données auditives ne sont plus ce qu'elles étaient antérieurement à son acquisition. Au début de l'apprentissage le sujet entendait en effet un son brut.

Mais quand il a appris la langue, les données auditives, en perception même, sont données comme organisées, fragmentées et articulées; elles sont perçues comme assimilées à un schème d'audition de la nature de ceux dont il a été question à la section précédente. « Former son oreille aux éléments d'une langue nouvelle » est en réalité, contrairement à l'avis de Bergson, « modifier le son brut ». La différence entre une personne qui connaît une certaine langue et une autre qui ne la connaît pas, ne se réduit pas à des tendances motrices que les mêmes données auditives mettent en jeu chez la première, alors que ces tendances motrices font défaut chez la seconde. Cette différence consiste non seulement en ceci que, pour une personne, ce qu'elle entend est lié à des significations, tandis qu'il n'en est pas ainsi chez l'autre, mais aussi et surtout en ceci que là où l'une entend une masse sonore amorphe, l'autre perçoit des unités auditives cohérentes et distinctes.

Les données perceptives de l'audition de l'une diffèrent donc foncièrement de celles de l'autre. Bergson ne connaît pas l'organisation intrinsèque [2] des données perceptives qui, quoiqu'elle résulte du passé du sujet, n'en est pas moins intrinsèque. C'est pourquoi il doit faire appel à un facteur spécial destiné à assurer cette organisation et qui assume cette tâche pour chaque cas particulier. Ainsi, le « schème moteur » devient une condition indispensable de la compréhension. En appliquant les vues de la théorie de la forme au phénomène en question, on voit, dans l'acquisition d'une langue, la restructuration de la fonction motrice aussi bien qu'auditive. Cette restructuration accomplie, l'organisation des données auditives est assurée une fois pour toutes, et le travail n'est plus à refaire dans chaque cas particulier. On peut donc se dispenser d'avoir recours à une entité psychologique hypothétique dont l'existence est ignorée de la conscience.

1. La coordination réciproque entre l'audition et la phonation et leur interaction sont des faits assez précoces dans l'évolution de l'enfant, ils se situent longtemps avant les premiers débuts de l'apprentissage du langage; cf. Piaget, *loc. cit.*, p. 85-89, p. 95-96.

2. « intrinsèque » pour « autochtone ». *Éd.*

Bergson affirme à juste titre que reconnaître un objet usuel consiste surtout à savoir s'en servir. Mais « savoir s'en servir, c'est déjà esquisser les mouvements qui s'y adaptent »[1]. Par l'habitude, des mouvements auraient été coordonnés à des perceptions, et des « mouvements naissants [...] suivraient la perception à la manière d'un réflexe ». Cependant, on peut bien reconnaître un objet usuel qui se présente, en perception même, avec sa valeur fonctionnelle, sans éprouver ni impulsions ni tendances motrices. Au cours de l'apprentissage du maniement d'un objet, celui-ci a évidemment été restructuré sous l'influence d'actions accomplies, si bien que, dans toutes les perceptions postérieures à l'apprentissage fini, cet objet se présente dans les sens du maniement auquel il se prête.

En effet, les expériences qu'on a faites d'un objet, se déposent, d'après Duncker[2], sur cet objet sous forme de qualités ; ainsi, un marteau devient utile pour enfoncer des clous, un banc sert à se reposer, etc. Ces qualités ont un caractère permanent, c'est-à-dire indépendant des besoins du sujet percevant ; elles s'appliquent sur les choses, même quand le sujet perçoit celles-ci sans être sur le point de les utiliser[3]. En ce qui concerne les troubles de la reconnaissance d'objets usuels dans la cécité psychique, ils nous semblent tenir à la désorganisation de la fonction perceptive même[4] plutôt qu'à la perturbation des habitudes motrices ou à l'affaiblissement des liaisons entre celles-ci et les perceptions[5].

Bergson ramène enfin le sentiment du « déjà vu » ou de la familiarité également à la « conscience d'un accompagnement moteur bien réglé »[6]. Dans ce phénomène, nous sommes tenté de voir un souvenir mal localisé qui surgit en marge de l'activité perceptive, mais dont la présence ou l'absence n'a aucune importance pour ce qui est le thème de la perception[7]. La rareté de ce phénomène témoigne en faveur de notre thèse. En effet, dans la vie de tous les jours, nous percevons une quantité d'objets qui nous sont les plus familiers, nous les employons, ou nous savons nous en servir, sans que se produise ce phénomène qui est spécifique. Dans certains cas pourtant, il peut s'imposer avec une force telle que le sujet, détourné de son thème perceptif, se porte sur ce souvenir non, ou mal, localisé et cherche à lui trouver sa place dans la vie passée.

1. Bergson, *loc. cit.*, p. 94.
2. Duncker, *loc. cit.*, p. 88.
3. Cf. Koffka, *Principles of Gestalt Psychology*, p. 392-394.
4. Cf. *supra*, p. 214, note 4.
5. Cf. Bergson, *loc. cit.*, p. 97-100.
6. *Id., ibid.*, p. 93-94.
7. Cf. *infra*, p. 221-223.

À côté des habitudes motrices, on doit donc reconnaître des habitudes de la perception, de la compréhension, etc. Toutes ces habitudes en tant que telles, c'est-à-dire en tant que manières de réagir, de percevoir, de comprendre en fonction du passé, ont sans doute une certaine parenté. Il faut peut-être aller jusqu'à soutenir que ce facteur commun peut être dégagé plus nettement dans le domaine moteur. Cela justifierait à la rigueur qu'on puisse concevoir les autres habitudes par analogie avec l'habitude motrice; mais cela ne justifie aucunement qu'on les réduise à celle-ci, ni qu'on suppose un facteur moteur à la base ou au sein de toute habitude. D'après Bergson, la marque distinctive d'un mécanisme moteur construit et consolidé est « une préformation des mouvements qui suivent dans les mouvements qui précèdent, préformation qui fait que la partie contient virtuellement le tout »[1]. Or cette « préformation » est loin de se borner à la motricité. Elle est la caractéristique essentielle de ce que les théoriciens de la forme appellent les « formes bonnes et fortes », et elle joue un rôle dans des perceptions d'où tout « accompagnement moteur » est sûrement absent, par exemple dans le complètement chez des hémianopses et des hémiamblyopes, de certaines figures offertes en vision tachistoscopique[2]. Guillaume[3] souligne d'ailleurs également que ce n'est pas sans certaines réserves qu'on peut admettre une communauté de structure entre le mouvement et la perception sur laquelle le mouvement se règle.

Pradines[4] se rend bien compte[5] des difficultés inhérentes à l'interprétation que Bergson donne de la « mémoire qui répète ». Pradines distingue également la reconnaissance du passé, qui est la « mémoire vraie et complète », et la « reconnaissance du présent » qu'il définit par l'« aptitude des sensations passées à se prolonger de quelque manière dans des sensations présentes ». À la différence de Bergson, il considère ces deux mémoires « comme les deux degrés superposés d'une même nature, les deux étapes successives d'une même activité, non pas comme deux natures et comme deux activités ». Mais il ne faut pas croire que la « reconnaissance du présent » suppose la « reconnaissance du passé » et la continue sous forme « impliquée » ou condensée, comme s'il était possible de tirer la seconde de la première par voie d'analyse ou d'approfondissement[6].

1. Bergson, *loc. cit.*, p. 95.

2. Cf. W. Fuchs, « Untersuchungen über das Sehen der Hemianopiker und Hemiamblyopiker », *Zeitschrift für Psychologie*, t. LXXXVI, 1921.

3. Guillaume, *La formation des habitudes*, p. 129-131.

4. Pradines, *loc. cit.*, livre III, partie II, chap. I, sect. II.

5. « se rend bien compte » pour « s'aperçoit bien ». *Éd.*

6. Le sens du terme d'implication auquel Pradines fait ici allusion est à peu près le même que celui dans lequel, dans la théorie helmholtzienne de l'audition, les sons accessoires passent pour impliqués dans le son qu'on entend. Ce n'est que par l'attention qu'on peut

La « reconnaissance du présent » précède la « reconnaissance du passé » et elle en est indépendante. Dans les domaines olfactif et gustatif, il y a bien la « reconnaissance du présent », mais il n'y a pas, d'après Pradines, de « reconnaissance du passé » [1]. Celle-ci dépasse les capacités de l'animal et du jeune enfant, même pour la vue et pour l'audition, et ces êtres sont cependant bien capables de reconnaître le présent. L'homme adulte enfin qui, quant aux données visuelles et auditives, a en principe la capacité de reconnaître le passé, reconnaît assez souvent le présent, sans que cette reconnaissance s'accompagne de la mémoire vraie du passé [2].

D'autre part, Pradines n'adopte pas l'explication bergsonienne de la « mémoire qui répète », parce que, dans cette explication, la « reconnaissance du présent » paraît par trop machinale et est conçue comme un phénomène d'ordre des habitudes motrices. Aussi donne-t-il la « reconnaissance du présent » pour un « fait absolument spécifique », situé « à égal chemin du souvenir pur et de l'habitude ». La reconnaissance du présent est une mémoire. Or, cette mémoire offre un aspect assez étrange et même paradoxal : l'être vivant « se souvient et distingue le souvenir du présent sans placer ce souvenir derrière soi [...] le souvenir y est placé sur le plan du présent révoqué au sens plein du terme [...] ».

Par la critique de l'explication bergsonienne, Pradines est amené à méconnaître l'analogie qui existe tout de même entre les habitudes de perception, de compréhension, etc., et l'habitude motrice. La raison en est qu'il accepte la définition bergsonienne de l'habitude considérée à l'état achevé et non en voie de formation et rejette seulement l'application de cette définition à la « reconnaissance du présent ». Ainsi, il parvient à mettre en opposition cette reconnaissance avec l'habitude. Mais cette opposition ne nous paraît pas bien fondée. « Si l'on se souvient dans l'habitude, c'est sans le savoir, tandis que l'être vivant se souvient et il le sait ».

Pourtant, l'exemple cité par Pradines – « le renard qui guette un lièvre ne croit pas que c'est le même qu'il a mangé hier » – relève de l'habitude purement motrice plutôt que de la « reconnaissance du présent ». En accomplissant une action à laquelle on est habitué, celle par exemple de

discerner dans celui-ci le son fondamental et les sons accessoires; mais les produits de l'analyse sont supposés contenus, bien qu'indistinctement, dans le son non analysé et ils y sont contenus même préalablement à l'effort de l'attention par laquelle est donc seulement dégagé ce qui était impliqué. Il est évident que cette notion d'implication, qui équivaut à l'existence sous forme non aperçue, diffère foncièrement de celle que nous défendons dans ce chapitre.

1. Cf. Pradines, *loc. cit.,* livre III, partie II, chap. I, sect. III.

2. Ici nous nous bornons à souligner la distinction entre la « reconnaissance du présent » et la « reconnaissance du passé », sans discuter la thèse de Bergson sur le « souvenir pur », ni celle de Pradines sur la « reconnaissance du passé » et son rapport à la « reconnaissance du présent ».

s'habiller, de prendre un chemin qu'on emprunte chaque jour, etc., on peut bien se souvenir d'avoir accompli hier la même action, bien que ce souvenir soit un fait marginal et qu'il ne soit aucunement nécessaire pour le déroulement de l'action. Ici aussi, l'événement « n'est conçu comme le même que par la nature mais non pas numériquement et par le temps ».

D'autre part, en relisant un texte, on le comprend mieux : on anticipe sur les passages qui vont suivre et sur les résultats auxquels l'auteur aboutit ; c'est à la lumière de ces résultats qu'apparaissent les idées développées ; chaque passage qu'on lit prend sa place dans le contexte du tout et est apprécié selon son importance pour ce tout, etc. Or, cette appréhension approfondie n'exige nullement le souvenir de la première lecture, ni l'intervention d'une mémoire quelle qu'elle soit. Dans la « reconnaissance du présent », il n'y a pas plus de mémoire que dans l'habitude motrice ; *au point de vue strictement descriptif, aucun des phénomènes ne relève de la mémoire*, bien que tous deux soient dus à la survivance d'effets passés. La « reconnaissance du présent » est, d'après Pradines, une « forme d'existence consciente » à laquelle les animaux sont presque limités. Or, la caractéristique qu'il donne de cette forme d'existence[1], dans la mesure où elle est valable pour la « reconnaissance du présent », s'applique également à l'habitude motrice. Il ne faut pas, avec Bergson, réduire les autres habitudes à l'habitude motrice, ni, avec Pradines, les opposer à celle-ci.

Elles doivent toutes être considérées *comme des cas spéciaux, mais coordonnés, du même fait fondamental*, à savoir : la réorganisation qu'une fonction a subie dans le passé, ainsi que cette fonction, quand elle sera remise en action, s'exerce dans le sens de cette réorganisation. Et les habitudes diffèrent les unes des autres selon la nature particulière et spécifique des divers domaines d'activité concernés par la réorganisation. Dans la conception *gestaltiste*, on parvient donc à résoudre le problème qui a donné naissance à la théorie de Bergson, tout en surmontant les difficultés que soulève son explication, et en même temps on peut se passer d'admettre une troisième forme de la mémoire, comme le suggère Pradines.

Au sujet des implications, l'analyse phénoménologique se sépare de l'explication psychologique. Les implications ne se présentent pas à la conscience comme des faits passés et qui sont rappelés ; donc, étant donnée l'orientation rigoureusement descriptive de la phénoménologie, elles ne doivent pas, à ce point de vue, être qualifiées d'états mnémoniques. En effet, ce qu'on perçoit, c'est un marteau en tant qu'objet fonctionnel, mais

1. Pradines, *loc. cit.*, p. 196 : « Le présent n'est pas pour eux [sc. les animaux] qu'une pénombre que le passé remplit de réalité bien plus que de rêve : ils réagissent au présent avec leur passé. Le passé a plus de réalité présente pour eux que le présent, parce qu'il a plus d'action : le présent ne commande, en effet, chez eux que le moment de la réaction ».

n'est-ce pas un objet en forme de T d'une certaine longueur et largeur, dont on se rappelle l'emploi. Quand on perçoit une maison, qui se présente sous un certain aspect, c'est la maison-perçue-comme-telle qui occupe le présent de la vie consciente.

Tous les faits qui figurent dans l'unité du sens noématique perceptif qu'est la maison-perçue-comme-telle participent à la forme temporelle du présent, bien que certains de ces faits soient donnés *modo originali*, et que d'autres ne soient pas donnés de cette manière privilégiée. Ce qui est donné comme présent, c'est la maison qu'on perçoit, donc également les façades qui ne sont pas vues, mais auxquelles renvoie ce qu'on voit de la maison. S'il y a lieu de distinguer, dans l'unité du noème perceptif, entre des faits donnés en vision directe et ceux qui y figurent seulement sous forme impliquée, cela ne signifie pas qu'on puisse faire la part des faits apparaissant comme présents et de ceux s'offrant comme passés, comme si le sens noématique perceptif se composait de faits portant des caractères temporels différents.

Tous les faits qui entrent dans l'unité du sens noématique sont solidairement concernés par les divers modes temporels par lesquels passe l'acte correspondant en raison de sa durée : tous ensemble, ils occupent le présent, puis ils sont retenus en mémoire immédiate, et enfin relâchés. Ces modifications temporelles concernent le sens noématique en entier. Il faut donc aller plus loin que Bergson et soutenir que la « mémoire qui répète » n'est pas une mémoire aux yeux du sujet qui la vit; si de la mémoire s'y mêle, c'est à titre de fait marginal qui n'est aucunement essentiel pour le phénomène en question. Il est d'autre part incontestable que les implications se tirent du passé du sujet.

Il faut donc remonter à son histoire, comme Piaget l'a souligné, pour comprendre leur formation. La tâche s'impose alors à la psychologie d'explorer la manière dont se font les acquisitions par l'expérience, d'établir les conditions dont ces processus dépendent, et les facteurs qui y interviennent; il faut même se faire une idée sur la nature des processus physiologiques qui correspondent à ces acquisitions[1]. *La différence entre le point de vue de la phénoménologie et celui de la psychologie consiste donc en ceci qu'en phénoménologie on considère le sens perceptif tel qu'il est pour le sujet et aux yeux du sujet qui l'actualise, alors que le psychologue s'intéresse à la manière dont il a pu devenir tel qu'il est.*

En discutant la formation des implications, nous sommes, à vrai dire, sorti de la réduction phénoménologique. Nous avons cependant cru devoir

1. Cf. à ce sujet Köhler, *Gestalt Psychology*, chap. VIII et IX et l'exposé très détaillé de Koffka, *Principles of Gestalt Psychology*, chap. X-XIII.

avancer une conception en ce qui concerne cette formation, pour réconcilier les évidences phénoménologique et psychologique. La théorie de la forme permet cette réconciliation, parce qu'en concevant les acquisitions par l'expérience comme des réorganisations de la fonction perceptive et comme des restructurations des objets perçus, elle rend compréhensible comment le passé peut influer sur le présent, sans qu'il apparaisse à la conscience comme tel. La théorie de la forme permet encore d'abandonner une conception dualiste de la perception, donc de dépasser également le dualisme bergsonien[1] à l'endroit duquel Pradines[2] a exprimé de justes critiques.

§ 9. Les potentialités

Aux implications considérées comme faits noématiques correspond une structure noétique, et, en vertu du parallélisme noético-noématique, c'est en général le cas de toute structure noématique. La structure noétique dont il s'agit ici, est le renvoi que la perception actuelle contient à d'autres perceptions dans lesquelles s'offre *modo originali* – en vision directe, en audition directe, etc., – ce qui, dans la perception en question, n'apparaît que sous forme d'implication. Ces renvois (nous l'avons souligné) ne sont pas des souvenirs d'avoir perçu les faits qui, dans le noème correspondant à la perception actuelle, figurent seulement à titre de faits impliqués ; au moins, ces renvois ne doivent pas nécessairement prendre la forme de souvenirs.

Les perceptions auxquelles renvoie celle qui est actuellement vécue, peuvent être qualifiées de perceptions à faire, de sorte que les renvois apparaissent comme des anticipations sur des actes perceptifs futurs. On peut bien soutenir cette interprétation, quand on définit l'avenir comme le champ de l'indétermination et, dans ce sens, de la liberté. Mais ces perceptions à vivre ne sont pas données comme imminentes, telles ces perceptions de la rue, des maisons qui la bordent, etc., auxquelles on s'attend, quand on est en train de quitter sa maison; ou bien comme c'est le cas, quand, en entendant un morceau de musique, on se penche vers un certain passage qui va être joué, etc.

Et ce n'est pas[3] que le sujet anticipe sur les perceptions en question comme il le fait à propos de celles qu'il s'est décidé à réaliser et auxquelles,

1. Bergson, *loc. cit.*, p. 20-22, 58-61, 95-97, 102, 110, 162-166, 180-188.
2. Pradines, *loc. cit.*, livre III, partie II, chap. III, sect. II, I et II.
3. « Et ce n'est pas » pour « Et il n'en est pas ». *Éd.*

parce que leur réalisation dépend de lui, il assigne une place déterminée dans son avenir. Tout en étant vécues comme futures, elles ne le sont pourtant pas sous ce mode spécial qui est l'attente ; leur emplacement dans l'avenir reste indéterminé ; on peut même aller jusqu'à dire que leur caractère temporel est neutralisé en quelque mesure[1]. En effet, ce qui est important pour les perceptions à faire auxquelles renvoie la perception actuelle, ce n'est pas qu'elles ont été vécues, ni qu'elles le seront en fait, c'est qu'elles peuvent l'être.

Nous rejoignons ainsi la notion de la potentialité qui, d'après Husserl[2], désigne un « trait essentiel de l'intentionnalité ». *La potentialité se définit par la conscience que le sujet a de pouvoir « agir » – percevoir, se souvenir, penser, etc., – autrement qu'il n'agit maintenant en fait.* Les perceptions à faire et sur lesquelles anticipe le sujet en vivant la perception actuelle, sont potentielles dans ce sens qu'elles paraissent au sujet susceptibles d'être actualisées par lui. Ainsi, par exemple, si le côté vu d'un objet renvoie à des côtés qui, bien que n'étant pas vus, figurent néanmoins dans la perception actuelle, c'est que – noétiquement parlant – le sujet se sent libre de réaliser la vision de ces côtés, soit en tournant ses yeux autrement qu'il ne les tourne maintenant, soit en se déplaçant de son point d'observation à un autre, soit en se promenant autour de l'objet perçu, etc.

Il en est de même en ce qui concerne les implications intersensorielles ; en entendant un bruit, qui est donné comme expérience auditive d'une voiture[3], le sujet a la conscience de pouvoir faire des expériences visuelles et tactiles de la voiture, et il a encore la conscience qu'il dépend de lui d'actualiser ces potentialités, quand, par exemple, il regarde par la fenêtre, sort dans la rue, pour toucher la voiture, etc. Ou bien, quand on voit un objet, on se sent libre d'étendre le bras dans la direction même du regard, on peut donc toucher l'objet vu, le saisir, faire de la sorte des expériences authentiques de ses qualités tactiles qui figuraient déjà dans l'expérience visuelle, mais y étaient indiquées seulement[4].

Voilà ce qui correspond, au point de vue noétique, au fait que l'objet-vu-comme-tel apparaît, en vision même, comme tangible, saisissable, que l'objet-touché-comme-tel se présente comme visible, bref qu'un halo

1. Il tient à cette neutralisation que, si des souvenirs surgissent d'avoir perçu les faits qui, dans la perception actuelle, sont seulement pré-tracés, ces souvenirs tombent sous la conscience marginale, aussi longtemps que le sujet n'adopte pas l'attitude de la réflexion, c'est-à-dire se replie sur la vie consciente même et, de plus, sur le point de vue noétique de cette vie.

2. Husserl, *Méd. Cart.*, § 19.

3. Cf. *supra*, p. 197-199.

4. Cf. *supra*, p. 216-219.

d'implications figure dans tout noème perceptif[1]. *À partir de toute perception particulière, s'entr'ouvre un halo de perceptions potentielles, c'est-à-dire non actuelles, mais actualisables, et que la première sollicite en quelque mesure d'actualiser*. La potentialité ne se restreint pas, d'après Husserl, à la vie perceptive. Quant au souvenir, «j'ai conscience que j'eusse pu, alors, percevoir d'autres côtés que ceux que j'ai vus en fait (si, évidemment, j'avais dirigé autrement mon attention perceptive)» . Partout il s'agit d'un pouvoir faire, d'une possibilité, c'est-à-dire de la conscience d'une possibilité, donc d'une liberté plutôt que de sa réalisation, qui, comme celle de toute liberté, peut être enrayée pour telle ou telle raison.

Ce sens n'est pas le seul dans lequel Husserl emploie le terme de potentialité. Dans les *Ideen*, il n'a pas encore développé la notion de la potentialité que nous cherchons ici à avancer. Dans cet ouvrage, le terme en question est employé dans deux acceptions. Dans l'une, il désigne l'une des deux modalités que toute conscience positionnelle doit prendre alternativement, à savoir celle dans laquelle la position est « neutralisée », inhibée, mise entre parenthèses, donc virtuelle plutôt qu'effectuée[2]. Si importante que cette modalité de la conscience positionnelle soit pour beaucoup de problèmes, et aussi pour une théorie de la réduction phénoménologique même, nous devons nous abstenir de l'étudier ici.

Dans l'autre acception, le terme de potentialité désigne les actes qui n'ont pas la forme privilégiée du *cogito*[3], c'est-à-dire ceux dans lesquels conscience est prise d'objets qui se présentent non en qualité de thèmes, mais en tant que situés dans l'arrière-fond. Il n'importe d'ailleurs pas s'ils appartiennent au champ thématique ou s'ils tombent sous la conscience marginale, distinction que Husserl n'a pas faite. Nous aussi, nous avons employé le terme de potentialité par rapport à ces faits, et nous avons parlé de *potentialité ou d'actualité thématiques*[4], alors que nous qualifions d'*explicitative* l'actualité par rapport à la potentialité dont il s'agit ici.

Il y a sans doute une ressemblance entre les faits réunis sous ces deux titres. Dans le cas de la potentialité thématique, aussi bien que dans celui de la potentialité explicitative, des faits se présentent à la conscience, d'une manière qui, de par elle-même, renvoie à une manière différente dont les mêmes faits peuvent être appréhendés. Le sujet se sent donc libre, dans un cas comme dans l'autre, de passer d'une prise de conscience des faits en question à une autre, supérieure en quelque sorte à la première. S'il fait usage de cette liberté et passe de l'inactualité à l'actualité, le sujet suit une

1. Cf. *supra*, p. 199-201.
2. Cf. Husserl, *Ideen*, § 109-114.
3. *Id., ibid.*, § 35, 83, 92, 115.
4. Cf. chap. IV, sect. 1.

espèce de suggestion qui lui est donnée pour la raison que les faits en question s'offrent à lui, avant que conscience actuelle en soit prise, mais comme accessibles à cette prise de conscience.

Ce passage a donc le caractère d'une possibilité motivée [1]. La ressemblance entre ces deux classes de faits justifie donc bien l'emploi, dans un cas comme dans l'autre, du terme de potentialité définie par la liberté d'« agir » autrement qu'on agit maintenant. En vivant l'acte qu'il vit au moment, le sujet anticipe sur d'autres actes à vivre, sur d'autres perceptions à faire dont l'actualisation dépend de lui-même.

Cette ressemblance entre la potentialité explicitative et la potentialité thématique ne doit pourtant pas faire oublier leur différence qu'il faut souligner d'autant plus que Husserl ne l'a pas assez nettement établie [2].

1. On ne confondra pas cette possibilité motivée avec celle qui était exposée p. 142-143. Là, il s'agit d'une sélection dans ce que des perceptions ultérieures du même objet peuvent apporter, pour autant que, par ces perceptions, l'objet en question, en gagnant en détermination, se révélera vraiment tel qu'il apparaît dans la perception vécue au moment. Ici, il n'est pas question de restriction dans l'apport de perceptions ultérieures, mais de la possibilité de passer d'une manière de prendre conscience à une autre. Mais les faits dont conscience est prise sont les mêmes de part et d'autre. (Nous supposons le cas idéal dans lequel ce passage ne s'accompagne d'aucune modification dans l'apport des deux actes, d'aucun enrichissement, par exemple, en détails, en plénitude, etc., bien que cela arrive presque toujours quand on perçoit les faits qui, dans un autre acte, étaient seulement indiqués. Mais il faut prendre en considération des cas idéaux et même les construire pour dégager les structures de la conscience et les variations que comportent ces structures). La distinction entre ces deux possibilités motivées est seulement notionnelle; elles concourent en effet dans chaque cas concret. Un objet perçu se présente sous un certain aspect. Du fait même que cet objet paraît être tel plutôt que tel autre, une sélection est prétracée, quant à l'apport des perceptions ultérieures du même objet, en faveur de certaines possibilités et à l'exclusion de certaines autres – voilà la première possibilité motivée. Or les faits qui de la sorte sont indiqués comme possibles, peuvent être perçus; leur mode d'apparition qui est celui de s'offrir sous forme d'indication invite en quelque sorte à effectuer leur perception, – voilà comment la possibilité est motivée.

2. Au § 19 des *Méditations Cartésiennes,* où il expose la potentialité que nous désignons comme explicitative, Husserl cite les exemples suivants: « [...] à chaque perception appartient toujours un halo de perceptions passées, qu'il faut concevoir comme une potentialité de souvenirs susceptibles d'être rappelés, et à chaque souvenir lui-même, appartient, en tant que "halo", l'intentionnalité médiate et continue de souvenirs possibles (réalisables par moi activement), souvenirs qui s'échelonnent jusqu'à l'instant de ma perception actuelle ». Aucun des deux exemples ne tombe sous la définition de la potentialité explicitative. Avec le premier, il s'agit ou bien de ce fait relevant de la conscience marginale, grâce auquel, à tout instant de sa vie consciente, le sujet s'aperçoit de la continuité de cette vie (cf. *supra,* p. 153-154), ou bien il s'agit de souvenirs d'avoir déjà perçu le même objet et encore peut-être de l'avoir perçu sous le même aspect, souvenirs qui surgissent en marge de la perception actuelle de l'objet (cf. *supra,* p. 151-153). L'autre exemple relève de l'attitude réflexive dans laquelle le sujet se porte sur un événement passé de sa vie; alors d'autres événements passés et qui s'échelonnent jusqu'à l'instant présent de sa vie consciente peuvent s'offrir au sujet, en formant un champ thématique relatif au souvenir rappelé.

L'actualisation des potentialités explicitatives se réduit en dernière analyse à la substitution du mode d'apparition authentique et original à un mode d'apparition secondaire et dérivé. Le passage de l'inactualité à l'actualité consiste en effet à prendre conscience directement, par vision, par audition, par attouchement, etc., de faits qui, pour avoir figuré dans une perception vécue avant l'actualisation en question, y étaient présents seulement sous forme d'indication et d'implication.

Ce passage consiste donc à confirmer, par une prise de conscience *modo originali*, ce qui, dans un autre acte, ne s'était pas offert dans ce mode privilégié [1]. La potentialité explicitative est un cas particulier de la présence devant la conscience de faits donnés *modo non originali*, comme quand il s'agit d'objets perceptibles, le souvenir, l'attente, l'imagination sont des modes d'apparition secondaires et non originaux relativement à l'expérience perceptive. Il n'en va pas de même de la potentialité thématique. Quand un objet quelconque est le thème d'un acte perceptif, d'autres objets appartenant au champ thématique, et auxquels correspondent des composants de l'acte qui n'ont pas la forme *cogito*, c'est-à-dire celle de l'actualité, se présentent néanmoins en perception.

L'actualisation ne s'accompagne donc pas ici d'un changement dans le mode d'apparition, pas plus que l'inactualisation. L'objet perçu, quand il n'est plus le thème, peut continuer à être perçu, à la suite de son inactualisation thématique il entre dans le champ thématique relatif au nouveau thème, ou bien il tombe même sous la conscience marginale. Quand, par exemple, on se rappelle un édifice, celui-ci est donné comme situé dans un certain entourage, donc au centre d'un champ thématique apparaissant en souvenir. On peut bien, en mémoire même, actualiser l'un ou l'autre détail de ce champ, c'est-à-dire le prendre pour thème, sans qu'il faille, pour cela, passer du souvenir de ce détail à sa perception.

La potentialité et l'actualité thématiques sont donc complètement indifférentes aux divers modes d'apparition; chacun de ces modes est compatible avec un terme de cette alternative aussi bien qu'avec l'autre. Il va sans dire que l'actualisation d'une potentialité thématique consiste à passer d'un thème à un autre. Mais si l'on actualise une potentialité explicitative, non seulement on s'en tient au thème, mais encore on confirme la connaissance qu'on en a, en se rendant présent *modo originali* ce qui, dans l'acte vécu avant l'actualisation, était donné sous forme d'implication, ou bien on élargit et on approfondit même cette connaissance, quand, au cours de l'actualisation, les anticipations qui étaient plus ou moins indéterminées [2], viennent se déterminer.

1. Nous retrouverons plus loin le phénomène de la confirmation d'un acte par un autre.
2. Cf. *supra*, p. 176-178.

Le thème, en tout cas, reste le même, quelle que soit la différence entre les noèmes correspondant aux divers actes par lesquels se fait cette actualisation[1], quand, par exemple, ayant regardé une maison d'une façade, le sujet passe à la regarder de la façade opposée. La potentialité explicitative exprime donc la liberté du sujet de confirmer et d'approfondir la connaissance qu'il a de son thème, tandis que, par la potentialité thématique, le sujet est libre de passer d'un thème à un autre. Mais ce passage n'a rien d'un saut brusque et arbitraire du thème donné à n'importe quel autre; il est, au contraire, motivé par l'ensemble de ce qui apparaît au sujet dans son occupation même avec le thème initial.

Pour tenir compte de la différence entre la potentialité explicitative et la potentialité thématique, nous avons distingué les termes de horizon et de halo[2], en réservant le dernier pour l'ensemble des implications qui ne sont pas coprésentes avec le thème, mais qui figurent dans sa structure intrinsèque. Rappelons enfin ce que nous avons exposé plus haut[3], à propos de l'objet fonctionnel qui, dans quelque circonstance qu'il soit perçu, apparaît à la lumière de l'usage auquel il sert. Toute perception de cet objet renvoie donc à des perceptions à faire de l'objet dans son emploi; et ces perceptions sont potentielles au sens de la potentialité explicitative, et non thématique.

§ 10. Remarques méthodologiques

Nous avons défini la conscience par l'intentionnalité, c'est-à-dire comme corrélation ou comme correspondance entre l'acte et l'objet tel qu'il apparaît dans cet acte[4]. Cet objet tel – exactement tel et seulement tel – qu'il figure aux yeux du sujet dans une prise de conscience concrète, nous l'avons désigné comme noème et nous avons soutenu qu'il relève du domaine du sens ou de la signification[5]. Ainsi, nous avons pu dire que vivre un acte de la conscience, c'est actualiser un sens. La conscience ainsi conçue, une des tâches qui s'impose consiste à analyser le sens et à pénétrer dans sa structure, qu'il s'agisse d'ailleurs d'un sens perceptif, d'un sens correspondant à un acte de penser, à un acte de vouloir, etc. Ici nous nous sommes porté de préférence et presque exclusivement sur le sens perceptif, mais il convient de souligner que des problèmes et des tâches analogues,

1. Sur l'identité du thème malgré la différence entre les noèmes, cf. *infra*, p. 233-234.
2. Cf. p. 199, note 1.
3. Cf. p. 216-217.
4. Chap. III, sect. 6 et 7.
5. Chap. III, sect. 4.

variant évidemment selon les diverses activités mentales, se posent à l'égard de tout sens à quelque classe qu'il appartienne; ces tâches devront être abordées dans une phénoménologie complète.

L'analyse du sens perceptif ou du noème perceptif nous a conduit à prendre en considération les implications auxquelles nous avons consacré ce chapitre. Celles-ci non seulement sous la définition générale d'être des faits qui, pour figurer dans le sens perceptif et pour y figurer même à titre constitutif, ne le font cependant que sous forme impliquée, c'est-à-dire ne sont pas expressément saisies et appréhendées, mais elles ont encore ceci de particulier qu'ici il s'agit d'éléments noématiques qui sont des ingrédients essentiels du sens perceptif et doivent pour cela passer pour perçus au même titre que le sens perceptif en entier, sans pourtant qu'ils se présentent en vision, en audition, en attouchement directs.

Mais ces implications ne sont pas les seules qu'il faut envisager. Plus haut[1], nous avons mentionné la thèse existentielle qui entre dans toute prise de conscience d'un objet, sans que le sujet réfléchisse à tout instant sur cette thèse, c'est-à-dire pose expressément l'existence de l'objet en question. Nous avons encore exposé la conscience de l'identité qui est une condition indispensable de l'objectivité même d'objets[2]. Bien que cette conscience figure dans toute appréhension d'un objet et étaye même cette appréhension, le sujet, en se portant sur l'objet même, peut bien ne pas continuellement s'apercevoir explicitement de l'identité; en général, le sujet fait usage de la conscience de l'identité et se laisse guider par elle, sans s'en rendre expressément compte – peu importe d'ailleurs s'il s'agit de l'identité du noème par opposition aux multiples actes dans lesquels le noème est actualisé, ou bien de l'identité de l'objet même par rapport aux multiples aspects sous lesquels il apparaît, donc par opposition à une multiplicité de noèmes[3].

La thèse existentielle aussi bien que la conscience de l'identité remplissent bien la définition générale des implications, mais elles ne présentent évidemment pas les caractères propres aux implications que nous venons d'étudier dans ce chapitre. Si nous avons réservé une place si large à celles-ci, c'est en raison de leur importance pour la théorie phénoménologique de la perception. En effet, c'est par les implications que toute perception particulière se révèle être incomplète en tant que prise de conscience de son objet; c'est par les implications que, pour la conscience même du sujet percevant, toute perception particulière se dépasse

1. Chap. II, sect. 5.

2. Chap. III, sect. 3.

3. Nous allons exposer au chap. VI, sect. 3 le rapport entre l'objet identique et la multiplicité de noèmes qui lui sont relatifs. [Ce chapitre manque dans le manuscrit].

elle-même en elle-même, en s'annonçant ainsi comme appartenant à tout un système de perceptions [1].

La théorie des implications prépare celle des synthèses dans la vie perceptive, et elle prépare surtout la théoric phénoménologique de la constitution de la chose objective dans et par ces synthèses – problèmes auxquels sera consacré le chapitre suivant. Cependant quelle que soit l'importance, à beaucoup d'égards, de ces faits, il faut voir en eux des phénomènes spéciaux et on doit admettre que les implications qui figurent dans un sens noématique en général et dans un sens perceptif en particulier, ne sont pas toutes du même genre.

Il n'est pas étonnant qu'en étudiant les noèmes, on s'achemine vers des implications, car la connaissance que dans la vie concrète ordinaire le sujet a du noème en entier et aussi de l'acte qu'il vit et qui correspond au noème, présente en quelque sorte un caractère implicite. Dans la vie courante, le sujet se porte vers des objets, quels qu'ils soient et de quelque domaine d'être qu'ils relèvent, mais il ne se replie pas sur sa vie consciente, il ne se porte pas sur des actes, ni des noèmes. La vie consciente courante est irréfléchie en ce sens qu'elle n'est pas dirigée sur elle-même. En effet, en percevant, le sujet se porte sur l'objet réel et non sur l'objet noématique, sur l'objet tel que, dans cet acte concret, il se présente à lui ; le sujet se porte sur l'objet en lui-même et non sur l'objet-perçu-comme-tel.

Ou bien quand le sujet accomplit un jugement, son regard mental se dirige vers ce sur quoi porte le jugement : vers l'objet à déterminer, vers la détermination qui est attribuée à l'objet, etc. Mais il ne se dirige pas vers le jugé-comme-tel, c'est-à-dire vers l'état de fait tel qu'il correspond à l'acte de juger et se constitue dans cet acte, sans être cependant saisi ni objectivé [2] par lui [3], bref le regard mental ne se dirige pas vers ce que Husserl appelle le noème du jugement. Enfin, si le sujet exécute une action ou s'il la projette seulement, ce qu'il prend en considération, c'est le but qu'il cherche à atteindre, les moyens dont il va se servir, la manière d'appliquer ces moyens, etc., mais ce n'est pas l'action-projetée-comme-telle dans le sens défini plus haut [4].

Il en est de même de toute activité mentale. Certes, le sujet ne peut s'engager dans la direction qu'il prend dans la vie courante et il ne peut se porter sur des objets, qu'en vivant des actes et – étant donné que tout acte de la conscience est une correspondance noético-noématique – en actualisant

1. Cf. *supra*, p. 199-201.
2. « objectivé » pour « objectifié ». *Éd.*
3. Cf. Husserl, *F.T.L.*, 42 a.
4. Cf. p. 214.

des noèmes. En effet, se diriger vers un objet, c'est vivre un acte auquel correspond un noème. Actes et noèmes, même quand le sujet ne s'en aperçoit pas expressément, ne sont tout de même pas inconnus de lui; sans y prêter attention, le sujet en prend conscience d'une manière déterminée.

Tandis que la prise de conscience de l'objet sur lequel le sujet se porte est explicite, l'acte qui est cette prise de conscience même, et le noème qui lui correspond, ne sont pas à eux-mêmes des objets, ils ne sont pas saisis et appréhendés; tout en étant donnés, ils passent en quelque sorte inaperçus[1]. C'est dans ce sens que le sujet, tout en se dirigeant vers l'objet et en prenant conscience de lui, a une connaissance implicite de l'acte qu'il vit et du noème de cet acte. S'il n'en était pas ainsi, la réflexion serait la seule manière dont le sujet pourrait savoir quelque chose des actes qu'il vit. À tout instant de sa vie consciente, le sujet a cette connaissance : en percevant, il sait qu'il perçoit, en accomplissant un jugement, il sait qu'il l'accomplit, etc. Mais il ne s'ensuit pas que la vie consciente doit être une réflexion permanente, que le sujet ne peut donc abandonner à aucun instant l'attitude réflexive.

Cette conclusion est non seulement démentie par les faits, mais elle induit encore par-dessus le marché une régression à l'infini : en effet, pour savoir qu'il perçoit, le sujet percevant devrait vivre un acte réflexif en même temps qu'il vit l'acte perceptif, et celui-ci serait l'objet de l'acte réflexif. Or cet acte réflexif, afin qu'il soit connu du sujet, devrait à son tour être appréhendé par un acte réflexif d'un degré supérieur vécu en même temps, et ainsi de suite. Si bien que quand le sujet vit un acte quelconque, une infinité d'actes réflexifs superposés les uns aux autres devraient être vécus en même temps[2].

Le seul moyen pour échapper à cette absurdité et pour se conformer aux faits est d'admettre que *la nature d'un acte consiste à être conscience explicite de l'objet vers lequel le sujet se dirige dans cet acte, et à être en*

1. On ne rapprochera pas cette notion de l'inaperçu de celle à laquelle s'attaquent les théoriciens de la forme. Ces théoriciens s'opposent à ce que, de deux observations faites dans des attitudes différentes, mais conditionnées par les mêmes stimuli extérieurs, l'une soit supposée pour des raisons théoriques, comme contenue, à titre de fait non-aperçu, dans l'autre (cf. Köhler, « Über unbemerkte Empfindungen und Urteilstäuschungen », *loc. cit.*, et notre article « Quelques aspects et quelques développements de la psychologie de la forme », *loc. cit.*, p. 427-431). Ici, au contraire, il n'est nullement question de réduire une observation à une autre. Non seulement doit-on s'abstenir, en phénoménologie, en raison de la réduction phénoménologique, de se réclamer de *stimuli* extérieurs, mais il faut encore (comme nous l'avons signalé (p. 122-123, p. 146-147) et comme nous le signalerons encore) respecter scrupuleusement l'aspect descriptif des données phénoménales. La notion de l'inaperçu nous sert seulement pour caractériser la modalité du sujet, quand il vit un acte, sans se replier sur celui-ci.

2. Cet argument d'Aristote (*De Anima*, III, 245b 12-17) a été renouvelé par Brentano, *Psychologie vom empirischen Standpunkt*, livre II, chap. II, sect. 7.

même temps conscience implicite de soi-même[1]. Or, les objets de toutes sortes sur lesquels le sujet se porte dans sa vie courante, n'existent et ne sont tels qu'ils sont que grâce à des actes de la conscience et grâce à des synthèses que des actes particuliers contractent entre eux, actes dans lesquels les objets s'offrent et se révèlent dans leur être et avec leurs déterminations[2]. On peut donc dire que ces objets résultent d'opérations de la conscience qui, dans la vie courante, passent inaperçues, restent voilées et comme cachées. Ces objets sont des corrélats objectifs d'actes et de complexes d'actes. Dans sa vie normale cependant, le sujet s'en tient naïvement à ces corrélats objectifs et les prend tout faits, sans se soucier de leur genèse pour la conscience, bien qu'il vive cette genèse à tout instant de sa vie où il s'occupe d'objets; autrement, non seulement le sujet ne pourrait pas se porter sur des objets, mais ceux-ci ne sauraient encore exister pour lui. Pour réaliser le programme de la philosophie de la conscience, c'est-à-dire pour élucider l'existence des objets et le sens spécifique de leur être, il faut tirer au clair leur genèse pour la conscience. Il faut par conséquent se replier sur les actes et les synthèses d'actes dans et par lesquels les objets se forment et se constituent tels qu'ils figurent et tels qu'ils sont.

Il faut vraiment faire ressortir les objets en tant que corrélats objectifs d'actes et de synthèses d'actes relatifs à eux. C'est ainsi que le phénoménologue, dont la tâche est de réaliser la philosophie de la conscience, doit envisager les faits qui normalement échappent à l'attention, à savoir des actes et des noèmes. Pour dégager le sens noématique complet, et surtout le noème perceptif complet, on est encore amené, en phénoménologie, à prendre en considération des faits qui figurent dans le noème sous forme implicite dans un sens spécifique.

L'attitude que le phénoménologue adopte dans ses recherches est donc celle de la réflexion. Selon qu'il s'agit surtout de l'un ou de l'autre des deux plans par la corrélation desquels la conscience est définie, la réflexion sera noétique ou noématique[3]. Plus haut, nous avons mentionné qu'un acte de la conscience subit une certaine altération, quand il est saisi par un acte réflexif, et que cette altération tient à l'objectivation que la réflexion apporte à l'acte qui, avant l'effectuation de cette opération, était seulement

1. Cf. Brentano, *loc. cit.*, livre II, chap. II, sect. 8 et t. II, appendice II. Husserl aborde le phénomène en question sous l'angle de la susceptibilité qui est essentielle pour les actes vécus d'être saisis et appréhendés par un acte de la réflexion (*Ideen*, p. 83-84, 145), et c'est seulement sous cette forme qu'il le présente. Schmalenbach, « Das Sein des Bewusstseins », *Philosophischer Anzeiger*, IV (1930), a consacré une étude spéciale au savoir implicite que la conscience a d'elle-même, et il a fait aussi l'historique de la question.

2. Cf. chap. I, sect. 1.

3. Cf. Husserl, *Ideen*, p. 205 et *Méd. Cart.*, p. 30-31.

vécu et s'est simplement déroulé[1]. Il ne faut pourtant pas penser que la réflexion fausse les actes qu'elle saisit, si bien que toute constatation faite dans l'attitude réflexive serait à la rigueur valable pour l'acte appréhendé, mais qu'elle ne le serait pas pour des actes non objectivés, donc qu'elle ne l'aurait pas été non plus, pour l'acte qu'on étudie maintenant dans l'attitude de la réflexion, avant que cet acte ait été pris pour [objet][2].

Ce « scepticisme à l'égard de la réflexion » a pour conséquence de faire passer les éléments noématiques qu'on parvient à établir par l'analyse réflexive, pour des créations de cette attitude même. Ces éléments, bien qu'ils se présentent sur le noème, quand on l'explicite, feraient défaut au noème simplement actualisé, mais non objectivé, au moins leur existence dans celui-ci devrait être mise en question. Nous avons déjà souligné[3] que la réflexion ne crée rien de nouveau, mais qu'elle reprend les actes tels que ceux-ci ont été vécus avant ce changement d'attitude.

Par la réflexion, le sujet dégage et explicite des éléments noétiques et noématiques par lesquels, avant qu'il se soit dirigé sur l'acte qu'il examine, et en vivant ce dernier dans l'attitude directe et normale, il s'est laissé guider, dont il a fait usage avant et même sans s'en apercevoir expressément. Grâce à la rétention en mémoire immédiate, et grâce à la conscience implicite que tout acte a de soi-même, le sujet peut se rendre compte que l'acte qu'il saisit ne prend pas naissance du fait d'être objectivé, mais que cet acte vient d'être vécu, avant que l'acte réflexif l'ait pris pour objet.

En vivant une perception dans l'attitude normale, on passe à une réflexion sur cet acte qui, de ce fait, ne perd ni n'acquiert son caractère perceptif. La perception était perception de tel objet, et elle continue à l'être, quand le sujet se replie sur elle; l'objet perçu s'est présenté sous tel aspect déterminé et il ne cesse de le faire. L'objet-perçu-comme-tel étant, par exemple, une maison qui s'offre de tel côté, les faits impliqués dans le noème perceptif, que l'analyse réflexive dégage, les renvois à d'autres aspects sous lesquels la maison peut apparaître, et corrélativement à d'autres perceptions dans lesquelles elle se présentera sous ces aspects, ne sont pas dus à cette analyse.

Celle-ci ne fait qu'expliciter des éléments qui figuraient dans le sens perceptif avant son objectivation, quand le sujet vivait dans l'attitude irréfléchie, pour autant que ce qu'il a perçu dans l'attitude normale et qu'il continue de percevoir dans l'attitude réflexive, est une maison s'offrant de tel côté, donc que le vu, dans un cas aussi bien que dans l'autre, n'épuise pas le sens perceptif; c'est ce fait qui nous a amené à envisager les

1. Cf. p. 106-107.
2. Cf. Husserl, *Ideen*, § 79.
3. Cf. p. 111, p. 129-130.

implications[1]. Ou encore, à un acte de penser ou de juger correspond, à titre de noème, l'état-de-fait-pensé-comme-tel.

Celui-ci n'est pas modifié quand le sujet se détourne des choses objectives sur lesquelles porte la pensée et auxquelles se rapporte le noème de cette pensée, pour prendre en considération ce noème même. Dans la pensée irréfléchie, l'état-de-fait-pensé-comme-tel est posé comme certain, comme probable, possible, douteux, etc.[2]. En adoptant l'attitude de la réflexion, le sujet ne découvre ni n'attribue à l'objet noématique ces caractères; il s'en rend seulement expressément compte, mais il se rend compte d'eux comme portés par l'objet noématique avant son appréhension par la réflexion, en ce sens que le sujet, dans sa pensée irréfléchie, s'est orienté sur ces caractères. Certes, le sujet peut se porter sur un noème de jugement, non pour le saisir tel qu'il vient d'être posé dans un acte irréfléchi, mais pour critiquer sa validité.

Alors le sujet examine la compatibilité du jugement (entendu au sens noématique) en question avec d'autres jugements, il analyse les prémisses dont il découle, se pose la question de savoir s'il en découle vraiment, envisage les conséquences qu'il entraîne, examine les raisons qui peuvent être apportées pour ou contre sa validité, etc. Au cours de ces méditations, la certitude peut bien se changer en doute, en probabilité, etc., ou, ayant passé par le doute, elle peut devenir certitude confirmée. Ces opérations de la pensée, pour autant qu'elles s'accomplissent dans l'attitude de la réflexion noématique, pour autant qu'elles appellent donc le repliement sur le pensé-comme-tel, dépassent cependant largement les moyens de la seule réflexion. La seule fonction de cette dernière consiste en effet à dégager et à rendre exprès l'acte et le noème tels qu'ils étaient avant ce changement d'attitude. Le savoir implicite que tout acte de la conscience a de soi-même permet de contrôler si l'analyse réflexive épouse vraiment les données phénoménales. C'est ainsi et ainsi seulement qu'on peut s'apercevoir de l'altération qu'apporte la réflexion, et aussi des limites à l'intérieur desquelles se tient cette altération. Elle concerne surtout le mode d'accomplissement et de déroulement de l'acte, elle concerne le mode d'actualisation du noème plutôt que celui-ci en lui-même. Le noème a été défini comme une unité idéale et atemporelle qui, en tant que la même, peut correspondre à une pluralité d'actes, d'actes perceptifs par exemple, et dont une couche fondamentale – celle que Husserl appelle le « sens noématique » – peut même correspondre à des actes qui diffèrent les uns des autres dans la mesure où diffèrent une perception, un souvenir, une attente (du

1. Cf. sect. III de ce chapitre.
2. Cf. *supra*, p. 127.

même objet s'offrant sous le même aspect, dans la même orientation etc.)[1]. Il va donc sans dire que le noème peut rester tel quel, quand, venant d'être simplement actualisé, il est maintenant objectivé par un acte réflexif.

Les faits impliqués dans un noème perceptif peuvent bien y figurer sous une forme non déployée[2]. Communément, ils prennent en effet cette forme. Ces faits non seulement comportent des indéterminations, mais ils sont encore peu distincts les uns des autres, ou bien ils ne le sont pas du tout. Dans le cas de l'attitude irréfléchie, tous les faits impliqués se confondent les uns avec les autres et aussi avec ce qui est donné en vision directe en une sorte de syncrétisme. C'est ainsi qu'ils contribuent à former cette unité *gestaltiste* qui est le sens perceptif. Ils ne composent pas cette unité en s'ajoutant les uns aux autres, ils sont au contraire contenus dans cette unité, comme les parties d'une *Gestalt* le sont en général dans celle-ci[3]. La conscience normale qui ne se replie pas sur elle-même, s'en tient au sens perceptif et se laisse guider par lui en tant que fait global plus ou moins confus. Dans cette attitude, on ne cherche pas à pénétrer dans la structure intrinsèque du sens perceptif et on ne discerne guère les faits impliqués de ceux donnés explicitement en vision directe, par exemple.

Ce discernement est l'œuvre de l'analyse réflexive[4]. Mais il peut s'ébaucher déjà dans une perception irréfléchie ; quand on perçoit un objet, il se peut que tel aspect sous lequel l'objet peut apparaître, s'annonce plus ou moins nettement, tandis que d'autres aspects ne sortent guère du syncrétisme. Par opposition à ces cas, il y en a d'autres, assez fréquents, dans lesquels les implications se fondent en un halo global et confus, sans articulation, ni fragmentation intrinsèques. L'objet est perçu avec la conscience qu'il y a encore des expériences à faire de celui-ci, mais ces expériences potentielles s'annoncent comme vagues et indéterminées – sauf en ce qui concerne leur style générique[5] – et aussi comme indistinctes les unes des autres. C'est à cet ensemble inarticulé d'expériences en général plutôt qu'à des expériences certaines, que renvoie la perception actuellement vécue.

Par le discernement, dans l'attitude réflexive, entre ce qui est vu et ce qui ne figure dans une perception que sous forme d'implication, une certaine altération survient dans le noème correspondant à une perception irréfléchie. On s'y arrêtera quand il s'agira d'étudier et d'analyser un

1. Cf. p. 118-120, 130, p. 163-165.

2. Cf. *supra*, p. 176.

3. Cf. *supra*, p. 148.

4. Cf. Stout, *Things and sensations*, *loc cit.*, p. 117. Plus haut (p. 201), nous avons exposé, avec les réserves qui nous semblent s'imposer, le point de vue de Stout à propos des implications.

5. Cf. *supra*, p. 177-178.

noème perceptif concret. Dans ce cas, on ne fera entrer en ligne de compte que ces faits impliqués auxquels la perception qu'on étudie renvoie en effet[1]. Les données phénoménales, surtout les implications, doivent être prises telles quelles, dans leur état syncrétique, avec tout ce qu'elles comportent de vague, d'indéterminé, d'imprécis et d'indistinct.

Pourtant il y a parfois intérêt non pas à respecter l'aspect phénoménal d'un noème perceptif concret, mais à le rendre plus explicite qu'il ne l'est en fait. On y parvient en cherchant à déterminer les indéterminations, à établir les possibilités – dans le sens mentionné plus haut[2] – que comporte le style générique des indéterminations, même à effectuer une sélection parmi ces possibilités. D'autre part, on cherchera à dissocier et à articuler le halo global et confus, à extraire les faits impliqués du syncrétisme dans lequel ils se fondent, ces implications, après qu'on les aura rendues distinctes les unes des autres, seront à leur tour soumises à la détermination. Cette opération est celle de la clarification[3]. En l'appliquant à un noème perceptif, ou plus exactement, à partir du noème initial, on obtient toute une série de noèmes perceptifs. Non seulement ceux-ci se rapportent tous au même objet entendu comme objet en lui-même, objet objectif, mais encore il s'agit tout le temps du même objet noématique; c'est toujours le même objet qui est perçu, et il se présente sous le même aspect, du même côté, dans la même orientation, etc. La différence entre les noèmes qui appartiennent à une telle série consiste en ceci que le même sens perceptif se déploie et s'articule progressivement. Les éléments qui figurent en lui sous forme implicite sont dégagés et tirés au clair; ainsi, le confus et le global cèdent la place à des structures de plus en plus nuancées. La loi d'une telle série de noèmes est que ceux-ci gagnent progressivement en fragmentation, en distinction et en détermination.

La clarification d'un noème perceptif ne peut cependant pas être portée à la perfection; il est impossible qu'un noème perceptif soit complètement explicité à tel point qu'il ne contienne plus rien de confus ni de global. Les aspects sous lesquels un objet perçu peut apparaître sont en nombre infini; parmi ces aspects il y en a sous lesquels l'objet en question ne s'est jamais présenté, qui donc sont inconnus du sujet percevant. Il va sans dire que l'objet ne peut pas être perçu par rapport à ces aspects inconnus. D'autre part, la possibilité qu'un objet perceptible apparaisse sous des aspects en nombre infini est un fait qui existe pour la conscience, et il existe sous forme de renvois que la perception actuellement vécue implique à des perceptions potentielles sur l'apport desquelles le sujet ne sait rien, sauf

1. Cf. *supra*, p. 202.
2. Cf. p. 177.
3. Cf. Husserl, *Ideen*, 67-69.

qu'il s'harmonisera avec celui de la perception actuelle. À cette conscience qu'il y a encore des expériences (bien qu'indéterminées dans tout leur détail) à faire de l'objet perçu, correspond, du point de vue noématique, un certain halo confus et global qu'on ne réussit donc pas à dissocier complètement, si loin qu'on pousse la clarification.

Cette opération ne fournit pas une connaissance élargie et approfondie de l'objet en lui-même. Pour obtenir cela, il faut multiplier les prises de conscience de l'objet, le percevoir de divers points d'observation, sous des aspects différents, varier les conditions de toutes sortes dans lesquelles se trouve l'objet, etc., bref, il faut mettre en mouvement la vie perceptive. Cependant, avec la clarification d'un noème perceptif, on s'en tient à une perception particulière et on persévère à étudier un phénomène statique. *Ce que cette opération permet de faire, c'est d'expliciter et d'éclaircir pour soi-même l'objet-perçu-comme-tel, c'est de se rendre compte de ce qu'on a en vue, quand on perçoit un objet, de la configuration, aux yeux du sujet percevant, de l'objet-perçu-comme-tel*, – peu importe si l'objet en question existe ou non, s'il est en réalité tel qu'il se présente au sujet ou non[1]. Avec la clarification, on ne sort donc pas du domaine des noèmes, c'est-à-dire du domaine non d'objets tout court, mais d'objets tels qu'ils s'offrent à la conscience. *Dans cette opération, il faut voir la méthode phénoménologique par excellence, le moyen d'investigation et d'élucidation des noèmes.* Aussi trouve-t-elle une application partout où il y a des noèmes, elle s'applique donc à toutes les activités de la vie consciente.

L'analyse phénoménologique porte donc surtout sur les noèmes et elle est effectuée dans l'attitude réflexive, parce que ce n'est que si l'on adopte cette attitude que les noèmes se prêtent à une investigation systématique. Celle-ci a bien le caractère d'une analyse, dans la mesure où elle consiste à dégager les éléments qui figurent dans l'unité d'un sens noématique. Mais il ne s'agit pas ici d'une analyse entendue comme désagrégation d'une unité complexe en des unités plus simples, en fin de compte en « éléments ultimes » indépendants les uns des autres et desquels l'unité complexe serait composée. Aussi l'analyse phénoménologique n'est-elle pas exposée aux critiques que les théoriciens de la forme ont exprimées à l'endroit de l'analyse psychologique au sens traditionnel[2]. D'après ces théoriciens, une unité complexe et cohérente qui s'articule en des « parties » est autre chose que la somme formée des éléments en lesquels on peut artificiellement décomposer l'unité en question, si, par un procédé quelconque, on les sépare.

1. Cf. à ce sujet *infra*, p. 248.

2. Cf. Koffka, « Introspection and the method of Psychology », *The British Journal of Psychology*, t. XV (1925).

Une telle analyse apporte donc une modification réelle au phénomène sur lequel elle est opérée. On substitue au phénomène qu'on veut étudier des données bien différentes, par conséquent on fausse ou du moins on défigure le phénomène en question. Cette critique n'atteint évidemment pas l'analyse phénoménologique, parce que dans celle-ci non seulement l'unité du noème est respectée, mais encore, si des éléments noématiques sont dégagés, ces éléments sont trouvés à l'intérieur du tout cohérent qu'est le sens noématique, et sont considérés selon la place qu'ils tiennent dans ce tout et selon le rôle qu'ils jouent pour la structure de cette unité. L'analyse phénoménologique peut donc bien se réclamer des principes établis par les théoriciens de la forme. Même l'altération qu'un noème subit quand il est explicité et clarifié, est d'une autre nature et d'une autre portée que la modification entraînée par l'analyse psychologique traditionnelle.

Aux implications correspondent, du point de vue[1] noétique, les renvois à des perceptions potentielles que la perception actuelle contient[2]. Ces renvois ne se surajoutent pas secondairement à la perception actuelle toute faite et dont la constitution est achevée, comme si cette perception restait telle quelle et que les renvois en question étaient supprimés. Pour autant que ce qui se présente à la conscience est une maison perçue de tel côté, il est essentiel pour le sens perceptif (en tant que maison apparaissant sous tel aspect mais susceptible de s'offrir sous des aspects différents) que la perception actuelle renvoie à des perceptions potentielles qui rendront visible ce qui à présent[3] ne l'est pas. Ces renvois figurent donc à titre constitutif au sein de la perception actuelle.

Donc dès lors que le sens perceptif est explicité, les potentialités en question sont dévoilées. L'analyse intentionnelle qui porte sur une perception non en tant que fait réel de conscience, mais qui l'envisage par rapport au noème qui lui correspond, donc par rapport à ce qui dans cette perception est offert à la conscience, dépasse la perception particulière ; même si cette analyse est effectuée sur une perception particulière, elle dépasse cette perception[4]. *L'analyse intentionnelle non seulement tire au clair les relations qu'un acte particulier entretient avec d'autres actes, mais elle révèle encore l'acte particulier constitué par ces relations.*

À la lumière de cette analyse, la perception particulière perd sa particularisation et sa singularisation : elle est replacée dans tout un ensemble d'actes dans lesquels figure le même objet que celui qui présentement s'offre sous un certain aspect, mais dans lesquels cet objet s'offrira sous

1. « du point de vue » pour « du biais ». *Éd.*
2. Cf. § 9 de ce chapitre.
3. « à présent » pour « au moment ». *Éd.*
4. Husserl, *Méd. Cart.*, § 20.

d'autres aspects, d'un côté différent, dans une autre orientation, etc. Cependant, ce replacement d'une perception particulière dans un contexte plus englobant de faits de conscience s'accomplit – il faut le souligner – dans l'étude même de la perception particulière, donc préalablement à la considération du dynamisme de la vie perceptive, auquel nous allons consacrer le prochain chapitre. *Ainsi, l'analyse intentionnelle mène à l'abandon de l'atomisme psychologique*[1] et elle mène à cet abandon dans l'étude de phénomènes statiques et particuliers; ou bien, comme le dit Husserl, cette analyse enlève leur « anonymat » aux états singuliers.

C'est grâce aux implications qu'un objet donné apparaît tel qu'il figure aux yeux du sujet conscient. Or, l'objet est devenu tel au cours de son histoire dans le passé du sujet; l'objet s'est constitué comme ce qu'il est maintenant par les transformations qu'il a subies dans le passé du sujet, et qui marquent les étapes essentielles de son histoire. Les implications qui sont des acquisitions par l'expérience, dérivent également du passé du sujet. En effet, nous avons défini les implications comme un prolongement du passé dans le présent, comme des traces que les transformations ont laissées dans l'objet qui les a subies, traces qui se sont déposées sur celui-ci sous forme de qualités permanentes[2]. Les implications trahissent donc en quelque sorte l'histoire de l'objet tel qu'il est devenu pour le sujet. Se pose alors la question de savoir si, par l'explicitation des implications, il est possible de reconstruire cette histoire, d'établir les étapes par lesquelles a passé la formation progressive de l'objet, de fixer les transformations qui marquent ces étapes aussi bien que les motifs qui ont poussé à ces transformations, pour remonter, en fin d'analyse, au stade initial qui était au début de l'histoire de l'objet.

Husserl consacre seulement quelques indications et répond par l'affirmative à cette question: « Le champ de la perception que nous trouvons "donné" dans notre "première enfance" ne contient [...] rien encore de ce qu'un simple coup d'œil pourrait expliciter en "chose". Cependant [...] nous pouvons, l'ego méditant peut se plonger dans le contenu intentionnel des phénomènes mêmes de l'expérience, et y trouver des "renvois" intentionnels qui mènent à une "histoire"; *ces "renvois" permettent de reconnaître dans ces phénomènes des "résidus" d'autres formes qui les précèdent essentiellement* [...]. »[3].

Cette réponse présuppose que la formation d'objets au cours de l'expérience soit conçue comme se faisant par la superposition les unes aux autres de couches différentes et, en fin de compte, elle présuppose une cou-

1. Cf. à ce propos *infra*, p. 246.
2. Cf. *supra*, p. 213, 218.
3. Husserl, *Méd. Cart.*, p. 67; c'est nous qui soulignons. (Note de l'Auteur).

che considérée comme fondamentale et élémentaire. Dans le cas d'objets que Husserl qualifie de supérieurs, tels, par exemple, les objets que nous désignons comme objets fonctionnels, cette couche primaire est d'après lui la chose perceptible en tant que chose réiforme [1]. L'objet d'ordre supérieur provient de celle-ci grâce à des actes spécifiques qui lui confèrent des « prédicats présupposant l'esprit et caractérisant la chose comme marteau, table, produit de l'activité esthétique » [2].

Aussi l'objet d'ordre supérieur se tire-t-il, d'après Husserl, d'une genèse active, dont c'est la marque distinctive qu'elle « présuppose toujours et nécessairement comme couche inférieure une passivité qui reçoit l'objet et le trouve comme tout fait ».

Il en va ici de même que pour la constitution de l'objet de valeur [3] : la théorie que Husserl a établie pour ce cas spécial – et pour lequel elle nous semble juste – il l'a généralisée pour tous les cas où il s'agit d'objets perceptibles appartenant au monde réel, mais qui ne s'épuisent pas à être de pures choses réiformes. Certes, l'objet d'ordre supérieur ne peut pas être réduit à la chose réiforme; les prédicats et les valeurs de toutes sortes qui caractérisent cet objet ne sont pas des réactions purement subjectives provoquées par certaines qualités « objectives » de la chose réiforme, mais ces prédicats et ces valeurs appartiennent à l'objet d'ordre supérieur lui-même [4].

Cet objet, bien que fondé par la chose réiforme, est d'un type nouveau par rapport à celle-ci [5]. Cependant, il est un *objet fondé* : en tant que tel, non seulement il présuppose, mais encore il contient ce qui le fonde, à savoir la chose réiforme. Il peut donc être défini comme une chose réiforme à laquelle des couches supérieures se sont superposées, couches conférées par des actes spécifiques, ainsi que la chose réiforme, grâce à ces actes, se transforme en un objet d'un type différent. La structure de ces couches reflète l'histoire de la formation de l'objet d'ordre supérieur.

1. Husserl, *Ideen*, p. 152, et *Méd. Cart.*, p. 67 : « [...] dans notre première enfance nous avons dû apprendre à voir des choses et [...] un tel apprentissage doit précéder, au point de vue génétique, tous les autres modes d'avoir conscience des choses ». Si nous revenons ici à la thèse de Husserl sur l*a priori*té de la chose réiforme à l'égard de l'objet fonctionnel, ce n'est pas pour remettre en discussion cette thèse que nous ne pouvons pas adopter (cf. *supra*, p. 72-75, p. 149-151, p. 214-216). Nous la citons seulement à titre d'exemple, pour illustrer la conception que Husserl défend sur la formation d'objets d'ordre supérieur.

2. *Id., Méd. Cart.*, p. 66.

3. Cf. *supra*, p. 128-129.

4. Husserl, *Ideen*, p. 50.

5. *Id., ibid.*, p. 319. Ces « autres formes » dont les « renvois » permettent de reconnaître dans les phénomènes des « résidus » (cf. p. 225-226), « ne se rapportent pas précisément au même objet intentionnel ».

La chose réiforme même qui sert de support à la constitution de l'objet d'ordre supérieur a également son histoire qui est l'histoire de sa formation dans la vie perceptive. Dans toute perception actuelle d'un objet, des perceptions passées qui se rapportent au même objet, se signalent, et elles le font sous forme d'implications. Si donc, dans toute perception, le perçu dépasse ce qui est vu, c'est que des souvenirs de perceptions passées s'y entremêlent : ce qui s'offre *modo originali* est pénétré de connaissances de toutes sortes que le sujet tient de son passé; ce qui est vu est comme imprégné d'acquisitions que, dans son passé, le sujet a faites, en partie lui-même, et a apprises en partie sur l'autorité d'autrui[1]. *Les implications sont des sédiments de perceptions et en général d'expériences passées* qui se rapportent à l'objet en question. Ces implications non seulement font apparaître l'objet perçu tel qu'il figure aux yeux du sujet percevant, mais elles le font encore apparaître comme devenu tel : elles signalent l'histoire de l'objet, plus exactement sa formation historique dans le passé du sujet. Dans l'acte perceptif vécu naïvement, c'est-à-dire dans l'attitude irréfléchie, les éléments qui composent cet acte ne sont pas dégagés les uns des autres; cet acte est une unité massive et simplifiée dans laquelle les éléments composants sont condensés et coagulés[2].

Pour les dégager, il ne suffit même pas d'adopter l'attitude réflexive, c'est-à-dire de se replier de l'objet à l'acte. Afin que celui-ci soit articulé en ces éléments composants, il faut que la réflexion noétique soit guidée par la réflexion noématique. En explicitant les implications qui figurent dans un noème, on obtient des renvois à des perceptions et à des prises de conscience passées dont les implications sont des sédiments. Les apports de ces prises de conscience, en s'ajoutant les uns aux autres, ont contribué à former et à constituer l'objet tel qu'il est aux yeux du sujet.

Toute unité intentionnelle, c'est-à-dire tout objet tel qu'il se présente à la conscience renvoie, par les implications qui sont constitutives pour lui, à son histoire; dans ces implications, son histoire est contenue sous une forme sédimentée[3]. Ainsi, l'explicitation des implications, si elle n'est pas elle-même une reconstruction de l'histoire de l'objet, fournit au moins les indications nécessaires à cette reconstruction.

Il n'est d'ailleurs pas indispensable que les prises de conscience passées se soient rapportées au même objet, celui qu'on perçoit maintenant. Toute

1. Cf. l'interprétation que Fink, « Das Problem der Phänomenologie Edmund Husserls », *Revue Internationale de Philosophie* t. I, 1939, p. 251-252, donne de la pensée de Husserl.

2. *Id., ibid.*, p. 266-269.

3. Husserl, *F.T.L.*, p. 217, 221.

prise de conscience originale, telle la perception, non seulement contribue à constituer l'objet qui apparaît en elle, mais encore crée, d'après Husserl[1], une forme d'aperception qui lui survit, un habitus permanent, de telle sorte qu'un objet qui dans l'avenir se présente dans des circonstances analogues, est appréhendé et perçu conformément à cet habitus et avec le sens de celui-ci, qui entre donc dans cette forme d'aperception. Cet habitus de Husserl a la même tendance assimilatrice et généralisatrice que les schèmes de Piaget[2] et les manières d'agir de Köhler[3]; et il semble bien qu'on puisse rapprocher cette notion husserlienne de celles de ces auteurs.

C'est en vertu de ces formes d'aperception que tout ce qui s'offre au sujet lui apparaît, à première vue, donc avant une connaissance approfondie, comme appartenant à un certain type, ou comme tombant sous une certaine catégorie. En ce qui concerne des objets inconnus que le sujet perçoit pour la première fois, les perceptions de ces objets impliquent des renvois à des faits indéterminés; cependant, ces faits – comme nous l'avons exposé[4] – se présentent comme étant d'un certain style et comme s'insérant dans un cadre qui, à son tour, est bien déterminé.

Il en est ainsi, parce qu'un certain *habitus* acquis dans le passé est réactualisé et intervient dans la perception de l'objet inconnu[5]. Or les implications qui figurent dans l'objet-inconnu-perçu-comme-tel renvoient d'après Husserl[6] également à une histoire; évidemment pas à celle de la formation, pour la conscience du sujet, de cet objet particulier, mais à celle de l'acquisition, dans le passé, de l'*habitus* en question. Celui-ci, à force d'être réactualisé et d'être remis en jeu, renvoie à sa formation première. Ici aussi, l'explicitation des implications ramène à une histoire.

D'après la psychologie fonctionnelle de Piaget et surtout d'après la théorie de la forme, la formation première d'objets nouveaux se fait non par superposition de couches, mais par réorganisation et par restructuration[7]. Cette conception reçoit un appui de l'examen critique de la méthode de l'explicitation des implications: il faut donc mesurer ce que donne cette méthode, en en établissant du même coup les limites.

Quand on perçoit un objet fonctionnel en dehors de son emploi, cet objet se présente néanmoins comme objet fonctionnel, et il apparaît ainsi en

1. *Id., ibid., Appendice* II, sect. 2b, et *Méd. Cart.*, p. 66-67.
2. Cf. *supra*, p. 211-212.
3. Cf. *supra*, p. 210-211.
4. Cf. *supra*, p. 177-178.
5. Cf. *supra*, p. 220-221, l'explication de ce fait en termes de la théorie de Piaget.
6. Husserl, *Méd. Cart.*, p. 67.
7. Cf. paragraphe 7 de ce chapitre.

raison de certaines implications qui entrent dans toute perception concrète de cet objet, dans quelque situation que celle-ci soit faite[1]. En explicitant ces implications, le sujet percevant peut se rendre compte, plus clairement qu'il ne le fait d'habitude dans la vie normale, de ce en quoi figure pour lui l'objet qu'il perçoit. Il peut clarifier pour lui-même le sens de sa perception. En procédant de la sorte, le sujet peut se faire des représentations ou des images de l'emploi de l'objet perçu, de la situation à laquelle cet objet est destiné, de la manière dont il faut le manier, des fins auxquelles il sert, etc.

Mais cette explicitation s'en tient à l'objet constitué et achevé, c'est-à-dire qui a déjà acquis sa forme définitive. Cette méthode ne donne pas accès à cette acquisition et formation mêmes, ni à la restructuration que l'objet a subie, en revêtant ses valeurs fonctionnelles, ni non plus à la manière dont ce processus de réorganisation s'est accompli, ni aux conditions auxquelles ce processus est lié. À plus forte raison ne permet-elle pas de remonter à ce qui préexistait à la transformation définitive de l'objet. Si loin donc qu'on pousse l'explicitation et la clarification des implications, et à quelque degré de clarté et de perfection qu'on la porte, on reste toujours en deçà de la formation première de l'objet et on ne peut même pas s'en approcher.

Cette formation première constitue une limite pour la méthode explicitative, en ce sens que, par cette méthode, on ne parvient même pas au fait que cette formation a eu lieu. La raison en est que, selon leur sens intrinsèque, les implications ne trahissent rien sur l'origine de l'objet, tout en contribuant à le constituer tel qu'il figure aux yeux du sujet percevant. Ou bien, grâce à des implications, un objet vu apparaît comme tangible et un objet qu'on touche sans le voir apparaît comme visible. En explicitant ces implications, le sujet se rend compte des expériences tactiles ou visuelles qu'il fait de l'objet et qu'il fera après avoir rempli certaines conditions.

Mais ici, pas plus que dans l'exemple précédent, la méthode explicitative ne ramène à la formation première de l'objet, en particulier à cette assimilation et accommodation de schèmes, qui donnent naissance à un objet d'un type nouveau, à l'objet visible et tangible à la fois. La méthode de l'explicitation des implications permet au sujet, ici comme partout, de clarifier, devant lui-même et pour lui-même, l'objet tel qu'il l'a en vue.

Mais cette méthode ne va pas plus loin ; elle ne permet pas d'établir quoi que ce soit sur la genèse de l'objet, sur la manière dont il est devenu tel qu'il est. À plus forte raison, ne permet-elle pas de remonter à ce qui préexistait au type d'objet visible aussi bien que tangible, par exemple à ces tableaux visuels sans stabilité ni solidité qui, d'après Piaget[2], marquent les débuts de

1. Cf. *supra*, p. 214-216.
2. Piaget, *La naissance de l'intelligence chez l'enfant*, p. 71-73.

l'évolution de la vision. Par cet exemple, on peut voir avec une netteté particulière que les limites imposées à la méthode explicitative tiennent à ce que la formation première d'objets et surtout de types d'objets se fait non par superposition, mais par réorganisation brusque.

En effet, si par la clarification de l'objet visible et tangible, on ne parvient pas à l'objet visuel, ni à l'objet tactile tels qu'ils préexistaient à l'assimilation et à l'accommodation réciproques des schèmes de la vision et de la préhension, c'est que l'objet visible et tangible qui tire sa genèse de cette assimilation et accommodation, ne les contient d'aucune façon. Il ne les contient pas, parce qu'il ne s'est pas formé par leur superposition, comme si cet objet était une entité supérieure ou composée, dans la structure de laquelle ces objets plus primitifs seraient entrés tels quels et joueraient chacun son rôle. En expliquant la formation de l'objet visible et tangible par une union – de quelque nature qu'elle soit – que les objets visuels et tactiles auraient contractée entre eux, on est d'ailleurs inéluctablement ramené à la question relative à la correspondance entre ces objets. Nous avons déjà dénoncé cette question comme mal posée [1]. En réalité, l'accommodation réciproque des schèmes en question donne naissance à un objet d'un type entièrement nouveau, elle doit donc être considérée comme une création dans le sens plein du mot, qui s'accompagne de la disparition de ce qui lui préexistait. Si donc, à partir d'un certain moment de son évolution, l'enfant commence à connaître des objets qui relèvent du type de la «chose», il ne faut pas dire que des objets plus primitifs se transforment en des objets du type «chose»; il faut, au contraire, soutenir avec Koffka [2], que les premiers cèdent le pas aux seconds. Finissons pas un coup d'œil sur un exemple qui relève de la conscience symbolique, bien que celle-ci ne puisse être abordée dans ce livre.

Le signe + vu entre des nombres en appelle, pour ainsi dire, l'addition, et ce signe est perçu de cette manière grâce à un savoir acquis qui est donc comme localisé à un certain endroit du champ visuel [3]. Nous pouvons nous rendre le plus clair possible la compréhension que nous avons de la signification de ce symbole; nous pouvons même passer à une prise de conscience originelle de cette signification, ce que nous faisons, en effectuant, avec intelligence et non seulement machinalement, l'addition des deux nombres. Mais ce procédé ne nous fournit aucun renseignement sur le processus par lequel le symbole en question a acquis sa signification, ni sur cet événement, à la base de ce processus particulier et important entre tous pour

1. Cf. *supra*, p. 216-217.
2. Koffka, *Die Grundlagen der psychischen Entwicklung*, p. 231.
3. Köhler, *Gestalt Psychology*, p. 73, 88.

l'évolution de l'homme, qu'est l'éveil de la conscience symbolique en général.

Il résulte de ces analyses que les implications – comme cela a été souligné à quelques reprises – contribuent à constituer l'objet-perçu-comme-tel, tel que cet objet est *devenu* et figure pour le sujet percevant, mais qu'elles n'indiquent rien sur le devenir de l'objet au cours de l'histoire du sujet. Ne témoignant pas du passé aux yeux du sujet qui les vit, les implications ne doivent pas être considérées comme la forme sédimentaire sous laquelle l'histoire de sa formation se serait déposée sur l'objet et s'y annoncerait, bien que, si l'on se place au point de vue de l'observateur qui étudie du dehors, pour ainsi dire, l'évolution et l'histoire du sujet, il ne fasse aucun doute qu'avec les implications il s'agit d'un prolongement du passé dans le présent[1]; deux évidences contradictoires que la théorie de la forme permet de réconcilier.

Cependant si, au point de vue psychologique, les implications peuvent passer pour des traces que les réorganisations et les restructurations ont laissées sur l'objet qui les a subies, cela doit être entendu par rapport au résultat final auquel ces processus ont abouti; c'est-à-dire par rapport à la forme définitive que l'objet a fini par prendre, mais non par rapport au stade initial dont ces processus sont partis, ni par rapport à un quelconque stade intermédiaire. Aussi avons-nous exprimé quelques hésitations à l'endroit de la thèse de Pradines, d'après laquelle l'origine et l'histoire d'une fonction sont comme inscrites dans l'exercice de cette fonction, même quand celle-ci est parvenue à sa forme achevée[2], et donc que la perception, parce que dans l'évolution elle a été précédée d'états intensifs et passionnels et s'est tirée de ces états par un processus de sublimation et de décantation, se définit comme représentation et médiation d'une « passion subordonnée à l'éventualité d'un mouvement » et s'épuise dans la fonction de servir de signe d'objets en tant qu'agents éventuels[3].

Si l'évolution se fait non de façon continue, mais par réorganisations et restructurations dont les théoriciens de la forme ont souligné le caractère brusque, il ne faut pas s'attendre à pouvoir retrouver, même sous une forme condensée, l'histoire d'une fonction dans cette fonction à l'état achevé. Si l'analyse explicitative d'un objet ou d'un type d'objets, tels qu'ils figurent pour la conscience à n'importe quelle échelle de son évolution, n'apporte aucun renseignement sur l'histoire de cet objet, pas plus que l'évolution d'une fonction ou d'une activité ne permet de tirer la moindre conclusion

1. Cf. paragraphe 8 de ce chapitre.

2. Cf. *supra*, p. 191-192.

3. Cf. paragraphe 4 de ce chapitre.

sur la nature de cette activité évoluée, ni sur celle des objets qui, grâce à l'activité en question, existent pour la conscience.

Il faut donc séparer les problèmes relatifs à l'évolution historique des fonctions et à la genèse des objets qui au cours de cette histoire se succèdent les uns aux autres, par rapport à ceux qui concernent le sens avec lequel des objets dans certains actes se présentent à la conscience et avec lequel ils figurent pour elle, sens d'être que les actes dans lesquels ils s'offrent, confèrent aux objets. La méthode explicitative est destinée exclusivement au dernier groupe de problèmes, alors que les problèmes génétiques appellent d'autres méthodes qui leur sont spécifiques[1].

1. Notre dactylographie s'interrompt ici. Une autre copie existe peut-être qui a malheureusement disparu dans les circonstances décrites par Lester Embree dans son introduction. *Éd.*

APPENDICE I

QUELQUES ASPECTS ET QUELQUES DÉVELOPPEMENTS DE LA PSYCHOLOGIE DE LA FORME [1]

Cet essai parut originellement dans le Journal de psychologie normale et pathologique, *t. XXXIII (1936), pages 413 à 470. Dérivant, ultérieurement, des études que l'auteur avait faites en Allemagne, pendant les années 1920, sur l'École de la psychologie de la forme dite « de Berlin », la source littéraire immédiate en est la première série de conférences que l'auteur donna à la Sorbonne ; la note [1] mentionne et la source et l'aide dont l'auteur bénéficia quant à la langue ; les originaux à partir desquels les conférences furent données se trouvent au dossier B 1 du fonds Gurwitsch du Simon Silverman Phenomenology Center de l'Université Duquesne, Pittsburgh, PA, USA.*

Outre une systématisation originale intrinsèque aux méthodes, catégories, et au bilan principal de l'École de Berlin, ce texte, en sa dernière partie, s'intéresse à l'abstraction sur la base de la perception analysée à partir de ce que l'on pourrait nommer un point de vue « phénoménologique gestaltiste ». Ce qui nous semble être la position philosophique principale de Gurwitsch.

Lester Embree

1. Cette étude reprend, sous une forme modifiée, quelques-unes des conférences que j'ai eu l'honneur de faire, en 1933-1934, à l'Institut d'Histoire des Sciences de Paris, sous le titre « Le développement historique de la Gestaltpsychologie ». Qu'il me soit permis de remercier M. A. Rey de l'hospitalité avec laquelle il a bien voulu me recevoir à son Institut, et MM. Chastaing et Merleau-Ponty qui ont bien voulu relire le texte de cet article.

I. DÉVELOPPEMENT ET POSITION DU PROBLÈME

Le grand fait qui est à la base de la constitution des sciences physiques depuis Galilée (et qui s'est accentué de plus en plus, à mesure du progrès qu'ont connu ces sciences) est la séparation rigoureuse entre la réalité du monde telle que ces sciences la construisent et l'aspect qualitatif, perceptif, donc « subjectif » sous lequel le monde se présente à nous en tant que nous sommes des êtres pourvus d'une organisation psychophysique.

En considérant les représentations et les constructions de la physique comme des faits réellement existants, la psychologie du XIXe siècle voit, dans certains faits sensoriels qui se produisent dans la conscience, des effets de données physiques, en même temps que des symptômes qui les signalent sans s'assimiler à elles. Les faits physiques, agissant en qualité de stimuli sur les organes sensoriels ou sur le système nerveux, y provoquent certaines excitations auxquelles sont liées les données sensorielles en question. Un privilège particulier a été assigné à ces données sensorielles, elles passent pour les faits les plus élémentaires et les plus simples de la perception. La tâche principale de la psychologie consiste dès lors à expliquer, à partir de ces éléments, l'ensemble des faits relevant de la sensation et de la perception, en particulier les cas « anormaux » où se produit, dans la conscience, un phénomène différent de celui que l'on aurait dû constater, étant donnée la présence de tels et tels stimuli. Cette explication, la psychologie la fournit, soit en invoquant l'organisation psychophysique humaine ou animale, soit en se réclamant de lois spécifiquement psychologiques, soit en concevant certains faits comme provenant de la superposition d'une multiplicité de données élémentaires. Ces faits sont donc considérés comme des complexes ; ils sont, en vérité, différents de ce qu'ils paraissent être. On doit distinguer la vraie nature de ces faits, compris, bien entendu, comme faits de conscience, de l'impression immédiate qu'ils laissent et que la science psychologique et physiologique décompose. La séparation de la réalité et de l'apparence est ainsi admise dans le domaine de la conscience.

En prenant cette orientation, dont les défenseurs les plus éminents sont Helmholtz et Fechner, la psychologie se déclare incapable de déterminer par ses propres moyens ce qu'elle doit concevoir comme élémentaire ou comme complexe : elle a besoin d'être instruite par la physique. D'où cette discussion sur la couleur noire, par exemple, que quelques auteurs croient devoir faire passer non pas pour une sensation positive, mais pour l'absence de toute sensation. Pour la même raison, la couleur blanche, au rebours de toute expérience naïve, est envisagée, dans la théorie de Young qu'adopte

Helmholtz[1], non comme une sensation simple, mais comme une donnée complexe, contenant, mélangées en proportions égales, les trois couleurs considérées comme fondamentales. Mais il ne s'ensuit pas que toute donnée sensorielle provoquée par un fait physique simple doive, de ce fait, être considérée également comme élémentaire. S'il est possible de réduire une telle donnée à des données plus élémentaires et d'en expliquer la nature par la combinaison de celles-ci, il faut utiliser cette possibilité. Quoi qu'il en soit, ce qu'il faut retenir avant tout, c'est qu'un phénomène sensoriel ne doit être considéré comme élémentaire que si le fait physique qui lui correspond l'est aussi. Ainsi la psychologie envisage, de prime abord, les données sensorielles dans leur rapport avec les excitants physiques correspondants. Les résultats de la physique ont droit de cité en psychologie, à tel point qu'ils la fondent et qu'elle apparaît comme un prolongement de la physique.

Cette orientation de la psychologie, – qui, on l'a vu, est loin d'être arbitraire, – entraîne comme principe fondamental la conformité entre les excitants et les sensations. Ce principe peut être précisé et prend alors la forme de l'*hypothèse de la constance*. Comme tout élément nerveux qui réagit à une certaine espèce d'excitants a une excitabilité bien définie et constante, la sensation liée à l'excitation qui se produit dans cet élément ne dépend que du seul excitant. Si donc le même excitant s'exerce, à maintes reprises, sur le même élément nerveux, par exemple, sur une région circonscrite de la rétine, il ne pourra se produire, à chaque fois, que la même sensation. Ceci a pour conséquence que les sensations diffèrent les unes des autres dans la mesure où diffèrent les excitants respectifs. Ce qui détermine la nature et l'intensité des données sensorielles, ce sont les excitants et rien d'autre. Mais, bien entendu, – et il faut insister sur ce point, – les excitants locaux, l'excitation qui se produit dans un élément nerveux ne dépend aucunement de ce qui se passe dans les autres éléments, même dans les plus voisins. Si donc, sur un tel élément, le même excitant s'exerce une fois seul et une autre fois en conjonction avec d'autres excitants qui, eux, s'appliquent à des éléments voisins, la même sensation doit nécessairement, les deux fois, être liée à l'excitant qui est le même dans ces deux conjonctions[2]. Pour dégager d'une perception donnée les faits sensoriels véritables qu'elle contient, il faut chercher à scruter ce qui, en face de telle ou telle conjonction d'excitants, devrait, d'après l'hypothèse de la constance, se produire dans tel et tel élément sensoriel. Toutes les fois que les données immédiates semblent s'opposer à cette hypothèse, on doit se référer aux

1. H. v. Helmholtz, *Handbuch der physiologischen Optik*, 3e éd., Hamburg et Leipzig, 1911, t. II, p. 119-120.

2. « conjonctions » pour « constellations ». *Éd.*

effets produits par le même excitant quand il est isolé. La sensation qui se constate dans ce cas dit normal doit être également présupposée comme étant en réalité présente dans les cas qu'on appelle anormaux parce qu'ils contredisent l'hypothèse de la constance. Ces anomalies s'expliquent par l'intervention de faits qu'on qualifie habituellement de faits d'ordre supérieur, comme le jugement, si bien qu'elles trouvent leur origine non dans les données sensorielles élémentaires elles-mêmes, mais plutôt dans l'interprétation que subissent ces données.

Les appareils nerveux autant que la vie psychique sont donc compris comme se composant d'une quantité d'éléments, de données, de mécanismes qui fonctionnent indépendamment les uns des autres. Il n'y a ni du côté psychologique ni du côté physiologique de véritable coopération entre ces mécanismes séparés, ni de cohérence intrinsèque entre les faits élémentaires. Le seul lien qui puisse se créer est la coïncidence temporelle de certaines données élémentaires, sans que de cette coexistence complètement fortuite naisse une unité véritable. Même dans les cas où l'on croit être en présence d'une unité réelle, celle-ci se révèle, grâce à l'analyse, comme le résultat fortuit de l'accumulation de faits élémentaires.

Cette manière de voir préside à toute l'évolution de la psychologie au XIXe siècle. À côté de l'application que Helmholtz en fait dans sa théorie de la vision chromatique, on peut citer la psychophysique inaugurée par E.H. Weber et Th. Fechner, et que G.E. Müller et d'autres auteurs ont développée. Aussi a-t-il été presque inévitable que l'on cherche à interpréter, au moyen de ces notions et conceptions, le phénomène des qualités de forme *(Gestaltqualitäten)* qu'il nous faut maintenant aborder.

En reprenant certaines suggestions de E. Mach, Chr. von Ehrenfels[1] fait remarquer qu'un auditeur auquel on fait entendre une suite musicale reçoit, outre les éléments sensoriels que sont les sons, une certaine impression originale à laquelle s'applique, d'une façon plus particulière[2], le terme de mélodie[3]. Pour nombre de raisons, parmi lesquelles figurent certains effets de la reproduction et de la récognition et, avant tout, de la transposition des mélodies, Ehrenfels croit que cette impression nouvelle, à laquelle il donne le nom de qualité de forme, ne s'identifie ni avec l'ensemble des sons, ni avec la totalité des relations existant entre ces sons, mais qu'elle constitue une donnée à part, une donnée sensorielle ou quasi-sensorielle qui, sans se confondre avec les sons, se fonde sur eux. Aussi définit-il la qualité de

1. Chr. von Ehrenfels, « Über Gestaltqualitäten », *Vierteljahrsschrift für wissenschaftliche Philosophie*, XXIV, 1890.

2. « particulière » pour « spéciale ». *Éd.*

3. Cf. I. Meyerson, « Les Images », *Nouveau traité de Psychologie*, éd. G. Dumas, t. II, Paris, 1932, p. 551 à 553.

forme comme un « contenu positif de la représentation » *(positiver Vorstellungsinhalt)* lié à la présence dans la conscience d'un ensemble de représentations simples qui, elles, sont séparables les unes des autres, c'est-à-dire qu'elles peuvent exister les unes sans les autres. Une telle qualité de forme se produit, dès que les faits élémentaires sur lesquels elle se fonde sont présents dans la conscience ; elle vient toute faite du dehors et s'impose sans qu'un effort mental quelconque soit requis pour la produire. Si parfois le contraire semble vrai, ce n'est qu'apparence. En entendant, par exemple, jouer une pièce musicale de quelque complexité ou d'une longueur excessive il nous arrive d'entendre les sons sans que nous saisissions la forme et la structure globale de la pièce : une masse sonore inarticulée frappe nos oreilles, dont nous ne réussissons pas à démêler la trame ni à dégager la cohérence. Les efforts qu'il nous faut accomplir, dans un tel cas, pour surmonter la difficulté que nous éprouvons à nous rendre accessible la qualité de forme, ne tendent pas à créer directement celle-ci, mais plutôt à compléter les données élémentaires. Car, pour qu'une qualité de forme puisse surgir, il est indispensable, d'après Ehrenfels, que toutes les données simples qui la fondent soient tenues simultanément présentes à la conscience, ce qui peut se faire soit immédiatement, soit à l'aide de la mémoire.

La mélodie, invoquée par Ehrenfels comme un exemple parmi beaucoup d'autres, permet cependant d'établir un critère général de la qualité de forme. Soient un ensemble de faits élémentaires E et un fait F donné avec eux. S'il est possible de faire varier les éléments de E d'une façon quelconque (leurs relations étant toutefois maintenues) sans que F soit sensiblement modifié; ou si, au contraire, F perd son caractère et se transforme en F' quand on fait varier sans règle les éléments de E, si légère que soit la variation, il faut alors voir dans F une qualité de forme authentique. À l'aide de ce critère, Ehrenfels découvre la qualité de forme un peu partout, dans tous les domaines de la sensibilité aussi bien que dans ceux des autres activités psychiques. On peut citer comme exemples tous les mouvements et tous les changements : mouvement lent, rapide, en ligne droite, circulaire ; monter, descendre, augmenter, diminuer, croître, décroître, se distendre, se resserrer, rougir, pâlir, etc. À côté de ces qualités de forme temporelles, il y en a d'autres dont les éléments se présentent simultanément dans la conscience : telles sont les formations spatiales de toute espèce et les impressions qu'elles laissent, comme celles du triangulaire, du circulaire, de l'elliptique, du cubique, etc. Ces termes doivent être pris non pas en un sens géométrique, mais en un sens qualitatif. Dans cette catégorie de qualités de forme, il faut compter encore les faits que traduisent des expressions telles que gracile, lourd, et d'autres à signification esthétique. Ehrenfels emploie la notion qu'il introduit dans une extension si vaste et si confuse que les choses les plus hétérogènes se confondent les unes avec les autres. La qualité de forme manque, chez son créateur, de netteté et de précision[1].

Considérée comme une donnée sensorielle ou quasi-sensorielle, la qualité de forme présente quelques propriétés assez paradoxales. À toute impression sensorielle on peut assigner un excitant qui l'évoque. Or, à entendre jouer une suite musicale (et ce raisonnement est vrai pour toutes les qualités de forme) il n'y a, du côté des *stimuli*, que les vibrations de l'air, et chacune d'entre elles est la cause d'un son ; mais il n'y a pas d'excitant dont le rapport à la mélodie soit identique à celui d'une vibration de l'air à un son. La mélodie se présente comme une impression sensorielle ou quasi-sensorielle que ne suscite aucun *stimulus*. C'est sous cette forme que l'on peut et que l'on doit poser le problème des qualités de forme, bien qu'Ehrenfels ne l'ait pas ainsi posé. Cependant c'est à cette formule que se ramène assez facilement la question soulevée par notre auteur : les qualités de forme viennent-elles toutes faites du dehors et s'imposent-elles sans l'intervention d'une quelconque activité mentale ? À cette question Ehrenfels répond par l'affirmative, en s'inspirant encore d'une suggestion de Mach.

Les qualités de forme, qui constituent donc des faits sensoriels non causés par des excitants, sont néanmoins liées nécessairement à la présence dans la conscience d'impressions sensorielles ordinaires que, pour cette raison, Ehrenfels appelle « substrat » *(Grundlage)*. La seule coexistence (qu'il s'agisse de simultanéité véritable ou de succession immédiate, comme dans le cas des mélodies) dans la conscience de données élémentaires séparables fait donc naître un élément sensoriel nouveau, une donnée spécifique qui, du fait qu'elle se fonde sur le substrat, peut être qualifiée de supérieure aux sensations simples auxquelles elle se surajoute. D'autre part, la qualité de forme commence, en tant qu'impression spéciale et de nature spécifique, à devenir indépendante du substrat dans une très large mesure. Cette indépendance se constate au point de vue descriptif et phénoménal autant qu'au point de vue fonctionnel par les effets que les qualités de forme produisent sur les processus psychologiques. Voilà, dans la conception que Ehrenfels s'est faite de la qualité de forme, la véritable dialectique qu'il faut retenir.

Dans un autre ordre d'idées, M. Husserl[2] est conduit à un problème analogue. En entrant dans une salle de réunion, on a l'impression d'être en présence d'une assemblée ; en regardant, la nuit, par la fenêtre, on aperçoit une profusion[3] d'étoiles. Ces impressions de collectivité, de quelle nature

1. Cf. A. Gelb, « Theoretisches über "Gestaltqualitäten" », *Zeitschrift für Psychologie*, LVIII, chap. II, 1911.

2. E. Husserl, *Philosophie der Arithmetik*, chap. XI, Halle, 1891.

3. « profusion » pour « masse ». *Éd.*

sont-elles, comment se produisent-elles? Évidemment, il ne peut s'agir ici d'un ensemble de nature conceptuelle ou, comme M. Husserl préfère le dire, catégorielle[1], ce qui serait le résultat de l'addition et de la jonction explicites des éléments. Afin de saisir un ensemble catégoriel, il faut parcourir successivement l'un après l'autre les éléments en question et ensuite les réunir tous, procédé d'autant plus long que les éléments à joindre sont plus nombreux. Or, le grand nombre d'hommes qui se trouvent dans une salle n'empêche nullement l'observateur qui entre de saisir, d'un seul coup d'œil, l'assemblée en tant que telle. D'autre part, on peut réunir en un ensemble catégoriel les choses les plus hétérogènes, par exemple toutes les choses qui, pour des raisons fortuites, se trouvent dans une chambre quelconque[2]. Ces choses restent aussi étrangères et incohérentes dans la réunion qu'elles l'étaient auparavant; la réunion ne leur a apporté aucun caractère perceptif d'unité, aucune teinte nouvelle[3]. Un ensemble qu'on qualifie de naturel se présente, au contraire, à première vue comme doué d'un caractère perceptif d'unité et comme portant un certain aspect[4] de totalité. Ce caractère d'unité n'est pas projeté du dehors sur les membres du groupe et ne leur vient pas d'un acte catégoriel; il est plutôt inhérent à ce qui est perçu, il en est un des traits sensibles et contribue à le constituer. Avec ce caractère d'unité apparaît simultanément une impression de ressemblance entre les membres composant le groupe, impression qui constitue, elle aussi, un fait immédiat sensoriel inhérent au perçu, ne résultant donc pas d'une comparaison explicite. Ce fait que, dans un cas, le groupe n'est constitué que catégoriellement, que l'unité n'en est que pensée, alors que, dans l'autre, le groupe s'offre de lui-même comme tel, que le caractère d'unité aussi bien que celui de groupe sont des faits immédiatement perceptibles, au même titre que les couleurs, les sons, etc., ce fait constitue la différence fondamentale qui sépare les ensembles d'ordre catégoriel et ceux dont il est question ici[5]. Ces derniers, d'après M. Husserl, sont par essence pourvus de « facteurs quasi qualitatifs » ou « figuraux » (*quasiqualitative Momente, figurale Momente*).

On rencontre de tels facteurs à chaque pas. On parle d'un tas de pommes, d'une allée d'arbres, d'un essaim, d'une volée, etc… Dans tous ces cas, on perçoit des éléments séparés et qui ne se soudent pas les uns aux autres à la manière, par exemple, des points d'une ligne continue, mais qui,

1. Cf. Husserl, *Logische Untersuchungen*, Halle, 1913, II, III, § 23.

2. Cf. C. Stumpf, « Erscheinungen und psychische Funktionen », *Abhandlungen der Preussischen Akademie der Wissenschaften*, Berlin, 1906, p. 29.

3. E. Husserl, *Philosophie der Arithmetik*, p. 76-81, Halle, 1891, et *Logische Untersuchungen*, II, VI, § 61.

4. « un certain aspect » pour « une certaine teinte ». *Éd.*

5. Husserl, *Logische Untersuchungen*, II, VI, sect. 51.

en tant que perçus et antérieurement à toute activité de pensée catégorielle, s'offrent comme réunis en groupe. À décrire exactement et fidèlement le perçu, il faut soutenir qu'on observe un groupe composé de tels ou tels éléments. Comme l'indiquent les termes divers dont nous avons usé, ces caractères de groupe et d'unité, qui, à la vérité, n'en font qu'un, ne sont pas toujours les mêmes. Variant avec les objets dont il s'agit selon les cas concrets, ils dépendent de leurs propriétés et aussi, comme le fait voir une analyse approfondie, des relations réciproques entre ces objets. Si, par exemple, des objets sont distribués dans le champ visuel, on perçoit une certaine configuration qui est un facteur quasi-qualitatif. Toute variation des relations spatiales – rapprochement ou éloignement, égalisation ou différenciation des distances, directions parallèles ou obliques – entraîne une modification parfois assez marquée de la configuration. Si, en outre, les éléments sont de couleurs différentes, la variation des positions que les uns occupent par rapport aux autres a pour conséquence une modification non seulement de la configuration, mais encore de l'impression chromatique d'ensemble laissée par la configuration, impression qui constitue un second facteur quasi-qualitatif. Cependant, il faut bien retenir que la première variation sensible est celle des facteurs figuraux et non celle des relations. La simple observation, sans aucune analyse, révèle seulement[1] que l'aspect offert par l'ensemble est devenu autre ; et ce n'est qu'à force de réfléchir et d'analyser qu'on réussit à dégager les modifications produites dans les relations. On saisit d'un seul coup d'œil le facteur figural ainsi que les variations qu'il subit, alors que la jonction expresse des éléments et l'analyse des relations exigent toujours quelque temps.

Les facteurs quasi-qualitatifs sont donc un πρότερον πρὸς ἡμᾶς, dont l'analyse ultérieure seule révèle le caractère conditionné, car ces données sont dues, selon M. Husserl, à une fusion (*Verschmelzung*)[2] entre les éléments et entre les relations de ces éléments. Cette analyse ne supprime pas le caractère immédiat du facteur figural et ne transforme pas l'unité dont il s'agit en une unité d'ordre catégoriel. Les éléments, du fait qu'ils se fondent les uns dans les autres et se constituent en un groupe dont l'unité est perceptive et immédiate, ne subissent aucune modification en eux-mêmes : dans la fusion, ils ne diffèrent pas de ce qu'ils seraient si on les prenait isolément. La fusion n'a pour effet que d'établir entre eux un rapport plus étroit et plus intime que celui qui existe entre des éléments simplement additionnés, – rapport qui se fait sentir par la présence dans la perception d'un facteur figural.

1. « seulement » pour « uniquement ». *Éd.*

2. M. Husserl se réfère à la notion de la fusion définie par Stumpf, *Tonpsychologie*, Leipzig, 1883-1890, t. II, p. 64-65, et 128-130.

On est encore une fois placé devant la dialectique signalée à propos de la notion de qualité de forme que Ehrenfels a établie. Certains groupes d'objets, et surtout d'objets homogènes, s'offrent avec un caractère immédiat de groupement et d'unité. Ce caractère se présente comme un fait sensoriel autonome et absolu. Or, à examiner les choses de plus près, on est conduit à constater qu'il est conditionné par les faits sensoriels élémentaires qui le font naître et en déterminent la nature. Cette dialectique, avec la qualité de forme de Ehrenfels aussi bien qu'avec le facteur figural de Husserl, nous met en présence de données sensorielles ou quasi-sensorielles auxquelles ne correspond aucun stimulus objectif et, par conséquent, aucune excitation dans un organe sensoriel réceptif, données sensorielles qui, néanmoins, et en dépit de toute analyse, ne perdent pas le caractère d'immédiateté sensorielle.

II. La théorie dualiste de Benussi

Les premiers à aborder, au point de vue psychologique, les qualités de forme dont Ehrenfels et M. Husserl se sont bornés à signaler l'existence et à délimiter le caractère descriptif, sans en donner une explication, sont les philosophes et les psychologues de l'école de Graz, fondée par Alexius Meinong. Tous les travaux issus de cette école se sont inspirés de certaines idées philosophiques que les recherches expérimentales devaient confirmer et justifier. Le cadre de cet article ne permettant pas de donner un exposé même succinct des tendances philosophiques de Meinong adoptées par ses élèves, il nous faut nous restreindre ici à une analyse de l'explication que Vittorio Benussi, le représentant le plus éminent de cette école en matière de recherches expérimentales, donne du phénomène en question. Nous considérerons les idées de Benussi non dans leur contexte naturel, mais à la lumière des critiques qui leur ont été faites par les théoriciens de la forme[1].

Benussi part d'un fait noté déjà par Ehrenfels : le *manque de* stimuli correspondant aux qualités de forme[2]. Si j'entends jouer une mélodie ou même un intervalle de deux sons, si je perçois des figures géométriques, si je compare les longueurs de deux lignes ou les clartés de deux couleurs, les impressions de mélodie, d'intervalle musical, de figure, de différences des

1. Cf. surtout, K Koffka, « Zur Grundlegung der Wahrnehmungspsychologie », *Zeitschr. f. Psychol.*, LXXII, 1915.

2. V. Benussi, « Über die Motive der Scheinkörperlichkeit bei umkehrbaren Zeichnungen », *Archiv für die Gesamte Psychologie* XX, p. 391-393, 1911.

longueurs ou des clartés constituent un enrichissement de la perception auxquels ne correspond aucun surcroît du côté des excitants[1]. Qu'on remarque ou non la différence de clarté entre deux nuances chromatiques, les excitants ne changent pas de ce fait, ni les excitations provoquées par eux, ni les sensations élémentaires correspondant à ces excitations – sensations qui, dans l'hypothèse de la constance, sont de la façon la plus stricte possible liées aux excitants. Il s'ensuit que ces phénomènes perceptifs ne peuvent être des faits sensoriels au même titre que les données élémentaires qui dépendent des excitants et varient avec eux. Et pourtant, on ne peut, selon Benussi[2], mettre en doute le caractère intuitif et même sensoriel des qualités de forme. L'auteur va jusqu'à soutenir[3] qu'au moyen de la seule observation descriptive des données on est hors d'état de discerner ces deux catégories de faits sensoriels, si bien qu'au point de vue descriptif et immédiat on ne constate aucune différence entre une couleur simple et une configuration de lignes. C'est donc seulement la genèse de ces faits de nature sensorielle, et qui néanmoins ne sont pas causés par des stimuli spécifiques, qui fait surgir le problème.

Il ne reste donc, semble-t-il, qu'à admettre que la sensibilité, seule connue de la physiologie et de la psychologie, n'est pas la source unique de la perception, qu'à côté d'elle il est une autre source, indépendante des excitations nerveuses dans les organes sensoriels, donc indépendante également des excitants, et que c'est à cette autre source que les qualités de forme doivent leur origine[4]. Cette autre source de la perception, pour laquelle R. Ameseder[5] propose le terme de production *(Produktion)* – terme que Meinong lui-même adopte[6] – Benussi finit par la caractériser, d'une façon en apparence plus neutre, en parlant de « représentations de provenance non sensorielle » *(Vorstellungen aussersinnlicher Provenienz).*

Dans cette production, appelée à rendre compte de faits que les facteurs connus de la sensibilité ordinaires laissent inexpliqués, il faut voir un

1. V. Benussi, « Über die Grundlagen des Gewichtseindrucks », *Arch. f. d. Ges. Psychol.* XVII, p. 92-95, 1910.

2. V. Benussi, « Über die Motive der Scheinkörperlichkeit bei umkehrbaren Zeichnungen », *Arch. f. d. Ges. Psychol.* XX, p. 390, 1911.

3. V. Benussi, « Gesetze der inadäquaten Gestaltauffassung », *Arch. f. d. Ges. Psychol.* XXXII, p. 402-403, 1914.

4. V. Benussi, « Gesetze der inadäquaten Gestaltauffassung », sect. 1, *Arch. f. d. Ges. Psychol.* XXXII, 1914.

5. R. Ameseder, « Über Vorstellungsproduktion », *Untersuchungen zur Gegenstandstheorie und Psychologie*, publ. par Meinong, Leipzig, 1904, p. 488.

6. A. v. Meinong, « Über Annahmen », 1re éd., *Zeitschrift für Psychologie und Physiologie der Sinnesorgane*, Erg.-Bd. II, Leipzig, 1902, p. 8-9.

facteur d'ordre psychologique[1]. Benussi ne repousse pas d'ailleurs absolument la possibilité de processus cérébraux spécifiques qui seraient les substrats physiologiques de la production[2]. M. J. Lindworsky[3] qui n'appartient pas à l'école de Graz, mais dont les idées se rapprochent assez, à quelques égards, de celles de Benussi, conteste en termes exprès l'existence d'un substrat physiologique quelconque correspondant à la compréhension des relations, et qui, sans s'identifier avec la perception des qualités de forme, met néanmoins la psychologie en présence de problèmes analogues. Quoi qu'il en soit, il faut selon Benussi comprendre la production comme un fait avant tout d'ordre psychologique, et c'est pourquoi il suffit d'en donner une interprétation purement psychologique.

Il est évident que la production en tant que fonction mentale n'est pas accessible par observation directe. Autrement, on disposerait d'un critère pour discerner à quelle catégorie de faits – données élémentaires ou représentations de provenance non sensorielle – appartient un phénomène donné. La notion de production ne vient donc pas de la description immédiate, elle est requise par des principes théoriques pour combler une lacune de l'explication. Les notions de cette sorte, M.K. Koffka[4] les appelle « notions fonctionnelles », *Funktionsbegriffe*, à la différence de celles qui traduisent directement l'observation immédiate des réalités psychiques et auxquelles il donne le nom de « notions descriptives » *(Deskriptionsbegriffe)*.

Benussi ne se dissimule pas la difficulté qu'on éprouve à préciser la nature de la production. Avec cette dernière, on est en présence d'une fonction psychique[5], d'une opération mentale[6], d'une activité spirituelle d'une certaine espèce qui se rapproche de l'acte de grouper des parties en

1. V. Benussi, « Zur Psychologie des Gestalterfassens », *Untersuchungen zur Gegenstandstheorie und Psychologie* (éd. Meinong), p. 382-383, Leipzig, 1904.

2. V. Benussi, « Experimentelles über Vorstellungsinadäquatheit », I, *Zeitschr. f. Psychol.*, XLII, 1906; II, p. 217, *Zeitschr. f. Psychol.*, XLV, 1907.

3. J. Lindworsky, « Umriszskizzo zu einer theoretischen Psychologie », *Zeitschrift für Psychologie*, t. 89, 1922, p. 320-321.

4. K. Koffka, *Zur Analyse der Vorstellungen und ihrer Gesetze*, p. 2-9, Leipzig, 1912.

5. V. Benussi, « Zur Psychologie des Gestalterfassens », *Untersuchungen zur Gegenstandstheorie und Psychologie* (éd. Meinong), p. 310, Leipzig, 1904.

6. V. Benussi, « Ueber den Einfluss der Farbe auf die Grösse der Zöllnerschen Täuschung », *Zeitschr. f. Psychol.*, XXIX, p. 385-387, 1902.

un tout[1], activité qui s'accompagne d'un certain effort[2/3], et exige un certain temps[4].

Cette séparation des faits de provenance purement sensorielle et des faits « produits » introduit[5] un dualisme net dans le domaine perceptif. Si je vois des points groupés de quelque façon que ce soit, ou même seulement deux points dont l'un se trouve à droite de l'autre, il faut, d'après Benussi, que la production intervienne pour constituer cette perception[6]. La seule sensibilité ne pouvant fournir que les impressions des points auxquels correspondent comme *stimuli* les points réels, l'impression d'ordre qui se crée entre ces points – ordre perçu et non pensé, mais à l'impression duquel il est impossible d'assigner un excitant – doit provenir d'une source autre que la simple sensibilité. Par là on peut évaluer l'importance qui doit, aux yeux de Benussi, être réservée dans la perception aux faits de provenance non sensorielle.

Ce dualisme établi, la question se pose de savoir comment coopèrent ces deux facteurs qui constituent la perception. La réponse à cette question est donnée par la dépendance où se trouvent les qualités de forme à l'égard des données élémentaires. Les données élémentaires fondant les phénomènes de production[7] qui se surajoutent à elles, la production ne peut s'exercer qu'après que la sensibilité ait fourni les matières premières auxquelles s'applique, pour les organiser, ce facteur perceptif de provenance non sensorielle. Le fonctionnement de la sensibilité est par conséquent requis afin que la productivité puisse à son tour entrer en jeu. C'est ce mécanisme que Benussi a en vue quand il désigne les données de provenance sensorielle comme *inferiora* et les autres comme *superiora*. Ces termes, créés par Meinong, indiquent deux choses : le rapport de fondamental à fondé[8] qui existe entre *inferiora* et *superiora*, et la supériorité d'origine des qualités de formes comparées aux simples sensations.

Pour pénétrer plus profondément dans la manière dont d'après Benussi coopèrent les deux facteurs de la perception, considérons la figure 1.

1. V. Benussi, « Gesetze der inadäquaten Gestaltauffassung », *Arch. f. d. Ges. Psychol.* XXXII, p. 407, 1914.

2. Déjà Meinong (« Zur Psychologie de Komplexionen und Relationen », *Zeitschr. f. Psychol.*, II, 1891, s'était attaqué à la conception de Ehrenfels d'après laquelle les qualités de forme surgissent spontanément et sans que le sujet ait rien à apporter de son propre fond.

3. V. Benussi, Die Gestaltwahrnehmungen », *Zeitschr. f. Psychol.*, LXIX, p. 270, 1914.

4. Cf. Ameseder, *loc. cit.*, p. 489.

5. « introduit » pour « établit ». *Éd.*

6. V. Benussi, « Experimentelles über Vorstellungsinadäquatheit : I », *Zeitschr. f. Psychol.*, XLII, 1906 ; II, *Zeitschr. f. Psychol.*, XLV, p. 192-193, 1907.

7. A. von Meinong, « Über Gegenstände höherer Ordnung und deren Verhältnis zur inneren Wahrnehmung », *Zeitschr. f. Psychol.*, XXI, sect. 3 et 7, 1899.

8. « de fondamental à fondé » pour « du fondant au fondé ». *Éd.*

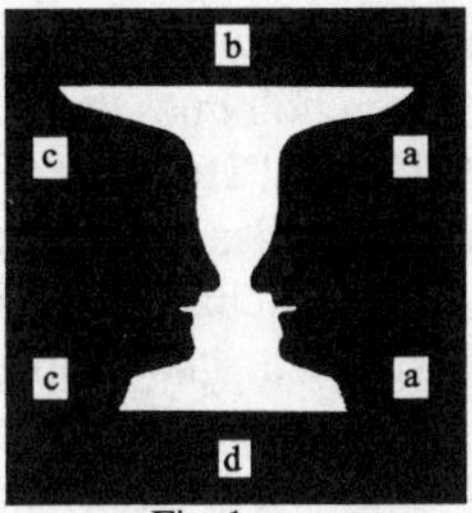

Fig. 1

On voit tantôt un vase, tantôt les silhouettes de deux visages humains, placés l'un en face de l'autre et qui se regardent. Selon la manière de voir, l'ensemble des données perceptives est fragmenté de diverses façons. La ligne a-b-c-d apparaît dans un cas comme le contour du vase, dans l'autre comme celui de deux profils [1]; et, quand on passe de l'une de ces perceptions à l'autre, elle subit une transformation assez sensible. Dans la perception où l'on voit un vase, elle est une et toutes ses parties sont équivalentes, tandis que dans l'autre elle se partage en deux parties a et c, les parties b et d perdant toute importance; rien ne changerait dans le phénomène si les parties b et d faisaient défaut.

Cette figure, que nous empruntons à M.E. Rubin [2], n'est pas univoque, puisqu'elle peut être perçue de diverses façons. Or, le passage d'une façon de percevoir à l'autre ne s'accompagnant d'aucun changement dans l'état de fait objectif, dans les *stimuli*, n'entraînant par conséquent, d'après l'hypothèse de la constance, aucune modification dans les pures sensations, l'équivoque ne peut résider que dans la production. L'ensemble des données élémentaires liées strictement aux excitants correspondants et sur lesquelles s'appuie l'acte de la production, ne détermine, de façon univoque, ni cet acte de production ni donc ce que cet acte fera des pures sensations [3]. Il est laissé une certaine liberté à la production [4], liberté qui rend possible l'équivoque. De cette équivoque qui ne se constate point dans les simples faits sensoriels, Benussi fait, par opposition aux sensations seules, une marque distinctive des formes à côté du manque d'excitants spécifiques. On peut conclure d'ailleurs, d'après lui [5], du seul fait de cette équivoque, à l'existence de la productivité.

1. « profils » pour « visages ». *Éd.*

2. E. Rubin, *Visuell wahrgenommene Figuren*, Kopenhagen, etc., fig. 3, 1921.

3. V. Benussi, « Gesetze der inadäquaten Gestaltauffassung », *Arch. f. d. Ges. Psychol.* XXXII, p. 399, 1914.

4. *Id.*, « Experimentelles über Vorstellungsinadäquatheit », I, *Zeitschr. f. Psychol.*, XLII, 1906; II, *Zeitschr. f. Psychol.*, XLV, p. 198-199, 1907.

5. *Id.*, « Zur Psychologie des Gestalterfassens », *Untersuchungen zur Gegenstandstheorie und Psychologie* (éd. Meinong), sect. 2, Leipzig, 1904.

Cette liberté dont jouit le facteur de la perception dite supérieur passe, aux yeux de beaucoup de psychologues et de philosophes, pour la preuve d'une dignité spéciale réservée à l'être humain. Ainsi M. Lindworsky qui, pour ces actes supérieurs aux seules sensations, conteste l'existence d'un substrat physiologique même cérébral, en fait le privilège de l'homme[1]. Les animaux, réduits d'après lui aux simples sensations, seraient hors d'état de saisir une relation, même la plus « simple » – conception qui, à la lumière des expériences faites par M.W. Köhler[2], apparaît comme tout à fait insoutenable.

Cette liberté n'est pas, il est vrai, absolue. On ne peut voir tout ce qu'on veut dans la figure reproduite. Les faits objectifs que sont les sensations pures correspondant aux *stimuli* imposent certaines limites à l'acte de production. À l'intérieur de ces limites, cet acte est libre de réaliser l'une ou l'autre des deux perceptions possibles[3]. La production non seulement informe les matières premières fournies par la sensibilité, mais encore n'est soumise à aucun déterminisme.

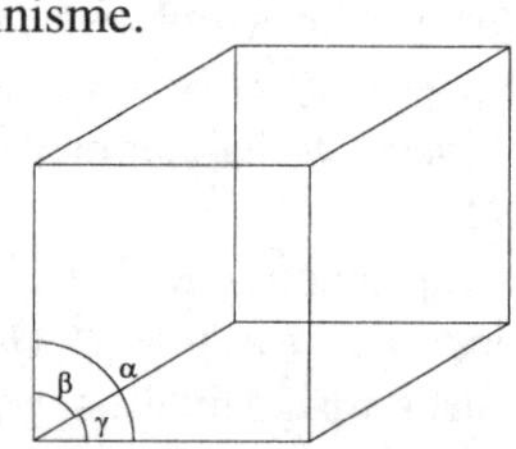

Fig. 2

Le choix qu'elle fait entre les formes réalisables ne relève que de notre libre arbitre. Cette liberté de l'acte productif par lequel les données élémentaires sont groupées explique l'équivoque qui se rencontre non seulement dans une figure de ce genre, mais encore partout où il y a groupement et organisation de sensations pures.

En présence de la figure 1, la production n'a à choisir qu'entre deux possibilités. Il y a des figures qui présentent davantage de possibilités. On peut voir la figure 2 en plan ou en relief. Dans le premier cas, on perçoit une figure planimétrique, celle qui est faite de toutes les lignes composantes. Alors l'angle $\alpha = \beta + \gamma$. Mais si on la voit en relief, on obtient l'équation : $\alpha = \beta = \gamma = 1$ D. Même en relief, cette figure est encore équivoque. On peut, avec plus ou moins de peine, l'inverser, en voyant les mêmes parties tantôt en creux, tantôt en saillie. Quand on fait alterner ces deux perceptions, on

1. Lindworsky, *loc. cit.*, p. 341-350.

2. W Köhler, « Nachweis einfacher Strukturfunktionen beim Schimpansen und beim Haushuhn », *Abhandlungen der Preussischen Akademie der Wissenschaften*, 1918.

3. V. Benussi, « Zur Psychologie des Gestalterfassens », *Untersuchungen zur Gegenstandstheorie und Psychologie* (éd. Meinong), Leipzig, p. 386-389, 1904.

voit qu'un sommet ou une arête qui étaient en avant se placent en arrière ou inversement. Mais on peut aussi ne voir cette figure ni en plan ni en relief, sans que l'état de fait objectif subisse la moindre modification. On peut diriger l'attention sur une ou sur deux lignes, en les isolant mentalement de l'ensemble où elles se trouvent quand on regarde spontanément la figure, les lignes ainsi détachées de leur voisinage ne feront plus partie ni de la figure planimétrique, ni du corps stéréométrique apparent. Elles seront devenues des éléments indépendants, dont chacun se présente pour lui-même, sans être influencé par les données qui l'entourent, sans même entretenir de rapports avec elles. En comparant les deux lignes isolées de tout le reste, on constatera peut-être que l'une est plus longue que l'autre, tandis que, quand on voit en elles deux arêtes d'un corps stéréométrique, elles semblent égales.

Il est incontestable que les facteurs objectifs suggèrent telle façon de percevoir la figure plutôt que telle autre[1]. La figure peut être si mal dessinée qu'il devient presque impossible de la voir en relief; on peut la dessiner de manière à en rendre l'inversion extrêmement difficile. Néanmoins, grâce à un certain exercice, l'observateur est en mesure de réaliser l'instruction que lui donne un examinateur, lors même que cette instruction va au rebours des suggestions venues des facteurs objectifs[2]. La production, bien qu'influencée par les faits objectifs, ne perd jamais entièrement sa liberté.

Il en est de même des illusions optico-géométriques, domaine dans lequel Benussi a travaillé de préférence et où il a obtenu des résultats très remarquables. Depuis longtemps on avait étudié les facteurs dont dépend par exemple l'illusion de Zoellner et on a constaté que la grandeur des angles d'intersection, la longueur des lignes transversales et les distances séparant les points d'intersection entrent en jeu lorsqu'il s'agit d'expliquer l'intensité variable de cette illusion[3]. Benussi[4], travaillant sur des figures bichromatiques, a prouvé qu'une certaine influence est réservée également aux différences de couleurs et surtout de clarté soit entre les lignes principales et les lignes transversales, soit entre ces lignes et le fond. Or, le vrai progrès réalisé par ses recherches consiste à faire voir que c'est en premier lieu la manière de percevoir la figure qui décide de la grandeur des illusions

1. Cf. V. Benussi, « Über den Einfluss der Farbe auf die Grösse der Zöllnerschen Täuschung », *Zeitschr. f. Psychol.*, XXIX, p. 387, 1902.

2. *Id.*, « Gesetze der inadäquaten Gestaltauffassung », *Arch. f. d. Ges. Psychol.* XXXII, p. 408, 1914.

3. Cf. G. Heymans, Quantitative Untersuchungen über die Zoellnersche und die Loebsche Taeuschung, *Zeitschrift für Psychologie und Physiologie der Sinnesorgane*, t. XIV, 1897.

4. V. Benussi, Über den Einfluss der Farbe auf die Grösse der Zöllnerschen Täuschung, *Zeitschr. f. Psychol.*, XXIX, 1902.

optico-géométriques, de celle de Zoellner aussi bien que de celle de Müller-Lyer[1]. Toutes les fois que l'on voit une semblable figure comme une forme organisée, l'illusion augmente; toutes les fois qu'on réussit à isoler quelques lignes et à voir en elles des éléments indépendants, l'illusion diminue[2]. L'auteur en conclut[3] que les facteurs objectifs qui viennent d'être énumérés n'ont d'importance que dans la mesure où ils favorisent l'une ou l'autre des deux manières de percevoir. Ces facteurs n'influeraient donc sur la grandeur de l'illusion que par l'intermédiaire de l'attitude soit synthétique, soit analytique[4], qu'ils incitent l'observateur à prendre. L'apparition de l'illusion dépend[5] donc du fait que l'observateur voit dans la figure une forme organisée, une *Gestalt,* et non pas une somme de lignes isolées[6]. Cette conception constitue un véritable progrès par rapport aux théories antérieures d'après lesquelles il s'agirait, dans ces illusions, d'illusions du jugement[7]. En outre, Benussi prouve[8] qu'on peut produire, par des variations d'attitude à l'égard d'une figure invariable, les mêmes effets que ceux qu'on produit en modifiant objectivement la figure. S'appuyant sur ces faits, Benussi se croit fondé à opposer les illusions optico-géométriques qu'il appelle illusions de provenance non sensorielle[9], au contraste simultané[10], illusion aussi, mais qui n'est pas susceptible d'être influencée par des facteurs supérieurs à la simple sensibilité. L'existence de telles illusions constitue à ses yeux une preuve nouvelle de la liberté de l'acte productif qui réunit en forme les données élémentaires de la sensibilité.

La production jouissant de sa liberté, la question se pose de savoir ce que deviennent ces données sensorielles élémentaires lorsqu'on passe d'une attitude à une autre. D'après l'hypothèse de la constance, puisque les *stimuli* n'ont pas varié, ces données restent telles quelles.

Adoptons vis-à-vis de la figure 2 l'attitude analytique. Cette figure ne s'offre ni en plan, ni en relief; on voit tout d'abord une ou deux lignes

1. V. Benussi, Gesetze der inadäquaten Gestaltauffassung, *Arch. f. d. Ges. Psychol.* XXXII, sect. 6-13 et 16, 1914.

2. *Id.,* Zur Psychologie des Gestalterfassens. *Untersuchungen zur Gegenstandstheorie und Psychologie* (éd. Meinong), Leipzig, p. 403, 1904.

3. *Id.,* Die Gestaltwahrnehmungen, *Zeitschr. f. Psychol.,* LXIX, p. 413-414, 1914.

4. *Id.,* Die Gestaltwahrnehmungen, *Zeitschr. f. Psychol.,* LXIX, p. 310, 1914.

5. « dépend du » pour « tient au ». *Éd.*

6. *Id.,* Die Gestaltwahrnehmungen, *Zeitschr. f. Psychol.,* LXIX, p. 406, 1914.

7. M. Wertheimer, Über die Natur der geometrisch-optischen Täuchungen, Z. XIX, 1899.

8. *Id.,* Zur Psychologie des Gestalterfassens. *Untersuchungen zur Gegenstandstheorie und Psychologie* (éd. Meinong), Leipzig, p. 313, 1904.

9. *Id.,* « Gesetze der inadäquaten Gestaltauffassung », *Arch. f. d. Ges. Psychol.* XXXII, sect. 2 et 3, 1914.

10. *Id.,* « Zur Psychologie des Gestalterfassens », *Untersuchungen zur Gegenstandstheorie und Psychologie* (éd. Meinong), Leipzig, 1904.

isolées. C'est d'ailleurs parce qu'il est possible de prendre cette attitude vis-à-vis de n'importe quel objet perceptible que la théorie de Benussi peut être généralisée. Les figures équivoques citées en exemple constituent, à vrai dire, des cas exceptionnels; les choses qui nous sont familières et appartiennent à notre ambiance (les maisons, les objets d'usage, les animaux, les hommes, etc.), sont bien stables et exemptes de toute équivoque. Or, rien n'empêche de prendre l'attitude analytique vis-à-vis de tous ces objets quel qu'en soit le degré de cohérence. La façade d'une maison, par exemple, s'offre à nous comme une forme stable, cohérente et fermée; néanmoins, avec plus ou moins de peine, on réussit à la décomposer en un amas de taches colorées et de lignes fragmentaires. D'une façon bien suggestive, E. Mach[1] décrit l'impression que laisse la dissociation du monde en une multiplicité de données sensorielles élémentaires. En conséquence il faut, d'après Benussi, conclure que toute forme est équivoque, puisqu'elle peut être regardée ou spontanément ou analytiquement. La théorie de Benussi s'applique donc à toutes les formes, celles qui ont été citées ici sont équivoques, pour ainsi dire, à un degré supérieur.

Parmi toutes les attitudes possibles, l'attitude analytique jouit d'un privilège très particulier. Dans cette attitude, selon l'auteur[2], seule la sensibilité est en action et tout facteur supérieur est mis à l'écart. Ce qui fait la caractéristique de cette attitude, c'est précisément qu'elle ne trahit aucune activité productrice, par conséquent qu'elle ne réunit pas les pures sensations pour en faire une forme. Par elle, celles-ci sont accessibles dans leur état originel, pour ainsi dire, telles que les fournit la pure sensibilité. Il n'y a donc là rien d'inadéquat[3]. Si l'on entend par inadéquation la non conformité des sensations et des excitants, ou plus précisément l'apparition de données autres que celles qui devraient se présenter en vertu des *stimuli*, il n'y a plus d'équivoque. Ce qui s'offre, dans l'attitude analytique, correspond, eu égard à la nature de nos organes réceptifs, à la réalité objective. En fait, on adopte cette attitude dans la pratique du laboratoire de physique, quand il s'agit de mesure.

On éprouve une difficulté assez considérable, lorsqu'on veut réaliser effectivement cette attitude privilégiée. Difficulté qui croît à mesure qu'on tâche de dissocier en amas[4] de sensations les choses familières qui nous entourent. Cette difficulté se fait sentir également dans les expériences de

1. E. Mach, *Die Analyse der Empfindungen*, 9e éd., Jena, 1922, p. 24.

2. V. Benussi, « Zur Psychologie des Gestalterfassens », *Untersuchungen zur Gegenstandstheorie und Psychologie* (éd. Meinong), sect. 19, Leipzig, 1904.

3. V. Benussi, « Zur Psychologie des Gestalterfassens », *Untersuchungen zur Gegenstandstheorie und Psychologie* (éd. Meinong), Leipzig, p. 403, 1904; et, *Id.*, « Die Gestaltwahrnehmungen », *Zeitschr. f. Psychol.*, LXIX, p. 406, 1914.

4. « amas » pour « sommes ». *Éd.*

Benussi sur l'illusion de Müller-Lyer. Bien que Benussi ait collaboré avec des sujets très exercés dans des observations de ce genre et qu'il leur ait donné l'instruction d'analyser, ses sujets, dans certaines conditions objectives, n'ont réussi qu'assez rarement à faire disparaître entièrement l'illusion[1]. Or, un tel résultat ne vérifie guère une théorie où l'attitude analytique devrait, grâce à l'absence totale de tout acte de production, être l'attitude la plus facile à prendre, parce que l'acte producteur est l'effet d'un travail mental et exige un certain effort[2]. Il y a là un des points les plus faibles de la théorie.

Si de l'une des diverses manières dont il est possible de regarder une figure, on passe à une autre (il faut compter parmi ces manières celles où aucune forme ne se présente), les sensations ne changent pas, puisque c'est l'hypothèse de la constance qui régit le rapport entre excitant et sensation. Ces données élémentaires sont le plus directement saisissables dans l'attitude analytique. Et il ne s'agit pas d'une seule perception, mais de toutes celles où les éléments qui composent la figure sont isolés et appré-hendés l'un après l'autre. Ce qui s'offre par conséquent dans les perceptions sans production doit s'offrir également dans les perceptions où un acte supérieur à la pure sensibilité organise les données de celle-ci, car ce qui sépare ces deux types de perception, ce n'est que l'absence ou la présence de l'acte supérieur de production, alors que les données sensorielles élémentaires sont ici et là les mêmes. Si, par exemple, on regarde analytiquement la figure 2, on ne peut s'empêcher de constater que l'angle α est plus grand que l'angle β. Au contraire, si on découvre dans la même figure un objet en relief, les deux angles sont chacun égaux à un droit. Or la première façon d'envisager la figure est privilégiée, elle n'est faite que de sensations pures, et il semble que tout ce qu'elle apporte doive exister dans les autres perceptions. Mais il n'en est rien. Pour l'observation ordinaire, il n'y a pas d'angles inégaux. Ceux-ci doivent donc être présents sous forme de données non aperçues. Cette conséquence est inévitable. Benussi connaît la même aventure que Helmholtz et Ehrenfels, bien que sa théorie marque un progrès par rapport à la conception de Ehrenfels. D'après Ehrenfels, le substrat prédétermine de façon univoque la qualité de forme : toutes les fois que les mêmes données élémentaires se produisent, la même qualité de forme se fonde sur elles. Si parfois, comme dans l'exemple cité, l'apparence est contraire à ce qu'on attendait, cela tient, d'après l'auteur, au fait que l'imagination modifie le substrat, en lui ajoutant ou en lui enlevant

1. V. Benussi, « Zur Psychologie des Gestalterfassens », *Untersuchungen zur Gegenstandstheorie und Psychologie* (éd. Meinong), Leipzig, 1904, cf. les tableaux des sect. 6-8.

2. Cf., K. Koffka, « Zur Grundlegung der Wahrnehmungspsychologie », *Zeitschr. f. Psychol.*, LXXII, p. 52-55, 1915.

quelque chose, qu'elle influe donc de façon indirecte sur les qualités de forme. Si on objectait[1] que rien ne révèle cette opération de l'imagination, Ehrenfels serait sans doute obligé de l'invoquer comme non aperçue, bien que réelle. Cet auteur ne semble donc réussir à faire de la qualité de forme une fonction univoque du substrat qu'à condition d'admettre des faits psychiques non aperçus, conséquence à laquelle ne peut échapper quiconque s'en tient à l'hypothèse de la constance, laquelle s'est imposée à Benussi aussi. Toujours l'hypothèse de la constance conduit à l'existence de données non aperçues.

On est maintenant en mesure d'apprécier la nature du dualisme établi par Benussi dans le domaine perceptif. La perception dépend de deux facteurs ou de facteurs de deux classes, dont les uns sont extérieurs ou objectifs, les autres intérieurs ou subjectifs. Le concours de ces deux facteurs dans la constitution du perçu est conçu de telle manière que l'objet perçu, le perçu en tant que tel, se révèle comme composé de deux couches, qu'il cesse, par conséquent, d'être une chose homogène et uniforme. On doit, même en dépit de l'observation directe, distinguer ces deux couches, si bien que la séparation entre la réalité et l'apparence se retrouve dans le domaine psychologique. Chacune des deux couches est due respectivement à l'un des deux facteurs en lesquels se partage l'acte de la perception. Or, pour établir la nature de chacune de ces deux couches et celle de chacune des deux activités correspondantes, on est obligé de se réclamer de perceptions privilégiées, c'est-à-dire de celles où seule la pure sensibilité est en œuvre et à partir desquelles se constituent les perceptions non privilégiées grâce à l'intervention de facteurs de production. Ce qui contient une perception privilégiée doit être contenu également dans les autres, et si l'observation directe et immédiate ne découvre pas la moindre trace de ce contenu critique, celui-ci doit être supposé présent sous forme de fait non aperçu. Il est toujours possible de passer par des modifications d'attitude ou de disposition à une perception privilégiée en partant d'une perception qui ne l'est pas, et de rendre ainsi accessible à l'observation directe ce qui auparavant ne l'était pas. Une perception quelconque et la perception privilégiée correspondante ont en commun une certaine couche qui, dans l'une, est manifeste et, dans l'autre, n'existe que sous forme de donnée non aperçue. Pour l'analyse d'une perception faite dans une certaine attitude, on utilise donc les résultats obtenus avec des conditions intérieures différentes[2]. Seule l'hypothèse de la constance, au point de vue de la méthode, justifie cette manière de procéder, si les conditions extérieures, c'est-à-dire

1. « objectait » pour « faisait remarquer ». *Éd.*

2. Cf., K. Koffka, « Zur Grundlegung der Wahrnehmungspsychologie », *Zeitschr. f. Psychol.*, LXXII, p. 26-27, 1915.

les excitants objectifs et les circonstances locales dans les organes nerveux récepteurs, restent constantes dans les attitudes considérées.

Au lieu d'invoquer la théorie que Benussi défend en matière d'illusions optico-géométriques, on peut citer l'analyse des sons musicaux donnée par Helmholtz, par laquelle on parvient, au moyen de l'attention, à discerner le son fondamental et les sons accessoires[1]. Helmholtz suppose que les produits de cette analyse sont déjà présents à titre de sensations non aperçues dans le son original et non analysées[2]. Le même raisonnement s'applique aux problèmes de la constance : constance de couleurs, de grandeurs et de forme. Les objets perçus apparaissent avec leurs propriétés familières et, en un certain sens, « véritables » : ils se présentent dans leurs grandeurs, formes et couleurs, pour ainsi dire « naturelles et objectives » et non pas comme ils s'offriraient, si les phénomènes rétiniens décidaient de la perception. Encore une fois, on se croit obligé d'admettre sous forme de sensations non aperçues la présence dans la perception normale et naturelle de données correspondant à l'état de fait rétinien, mais qui ne se découvrent que dans les conditions artificielles du laboratoire.

M. Stumpf[3] a le premier éprouvé le besoin de justifier l'hypothèse de la constance qui est à la base de toutes ces théories. Cependant, tout en cherchant à apporter des arguments en sa faveur, il l'abandonne lui-même toutes les fois qu'il parvient à établir une loi assez simple pour expliquer les modifications qui se produisent dans une sensation lorsqu'elle coexiste avec d'autres. Cela apparaît clairement dans ses études sur l'audition auxquelles la psychologie doit de nombreuses découvertes. Des constatations analogues sont possibles dans d'autres domaines, par exemple dans celui de la vision chromatique, où les psychologues qui préfèrent la théorie de Héring à celle de Helmholtz n'ont plus besoin, à propos du contraste simultané, de se réclamer de facteurs dits supérieurs et spécifiquement psychiques, attitude liée à l'hypothèse de la constance. De sorte qu'en fin de compte, comme le fait remarquer M. Köhler[4], cette hypothèse n'est soutenue en pratique que là où on ne dispose pas encore de moyens pour expliquer de façon assez simple les phénomènes qui se produisent par et dans la coexistence de faits psychiques. L'hypothèse de la constance conduit à interpréter toute observation à la lumière et à l'aide des faits

1. H. v. Helmholtz, *Die Lehre von den Tonempfindungen*, chap. IV, 6e éd., Braunschweig, 1913.

2. Cf. à ce propos W. Köhler, « Akustische Untersuchungen », I, *Zeitschr. f. Psychol.*, LIV, p. 278-283, 1910; II. *Zeitschr. f. Psychol.*, LVIII, 1911 : III et IV. *Zeitschr. f. Psychol.*, LXIV, p. 96-105, 1913; III. *Zeitschr. f. Psychol.*, LXXII, p. 121-139, p. 148-159, 1915.

3. C. Stumpf, *Tonpsychologie*, I, p. 11-12, 20-21, 31-34; II, p. 9-12.

4. *Id.*, « Über unbemerkte Empfindungen und Urteilstäuschungen », *Zeitschr. f. Psychol.*, LXVI, 1913.

mêmes dont il s'agit de prouver l'existence. Ces faits – les données non aperçues – échappent à leur tour à tout contrôle, ils ne peuvent être ni confirmés ni infirmés par l'observation directe. Par conséquent, d'une part, il devient impossible de poser les problèmes de façon à pouvoir les trancher; d'autre part on renonce à l'objet de la psychologie, les données immédiates, en faveur de données construites selon les exigences d'une théorie. Et enfin, dès qu'on veut préciser les facteurs dits supérieurs, on aboutit en dernière analyse à les concevoir comme une fonction indéfinie X, que l'on suppose produire tantôt tel effet, tantôt l'effet contraire, selon l'opportunité.

III. LES PRINCIPES FONDAMENTAUX DE LA THÉORIE DE LA FORME

Pour établir des théories en plein jour et non plus dans la région sombre du subconscient, les nouvelles doctrines sacrifieront l'hypothèse de la constance. Dans ces doctrines, la perception sera considérée comme une fonction de deux variables x_e et x_i : $P= F (x_e, x_i)$, où x_e signifie les conditions extérieures et x_i les conditions intérieures. Cette formule, il faut la prendre au pied de la lettre, et il faut souligner qu'avec la variation de l'un ou de l'autre des deux termes, la fonction varie véritablement, comme en mathématiques. On considère donc la chose perçue comme une chose homogène qui, il est vrai, dépend de deux variables, mais ne passe plus pour être composée de deux parties ou de deux couches, dont chacune ne relève que d'un facteur ou, si l'on préfère, que d'une variable, couches qui doivent se superposer pour que l'objet se constitue. Cette dernière conception, qui est celle de Benussi, est traduite par la formule $P = F_1 (x_e) + F_2 (x_i)$. La différence, au point de vue mathématique, qu'on constate entre ces deux formules marque la séparation de la théorie de l'école de Graz et de la théorie de la forme (*Gestalttheorie*).

Il est possible de considérer dans la formule $P = F (x_e, x_i)$ l'une des variables, par exemple x_i, comme un paramètre et de la faire constante en ne faisant varier que x_e, ce qu'on fait dans toutes les recherches psychologiques portant sur les sensations pures. Les résultats qu'on obtiendra alors ne dépendront que d'une seule variable. Or, on ne doit pas oublier, dans l'appréciation de ces résultats, l'existence du paramètre; car tenir un paramètre pour constant ou le mettre à l'écart et faire comme s'il n'existait pas, ne sont point une même chose. Cette remarque résume la critique que, du point de vue de la théorie de la forme, on porte contre les interprétations de la psychologie traditionnelle. Du même coup, on indique par cette remarque les limites à l'intérieur desquelles les études sur les sensations pures sont légitimes.

Dans une conception qu'on peut qualifier de fonctionnaliste, il n'y a plus place pour les perceptions privilégiées. Toutes les perceptions sont équivalentes ; chacune doit être caractérisée, en tant qu'elle dépend de deux variables, par des facteurs qui indiquent les conditions dans lesquelles elle a été obtenue. Si deux perceptions diffèrent l'une de l'autre – c'est-à-dire si les objets perçus en tant que perçus s'offrent comme différents à l'observation simple qui doit précéder toute théorie –, il faut voir dans cette différence une différence réelle. Dans la figure 1, la ligne a-b-c-d en tant que contour du vase doit donc être considérée, au point de vue phénoménal qui seul compte, comme différente de la même ligne en tant que contour des deux visages humains. Si, par suite de variations des conditions intérieures, une perception se transforme en une autre, on est en présence d'une transformation véritable[1] et non d'un passage d'une perception quelconque à une perception privilégiée qu'on supposerait contenue, à titre de fait non aperçu, dans la première. Cette conception assure donc une primauté absolue à l'observation immédiate par rapport à tout élément théorique. Il n'est plus question de ce qui, eu égard à telle ou telle conception théorique, si bien fondée soit-elle, *devrait* être donné ; il ne s'agit que de ce qui est réellement donné, de ce qui est accessible à l'observation directe. Dans le domaine de la conscience, aucune séparation de la réalité et de l'apparence ne peut être admise ; et ce domaine a même pour caractéristique essentielle de ne pas connaître une telle séparation. Ce trait, capital pour une théorie de la conscience, assure un intérêt philosophique spécial à toute théorie psychologique qui, comme la théorie de la forme, choisit une orientation rigoureusement descriptive. C'est pourquoi il est possible de rapprocher la théorie de la forme de la phénoménologie husserlienne[2], consacrée elle aussi à l'exploration systématique de la conscience.

La tâche s'impose dès lors de préciser les conditions dans lesquelles se produit telle ou telle perception et d'établir les lois qui président aux transformations d'une perception en une autre, surtout si ces transformations suivent la variation de conditions seulement intérieures. C'est dans ces lois que la psychologie de la forme cherche les constantes ou, si l'on veut, les invariants. Les psychologues s'inspirant des principes traditionnels cherchaient eux aussi des constantes. Ils croyaient les avoir trouvées dans les sensations pures. Mais dès qu'on n'admet plus les perceptions privilégiées

1. Cf. K. Koffka, « Psychologie », *Lehrbuch der Philosophie*, éd. M. Dessoir, t. II, p. 548, Berlin, 1925.

2. A. Gurwitsch, « Phänomenologie der Thematik und des reinen Ich », *Psychologische Forschung*, XII, p. 295-298, 1929.

et que, par conséquent, dans un objet perçu quelconque, aucune place n'est plus réservée à une couche élémentaire composée de faits psychiques qui ne dépendent que des excitants objectifs, on ne peut voir les constantes qu'on cherche dans des faits ; il ne sera possible de les trouver que dans des lois.

Ces quelques indications suffisent déjà pour comprendre que les théoriciens de la forme – surtout M. Köhler et le groupe qui s'est formé autour de lui – prétendent rester bien plus fidèles à l'esprit de la physique que les psychologues antérieurs. En fait, la conception que traduit la formule $P = F(x_e, x_i)$, la volonté de rechercher les conditions déterminantes des phénomènes, la rigueur avec laquelle on insiste sur la précision de ces conditions, la tendance à chercher les constantes non plus dans des faits, dans la matière, pour ainsi dire, mais plutôt dans des lois, enfin la substitution du « comment ? » au « pourquoi ? » – tous ces traits laissent paraître les influences de la physique contemporaine. Aussi a-t-on cru pouvoir constater une certaine analogie entre la théorie de la forme et la théorie einsteinienne de la relativité[1]. À d'autres égards, on pourrait comparer cette théorie psychologique à la théorie des quanta.

La primauté de l'observation immédiate, principe capital dont s'inspire la théorie de la forme, entraîne une certaine méthodologie[2]. Il faut commencer par élaborer des notions descriptives, c'est-à-dire des notions qui n'expriment que les observations et les constatations immédiates. De ces notions, on tire ensuite des conclusions fonctionnelles d'ordre psychologique et même d'ordre physiologique; ainsi on parvient à des notions fonctionnelles qui débordent les données de l'observation intuitive, mais sont les outils nécessaires de l'explication théorique. En poursuivant la construction théorique, on aboutit à des conséquences de nature descriptive, à des prévisions susceptibles d'être confirmées par l'observation directe. Si les résultats de cette observation sont d'accord avec les conséquences déduites des notions fonctionnelles, non seulement celles-ci sont confirmées, mais on dispose encore d'une possibilité de contrôler les notions descriptives dont on est parti.

Il faut donc définir d'abord la notion descriptive fondamentale entre toutes dans la théorie de la forme. C'est celle de la forme *(Gestalt)*.

Pour l'exposer, regardons le côté *a* de ce rectangle (fig. 3). Ce côté *a*, à l'intérieur de la figure dont il fait partie, une certaine fonction, à savoir celle

1. G. Humphrey, « The theory of Einstein and the Gestalt-Psychology : A Parallel », *American Journal of Psychology*, t. XXXV, 1924; O.L. Reiser, « Physical Relativity and Psychical Relativity », *Psychological Review*, t. XXXVII, 1930.

2. K. Koffka, « Psychologie », *Lehrbuch der Philosophie*, éd. M. Dessoir, t. II, chap. III, sect. 5, Berlin, 1925.

de limiter et de fermer la figure vers la droite. Il contribue donc à partager le plan en une partie extérieure à la surface du rectangle et cette surface elle-même[1]. Isolons-le, en faisant abstraction des côtés auxquels il est lié : il cesse d'être un côté de rectangle et devient un trait. En tant que tel, il partage le plan en une partie droite et en une partie gauche, en tous points équivalentes. La ligne qui, en langage objectif, est la même, a foncièrement changé quand elle a été isolée, au point de vue phénoménal.

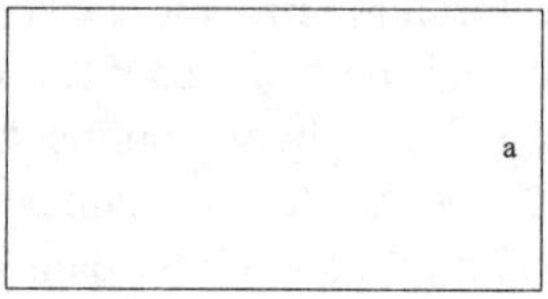

Fig. 3

Dans cette distinction entre un côté de rectangle et un trait, il ne faut pas voir un excès de subtilité. Si des figures sont présentées au tachistoscope, elles se dilatent à l'apparition et se resserrent à la disparition, phénomène appelé mouvement γ[2]. Or, ces mouvements sont beaucoup plus marqués si l'on présente quatre traits formant un rectangle que si l'on expose un seul trait[3]. Ils sont plus ou moins sensibles, selon que l'observateur voit dans l'objet un rectangle resserré ou un trait élargi. Au point de vue fonctionnel tout aussi bien qu'au point de vue phénoménal, un trait est une chose complètement différente d'un côté de rectangle, bien que l'excitant soit identique dans les deux cas.

S'appuyant sur l'exemple cité, on peut donner d'une *forme* la définition que voici[4] : c'est un ensemble de choses qui se tiennent, s'étayent et se déterminent réciproquement. Ce faisant, elles réalisent une structure globale qui les domine et qui assigne à chacune d'entre elles, en qualité de partie d'un tout, une fonction, un rôle à accomplir dans ce tout aussi bien qu'un emplacement déterminé. Chaque détail n'existe qu'au lieu où il peut jouer le rôle que lui attribue le tout dont il fait partie. Il n'est compréhensible qu'eu égard à la fonction qui le caractérise et à laquelle il doit d'être ce qu'il est *hic et nunc* et *in concreto*. Sa qualité, son existence, sa

1. K. Koffka, « Psychologie », *Lehrbuch der Philosophie*, éd. M. Dessoir, t. II, p. 533, Berlin, 1925.

2. F. Kenkel, « Untersuchungen über den Zusammenhang Zwischen Erscheinungsgrösse und Erscheinungsgrösse und Erscheinungsbewegung bei einigen sog. optischen Täuschungen », *Zeitschr. f. Psychol.*, LXVII, sect. 11, 1913.

3. Cf., K. Koffka, « Psychologie », *Lehrbuch der Philosophie*, éd. M. Dessoir, t. II, p. 533, Berlin, 1925.

4. M. Wertheimer, « Untersuchungen zur Lehre von der Gestalt », I, *Psychol. Forschg.*, I, p. 52-54, 1922 ; II, F., IV, 1923.

raison d'être dépendent et se tirent de son rapport au tout auquel il s'intègre, de ce que la forme lui prescrit dans son articulation intérieure. C'est ainsi qu'en passant d'une manière de percevoir la figure 1 à l'autre, on assiste à un changement réel des données – et il en va de même de la ligne a-b-c-d. L'altération des fonctions dont sont chargés les détails entraîne un changement profond et radical de ces détails eux-mêmes qui ne sont que ce que leurs fonctions relevant de la structure globale les font être, de sorte qu'au point de vue psychologique ils ne sont plus les mêmes, bien que, objectivement parlant, ils n'aient subi aucune modification. Isoler un tel détail, le prendre en lui-même, c'est véritablement le transformer et opérer un changement d'objet[1] – dans l'acception psychologique du terme – comme dans le cas du côté de rectangle qui devient un trait. L'objet originel disparaît quand il est soumis à ce traitement, bien qu'il ne s'agisse ici que d'un changement d'attitude mentale, et – quel que soit l'état de faits objectif – un objet différent se substitue à lui. Et, de plus : même si l'on ne modifie qu'un seul des détails qui composent un ensemble à structure globale, cette modification, loin de se restreindre à ce détail, porte assez souvent également sur les autres détails solidaires du premier, si bien que toute la forme est touchée, perd son caractère originel et fait place à une autre forme. Ce n'est là qu'une conséquence immédiate du fait que les fonctions, dépendant de la structure globale de la forme, dépendent en chaque partie de l'ensemble de ce qu'elles sont dans toutes les autres : ces fonctions s'appellent réciproquement. C'est là ce qui distingue les ensembles à structure globale et ceux qui ne sont que des assemblages[2]; c'est là, par conséquent, ce qui permet de définir les uns et les autres. Car si, dans un assemblage, on touche à un des membres, on ne touche vraiment qu'à celui-ci; les autres membres restent ce qu'ils étaient, et, quant à l'assemblage lui-même, il est tout au plus diminué ou augmenté d'une unité.

Ce qui est le plus opposé à la forme, c'est d'une part un assemblage d'éléments qui, à la lumière de la théorie de la forme, est un ensemble de touts dont chacun n'est fait que d'un détail, ensemble articulé et fragmenté jusqu'à l'extrême limite; c'est d'autre part le chaos sans fragmentation ni articulation, où aucune différenciation ne s'est encore opérée[3]. Or, l'assemblage aussi bien que le chaos constituent des types-limites : le premier, lors même qu'il se produit, est approximatif, c'est-à-dire ne

1. A. Gurwitsch, « Phänomenologie der Thematik und des reinen Ich », *Psychol. Forschg.*, XII, chap. III, sect. 11, 1929.

2. « assemblages » pour « sommes ». *Éd.*

3. K. Koffka, « Psychologie », *Lehrbuch der Philosophie*, éd. M. Dessoir, t. II, p. 547-548, Berlin, 1925.

s'étend qu'à une partie bien restreinte de ce qui s'offre à nous[1], et l'autre ne se produit que dans des circonstances très exceptionnelles[2]. La forme parfaitement claire, au contraire, se réalise en fait assez souvent, surtout dans des conditions artificielles du laboratoire, quand on choisit convenablement les configurations. Ainsi, ce qui se présente normalement, c'est quelque chose d'intermédiaire soit entre le chaos et la forme, soit entre la forme et l'assemblage de faits isolés. Quant à la direction de l'évolution mentale, on peut conclure de la documentation apportée par les ethnologues, surtout de l'interprétation de M. Lévy-Bruhl, et des observations de MM. W. Stern[3] et J. Piaget[4] sur la mentalité enfantine telle qu'elle se manifeste, par exemple, dans l'acquisition et le développement du langage, que cette évolution, dans l'individu aussi bien que dans l'espèce humaine, va dans le sens d'une différenciation croissante; elle va d'un état plus ou moins chaotique à des formes de plus en plus articulées et fragmentées.

En vertu de cette conception, on voit disparaître la dialectique qui existe dans la notion de qualité de forme chez Ehrenfels comme dans la notion développée par M. Husserl de facteurs figuraux. En effet, la théorie de la forme ne connaît ni la qualité de forme en tant qu'élément sensoriel spécial s'ajoutant au substrat, ni ces éléments sensoriels ordinaires qui, chez Ehrenfels aussi bien que chez M. Husserl, figurent comme substrat. La qualité de forme, c'est la forme elle-même avec sa structure intrinsèque. Ce qu'on appelait substrat, ce sont des parties ou plus exactement des moments de la forme qui n'existent qu'au sein de celle-ci et que par le rôle qu'ils jouent dans l'ensemble auquel ils appartiennent. La question de savoir ce que deviennent ces éléments, si l'on fait abstraction du rôle qu'ils jouent et de la fonction qui leur est assignée, perd son sens, car ils n'ont plus alors la même portée et diffèrent entièrement de ce qu'ils étaient[5]. Et c'est cette manière de concevoir la nature des parties, dans un tout immédiat et sensoriel, qui fait la nouveauté de la théorie de la forme par rapport aux vues antérieures. Leur dialectique n'a donc été possible que parce qu'on utilisait des observations faites dans certaines conditions, pour interpréter des résultats obtenus dans des conditions tout à fait différentes – utilisation qui présupposait l'hypothèse de la constance.

1. M. Wertheimer, « Untersuchungen zur Lehre von der Gestalt », I. *Psychol. Forschg.*, I, p. 52, 1922; II, *F.*, IV, 1923.

2. K. Koffka, « Psychologie », *Lehrbuch der Philosophie*, éd. M. Dessoir, t. II, p. 547, Berlin, 1925.

3. C. et W. Stern, *Die Kindersprache*, Leipzig, 1928.

4. J. Piaget, *Le langage et la pensée chez l'enfant*, Neuchâtel et Paris, 1923; *La représentation du monde chez l'enfant*, Paris, 1926.

5. M. Wertheimer, « Zu dem Problem der Unterscheidung von Einzelinhalt und Teil », *Zeitschr. f. Psychol.*, CXXIX, 1933.

La notion de forme, qui est une notion descriptive, entraîne des notions et des lois fonctionnelles dont la plus importante est la loi de la prégnance ou tendance à la bonne forme. Étant données les conditions intérieures et extérieures de la perception, l'objet perçu tend à se constituer dans la forme la plus forte et la meilleure possible. Cette force et cette « bonté » de la forme signifient, au point de vue phénoménal, un maximum de fermeté, de clarté et de bonne disposition[1] et, au point de vue physiologique, un minimum de dépense d'énergie dans les processus correspondants d'excitation cérébrale. Ainsi, une courbe est une forme meilleure que le polygone correspondant[2]. Si l'on fait tourner devant une figure un disque pourvu de deux ouvertures, on voit, à petite vitesse, la figure apparaître et disparaître. En augmentant la vitesse, on ne perçoit qu'une seule figure, mais qui papillote; si l'on augmente encore la vitesse du disque, le papillotement cesse. La vitesse minimum qui, pour une figure donnée, suffit à supprimer ce papillotement, est désignée comme la « vitesse critique de fusion ». Or, il résulte des expériences faites par M. Hartmann[3] que la vitesse critique de fusion dépend, entre autres facteurs, de la forme géométrique des figures; elle est plus élevée pour un carré que pour une ellipse, plus élevée pour un triangle équilatéral que pour un carré. Et, de toutes les figures fermées à superficie égale, c'est au cercle qu'est assignée la plus petite vitesse critique de fusion. Nous reviendrons sur ce privilège spécial dont jouit le cercle par rapport aux autres formes, lorsqu'il s'agira de résumer certains faits pathologiques.

Il est possible d'indiquer certains facteurs qui président à la constitution des formes. En disposant sur une ligne horizontale des points comme dans la figure 4, on voit les groupes ab/ cd/ ef/ gh/ ij/[4]. Il est très difficile, sinon presque impossible, de voir les groupes a/bc, de/fg hi/j, difficulté qui va croissant avec le nombre des points. C'est donc la proximité des points qui décide ici du groupement. Mais si les points b, c, f, g, j sont remplacés par de petits cercles (fig. 5), les groupes a/ bc/ de/ fg/hi/ j seront plus aisément perceptibles[5].

1. Cf., K. Koffka, « Psychologie », *Lehrbuch der Philosophie*, éd. M. Dessoir, t. II, p. 546, Berlin, 1925.

2. E. Lindemann, « Experimentelle Untersuchung über das Entstehen und Vergehen von Gestalten », *Psychol. Forschg.*, II, p. 27-28, 1922.

3. L. Hartmann, « Neue Verschmelzungsprobleme », F., III, sect. 6 et 8, 1923.

4. M. Wertheimer, « Untersuchungen zur Lehre von der Gestalt », I. *Psychol. Forschg.*, 1922; II, p. 304-308, F., IV, 1923.

5. M. Wertheimer, « Untersuchungen zur Lehre von der Gestalt », I. *Psychol. Forschg.*, 1922; II, p. 311-315, *Psychol. Forschg.*, IV, 1923.

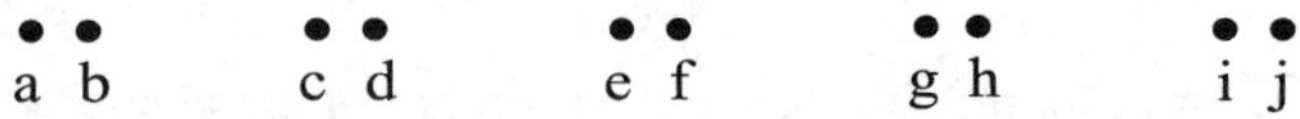

Fig. 4

Fig. 5

La proximité entre, dans ce cas, en conflit avec la ressemblance. Qui l'emportera ? Verra-t-on des paires de cercles alternant avec des paires de points ou plutôt des formes symétriques faites chacune d'un point et d'un cercle ? Cela dépend d'autres facteurs, en particulier de la disposition du sujet déterminée par les observations antérieures à l'expérience critique, disposition sur laquelle nous aurons à revenir.

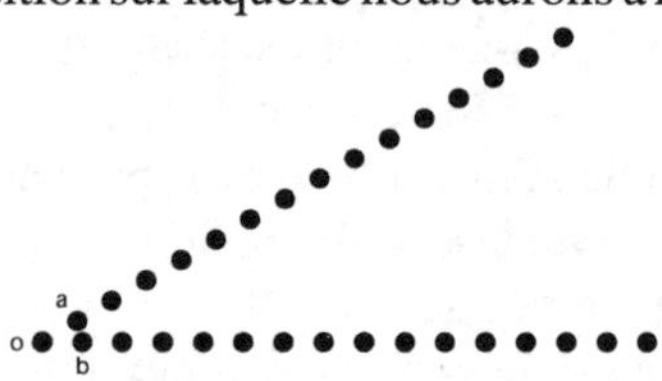

Fig. 6

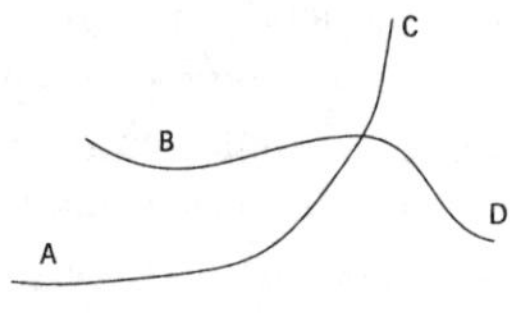

Fig. 7

Si les points sont groupés sur deux lignes formant un angle aigu (fig. 6), le point *a* sera lié au point *o* plutôt qu'au point *b*, bien qu'il soit plus proche de *b* que de *o*. Le facteur qui ici entre en jeu et qui l'emporte sur la proximité, c'est la *direction commune*[1]. Il en est de même de deux courbes qui se croisent (fig. 7) : celles des branches dont l'une continue l'autre apparaîtront comme solidaires et comme composant une même courbe. Ce facteur, essentiel entre tous ceux qui viennent d'être cités, révèle la loi de continuation conforme à la direction de la courbe *(Gesetz der kurvengerechten Fortsetzung)*.

1. M. Wertheimer, « Untersuchungen zur Lehre von der Gestalt », I, *Psychol. Forschg.*, 1922 ; II, p. 311-315, F., IV, 1923.

Il faut bien se garder de voir dans ces facteurs des absolus. Loin d'être efficaces en tant que tels, ils le sont seulement dans la mesure où ils réalisent la tendance à la forme la meilleure possible. Ils ne représentent que des spécifications de la loi de prégnance et ne jouent que dans la mesure où ils en assurent l'application[1]. Aussi n'y a-t-il pas une hiérarchie absolue de ces facteurs. L'efficacité de chacun d'eux varie avec les cas, elle est relative à l'apport que, dans chaque cas particulier, le facteur en question peut faire à la constitution de la forme qui, dans les conditions données, est la meilleure possible. C'est pourquoi, si plusieurs facteurs entrent en conflit, celui-là l'emportera grâce auquel se produit la forme la plus prégnante et la plus forte. De même que les parties qui, dans la psychologie traditionnelle, passaient pour les éléments absolus sont, dans la théorie de la forme, considérées comme relatives à la fonction qui leur est assignée au sein de la structure globale, de même la valeur de chaque facteur est relative à la situation concrète dans laquelle il est appelé à agir.

On ne doit pas croire non plus que ces facteurs aient pour effet de suggérer tel groupement des points, donc de mettre en jeu un mécanisme subjectif. Cette interprétation impliquerait l'idée que *d'abord* les points ont été donnés en qualité d'éléments au sens traditionnel de ce terme : le groupement des *stimuli*, il est vrai, favoriserait ou même suggérerait tel groupement phénoménal, mais les points seraient donnés avant le groupement qui, lui, serait dû à une activité subjective et donc apporté par des facteurs supérieurs à la simple sensibilité. Cette conception, défendue par G. E. Müller[2], n'est point du tout celle des théoriciens de la forme[3]. Puisque cette théorie ne connaît pas de matière première brute qui ait besoin d'être organisée par des actes subjectifs, les ensembles sont considérés comme groupés de prime abord. Les facteurs cités ne sont pas donnés comme points de départ d'une activité subjective. Ces facteurs concernent plutôt le caractère objectif des phénomènes; ils ne sont pas l'occasion d'un acte, ils agissent dans le perçu tel qu'il est présent devant nos yeux dans l'acte de la perception. Il s'agit là de facteurs formels qui dessinent certains traits généraux de la structure intrinsèque des données, le fait tout formel, par exemple, qu'une certaine structure est dominée soit par la proximité, soit par la ressemblance, soit par la direction commune des détails qui la constituent.

De ces principes théoriques, découle une conséquence immédiate signalée par M. Koffka[4] et qui semble capitale au point de vue philo-

1. Cf., K. Koffka, « Psychologie », *Lehrbuch der Philosophie*, éd. M. Dessoir, t. II, p. 545-546, Berlin, 1925.

2. G. E. Müller, *Komplextheorie und Gestaltheorie*, Göttingen, 1923.

3. Cf. Köhler, « Komplextheorie und Gestalttheorie », *Psychol. Forschg.*, VI, 1925.

4. K. Koffka, « Psychologie », *Lehrbuch der Philosophie*, éd. M. Dessoir, t. II, p. 528-534, Berlin, 1925.

sophique. Présentons à un observateur deux traits. Après qu'il les aura regardés quelque temps, dérobons-les à sa vue et demandons-lui si ces traits étaient de longueur égale. Il ne pourra répondre à cette question: il n'a perçu ni égalité, ni inégalité, il n'a pas regardé les traits sous cet aspect. Présentons-lui encore une fois les traits. En les regardant, il remarque maintenant qu'ils pourraient faire les deux côtés verticaux d'un rectangle, ils laissent donc une impression immédiate d'égalité, impression qui ne s'est pas offerte à l'observation précédente. Ce passage de la première observation à la seconde comporte une transformation réelle des données; chacun des traits est devenu le côté virtuel d'un rectangle, ce qui, comme il a été exposé, n'est point la même chose que d'être un trait. Soutenir que, dans la première observation, les traits étaient de longueur égale, sans que cette égalité fût perçue, revient à affirmer que l'impression d'égalité était présente, dans cette observation, bien qu'elle ne fût pas aperçue, ce qui, d'après tout ce qui précède, est inadmissible. Les traits, pour n'avoir pas été de longueur égale, étaient-ils de longueur inégale? Pas plus, car ils n'ont pas davantage laissé une impression immédiate d'inégalité, ce qui aurait été le cas, s'ils s'étaient présentés comme les deux côtés virtuels d'un trapèze. Or, objectera-t-on, de deux choses l'une : ou égalité ou inégalité; et tirer de l'absence de l'égalité l'existence de l'inégalité paraît être dans les règles de la logique la plus élémentaire. Ce raisonnement est parfaitement juste, à condition qu'il s'agisse de «*choses*», donc, ici, des *stimuli*. Il est dans la nature des choses réiformes de rester identiquement les mêmes, quand elles sont considérées sous différents aspects, à travers toutes les variations que subissent leurs modes d'apparition. Il n'en est pas de même des choses phénoménales. Celles-ci sont telles qu'elles se présentent immédiatement à la conscience. On ne doit rien attribuer aux phénomènes qui ne se constate pas en eux par observation directe et immédiate, il n'y a rien à chercher derrière eux[1]. Si donc certains phénomènes n'apparaissent ni comme égaux ni comme inégaux, on ne peut en tirer que cette conclusion : ils n'ont pas été considérés sous ce rapport. Faire autrement, ce serait conclure qu'une équation algébrique est grande sous prétexte qu'elle n'est pas petite. De même que les notions de grandeur et de petitesse ne s'appliquent pas aux équations algébriques, de même certaines notions qui sont valables pour les choses réiformes ne le sont pas par rapport aux faits phénoménaux.

1. Cette conception de la différence profonde et essentielle des choses réiformes et des choses phénoménales – conséquence, elle aussi, de l'abandon de l'hypothèse de la constance – constitue un nouveau point de rapprochement entre la théorie de la forme et la phénoménologie husserlienne. Cf. Husserl, *Ideen, zu einer reinen Phænomenologie und phænomenologischen Philosophie*, sect. III, chap. II et III.

Ce qui est vrai de l'égalité et de l'inégalité, l'est également de l'identité, de la ressemblance, de l'unité, etc. Tous ces termes qui nous sont familiers comme catégories expriment aussi certaines impressions immédiates, inhérentes aux phénomènes, et ce n'est que dans cette dernière signification qu'ils s'appliquent aux phénomènes. Le domaine où la notion de forme est fondamentale est en même temps celui où seule la signification immédiate et sensible des termes catégoriels trouve son application. La double signification de ces termes, plus exactement, la présence dans la conscience de relations catégorielles au sens propre du mot fait surgir un problème qui ne peut être résolu au moyen de la notion de forme et qui donnera naissance à un second stade de la théorie, stade qu'illustrent les noms de MM. A. Gelb et K. Goldstein. Nous mettrons en évidence ce nouveau problème, après avoir examiné quelques recherches expérimentales capables de justifier les vues théoriques exposées jusqu'ici [1].

IV. Analyse de quelques résultats expérimentaux

Arrêtons-nous à la double signification des termes catégoriels, de l'identité en particulier. Supposons qu'on regarde, durant quelque temps, un objet, soit en repos, soit en mouvement, soit même subissant devant les yeux de l'observateur tel et tel changement : on a l'impression immédiate qu'on est en face d'un objet identique. Supposons maintenant qu'on reprenne l'observation d'une chose déjà observée, puis abandonnée : on est convaincu de voir, cette fois, la même chose que celle qu'on a déjà vue, que cette chose ait subi entre temps une modification quelconque ou non [2]. Dans le premier cas, il s'agit d'une identité immédiate et phénoménale. Aucun raisonnement, si bien fondé soit-il, si convaincu soit-on de l'existence d'une illusion optique, par exemple, ne réussit à supprimer ni même à affaiblir l'impression immédiate, tandis que, si l'identité, au lieu d'être vécue et sentie, ne fait l'objet que d'une conviction, d'une présomption (c'est le second cas), cette conviction est susceptible d'être ébranlée par tout raisonnement contraire, s'il paraît plausible.

1. Pour la documentation expérimentale, cf. P. Guillaume, « La théorie de la forme », *Journal de Psychologie*, 1925, et les analyses que M. Guillaume fait régulièrement, dans *l'Année Psychologique*, des travaux parus dans la *Psychologische Forschung*, organe de l'école de la forme.

2. M. Wertheimer, « Experimentelle Studien über das Sehen von Bewegung », *Zeitschr. f. Psychol.*, LXI, sect. 6, 1912.

Cette identité phénoménale, M. J. Ternus[1] l'a étudiée, en travaillant sur des perceptions visuelles du mouvement. Les faits déjà connus dont est parti l'auteur sont les suivants. Si on présente, au tachistoscope, sur fond sombre, successivement, deux points lumineux à la même place, l'observateur perçoit, la pause supposée convenablement courte, un seul point qui reste à cette place, comme si la présentation n'était pas interrompue. Si, dans la deuxième présentation, le point lumineux n'est pas exposé à la place où on avait fait apparaître le premier, mais à une autre place, pas trop éloignée de la première, on voit un seul point se mouvoir de l'un de ces emplacements à l'autre. Ce qui se produit dans ces expériences, c'est l'identité phénoménale d'un seul point lumineux qui est ou en repos ou en mouvement : on a l'impression directe et immédiate que c'est un point identique qui, ou bien est immobile, ou bien saute d'une place à une autre ; on obtient les même résultats si, au lieu d'exposer un seul point, on en présente plusieurs.

En combinant ces deux faits, c'est-à-dire en présentant un ensemble de points lumineux dont les uns se trouvent, les deux fois, aux mêmes emplacements, alors que les autres sont offerts, dans la deuxième présentation, à des emplacements nouveaux, on s'attendrait à percevoir les points de la première classe en repos, ceux de l'autre en mouvement. Cela serait conforme aux lois élémentaires qui viennent d'être citées, si chacune d'elles régissait, d'une façon définitive, les faits auxquels elle se rapporte. L'identité immédiate et phénoménale se produirait alors, pour chaque point, d'après ces lois élémentaires. Les impressions des points lumineux qui, dans les deux présentations, auraient été présentés aux mêmes emplacements fusionneraient, et on ne verrait, à ces emplacements, qu'un seul point, un point identique immobile.

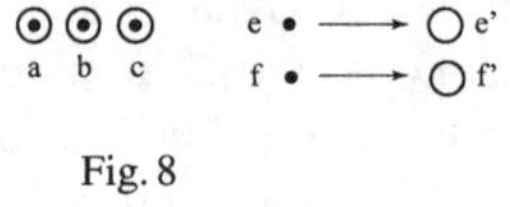

Fig. 8

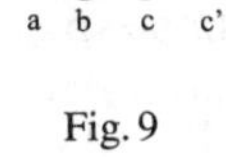

Fig. 9

1. J. Ternus, « Experimentelle Untersuchungen über phänomenale Identität », *Psychol. Forschg.*, VII, 1926.

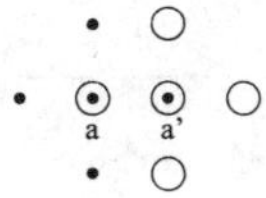

Fig. 10

Pour chacun des points à emplacement variable, l'impression laissée par la première présentation fusionnerait avec celle de la seconde présentation qui serait la plus voisine, et l'on verrait ces points se mouvoir d'un lieu à un autre, on aurait l'impression de points identiques en mouvement. En effet, si les points sont disposés de la façon qu'indique la figure 8[1], les points *a*, *b*, et *c*, apparaissent comme immobiles tandis que *d*, *e*, *f* se meuvent à droite, en s'identifiant respectivement avec *d'*, *e'*, *f'*.

Mais si l'on présente, par exemple, l'arrangement de la figure 9, les trois points *a, b, c* qui marquent une ligne droite sautent de gauche à droite ; et le point *c*, qui, d'après la loi élémentaire, devrait être vu immobile, s'identifie avec *c'* à la place duquel il se transporte. Il en est de même de la disposition de la figure 10.

La croix tout entière que composent les points se dirige à droite ; et, par exemple, l'identité phénoménale, qui se produit pour le point *a*, lequel s'identifie avec le point *a'*, s'oppose à la loi élémentaire. Voici un autre exemple (Fig. 11). Le triangle formé par les points lumineux se meut à droite, et c'est à ce mouvement d'ensemble et non aux conditions locales que se conforme l'impression d'identité.

Par opposition à ces cas qui démentent les lois élémentaires, d'autres semblent leur apporter une confirmation.

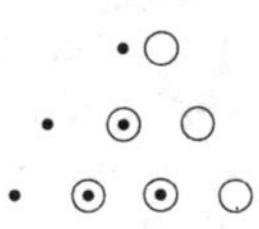

Fig. 11

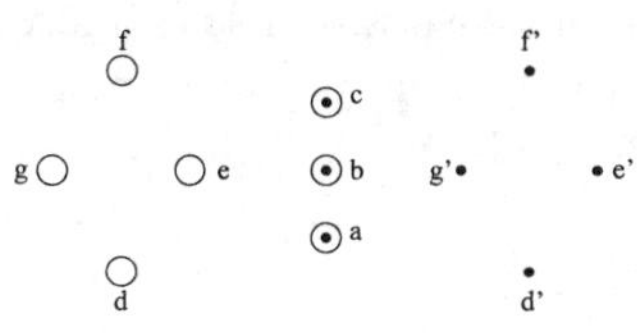

Fig. 12

À côté de la figure 8, voici un autre exemple (fig. 12) : le groupe qui est fait des points *a, b, c* reste immobile, tandis que les points *d, e, f, g* qui forment un quadrilatère se transportent à travers le groupe immobile vers les points *d'*, *e'*, *f'*, *g'*, d'une façon difficile à caractériser.

1. Comme le fait M. Ternus, nous figurons les points de la première présentation par des points et ceux de la deuxième par de petits cercles.

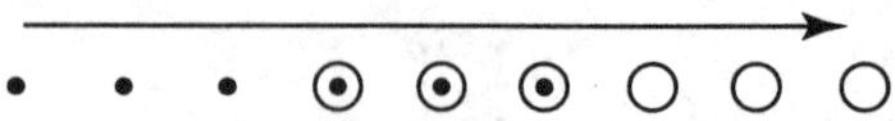

Fig. 13

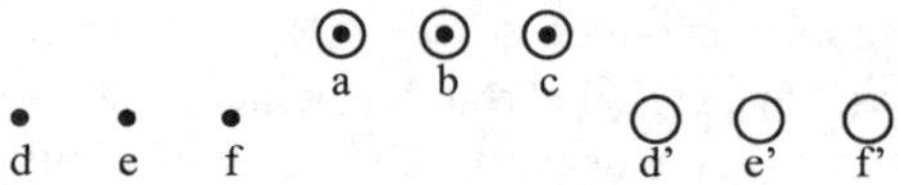

Fig. 14

En apportant à des constellations qui donnent des résultats opposés aux lois élémentaires des modifications objectivement peu considérables, on peut mettre en évidence des observations qui s'accordent avec ces lois. Si l'on présente six points sur une ligne droite (fig. 13), on obtient le même résultat qu'avec la figure 9 : toute la ligne se transporte de gauche à droite, et l'identité phénoménale ne suit pas les lois élémentaires. Mais si l'on dispose les six points comme l'indique la figure 14, on voit les points *a, b, c* en repos, les points *d, e, f* en mouvement, comme on doit s'y attendre d'après les lois élémentaires. Même résultat, si l'on change l'arrangement de la figure 11 (fig. 15) : le groupe *a, b, c,* formant un triangle dont les parties sont offertes aux mêmes places dans les deux présentations, reste immobile, alors que les points *d, e, f,* conformément à la deuxième loi élémentaire, se transportent à droite.

La disposition de la figure 16 est très curieuse. Au lieu des points, on a des lignes qu'on voit se mouvoir toutes deux. Même effet, si l'on dérobe à la vue les parties inférieures des trois lignes. Mais si l'on cache seulement les parties inférieures des lignes *a* et *c*, on voit, conformément aux lois élémentaires, la ligne *b* en repos, la ligne *a* en mouvement. Ces faits illustrent de nouveau et vérifient la thèse selon laquelle il y a une différence entre un trait et un côté de rectangle. En réalité, les lignes *a* et *b*, qu'elles soient vues en entier ou en partie seulement, apparaissent comme les côtés virtuels d'un rectangle. Quand, au contraire, la longueur de l'une diffère de celle de l'autre, on a l'impression de percevoir simplement une ligne plus une autre ligne.

Dans cet exemple, le flottement des impressions est provoqué par les modifications dans les excitants objectifs.

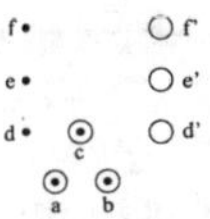

Fig. 15

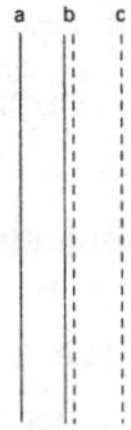

Fig. 16

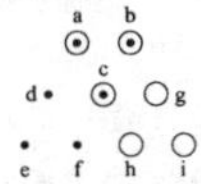

Fig. 17

On peut obtenir le même résultat en modifiant les conditions intérieures. Dans la figure 17, on voit le quadrilatère que composent les points osciller autour de l'axe marqué par les points *a* et *b* qui sont immobiles. Le point *c*, qui, selon les lois élémentaires, doit paraître lui aussi immobile, prend part, au contraire à ce mouvement oscillatoire. Cependant, on obtient assez souvent un résultat conforme à ces lois, c'est-à-dire le point *c* immobile. On voit alors le triangle que forment les points *a, b, c* rester immobile, tandis que le triangle composé des points *d, e, f* saute à droite. Ce phénomène se produit[1] surtout quand l'observateur, dès la première présentation, voit dans cette constellation, deux triangles dont les pointes font face l'une à l'autre, plutôt qu'un quadrilatère. Même dans l'expérience de la figure 9 où ordinairement on ne constate aucun flottement, l'observateur, s'il fixe attentivement son regard à mi-distance des deux points *b* et *c*, peut appréhender parfois un phénomène différent du phénomène normal : les points *b* et *c* sont immobiles, alors que le point *a* se transfère en *c'*. Grâce à l'attitude adoptée, l'observateur dissocie le groupe ternaire en un couple et un point, données qui diffèrent foncièrement l'une de l'autre, tant au point de vue phénoménal qu'au point de vue fonctionnel.

Voilà une nouvelle illustration et même une nouvelle preuve de la thèse que nous avons avancée sur la double dépendance de la perception. La variation des conditions tant extérieures qu'intérieures entraîne une variation de l'objet perçu ; et celle-ci n'affecte pas la perspective ou un quelconque caractère subjectif de l'objet perçu en tant que perçu, mais plutôt son existence tout entière. Ce changement de l'objet perçu, dû quelquefois à la seule modification des conditions intérieures, a des conséquences fonctionnelles. Les impressions de mouvement et de repos comme celle d'identité phénoménale varient, selon que l'objet – identique du point de vue des excitants – est vu comme un groupe ternaire ou comme un couple et un point. Les conséquences fonctionnelles s'attachent donc à l'aspect phénoménal de l'objet perçu et non pas à l'état de fait objectif.

1. « se produit » pour « existe ». *Éd.*

Les résultats obtenus par M. Ternus confirment pleinement les vues de la théorie de la forme. L'identité phénoménale se produit conformément aux lois élémentaires, c'est-à-dire que l'état de faits objectif est respecté toutes les fois que l'ensemble des points se partage en deux groupes dont chacun compose une figure. On voit alors l'une de ces figures en repos, l'autre en mouvement. Un tel effet est surtout sensible quand, comme c'est le cas dans tous les exemples cités, les points formant la figure vue en repos sont ceux qui, dans les deux présentations, sont offerts à des places identiques, alors que les points mobiles composent la figure qui se meut. Si l'on n'offre, dans des cas de ce genre, qu'une seule des deux présentations, l'observateur perçoit nettement deux figures : l'une et l'autre, l'une plus l'autre ; il est en présence d'une somme de deux figures. Si, au contraire, l'ensemble des points ne compose qu'une seule figure, c'est cette figure qui se déplace dans le champ perceptif au rebours des lois élémentaires, c'est-à-dire en dépit des conditions locales.

On ne doit cependant pas penser que ces lois ne sont valables que pour l'une des classes de faits et que les autres constituent des exceptions. Le fait que, dans certaines conditions, les phénomènes suivent les lois élémentaires est lui-même une conséquence de la loi de la forme qui régit les deux classes de faits. Ce qui fait que les points apparaissent en repos ou en mouvement, ce qui détermine l'identité phénoménale, c'est le rôle qu'ils jouent dans la figure qu'ils constituent. Selon que cette figure reste en repos ou se meut, ils restent en repos ou se meuvent, et cela par la seule raison qu'ils n'existent que comme constitutifs de la figure. D'autre part, tous les facteurs, intérieurs aussi bien qu'extérieurs, dont l'action additionnelle modifie les résultats normaux n'ont d'influence que dans la mesure où ils favorisent ou conditionnent un groupement de points qui diffère du groupement normal. En d'autres termes, ces facteurs ne deviennent efficaces que si, grâce à eux, la forme globale qui était donnée antérieurement se dissocie en deux formes, dont chacune est globale en elle-même.

Quels sont, dans les expériences de M. Ternus, les points qui s'identifient phénoménalement et immédiatement les uns avec les autres ? Si l'on voit dans la figure 9 un groupe ternaire, le point *c* saute à droite et s'identifie avec le point *c'*. Le point en question est, dans la première présentation, le point extrême à droite du groupe, et il reste, grâce à son mouvement, à la même place par rapport au groupe auquel il appartient. D'autre part, si la même disposition objective est perçue comme un couple de points plus un point supplémentaire, le point *c*, qui, dans la première présentation, est le point droit du couple, reste immobile, ce qui lui permet d'occuper la même place dans la deuxième présentation et d'accomplir la même fonction par rapport au couple. Et le point *a*, qui, dans la première présentation, est le point supplémentaire, en se transportant à droite et en s'identifiant avec le point *c'*, continue à l'être dans la deuxième présentation. On voit par là que l'identité phénoménale lie les uns aux autres les points qui, dans les deux constellations, ont la même fonction et se trouvent à la même place par rapport aux formes globales. Elle ne s'établit jamais qu'entre des points qui sont parties homologues à l'égard de la forme. Ce fait qui jette un nouveau jour sur la thèse d'après laquelle tout détail d'une forme n'existe que dans la fonction que lui assigne cette forme, s'explique à son tour par la tendance, très générale, qu'ont les formes à se conserver, conséquence immédiate de la tendance à la forme la meilleure possible dans des conditions données. Les formes sur lesquelles travaille M. Ternus étant des formes « bonnes » et « fortes », elles tendent à persévérer; c'est ce qui explique ces mouvements qui leur permettent d'apparaître dans la deuxième présentation comme dans la première. C'est donc à des faits et des principes très généraux que se ramènent en dernière analyse les phénomènes d'immobilité et de mouvement aussi bien que ceux d'identité phénoménale.

Les problèmes traités par M. Ternus ont été repris par M. W. Messager[1] qui a étudié des ombres en mouvement. En se dépassant les unes les autres, ces ombres dessinent des courbes qui se déploient partie par partie au cours de l'observation. L'auteur se pose la question de savoir quels sont les segments de courbes qui, aux points d'intersection, seront raccordés spontanément les uns aux autres et formeront ensemble les courbes totales, l'un des segments apparaissant comme la continuation de l'autre. Il montre que les facteurs qui, dans ces expériences, entrent en action sont les mêmes que ceux qui, d'après M. Wertheimer[2], président à la constitution et à la structure des formes perçues en repos.

Voici un autre exemple de l'application de la loi de la forme, tiré des recherches sur les seuils chromatiques. Si l'on fait apparaître une couleur quelconque sur un fond incolore, le seuil absolu et surtout le seuil différentiel croît avec la clarté du fond[3]. À partir de la figure 18, MM. Gelb et Granit[4] ont composé deux séries de figures dont les couleurs vont du blanc au noir, de façon à faire correspondre à chaque exemplaire de la première série dont la figure est d'un gris g_1 et le fond d'un gris g_2, un

1. W. Metzger, « Beobachtungen über phänomenale Identität », *Psychol. Forschg.*, XIX, 1934.

2. M. Wertheimer, « Untersuchungen zur Lehre von der Gestalt », I. *Psychol. Forschg.*, II; *Psychol. Forschg.*, IV, 1923.

3. G. Heymans, « Untersuchungen über psychische Hemmung », *Zeitschrift für Psychologie und Physiologie der Sinnesorgane*, t. XXI, p. 326-338, 1899; G. Révész, « Über die Abhängigkeit der Farbenschwellen von der achromatischen Erregung », *Zeitschrift für Sinnesphysiologie*, t. XLI, 1907.

4. A. Gelb et R. Granit, « Die Bedeutung von Figur und Grund für die Farbenschwelle », *Zeitschr. f. Psychol.*, XCIII, cf. 2, 1923.

exemplaire de la seconde dont la figure a la teinte g_2 et le fond la teinte g_1. Ces deux exemplaires sont donc comme les épreuves positive et négative de la même plaque photographique. En faisant apparaître n'importe quelle couleur, les auteurs constatent que le seuil est plus élevé – dans une mesure assez considérable – si la couleur apparaît sur g_1 pris comme figure que si elle apparaît sur g_1 pris comme fond, les conditions d'observation, et en particulier les conditions rétiniennes étant égales de part et d'autre. Il arrive même que, pour un gris g_1 plus clair que g_2, le seuil est plus bas si g_1 fait fonction de fond et g_2 fonction de figure. Il s'ensuit que la dépendance des seuils chromatiques à l'égard de la clarté du fond sur lequel une couleur est présentée n'est nullement aussi absolue et aussi rigide qu'il le faudrait, si l'hypothèse de la constance exprimait vraiment les rapports de l'excitant et de la donnée sensorielle.

Il n'est pas difficile de donner, au moyen des principes de la forme, une explication de ces résultats. Si une tache colorée apparaît sur une figure, celle-ci devient en quelque sorte fond par rapport à cette tache.

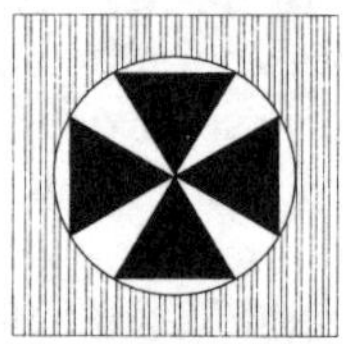

Fig. 18

Mais la première figure résiste à cette transformation en vertu de sa tendance à se conserver. Au contraire, un fond n'opposera pas la même résistance à la formation d'une figure; il en favorise plutôt, dans une certaine mesure, l'apparition. Cette différence entre les propriétés de la figure et celles du fond se traduit par les valeurs variables des seuils chromatiques sur un même gris, variables selon que ce gris est la teinte de la figure ou du fond.

La loi de la conservation des formes permet également de dissiper cette apparence d'arbitraire et d'indétermination[1] qui, aux yeux de quelques psychologues dualistes, constitue le privilège des facteurs dits « supérieurs » comme la disposition. Regardons un ensemble de points placés sur une ligne horizontale, tel qu'il est offert par la figure 4[2]. Désignons les distances entre *a* et *c*, *c* et *e*, *e* et *g*, *g* et *i* par s, celles entre *a* et *b*, *c* et *d*, *e* et *f*, etc., par s_1, celles enfin entre *b* et *c*, *d* et *e*, etc. par s_2. On a : $s = s_1 + s_2$.

1. K. Koffka, « Psychologie », *Lehrbuch der Philosophie*, éd. M. Dessoir, t. II, chap. III, sect. 4, Berlin, 1925.

2. M. Wertheimer, « Untersuchungen zur Lehre von der Gestalt », I. *Psychol. Forschg.*, I, 1922; II, p. 316-317, *Psychol. Forschg.*, IV, 1923.

Fig. 19

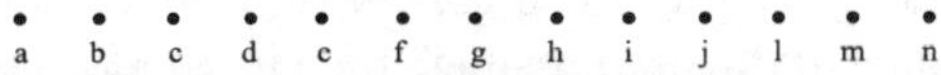

Fig. 20

Si l'on tient constant s et fait varier s_1 et s_2, on obtiendra toute une série d'ensembles de points, où *b*, *d*, *f*, etc., s'éloignent progressivement de *a*, *c*, *e*, etc., pour s'approcher de *c*, *e*, *g*, etc. Supposons que le terme de cette série soit un ensemble comme celui de la figure 19. Entre ces ensembles extrêmes, on en obtiendra quelques-uns, où s_1 et s_2 sont ou tout à fait ou à peu près égaux (par exemple fig. 20). Il a déjà été montré que le facteur de proximité fait grouper la figure 4 avec le rythme *ab/ cd/ ef/ gh/ ij*, et que le même facteur impose à la figure 19 le groupement *a/ bc/ de/ fg/ hi/ j*. Quel sera le groupement naturel et spontané de la figure 20 que l'on peut qualifier d'ensemble critique? Se laissant grouper selon l'un de ces rythmes aussi facilement que selon l'autre, cet ensemble qui est équivoque parce qu'il n'impose ni même ne suggère aucun des deux groupements plutôt que l'autre, semble être du type des constellations sur lesquelles Benussi a travaillé de préférence pour mettre en évidence la coopération des deux facteurs indispensables, selon lui, à la perception, en même temps que la liberté de cette activité supérieure à la pure sensibilité qu'est, à ses yeux, la production. Dans un cas de genre, il semble en vérité que l'organisation de la perception dépende du sujet et non de facteurs formels et objectifs.

Cette apparence d'indétermination disparaît à la lumière d'expériences faites méthodiquement par M. Wertheimer[1]. Si l'on présente une série d'ensembles tels que les précédents à un observateur, en lui demandant de la parcourir terme par terme, et si on le fait partir de la figure 4, il perçoit l'ensemble critique groupé selon le rythme *ab/ cd/ ef/ gh/ ij*. Si, au contraire, l'observateur commence par regarder la figure 19, l'ensemble critique est articulé avec le rythme *a/ bc/ de/ fg/ hi/ j*. Les perceptions qui précèdent la perception critique décident donc de l'organisation de celle-ci.

Les figures 4 et 19, aussi bien que celles qui, dans la série des ensembles présentés, les suivent immédiatement, sont sans doute des formes meilleures et plus fortes, en ce qui concerne la prégnance de leur structure, que l'ensemble critique. La tendance à la bonne forme pousse donc ces structures fortes à empiéter sur les ensembles à structure moins prégnante,

1. M. Wertheimer, « Untersuchungen zur Lehre von der Gestalt », I, *Psychol. Forschg.*, II, p. 319-320, *Psychol. Forschg.*, IV, 1923.

si bien que ces derniers sont perçus selon le rythme des plus fortes structures. Si l'on parcourt la série, en allant tantôt de la figure 4 à la figure 19, tantôt de la figure 19 à la figure 4, une forme plus globale qui comprend[1], autant qu'il est possible, les ensembles, commence à se constituer. Cette forme globale a comme structure intrinsèque un certain rythme : soit celui de *ab/ cd/*..., soit celui de *a/ bc/*... La tendance qu'a cette forme globale à se conserver la fait empiéter sur l'ensemble critique et imposer à ce dernier un rythme auquel, il est vrai, il ne répugne pas, mais que d'autre part il ne suggère pas par lui-même.

De tels faits trahissent l'influence qu'exercent les perceptions passées sur une perception actuelle. C'est cette influence qui définit l'essentiel de la disposition aussi bien que de l'expérience[2]. La psychologie traditionnelle qui faisait intervenir si souvent l'expérience, la définissait comme une répétition fréquente de la même chose, dont l'effet principal, sinon le seul, consistait à renforcer les associations créées entre telles et telles représentations. Cette psychologie ne pouvait, dans ses principes, trouver la source d'autres considérations.

Nous reviendrons plus tard sur la difficulté à laquelle se heurte cette définition traditionnelle de l'expérience que M. Gottschaldt[3] a soumise à un examen expérimental en étudiant l'influence que la perception fréquente de certaines figures assez simples (figures *a*) exerce sur celle de figures peu familières. Quand l'observateur s'est familiarisé avec les figures du type *a*, on lui présente des figures du type *b* dont chacune contient une des figures *a* comme partie géométrique. L'influence de l'expérience peut consister en ce que, à la première apparition de la figure *b*, la figure *a* « saute » aux yeux : de prime abord, la figure *b* apparaît comme composée de la figure *a* et d'une ou de plusieurs figures supplémentaires. Mais il se peut aussi que la figure *b* soit perçue au début sans être fragmentée selon le contour de *a* et subisse, après un certain temps, une transformation phénoménale et immédiatement sentie qui la décompose en *a* plus un reste. Enfin il est possible que la figure *a* ne soit, à aucun moment, trouvée dans la figure *b*, qu'elle y soit seulement soupçonnée. À ces cas positifs, l'auteur oppose ceux où l'observateur soupçonne qu'une figure *a* est contenue dans une figure *b* alors qu'en fait elle n'y est pas, et enfin, ceux dans lesquels la figure *b* est vue sans aucun rapport à aucune des figures *a*.

1. « comprend » pour « embrasse ». *Éd.*

2. Cf., K. Koffka, « Psychologie », *Lehrbuch der Philosophie*, éd. M. Dessoir, t. II, chap. III, sect. 9, Berlin, 1925.

3. K. Goldstein, « Über den Einfluss motorischer Störungen auf die Psyche », *Zeitschrift für Psychiatrie*, LXXXII, 1925.

Il résulte des effets obtenus par M. Gottschaldt que la seule fréquence des expositions préalables des figures *a*, que les observateurs avaient l'instruction de regarder très attentivement jusqu'à savoir ensuite les dessiner de mémoire, est d'une influence presque nulle sur la manière de percevoir les figures *b*. Le pourcentage des cas positifs est aussi bas chez les observateurs auxquels on montre 520 fois chacune des figures *a* que chez ceux qui ne les regardent que 3 fois, avant qu'on leur présente les figures *b*. Pour se défendre de l'objection éventuelle qu'avec 520 présentations il aurait dépassé la fréquence optimum, en ce qui concerne l'efficacité des figures *a*, et que peut-être ces figures (il y en avait cinq dans ces expériences) s'entraveraient mutuellement dans les effets que chacune d'entre elles produit sur la perception postérieure des figures *b*, l'auteur a fait des expériences spéciales, en n'offrant qu'une seule des figures *a* dont il échelonna la fréquence de présentation (12, 24, 50, 100 et 200 présentations), expériences qui ont donné un résultat aussi négatif que les expériences principales.

Il y a cependant une différence dans les résultats, selon qu'on donne aux observateurs l'instruction de se comporter, devant les figures *b*, aussi passivement que possible, de les regarder et de les décrire tout naïvement, ou qu'on leur annonce, avant d'exposer les figures *b*, la présence dans celles-ci des figures *a* qu'on leur demande de chercher. On constate, chez les observateurs de la deuxième classe, un surcroît moyen de 24 % de solutions positives. Mais, même chez ces observateurs, le pourcentage de solutions positives n'augmente pas, si de 5 présentations de chacune des figures *a* on passe à 540 expositions. Alors que la seule fréquence de ces présentations n'a qu'une influence minime sur la manière de voir les figures *b*, l'attitude qu'adopte l'observateur devant les figures *b* joue un certain rôle. Il est conforme à ces résultats que les solutions positives sporadiques obtenues par quelques-uns des observateurs auxquels l'auteur avait demandé de se comporter passivement devant les figures *b*, s'expliquent par le fait que ces observateurs n'ont pas suivi la consigne donnée, qu'il y avait, chez eux, une tendance à analyser les figures, tendance que la consigne contraire n'a pu complètement effacer. Parmi les effets dus à l'attitude prise par l'observateur ou à la situation intérieure dans laquelle il se trouve, on peut citer l'influence décourageante qu'exerce l'échec éprouvé devant une figure *b* extrêmement difficile à décomposer sur la perception d'une autre figure *b* qui est beaucoup plus facile à analyser, mais devant laquelle, si elle succède immédiatement à la première, l'observateur ne réussit pas mieux. Il faut imputer à la même cause la plus grande fréquence des solutions fautives qu'on constate chez les observateurs qui adoptent une attitude analytique que chez les observateurs naïfs. Pressés par la tâche qui leur était proposée, ces observateurs ont cherché à se tirer d'affaire en prenant comme points de repère certaines analogies générales entre les figures *a* et *b*. Ainsi ils ont parfois cru très fermement découvrir une figure *a* dans une figure *b*, quand certaines propriétés de forme, soit de *b* en entier, soit de l'une ou de l'autre des figures en lesquelles *b* se subdivise, rappelaient quelque forme caractéristique d'une figure *a*, bien que cette figure *a* ne fût pas contenue dans la figure *b* en question.

Cependant l'attitude que prend l'observateur vis-à-vis des figures *b* n'est pas le facteur unique, ni le facteur décisif pour la décomposition de ces figures, car même les observateurs qui analysaient n'ont réussi à décomposer qu'un très petit nombre de figures *b*. Il y a donc, à côté des facteurs intérieurs qui proviennent de la situation psychologique de l'observateur, un facteur spécial et spécifique qui, dans ces expériences, s'est opposé à la tendance à analyser. Cette résistance n'a pu venir que des caractères d'ensemble et des propriétés globales dominantes des figures *b*, facteurs en vertu desquels la figure *a*, tout en étant une partie géométrique de la figure *b*, n'apparaît pas comme une partie phénoménale de celle-là. L'auteur énumère quelques principes qui président à cette absorption phénoménale de la figure *a* dans la figure *b*. Les lignes qui composent les contours appartenant à la figure *a* prise isolément, perdent, si cette figure entre dans le contexte de la configuration *b*, tout ou partie de leurs fonctions de délimitation : ou bien ces lignes deviennent des lignes intérieures à la figure *b*, ou bien elles délimitent des formes subordonnées en lesquelles se fragmente la figure *b*, formes qui sont absolument différentes de la figure *a*. Cette altération des lignes de contour s'accompagne de modifications correspondantes dans le plan délimité par ces lignes. La figure *a*, qui en tant que telle est un tout à caractère global, possède une ou plusieurs directions principales qui ne sont plus sauvegardées dans la figure *b* ; des éléments qui, en *a*, sont accentués perdent ce privilège quand *a* vient s'intégrer à *b*, ou inversement ; il y a des figures *a* qui se caractérisent par l'homologie ou la correspondance de certaines lignes ou de certains points, relations qui, par la disposition des lignes ou des points qui s'ajoutent, dans *b*, à ceux de *a*, sont ou modifiées ou supprimées. Ainsi les éléments qui composent la figure *a* acquièrent, s'ils figurent dans *b*, des fonctions qui diffèrent totalement de celles que les mêmes éléments ont dans la figure *a* isolée, si bien que la figure *a* devient introuvable dans *b* et y perd toute réalité psychologique.

En mesurant le temps moyen qu'un groupe de 112 observateurs auxquels les figures *b* et les figures *a* correspondantes ont été exposées simultanément mettaient pour découvrir la figure *a* dans la figure *b*, M. Gottschaldt a cherché à étalonner la consistance figurale des figures *b* qui en rend difficile et assez souvent impossible la décomposition. Ce procédé lui permet de classer quantitativement les figures *b*. Les résultats du calcul auquel l'auteur a soumis ces observations d'étalonnage, pour éliminer l'influence de l'exercice, s'accordent parfaitement avec les observations dans les expériences principales. Les quelques figures *b* où la figure *a* correspondante a « sauté » aux yeux des observateurs sont, sauf une seule exception, celles qui, dans cette classification, apparaissent comme les plus faciles à analyser. Très généralement, le nombre des solutions positives va décroissant avec l'accroissement de la consistance figurale des formes *b*.

Dans ces expériences d'étalonnage, l'auteur a constaté que plus les observateurs avaient décomposé ou cherché à décomposer de figures *b*, plus l'analyse des figures suivantes leur était facile et plus aussi les différences entre les figures *b*, provenant de leur consistance variable, tendaient à s'effacer. Nous saisissons là un effet de l'expérience. Or, dans ce cas, l'expérience ne peut être conçue comme pure répétition, puisque chaque figure ne fut offerte à chaque observateur qu'une seule fois. Il s'agit ici de la formation et du développement d'une fonction: le plus souvent une personne fait une action, même si cette action s'applique à des matériaux qui varient, plus elle apprend à la pratiquer.

Retenons enfin un résultat très curieux que l'auteur a obtenu avec des figures *a* très simples et des figures *b* extrêmement faciles à décomposer en une figure *a* plus un trait supplémentaire. Si, avant d'exposer 40 fois la figure *a*, l'auteur annonce à l'observateur qu'une figure différente de celles qui vont lui être présentées apparaîtra au cours des expériences, la figure *b* est vue de prime abord comme contenant *a* à titre de partie phénoménale. Mais si l'apparition de la figure *b* est signalée à l'observateur immédiatement avant que cette figure lui soit présentée en fait – sans que les autres circonstances d'observation aient varié –, la figure *b* ne se décompose pas à son apparition et ce n'est qu'après coup que parfois la figure *a* y est découverte. M. Gottschaldt impute cette différence à ce qu'il appelle la situation intérieure de l'observateur. L'information donnée rompt la disposition créée par l'exposition répétée de la figure *a*, si bien que la figure *b* est perçue comme si rien ne l'avait précédé. Si, au contraire, cette information est donnée au début des expériences, elle est sans pouvoir sur la disposition qui se crée grâce à ces expériences elles-mêmes, disposition qui empiète sur la manière de percevoir *b*.

C'est une conception bien différente de la conception traditionnelle quant à l'influence du passé sur le présent, qui se dégage de toutes ces observations. Ou bien, lorsqu'il s'agit des dispositions, les perceptions vécues récemment donnent naissance à une forme totalisante[1] à laquelle s'intégreront les perceptions postérieures. Ou bien, quand le passé influant sur le présent est plus reculé, il a pour effet de créer certaines conditions

1. « totalisante » pour « totalitaire ». *Éd.*

intérieures, de former et de perfectionner progressivement des fonctions et des aptitudes dont dépendront les perceptions ultérieures. L'expérience modifie ici l'organisme psychophysique, en créant des conditions qui permettent certaines transformations typiques des formes. Toutes les observations que M. Köhler a faites sur le rôle de l'expérience dans le comportement des singes supérieurs aussi bien que celles faites sur le développement des enfants, en particulier sur les processus de maturation[1], ne font que confirmer cette conception.

Étudions les lois fonctionnelles dans un autre domaine encore. On dispose, sur la périphérie d'un cercle, 8 petits disques circulaires d'un diamètre d'environ 1 centimètre, dont l'un est mobile sur le rayon du cercle[2]. Si ce disque mobile s'éloigne un peu de la périphérie, on n'est plus en présence, géométriquement parlant, d'un cercle; au point de vue phénoménal, cependant, les disques continueront à être disposés sur la périphérie d'un cercle qui, il est vrai, ne sera plus un cercle prégnant, mais un cercle indécis ou « mauvais ». Si le disque s'éloigne davantage de la périphérie, on perçoit un objet rappelant une poire (fig. 21). Éloignons-le encore; il se séparera des autres disques qui constitueront de nouveau un cercle prégnant, alors que le disque mobile sera un objet à part. Des constatations analogues peuvent être faites sur un angle droit dont un des côtés est mobile[3]. Si ce côté tourne de façon que l'angle droit se transforme en un angle de 85°, celui-ci se présentera, au point de vue phénoménal, comme un angle droit imprécis, indécis; mais si l'angle diminue encore, vers 75°, il n'aura plus rien d'un angle droit. La différence phénoménale entre un angle de 85° et un angle de 75° est, au point de vue qualitatif, autre que la différence, pourtant identique au point de vue objectif, entre un angle de 75° et un angle de 65°.

Dans toutes ces observations, on apporte aux excitants des modifications continues. Les phénomènes correspondants ne varient cependant pas de façon continue. Ils se transforment en sautant d'une forme à une autre, ce qui signifie qu'il y a pas de formes intermédiaires s'intercalant entre les formes réalisables. La transformation des formes se fait par échelons de prégnance; à toute constellation géométrique ne correspond

1. Cf. K. Koffka, *Die Grundlagen der psychischen Entwicklung*, 2e édition, Osterwieck a/Harz, chap. v, surtout p. 186, 222-223, 1925; cf. « Les notions d'héréditaire et d'acquis en psychologie », *Journal de Psychologie normale et pathologique*, 1932.

2. K. Koffka, « Psychologie », *Lehrbuch der Philosophie*, éd. M. Dessoir, t. II, p. 550-552, Berlin, 1925.

3. M. Wertheimer, « Untersuchungen zur Lehre von der Gestalt », 1922; II, p. 318 à319, *Psychol. Forschg.*, IV, 1923.

pas un phénomène spécial, les phénomènes sont plutôt des formations discontinues. Ce fait, qui s'oppose à l'hypothèse de la constance, d'après laquelle les différences entre les données sensorielles suivent strictement celles qui existent entre les excitants correspondants, rappelle quelques conceptions de la théorie des quanta.

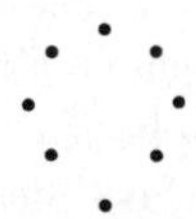

Fig. 21

Les observations sur le cercle figuré par les petits disques dont un est à peine déplacé ou sur l'angle droit à peine diminué découvrent, par une autre approche[1], la loi de prégnance. En vertu de la tendance à la bonne forme, il se crée autour de toute forme particulièrement prégnante une zone sur laquelle cette forme empiète. Si on engendre une figure, en modifiant légèrement une forme forte, la figure produite se trouvera ainsi placée dans cette zone. Elle sera perçue – non pas jugée – comme signifiant cette « bonne » forme de laquelle elle paraîtra dérivée. On la prendra comme une réalisation imprécise, indécise et « mauvaise » de cette forme forte, et non comme une forme indépendante. Ces formes dérivées se présentent comme perfectibles : il y a, si l'on peut dire, une finalité de la forme forte par rapport à laquelle sont perçues les formes imparfaites. Il suit de là que ce ne sont pas les positions qu'occupent les points composant une forme qui déterminent la structure de cette forme, mais, inversement, c'est par rapport à la forme avec sa structure intrinsèque et caractéristique que sont perçus les points dans leurs positions particulières[2], en tant qu'ils réalisent cette forme bien ou mal. Ainsi, si l'on dispose irrégulièrement des points autour d'une courbe de sinus, par exemple de façon à ne placer aucun point sur la courbe elle-même, on verra la forme typique de la courbe, mais on ne verra pas la formation géométrique, qui apparaîtrait si on reliait deux à deux les points avoisinants par des lignes droites[3].

On constate des faits analogues dans l'observation tachistoscopique. Alors que, pour une certaine durée d'observation, on n'obtient d'une série de lettres ou de mots de quelque longueur que l'impression d'une bande grise de laquelle jaillissent tout au plus quelques lettres, il est possible de discerner très nettement, avec la même durée d'observation, des figures

1. « par une autre approche » pour « par un autre biais ». *Éd.*

2. « particulières » pour « singulières ». *Éd.*

3. K. Koffka, « Psychologie », *Lehrbuch der Philosophie*, éd. M. Dessoir, t. II, p. 550, Berlin, 1925.

assez simples[1] telles que le cercle, l'ellipse, le carré. Si l'on présente, au tachistoscope, ces figures simples avec des lacunes peu considérables, on perçoit des mouvements apparents de la figure qui se ferme et se complète elle-même[2] (on entend ici par lacunes peu considérables celles qui n'empêchent pas la partie restante de la figure de porter en elle-même la loi de la forme tout entière et de réaliser plus ou moins complètement la structure selon laquelle elle tend à se compléter). Même mouvement apparent, si l'on observe, au tachistoscope, la périphérie d'un cercle marquée par 12 points, dont l'un est légèrement déplacé vers l'intérieur du cercle[3]. On voit ce point se porter à la périphérie. En deçà d'un certain déplacement « critique », on voit un cercle net sans aucune distorsion; au-delà, le point déplacé se transporte vers un endroit privilégié, par exemple vers le centre du cercle. Si les figures qu'on présente au tachistoscope ne sont pas aussi simples que le cercle, l'ellipse, le carré, mais si elles sont fermées, elles se simplifient dans l'observation tachistoscopique et s'offrent comme plus symétriques qu'elles ne le sont en réalité[4]. On constate avant tout une tendance des pointes à se transformer en courbes.

À ces faits il faut rattacher les observations faites par M.W. Fuchs sur une certaine catégorie d'hémianopsiques[5]. Si l'on montre à un de ces malades, en présentation tachistoscopique, une des figures simples que nous venons de mentionner, de façon qu'une partie seulement se peigne sur la région rétinienne aveugle, la figure sera vue entière. Il suffit, par exemple, pour que le malade voie un cercle complet, de lui offrir un demi-cercle ou un peu plus d'un demi-cercle, et ce phénomène se produit, quand bien même la partie du cercle qui se peint sur la région affaiblie de la rétine présenterait objectivement une lacune. En général, quand on présente de cette façon au malade un cercle, une ellipse, un carré, une étoile, la figure se complétera toutes les fois que la partie présentée à la région saine de la rétine porte déjà en elle la loi de structure de la forme dans laquelle elle va se compléter. Ainsi, un hémianopsique ne prolongera pas une ligne droite

1. Sur la notion de simplicité au sens de la théorie de la forme, cf. *supra*, p. 296.

2. E. Lindemann, « Experimentelle Untersuchung über das Entstehen und Vergehen von Gestalten », *Psychol. Forschg.*, II, p. 28-29, 1922.

3. E. Lindemann, « Experimentelle Untersuchung über das Entstehen und Vergehen von Gestalten », *Psychol. Forschg.*, II, p. 42-47, 1922.

4. E. Lindemann, « Experimentelle Untersuchung über das Entstehen und Vergehen von Gestalten », *Psychol. Forschg.*, II, sect. 15, p. 57, 1922.

5. W. Fuchs, « Untersuchungen über das Sehen der Hemaniopiker und Hemiamblyopiker: a. « Verlagerungserscheinungen », *Zeitschr. f. Psychol.*, XC, 1920; b. « Die totalisierende Gestaltauffassung », *Zeitschr. f. Psychol.*, LXXXVI, 1921; c. « Eine Pseudofovea bei Hemianopikern », *Psychol. Forschg.*, I, 1921. Cf. b.

isolée, mais, si cette ligne fait partie d'une étoile, elle sera complétée. D'une ligne droite isolée, il est indifférent de savoir si elle se prolonge encore ou non ; sa structure est réalisée par la partie qui en est perçue du côté sain de la rétine, et le prolongement ne ferait pas d'elle une forme meilleure et plus prégnante. Mais si la ligne droite fait partie d'une étoile, le raccourcissement trouble la réalisation de la structure de l'étoile et la forme globale se produit moins parfaitement. La nature de la forme, en particulier la symétrie qui en est un moment constitutif, exige le prolongement de la ligne.

Or, et voici qui est capital dans les résultats de M. Fuchs, ces phénomènes de complètement ne se produisent pas quand, au lieu de ces figures simples, on présente au malade des choses familières, soit irrégulières, soit symétriques, comme un papillon, ou l'esquisse d'un visage humain. Dans ces cas, il ne voit que ce qui se peint sur les parties saines de la rétine. Certes, ces choses sont, elles aussi, des formes, et des formes assez stables ; mais il résulte des observations de M. Fuchs qu'il y a des formes spécialement privilégiées, parmi lesquelles, par exemple, l'angle droit, le cercle. Et cette conclusion s'accorde également avec les faits cités auparavant.

Ces résultats permettent, du même coup, de réfuter formellement l'explication que la psychologie antérieure, en se réclamant de l'expérience entendue comme répétition à maintes reprises de la même chose, avait essayé de donner de l'origine psychologique des formes privilégiées, par exemple de l'angle droit. Pour que l'enfant puisse faire l'expérience répétée de l'angle droit, il faut qu'un angle de cette grandeur lui soit présenté dans une position bien déterminée et qu'il soit présenté dans cette position beaucoup plus souvent que dans d'autres[1]. Car ce n'est que parce que l'angle est présenté dans cette position privilégiée que l'image rétinienne qu'il laisse est un angle droit ; toutes les autres positions dans lesquelles il peut s'offrir font surgir des images rétiniennes différentes de l'angle droit. Il est évident que cette position privilégiée, qui n'est qu'une position parmi d'autres, se réalise, par les mouvements de l'enfant lui-même et provient des objets beaucoup plus rarement que des positions quelconques[2]. Si donc l'angle droit n'était pas en lui-même une forme distincte et privilégiée, jamais l'enfant ne parviendrait à en avoir l'expérience. Définir l'expérience comme une répétition des mêmes données, c'est présupposer justement ce qu'on doit expliquer.

1. M. Wertheimer, « Untersuchungen zur Lehre von der Gestalt », I. *Psychol. Forschg.*, 1922 ; II, p. 332-333, *Psychol. Forschg.*, IV, 1923.

2. « et provient des objets beaucoup plus rarement que des positions quelconques » pour « et des objets beaucoup plus rarement que des positions quelconques ». *Éd.*

Des facteurs analogues à ceux qui interviennent dans les observations de M. Fuchs entrent en jeu dans les expériences faites par M. Gelb sur le pouvoir séparateur d'éléments rétiniens périphériques[1]. L'auteur emploie deux cercles concentriques noirs sur fond blanc dont l'observateur est tenu de fixer le centre. Si on ne lui présente qu'une partie assez petite des deux périphéries, il y a des conditions d'observation dans lesquelles l'observateur ne réussit guère à séparer les deux arcs noirs, tandis que, si on lui présente dans les mêmes conditions d'observation les deux cercles en entier, il voit en toute clarté un cercle blanc qui sépare les deux cercles noirs. On obtient l'effet contraire si, au lieu de deux cercles, on présente deux lignes noires parallèles dont l'observateur fixe une des extrémités. Si on ne lui présente que l'autre extrémité des lignes et cela en vision indirecte, il sépare les deux petites lignes qui apparaissent, alors que, si les deux lignes sont vues en entier, la séparation ne s'étend dans les mêmes conditions d'observation que jusqu'à peu près la moitié de la longueur des lignes. Le pouvoir séparateur d'un élément rétinien périphérique varie donc avec la configuration totale qui est présentée, bien que les conditions d'excitation locale soient tenues constantes. Ce pouvoir varie selon que ce qui apparaît en vision indirecte est ou non indispensable pour que le sujet obtienne une impression caractéristique de la configuration. C'est le cas dans la première expérience; car, pour que deux cercles concentriques puissent être vus comme tels, il faut que leurs arcs soient séparés en tous leurs points. Deux lignes parallèles séparées jusqu'à la moitié à peu près laissent au contraire une impression assez caractéristique ; elles constituent une forme assez forte et assez prégnante qui ne deviendrait pas plus parfaite si elle se prolongeait encore un peu. Ces résultats que M. Gelb met en rapport avec le phénomène d'Aubert-Foerster, entre autres faits du domaine perceptif, sont particulièrement remarquables, parce qu'ils apportent un démenti à l'hypothèse de la constance sur un point des plus essentiels. Cette hypothèse étayait la psychophysique; elle semblait offrir la possibilité d'évaluer l'excitabilité – considérée comme constante – de tout élément nerveux d'un organe sensoriel[2]. D'après les expériences de M. Gelb, une telle constance d'excitabilité n'existe pas : le fonctionnement d'un élément nerveux dépend, dans chaque cas concret, des processus globaux qui se produisent dans l'organe sensoriel entier auquel appartient l'élément.

1. A. Gelb, « Grundfragen der Wahrnehmungspsychologie », *Bericht über den 7. Kongress für Experimentelle Psychologie* in Marburg, 1921.

2. Cf. *supra*, p. 258-259.

V. La limite de la notion de forme

Parmi les faits qui ont le plus contribué à mettre en avant le problème de la forme, il faut compter la découverte faite par M. Husserl de la double signification attachée aux termes catégoriels, tels que identité, ressemblance, unité, etc. Ces termes sont familiers surtout, sinon exclusivement, dans leur signification catégorielle proprement dite. La question de savoir comment on peut discerner d'un seul coup d'œil le caractère collectif d'une multiplicité quelconque, sans avoir ni le besoin, ni le temps de parcourir, l'un après l'autre, tous les membres qui la composent, a conduit M. Husserl à établir une séparation entre l'unité pensée, catégorielle, donc artificielle, et l'unité immédiatement sentie, naturelle, se présentant toute faite du dehors avec les données sensorielles qui, grâce à elle, sont unies ensemble dans la constitution de laquelle aucune pensée catégorielle n'intervient. La même distinction est à faire à propos de tous les termes catégoriels. Si on les prend dans leur signification immédiate, ces termes indiquent des choses de nature tout à fait phénoménale; ils désignent des cohérences et des convenances directement liées aux données sensorielles. Ces convenances et ces cohérences sont des traits immédiatement sensibles des phénomènes dans lesquels elles se constatent; elles contribuent à constituer des groupes phénoménaux dont elles apparaissent comme des détails. Elles sont donc des faits sensoriels apparaissant et disparaissant à la manière de tous les phénomènes.

C'est le mérite surtout de M. Wertheimer d'avoir conçu la nature de ces faits et de leur avoir assuré une place dans la psychologie. Travaillant sur des problèmes assez voisins de ceux dont traite M. Husserl dans sa *Philosophie der Arithmetik,* à savoir les problèmes psychologiques relatifs à la notion de nombre, M. Wertheimer [1] a constaté que, par exemple, le nombre 3 qui à nos yeux, surtout en arithmétique, signifie un ensemble catégoriel composé de trois unités indépendantes quelconques, se rapproche beaucoup, dans la pensée des sociétés inférieures, d'une qualité de forme. Pour les membres de ces sociétés, 3 signifie un caractère phénoménal et immédiat qui se trouve sur certains groupes ternaires et leur donne une apparence sensorielle spécifique. Dans ces sociétés, le mot dont on se sert pour compter des fruits n'est pas employé pour compter des hommes, des arbres, des maisons, etc., à la différence de nos notions de nombre, de nature purement formelle et indifférentes aux choses qu'elles permettent de compter.

1. M. Wertheimer, « Über das Denken der Naturvölker », *Zeitschr. f. Psychol.,* LXI, 1912.

Il est évident que la doctrine de l'école de Berlin suffit pour rendre raison de ce qui est phénoménal, parce que le plan où elle se place est exclusivement le plan phénoménal. C'est pourquoi le catégoriel proprement dit, qui, par sa nature, est situé en dehors du plan phénoménal et ne doit aucunement, par principe, être conçu sur le modèle des faits phénoménaux, constitue une limite pour la théorie de la forme. Cette théorie a tendance à confondre les deux significations des termes catégoriels, faisant cette confusion en faveur de la signification immédiate, comme cela est arrivé à M. Koffka[1]. En séparant la signification immédiate et la signification catégorielle des termes en question, il faut insister sur la nature spécifique de cette dernière à laquelle on est obligé de rendre pleinement justice. L'identité catégorielle n'est pas cette identité phénoménale qui a la nature d'une convenance immédiatement sentie et directement observée ; le nombre 3 tel que nous le connaissons en arithmétique ne peut pas s'assimiler à un caractère intuitif, inhérent à un groupe ternaire. Quel que soit le statut qu'on doit donner en dernière analyse au catégoriel, ce qui est sûr c'est qu'il n'est pas une donnée sensorielle ou quasi sensorielle, qu'il n'est pas lié en qualité de trait phénoménal à de telles données et qu'il ne fait pas partie des phénomènes[2]. Ce qui rend impossible une telle interprétation du catégoriel, c'est précisément sa nature formelle et universelle, qui le rend indifférent à la matière à laquelle il s'applique, comme par exemple un nombre quelconque en tant qu'il est de nature catégorielle est indifférent aux objets qu'il sert à compter, que ces objets soient homogènes ou hétérogènes.

L'existence de faits de ce genre ne peut être ignorée par la psychologie. Car, pour que l'on puisse parler du catégoriel et en faire usage, il faut qu'il soit donné sous une forme ou sous une autre. Il faut donc qu'il y ait des actes de conscience se dirigeant vers le catégoriel et d'autres qui le saisissent directement. Nous devons nous abstenir, dans le cadre de cet article, d'effleurer même la question de l'« intuition catégoriale », c'est-à-dire la question d'une intuition du catégorial que certains philosophes platonisants croient devoir admettre – expression qui, nous semble-t-il, pose le problème plutôt qu'elle n'en constitue une solution. Bornons-nous ici à évoquer[3] le problème dont il s'agit à la lumière de quelques observations, en signalant ainsi un de ses aspects.

1. K. Koffka, « Psychologie », *Lehrbuch der Philosophie*, éd. M. Dessoir, t. II, p. 548-549, p. 574-575, Berlin, 1925.

2. Cf. Husserl, *Logische Untersuchungen*, II, VI, § 42-46, 51.

3. « évoquer » pour « faire surgir ». *Éd.*

Il résulte des observations faites par MM. P. Guillaume et I. Meyerson[1], W. Köhler[2], R. M. Yerkes[3] sur les singes supérieurs que ces animaux sont capables d'actions intelligentes. Le qualificatif « intelligent » désigne l'aptitude à réagir à une situation inaccoutumée et à utiliser les choses en dehors de tout dressage de la manière qui convient le mieux à la situation concrète et qui seule parfois permet à l'animal d'en venir à bout. Ce qui fait le caractère distinctif de telles actions qui, pour une bonne partie, ne se produisent que dans certaines conditions particulièrement favorables et dans les meilleurs moments que vit le chimpanzé, c'est que le résultat ne s'obtient pas par le comportement par « essais et erreurs ». Dans le procédé par essais et erreurs, le résultat final qu'obtient l'animal n'est heureux que par hasard. Le maniement qui donne l'effet désiré n'est qu'un maniement parmi d'autres qui tous sont pratiqués et mis en usage par l'animal de façon égale, dont, par conséquent, aucun n'est distingué. Le fait que les autres maniements sont inutiles, tandis qu'une certaine réaction entraîne un résultat heureux, est donc dû aux connexions de l'objet manié, mais il est extérieur et même étranger au comportement de l'animal. Dans les actions intelligentes, par contre, l'animal commence peut-être également par faire des mouvements quelconques; à un certain moment il abandonnera toutefois ce tâtonnement aveugle pour n'employer qu'une seule manipulation, celle qui lui permettra de résoudre le problème posé, tout comme s'il comprenait la situation donnée. Aussi l'animal, quand, après quelque temps, on le met en face de la même situation, usera-t-il aussitôt ou presque aussitôt du procédé qui avait déterminé l'effet heureux, procédé qu'il aura donc appris par expérience, alors que, s'il avait suivi la méthode par « essais et erreurs », placé à nouveau dans la même situation, il aurait recommencé à tâtonner et à exécuter des mouvements quelconques.

Citons un exemple, emprunté à M. Köhler[4], d'action intelligente de ce genre, chez un singe supérieur. Dans une cage, se trouve un arbre, et devant la cage, éloigné de la grille de plus de la longueur de bras, un fruit; un chimpanzé qui sait déjà se servir d'un bâton pour attirer des objets est enfermé dans la cage. Ayant perçu le fruit, il va à la grille et tend la main, puis

1. P. Guillaume et I. Meyerson, « Recherches sur l'usage de l'instrument chez les Singes », *Journal de Psychologie*, 1930, 1931, 1934, réédition, Paris, Vrin, 1987.

2. W. Köhler, « Intelligenzprüfungen an Anthropoïden », *Abhandlungen des Preussischen Akademie der Wissenschaften*, 1917; trad. française par P. Guillaume: *L'intelligence des Singes supérieurs*, Paris, 1927.

3. R.M. Yerkes, « The Mental Life of Monkeys and Apes: a Study of Ideational Behavior », *Behavior Monographs*, III, 1, 1916; Almost Human, chap. V et VI, New York, 1925; « The Mind of a Gorilla », *Genetic Psychology Monographs*, II, 1 et 2, 1927, chap. IV et VII.

4. W. Köhler, « Intelligenzprüfungen an Anthropoïden ». *Abhandlungen des Preussischen Akademie der Wissenschaften*, 1917; trad. française par P. Guillaume: L'intelligence des singes supérieurs, p. 97-104, Paris, 1927.

cherche un bâton. Il n'y a pas de bâton, ni, au premier abord, d'objet qui puisse servir de bâton[1] dans la cage. Le chimpanzé est perplexe; la situation où il se trouve placé se compose de l'arbre, forme très solide d'un part, et d'autre part du champ d'action orienté vers le fruit. Ce champ d'action est, pour le singe, ouvert et présente une lacune qu'il importe de combler. C'est là la structure essentielle de ce qu'on appelle un problème d'ordre pratique. Tout à coup, le chimpanzé se précipite sur l'arbre, rompt un rameau et s'en sert comme d'un bâton. Ce qui se produit et permet à l'animal de venir à bout de la situation, c'est la transformation radicale que subit le rameau en devenant bâton. Le rameau qui faisait partie de la forme solide qu'est l'arbre s'en est détaché, pour devenir, dans le champ d'action, cet intermédiaire dont précisément le chimpanzé a besoin pour combler une lacune. De cette action du chimpanzé, on peut tirer une définition de l'intelligence dont l'essentiel consiste à réussir à fermer une forme ouverte, en détachant d'une autre forme fermée et solide une partie qui acquiert une fonction déterminée dans la forme à compléter. Étant donnée la solidité de la forme qu'est l'arbre, on appréciera cette action intelligente du chimpanzé d'autant plus qu'elle s'accomplit pour la première fois dans sa vie.

Les traits qui caractérisent le comportement des animaux supérieurs se retrouvent, à en croire les savants de l'école de Berlin, dans les actes intelligents de l'homme[2]. Parmi ces traits, la transformation radicale des formes, la dissociation d'une forme et la naissance soudaine d'une autre forme figurent au premier plan. De la sorte, la mentalité intelligente de l'homme approcherait, dans une très haute mesure, de celle des singes supérieurs, si bien qu'il ne subsisterait plus de différence essentielle entre l'une et l'autre. M. Wertheimer[3] donne quelques exemples d'un comportement humain auquel préside le principe mentionné. Nous nous bornons à en citer deux. Un avoué a coutume de brûler, après quelque temps, tous les vieux dossiers; ainsi il a brûlé le dossier A. Un jour, il cherche un reçu appartenant au dossier B. Ne le trouvant pas à sa place, il se demande à quelle autre affaire ce reçu peut se rapporter. Tout à coup, il lui vient l'idée qu'il se rapporte également à l'affaire A et qu'à un certain moment il a lui-même réuni tous les documents relatifs à l'affaire A. Ce qui se produit, dans cette situation, c'est, en principe, la même chose que dans l'action du Chimpanzé. Le document qui n'était considéré que dans son rapport à l'affaire B se transforme en document relatif à A. En acquérant une place et

1. Sur la manière dont les objets les plus différents prennent pour les Chimpanzés la fonction du bâton, cf. p. 121, trad. franç., p. 31-37.

2. Cf. K. Koffka, « Psychologie », *Lehrbuch der Philosophie*, éd. M. Dessoir, t. II, chap. IV, sect. 4, Berlin, 1925.

3. M. Wertheimer, *Über Schlussprocesse im produktiven Denken*, Berlin et Leipzig, 1920.

un rôle dans un contexte nouveau, il devient autre, au point de vue phénoménal. Étant donné ce que l'avoué sait de ses propres habitudes, cette transformation vécue et sentie lui suffit pour répondre à la question de savoir ce qu'est devenu le reçu. – Voici l'autre exemple. Soit un triangle isocèle où sont connues la longueur des deux côtés égaux *(s)* et la grandeur de l'angle formé par ces côtés (90°) (fig. 22); on demande sa superficie. Au lieu d'avoir recours à la forme : S = *b.a* / 2, on peut résoudre ce problème très facilement, si l'on fait tourner en pensée le triangle de manière qu'il présente l'aspect indiqué par la figure 23; le triangle est alors un triangle rectangle à base et hauteur égales à *s*, donc la superficie est égale à $s^2 / 2$. Dans ce cas aussi, on résout le problème par une véritable transformation. La forme donnée est placée autrement : du même coup, les valeurs phénoménales qu'ont les deux côtés changent. On ne contestera pas que, dans les problèmes géométriques, on réussit assez souvent à découvrir une solution de cette façon intuitive.

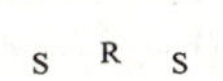

Fig. 22

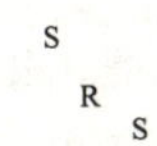

Fig. 23

Ici se pose une question. Ces exemples tirés de l'activité humaine sont-ils en tous points de la même nature que la performance du chimpanzé? Quant au premier exemple, celui de l'avoué, on n'hésitera pas à répondre par l'affirmative. En général, toutes les fois qu'il s'agit de problèmes d'ordre pratique, le comportement de l'homme est, en ce qui concerne les principes formels, de la même structure psychologique que celui des animaux. Ainsi, lorsqu'un homme utilise, dans une situation nouvelle et surprenante, un outil qui n'était pas fait pour cet emploi, la notion de « forme » suffit pour donner une explication satisfaisante. Aussi longtemps que l'on s'en tient au plan des données immédiates, aux aspects phénoménaux, seraient-ils même instantanés, des objets et aux transformations immédiatement vécues et senties qu'ils subissent, rien n'oblige à dépasser les principes théoriques élaborés et défendus par l'école de Berlin.

Il en est autrement de l'exemple géométrique. La forme qui résulte de la rotation du triangle apporte une solution au problème qui s'était posé à propos de la première forme perçue. Au point de vue phénoménal et psychologique, ces deux formes sont des objets tout à fait différents, bien que l'une apparaisse à partir de l'autre par une transformation que l'on peut suivre des yeux. Mais elles ne le sont pas au point de vue géométrique. La solution du problème a une valeur géométrique. Ce fait ne doit pas être oublié car[1] il signale l'intervention de la pensée géométrique, plus précisément, de l'idée que la géométrie se fait du triangle. Or, celui-ci en tant qu'objet de la géométrie est indifférent aux diverses manières dont il peut être réalisé, soit dans l'intuition, soit dans l'imagination, soit dans la pensée. Les objets phénoménaux différents ont donc une certaine relation à l'objet géométrique qui, lui, se présente dans et par eux. Il existe, par conséquent, entre eux une identité qui est due à leur rapport à l'objet géométrique – identité qui n'est plus une identité immédiate et sensorielle de la nature de celle dont il était question dans le travail de M. Ternus et que cet auteur[2], aussi bien que M. Metzger[3], suivant l'avis de M. Wertheimer lui-même, avaient tenu à séparer de l'identité catégorielle.

Un problème tout à fait analogue se pose dans le domaine perceptif. On a insisté sur la différence qui sépare les objets phénoménaux et les choses réiformes[4], différence que les théoriciens de la forme ont analysée avec toute la netteté désirable. Les objets phénoménaux sont tels et seulement tels qu'ils sont vécus ; leur être fait un avec leur apparence ; ils n'admettent pas la distinction entre réalité et apparence. Pour les choses réelles, par contre, non seulement elles admettent cette distinction, mais il est encore dans leur nature de pouvoir, même de devoir se présenter tantôt d'un côté, tantôt d'un autre, tantôt sous tel aspect, tantôt sous tel autre, tout en restant les mêmes, tout en sauvegardant leur identité à travers ces modifications qu'on qualifie habituellement de subjectives – qualification qui d'ailleurs n'est exacte que dans un certain sens bien défini. Voilà la raison pour laquelle les catégories qui s'appliquent aux choses réelles ne s'appliquent pas, au moins dans le même sens, aux objets phénoménaux. Or, les choses réelles ne nous deviennent accessibles que dans et par les expériences, surtout les perceptions, que nous en avons. Mais dans ces expériences, ce sont des objets phénoménaux qui nous apparaissent. Les choses objectives se présentent donc à nous dans ces objets phénoménaux, elles s'offrent à travers le domaine phénoménal et par son intermédiaire, elles se constituent même en lui. Une multiplicité d'objets phénoménaux qui diffèrent les uns des autres contractent des relations entre eux du fait que tous ils se rapportent à la même chose réelle. Grâce à ces relations, il s'établit entre les objets phénoménaux différents une identité qui fait que c'est la même chose réiforme qui apparaît dans chacun d'entre eux. La doctrine de l'école de

1. « car » pour « et ». *Éd.*

2. J. Ternus, « Experimentelle Untersuchungen über phänomenale Identität », *Psychol. Forschg.*, VII, p. 82, 1926.

3. W. Metzger, « Beobachtungen über phänomenale Identität », *Psychol. Forschg.*, XIX, p. 9, 1934.

4. Cf. *supra*, p. 286.

Berlin ne peut rendre compte de cette identité, qui non seulement n'est pas phénoménale et immédiate, mais s'accommode de la plus grande diversité dans les objets phénoménaux, [identité] qui ne supprime pas cette diversité et n'est pas supprimée par elle, mais, au contraire, s'affirme à travers elle.

On se trouve placé devant des problèmes de ce genre toutes les fois qu'il ne s'agit plus, pour l'homme, de venir à bout d'une situation d'importance vitale, mais qu'il met en œuvre la faculté, qui lui est essentielle, du θεωρεῖν au sens aristotélicien du terme. La psychologie est obligée de tenir compte de l'existence de tels problèmes auxquels elle ne peut répondre tant qu'elle se fonde sur la seule notion de forme.

On voit par là que les réserves que nous venons de faire à l'égard de l'école de Berlin ne constituent pas une critique comparable à celle que les théoriciens de la forme ont adressée à la théorie de Benussi ou à un système analogue de psychologie dualiste. Il n'est question que de délimiter un certain plan, où non seulement les conceptions de cette école sont entièrement légitimes en principe, mais où, en fait, on doit à l'activité scientifique des savants de cette école nombre de résultats très importants et où on peut s'attendre à en voir surgir beaucoup d'autres encore. Or, en délimitant le domaine où portent et où doivent porter des recherches s'inspirant de la seule notion de forme, on indique du même coup un autre domaine qui n'est pas purement phénoménal et on signale des problèmes pour la solution desquels la théorie de la forme appelle un complément. Ce besoin qu'a la théorie de la forme d'être complétée est d'autant plus marqué qu'elle prétend, à juste tire, à un intérêt et à une valeur philosophiques.

On peut aussi présenter la même idée sous un autre angle. Les performances remarquables des chimpanzés qui rappellent souvent la manière de faire d'un ouvrier humain posent la question de savoir pourquoi on ne trouve pas, chez ces animaux, la moindre indication de langage, de fonction verbale, alors qu'ils possèdent à peu près tous les organes nécessaires à l'articulation et que leur phonétique contient nombre d'éléments phonétiques de la parole humaine. Question d'autant plus pressante que l'intelligence de ces animaux se rapproche beaucoup[1] d'une certaine forme de l'intelligence humaine. C'est sous cette forme que M. H. Delacroix[2] pose le problème du langage ainsi que celui des fonctions intellectuelles en général[3]. En fait c'est dans le domaine du langage que MM. Gelb et Goldstein, travaillant

1. « beaucoup » pour « plus ». *Éd.*

2. H. Delacroix, « Au seuil du langage », *Journal de Psychologie*, 1933.

3. « pose le problème du langage ainsi que celui des fonctions intellectuelles en général » pour « pose le problème à propos du langage comme des fonctions intellectuelles en général ». *Éd.*

sur les phénomènes d'aphasie, ont élaboré des conceptions de nature à faire avancer les problèmes auxquels on vient de faire allusion. Ces auteurs ayant publié en langue française des résumés de leurs vues [1], nous nous abstenons de reproduire leur théorie de l'aphasie et de développer les conséquences qui en découlent tant pour la psychologie générale que pour la philosophie.

1. A. Gelb, « Remarques générales sur l'utilisation des données pathologiques pour la psychologie et la pathologie du langage », *Journal de Psychologie*, 1933; et K. Goldstein, « L'analyse de l'aphasie et l'étude de l'essence du langage », *Journal de Psychologie*, 1933.

APPENDICE II

THÈME ET ATTITUDE [1]

La seconde série de conférences donnée par Gurwitsch à l'Institut d'Histoire des Sciences de l'Université de Paris a pour titre « Psychologie intentionnaliste ». Cette série fut prononcée pendant l'hiver 1934-35; les originaux nous sont parvenus dans le fonds Gurwitsch et portent la cote B3 du fonds Gurwitsch du Simon Silverman Phenomenology Center *de l'Université Duquesne, Pittsburgh, PA, USA. Nous présentons ici la deuxième conférence; le texte en a été simplement un peu poli de notre main, sans toutefois avoir été récrit au point de perdre ses qualités linguistiques originales. Nous en avons suppléé le titre.*

Ce texte met bien en valeur la réflexion de Gurwitsch sur la perception, montrant comment Gurwitsch a incorporé la théorie de la forme à sa phénoménologie, tout en élaborant une théorie de l'attitude en relation à la description du thème, (champ thématique des objets pertinents), et en relation à la théorie de la marge d'objets accessoires, originellement présentée dans sa dissertation de 1928 et plus amplement élaborée dans Théorie du champ de la conscience, *Desclée de Brouwer éd., Bruges et Paris, 1957*[2].

Lester Embree

La constitution des objets, (principalement des objets du type de la chose réiforme), dont nous nous étions efforcé, dans la séance précédente, d'ébaucher les grandes lignes directrices selon la théorie phénoménologique, nous a mis devant le fait très particulier de la potentialité. La forme sous laquelle ce fait (dont l'étude pourrait faire avancer les recherches dans

1. Titre suggéré par L. Embree. *Éd.*

2. Nous avons tenu compte des suggestions textuelles du professeur Embree, les signalant en leur lieu et place, sans toutefois les accepter automatiquement toutes; l'état final du texte est notre seule responsabilité. *Éd.*

une mesure considérable, notamment dans ces domaines où il y a encore des progrès à réaliser), s'était présenté à nous lors de l'exposé du problème sus-dit, peut se résumer comme suit. Quand on perçoit une chose quelconque, la chose qui fait le thème de ces préoccupations s'offre d'un certain côté et sous un aspect déterminé, et elle ne peut s'offrir d'aucune autre façon parce qu'elle est une chose réiforme.

Or, le fait que nous percevons non seulement tel côté de la chose, mais aussi que celle-ci se présente de ce côté-ci, – et que c'est en réalité la chose en elle-même et en entier et non pas un seul côté ou un seul aspect de la chose qui fait le thème de notre vie perceptive – ce fait signifie que la perception de la chose qu'on vit actuellement implique un renvoi à des perceptions autres, telles les perceptions non pas réelles, mais possibles, par lesquelles la chose s'offrira en tant que la même sous tels et tels autres aspects, et de tels et tels autres côtés. Chaque perception particulière impliquant un renvoi de ce genre à d'autres prises de conscience en tant que potentielles qui continueront et compléteront ce qu'elle apporte, c'est tout un contexte d'actes qui se présente à partir de la perception vécue actuellement; laquelle a ce contexte du fait qu'elle continue les perceptions qu'elle implique comme potentielles tout aussi bien qu'elle est complétée par elles. Donc, en vivant une seule perception, tout un contexte composé de perceptions potentielles aussi bien que d'actes d'autre nature se rend accessible; ainsi, corrélativement, lorsque conscience est prise d'une chose qui s'offre de tel côté[1] et sous tel aspect comme pouvant apparaître également sous d'autres aspects, l'identité de la chose ainsi saisie par rapport à la multiplicité des *noémata* corrélatifs aux actes figurant dans ce contexte tient, d'une part, à la concordance et à l'harmonie internes qui s'établissent entre ces *noémata*, lesquels se complètent et se continuent les uns avec les autres; et, d'autre part, au fait que quelque perception qu'on prenne en considération, parmi celles qui composent le contexte, c'est toujours le même contexte qui est signalé par cette perception qui donc ne jouit d'aucun[2] privilège par rapport aux autres, fait auquel est due l'identité de la chose perçue en qualité de caractère immédiatement vécu, immanent à la perception elle-même et ne se tirant d'aucune espèce de réflexions ou de conclusions. Si l'on actualise les potentialités impliquées par une telle perception particulière : ce qui se fait quand, par exemple, en se promenant autour d'un édifice on fait suivre les unes après les autres les expériences

1. « ainsi, corrélativement, lorsque conscience est prise d'une chose qui s'offre de tel côté » pour « à quoi il est corrélatif que conscience est prise d'une chose qui s'offre de ce côté ». *Éd.*

2. « ne jouit d'aucun » correction marginale manuscrite probablement de la main de L. Embree. *Éd.*

qu'on a de cet édifice, on n'est, en vivant cette multiplicité d'actes, nullement détourné du thème qui, au contraire, reste le même que celui de l'observation initiale et qui, tout le temps, persévère dans l'être. C'est en effet l'édifice en question se présentant de côtés différents et sous des aspects qui varient qui fait tout le temps le thème des perceptions qui se succèdent les unes aux autres aussi bien que le thème de l'expérience synthétique et globale qui embrasse toutes les perceptions partielles et dont l'unité se tire des rapports de continuation mutuelle, de concordance et d'harmonie existant entre ces actes partiels qui s'englobent les uns avec les autres.

Nous voilà donc devant la potentialité dans un sens très précis qui se définit le mieux par l'apport des potentialités impliquées par l'actualité qui est comprise respectivement à la constitution[1] du thème de l'acte concerné dans ces potentialités[2]. Loin d'être étrangères ou indifférentes au thème, ces potentialités doivent coopérer avec l'actualité qui les implique, afin que le thème puisse se présenter tel qu'il est saisi et qu'il figure pour la conscience. Il n'est le thème de l'acte concerné[3] que pour autant que cet acte signale les potentialités qui lui sont respectives[4] plutôt que telles autres; ce qui, comme tout fait relevant de la conscience, se laisse formuler en termes noétiques aussi bien que noématiques. À cette potentialité qui concourt donc avec l'actualité pour constituer le thème dont il s'agit respectivement et qu'on peut appeler potentialité pure, s'oppose une potentialité de nature bien différente, la potentialité thématique dont il faut concevoir la notion, dès qu'on aborde la coprésence.

Quand on réfléchit, en se promenant dans la rue, sur un théorème scientifique quelconque; c'est ce théorème qui fait le thème de notre préoccupation qui, dans ce cas, est une activité de pensée. Néanmoins, ce théorème n'est pas seul à nous être présent; cependant qu'il nous préoccupe, des problèmes et des états de fait s'offrent à nous qui ont trait à ceux auxquels est relatif le théorème qui est notre thème; il nous vient à l'esprit les prémisses dont découle ce théorème ou les conséquences qui s'en laissent déduire; peut-être songeons-nous à une conception opposée à la nôtre dans laquelle le théorème en question n'est pas admis, mais qui explique l'état de fait concerné[5] d'une autre façon, [et nous songeons][6] aux arguments que cette conception fait valoir contre la nôtre et à ceux par

1. « qui, comprise respectivement à la constitution » pour « qui, elle, est comprise à un sens respectif, à la constitution ». *Éd.*

2. « de l'acte concerné dans ces potentialités » pour « de ce acte dont il s'agit des potentialités ». *Éd.*

3. « concerné » pour « respectif ». *Éd.*

4. « les potentialités qui lui sont respectives » pour « telles et telles potentialités ». *Éd.*

5. « concerné » pour « respectif ». *Éd.*

6. « et nous songeons » inséré par nous. *Éd.*

lesquels nous défendons le théorème, etc. Tout cela peut se présenter à nous, sans que le dit théorème ne cesse, même pour le moindre instant, d'être le thème de notre pensée; tout cela est donc coprésent avec notre thème; mais il ne l'est – ce sur quoi[1] il faut insister avec la plus grande énergie possible – qu'à condition de s'offrir en fait à la conscience. On veut dire que, parmi les faits cités ou des faits de nature analogue, seuls doivent être considérés comme coprésents avec le thème ceux qui, dans un cas donné, figurent effectivement pour la conscience, et le font de la façon particulière définie par la coprésence. On n'est fondé à ne compter dans l'ensemble des faits coprésents que ceux qu'une description phénoménologique qui se tient rigoureusement à l'état de fait concret constate dans cet état de fait[2]; et il faut mettre à l'écart tout ce qui, sans s'offrir en fait dans un cas concret comme coprésent, pourrait, dans certaines circonstances, le faire et qui, s'il le faisait, apporterait du fait de son apparition[3], un changement plus ou moins sensible à l'ensemble des faits qui antérieurement à cette apparition étaient coprésents. Il ne s'agit que de ce qui est effectivement coprésent dans un cas concret, et nullement de ce qui pourrait l'être; précaution[4] dont quelques auteurs on cru pouvoir se dispenser, mais dont il faut user, sans s'en laisser détourner, sous peine[5] non seulement de manquer à l'esprit de la phénoménologie en général et, en particulier, à la notion qu'on doit concevoir de la coprésence sur le terrain phénoménologique; mais [sous peine][6], avant tout, de barrer la route à tout progrès qu'on pourra encore réaliser en matière respective, si, en s'appuyant sur les indications et les suggestions dues à Husserl, on cherche à pénétrer plus profondément dans les phénomènes. Il découle de là un principe méthodologique par lequel il est indispensable de se laisser guider, et qui est le suivant : examiner ce qui lors d'un acte quelconque est coprésent avec cet acte, s'interdire en toute rigueur de poser la question de savoir si tel ou tel fait qu'on n'a pas encore constaté serait, lui aussi, coprésent, comme si ce fait tout en l'ayant été n'avait par été aperçu. Car en soulevant cette question, quelle que soit[7] la réponse qu'on trouve à lui donner, laquelle cependant, dans la plupart des cas, sera affirmative, on ne fait pas apparaître, comme trop souvent on est porté à le croire, ce qui était coprésent, mais jusqu'ici l'était sous forme de donnée non-aperçue; la vérité est plutôt qu'un fait nouveau se produit qui jusqu'ici n'existait sous aucune forme, ni

1. « ce sur quoi » pour « à quoi ». *Éd.*
2. « constate dans cet état de fait » pour « y constate ». *Éd.*
3. « du fait de son apparition » pour « du fait d'apparaître ». *Éd.*
4. « précaution » pour « prudence ». *Éd.*
5. « sous peine » pour « à moins ». *Éd.*
6. « sous peine » inséré par nous. *Éd.*
7. « quelle que soit la » pour « n'importe quelle ». *Éd.*

même sous celle de donnée non-aperçue, ni lorsque[1], du seul fait de poser cette question, on apporte une modification plus ou moins marquée, mais en tout cas une modification qualitative, à l'ensemble des co-données présentes antérieurement, ce qui entraîne un changement du phénomène qu'on veut étudier. Du seul fait de poser cette question, on substitue au phénomène original un phénomène autre.

Les faits que nous avons invoqués comme exemples de données coprésentes déterminent l'attitude dans laquelle on se préoccupe du thème en question. Ceci dépend de données de cette nature : que nous pensions à notre théorème eu égard à telles et telles prémisses dont il découle ; que nous le fassions en considération des conséquences qu'il comporte ; que nous nous en occupions dans une attitude de polémique etc. L'exploration phénoménologique de ce qui est indiqué par la notion d'attitude, exige l'examen et l'analyse de la coprésence en général et surtout de cette forme spéciale de la coprésence qui vient d'être signalée. Avant de mettre en relief quelques problèmes relatifs à l'attitude[2], il nous faut exposer une forme de la coprésence différente de celle que seule jusqu'ici nous avons prise en considération.

En méditant le théorème qui est notre thème, tout en nous promenant dans la rue, dans une attitude ou une autre, ce ne sont pas seuls les faits signalés déterminant l'attitude qui se présentent à nous à côté du thème ; tout en étant absorbé par lui, nous ne perdons pas de vue le but de notre promenade, nous percevons la rue, les maisons qui la bordent, les hommes qui passent près de nous, nous entendons le bruit fait par les voitures, etc. De plus le souvenir peut nous venir à l'esprit d'avoir déjà médité ce théorème qui nous absorbe, de l'avoir fait dans telle ou telle attitude. Nous nous occupons de notre thème dans une attitude bien déterminée, ce qui n'empêche cependant pas qu'une attitude autre s'annonce à nous comme possible, sans bien entendu que nous l'adoptions en abandonnant celle prise jusque là. Enfin, en nous occupant de ce thème, nous sentons immédiatement l'écoulement du temps phénoménal ; c'est tout le temps le même thème qui nous absorbe, le même que celui qui vient de nous absorber en coïncidant avec ce bruit que nous avons entendu et qui est encore retenu en mémoire immédiate comme venant de se produire, et le même que celui qui va nous préoccuper quand nous allons tourner le coin. Toutes ces données ou des données pareilles s'offrent à nous, pendant que nous sommes absorbé par notre thème, sans qu'aucune d'entre elles ne soit saisie de la façon dont le thème l'est, thème que nous n'abandonnons pas en vivant, d'une façon particulière et très spéciale, les faits coprésents avec lui.

1. « ni lorsque » correction marginale manuscrite de L. Embree. *Éd.*
2. « relatif à l'attitude » pour « relatif à ce fait qu'est l'attitude ». *Éd.*

Encore une fois, il faut souligner que seul doit être pris pour coprésent ce qui, dans un cas concret, s'offre de cette façon, et non pas ce qui pourrait seulement s'offrir ainsi.

Tous ces faits aussi bien que ceux que nous avons signalés auparavant, on peut les comprendre sous le titre de potentialités de la conscience par opposition au thème avec lequel ils sont coprésents et qu'on qualifierait alors d'actualité. Or, les notions de l'actualité et de la potentialité s'emploient ici dans une signification différente de celle dans laquelle ces termes, surtout celui de la potentialité, ont figuré dans la théorie qui porte sur la constitution de la chose objective par rapport à la multiplicité des *noémata*, dont chacun implique un renvoi à d'autres qui lors de son actualité sont potentiels. Cette différence consiste en deux faits. Les perceptions potentielles auxquelles renvoie une perception actuelle en tant que prises de conscience de la même chose que celle qui s'offre par elle, ne sont pas à la rigueur coprésentes avec la perception qui les implique; tout au plus, cela est-il [vrai][1] des présomptions respectives en qualité d'anticipation sur des perceptions futures, présomptions dans lesquelles ces perceptions s'annoncent comme possibles. Par conséquent, l'actualisation des potentialités pures comporte toujours et par principe un changement de leur mode de présentation[2]. Ce qui sous forme potentielle ne se présente que comme présumé, s'offre quand il est actualisé sous forme de présentation originale. Le rapport qui existe entre la potentialité pure et l'actualité respective se ramène donc à celui qui lie les modes de présentation non-originaux au mode original; il s'agit de la forme de présence appartenant, dans une variation, au contenu dont elle est une variation[3]. Ce qu'apporte de nouveau l'intentionnalité constituante en face de l'intentionnalité internoématique consiste moins en la nature de la potentialité pure prise en elle-même qu'en ce fait qu'une perception ne peut être sans contenir et renfermer des anticipations sur ses continuations et compléments. Dans la potentialité thématique, au contraire, il n'y a pas cette différence quant au mode de présentation du thème et des faits coprésents; en elle, on a affaire à la coprésence dans toute la force du mot. Par exemple, en percevant un édifice qui est notre thème, nous percevons également la rue dans laquelle il est situé, les

1. « vrai » insertion marginale manuscrite de L. Embree. *Éd.*

2. « l'actualisation des potentialités pures comporte toujours et par principe un changement de leur mode de présentation » pour « l'actualisation des potentialités pures en comporte toujours et par principe un changement du mode de présentation ». *Éd.*

3. « il s'agit de la forme de présence appartenant, dans une variation, au contenu duquel elle est une variation » pour « il s'agit de cette forme de présence dont, dans une variation, est [le] [contenu] <a> duquel elle est une variation ». <a> « contenu », participe passé de « est contenu » provient d'une note marginale manuscrite de L. Embree, nous avons corrigé en adoptant la leçon de L. Embree. *Éd.*

maisons avoisinantes, les hommes qui passent près de nous, etc., données qui, sans appartenir au thème s'offrent à nous de la même façon originelle que celui-ci. L'actualisation des potentialités n'entraîne donc pas de changement du mode de présentation. Si, comme cela arrive parfois, le mode de présentation varie en même temps que le mode d'actualité, on est devant deux variations qui sont indépendantes l'une de l'autre ; et dont il est dans la nature de chacune de pouvoir se réaliser seule. Tandis que la potentialité pure, relevant de l'intentionnalité se laisse formuler en termes noétiques aussi bien qu'en termes noématiques, grâce à ce parallélisme qui fait correspondre à tout caractère de l'une des deux couches dont consiste[1] la conscience un caractère corrélatif devant l'autre; le rapport qui existe entre le caractère thématique et le caractère de coprésence que le même noème ou plus exactement, le même sens noématique est susceptible de revêtir alternativement, est du même type que celui dont une autre particularisation[2] est le rapport entre les modes de présentation non-originels et le mode originel. Le caractère de coprésence implique donc un renvoi à celui d'actualité thématique du fait de se présenter comme une variation de celle-ci ; tout comme il en est des modes de présentation dérivés par rapport au mode originel, ou des caractères d'existence modalisés par rapport à la simple existence, respectivement à la simple certitude. Dans tous ces cas, il s'agit du fait qu'un certain mode originel ou fondamental est varié ou modifié dans une direction déterminée. Cette analogie (et même égalité typique) n'entraîne évidemment aucune confusion des caractères thématiques avec les modes de présentation, ni avec les caractères d'existence tout aussi peu que ces deux classes de caractères se confondent l'une avec l'autre, en dépit du fait que c'est un rapport du même type qui les lie respectivement au caractère privilégié qui, dans les variations, est impliqué de la façon particulière qui les constitue en variations de quelque chose[3].

Il s'ensuit que l'attention est avant tout et exclusivement un fait relevant de l'intentionnalité en tant qu'intentionnalité thématique. Toutes les données et tous les effets à la base desquels les psychologues ont vu à l'œuvre ce qu'ils appellent l'attention, ont leur origine et leur raison d'être en ceci qu'il y a des faits coprésents avec un thème, et qu'il ne peut y avoir aucune prise de conscience qui porte évidemment sur un thème, sans qu'il n'y ait de données coprésentes. L'attention ne consiste ni en la force, la vivacité, l'intensité ni en une propriété de nature analogue avec laquelle

1. « consiste », insertion marginale manuscrite de L. Embree. *Éd.*

2. « particularisation » pour « spécialisation ». *Éd.*

3. « est impliqué de la façon particulière qui les constitue en variations de quelque chose pour « est impliqué de cette façon particulière à les constituer en variations de quelque chose <b> ». <b> « quelque chose », leçon manuscrite marginale de L. Embree. *Éd.*

certaines données s'imposeraient à la conscience aux dépens de données autres qui, du fait de n'être pas pourvues de la qualité respective, seraient menacées d'être refoulées; on n'est pas non plus, avec l'attention, en présence d'une capacité spécifique de la conscience, d'une lumière spéciale qu'elle projetterait sur les données qui s'offrent à elle, ou quelle que soit la métaphore dont on veuille se servir. Ce qui est signalé par ce terme, ce sont certaines structures de l'intentionnalité thématique. Tous les changements qu'il était dans la tradition d'imputer à l'attention se ramènent aux modifications qui se produisent, quand, en abandonnant le thème, on en vient à sortir[1] de l'un ou de l'autre des faits coprésents, et il faut discerner autant de types de changements attentionnels qu'on peut distinguer de modifications de la conscience thématique dans différentes directions, modifications qui diffèrent, au point de vue qualitatif et phénoménal, les unes des autres au point de constituer des types très divers, dont la possibilité de tous aussi bien que le caractère spécifique de chacun se fondent sur la nature de la coprésence et sur les variations que cette nature comporte comme possibles. Le peu de temps dont je dispose m'oblige à renoncer à serrer les choses de plus près, raison pour laquelle il me soit permis de citer le travail que j'ai publié en 1929 dans le XIIe tome de la *Psychologische Forschung* sous titre de « Phänomenologie der Thematik und des reinen Ich » et où j'ai essayé d'aborder l'attention comme fait relevant de l'intentionnalité thématique – on voit que les faits qu'il est dans la tradition de réunir sous le titre de l'attention sont bien loin d'être homogènes et que, par conséquent, les effets qu'on attribue à l'attention ne consistent nullement à projeter une lumière sur ce qui était plongé antérieurement dans l'obscurité, mais que ces effets varient d'un cas à l'autre, selon les structures possibles qui sont actualisées et que la coprésence comporte comme potentielles. Les problèmes dits de l'attention se différencient en nombre de questions qu'il faut examiner séparément. Nous avons fait allusion à une, à savoir à l'identité de la chose qui apparaît une fois comme coprésente et qui est saisie une autre fois sous forme de thème. Or, ce fait n'est pas des plus importants ni des plus intéressants parmi ceux qui comptent[2] de manière respective. C'est un autre problème qui a moins trait à l'attention qu'à l'attitude que je me suis proposé de mettre en relief, ce que nous allons faire après avoir décrit[3] en termes généraux une distinction à l'intérieur du domaine des faits coprésents, dont nous avons déjà tenu compte, sans cependant la formuler expressément.

1. « on en vient à sortir » pour « on vient sortir. *Éd.*
2. « comptent » leçon manuscrite marginale de L. Embree. *Éd.*
3. « décrit » pour « rendu ». *Éd.*

Les faits coprésents se partagent en deux classes, la caractéristique [1] des uns consiste à être dans un rapport objectif et qualitatif au thème respectif, alors qu'un tel rapport fait défaut aux autres. L'attitude dans laquelle on se préoccupe du thème dépend des faits appartenant à la première classe, donc le thème, pour reprendre l'exemple cité, apparaît tantôt comme résultat à obtenir de telles et telles prémisses, tantôt comme point de départ pour des réflexions aboutissant à telles et telles conséquences, qui se présentent parfois comme confirmées par telles et telles raisons et mises en doute par telles et telles autres, et, parfois, comme se ramenant à telles et telles thèses autres, etc. Ceci est vrai aussi du domaine perceptif : toute perception est, d'après une formule de Husserl, une mise en relief du perçu sur le fond des faits qui sont coprésents avec lui. On peut ainsi percevoir le Palais du Louvre, soit comme faisant partie d'un certain agencement urbain dont il se détache comme de son milieu; soit en tant qu'il occupe une position déterminée dans l'ensemble de la ville de Paris; on peut encore le percevoir en pensant à certains événements historiques dont il fut le théâtre, etc. Le thème s'offre donc comme placé dans un certain entourage, il n'importe guère que les faits composant et constituant cet entourage apparaissent dans le même mode de présentation ou dans un autre, une telle différence, si elle est constatée, ne les empêche ni d'être coprésents avec le thème, ni d'avoir trait à lui. Il n'est pas indifférent à la manière dont conscience est prise du thème, et à celui-ci tel qu'il figure devant la conscience s'il apparaît dans tel champ thématique ou dans tel autre et le champ thématique n'est que le corrélat noématique des faits noétiques qui sont embrassés par le terme d'attitude.

C'est à la lumière des faits coprésents appartenant à la classe privilégiée et constituant, dans leur ensemble, le champ thématique, que se présente le thème en qualité de centre de ce champ qui, lui, est organisé et façonné par rapport au thème. La relation qui existe entre le thème et le champ thématique dans lequel il est situé, est de nature *gestaltiste* en ce sens que le champ ne se surajoute pas simplement au thème, tout en lui restant indifférent; mais il faut se garder de confondre cette relation avec celle, de nature *gestaltiste* elle aussi, qui s'établit entre les détails formant et composant le sens objectif noématique qui n'est que le thème lui-même. Tandis que, dans l'un de ces cas, il s'agit de la structure intrinsèque du thème, il est question, dans l'autre, de la façon dont le thème coexiste avec son champ thématique qui lui apporte la perspective sous laquelle il se présente. Une telle relation intime dont la nature *gestaltiste* tient aux rapports objectifs s'établissant entre le thème et son champ n'existe pas entre le champ thématique à l'intérieur duquel est situé le thème d'une part,

1. « caractéristique » pour « distinction ». *Éd.*

et de l'autre les faits coprésents appartenant à la seconde classe que nous avons reconnue. À la pensée par laquelle nous sommes absorbés, il n'importe point, si nous allons dans cette rue ou dans une autre, s'il passe près de nous tels hommes ou tels autres, etc. Parmi ces faits qui se surajoutent simplement au thème, qui coïncident seulement avec lui, mais à la place desquels il pourrait apparaître n'importe quels autres faits, sans que, de ce chef, ni la moindre modification ne se produisit ni dans le thème lui-même, ni dans la perspective sous laquelle il s'offre, il faut compter également le souvenir, par exemple, qui nous vient d'avoir déjà médité ce théorème dont nous nous préoccupons, ou d'avoir regardé avec un ami en telle et telle occasion l'édifice devant lequel nous nous trouvons actuellement. Bien qu'il puisse s'agir du même thème et du même champ thématique, le fait que ce théorème a déjà constitué le thème de l'une ou de l'autre de nos prises de conscience est complètement étranger à ce théorème en lui-même tel qu'il figure dans notre pensée, il ne lui apporte, à aucun point de vue, un enrichissement quelconque. Qu'il cède la place à n'importe quel autre fait coprésent de la même façon, c'est le même thème situé dans le même champ thématique qui s'offrira, qui, à tous les points de vue admis dans la phénoménologie, sera le même, ne coexistant que tout à fait fortuitement avec ce fait coprésent plutôt qu'avec cet autre. Nous voilà devant des altérations qui laissent absolument intacts les *noémata*, sous quelque angle qu'on prenne en considération ces derniers. Ce qui sépare ces deux classes de faits coprésents, c'est la ligne de démarcation qui indique le départ à faire entre les liaisons de nature *gestaltiste*, les *Gestaltverbindungen* au sens de M. Wertheimer, et celles de nature purement somatique, les *Undverbindungen*. Là où les faits coprésents cessent de faire partie du champ thématique, les rapports d'un type commencent à se substituer à ceux de l'autre.

Au nombre des phénomènes tenant au champ thématique, je ne veux relever que celui que voici. Ce que la perception nous offre dans les circonstances ordinaires et normales de notre vie, ce ne sont pas des choses purement et seulement réiformes, c'est-à-dire des objets pourvus de telles et telles qualités et propriétés que l'on peut qualifier d'objectives du fait qu'elles constituent la chose à laquelle elles appartiennent telle que cette chose est en elle-même. Les choses que nous connaissons et dont nous nous servons dans notre vie de tous les jours, ne nous apparaissent pas seulement comme des substrats de qualités visuelles, tactiles, thermiques, olfactives et pareilles qui s'observent en elles. Ces choses se présentent à nous plutôt comme utiles à tels et tels buts, comme maniables de telle et telle façon, comme pouvant servir à telles et telles fins, comme fabriquées d'une certaine manière à partir de telles et telles matières premières, comme destinées à telle et telle pratique, etc. Elles sont perçues à la lumière et dans la perspective de l'usage qu'on peut en faire dans les situations où on les emploie, selon les attitudes que prennent les observateurs. Ce sont la profession qu'exerce un sujet, sa culture générale, le milieu social où il vit qui lui suggèrent une certaine attitude générale vis-à-vis de son ambiance aussi bien que de la situation concrète où il se trouve et de laquelle il doit venir au bout, lesquels lui imposent une certaine attitude spéciale et adaptée à la situation concrète – selon les attitudes diverses, la même chose non seulement se présente à chacun de ces observateurs d'une façon particulière et conforme à l'attitude qui est la sienne, mais encore elle n'est pas pour l'un celle qu'elle est pour un autre [1]. Ainsi, par exemple, la lampe qui se trouve sur ma table s'offre à moi comme un objet d'usage maniable de telle et telle façon et qui me sert à travailler le soir; pour que je puisse l'employer pour le but auquel elle est destinée, je n'ai pas besoin de savoir comment elle est fabriquée, ni de connaître le mécanisme qui la fait fonctionner. La même lampe apparaît dans une perspective autre à l'ouvrier qui l'installe ou la répare, mais qui, lui, pour obtenir les effets qu'il désire, n'a qu'à suivre certaines règles qu'il a apprises, sans avoir, à son tour, besoin de connaître la théorie que les physiciens ont élaboré sur les phénomènes de l'électricité. Enfin, si un physicien regarde la lampe il peut la voir, s'il adopte en ce moment l'attitude du physicien et ne se comporte pas comme le commun des hommes, sous l'aspect des faits et des problèmes familiers à sa science et dans la perspective des théories qui sont courantes sur l'électricité en physique; mais ces connaissances que nous estimons à juste titre comme les plus profondes et les plus pénétrantes qu'il peut y avoir en matière respective, ne rendent pas superflues celles de l'ouvrier et ne mettent pas celui qui en dispose à même d'installer ou de réparer une lampe. Cela montre la différence qui existe entre l'horizon du physicien et celui de l'ouvrier, aucun de ces horizons ne peut ni être substitué à l'autre ni s'y intégrer.

Il est dans la nature des objets de ce type qu'ils se définissent non pas par des qualités et des propriétés dites objectives, mais par l'emploi auquel ils servent dans des situations concrètes qui sont le plus souvent des situations d'action. Avec eux il s'agit non pas des choses matérielles et réiformes, mais – pour reprendre un terme créé par M. Köhler – des objets à valeurs fonctionnelles (*Funktionellegegenstände*), mot qui prend le même sens que ce qu'exprime le terme de « Zeug » employé par M. Heidegger. Ces valeurs fonctionnelles, qui constituent la nature et l'essence même des objets auxquels elles appartiennent – si bien que ces objets non seulement portent ces valeurs, mais n'existent qu'en tant qu'ils les réalisent –, leur viennent de

1. « mais encore elle n'est pas pour l'un celle qu'elle est pour un autre » pour « mais encore elle est pour l'un non pas celle qu'elle est pour un autre ». *Éd.*

la situation d'ensemble dans laquelle ces objets sont utilisés ou en égard à laquelle ils sont perçus. À force de figurer dans telle et telle situation et d'y remplir une certaine fonction, les objets deviennent ce[1] à quoi ils servent. Le champ thématique dans lequel ils sont situés et l'attitude dans laquelle ils font le thème soit de la perception soit de la pratique contribuent[2] donc à en constituer la nature concrète. Certes, on n'est pas ici en présence d'une liaison aussi intime que celle que contractent entre eux les moments ou les éléments constituant le tout phénoménal du thème. Un tel moment est absolument indissoluble du tout, il n'est ce qu'il est qu'en qualité de détail de la configuration qu'il concourt avec d'autres détails à constituer et qu'en tant qu'il joue un rôle déterminé à l'intérieur de cette configuration. Si bien que ce moment pris une fois comme détail d'une forme, envisagé donc dans l'ensemble de cette forme, et, une autre fois, isolé des autres moments et considéré pour lui-même, n'est plus le même, phénoménologiquement et noématiquement parlant. Un objet à valeur fonctionnelle, au contraire, peut être séparé de l'entourage dans lequel il se trouve et peut être transporté dans un autre entourage sans que, de ce chef, il soit touché en son identité, même en tant qu'il est un objet de telle et telle valeur fonctionnelle. Mon stylo est quelque chose pour écrire, et non pas un corps noir de telle et telle longueur et de forme presque cylindrique. Ce qui indique qu'avec lui il s'agit d'un objet du type auquel nous sommes intéressé ; mon stylo persévère à être ce qu'il est, que je m'en serve effectivement pour écrire, que je le porte dans ma poche, que je le mette sur une table à manger; etc. Ces translations n'équivalent donc pas aux modifications citées qui se produisent au point de vue phénoménal dans la lampe électrique, quand, ayant figuré dans l'horizon d'un ouvrier, elle entre dans celui des sciences physiques. L'objet à valeur fonctionnelle jouit donc d'une certaine indépendance par rapport à son entourage et à la situation dans laquelle il est ou employé ou perçu; indépendance dont la raison la plus profonde tient à ce que cet objet n'est pas un noème, mais un objet réel et véritable, bien que d'une structure ontologique différente de celle des choses réiformes, lequel objet se constitue de la façon décrite dans la séance précédente, par un contexte synthétique qui embrasse toute une multiplicité de *noémata*. Cependant, cette indépendance par rapport au milieu environnant dont jouit l'objet du type en question, ne l'empêche pas de tenir du champ dans lequel il est situé ou de l'attitude dans laquelle il est saisi, la perspective sous laquelle il se présente qui, elle, n'est rien d'intrinsèque ou d'adhérent à lui, mais qui lui confère

1. « ce » pour « tels ». *Éd.*
2. « contribuent » pour « importent ». *Éd.*

sons sens d'être en tant qu'objet à valeur fonctionnelle et qui le fait tel qu'il existe pour nous [1].

Nous avons soutenu que la même chose s'offrant à plusieurs observateurs peut se présenter dans des perspectives tellement différentes l'une de l'autre, que cette chose n'est pas, pour l'un des observateurs, un objet de la valeur fonctionnelle qu'elle est pour un autre. Pour ne pas nous référer à une pluralité d'observateurs, ce qui compliquerait la pensée, revenons à l'exemple employé par Descartes dans l'analyse qu'il fait de la perception, à savoir au morceau de cire. En reproduisant les idées cartésiennes, nous avions fait remarquer que cette cire peut être regardée, une fois, à la lumière de son utilité pour tel ou tel but de la pratique humaine, et, une autre fois, comme pouvant servir à en faire un cierge [2] en se revêtant de certaines valeurs religieuses. Si ces emplois sont assez différents l'un de l'autre, notamment en ce qui concerne les types, le sujet est mis en présence de divers objets à valeurs fonctionnelles qui peuvent aller jusqu'à différer complètement l'un de l'autre. Cependant c'est la même cire dont il s'agit dans tous ces cas; nous pouvons en prendre conscience comme la même, comme restant identique, tout en figurant, une fois dans tel champ thématique, l'autre fois dans tel autre, tout en se présentant tantôt dans telle attitude, tantôt dans une autre. Avec cela, on ne veut pas soutenir que la cire en qualité d'objet de telles et telles valeurs fonctionnelles s'offre comme pouvant se revêtir de valeurs fonctionnelles autres, tout en sauvegardant son identité, comme s'il était possible de discerner, dans un objet du type en question, les valeurs fonctionnelles d'avec une couche autre, une espèce de substrat qui porterait ces valeurs et qui, tout en restant le même, serait susceptible de prendre une autre perspective. Ce qu'on montre [3], en parlant de la même chose apparaissant comme objet tantôt de telles tantôt de telles autres valeurs fonctionnelles, ce n'est pas que ces deux objets, qu'il faut conséquemment traiter comme deux, contiennent quelque chose en

1. « Cependant, cette indépendance par rapport au milieu environnant dont jouit l'objet du type en question, ne l'empêche pas de tenir du champ dans lequel il est situé ou de l'attitude dans laquelle il est saisi la perspective sous laquelle il se présente qui, elle n'est rien d'intrinsèque ou d'adhérent à lui, mais qui lui confère sons sens d'être en tant qu'objet à valeur fonctionnelle et qui le fait tel qu'il existe pour nous » pour la phrase originale qui nous paraît grevée de plusieurs contresens que nous avons corrigés silencieusement, nous contentant de la citer intégralement dans cette note : « Cependant, cette indépendance du milieu environnant dont jouit l'objet du type en question, ne l'empêche pas de tenir au champ dans lequel il est situé ou à l'attitude dans laquelle il est saisi la perspective sous laquelle il se présente qui, elle n'est rien d'extrinsèque ou d'adhérent à lui, mais qui lui confère sons sens d'être en tant qu'objet à valeur fonctionnelle et qui le fait tel qu'il existe pour nous ». *Éd.*

2. « cierge » pour « bougie ». *Éd.*

3. « montre » pour « signale ». *Éd.*

commun. C'est plutôt une attitude particulière[1] qui, d'une part, est elle aussi, une attitude à laquelle est corrélatif un champ thématique dans lequel se trouve situé le thème respectif, et dont, d'autre part, la nature particulière consiste à faire apparaître ce qui en elle est saisi, non plus comme un objet à valeur fonctionnelle n'existant que dans la perspective qu'il tient de son champ thématique, mais comme un objet étant en lui-même quelque chose et ne se devant qu'à lui-même, objet qui ne se définit que par des faits qui lui appartiennent en lui-même et sans aucun égard à la situation concrète dans laquelle il figure ou au champ thématique dans lequel il se trouve situé. Ce qui se présente dans cette attitude particulière, c'est, pour en rester à l'exemple cartésien, la cire telle que Descartes la décrit, c'est-à-dire une chose matérielle et réiforme, ne se définissant que par ses qualités et propriétés objectives qui sont des faits visuels, tactiles, thermiques, etc. En adoptant cette attitude, on est en fait en présence d'un objet à propos duquel il est possible de soutenir qu'il peut, en tant que le même, se présenter dans diverses perspectives et se revêtir des valeurs fonctionnelles les plus différentes.

Or, pour considérer les choses de cette manière, il faut que l'on ait quitté le plan des attitudes normales et ordinaires, et que l'on se soit placé sur celui de la contemplation purement théorique. Cette attitude qui permet de prendre conscience de choses réiformes est supérieure à ces autres où ne sont rendus accessibles que des objets à valeurs fonctionnelles, et elle jouit d'un privilège par rapport à celles-ci. Il faut cependant se garder d'une méprise sur la nature de ce privilège qui nous conduirait à l'interpréter comme un privilège de primordialité. Voilà ce qu'ont fait la psychologie et la philosophie traditionnelles. En prenant la chose réiforme pour l'objet le plus primitif et le plus simple, on ne connaissait même, à vrai dire, que ce seul type d'objets ; on croyait devoir expliquer les objets à valeurs fonctionnelles par une espèce de projection, sur la chose réiforme, de valeurs, qualités, caractères subjectifs, si bien que s'est présenté le problème de l'identité de la chose réiforme en face des différents objets à valeur fonctionnelles que cette chose devient, selon les diverses attitudes – problème qui, ne se posant à nous qu'à condition de nous être mis sur le plan de la conscience où on dispose de la chose réiforme, n'existe pas pour une conception qui voit dans l'objet à valeur fonctionnelle la chose réiforme à laquelle le sujet a apporté quelque chose de son propre fond. La chose réiforme, loin de constituer le type d'objets le plus simple et le plus primitif, résulte plutôt, psychologiquement parlant, à une longue évolution mentale, et phénoménologiquement parlant, elle est le produit de l'intentionnalité constituante à son échelle la plus haute. Ce type d'objet résulte de ceci : on

1. « particulière » pour « spéciale ». *Éd.*

fait varier les attitudes et les champs thématiques, sans, bien entendu, respecter les limites imposées par le type de l'attitude de laquelle on part, tout en retenant ce qui dans toutes ces attitudes figure comme thème; il en résulte comme invariante par rapport à ces variations, ce qu'on ne peut d'ailleurs constater qu'après coup, c'est-à-dire qu'après avoir été mis en possession du type d'objets en question. Cette invariante n'est point du tout quelque chose de commun à ce que l'on fait varier. Par les variations et au cours de celles-ci, il se constitue un objet d'un type nouveau et doté d'une structure ontologique particulière. Aussi faut-il souligner la différence qui sépare cette constitution d'avec celle de l'objet, de n'importe quel type qu'il soit, comme unité identique en face de la multiplicité des *noémata* qui s'y rapportent; l'objet n'étant que le corrélat de cette expérience globale et synthétique qui embrasse toute une multiplicité de perceptions qui se continuent et se complètent les unes les autres, il est dans sa nature de ne pouvoir se présenter que tantôt sous tel aspect, tantôt sous un autre; vu qu'il n'est que l'enchaînement de tous ces *noémata*, il est donc présent dans chacun, pour autant que chaque noème implique un renvoi à cet enchaînement dont il fait partie lui-même. C'est pourquoi, d'une part, toute perception d'une chose présente cette chose en entier, encore que d'un certain côté; et, d'autre part, la chose implique la totalité des aspects sous lesquels elle peut se présenter. La chose réiforme, au contraire, ne contient aucunement les objets à valeurs fonctionnelles par la variation desquels elle se constitue, le fait est[1] qu'un tel objet implique un renvoi à la chose réiforme respective. Celle-ci n'est rien moins qu'un enchaînement des perspectives dans lesquelles elle existe; conscience en est prise dans certaines attitudes; loin d'apparaître dans des circonstances déterminées (formulation qui, comme il a été dit, doit être employée avec une certaine prudence) la chose réiforme s'oppose à elles toutes de la façon la plus radicale possible. En elle, les diverses perspectives dans lesquelles elle peut exister, selon les circonstances, sont si peu réunies, que sa caractéristique la plus essentielle en est le manque absolu de perspective au sens précis[2] et spécifique dans lequel nous employons ici ce terme. De par sa structure ontologique, la chose réiforme contraste de la manière la plus accentuée avec les objets à valeurs fonctionnelles[3]; elle ne doit qu'à elle-même d'être ce qu'elle est, aucune perspective, aucun sens d'être ne lui sont conférés par la situation dans laquelle elle est saisie; tous les rapports qualitatifs à

1. « le fait est » pour « il est ». *Éd.*

2. « précis » pour « marqué ». *Éd.*

3. « la chose réiforme contraste de la manière la plus accentuée avec les objets à valeurs fonctionnelles; » pour « la chose réiforme constitue le contraste le plus accentué des objets à valeurs fonctionnelles ». *Éd.*

l'ambiance qui sont tellement importants pour la constitution des objets à valeurs fonctionnelles sont rompus. Ce à quoi aboutit cette constitution de la chose réiforme, c'est la constitution d'un objet réel et véritable à partir non pas d'une multiplicité de *noémata,* mais plutôt d'un objet d'un type autre; c'est une chose qui apparaît à la lumière de certaines notions catégorielles.

En fait, la chose réiforme elle-même n'est rien d'autre qu'un cas spécial de, ou que la réalisation de la notion de corps physique en général, de même que toutes les qualités et toutes les propriétés qui s'observent en elle, constituent des spécialisations de notions catégorielles, telles que l'extension en trois dimensions, le poids, les couleurs, la dureté, etc. Nous voilà en effet, comme il a été indiqué [1] dans la séance première, devant la chose telle qu'elle se présente au physicien, quand il va commencer ses recherches. On comprend bien que, pour une conscience à laquelle le plan du catégoriel est devenu inaccessible, comme c'est le cas avec les aphasiques, il n'existe que l'objet à valeur fonctionnelle, et que, inversement, une conscience qui, (comme c'est le cas avec la mentalité enfantine aussi bien qu'avec celle des hommes appartenant à des sociétés dites inférieures – bien qu'il ne soit pas permis d'assimiler l'une à l'autre) ne connaît pas l'objet du type de la chose réiforme, n'a pas, du même coup, accès au domaine du catégoriel.

Prenons en considération une chose réiforme apparaissant à la lumière de notions catégorielles dont elle, aussi bien que ses déterminations, constituent des cas spéciaux, nous adoptons alors une certaine attitude, qui est le corrélat noétique d'un champ thématique. Ce champ est fait des notions catégorielles à la lumière desquelles se présente la chose réiforme en question, qui est le thème de l'acte respectif. Pour autant que cette chose s'offre comme située dans un certain champ thématique, elle lui emprunte la perspective dans laquelle elle apparaît. Or, il est dans la nature de cette attitude spéciale – et voilà en quoi réside le privilège dont il a été parlé – qu'elle ne confère pas au thème dont elle prend conscience est prise un sens d'être spécial, sauf celui qui en fait un objet du type de la chose réiforme. Le champ thématique constitué [2] par des notions catégorielles n'est pas une situation dans le même sens que les situations ordinaires de notre vie active et perceptive. Ce qui figure comme thème dans un tel champ, n'a aucun rôle à y jouer, ni une fonction à y remplir; il ne tient aucune valeur fonctionnelle de [3] ce champ thématique. Et c'est à force d'être située dans un champ incapable, de par sa propre essence, d'assigner à ce qu'il contient une perspective du type auquel appartiennent les perspectives dans lesquelles

1. « indiqué » pour « signalé ». *Éd.*
2. « constitué » pour « fait ». *Éd.*
3. « de » pour « à ». *Éd.*

existent les objets à valeurs fonctionnelles et desquelles ils tirent ces valeurs, que la chose réiforme ne relève que d'elle-même et se constitue en elle-même telle qu'elle est. La raison pour laquelle le champ thématique, du type dont il est question, a cette nature spéciale de ne pas conférer à son thème des valeurs fonctionnelles, et de ne pas en déterminer le sens spécifique d'existence, est qu'il se compose de faits appartenant à un domaine d'être différent de celui auquel la chose réiforme appartient, alors que la situation ordinaire est constituée par des choses du même domaine d'être que celui auquel appartient l'objet figurant et fonctionnant dans cette situation. Le champ thématique auquel nous nous intéressons ici, est constitué par des notions catégorielles, donc par des choses hétérogènes à celles qui apparaissent à sa lumière.

Avec ces réflexions, nous sommes mis devant la forme la plus sublime de l'intentionnalité de la conscience, forme à laquelle nous devons la possibilité de manier intellectuellement les objets, si bien qu'à partir des objets d'un certain type et d'une certaine structure ontologique, nous parvenons à des objets d'un type et d'une structure ontologique tout à fait autres. Il ne faut cependant pas voir, dans les structures différentes de l'intentionnalité que je me suis efforcé de mettre en relief, dans le parallélisme noético-noématique, dans la formation des contextes d'actes des deux types que nous avons discernés l'un de l'autre, enfin dans cette forme de l'intentionnalité que nous avons abordée aujourd'hui, sans oublier la distinction à faire entre la conscience thématique et le fait qu'est la coprésence, distinction qui concerne la conscience intentionnelle en général, de quelque échelle de l'intentionnalité qu'il s'agisse – il ne faut pas voir, dans tout cela, des faits relativement indépendants les uns des autres, comme si ces différentes structures de l'intentionnalité étaient superposées l'une sur l'autre et que l'intentionnalité à l'une de ces échelles ne pouvait être mise en jeu qu'après que l'intentionnalité à une des échelles précédentes eut achevé son œuvre –. Au contraire, dans la constitution d'un objet pour la conscience, ces structures s'entremêlent[1] et s'enchaînent les unes avec les autres, les formes de leur coopération variant selon les objets de la constitution desquels il s'agit. Ces formes de coopération sont accessibles à des études minutieuses et avec elle un vaste champ est entrouvert à des recherches ultérieures.

Il me faut finir mon exposé, sans que je me méprenne sur la nature brusque de cette fin. Il y a beaucoup de choses que j'aurais aimé exposer, que j'avais même inscrites sur le programme de ce cours, mais que le peu de temps qui est à ma disposition me contraint de passer sous silence. En réclamant votre indulgence, qu'il ne soit permis d'espérer que je pourrai,

1. Leçon marginale manuscrite de L. Embree. *Éd.*

dans une occasion ultérieure, revenir à ces choses dont je n'ai pas trouvé le temps de traiter. Étant donné le caractère incomplet de ce cours, je vous prie, en vous remerciant chaleureusement de l'attention avec laquelle vous avez bien voulu suivre ces exposés, de les prendre pour ce qu'ils sont dans mes intentions, à savoir pour une invitation au travail et à des recherches.

APPENDICE III

QUELQUES PRINCIPES FONDAMENTAUX DE LA PHÉNOMÉHNOLOGIE CONSTITUTIVE

*Cet article, écrit en 1937, probablement après l'élaboration des conférences dont l'*Esquisse *a été tirée, avait été livré et devait être publié dans les* Recherches Philosophiques, *mais cette revue a périclité avant qu'il ne paraisse. Le manuscrit original, une copie dactylographe corrigée, ainsi qu'une série d'épreuves, corrigées elles aussi, nous sont parvenus et se trouvent au Fonds Gurwitsch sous les cotes B 11, B 19, ET B 20. Ceci est, sans conteste, le meilleur exposé par Gurwitsch des principes de la philosophie qu'il s'était voué à développer plus loin que Husserl. Une traduction anglaise de ce texte par Jorge García Gómez, a paru dans Aron Gurwitsch,* Phenomenology and the Theory of Science, *édité par L. Embree, Northwestern University Press, Evanston, Ill., 1974, p. 190 à 209.*

Lester Embree

Dans cet article, nous nous proposons de donner un aperçu de quelques principes formels très généraux de la phénoménologie constitutive, cet idéalisme phénoménologique qu'en 1913, dans les *Ideen zu einer reinen Phänomenologie und phänomenologischen Philosophie*, M. Husserl a présenté pour la première fois en termes généraux et sous une forme bien évoluée, et que depuis il n'a pas cessé d'élaborer, d'approfondir et d'étendre.

Dans cet idéalisme phénoménologique, il ne faut cependant pas voir un « système de philosophie » au sens habituel du terme. Les principes dont nous allons esquisser un exposé ne sont rien moins qu'une espèce de « profession de foi philosophique personnelle ». Ils ne prennent leur valeur qu'à force d'entr'ouvrir un vaste domaine de recherches et d'inspirer des analyses tout à fait concrètes sur des phénomènes particuliers, travail analytique par lequel ils se concrétisent et s'avèrent. Aussi la phénoménologie ne se présente-t-elle pas comme une philosophie parachevée dès son début, jaillie toute faite de l'esprit de son auteur et qui n'aurait qu'à traduire sa manière personnelle de concevoir l'Univers[1], – à la manière, par exemple, des systèmes spéculatifs du prétendu « idéalisme allemand ». La phénoménologie ne peut être réalisée que collectivement, c'est-à-dire par la collaboration et les efforts coordonnés de générations de savants. En renonçant à toute ambition d'originalité *personnelle*, elle aspire en revanche au caractère et à la valeur d'une science positive et elle se conforme aux conditions du progrès scientifique. De là, tout résultat acquis est en quelque sorte provisoire, puisqu'il sert à inciter des recherches ultérieures qui, sans le faire abandonner complètement, en l'approfondissant et en le plaçant dans un contexte plus embrassant, lui apporteront fatalement des modifications et des perfections – tout comme cela se passe dans n'importe quelle science positive.

Ici nous ne pouvons entrer dans le détail de ces recherches ni, encore moins, chercher à les faire avancer; nous nous bornons à exposer le programme qui doit être exécuté dans ces recherches.

I. L'ÉQUIVALENT DE CONSCIENCE

Chaque objet, de quelle nature qu'il soit – pure chose réiforme, objet d'usage, objet de valeur, œuvre artistique, fait historique, institution sociale, etc. – ne devient accessible à nous que grâce à certains actes de la conscience qui sont vécus ou peuvent l'être. Dans ces actes qui forment un groupe à l'égard de l'objet auquel ils se rapportent tous, cet objet se présente tantôt de tel côté, tantôt de tel autre, tantôt sous tel aspect tantôt sous un aspect différent; tantôt conscience en est prise de telle façon, tantôt d'une façon diverse. En faisant progressivement ces expériences, en revenant à celles déjà faites pour les rattacher aux expériences actuelles, on saisit, l'un après l'autre, les moments, les attributs, les propriétés qui appartiennent à l'objet et constituent l'unité de sa nature – cette unité correspond[2] et tient à la concordance harmonieuse entre les expériences et en vertu de laquelle toutes ces expériences partielles se soudent en une expérience globale de l'objet en question. Sans ces expériences au cours desquelles l'objet déploie sa nature, se présente de côtés et sous des aspects qui varient, se constitue et se construit pas à pas, révèle son sens d'être, le sens spécifique de son existence, il ne serait qu'un rien; et si l'unité de

1. Cf. Husserl, « Philosophie als strenge Wissenschaft », *Logos*, t. I, 1910, p. 291-292.
2. correction marginale manuscrite de l'auteur : « cette unité » pour « unité qui ». *Éd.*

synthèse qui embrasse les expériences partielles faisait défaut, il ne serait plus un objet véritable, mais seulement une ébauche d'objet qui se dissout[1]. Quand même l'appréhension directe d'un objet par une expérience propre nous est interdite pour des raisons soit techniques, soit qui tiennent à la structure de notre esprit, ce sont certaines expériences relatives à d'autres objets et surtout des méditations s'appuyant sur ces expériences qui nous fondent à poser l'objet et à lui conférer une nature déterminée. Ainsi chaque propriété et chaque structure cachées d'un objet signalent l'éventualité au moins d'expériences à faire et d'actes de la conscience à accomplir par lesquels elles seront offertes. Car il n'y a pas d'accès autre à un objet sinon celui par les actes qui s'y rapportent et dans lesquels il se dévoile dans son être; tout objet ne peut entrer en considération que dans la mesure où il peut être appréhendé et seulement en tant que tel qu'il figure dans ces appréhensions.

Cette conception n'est pas affectée de « subjectivisme ». On est bien fondé à faire le départ entre l'apparition subjective d'un objet et son être en soi, ou à substituer, – comme on le fait en sciences physiques –, à l'objet tel qu'il tombe sous les sens ce qu'on appelle sa « réalité véritable ». Alors cet être en soi et cette « réalité objective » renvoient à des actes dans lesquels ils se constituent – actes auxquels l'expérience de l'apparition subjective s'intègre comme une expérience partielle et unilatérale, parce que faite à un certain point de vue ou dans une orientation spéciale, etc., donc comme une expérience susceptible d'être complétée. Ou bien, comme dans l'exemple tiré de la physique, l'expérience perceptive sert de point de départ à des actes constructifs par lesquels l'objet physique est conçu, construction qui est guidée par l'expérience perceptive de sorte[2] que l'objet physique en tant qu'objet d'ordre supérieur est élaboré à partir de l'objet perceptif et en orientation sur celui-ci[3].

L'existence d'un objet quelconque est donc nécessairement liée à la possibilité de faire, dans certaines conditions – peut-être irréalisables – des expériences bien déterminées. C'est dans des actes de la conscience que l'objet se déploie et se dévoile tel qu'il est pour le sujet qui en prend conscience; ce sont des actes de la conscience qui, à force de lui conférer sa nature, sa structure et son sens d'être, ont par rapport à lui une fonction de constitution. Aussi peut-on envisager l'objet comme un *corrélat* du groupe

1. Cf. Husserl, *Ideen zu einer reinen Phänomenologie und phänomenologischen Philosophie*, paru également in *Jahrbuch für Philosophie und phänomenologische Forschung*, t. I, 1913, p. 287. [C'est cette pagination qui figure en marge de la traduction due à Paul Ricœur, Paris, Gallimard, 1950.]

2. « de sorte » pour « si bien » correction marginale manuscrite de l'auteur. *Éd.*

3. Cf. *Id., ibid.*, § 40, 52.

d'actes qui se rapportent à lui[1], ou considérer inversement ce groupe d'actes comme l'*équivalent de conscience* de l'objet[2].

Pour concevoir l'objet comme un corrélat d'actes, il ne faut cependant pas l'assimiler aux faits de la conscience. Bien que, dans chaque acte particulier, l'objet apparaisse sous tel aspect et de tel côté, ce qui est saisi, par cet acte, ce n'est pas un aspect, un côté, une partie quelconque de l'objet, c'est plutôt l'objet en entier se présentant dans un mode d'apparition déterminé[3]. Cet objet étant le même que celui qui, dans un autre acte, s'est offert ou s'offrira sous un aspect différent, il dépasse et transcende chacun de ces actes particuliers en ce sens qu'il n'est contenu par aucun d'entre eux à titre de partie réelle. Mais l'objet ne s'identifie pas plus avec l'ensemble des actes particuliers qui composent le groupe d'actes se rapportant à lui qui, par opposition à la multiplicité de ces actes et en face d'eux, est un, identique et identifiable[4]. Car les actes qui forment un tel groupe peuvent et doivent être envisagés encore sous un aspect différent de celui du rapport où ils se trouvent à leur objet. Chacun de ces actes particuliers, pour autant qu'il est un fait vécu, occupe une certaine place qui lui est propre dans cet ordre chronologique qui est le temps subjectif, le temps immanent, le temps phénoménal tel qu'il est senti et vécu par le sujet conscient[5]. Les relations de concordance que les actes particuliers contractent les uns avec les autres, l'unité de synthèse qui s'établit entre eux, se produisent, elles aussi, dans ce temps phénoménal. Cette harmonie entre une multiplicité d'actes, de laquelle dépend l'unité et, pour ainsi dire, la consistance de l'objet commun à tous ces actes, se fait avec des phases et des périodes temporelles. Or, l'objet est tout à fait indifférent à ces structures temporelles aussi bien qu'aux places que, dans le temps phénoménal, occupent les actes particuliers qui se rapportent à lui, et enfin à la durée de ces actes qui, elle, est un autre phénomène de la temporalité immanente. Si l'objet existe pendant un certain temps, sa durée est d'ordre physique ou cosmologique où la durée phénoménale n'a rien à voir. Étant étranger à la temporalité phénoménale qui, elle, définit la facticité psychologique des actes vécus, l'objet n'est donc pas un fait réel de la conscience,

1. *Id., ibid.*, p. 302 : « *Gegenstand ist für uns überall ein Titel für Wesenszusammenhänge des Bewusstseins.* »

2. Cf. *Id., ibid.*, p. 319.

3. Cf. Husserl, *Ideen*, p. 286. <Nous n'avons pas tenu compte d'une note marginale manuscrite illisible de l'auteur>.

4. Cf. *Id., ibid*, p. 76 et § 97 ; *Méditations Cartésiennes* (*Méd. Cart.*), Paris, 1931, § 17, 18. <c> correction marginale manuscrite de l'auteur.

5. M. Husserl a consacré à la temporalité de la conscience les *Vorlesungen zur Phänomenologie des inneren Zeitbewusstseins*, parues également in *Jahrbuch für Philosophie und phänomenologische Forschung*, t. IX, 1928. [Voir aujourd'hui *Husserliana*, t. X, éd. R. Boehm, La Haye, 1966.]

ni un ensemble de tels faits. Pour être corrélatif à la conscience, il n'y est point réellement immanent.

Cet état de choses – que l'objet apparaît devant la conscience, sans lui appartenir réellement, que les actes qui se rapportent à lui ne le contiennent pas à titre de partie réelle, que l'objet est identiquement le même par opposition aux multiples actes qui sont relatifs à lui, que dans tous ces actes l'identité de l'objet est sentie et vécue, etc. – a conduit M. Husserl à sa théorie de l'intentionnalité de la conscience, innovation vraiment révolutionnaire qu'il a opérée dans la notion de la conscience et que, ici, nous ne pouvons que signaler.

II. L'OBJET COMME GUIDE TRANSCENDANTAL

La corrélation entre un objet et un certain groupe d'actes entr'ouvre un horizon à la recherche. À propos de tout objet donné, le problème se pose de son équivalent de conscience, c'est-à-dire la question de savoir quels sont les actes qui doivent être vécus ou qui doivent pouvoir l'être, afin que l'objet existe et soit tel qu'il s'offre.

L'objet se déployant dans ces actes, ce que chacun d'entre eux apporte est prédéterminé du fait que cet acte constitue une prise de conscience – partielle évidemment – de l'objet en question. Il est nécessaire à l'objet qui a cette nature déterminée de s'offrir à travers de tels actes plutôt que de tels autres; actes qui, tout en différant entre eux, doivent concourir tous pour former une prise de conscience globale de l'objet et pour le constituer tel qu'il est. C'est pourquoi tout changement constaté dans l'apport d'un acte, s'il n'a pas pour effet de briser l'unité synthétique de la prise de conscience globale de l'objet et, partant, également l'unité de l'objet lui-même, signale une altération survenue dans celui-ci ou, au moins, une variation de l'aspect sous lequel il apparaît, en renvoyant, dans le dernier cas, à un mode d'apparition différent d'où ce changement est absent[1]. Il n'y a donc rien d'arbitraire, ni de fortuit dans les actes, sauf le passage de la potentialité, de la pure possibilité d'être vécu à l'actualité, à la réalité psychologique, et le fait que ce passage s'effectue à tel moment du temps plutôt qu'à un autre.

L'objet avec sa nature individuelle comporte donc une loi pour les actes relatifs à laquelle ils doivent impérieusement être assujettis, pour que l'existence de l'objet soit assurée et, ce qui y est équivalent, une prise de conscience globale en soit possible. Dès lors, en vivant un de ces actes, il est possible d'anticiper sur les apports des actes à venir, sur les aspects sous

1. *Id., Ideen*, p. 203-205.

lesquels, en eux, l'objet se présentera[1]. Sans doute, l'objet peut être peu connu, ou être donné dans une indétermination extrême, ce qui se traduit par une indécision et imprécision presque complètes des anticipations qui, peut-être, sont vagues et indistinctes à tel point qu'elles sont vides de tout contenu particulier[2]. Mais même alors il n'y a pas absence totale d'anticipations ; en tout cas, ce sur quoi il est anticipé, c'est au moins le style des expériences à faire, la forme et le type de ce que les actes à venir apporteront et que nécessairement ils devront apporter[3]. En regardant, par exemple, une chose réiforme de devant, on peut se trouver dans une ignorance parfaite de l'aspect sous lequel elle s'offrira de derrière. Cependant ce qui est sûr, c'est qu'elle peut être vue de ce côté, qu'il y a la possibilité de faire des expériences ultérieures relatives à ce côté, et que l'apport de ces expériences à faire complétera celui de la perception actuelle, tous ces actes se soudant en une expérience globale de la chose[4]. De telles anticipations possibles plus ou moins explicites et déterminées, ou même aussi indécises et vagues qu'on le veuille, ne peuvent faire défaut, à titre de faits conscients et vécus, à la perception d'une chose réiforme, pour autant qu'il est dans la nature de tout objet de ce genre de ne pouvoir apparaître, dans une perception particulière, que sous un seul aspect et d'un seul côté, mode d'apparition unilatéral qui, pour être senti comme tel, appelle des actes ultérieurs à compléter la prise de conscience actuelle[5].

Aussi ces anticipations, ne constituent-elles, en nulle façon, des pensées fortuitement concomitantes à l'acte actuellement vécu. Avec elles, il s'agit, au contraire, d'explicitations[6] de ce que cet acte contient sous forme enveloppée. Obligés de nous abstenir d'exposer, même avec un minimum du pénétration, les caractéristiques générales aussi bien que les formes typiques de ces implications[7], soulignons le fait cardinal que l'existence de ces implications, entre autres phénomènes de la conscience, nous signale. Les multiples actes qui se rapportent au même objet ne doivent pas être conçus comme simplement juxtaposés ; ils sont liés par des rapports internes ; il existe entre eux un ordre, une organisation, même une hiérarchie[8]. À force de se confirmer, de se compléter, de se continuer les uns les autres, tous ces actes se tiennent réciproquement – qu'ils soient réellement

1. *Id., Méd. Cart.*, § 19.

2. « particulier » pour « spécial ». *Éd.*

3. Cf. *Id., Ideen,* p. 89-90.

4. Cf. *Id., ibid.*, p. 80-81.

5. Cf. *Id., ibid.*, § 42, 149.

6. « explicitations » pour « explications », correction marginale manuscrite de l'auteur. *Éd.*

7. Nous allons mentionner *infra,* une implication d'un type différent.

8. Cf. Husserl, *Ideen*, p. 314-315.

vécus ou qu'il soit seulement possible de les vivre : ce qui, alors, dans le dernier cas, est actuellement vécu, c'est cette possibilité elle-même. Ainsi ils forment un système qui a une structure intrinsèque bien déterminée et auquel un *principe d'unité* préside. C'est ce principe qui, d'une part, prête la cohérence au système et, d'autre part, garantit et conditionne l'unité de l'objet qui correspond au système – unité qui n'est que l'équivalent objectif de cette cohérence.

En partant de l'objet, on est donc mené, par voie régressive, vers son équivalent de conscience. Les tâches qui se posent dans cette orientation, sont d'analyser les actes particuliers qui appartiennent au système en question, de rendre explicite ce qu'ils impliquent, d'établir les rapports qui les lient, de pénétrer dans la nature et dans la structure du système qu'ils forment, et d'en fixer les éléments dont dépendent l'unité et l'existence de l'objet. Aborder ces problèmes, c'est travailler à dégager la vie consciente à laquelle l'objet est corrélatif et dont il apparaît en quelque sorte comme le produit achevé, c'est dévoiler, pas à pas et couche à couche, la constitution phénoménologique pour la conscience de l'objet. Dans ces recherches, les actes particuliers sont moins considérés en eux-mêmes qu'ils ne sont envisagés « du point de vue téléologique » de la fonction qu'ils ont de rendre possible une unité synthétique[1] ; c'est-à-dire selon les places qu'ils occupent et les rôles qu'ils jouent dans le système qu'ils forment et d'après leur apport à la constitution de l'objet. Cet objet que, dans cette méditation régressive, on prend pour point de départ, sert de *guide transcendantal*[2] à la recherche qui, elle aussi, peut prétendre à ce qualificatif, parce que, à partir de l'objet donné et existant, elle porte sur les conditions nécessaires de sa nature, de son unité et de son existence.

Ces problèmes transcendantaux doivent être soulevés également et particulièrement à propos de la nature ontologique d'un objet, c'est-à-dire quant au sens d'être spécifique qui est le sien. Chaque objet appelle des actes d'un type qui est corrélatif à la catégorie à laquelle l'objet appartient – catégorie qui prédétermine le sens de son existence –, si bien qu'un objet d'une catégorie donnée ne peut être saisi que par des actes d'un type bien déterminé : catégorie d'objets et catégories d'actes se correspondent réciproquement[3]. De même qu'une couleur ne peut être donnée qu'en vision, un ton qu'en audition, qu'une chose réiforme n'est accessible que dans des actes perceptifs, et que chaque perception particulière ne peut pas être sans impliquer nécessairement un renvoi à des perceptions ultérieures, de même un objet d'usage, une œuvre artistique, une institution sociale, etc.,

1. *Id., ibid.*, § 86
2. Cf. *Id., ibid.*, § 150, et *Méd. Cart.*, § 21.
3. Cf. *Id., Ideen*, p. 36, 296-297, 309.

ne peuvent être saisis que par des actes spécifiques qui leur correspondent respectivement. La recherche phénoménologique se trouve donc placée devant la tâche de délimiter ces types d'actes, de pénétrer dans leur structure essentielle et d'en dégager les traits caractéristiques et distinctifs, jusqu'à ce qu'il[1] ressorte de ces explorations que le corrélat de tel type d'actes et surtout de tel type de système d'actes ne peut être qu'un objet à tel sens d'être bien déterminé.

III. Les structures générales de l'évidence

Parmi les actes qui composent un système en tant qu'équivalent de conscience d'un objet, il y en a qui jouissent d'un privilège particulier. Ce sont ceux qui sont distingués par le caractère de l'évidence, actes dans lesquels un objet est non seulement appréhendé de façon quelconque, mais où « une chose, un « état de choses », une généralité, une valeur, etc. se présentent eux-mêmes, s'offrent et se donnent « en personne »... La chose « est présente elle-même », donnée « dans l'intuition immédiate », *originaliter*[2]. En vivant de tels actes, le sujet ne vise pas la chose d'une façon plus ou moins vide, symbolique et indirecte, il est plutôt tout près de la chose elle-même, il la saisit directement avec la conscience de s'en trouver en présence immédiate. L'évidence n'est pas un fait accessoire qui se produirait dans certaines conditions à préciser et accompagnerait certaines pensées, ni, à plus forte raison, un sentiment subjectif de croyance attaché à tels actes et faisant défaut à tels autres[3]. Avec elle, il s'agit d'une structure intrinsèque des actes qu'elle distingue et, corrélativement, d'un mode particulièrement privilégié de la présence d'objets devant la conscience.

L'évidence est une forme fondamentale de toute la vie consciente, forme vers laquelle tend tout acte qui ne l'a pas prise. En effet, tout acte qui n'est pas une évidence est susceptible et a besoin d'être confirmé et d'être justifié par un acte « parallèle » qui apportera *modo originali* ce qui, dans l'acte non-évident, n'est que visé d'une façon en quelque sorte indirecte. Dans la mesure où un acte qui est distingué par le caractère de l'évidence vient à remplir une « intention »[4] symbolique et indirecte, une synthèse d'identification se produit entre ces deux actes, en vertu de laquelle est

1. « jusqu'à ce qu' » pour « si bien qu' » correction manuscrite marginale de l'auteur. *Éd.*

2. *Id., Méd. Cart.*, § 24 et *F.T.L.*, paru également in *Jahrbuch für Philosophie und phänomemologische Forschung*, t. X, 1929, § 59.

3. Cf. *Id., Ideen,* § 21, p. 300.

4. En ce qui concerne le terme d'intention qu'il ne faut pas l'entendre au sens habituel de la langue française, cf. *Id., Méd. Cart.*, p. 8.

légitimée la prétention qu'a l'acte non-évident d'apporter quelque chose de l'objet en question : cet objet se révèle, dans la synthèse d'identification, être tel qu'il était prévu, présumé, prédit, soupçonné, etc. ; il se présente tel qu'il était représenté [1].

La vérification dont les actes non-évidents ont besoin, tenant à la possibilité de telles synthèses d'identification, c'est donc le phénomène de l'évidence auquel est nécessairement conduite toute analyse philosophique de la vérité aussi bien que de toutes les notions qui se groupent sous le titre de la raison [2]. Il n'y a pas d'autre source où ces notions puissent être puisées, que les actes privilégiés grâce auxquels l'objet en question se présente lui-même et en personne [3]. Pour autant que toute la vie consciente s'oriente nécessairement vers la raison – raison théorique, pratique, esthétique : qu'il s'agisse de la vérité d'affirmations, de la validité de valeurs, ou de droits de n'importe quel genre – l'évidence a une fonction universelle et téléologique dans la vie consciente. Réciproquement [4], c'est au rôle que joue l'évidence dans la vie consciente, que cette vie doit sa tendance à la raison [5].

D'autre part, le besoin que les actes non-évidents ont d'êtres vérifiés est un fait conscient : ces actes sont vécus avec ce besoin et en tant qu'ils ont ce besoin. Chacun de ces actes renvoie donc, de par sa nature, à l'évidence qui lui correspond et il l'implique en quelque sorte, sans que l'acte évident parallèle soit, de ce chef, contenu, à titre d'élément réel, dans l'acte non-évident. Cette implication ne doit pas être conçue sur le modèle de la manière dont une perception particulière d'une chose réiforme enveloppe des perceptions ultérieures [6]. Les actes non-évidents, tels le souvenir, l'attente, la représentation, parce qu'ils offrent, de façon « impropre », le même objet que celui dont l'évidence correspondante constitue une prise de conscience originelle [7] – dans notre exemple, il s'agit de la perception qui a cette fonction en matière des choses réiformes –, se présentent avec la caractéristique essentielle et intrinsèque d'être des modifications de l'acte évident parallèle [8]. Ainsi ils peuvent être considérés comme provenant de cette évidence par des « opérations idéelles », et ils apparaissent comme des

1. À ce phénomène de la réalisation par une évidence d'une pure intention, M. Husserl a consacré des études vastes et pénétrantes dans *Logische Untersuchungen* 2e édition, Halle, 1913, t. II, 2, sect. I.

2. Cf. *Id., Logische Untersuchungen*, t. II, 2, chap. V, et *Ideen*, sect. IV, chap. II.

3. Cf. *Id., Ideen*, p. 36, et *F.T.L.*, p. 142.

4. « réciproquement » pour « inversement » <correction marginale manuscrite de l'auteur>. *Éd.*

5. Cf. *Id., F.T.L.*, p. 143 : voir également *Méd. Cart.*, p. 49 : l'évidence « est le but vers la réalisation duquel tend toute intention pour tout ce qui est ou pourrait être son objet ».

6. Cf. *supra*.

7. « originelle » pour « originale ». *Éd.*

8. Cf. Husserl, *Ideen*, § 99.

« transformations idéelles opératives » d'un état vécu qui, pour cette raison de plus, doit être qualifié d'originaire[1]. Les actes non-évidents impliquent l'acte évident parallèle de la façon bien déterminée dont, en général, une modification implique l'état originaire et non-modifié de ce qui, en elle, est modifié[2]. Il est conforme à ceci que les actes non-évidents n'ont pas de légitimité autochtone, mais qu'ils tiennent leur légitimité des actes évidents parallèles appelés à les confirmer[3]. Ainsi les actes évidents forment un groupe à part à l'intérieur du système d'actes qui est l'équivalent de conscience par rapport à un objet quelconque, groupe qui constitue en quelque sorte le noyau du système entier.

Dans la phénoménologie transcendantale qui part de l'objet et se dirige vers le système d'actes correspondants en vue de dévoiler la constitution de l'objet pour la conscience, les actes évidents figurent encore sous un aspect différent de celui qui vient d'être mentionné : ils sont considérés avant tout comme prises de conscience originaire et expériences authentiques.

Le terme d'« expérience » ne doit pas être compris selon l'emploi traditionnel dans lequel l'expérience passe pour synonyme avec l'expérience perceptive et sensorielle. Ce qui fait l'essentiel de l'expérience dans le sens élargi auquel M. Husserl entend ce terme, c'est cette authenticité et originalité de la prise de conscience privilégiée[4] en vertu de laquelle l'objet apparaît, dans les actes distingués[5], lui-même, en personne et comme existant. Cet élargissement de la signification du terme d'« expérience », loin d'être arbitraire et de trahir une innovation purement terminologique, s'impose par la nécessité d'exprimer, par un terme technique spécial, la fonction très générale et fondamentale entre toutes que les actes en question ont dans la vie consciente, de sorte[6] que l'expérience au sens traditionnel, la perception sensorielle, doit être considérée comme un cas spécial de l'expérience

1. *Id., ibid.*, p. 149.

2. À coté du type d'implication mentionné, citons le rapport où se trouvent, envers la simple certitude, la présomption, le soupçon, l'interrogation, le doute, etc., actes qui se caractérisent en eux-mêmes comme des variations de la première (cf. Husserl, *Ideen*, § 103-104).

3. À part de la collation spéciale que nous avons prise en considération dans le texte – vérification par une évidence parallèle d'une pure intention – M. Husserl a analysé *(Ideen*, § 141) deux formes de plus que la collation de légitimité peut prendre.

4. L'originalité de l'expérience ne doit évidemment pas être interprétée avec un sens chronologique ou biographique, comme si l'on avait en vue la prise de conscience première que, dans sa vie, un sujet fait d'un objet. Il s'agit d'une structure intrinsèque et essentielle des actes privilégiés qui, par principe, peuvent être répétés n'importe combien de fois <d>. <d> « n'importe combien de fois » pour « à n'importe combien de reprises ».

5. « distingués » pour « distincts » <note marginale manuscrite de l'auteur>. *Éd.*

6. « de sorte » pour « si bien » <correction marginale manuscrite de l'auteur>. *Éd.*

en général, à savoir comme la prise de conscience originaire relative aux choses réiformes [1].

Quand on vit un acte d'expérience authentique, l'objet en question n'est pas donné seulement comme corrélat objectif de la pensée, comme « cogitatum », il est plutôt saisi dans son être, comme existant véritablement. Ainsi l'expérience a la valeur d'une formation originaire et d'une constitution primordiale pour la conscience de l'objet dont l'existence véritable par opposition à une existence seulement présumée, soupçonnée, posée, etc., dépend de cette structure spéciale qui distingue les actes privilégiés [2]. Et c'est parce qu'elle a la fonction d'une constitution originaire de l'objet, que l'évidence peut servir de support aux actes non-évidents parallèles [3].

C'est donc sous un double aspect que se présente ce fait, fondamental entre tous, de la vie consciente qu'est l'évidence, selon qu'elle figure comme instance de vérification ou comme expérience authentique, comme prise de conscience originaire d'objets. Et c'est le phénomène de l'évidence, considérée sous le dernier aspect, qui est à la base de la notion de l'existence, et auquel toute étude qui concerne cette notion se trouve ramenée. Il y a donc un rapport intime entre la notion de la vérité et plus généralement de la raison et celle de l'existence, si bien que l'existence véritable et la réalité qui est un cas particulier de la première constituent le corrélat de la raison [4]. Cette corrélation fait un des grands thèmes de la phénoménologie husserlienne [5].

Selon les diversités ontologiques des objets, selon les différents plans d'être auxquels ils appartiennent, l'évidence se différencie et se scinde en plusieurs types divers dont le trait commun ne consiste que dans leur fonction générale qui est l'autoprésentation de l'objet. Ainsi une certaine structure spéciale de l'évidence appartient à tout plan d'être particulier, structure qui se reflète en quelque sorte dans le sens ontologique spécifique

1. Cf. Husserl, *Ideen*, § 19 et *Méd. Cart.*, p. 48-49. Bien qu'on doive se garder d'assimiler l'expérience en général à l'expérience perceptive, il est assez utile de partir de la perception en la considérant comme exemple paradigmatique de l'expérience dans le sens élargi.

2. *Id.*, *Ideen*, p. 296 : *Prinzipiell entspricht... jedem « wahrhaft seienden » Gegenstand die Idee Eines Möglichen Bewusstseins, in welchem der Gegenstand selbst originär und dabei vollkommen adäquat<e> erfassbar ist. Umgekehrt wenn diese Möglichkeit gewährleistet<e> ist, ist eo ipso der Gegenstand wahrhaft seiend.* <e> « ä » pour « æ » <correction marginale manuscrite de l'auteur>.

3. *Id.*, *F.T.L.*, p. 142.

4. Cf. *Id.*, *Ideen*, p. 296 et *Méd. Cart.*, p. 51 : « ... on ne peut puiser la notion de la vérité ou de la réalité <f> vraie des objets ailleurs que dans l'évidence; c'est grâce à l'évidence seule que la désignation d'un objet comme réellement existant, vrai, légitimement valable, – de quelque forme ou espèce que ce soit, – acquiert pour nous un sens, et il en est de même en ce qui concerne toutes les déterminations qui – pour nous – lui appartiennent véritablement ». <f> « réalité » pour « vérité » <correction marginale manuscrite de l'auteur>.

5. Elle est traitée dans les *Ideen*, sect. IV ; cf. également *Méd. Cart.*, chap. III.

des objets relevant du plan d'être en question[1]. Type d'évidence et catégorie ontologique d'objets se correspondent, s'appellent et se[2] conditionnent réciproquement. Étant donné le privilège dont les actes évidents jouissent par rapport aux actes non-évidents parallèles, c'est de la correspondance entre la structure essentielle d'un type d'évidence et le sens ontologique spécifique d'un domaine d'être, que se tire la corrélation générale entre type d'actes et catégorie d'objets[3].

Les actes non-évidents sont susceptibles d'un perfectionnement, ce qui du reste est vrai également pour des actes revêtus déjà en quelque sorte de ce caractère privilégié[4]. Ce perfectionnement peut être conçu comme une approximation d'un idéal qui varie selon les plans d'être; aussi faut-il respecter, dans ce perfectionnement, la structure essentielle du type d'évidence qui correspond aux objets en question. En ce qui concerne, par exemple, les choses réiformes, il serait absurde, pour cette raison, de chercher à substituer à l'expérience perceptive une quelconque connaissance rationnelle, sous prétexte qu'à la première l'apodicticité, c'est-à-dire l'inconcevabilité de la non-existence de l'objet, et quelques autres perfections font défaut.

C'est grâce à ces actes privilégiés que sont les évidences qu'est conféré à l'objet le sens ontologique qui est le sien et avec lequel il figure dans notre vie consciente ; et que cet objet est saisi comme existant véritablement de la manière d'être particulier[5] au domaine ontologique auquel il appartient[6]. Tout objet n'est et ne peut être que tel qu'il se révèle par et dans ces actes qui en constituent des prises de conscience originaires et authentiques, si bien qu'on peut le considérer comme le corrélat objectif en particulier de ce groupe d'actes à part que sont, à l'intérieur d'un système d'actes, les actes évidents. Aussi, si l'on cherche une compréhension philosophique d'un objet et surtout de son sens d'être, est-on conduit à une analyse structurelle des expériences dans lesquelles il se présente, car ce n'est pas ailleurs que l'objet peut puiser sa nature, son sens ontologique et tout ce qu'il est pour nous. C'est parce que la nature de la conscience admet ces divers types de l'évidence, qu'il y a pour nous ces différents plans d'être en face desquels nous nous trouvons en fait.

1. Cf. Husserl, *Ideen*, p. 288, p. 296-297 ; *F.T.L.*, p. 143-145.
2. « se » <correction marginale manuscrite de l'auteur>. *Éd.*
3. Cf. *supra*, p. 337-338.
4. Voir à ce sujet Husserl, *Ideen*, § 67-68 ; *Méd. Cart.*, p. 12-13.
5. « particulier » pour « spécifique ». *Éd.*
6. *Id.*, *F.T.L.*, § 61.

IV. LES OBJETS ET LA CONSCIENCE

Les rapports entre l'être objectif et la conscience ne doivent pas dissimuler le fossé, même l'abîme creusé entre ces deux domaines.

Tout objet, à quelque plan ontologique qu'il appartienne, nous devient accessible par des phénomènes dans lesquels il apparaît à titre de corrélat objectif d'un système d'actes; l'objet en tant qu'unité identique s'oppose à la multiplicité de ces actes qui tous se rapportent à lui, et il ne s'identifie avec aucun d'entre eux, ni avec leur ensemble. L'objet se présente, dans chacun de ces actes, sous des aspects et des façons qui varient ou du moins peuvent varier; mais il apparaît comme étant, tout le temps, identiquement le même.

En matière de conscience, au contraire[1], une distinction des phénomènes et de ce qui s'offre dans les phénomènes ou à travers eux, n'a aucun sens; l'être d'un acte de la conscience fait un avec son être vécu, c'est-à-dire avec son apparaître. Il est toujours possible de vivre, par rapport au même objet, une pluralité d'actes qui se perfectionnent les uns les autres, de sorte que l'un de ces actes apporte un élément de l'objet qui avait échappé à un acte antérieur. Ce procédé ne s'applique pas aux actes de la conscience eux-mêmes. Quand[2], pour se convaincre, si une propriété quelconque qu'on n'avait pas aperçue dans un acte y est contenue ou non, on revit cet acte, c'est en réalité un acte nouveau qu'on vit, acte qui se rapporte au même objet que le premier acte, qui peut même ressembler à cet acte antérieur dans une mesure aussi haute qu'on le voudra, mais qui, pas le moins du monde et par principe, ne s'identifie avec lui; il ne s'agit donc pas d'une répétition du premier acte, ce qui est absolument impossible. De là, il suit qu'il faut se défendre d'inférer d'un acte à un autre, de conclure, par exemple, qu'une qualité, parce qu'on la constate dans le second acte, avait été présente également dans le premier acte, et que, dans celui-ci, elle ne s'était pas offerte en observation directe et immédiate, mais y avait été présente sous forme d'un fait non aperçu[3]. Un acte de conscience est tel et seulement tel qu'il se présente; il ne connaît pas d'éléments cachés et il n'y a rien à chercher derrière lui. Le sujet qui, dans la réflexion, se replie sur sa vie consciente perçoit – en perception dite interne – chacun des actes qu'il vit comme quelque chose d'absolu qui ne prend pas de formes ni d'aspects

1. Pour la confrontation de la conscience et de l'être objectif, cf. Husserl, *Ideen*, § 42, § 44-45.

2. « Quand », pour « Si ». *Éd.*

3. Voir notre article : « Quelques aspects et quelques développements de la psychologie de la forme », *Journal de Psychologie Normale et Pathologique*, 1936, p. 437-438. [Ci-dessus, *Appendice* I.]

variables et pour laquelle l'opposition de l'unité à la multiplicité, si essentielle dans l'appréhension des objets, n'existe point du tout.

Du fait de se constituer dans la vie consciente, les objets dépendent de cette vie en ce sens qu'ils ont besoin des actes qui leur confèrent leur nature, leur être spécifique, leur existence véritable et dont on doit les considérer les corrélats objectifs[1]. On a déjà fait ressortir[2] que l'existence de tout objet est liée à l'actualité ou du moins à la potentialité d'actes qui se caractérisent en eux-mêmes comme expériences de cet objet dont la consistance[3] elle-même est due à la concordance s'établissant entre ces actes, et que, très généralement, type d'objets et types d'actes se correspondent réciproquement. De là, si une conscience maladive, par exemple, est hors d'état d'accomplir les actes d'un certain type, cette défectuosité équivaut à la non-existence, pour cette conscience, des objets correspondants : des objets, finalement auxquels correspondent des actes qu'aucune conscience possible ne peut accomplir, ce qui signifie que l'accomplissement de ces actes est rendu impossible par la nature essentielle de la conscience elle-même[4] – de tels objets seraient des chimères qui non seulement ne sauraient exister, mais dont on ne pourrait même concevoir l'idée. D'autre part, si, du côté de la conscience, tout ce qui est requis pour l'apparition d'un univers cohérent et pour son explication théorique se produit, l'idée de la non-existence éventuelle de cet univers se trouve affectée d'absurdité[5].

La conscience par contre ne dépend d'aucun plan d'être objectif, donc elle ne présuppose pas, en l'espèce[6], l'existence de l'univers des choses réiformes. On peut imaginer une décomposition de cet univers qui, tout en laissant subsister les choses réiformes en tant qu'unités identiques par opposition aux multiples actes qui s'y rapportent, et sans toucher à leur stabilité qui, elle, dépend de la cohérence et de la concordance parmi[7] ces actes, exclurait cependant la possibilité de soumettre ces choses à des déterminations et à des explications à l'instar de celles des sciences physiques[8]. On peut imaginer une décomposition encore plus radicale[9]. Il est possible de concevoir, dans le cours des expériences, une telle surabondance d'incompatibilités et de contradictions qui ne se raccommoderaient

1. Husserl, *Ideen*, § 47.

2. Cf. *supra*, p. 337.

3. « consistance » pour « objectivité » <note marginale manuscrite de l'auteur, presqu'illisible sur notre xérographie>. *Éd.*

4. « elle-même » pour « même » <correction marginale manuscrite de l'auteur>. *Éd.*

5. Husserl, *Ideen*, p. 92.

6. « en l'espèce » pour « en espèce ». *Éd.*

7. « parmi » pour « entre » <correction marginale manuscrite de l'auteur>. *Éd.*

8. *Id., ibid.*, p. 88.

9. *Id., ibid.*, § 49.

nullement, qu'aucune unité identique et objective ne parviendrait à se constituer : il n'y aurait que des ébauches de choses qui cependant ne persisteraient pas, mais se dissoudraient, si bien que le monde serait annihilé. Cette annihilation de l'univers des choses stables n'entraînerait cependant pas la suppression de l'existence de la conscience. Elle comporterait une modification dans la conscience, soit que les motifs suggérant de construire un univers physique à partir du monde perceptible s'effaceraient, soit que la concordance qui garantit la cohérence et la stabilité des choses perceptibles ne s'établirait plus entre les actes. Néanmoins la conscience continuerait à exister ; elle serait devenue différente de ce qu'elle est en fait, mais son existence ne serait aucunement concernée par la décomposition, ni par l'annihilation du monde. Car à vrai dire, le monde décomposé ou annihilé au sens défini se révèle à son tour être le corrélat objectif ou, si l'on préfère, quasi-objectif de la conscience modifiée. Par conséquent : alors que le monde objectif en tant que constitué a besoin d'une conscience, et d'une conscience non pas feinte, mais soit actuelle, soit actualisable, parce que son être n'est qu'un être pour une conscience pour laquelle les objets se constituent – la conscience elle-même est absolue en ce sens que « nulla re indiget ad existendum ».

L'existence de tout objet relève de la conscience, surtout des caractères intrinsèques de ces actes qui figurent comme expériences – au sens élargi que nous avons défini plus haut[1] – de l'objet en question. L'être objectif se révèle donc comme étant secondaire en quelque sorte, parce qu'il est relatif à la conscience, donc dépend de quelque chose située hors de lui-même. Cette dépendance est accusée de façon particulière dans les choses réiformes dont l'existence véritable est liée à l'accord et à l'harmonie entre la totalité des actes qui composent la vie perceptive et se rapportent au monde réel, existence qui donc jamais ne peut être établie sous forme définitive. Car toujours il y a la possibilité que les expériences faites d'une chose, au lieu d'être confirmées par les expériences ultérieures, se trouvent démenties et contredites par celles-ci, si bien que la chose dont on était fondé, à partir des expériences antérieures, à poser l'existence se dissout ou, au moins, se révèle ne pas être telle qu'on avait pu la croire. Aussi l'être objectif reste-t-il exposé à un doute possible – fût-ce sous la forme du besoin de revenir à une évidence déjà acquise et de la rétablir par un acte nouveau, évident lui aussi. L'être de la conscience, au contraire, est distingué par cette indubitabilité que Descartes déjà a reconnue aux « cogitationes »[2]. Quoi qu'il en soit de la valeur, sous l'aspect de la raison, de ce qu'apporte un acte, le fait que cet acte est vécu, s'il l'est en réalité, ne

1. p. 340 <note marginale manuscrite de l'auteur>.
2. Cf. Husserl, *Ideen*, § 46, et *F.T.L.*, p. 222.

saurait aucunement être mis en doute. En nous repliant, dans une réflexion, à un acte actuellement vécu, nous saisissons un être absolu qui n'a besoin et qui n'est susceptible d'aucune confirmation ou infirmation, être absolu qui ne peut pas ne pas exister.

Nous voilà devant une nécessité qui, cependant, ne découle pas d'une loi apriorique, comme c'est le cas dans l'application à un fait de la nature d'un théorème géométrique. Ce qui, dans ce cas, est nécessaire, c'est l'existence de certaines déterminations dans le fait en question, ou bien celle de certains rapports à des faits autres dans lesquels il entre, l'existence du fait lui-même restant contingente. Dans le cas de la conscience, par contre, ce qui porte le caractère de nécessité, c'est justement l'existence elle-même des actes vécus. Cependant M. J. Héring [1] croit devoir rejeter la thèse husserlienne quant à l'existence nécessaire de la conscience, parce que cette nécessité ne découle pas d'une loi apriorique fondée « dans l'idée du "cogito" (comme dans le cas de l'existence idéale d'une essence, ou dans le cas de l'existence actuelle de Dieu chez les ontologistes) », mais se tire de « la situation particulièrement favorable, dans laquelle est placé l'observateur ». Il est bien vrai qu'aucune loi apriorique au sens auquel M. Héring fait allusion n'intervient dans l'existence nécessaire de la conscience, qui est une nécessité de fait [2]. Cette nécessité ne signifie par conséquent pas que tels et tels actes de la conscience doivent nécessairement exister. Mais dès qu'un acte de la conscience est vécu en fait, il prend le caractère de l'absolu au sens que nous venons d'exposer. Et c'est ce caractère particulier de l'absolu et la nature spécifique et tout à fait unique de la nécessité de fait [3] en question, que manque la critique de M. Héring [4], caractère de l'absolu qui du reste traduit la relation du constituant au constitué dans laquelle la conscience se trouve envers les objets. Et le domaine de la conscience est seul à connaître et à admettre une telle existence nécessaire.

Parce qu'ils sont constitués, les objets dépendent de la conscience par laquelle ils le sont; en tant qu'unités objectives et « unités de sens » (*Sinneseinheiten*) ils présupposent la conscience qui leur prête l'unité et le

1. J. Héring, *Phénoménologie et Philosophie religieuse* (Études d'Histoire et de Philosophie religieuses publiées par la Faculté de Théologie Protestante de l'Université de Strasbourg, n°15, Paris, 1926, p. 85).

2. « de fait » est biffé par l'auteur et doté d'une note marginale malheureusement illisible sur notre xérocopie. *Éd.*

3. « de fait » <marqué « d » dans une note marginale manuscrite de l'auteur>. *Éd.*

4. Voir les remarques exprimées à l'endroit de cette objection par M. E. Levinas, *La théorie de l'intuition dans la phénoménologie de Husserl*, Paris, Vrin, 1930, p. 60-61, qui cependant conçoit la phénoménologie de Husserl trop à la lumière d'idées énoncées par M. Heidegger.

sens[1]. La conscience, au contraire – qui a la fonction de constituer, qui est un « domaine d'être d'origine absolue » (*Seinssphäre absoluter Ursprünge*) et la « source de toute raison et déraison, de tout droit et de toute injustice, de toute réalité et de toute fiction, de toute valeur et de toute non-valeur, de toute action et de tout forfait »[2] – ne présuppose, à son tour, rien qui soit séparé d'elle et ne tient son sens d'être d'aucune instance différente d'elle-même. Les actes de la conscience ne sont relatifs qu'à eux-mêmes[3] : voilà encore un sens selon lequel le caractère de l'absolu doit leur être attribué.

V. La réduction phénoménologique

Il faut cependant se rappeler que la conscience dont il est question dans cet ordre d'idées transcendantales n'est pas la conscience telle que seule la connaissent la réflexion naïve de la vie quotidienne ainsi[4] que la psychologie scientifique traditionnelle qui la conçoivent comme liée à un organisme physique et corporel soit animal, soit humain, et comme appartenant à un Moi qui a sa vie, son évolution, ses tendances personnelles et qui vit au sein de l'un ou de l'autre groupe social et à une certaine période historique dans le développement de ces communautés. Dans la phénoménologie constitutive, la conscience n'est pas considérée comme s'intégrant au monde réel ni comme subissant des effets ni des influences qui lui viendraient de ce monde : bref comme une partie du monde réel et comme une réalité parmi d'autres[5]. La conscience ne peut prétendre au caractère d'absolu que dans la mesure où elle est conçue exclusivement comme médium et, pour ainsi dire, comme théâtre de constitutions d'objets de toutes sortes, y compris les réalités psychiques humaines, telles que âme, esprit, Moi, personnalité, être social, être historique, etc.

C'est par la réduction phénoménologique qu'on parvient à cette conception de la conscience. Cette modification radicale de l'attitude consiste à suspendre et à mettre entre parenthèses le caractère existentiel du monde tout entier aussi bien que des objets de n'importe quel plan idéal. Ce caractère existentiel n'est pas, bien entendu, nié, comme dans l'agnosti-

1. Husserl, *Ideen*, § 55. Cf. sur ce point Leibniz, *Nouveaux Essais sur l'entendement humain*, livre IV, chap. VII, sect. 7. <note marginale manuscrite de l'auteur>.

2. *Id., ibid.*, p. 176.

3. *Id.*, « Nachwort zu meinen « Ideen, zu einer reinen Phänomenologie und phänomenologischen Philosophie », *Jahrbuch für Philosophie und phänomenologische Forschung*, t. XI, 1930, p. 562.

4. « ainsi » pour « aussi bien ». *Éd.*

5. Cf. *Id., Ideen*, § 53, 54 ; *Méd. Cart.*, § 11 ; *F.T.L.*, p. 222-224.

cisme, ni mis en doute, comme dans le scepticisme : il n'est qu'inhibé, que mis hors jeu. Les objets ne subissent, de ce fait, aucune modification, leur être n'est interprété d'aucune façon, ni même, par exemple sur le modèle de l'une ou de l'autre conception philosophique traditionnelle. La seule chose qui se produit est que les objets se transforment en objets-phénomènes et que le monde devient monde-phénomène. Les caractères existentiels avec lesquels les objets se présentent et continuent, dans la réduction phénoménologique, à se présenter, sont mis hors d'action en ce sens que, sans être supprimés ni altérés, il figurent dans les recherches phénoménologiques, non comme prémisses sur lesquelles la méditation philosophique puisse s'appuyer, mais comme phénomènes et thèmes auxquels des analyses particulières – qui, d'ailleurs, comptent parmi les plus importantes – sont consacrées. Les objets de toute sorte restent donc tels quels. Cependant, dans l'ordre phénoménologique, on ne fait aucun usage de leur existence, si bien qu'on se restreint strictement à ce qu'on constate dans la conscience pure et réduite – l'apparition, par exemple, pour la conscience d'un monde réel – et qu'on s'abstient rigoureusement d'invoquer, à quelque titre que ce soit, une quelconque réalité différente de la conscience elle-même. Chaque réalité ne peut être considérée qu'en tant que phénomène s'offrant à la conscience, mais elle ne doit nullement servir de point de départ aux recherches phénoménologiques, ni les étayer en tant que réalité véritable, mais seulement comme réalité-phénomène. Parmi ces réalités, il faut ranger les réalités dites humaines[1].

Il nous paraît opportun de souligner qu'en conséquence de la réduction phénoménologique, la conscience ne peut passer, au point de vue philosophique, pour une conscience humaine, conception qui exige qu'on se réclame de la nature biologique de l'homme, de son être social et historique et de tous les faits qui constituent son humanité. La réduction phénoménologique exclut donc toute anthropologie philosophique ou, si l'on préfère, elle interdit de prendre l'anthropologie pour base de la philosophie. Ce résultat auquel conduit la réduction phénoménologique en est une de ses raisons d'être. En effet, en concevant la conscience comme conscience humaine, il faut placer l'homme, considéré comme être réel, au milieu de la totalité des réalités qui l'entourent, dont il dépend, et sur lesquelles il exerce son action. Or, ce faisant, on présupposerait comme constitué justement ce dont il s'agit dans la constitution. Le cercle vicieux qui consiste à soulever

1. Nous sommes obligés de nous borner à ces quelques indications à propos de la réduction phénoménologique que M. Husserl a exposée dans les *Ideen*, sect. II, chap. I et IV ; *Nachwort…* ; *Méd. Cart.*, § 8, § 15, § 40, 41 ; cf. aussi les remarques de M. E. Fink, « Vergegenwærtigung und Bild », *Jahrbuch für Philosophie und phänomenologische Forschung*, t. XI, 1930, § 4 ; citons enfin le compte-rendu que nous avons fait du « Nachwort… », *Deutsche Literaturzeitung*, 1932, n°9.

les problèmes transcendantaux relatifs à la constitution du monde à partir d'une partie du même monde, seule la réduction phénoménologique permet de l'éviter ou d'en sortir.

Considérée sous l'aspect que comporte et qu'entraîne la réduction phénoménologique, la conscience se révèle un domaine d'être clos en lui-même où rien ne peut pénétrer, ni échapper, domaine premier en soi et préalable à tout autre plan d'être[1]. En comparant la thèse de M. Husserl[2] avec la conception de Descartes[3], on s'aperçoit que la phénoménologie transcendantale peut en fait être qualifiée de « néo-cartésianisme, bien qu'elle se soit vue obligée de rejeter à peu près tout le contenu doctrinal connu du cartésianisme »[4]. En vérité, dans la phénoménologie constitutive, certaines idées capitales de Descartes, qui jusque-là n'avaient pas encore déployé toute leur force, sont reprises sous une forme radicale[5].

Conclusion

La phénoménologie constitutive se définit comme l'exploration méthodique et systématique de la conscience, celle-ci étant envisagée au point de vue de sa fonction d'objectivation. La conscience est prise en considération non comme ensemble de faits et d'événements psychiques réels; mais plutôt, en tenant compte du fait que des objets existent pour elle et devant elle; que, grâce aux actes de la conscience et dans ces actes, ces objets se constituent tels qu'ils figurent pour la vie consciente. Ce fait, capital et fondamental entre tous en matière de conscience, est celui auquel la théorie générale de l'intentionnalité est consacrée.

La phénoménologie se partage en plusieurs branches particulières, selon les différentes régions d'objets. Chaque catégorie ontologique appelle une discipline phénoménologique spéciale dont le but est de scruter la constitution et la formation pour la conscience des objets qu'embrasse cette catégorie. Ce n'est qu'en remontant à l'origine pour la conscience des différents types d'objets, qu'on peut s'attendre à en dégager la structure ontologique et à parvenir, à propos de la nature essentielle de chaque type

1. Husserl, *Ideen*, p. 93.

2. *Id., Méd. Cart.*, p. 15 « … que dire si le monde n'était pas en fin du compte le tout premier domaine du jugement, et si avec l'existence de ce monde était déjà présupposé un domaine d'être en soi antérieur ? ».

3. Descartes, *Œuvres* (publiées par Ch. Adam et P. Tannery, t. VII, p. 33; t. IX, p. 26: « … toutes les raisons qui servent à connaître et concevoir la nature de la cire, ou de quelque autre corps, prouvent beaucoup plus facilement et plus évidemment la nature de mon esprit ».

4. Husserl, *Méd. Cart.*, p. 1.

5. Cf. *Id., Ideen*, p. 87.

d'objets, à une compréhension philosophique ultime et définitive. De là on voit en quels sens, et avec quel droit, la phénoménologie peut et doit prétendre à l'universalité.

Les divers plans d'être ne se juxtaposent pas tout simplement les uns aux autres. Il y a des classes d'objets dont il est dans la structure essentielle de ne pouvoir se constituer que si, au préalable, d'autres objets, d'un type plus simple à cet égard par rapport aux premiers, se sont déjà constitués, si bien que les objets, pour ainsi dire, supérieurs proviennent, par certains maniements mentaux, des objets plus primitifs. Ces rapports de dépendance qui, selon les cas, peuvent prendre des formes très variées – dans cet article nous n'avons pu les aborder – donnent naissance à la phénoménologie génétique et évolutive destinée à compléter et à achever les recherches de la phénoménologie statique.

Toutes ces investigations phénoménologiques doivent être entreprises et effectuées dans l'attitude de la réduction phénoménologique qui, seule, leur assure une valeur philosophique et leur permet d'éviter les paralogismes anthropologiques.

APPENDICE IV

PHÉNOMÉNOLOGIE DES SIGNAUX ET DES SIGNIFICATIONS

*Ceci est la dernière conférence donnée par Gurwitsch à Paris. La série est intitulée : « Introduction à la phénoménologie » et fut prononcée en 1936-37. Les originaux nous sont parvenus sous la cote B2 du Fonds Gurwitsch. Cependant, ils ne furent retrouvés qu'en 1971, dans le fonds Alfred Schütz, Gurwitsch ne se rappelait pas quand il les avait donnés à son ami. Cette série de cours est la source principale de l'*Esquisse*, laquelle devint trois fois plus longue, mais ne porte pas un intérêt comparable aux signaux. La discussion de la signification est remarquable par sa clarté; cependant celle des signaux constitue une révision originale de la théorie husserlienne des signes indicatifs qui fait un usage créatif de la théorie de la forme.*

Lester Embree

Si, dans cette séance, nous cherchons à nous acheminer vers la pensée, à partir du langage, ce n'est pas pour renouveler le vieux problème de savoir si la parole est nécessaire à la pensée à tel point que toute pensée est un parler, intérieur et silencieux, au moins; ou si, au contraire, elle trouble la pensée, l'induit en erreur et constitue pour elle un obstacle plutôt qu'un auxiliaire. Le fait très humble dont nous partons aujourd'hui est que c'est au moyen de la langue parlée et surtout écrite, que les pensées sont communiquées à autrui, transmises à la postérité, et que c'est ainsi que nous les fixons pour nous-mêmes. Étant donnée l'existence de la compréhension des mots et des phrases, et le rôle que cette compréhension joue dans la pensée et surtout dans la pensée scientifique, la première question qu'il faut aborder est de savoir ce que c'est que cette compréhension.

On peut être porté à voir, dans les mots, des signes pour les choses qu'ils signifient ou plus exactement, qui sont nommées par eux, si bien qu'on substitue ces signes aux choses et qu'on opère sur eux, au lieu d'opérer sur les choses elles-mêmes, ce qui offre des avantages appréciables pour la commodité et l'économie de la pensée. Telle est en effet la conception traditionnelle. Quand on prononce le mot « maison » devant une maison perçue, le mot sert de signe à l'objet perçu qui, soit lui-même, soit la perception qu'on a de lui, constituent la signification de ce mot. De manière analogue, quand on énonce[1] le mot « maison », sans être en présence d'une maison perçue, l'énonciation du mot ne laisse pas d'éveiller des souvenirs, des représentations, des images, en quoi la signification du mot consiste.

La théorie traditionnelle comporte donc deux thèses. D'après la première, les mots sont des signes; leur compréhension n'est par conséquent qu'une forme spécialisée de la réaction mentale générale à des signes; que ceux-ci soient artificiellement créés ou qu'une régularité naturelle nous ait habitués à prendre certains événements pour signes précurseurs de certains autres : comme, par exemple, des nuages annoncent une pluie imminente. Les signes particuliers que sont les mots trouvent leurs significations dans des actes de perception, de représentation, d'imagination, etc. ; soit que ces actes soient éveillés par la présence des signes ; soit, comme c'est le cas quand la signification du mot est une perception, que ces signes provoquent l'apparition du signal. En prenant indifféremment, comme signification d'un mot, ou l'objet perçu, ou la perception de cet objet, n'oublions pas que, dans la conception empiriste, comme nous l'avons exposée, dans l'une des séances précédentes, perception et objet perçu ne sont pas rigoureusement séparés l'un de l'autre, mais que la chose perçue est considérée comme composée, en tant que faits réels de la conscience, avec les mêmes données sensorielles que celles qui constituent l'acte perceptif.

Afin d'examiner la première thèse de la théorie traditionnelle, il faut commencer par préciser la notion de signe. Nous entendrons le terme de signe dans le sens de signal; ces deux termes, nous les prendrons comme synonymes. Le caractère de signal est conféré à un fait ou à un événement, quand celui-ci annonce au sujet pour lequel il figure à titre de signe une situation qui va se produire et prépare le sujet à cette situation en déclenchant, chez lui, des réactions adaptées à la situation annoncée. C'est ainsi, par exemple, que l'allumage de la lumière[2] rouge dans la rue annonce aux piétons que les voitures vont se mettre en mouvement dans la direction perpendiculaire à celle dans laquelle les piétons veulent s'engager et que cet allumage les arrête dans leur marche. Le signal et ce qui est signalé par

1. « énonce » pour « prononce ». *Éd.*

2. « lumière » pour « lampe » ; <« feu rouge » ici, bien que plus conforme à l'usage car il dénote la lumière interprétée, anticipe malencontreusement l'analyse à suivre>. *Éd.*

lui figurent dans un contexte d'ensemble; ils forment une seule situation globale qui se déroule dans le temps et dont la perception du signal marque la phase initiale. Cette situation globale doit être considérée comme un tout dans le sens de la Théorie de la *Gestalt*. En effet, M. Guillaume a montré que, pour qu'une réaction habituelle à un événement non encore présent, mais annoncé seulement par un signal, puisse se former et s'affermir, il faut que la perception du signal soit réorganisée et remaniée, si bien que celui-ci est perçu par rapport à ce qu'il signale et apparaît à la lumière des faits annoncés. C'est ainsi seulement que le signal peut préparer le sujet à des événements sur lesquels il le fait anticiper; et que le signal acquiert la capacité de déclencher des réactions adaptées non à lui-même, mais à des faits, situés dans l'avenir immédiat, et qui sont vécus ainsi : c'est-à-dire, dans un avenir qui appartient en quelque sorte au présent parce que la situation actuelle sera achevée en lui.

Nous nous abstenons de pénétrer plus profondément dans la structure caractéristique des touts spécifiques dont il est question; retenons seulement ce qui est d'un intérêt particulier pour les fins qui sont ici les nôtres. Que le signalant et le signalé s'intègrent dans une situation globale, cela présuppose qu'ils relèvent tous deux du même plan. Un fait conçu comme relevant de l'ambiance naturelle ne peut servir de signe que pour des événements appartenant au même ordre et, plus spécialement, un son qu'on perçoit comme émis par un être vivant et surtout par un être humain, ne peut signaler que des faits vitaux et psychiques; de façon analogue, un fait mathématique, nous y reviendrons plus loin, ne peut annoncer que d'autres faits mathématiques, etc. Encore est-il nécessaire que signalant et signalé existent tous deux. Pour qu'une chose lumineuse constitue un[1] signal, il faut que ce dernier soit perçu, c'est-à-dire donné comme existant. Une lumière rouge remémorée ou imaginée ne nous arrête pas dans notre marche, parce qu'elle ne nous signale nul événement qui va se produire en réalité. Il peut s'agir tout au plus d'un souvenir ou d'une image d'une situation dans laquelle la lumière remémorée ou imaginée a, ou avait, la valeur d'un signal. Mais on voit, par cet exemple, que, dans ce cas, la situation globale tout entière, et donc le signalant aussi bien que le signalé, sont transportés dans le passé ou dans le domaine de l'imagination, qu'ils revêtent par conséquent l'un comme l'autre le même caractère; soit de réalité passée, soit d'irréalité. Cependant, notre intérêt ne porte pas, dans le contexte actuel, sur de tels cas; il porte sur des signaux seulement dans la mesure où ceux-ci déterminent effectivement la direction de nos actions ou de nos pensées. À cet égard, il faut souligner que l'efficacité d'un signal et sa fonction de signal elle-même dépendent de sa réalité non seulement

1. « constitue un » pour « figure en ». *Éd.*

objective, mais phénoménale et vécue. C'est-à-dire de ce que le sujet perçoit le signal comme existant, le prend pour un fait qui se produit réellement dans le monde. D'autre part, ce qui est signalé doit également exister, (c'est-à-dire, après avoir été annoncé, par le signal, et anticipé, grâce à lui), doit se produire en réalité, si bien que le passage du signalant au signalé prend le caractère du passage de la phase initiale de la situation globale en face de laquelle le sujet se trouve placé à des phases ultérieures de la même situation, encore que ces phases ultérieures, en vertu des réactions déclenchées par le signal, puissent subir des modifications.

Si les événements annoncés par un signal ne se produisaient pas en réalité, le signal perdrait son sens spécifique qui consiste non pas à renvoyer en général et d'une façon quelconque à des faits différents de lui-même, mais à signaler certains faits comme imminents, comme allant se produire en effet. Il est conforme à ceci, comme on l'a observé dans des expériences sur les réflexes dits conditionnels, que, si un signal est assez souvent présenté sans être suivi des événements qu'il avait annoncés, il finit par perdre son efficacité et par ne plus provoquer les réactions qu'il avait antérieurement déclenchées. Aussi peut-on voir, avec M. Husserl, un des caractères essentiels du rapport entre le signalant et le signalé en ceci que la conviction de l'existence des faits qui servent de signaux est vécue par le sujet comme motivant la conviction ou, au moins, la conjecture de l'existence des faits signalés ; motif qui, du reste, est non-évident, par opposition à la manière dont, dans une déduction, la croyance à la validité des prémisses motive la croyance à celle de la conclusion.

On peut formuler en d'autres termes la condition que les faits signalés doivent eux aussi exister. Les faits ou les événements annoncés doivent être donnés, en plus d'être signalés[1], dans un mode de présentation différent de l'anticipation par des signaux. Il faut que des actes de conscience soient vécus dans lesquels les faits signalés apparaissent en eux-mêmes et comme existants – (ce qui n'est d'ailleurs point le cas, dans la pure annonciation par des signaux) –, actes qui ont donc par rapport à ces faits la valeur d'expériences authentiques dans le sens exposé dans une des séances précédentes, et qui seront des perceptions quand il est question de choses, objets fonctionnels ou choses réiformes ; et, quand il s'agit de créations de la pensée, comme par exemple d'objets mathématiques, ne pourront être que des actes spécifiques de la pensée. L'anticipation par des signaux n'est donc pas la seule et unique manière par laquelle conscience est prise d'un quelconque objet. Par conséquent, s'il y a des objets desquels une expérience authentique ne peut être faite que par des actes qui, eux, pour pouvoir être vécus, présupposent que soient vécus au préalable des actes différents

1. « en plus d'être signalés » pour « sauf qu'ils sont signalés ». *Éd.*

plus élémentaires par rapport à eux, de sorte que[1] les objets constitués par des actes fondés proviennent d'opérations mentales quelconques appliquées aux objets qui correspondent aux actes fondateurs; jamais ces derniers objets ne pourront, en principe, passer pour des signaux des premiers.

Il y a dans la vie humaine courante une abondance d'exemples du rapport entre signal et signalé, tel que nous venons de le définir. Ce rapport existe également chez les animaux, comme le montrent les nombreuses recherches expérimentales sur le réflexe conditionné. C'est son analyse critique de ces recherches qui a conduit M. Guillaume à la définition du signal que nous avons adoptée en partie ici, en joignant à ses vues *gestaltistes* celles qui sont dues à M. Husserl. D'autre part, même dans la pensée scientifique la plus sublime qui est la pensée mathématique, le rapport du signalant au signalé se trouve réalisé. Ainsi le fait qu'une équation algébrique est d'un degré impair peut servir de signe que parmi les solutions de cette équation il doit y avoir au moins un nombre réel. Bien sûr, ces deux faits se trouvent dans un rapport mathématique en vertu duquel l'un peut, de façon évidente, être déduit de l'autre. Il y a donc au fait signalé un accès direct, qui figure comme expérience authentique de celui-ci – au sens élargi dans lequel nous entendons ici le terme d'expérience –, accès qui diffère totalement de la présentation à la conscience du fait en question par un pur signal. Cependant, ce qui nous intéresse en phénoménologues, ce sont moins les mathématiques en elles-mêmes sous leur aspect objectif – ce qui, dans la phénoménologie, figure[2] en termes auxquels les recherches de la phénoménologie des mathématiques doivent aboutir – que la conscience mathématique, c'est-à-dire les multiples prises de conscience possibles d'objets mathématiques. Dans cette orientation phénoménologique, on est bien fondé à soutenir que les deux faits cités se trouvent dans le rapport du signalant au signalé pour le mathématicien qui, dans sa pensée actuelle, ne rétablit pas le contexte déductif, bien que, peut-être, il songe plus ou moins vaguement à ce contexte et à la possibilité de le réactualiser pour sa conscience, qui ne prend donc pas le premier fait pour une raison logique de l'existence de l'autre, mais en fait usage à titre de simple point de repère.

Des mots aussi, peuvent servir de signaux. Non seulement quand, dans un travail collectif, un des collaborateurs fait savoir à un autre, par une consigne verbale, que la situation est prête pour l'intervention de celui-ci. Il est possible de suivre une conversation et même de lire un texte, en

1. « de sorte que » pour « si bien que ». *Éd.*

2. « ce qui, dans la phénoménologie, figure » pour « qui, dans la phénoménologie, figurent ». *Éd.*

rapportant les mots lus et entendus au sujet qui les a émis, en les apercevant comme des émanations ou comme des manifestations de ce sujet. Alors les mots servent de signes de la vie psychique de celui qui les profère ; ils signalent au sujet qui les entend que la personne qui parle s'adresse à lui pour lui communiquer quelque chose, qu'elle vit des actes par lesquels elle confère une signification à ses émissions phonétiques, porte les jugements qu'elle rend par ses mots, encore que cette personne se souvient à présent des événements qu'elle raconte, même qu'autrefois elle a assisté à ces événements, qu'elle perçoit les faits sur lesquels elle attire l'attention de son interlocuteur, etc. Cette attitude, parce qu'en elle l'intérêt de celui qui entend ou lit porte moins sur les choses dont il est question que sur le sujet parlant et sa vie psychique, peut être qualifiée de psychologique. Mais bien qu'il soit toujours possible de la prendre, cette attitude n'est pas l'attitude normale qu'on adopte quand on lit un texte, suit un discours, participe à une discussion, avec compréhension. Alors l'attention est dirigée non sur les personnes qui parlent ou qui ont écrit, ni sur les actes que ces personnes vivent ou ont vécus, mais sur les objets dont il est question et dont elles parlent, objets qui sont rendus présents à la conscience de celui qui lit ou entend par ces actes compréhensifs que sont la lecture ou l'audition, plus exactement au moyen des significations des mots lus ou entendus.

Or, ces objets peuvent être tout autre chose que les actes psychiques d'une personne quelconque. Dans la compréhension normale des mots et des phrases, aucun caractère ne se retrouve parmi ceux que nous avons relevés comme essentiels pour le rapport entre le signalant et le signalé, ce que d'ailleurs laisse déjà soupçonner le fait que chez les animaux qui connaissent ce rapport aucune trace de la fonction ou de la compréhension verbales ne se constate. En lisant un texte avec compréhension, il y a, d'une part, la perception des caractères imprimés sur le papier ; et, d'autre part, les actes, grâce auxquels le lecteur saisit ce que l'auteur veut dire et par lesquels il est porté en quelque sorte sur les objets dont il s'agit. Il est bien vrai que les actes qui prêtent un sens sont éveillés par la perception des caractères, ce qui ne se fait pas sans que ces actes apportent à la perception un cachet particulier[1] auquel nous reviendrons par la suite. On peut soutenir aussi que dans la lecture compréhensive, le lecteur se trouve placé en présence d'une certaine situation qui n'est rien d'autre que le sens de ce qu'il lit. Mais cette situation n'est nullement signalée par les caractères perçus ; elle se forme pour la conscience du lecteur dans la perception spécifique qu'est la lecture. Ce n'est pas que les caractères perçus fassent anticiper sur les significations des mots et en fassent attendre la présence en elles-mêmes dans un mode originaire d'apparition. Ces significations ne

1. « particulier » pour « spécial ». *Éd.*

sont pas annoncées par les caractères perçus comme des événements qui vont se produire, elles sont, au contraire, rendues présentes à la conscience du lecteur par la perception des caractères et dans cette perception elle-même. À vrai dire, la compréhension des mots ne fait qu'un avec leur perception, bien qu'on puisse distinguer les actes proprement perceptifs et ceux dans lesquels une signification est prêtée aux mots. Il n'y a ici ni le dualisme, ni la tension qui existent entre le signal et le signalé, il n'y a rien non plus à quoi on soit préparé comme imminent : en voyant les caractères et en les percevant dans une attitude qui, il est bien vrai, diffère de celle de la perception pure et simple, on saisit et comprend leurs significations. Il n'y a pas, dans la lecture compréhensive, le passage d'un fait qui serait le mot imprimé sur le papier à un autre fait, la signification de ce mot; il n'y a qu'un seul acte psychique complexe qui est la compréhension de la signification du mot qu'on lit. Aussi, quand on lit un texte, ne se trouve-t-on pas placé dans une situation globale qui se déroule dans le temps, comme si la compréhension des mots constituait la phase ultérieure d'une telle situation dont la phase initiale serait la perception des caractères. Ce qui se déroule dans le temps, c'est le progrès de la lecture; mais à chaque phase de la lecture, la compréhension des mots ne succède point à leur perception. De plus, à lire une phrase telle que « Si l'axiome des parallèles est valable, la somme des angles dans un triangle est égale à deux droits » on remarque que les caractères imprimés qui composent la phrase n'entrent pas et ne peuvent aucunement entrer dans une situation d'ensemble avec la signification de cette phrase. Cela tient au fait qu'ils n'appartiennent pas au même plan : les mots imprimés sont des faits perceptibles relevant du monde réel, tandis que le sens de cette phrase relève d'un plan tout à fait différent.

Entre le signalant et le signalé qui tous deux doivent être perçus et aperçus comme réellement existants, il y a une certaine équivalence, car le passage de la présence perceptive du signal à celle du signalé n'est que le déroulement temporel d'une seule perception globale. L'intérêt perceptif est donc porté au signal autant qu'au signalé, puisque ces deux termes composent cette situation d'ensemble qui fait l'objet ou le thème de la perception globale. Cet intérêt doit même appartenir à l'un au même titre qu'à l'autre pour autant qu'en passant du signal au signalé, on continue de vivre la même perception et dans la même perception. Tel n'est pas le cas[1] dans la lecture compréhensive ni, généralement, dans la compréhension des mots. Il n'est même pas nécessaire que les mots en tant que faits objectifs et perceptibles existent, pour qu'ils soient compris. En méditant, dans la solitude, il arrive qu'on parle intérieurement. Alors les mots qui ne sont qu'imaginés n'existent pas en réalité; ce qui seul existe, ce sont des

1. « Tel n'est pas le cas » pour « Il n'en est rien ». *Éd.*

actes d'imagination. Or, nous avons déjà vu, dans une séance précédente, que l'existence dans la conscience d'actes d'imagination ne comporte aucunement celle – en quel sens que ce soit – des objets imaginés. Néanmoins l'inexistence des mots imaginés n'en empêche point la compréhension. Même quand les mots existent en réalité et sont accessibles à la perception, comme c'est le cas dans la lecture ou dans la conversation, l'intérêt de celui qui les comprend ne porte pas à titre égal sur les caractères imprimés ou sur les sons qu'il perçoit et sur les significations qu'il saisit. Les mots sont perçus; et ils doivent l'être, pour que les actes qui prêtent le sens puissent être vécus; mais en les percevant, on ne vit pas dans cette perception, on ne vit que dans les actes prêtant le sens qui sont supportés par la perception. Ce qui fait le thème de l'occupation mentale qui est la compréhension, c'est non pas le mot en tant qu'ensemble de traits tracés sur le papier, mais l'objet qui se présente par les actes prêtant un sens et qui est nommé par la signification correspondant à ces actes. On ne passe pas à côté des mots en tant qu'objets purement perceptifs dont la présence est, au contraire, indispensable; on passe, sans s'y arrêter, à travers eux, en comprenant les significations qui leurs sont liées et qui leurs sont conférées par les actes prêteurs de sens.

Dans un tel acte, il ne faut pas voir un acte d'interprétation qui s'ajouterait à la pure perception, comme si la compréhension était la somme de deux actes séparés. L'acte qui prête le sens a besoin de l'acte perceptif qui le fonde, l'étaye et le rend ainsi possible; c'est par là que la compréhension constitue un acte d'ordre supérieur. Quand on considère – ce qu'il faut faire – les perceptions comme les actes les plus élémentaires de la conscience, les données perceptives, qui servent de support et d'appui à celles dans lesquelles un sens est prêté, se fondent cependant avec celles-ci en un seul acte complexe; dans celui-ci les données de l'une et de l'autre sorte se trouvent intimement liées et unies. De ce fait, la couche sous-jacente de cet acte complexe reçoit la teinte spéciale en vertu de laquelle la simple perception de traits devient la lecture de mots qui ont un sens. Tout ceci est mieux visible [1] quand on étudie les modifications phénoménales qui se produisent quand on fait alterner la pure perception avec la compréhension. Ce qui est donné dans un cas, ce sont les traits tels qu'ils sont tracés sur le papier. Cette combinaison de traits qui n'a plus le caractère d'un mot signifiant apparaît en tant que chose réiforme comme n'importe quelle autre, et c'est à ce titre qu'elle est le thème de la vie perceptive? En effet, dans ce cas-ci, il n'y a que la perception dans laquelle cette combinaison de traits s'offre. Dans l'autre cas, ces traits en tant que tels sont tout à fait indifférents, ils sont devenus

1. « Tout ceci est mieux visible quand on étudie » pour « On s'en aperçoit le mieux, en étudiant ». *Éd.*

transparents en quelque sorte du fait que le regard mental qui ne vit que dans les actes qui prêtent le sens passe à travers eux. Ces traits n'apparaissent que comme porteurs d'une signification[1]; ils n'ont que la valeur de symboles dont l'existence ou l'inexistence n'importe en rien. Aussi la compréhension d'un mot, n'implique-t-elle à aucun titre un jugement sur l'existence des sons entendus ou des traits vus ni même la perception expresse de cette existence.

Passons maintenant à la seconde thèse traditionnelle selon laquelle les actes qui confèrent un sens aux mots sont assimilés aux images éveillées par ces mots, si bien que ces images passent pour les significations elles-mêmes. Cependant, il est possible de lire avec attention et pleine compréhension un texte, surtout un texte scientifique qui traite de sujets abstraits, sans constater la présence de telles images. Mais quand bien même de telles images seraient données, elles pourraient flotter et varier de multiples façons, alors que la signification des mots reste constante. En lisant ou en entendant des mots, tels que « calcul différentiel », « la civilisation grecque », etc., on sait bien ce que l'auteur veut dire par eux; mais, à coup sûr, ce ne sont pas les images vagues et indécises apparaissant fortuitement dans la conscience qui constituent[2] les significations de ces mots. Ou, autre exemple, il est question d'une droite dans le sens mathématique, et on a la représentation ou l'image d'un trait. Alors ce qu'on a en vue et ce dont on parle, c'est la droite telle qu'elle est définie par les axiomes de la géométrie, mais ce n'est pas le trait imaginé qui tout au plus sert de moyen auxiliaire de la pensée tout comme les dessins servent aux méditations géométriques. Dans certains cas, la présence des images peut avoir servir à préparer le remplissement de la signification, c'est-à-dire cet acte par lequel est donné en expérience authentique ce qui, dans la compréhension des mots, n'est que visé, phénomène dont ici nous devons renoncer à aborder l'analyse. Quoi qu'il en soit, l'essentiel dans la compréhension de la parole ou de la lecture réside non pas dans les images ou dans les représentations plus ou moins intuitives qui accompagnent éventuellement la compréhension – et, en tous cas, ne font que l'accompagner–, mais dans les actes qui prêtent un sens aux mots et les transforment en symboles, actes qu'il faut reconnaître comme spécifiques et irréductibles.

Cependant les actes qui prêtent un sens ne sont pas les significations elles-mêmes, pas plus que les actes complexes qui sont les compréhensions. On s'en rend compte avec un raisonnement qui est typique en phénoménologie et que nous avons déjà appliqué dans nos analyses de la

1. « Ces traits n'apparaissent que comme porteurs d'une signification; » pour « ces traits ne figurent qu'en porteurs d'une signification ». *Éd.*

2. « constituent » pour « font ». *Éd.*

perception. Une proposition telle que « dans un triangle rectangle, le carré de l'hypoténuse est égal à la somme des carrés des deux côtés de l'angle droit » peut être lue, entendue et prononcée, à diverses reprises, par la même personne et aussi par une pluralité de sujets. Alors, il y a une multiplicité d'actes compréhensifs parmi lesquels aucun n'est identique à aucun autre. Car les actes de compréhension sont des actes de la conscience comme n'importe quels autres, et en tant que faits réels de la conscience, ils sont soumis à l'ordre et aux conditions du temps immanent, c'est-à-dire qu'aucun de ces actes, une fois passé, ne peut plus jamais revenir, sans parler de cette impossibilité qu'un acte vécu par une personne soit le même que celui qui est vécu par une autre personne. Mais ce qui, dans et par tous ces actes divers et différents, est compris, ce que toutes les personnes qui profèrent la proposition citée, ou ce que la même personne qui la profère à diverses reprises, veulent dire et ce qu'elles ont en vue, c'est *le* théorème de Pythagore qui est un et identique et qui, en tant que le même, peut être formulé par n'importe qui, à n'importe quel moment du temps, dans n'importe quelles circonstances, etc. C'est la même signification – cette unité complexe, qui peut être lue ou entendue, qu'on peut déduire de tels ou tels autres théorèmes (significations eux aussi) – dont on peut avoir une compréhension seulement verbale, c'est-à-dire qui n'est ni fondée ni remplie par une intelligence géométrique; c'est la même signification qui tantôt apparaît comme conclusion de telles et telles prémisses, tantôt sert de base à telles et telles méditations ultérieures, etc., mais qui dans toutes ces prises de conscience, dans tous ces rôles qu'elle joue dans la pensée, est donnée comme identiquement la même.

Nous voici de nouveau devant l'opposition, qui nous est déjà familière, d'une unité identique à une multiplicité d'actes qui se rapportent à cette unité. Or, dans la conception de la conscience où celle-ci est considérée comme un phénomène corrélationnel, cette opposition ne nous surprend plus. Avec elle nous ne sommes pas mis devant un problème insoluble, comme cela arrive quand on adopte la conception de l'école empiriste. Les actes de compréhension sont, comme par exemple les actes perceptifs, eux aussi, des actes intentionnels; eux aussi ils ont leur corrélat objectif qui n'est rien d'autre que le sens qu'ils donnent[1]. En vertu de cette corrélation non bi-univoque où une multiplicité d'actes se trouve [en rapport][2] à la même signification, on peut parler de la même proposition, du même jugement, de la même conclusion, etc., même de la même représentation, quand il s'agit de significations nominales, telles que « la Ville de Paris », le nombre « p », « la civilisation grecque », « le calcul différentiel », etc. Or ce

1. « donnent » pour « prêtent ». *Éd.*

2. « en rapport » inséré par nous pour combler une lacune évidente. *Éd.*

qui, dans une telle façon de parler est désigné par les termes de jugement, de conclusion, de représentation, etc., ce ne sont pas les actes de juger, de conclure, de se représenter etc., mais seulement et exclusivement les significations qui correspondent à ces actes, significations qui, en tant qu'identiquement les mêmes, ne doivent pas être confondues avec les actes qui donnent un sens. Ce n'est qu'à l'égard de la signification identique qu'on peut parler de la reproduction ou de la répétition d'un jugement, d'une question, d'un doute, d'une conclusion, etc.

La signification, n'étant pas un fait psychique, ne doit pas plus être assimilée à l'objet qui est nommé par elle. Ceci est évident quand cet objet est une chose réelle. La Ville de Paris, par exemple, est située sur la Seine, a un emplacement bien déterminé dans l'espace, elle a connu telles et telles vicissitudes au cours de l'histoire, etc. Toutes ces déterminations ne s'appliquent pas à la signification que [porte] le nom[1] « Ville de Paris ». On peut comparer la grandeur de deux villes, mais pas celle des deux noms qui désignent ces villes. La signification « Ville de Paris » n'existe nulle part dans l'espace, ni même dans le temps, elle n'est ni antérieure, ni contemporaine, ni postérieure à une autre signification, ni à une quelconque chose réelle. Tout ce que nous avons exposé pour distinguer le noème perceptif de la chose perçue, peut être reproduit pour faire le départ entre la signification et la chose nommée par celle-ci. Avec les significations, il s'agit donc d'entités irréelles, c'est-à-dire a-spatiales et a-temporelles, tout comme avec les noèmes. C'est pourquoi nous avons pu caractériser ceux-ci comme relevant du plan du sens et de la signification ; mais le peu de temps dont je dispose ne me permet pas d'aborder les relations de parenté aussi bien que les différences qui existent entre les noèmes tels que nous les avons définis et les significations proprement dites. Toujours est-il que la même chose peut être nommée par des significations différentes ; ainsi les deux expressions « la capitale de la France » et « la plus grande ville située sur la Seine » désignent le même objet qui est la Ville de Paris. Mais ces deux expressions diffèrent l'une de l'autre non seulement au point de vue iconologique[2], par les mots avec lesquels elles sont composées, mais aussi et avant tout par leur sens, par le contenu de pensée qu'elles expriment, c'est-à-dire en tant que signification. Il en va de même pour des significations telles que « le triangle équilatéral », « le triangle isogone » ; ici aussi, ce qui est dit par l'une n'est pas la même chose que celle qu'exprime l'autre, bien que toutes deux elles se rapportent au même objet. D'où l'on voit que, même quand l'objet nommé n'est pas une chose réelle, mais une création de la pensée, un

1. « que [porte] le nom » pour « qui le nom » « que [porte] » inséré par nous pour combler une lacune évidente. *Éd.*

2. « iconologique » pour « icologique ». *Éd.*

objet idéal, comme dans les mathématiques, il ne se confond pas avec la signification qui le désigne. Ces deux expressions enfin « a <b » et « b> a » peuvent passer pour différentes non seulement en tant que significations, mais aussi par les objets auxquels elles se rapportent, pour autant que, dans l'une, quelque chose est dite de « a » et, dans l'autre de « b ». Cependant, il est possible de concevoir comme objet non pas « a » et « b » pris isolément, mais l'état de fait composé avec eux et la relation dans laquelle ils se trouvent l'un à l'autre. Alors c'est cet état de fait qui est l'objet commun des deux expressions qui, elles, continuent néanmoins de rester différentes en tant que significations. Le même état de fait est conçu et exprimé de façon diverse, il est considéré une fois à partir de « a », l'autre fois à partir de « b ».

Remarquons encore que, dans la compréhension normale et ordinaire des expressions, le regard mental porte sur les objets, si bien que ce sont ceux-ci et non les significations qui font le thème de l'occupation mentale. Cependant les significations peuvent devenir le thème et elles le deviennent en fait dans les réflexions logiques, où on se demande si une proposition donnée est compatible avec une autre, résulte de telles et telles prémisses, se trouve en contradiction avec un théorème démontré, etc. Dans ces réflexions, on peut se rendre compte de l'objectivité des significations non seulement dans le sens phénoménologique – en tant qu'unités qui s'opposent à des multiplicités d'actes – mais aussi dans le sens logique : en qualifiant une proposition de vraie, de fausse, d'absurde, de contradictoire etc., c'est elle qui figure comme substrat d'attributs, tout comme n'importe quel objet réel ou idéal. En exprimant les résultats de ces réflexions logiques par des jugements, il y a des significations qui sont rendues par ces jugements ; mais ces significations-ci ne s'identifient pas avec les significations sur lesquelles porte le jugement, et qui, elles, figurent, dans ces cas, à titre d'objets, bien que les unes comme les autres, en étant des significations, relèvent du même plan.

Le terme de signification, nous l'employons dans un sens très large, en l'appliquant indifféremment à des représentations nominales, à des propositions catégoriques simples, à des propositions hypothétiques et disjonctives composées avec des propositions simples, à des chaînes de conclusions, à des théories entières, etc. En effet, toutes ces entités répondent à la définition que nous avons donnée de la signification ; elles peuvent toutes être pensées, c'est-à-dire constituer le corrélat objectif de la pensée en tant que fait réel de la conscience avec lequel elles ne se confondent pas, elles sont toutes susceptibles d'être exprimées par des symboles. Ainsi le terme de signification sert de titre générique [1] qui indique tout un domaine

1. « générique » pour « général ». *Éd.*

ou plan d'être dont nous allons maintenant mettre en relief une particularité importante entre toutes.

Partons de la proposition catégorique « cet arbre est vert » composée avec les trois significations « cet arbre », « vert » et la copule « est », mais qui, loin de se décomposer en la pure somme de ces trois significations, comporte une unité de sens de sorte que[1] la proposition que nous supposons vraie constitue une seule unité de signification. Nous apportons des variations à cette proposition, en substituant aux termes donnés des termes différents. Ainsi on parvient à une proposition telle que « cette table est rouge » qui, bien qu'elle soit peut-être démentie par l'expérience, est néanmoins une seule signification cohérente, comme la première. On obtient encore, par ces variations, des propositions comme par exemple « cette équation algébrique est rouge », « ce carré est rond », etc., propositions absurdes et contradictoires. Cette absurdité signifie-t-elle que l'existence de l'objet ou de l'état de fait auquel une telle proposition se rapporte ou plutôt prétend se rapporter est apriori impossible ? Or, pour pouvoir s'en rendre compte, pour pouvoir voir, dans chacune de ces propositions, le contresens qu'elle constitue, il est nécessaire qu'on la comprenne. En ne considérant pas ces propositions comme des unités authentiques de significations et qui, en tant que significations, ne le cèdent en rien à des propositions vraies[2], comme le théorème de Pythagore, on serait amené à soutenir que même une notion comme « le décaèdre régulier » ou qu'une proposition telle que « le nombre X[3] est un nombre algébrique », sont dépourvues de tout sens et ne constituent pas, proprement parlant, des significations cohérentes, alors que l'absurdité de ces significations doit être démontrée et ne peut souvent l'être que de façon indirecte et par des procédés assez compliqués. La fausseté ou même l'absurdité, que celle-ci saute aux yeux ou ne ressorte que médiatement, ne portent donc aucunement atteinte au caractère de signification, elles sont tout à fait indifférentes à ce caractère qui, lui, ne se définit que par la compréhensibilité, c'est-à-dire par l'unité de sens cohérent, si bien que le contresens se révèle comme un cas particulier du sens. Toutes les significations fausses, contradictoires et absurdes sont, par conséquent, des significations authentiques et véritables. Mais il en va autrement pour une combinaison de mots comme « un homme ou si est », combinaison à

1. « de sorte que » pour « si bien que ». *Éd.*

2. « En ne considérant pas ces propositions comme des unités authentiques de significations et qui, en tant que significations, ne le cèdent en rien à des propositions vraies » pour « Á ne pas considérer ces propositions comme des unités authentiques de significations et qui en tant que significations ne cèdent aucunement à des propositions vraies ». *Éd.*

3. « X » suppléé par nous pour combler une lacune. *Éd.*

laquelle on parvient par la même variation. En effet, ici on se trouve, non devant un contresens, mais devant un non-sens. Chacun des mots juxtaposés, pris en lui-même, a une signification et est compréhensible; mais aucune unité de sens ne correspond au tout dont il n'est même pas possible de dire qu'il est absurde. Il ne s'agit que d'une juxtaposition de mots, d'une combinaison qui ne signifie rien, qui donc, en tant que ce tout qu'elle est, ne peut pas passer pour une signification par opposition à ces significations qui, si absurdes qu'elles soient, sont des significations tout de même.

Qu'est ce qui différencie cet exemple de ceux cités auparavant? Chacun des exemples de la première classe réalise la formule « S E P », formule qui elle aussi est une signification ou plutôt une forme catégorielle de significations. Le S et le P qui figurent dans cette formule symbolisent des catégories de significations; ainsi le S symbolise les significations nominales telles que « l'homme », « un cheval », « une équation algébrique », « la civilisation grecque », etc.; le P symbolise les significations adjectives, comme par exemple « rouge », « étendu », « contenu », « différenciable », etc.; si bien que chaque signification particulière appartient à [1] la catégorie correspondante comme, en arithmétique, un nombre déterminé et particulier, par exemple le 4 appartient à des formes et à des lois générales de nombres. En ce qui concerne, dans cette formule, le E, il symbolise cet élément formel qu'est la copule « est », mais le peu de temps qui est encore à ma disposition m'oblige à laisser de côté ces éléments formels. Toutes les significations simples relèvent donc d'un certain nombre restreint de catégories. on peut se faire une conception fonctionnelle de l'ordre qu'il y a dans le plan des significations. On dirait alors: une catégorie de significations qui figure dans une formule comme celle-ci définit tout un domaine de variabilité, mais elle le définit seulement à l'égard de la pure forme de signification, c'est-à-dire selon qu'il s'agit de significations nominales, adjectives, propositionnelles etc., sans que compte soit tenu du contenu matériel des significations, c'est-à-dire de la nature des objets qu'elles nomment. Si, dans la variation par substitution, on respecte la forme catégorielle des significations, c'est-à-dire les catégories qui figurent en elles, si donc on substitue à une signification nominale une autre signification quelconque, mais qui est de la même catégorie, on obtient des significations complexes qui peuvent être vraies, fausses, absurdes ou contradictoires, mais qui sont des significations authentiques et véritables en ce sens qu'elle comportent, en tant que touts et significations complexes, par exemple en tant que propositions, une unité de sens. C'est ce qui est le cas avec les premiers exemples qui tous sont du type de cette forme catégorielle. Si, au contraire, la substitution est faite arbitrairement et de façon quelconque, sans qu'on s'oriente

1. « appartient à » pour « est à ». *Éd.*

sur cette forme catégorielle ou sur une autre, on ne parvient qu'à une pure combinaison de mots telle que « maison ou continue si est », qui ne peut plus passer pour une signification, parce que toute unité de sens lui fait défaut, unité qui est nécessaire et constitutive pour les significations en tant que telles, abstraction faite de toute question relative à la vérité ou à l'absurdité.

Il y a donc, sur le plan des significations des lois *apriori* qui président à la formation des significations complexes, et ce sont de telles significations, par exemple les propositions entières, qui figurent surtout dans la pensée concrète. C'est à ces lois que toute signification complexe doit être conformée pour pouvoir revêtir le caractère de signification, de sorte que toute signification complexe particulière qui existe – dans le sens d'existence qui appartient à ce plan – se révèle comme cas particulier de l'une ou de l'autre forme catégorielle parmi celles qui sont admises par la constitution *apriori* du plan des significations. C'est pourquoi les lois qui composent cette constitution *apriori* peuvent être regardées comme des conditions de la possibilité des significations en tant que telles. Cette structure *apriori* du plan des significations donne naissance à l'idée d'une théorie des formes de significations. Dans cette théorie, on aura d'abord à établir les catégories de significations et les connexions de significations simples que les catégories en question permettent ; ainsi deux significations nominales peuvent être jointes et forment alors une nouvelle signification nominale qui peut être considérée comme une seule unité, par exemple « la maison et le jardin », « l'homme et son voisin », etc. On voit par là immédiatement que c'est la même loi admettant la jonction de deux significations nominales qui permet d'en associer quantité d'autres. Une autre tâche fondamentale de la théorie des significations consiste à fixer les formes catégorielles de significations telles que « S E P », c'est-à-dire à élaborer les catégories de significations et les éléments formels qui, réunis d'après une certaine loi, donnent des propositions. Enfin des propositions simples peuvent être réunies soit en des chaînes de propositions, par exemple « m » et « n » et « p » et « q » etc., soit en des propositions hypothétiques, disjonctives etc., si bien que l'application itérative des lois de formation sur les formes obtenues fait ressortir des formes nouvelles dont la complication va croissant. Cette théorie des formes de significations peut être conçue comme une pure construction où toute forme spéciale possible est déduite d'un nombre assez restreint de formes primitives. La possibilité des termes primitifs se fonde sur l'idée générale de signification en tant que telle, leur existence peut donc être assurée par des axiomes.

Il est habituel de voir, dans une langue, un fait seulement social et historique qui aurait pu devenir autre qu'il n'est en fait, et qui n'est devenu tel qu'il est, grâce à certaines circonstances, effectives mais fortuites. Croit-on ne pouvoir déceler, dans une langue, aucune nécessité rationnelle ? On est porté à admettre, tout au plus, l'influence de certains caractères constants de la nature humaines, caractères qui, si universels et si permanents soient-ils, sont quand même contingents au sens où l'on ne voit aucune nécessité qui aurait pu les empêcher d'être autres que ceux qu'ils sont en effet. À l'encontre de cette conception qui trouve un appui dans les différences considérables existant parmi les langues et surtout parmi les types de langues, M. Husserl, avec les idées que nous venons de reproduire, soutient qu'il y a dans les langues ou, pour mieux dire, dans le langage lui-même, une couche apriorique sur laquelle les contingences de l'évolution historique des langues et des sociétés n'ont aucune prise. Les différences parmi les langues sont évidemment incontestables, mais il faut donner une interprétation juste de ces différences. Bien sûr, en latin, en français, en russe, en chinois, etc., la proposition existentielle, la proposition interrogative, le pluriel, les modalités de possibilité, de probabilité, de négation, etc., sont exprimées de façon variées ou, au moins, elles peuvent l'être ; à cet égard, il y a donc des différences entre les langues. Pourtant, ce qui est exprimé d'une façon qui varie ou qui peut varier d'une langue à une autre, c'est la modalité négative, la proposition interrogative, etc. ; ce sont donc les formes catégorielles de significations qui sont constantes, qui ne s'expliquent pas par les contingences de l'évolution historique ou de la nature humaine, ces formes catégorielles dont le système constitue une espèce de charpente idéale autour de laquelle les langues concrètes se développent, et le font de façons diverses en étant conditionnées respectivement par les faits empiriques et contingents de l'histoire. C'est ainsi qu'en phénoménologie la vieille idée d'une grammaire générale et raisonnée, idée chère au XVIIe et XVIIIe siècles, est reprise et se trouve réhabilitée. Il est très significatif que naguère un linguiste danois, M. Viggo Brœndal, sans se réclamer des idées de M. Husserl, a revendiqué l'autonomie de la syntaxe, en opposant la constance de celle-ci qui, d'après lui, rend et épouse l'articulation de la pensée elle-même, à la variabilité de la morphologie, soit d'une langue à une autre, soit dans l'évolution historique d'une langue donnée.

Avec l'idée d'une théorie des formes de significations ou, comme M. Husserl dit encore, d'une grammaire purement logique *(reinlogische Grammatik),* nous avons franchi le seuil de la logique. Les objets de celle-ci ne sont que les significations au sens général dans lequel nous employons ici ce terme. Aussi M. Husserl désigne-t-il cette logique des significations, pour indigner le domaine de ses recherches par le nom adéquat, comme logique apophantique. C'est de la théorie des formes de significations que la logique apophantique tient les significations qu'elle réunit en systèmes, par exemple les systèmes de conclusion, et dont elle cherche à établir les compatibilités et les incompatibilités dans la mesure où celles-ci ne dépendent que de la pure forme des significations et des systèmes en lesquels les significations se trouvent enchaînées. Dans cette logique aucun compte n'est donc tenu des propriétés pour ainsi dire matérielles des objets qui sont conçus dans les significations; c'est de là que la logique apophantique tire son formalisme et son universalité en s'appliquant indifféremment à n'importe quel objet, de quelque nature particulière [1] et même spécifique qu'il soit. On y retrouve facilement l'idée leibnizienne de « l'argument qui conclut par la force de la forme », comme d'autre part, avec la conception de la logique comme science des significations, M. Husserl reprend les idées de Bernhard Bolzano qui le premier a parlé expressément de représentations, de propositions et de vérités en soi, les séparant ainsi des actes psychiques de représenter, de porter un jugement, de conclure, etc. L'école empiriste n'a pas connu cette séparation; chez elle, les lois logiques ont été interprétées en un sens psychologique comme des lois inductives d'après lesquelles se déroulent les événements psychiques que sont les pensées. Le premier volume des *Logische Untersuchungen* est consacré à une critique approfondie de cette interprétation qui conduit fatalement à des impasses et à des absurdités. Une compréhension de la logique n'est possible que si on voit dans les significations des entités objectives qui comportent leur sens spécifique d'existence. Cette objectivité doit être conçue sans aucune hypostase métaphysique; l'objectivité se définit, d'une part, par l'opposition de l'identité à une multiplicité d'actes de la conscience; et, d'autre part – notion à laquelle nous avons été conduit par les méditations d'aujourd'hui –, par la possibilité de servir de substrat à des attributs; autrement dit, est un objet tout ce sur quoi jugement peut être porté – deux notions qui ne sont pas sans rapport l'une avec l'autre. D'autre part, il faut ne pas se méprendre sur le sens ultime de l'antipsychologisme de M. Husserl. Il ne s'agit de rien moins que d'éliminer de la logique et surtout de sa compréhension toute recherche s'orientant sur la conscience; le but de ces critiques anti-psychologistes n'est que de prévenir que soit faussé le sens des entités dont il est question en logique aussi bien qu'en mathématiques. Or, c'est justement d'après la conception intentionnaliste qu'on voit, dans la conscience, un phénomène corrélationnel qui permet

1. « particulière » pour « spéciale ». *Éd.*

de[1] distinguer les corrélats objectifs des actes de ces actes eux-mêmes ; et qui, ainsi, rend possible la reconnaissance de ces corrélats comme objets authentiques et véritables, de sorte qu'avec ces objets particuliers[2] que sont les significations, comme avec les autres objets idéaux que je n'ai même pu effleurer dans ce cours, la phénoménologie se trouve placée devant de nouveaux problèmes constitutifs.

1. « permet de » pour « fait ». *Éd.*
2. « particuliers » pour « spéciaux ». *Éd.*

APPENDICE V

LA SCIENCE BIOLOGIQUE D'APRÈS M. K. GOLDSTEIN[1]

À la mémoire de Adhémar Gelb

Originellement, ce texte a paru dans la Revue Philosophique de la France et de l'Étranger, *vol. CXXIX (1949), p. 244 à 265, et, traduit par Richard Zaner,* in *Aron Gurwitsch,* Studies in Phenomenology and Psychology, *édité par Fred Kersten, Northwestern University Press, Evanston, Ill., 1966.*

*Comme l'*Appendice I *ci-dessus, cette étude comporte une analyse fondée sur une somme de travaux scientifiques. D'autres écrits montrent que Gurwitsch s'est manifestement intéressé à la théorie de l'abstraction de Goldstein, toutefois, la vision holistique du corps propre chez Goldstein doit être considérée comme l'arrière-plan de tous ses travaux. Il est probable que Gurwitsch a davantage influencé Merleau-Ponty en ce qui concerne Goldstein qu'il ne l'a fait à propos de la théorie de la forme.*

Lester Embree

L'organisme vivant a été très souvent conçu comme composé d'un certain nombre d'appareils élémentaires plus ou moins indépendants les uns des autres. Chacun de ces appareils a son mécanisme, son fonctionnement spécifique. La vie de l'organisme s'explique par la coopération de ces appareils élémentaires; ses actions et ses réactions passent pour des résultantes des effets partiels qui se renforcent, s'inhibent et se modifient les uns les autres. L'étude de l'organisme appelle donc la connaissance des appareils élémentaires. Le mécanisme d'un de ces appareils ne peut être établi qu'à condition de l'exposer à une stimulation isolée; il faut ainsi

1. K. Goldstein, *Der Aufbau des Organismus*, 1 tome in-8°, XI, 363 pages, La Haye, Martinus Nijhoff, 1934.

l'examiner dans des conditions qui permettent d'écarter, dans la mesure du possible, toute intervention d'un autre appareil élémentaire. La réponse à une stimulation localisée sur un organe récepteur, c'est-à-dire le réflexe, apparaît ainsi comme le phénomène vital élémentaire et primitif. Le but des sciences biologiques devient alors de construire la vie de l'organisme à partir des réflexes, de la composer avec ceux-ci.

M. Goldstein met en relief les difficultés d'une telle conception. La complexité croissante des phénomènes nous oblige à faire appel à des centres régulateurs supérieurs qui coordonnent les multiples réflexes et garantissent la coopération des appareils élémentaires isolés. Ainsi, est-on amené à superposer des hypothèses parfois incompatibles entre elles, parce que les unes ou les autres auront été construites *ad hoc,* pour expliquer des phénomènes dont il semble impossible de rendre compte autrement. La théorie biologique devient de plus en plus compliquée, elle perd de plus en plus son unité. Finalement, en raison de la nécessité de faire appel à des facteurs et à des centres supérieurs toujours nouveaux, elle finit par être entraînée dans une régression à l'infini. Ce n'est en tout cas pas de cette manière qu'on arrivera à expliquer les faits de l'organisme par un principe unique.

L'auteur abandonne la direction traditionnelle du « bas en haut » des recherches biologiques, une direction, où l'on part des faits dits simples pour parvenir à ceux considérés comme complexes. Les notions de « simplicité » et de « complexité » comptent, en effet, parmi les notions les plus problématiques de la biologie. Car la « simplicité » d'un fait donné quelconque ne doit pas se définir par rapport à l'observateur, mais par rapport à l'organisme en question, la connaissance de cet organisme est ainsi nécessaire. Il faut donc partir non de la multiplicité déconcertante de faits particuliers observés sur un organisme, mais de cet organisme lui-même.

Celui-ci est, d'après M. Goldstein, un tout centralisé; bien que ce tout se déploie et s'articule en membres, en organes et en systèmes d'organes, il ne se compose néanmoins pas de leur juxtaposition. Pour n'être pas une « somme » formée par ses parties, le tout qu'est l'organisme ne s'oppose pas à elles comme une entité supérieure. Il n'y a ni antagonisme ni polarité entre la tendance à l'unité et les multiples tendances qui appartiendraient spécifiquement aux parties. M. Goldstein rejette toute théorie qui, par la notion d'« entéléchie » ou par une entité supérieure analogue, établirait une distinction, même une sorte de tension, entre l'organisme lui-même et ses organes. En réalité, l'organisme n'est rien d'autre que l'ensemble articulé et centralisé de ses parties. Il s'ensuit qu'il est aussi peu possible de concevoir la vie de l'organisme comme résultant d'effets partiels que d'admettre une interdépendance et une interaction entre les organes particuliers. Le problème de la réciprocité des effets surgit lorsque nous considérons un fait isolé et que nous l'étudions en lui-même comme un absolu, au lieu de l'envisager dans ses rapports avec l'organisme entier. Toute manifestation vitale doit être rapportée à l'organisme dans son entier, elle doit passer pour une expression de cet organisme, de son état concret actuel, des tendances générales qui le dominent. L'organisme entier est engagé dans toute action, dans toute réaction, même si celles-ci ne sont effectuées que par quelques organes ou par un seul. Dans ce cas – pour ne parler que du système nerveux – l'innervation de l'organe en question joue un rôle spécial et se trouve mise au premier plan. Or, ce processus de figure s'accompagne d'autres excitations nerveuses qui constituent le fond relatif au premier. Figure et fond s'appellent et s'étayent réciproquement : pour qu'un processus de figure puisse se produire, une certaine formation du fond est nécessaire. Par conséquent, aucun fait, si localisé qu'il paraisse, n'est étranger ou indifférent à ce qui se passe dans n'importe quel endroit de l'organisme. Si on applique une stimulation nouvelle à un organisme en train d'exécuter une action, celle-ci est arrêtée ou modifiée. La raison n'en est pas une interaction réciproque des parties, mais l'altération des conditions dans lesquelles l'organisme accomplit l'action. Il faut tenir compte de ces conditions, surtout des conditions initiales dans lesquelles se trouve l'organisme quand une tâche lui est imposée, pour comprendre une réaction dans son rapport à l'organisme, pour dégager la portée et la signification de cette réaction pour l'organisme. Une des conditions les plus essentielles est le degré de la centralisation. En effet, quantité de phénomènes pathologiques, expérimentaux et enfantins s'expliquent par le relâchement de la centralisation, que celle-ci soit affaiblie par suite de la maladie, de l'opération que l'animal a subie, ou de n'importe quel arrangement expérimental, ou, comme c'est le cas chez les enfants, que le degré normal de la centralisation ne soit pas encore atteint en raison de la maturation incomplète. Voilà pourquoi il y a une ressemblance entre certaines conduites spécifiquement enfantines et certains phénomènes observés sur des malades. Cette ressemblance ne nous permet aucunement d'admettre, comme le font les psychanalystes, une survivance dans l'inconscient d'attitudes enfantines ; elle s'explique par le fait que des effets semblables sont produits par une même cause, à savoir le relâchement de la centralisation. La conception de M. Goldstein jette un nouveau jour sur le phénomène du réflexe : au lieu de passer pour un fait primitif et fondamental, pour l'élément constitutif de la vie, le réflexe apparaît comme un fait qui ne se produit et qui ne peut exister que dans les conditions spéciales du laboratoire ; le dispositif expérimental permet, en effet, d'effectuer un certain isolement dans l'organisme. L'auteur va jusqu'à soutenir que ce sont ces arrangements expérimentaux qui créent le réflexe. Ainsi produit dans des conditions artificielles de laboratoire, le réflexe ne doit pas être considéré comme une action « naturelle » de l'organisme et ne peut, par conséquent, servir de point de départ pour une conception biologique générale. Dans les discussions sur le réflexe, on a trop souvent négligé de tenir compte de la modification assez profonde qu'introduit dans l'organisme le dispositif expérimental[1]. Placé devant une tâche l'organisme, y répond d'une manière qui peut varier et qui varie en effet d'un organisme à l'autre, mais qui, pour un organisme donné, est d'une constance remarquable. Il y a donc, pour tout organisme, des attitudes, des postures, etc., qui sont privilégiées et que l'organisme cherche à adopter. La distinction de ce comportement privilégié s'exprime subjectivement par le sentiment de commodité et d'aisance qu'éprouve le sujet quand il l'adopte; objectivement, par la précision et par l'exactitude des actions, le niveau bas des seuils, etc. La tendance au comportement privilégié permet à l'organisme de regagner son équilibre quand il est troublé par une stimulation ; elle assure l'ordre intérieur aux processus de l'organisme et détermine la direction de ces processus ; enfin elle garantit la constance des réactions aux mêmes situations extérieures et, par là, la constance du milieu même où vit l'organisme, milieu qu'il se crée par son activité.

Nous devons ici nous contenter de ces quelques indications trop sommaires relatives à la conception biologique de M. Goldstein, sans en reproduire les développements théoriques, ni en résumer la documentation[2]. Nous nous sommes proposé de dégager quelques principes philosophiques et méthodologiques de l'œuvre de M. Goldstein. Malgré l'abondance de la documentation et des explications théoriques, nous devons la considérer, selon l'intention de l'auteur, comme une méthodologie et une philosophie de la science biologique.

Pour considérer les faits particuliers dans leur rapport à l'organisme en entier, pour les envisager à la lumière de celui-ci, il faut au moins pouvoir se faire une idée de ce qu'est l'organisme. Nous ne pouvons atteindre l'organisme qu'à partir de l'observation de faits particuliers, et nous ne pouvons établir ces faits que par une méthode analytique et expérimentale. Il ne peut y avoir d'autre voie d'accès pour une théorie biologique positive. Or, nous ne pouvons apprécier l'importance biologique de ces faits particuliers que relativement à l'organisme. Le fait, pour une théorie biologique, de partir de la considération de l'organisme semble d'emblée nous mener à un cercle vicieux. Ce cercle vicieux ne fait en vérité que signaler l'impossibilité de passer directement des faits particuliers à l'organisme. Il faut partir des faits particuliers, pour concevoir l'organisme, et il faut encore rester en contact étroit avec ces faits. Mais l'élaboration même de la notion d'organisme ne

1. Cf. à propos du réflexe, *infra*, p. 370-372.

2. Nous en avons donné un exposé plus détaillé dans le *Journal de Psychologie normale et pathologique*, t. XXXVI, 1939, p. 107-138.

se fait pas par une simple synthèse des faits particuliers; en elle intervient une fonction cognitive différente de celles qui ne portent que sur les faits observés. Autrement dit, l'idée ou l'image de l'organisme conçue à partir des faits particuliers afin de les comprendre relève d'un plan différent de celui de ces faits.

Ce passage du plan des faits à un plan différent, passage qui est vraiment une μετάβασις εἰς ἄλλο γένος, ne constitue pas le monopole de la biologie. Les sciences physiques connaissent également la différence entre le pur empirisme et la construction théorique; et celle-ci n'est pas non plus obtenue, dans ces sciences, par une simple accumulation, comparaison et classification des faits. Ici aussi, il y a le saut de la constatation des faits, base de toute théorie, à l'élaboration d'entités symboliques idéelles. M. Goldstein se réclame des réflexions méthodologiques de Heinrich Hertz sur la nature des entités qui figurent dans les constructions théoriques de la physique, et surtout sur le caractère symbolique de ces entités. Celles-ci ne doivent avoir ni ressemblance ni conformité avec les choses données qu'elles symbolisent, à l'exception du rapport suivant : les conclusions que nous tirons, au moyen de certaines opérations, des symboles initiaux doivent à leur tour symboliser les faits résultant de ceux dont nous sommes partis. Les symboles biologiques diffèrent, il est vrai, de ceux des sciences physiques en ce sens qu'ils ne sont pas aussi abstraits ou, plus exactement, aussi formalisés. Les symboles employés en biologie se tiennent plus près des phénomènes observés et cela les différencie des entités symboliques conçues par les physiciens. Ces dernières, dans le cas extrême, peuvent être des signes définis seulement par les caractères formels des opérations effectuées sur elles. La raison de cette différence est que le physicien substitue des symboles mathématiques à tous les faits perceptibles, tandis que le biologiste laisse subsister tels quels les faits observés servant de base à sa théorie. Il considère ces faits comme des manifestations réelles de l'organisme, bien que leur rapport à cet organisme, le témoignage qu'ils en apportent, soit un problème à résoudre pour chaque cas particulier et soit de plus[1] un problème méthodologique général que nous retrouverons plus tard. Les symboles biologiques doivent donc avoir un contenu qualitatif et concret; dans l'image qu'on se fait d'un organisme, il faut faire figurer l'individualité de cet organisme. Cette image est donc une idée ou une *Gestalt* dans le sens de Goethe, et l'acte de l'« imagination créatrice » par lequel elle est conçue peut être caractérisé comme une intuition – toujours dans le sens de Goethe – basée sur des faits tout à fait positifs. Il ne faut y soupçonner rien de mystique ni de métaphysique. Les images que se crée le biologiste, si conformes et si adaptées qu'elles soient aux faits observés à

1. « de plus » pour « encore ». *Éd.*

partir desquels elles sont conçues, restent des symboles idéels. M. Goldstein ne se lasse pas de souligner que l'idée relève d'un plan différent de celui des faits. Le tout qu'est l'organisme ne doit pas passer pour une réalité de même nature que ces réalités que sont les membres, les organes et les systèmes d'organes, réalité qui s'ajouterait ou se superposerait aux dernières. Dans une telle interprétation, l'organisme serait conçu comme une entéléchie supérieure opposée aux entéléchies inférieures, et l'on se verrait amené à admettre une polarité entre le tout et ses parties, conception que rejette l'auteur, ainsi que nous l'avons dit[1]. Ce qu'on cherche ce n'est pas une entité métaphysique destinée à fonder l'être, mais une idée, une raison intelligible qui rende compréhensibles les phénomènes observés, idée qui nous permette d'expliquer ces phénomènes jusque dans leurs détails, si l'on tient compte de leurs conditions d'origine. Parmi ces conditions, il faut compter également celles que l'expérimentateur pose par l'arrangement de son expérience. Alors les faits constatés sont considérés comme des modes sous lesquels l'idée apparaît et se manifeste quand certaines conditions sont données ; ces faits résultent avec nécessité de l'idée, parce qu'ils apparaissent comme des variations de celle-ci dans les conditions en question.

L'idée qu'est l'organisme est déterminée et définie au cours des recherches. On part de quelques faits particuliers obtenus au moyen de la méthode analytique et expérimentale, et, à la base de ces faits, on conçoit une idée du tout de l'organisme susceptible de les rendre compréhensibles. Cette idée incite à des recherches ultérieures, parce qu'il en résulte certaines conséquences qu'on peut confronter avec de nouveaux faits ; la découverte de ces faits est assez souvent suggérée par l'idée théorique qu'on examine. Si ces faits ne confirment pas l'idée, on la corrige ou on la laisse tomber et on cherche à concevoir, sur une base ainsi élargie, une autre idée de l'organisme, idée qui à son tour sera éprouvée sur de nouvelles observations, etc. C'est ainsi que, par un progrès dialectique de l'expérience, on parvient à une connaissance de plus en plus adéquate de l'organisme.

Cette connaissance n'est cependant jamais définitive ni achevée ; elle reste au contraire approximative. Mais cela ne signifie pas que la validité et la sûreté d'une théorie biologique ne croissent qu'en fonction du nombre de faits qu'elle explique. Le nombre des observations qu'une théorie rend compréhensibles n'est sans doute pas sans importance pour la vérification de cette théorie, mais ce seul nombre n'est pas décisif à cet égard. Les faits particuliers qu'on observe ont des valeurs qualitatives différentes les unes des autres. La tâche de la science biologique consiste non seulement à expliquer les faits observés, mais encore à en saisir la valeur qualitative : il

1. Cf. p. 370.

faut rapporter chaque fait au tout de l'organisme, il faut lui assigner la place et le rôle qu'il possède dans ce tout, autrement dit il faut en dégager l'importance et la signification pour la nature et pour la vie de l'organisme en question. Aussi un seul fait nouveau est-il susceptible de faire écrouler une théorie biologique, si nombreux que soient les faits sur lesquels celle-ci s'appuie. Si ce nouveau fait, étant données les conditions dans lesquelles il se produit, se révèle assez important pour la nature d'un être vivant, il appelle une idée différente de l'organisme, de telle sorte que les faits établis antérieurement à cette découverte apparaissent sous une lumière nouvelle.

Les recherches biologiques étant ainsi orientées, c'est l'expérience et non la conception théorique qui devient facteur de progrès. En effet, si nous considérons chaque donnée particulière à la lumière de notre idée de l'organisme, toute nouvelle découverte nous oblige à réviser cette idée et à refaire la théorie parfois de fond en comble; car on ne peut pas acquiescer jusqu'à ce que ce nouveau fait ait trouvé sa place dans la structure du tout de l'organisme. Si, au contraire, on part de faits particuliers et isolés qu'on établit par la méthode analytique, tels les réflexes, les prétendues [1] inhibitions, etc., la recherche biologique se laisse guider par certaines notions théoriques qui ne peuvent être que préconçues. Ce sont, en effet, ces notions qui président à la sélection des faits qu'on étudie, et surtout à leur interprétation. Mis en présence d'une nouvelle donnée, on cherche avant tout à conserver ces notions théoriques; on les modifie, on leur apporte des éléments additionnels, on leur superpose de nouvelles hypothèses, on admet une pluralité de principes explicatifs, etc., on va même jusqu'à passer à côté de faits qui ne se conforment pas aux notions théoriques considérées comme fondamentales et comme définitivement établies plutôt que de mettre en doute ces notions et de les abandonner. Mais si la conception de M. Goldstein est loin de tout empirisme philosophique, elle se tient cependant plus près de l'empirie que certaines vues inspirées des principes empiristes. Car à la base de ces principes empiristes, il faut apercevoir certaines représentations théoriques sur la manière dont les choses doivent se produire. À force de ne pas être mises en discussion, ces représentations acquièrent un caractère plus ou moins dogmatique; leur prédominance barre la route au progrès de la recherche, parce qu'elle empêche une étude impartiale des faits. Le chercheur qui aborde les faits avec ces notions théoriques et qui cherche à concevoir ainsi la vie de l'organisme, risque de s'égarer à son insu, dans une métaphysique dissimulée sous des formules en apparence scientifiques.

Cette orientation empirique, mais non empiriste, exige l'application de quelques principes méthodologiques dans les études sur l'être humain

1. « prétendues » pour « soi-disant ». *Éd.*

comme sur les animaux, dans celles sur l'homme normal comme dans celles sur les malades. Si l'on observe chez un malade une pluralité de symptômes, il ne faut jamais donner une importance prépondérante à l'un d'entre eux au détriment des autres. C'est parce qu'un des symptômes frappe, pour des raisons accidentelles, l'observateur ou que celui-ci l'aborde avec des idées théoriques préconçues, qu'il est amené à considérer l'un d'entre eux comme le symptôme central et fondamental dont les autres seraient dérivés. La bonne méthode consiste à décrire le plus complètement possible la totalité des symptômes observés et à les traiter tous sur le même plan. Il faut rapporter tous les symptômes à l'organisme altéré d'une certaine manière par la maladie, et il faut les envisager comme des formes qui expriment cette altération dans les activités relevant des domaines les plus différents. Ce n'est qu'à la fin de l'analyse, quand on peut se faire une idée de la modification subie par l'organisme, qu'il est possible de décider de l'importance particulière ou non d'un des symptômes, et cela au point de vue de l'organisme, non de celui de l'observateur. Le but principal de l'analyse d'un malade est de dégager la manière dont il accomplit une action, de découvrir la voie par laquelle il parvient à résoudre un problème posé. C'est pourquoi il ne suffit pas de s'en tenir au résultat objectif final, c'est-à-dire de se limiter à constater que, devant telle tâche posée, le malade a réussi ou a échoué. Assez souvent les malades parviennent à une solution positive du problème, mais ils y aboutissent par une voie différente de celle de sujets normaux, voie que l'observateur, sans une analyse approfondie, serait d'abord tenté de croire la seule possible. Cependant, quand on oblige le malade à adopter le procédé du sujet normal, il aboutit à un échec. L'analyse de la voie empruntée par le malade, des détours et des expédients auxquels il a recours, des situations dans lesquelles il réussit et de celles où il ne réussit pas, des raisons qui l'empêchent d'agir de la même manière que le sujet normal, enfin des solutions fautives qu'il produit parfois à la place de la solution demandée – toutes ces analyses sont indispensables pour une pleine compréhension des troubles dont souffre le malade et de la modification subie par suite de la lésion. (Il suffit de citer les travaux de M. Goldstein et de son collaborateur A. Gelb sur les troubles du langage[1], travaux qui font ressortir toute la fécondité de ces principes méthodologiques pour des recherches concrètes).

M. Goldstein n'admet pas les explications négatives, c'est-à-dire celles où un fait est ramené à l'affaiblissement, à l'inhibition, à la suppression, etc., d'un autre fait. Le phénomène de Babinski, par exemple, est considéré comme un réflexe important pour l'animal. Ne l'étant plus pour l'homme,

1. Cf. les résumés que Gelb et M. Goldstein ont donnés de leur conception des troubles aphasiques dans le *Journal de Psychologie normale et pathologique*, 1933.

il serait inhibé chez celui-ci. Dans certaines lésions, cette inhibition serait affaiblie ou supprimée et, par suite le réflexe réapparaîtrait. M. Goldstein rejette cette explication. Il réduit le phénomène de Babinski au rapport, très général, entre la région corticale et les mouvements de flexion; mouvements qui, d'après lui, sont supérieurs aux mouvements d'extension. Cette supériorité apparaît dans une quantité de faits les plus différents. En cas de lésion entraînant une dédifférenciation des actes, les mouvements d'extension en tant que plus primitifs acquièrent une certaine prépondérance. De là le phénomène de Babinski dont, en même temps, M. Goldstein explique quelques variations restées incomprises jusqu'ici. Dans cette explication le phénomène en question perd sa singularité : il se révèle le cas spécial d'une loi très générale, la forme particulière sous laquelle, dans certaines conditions intérieures de l'organisme et étant donné une situation concrète déterminée, apparaît un rapport avéré de manière tout à fait générale. On voit que l'explication de M. Goldstein offre l'avantage d'une plus grande rationalisation. Cet avantage consiste à pouvoir se dispenser d'avoir recours à des réflexes spécifiques de toute sorte, de discuter des questions relatives à l'importance de ces réflexes, et de faire les hypothèses d'une inhibition et d'une désinhibition de ces réflexes. Dans les explications conçues à partir de ces notions, chaque phénomène, comme par exemple le phénomène de Babinski, apparaît à proprement parler comme un fait singulier qui, comme tel, appelle une explication particulière. Or, si l'on admet des réflexes spécifiques et des interactions entre les réflexes, on se voit obligé de faire appel à des centres régulateurs et coordinateurs dont la définition reste nécessairement vide. En effet, tout ce qu'on peut dire de ces mécanismes superposés les uns aux autres, c'est qu'ils remplissent les fonctions auxquelles ils sont destinés. Et, qui plus est[1], en supposant que deux processus opposés se produisent en même temps dans l'organisme, il est impossible de décider, à moins qu'on ne se laisse guider par une idée théorique préconçue, lequel doit être considéré comme inhibé et lequel comme inhibant; lequel doit passer pour normal et lequel pour modifiant le premier. C'est pourquoi M. Goldstein propose d'éliminer les notions de l'inhibition et de la désinhibition, et d'expliquer les phénomènes observés, en les rapportant à la situation concrète où se trouve l'organisme déterminé. En effet, quand on applique à un malade atteint de certains troubles cérébraux deux *stimuli* qui, appliqués séparément, provoqueraient deux processus opposés l'un à l'autre, on ne constate jamais un effet dans le sens de la résultante des forces. Ou bien l'un d'entre les deux *stimuli* l'emporte, ou bien deux phases opposées alternent l'une avec l'autre, et la phase la plus marquée et qui a la plus longue durée correspond au *stimulus* le plus fort.

1. « qui plus est » pour « encore ». *Éd.*

Dans une explication biologique, on ne doit donc jamais faire appel à des processus qui devraient se produire pour conclure à leur inhibition du fait qu'en réalité ils ne se produisent pas; il ne faut au contraire y faire figurer que les faits donnés à l'observation. Si de cette manière on ne peut pas expliquer un phénomène quelconque, mieux vaut renoncer provisoirement à toute interprétation [1] que d'en construire une plus ou moins *ad hoc*.

La centralisation parfaite n'est pas, surtout chez l'homme, le cas normal au sens de fréquence moyenne; elle est au contraire un fait exceptionnel, le don, si l'on peut dire, de minutes particulièrement heureuses. En règle ordinaire, on constate une certaine alternance de phases opposées dans presque tous les actes, même dans ceux de l'innervation arbitraire, qui sont les mieux centralisés parmi les faits moteurs. Souvent cette alternance ne tombe pas sous l'observation directe, mais doit être décelée par des méthodes spéciales. Sous des formes accusées, on connaît le phénomène de l'alternance chez des enfants, chez des malades, chez des animaux qui ont subi une opération; on peut enfin le provoquer chez l'homme adulte normal par un certain arrangement expérimental.

Dans tous ces cas, l'alternance exprime un relâchement de la centralisation et elle est une conséquence immédiate de ce relâchement. Le rapport entre l'alternance et l'affaiblissement de la centralisation ressort des idées générales que M. Goldstein défend au sujet du fonctionnement du système nerveux, surtout du fonctionnement d'une partie isolée de ce système. On peut conclure de là que, si l'alternance se produit dans tous les actes, même dans ceux accomplis avec la plus grande concentration, c'est que cette centralisation est toujours plus ou moins imparfaite chez l'homme. Ainsi le fait que l'alternance caractérise, dans une certaine mesure, tous les actes normaux de la vie humaine, témoigne de l'imperfection de cet être qui, parce qu'il est le plus compliqué des êtres vivants, n'atteint que très difficilement et très rarement un degré parfait de centralisation.

Si pourtant M. Goldstein part non du cas le plus fréquent, mais du cas idéal qui est celui de la centralisation parfaite, c'est que, d'après lui, le moins parfait peut être compris à partir du plus parfait; mais jamais inversement. Il en est de même en ce qui concerne le rapport entre les parties et le tout. Quand on considère le tout de l'organisme, il est possible de comprendre les faits qui se produisent dans les organes particuliers, même ceux qui s'y produisent dans les conditions de l'isolement. Mais il n'y a aucun moyen de reconstruire la vie de l'organisme à partir de tels faits, à partir des réflexes par exemple. Le réflexe (défini par la constance de la relation entre la stimulation et la réaction) se produit quand un organe est stimulé

1. « à toute interprétation » pour « à l'interprétation ». *Éd.*

isolément de façon telle que le reste de l'organisme est tenu à l'écart de la réaction, c'est-à-dire est mis dans des conditions constantes. En effet, si ces conditions n'étaient pas constantes, ou bien si l'organe auquel on applique le stimulus n'était pas isolé le plus possible du reste de l'organisme, la réponse donnée à la stimulation de l'organe particulier serait altérée en raison du rapport de chaque organe au tout de l'organisme.

On observe également des phénomènes analogues aux réflexes en dehors de l'arrangement expérimental artificiel quand, par exemple, un organe est brusquement et subitement stimulé, ou que l'intensité de la stimulation dépasse les forces de l'organisme. Dans ces cas aussi, il s'agit d'un isolement, parce que la stimulation est déclenchée dans l'organisme, avant que celui-ci ait le temps de s'adapter à la situation nouvelle et imprévue. Le réflexe n'est donc pas une abstraction, comme le soutient Sherrington; il existe en réalité et se produit dans l'organisme. Mais il est un fait « non-naturel » en ce sens qu'il ne fait son apparition que dans des conditions bien déterminées et qui diffèrent profondément de celles dans lesquelles se produisent les réactions « naturelles » de l'organisme.

Celles-ci ne se composent donc pas avec des réflexes et ne sont pas compréhensibles à partir des résultats obtenus dans des conditions artificielles. Inversement, il est bien possible d'expliquer le réflexe à partir de la fonction normale et de l'interpréter comme un cas spécial des réactions « naturelles » de l'organisme. Ce qu'on appelle réflexe n'est, d'après M. Goldstein, rien d'autre que la réaction biologique la plus primitive qui consiste à se tourner vers le *stimulus*; c'est d'ailleurs à cette réaction primitive que l'auteur ramène quelques faits qualifiés d'instinctifs et qui perdent ainsi leur caractère spécifique. Dans le cas du réflexe, l'isolement entraîne une dédifférenciation du *substratum* nerveux en question, de sorte qu'il ne lui reste que la manière la plus primitive de réagir à une stimulation et de la compenser. Le réflexe se révèle donc la forme spéciale que la vie de l'organisme prend dans certaines conditions bien déterminées, si bien qu'on peut se dispenser d'admettre les réflexes à titre de faits spécifiques. Il est alors évident qu'un phénomène aussi spécial et qui ne se produit que dans des conditions aussi restreintes, ne peut pas servir de point de départ pour expliquer les réactions dans les conditions si variées de la vie naturelle, réactions dans lesquelles l'organisme tout entier est engagé – marque distinctive la plus importante. En effet, la rigidité des réactions qui se produisent dans les conditions spéciales créées par l'isolement contraste nettement avec la souplesse et avec la prompte adaptation aux vicissitudes de la situation qui caractérisent les réactions « naturelles » de l'être vivant.

Donc si l'on part de l'organisme comme un tout et qu'on tient compte de la centralisation et de son relâchement, on peut expliquer les réflexes, l'antagonisme, l'alternance de phases opposées, la prépondérance qu'acquièrent certains besoins et tendances, le besoin sexuel par exemple, prépondérance qui dans la théorie psychanalytique joue un rôle de premier plan et passe pour le fait vital principal. Si, au contraire, on part de ces faits érigés en absolus sans considérer leur place dans la vie de l'organisme, c'est-à-dire les conditions dans lesquelles ils se produisent, on n'arrive pas à concevoir cette vie. En ce sens on doit considérer la notion de totalité comme la catégorie qui constitue l'objet de la biologie.

M. Goldstein tire cette orientation méthodologique non de raisonnements abstraits, mais du travail empirique et expérimental portant sur des phénomènes concrets. L'intérêt est d'autant plus grand de constater l'affinité soulignée par l'auteur lui-même entre sa conception de la science biologique et les idées spéculatives de Parménide sur l'ὄν et les ὄντα. M. Goldstein croit pouvoir établir ce parallélisme jusque dans les détails. Ainsi, par exemple, l'affirmation de Parménide, que le μὴ ἐόν ne peut pas être l'objet de connaissance, serait reprise par M. Goldstein dans son précepte méthodologique de ne pas admettre d'explications négatives. Ou encore d'après Parménide, la connaissance doit porter sur l'ὄν un et unique, avec l'unité dans la différenciation, et non sur les ὄντα, objets multiples séparés les uns des autres et opposés les uns aux autres. M. Goldstein rapproche cette idée des vues qu'il défend à propos des faits biologiques dus à l'isolement, par exemple les réflexes, à partir desquels, si nous les faisons passer pour quelque chose d'autre que le produit de l'isolement et que nous leur attribuons un caractère absolu, il n'est plus possible de parvenir à la vérité sur la vie de l'organisme. M. Goldstein se réclame de l'interprétation donnée par K. Riezler des idées de Parménide[1]. Selon Riezler, avec le Un, il ne s'agit pas de la totalité des ὄντα, des hommes, des animaux, des plantes, des pierres, etc.; la structure intrinsèque de l'όν ne doit pas être confondue avec l'ordre dans le Cosmos. Il y a, au contraire, un problème du passage de la structure de l'ὄν à l'ordre parmi les ὄντα, problème que Parménide lui-même n'a pas posé, mais qui n'a pas cessé d'occuper les penseurs postérieurs à lui. M. Goldstein se croit placé devant un problème analogue. Le tout de l'organisme est, d'après lui, une idée qui relève d'un plan différent de celui des faits particuliers; il est – comme nous l'avons exposé[2] – une raison qui fonde la connaissance. Cette idée est destinée à expliquer l'apparition des faits observés, à nous faire comprendre pourquoi l'organisme, en vertu de sa structure intrinsèque, se comporte, dans un cas concret, de telle manière plutôt que de telle autre. D'une part,

1. K. Riezler, *Parmenides*. Frankfurter Studien zur Religion und Kultur der Antike (éd. W. F. Otto), Francfort-sur-le-Main, 1933.

2. Cf. p. 370.

les faits particuliers expriment l'organisme; d'autre part, l'idée qu'on se fait de celui-ci permet d'établir un ordre parmi ces faits, c'est-à-dire permet de les concevoir comme des manifestations de l'organisme mis dans certaines conditions. Ainsi se pose le problème du rapport entre les faits particuliers et le tout de l'organisme: de quelle façon ces faits sont-ils contenus dans l'organisme? ou bien s'agit-il d'un rapport différent de celui de contenu à contenant? En d'autres termes, qu'est-ce qu'un fait observé, au point de vue de l'organisme et au point de vue de la science biologique?

Dans la conception de M. Goldstein, la notion du « fait » devient très problématique. Car – rappelons-le[1] – il s'agit non seulement de constater l'apparition d'un certain fait, mais aussi et surtout de dégager sa réalité pour l'organisme, c'est-à-dire de lui donner la place qui lui appartient dans la vie d'un organisme déterminé, de le replacer dans cette vie. Tout fait observé ou provoqué par un arrangement expérimental, un symptôme chez un malade, par exemple, est une réponse de l'organisme à une certaine situation. Cette réponse non seulement dépend de la question posée, c'est-à-dire de la situation dans laquelle elle se produit, mais, de plus, il n'est possible d'apprécier cette réponse qu'à partir de la nature de l'organisme qui la donne. Un fait observé ne tient donc sa réalité pour un organisme que de l'idée que nous concevons de cet organisme. Jamais un tel fait n'existe à côté d'autres ni ne s'ajoute à eux, il n'a une réalité pour l'organisme que par son accord avec d'autres faits constatés antérieurement, faits à partir desquels nous avons conçu l'idée de l'organisme. La réalité ne peut donc être attribuée à un fait que quand celui-ci est rapporté à l'organisme en question, c'est-à-dire à l'idée que ce fait lui-même contribue à élaborer. Voilà pourquoi M. Goldstein peut définir la réalité d'un fait par la contribution de ce fait à la connaissance, définition qui exprime la dialectique de la connaissance biologique. Pour tout fait nouveau se pose donc le problème de sa réalité pour l'organisme, de sa contribution à la connaissance, du rôle qu'il joue dans la vie d'un certain organisme, de la signification qu'il a pour cette vie : en particulier se pose la question de savoir s'il s'agit, avec ce fait, d'une réaction « naturelle » de l'organisme ou d'un phénomène « non-naturel » qui, comme les réflexes, ne se produit que dans des conditions très spéciales ou dans des situations-limites. C'est en ce sens que l'auteur préconise un certain scepticisme à l'égard des faits dont beaucoup, établis cependant par les méthodes les plus exactes, n'ont pas grandement contribué au progrès de la science. Il faut partir des faits particuliers, parce qu'il n'y a pas d'autre point de départ. Parmi les faits établis grâce aux méthodes analytiques il faudra chercher les faits essentiels pour l'organisme étudié, c'est-à-dire ceux dans lesquels se manifeste la tendance de

1. Cf. p. 369.

cet organisme à un comportement privilégié[1], et qui, par suite, expriment ses constantes. Or, pour constituer les matériaux indispensables à la conception de l'idée d'un organisme, il ne faut considérer les faits particuliers que comme des matériaux : ils signalent l'organisme et renvoient à lui plutôt qu'ils n'y donnent un accès direct. L'élaboration de l'idée d'un organisme ne se fait pas par une synthèse de faits, ni par voie d'induction, bien qu'on doive se servir des faits comme d'un tremplin; dans cette élaboration intervient un acte de « l'imagination créatrice », comme dans toute connaissance symbolique. Ce n'est qu'à la lumière de l'idée ainsi établie, qu'on peut juger de la signification d'un fait pour un organisme donné. M. Goldstein est loin de mettre en doute l'existence des faits établis par la méthode expérimentale et analytique. Mais il ne les prend pas tels quels; ils ne doivent être considérés comme faits avec le sens de la réalité biologique que quand ils sont intégrés dans la science, quand ils ont trouvé leur place dans l'idée de l'organisme. Ainsi, dans un fait, il faut voir un problème plutôt qu'une donnée.

C'est sous ce jour que M. Goldstein considère les faits physiques et chimiques qu'on peut constater dans l'organisme. Beaucoup d'auteurs n'admettent ni l'analyse psychologique, ni celle du comportement, et ils cherchent à leur substituer la recherche physiologique, à savoir l'examen de l'organisme par les méthodes de la physique et de la chimie. Ils donnent la préférence à ces méthodes en raison de leur précision et de l'exactitude des résultats ainsi obtenus. De plus croient-ils que, par un tel procédé, on peut approcher de manière plus immédiate l'organisme et se faire une idée plus directe du fonctionnement de la substance vivante. Pourtant, selon M. Goldstein, avec les faits établis grâce aux méthodes physiques, avec ceux de la chronaxie par exemple, il ne s'agit pas de constatations directes sur l'activité du système nerveux; tout ce qu'on peut constater, ce sont des réactions de ce système dans la condition spéciale qui est l'action du courant électrique. C'est de ces réactions qu'on tire des conclusions sur le fonctionnement du système nerveux, sur son excitabilité, sur le déroulement de l'excitation, etc. La situation est donc la même que celle où l'on se trouve, si l'on part de faits dus à l'analyse psychologique : ici aussi, on constate des réactions – par aucune méthode ne peut-on constater quelque chose d'autre – et on se fait, à partir de ces réactions, une idée sur l'activité du système nerveux, activité que l'on ne peut atteindre autrement. Les méthodes électrophysiologiques et l'analyse phénoménologique du comportement psychique aussi bien que somatique peuvent se confirmer réciproquement; pour donner à cette confirmation toute sa force, il est nécessaire de rendre les deux méthodes aussi indépendantes que possible

1. Cf. *supra*, p. 369.

l'une de l'autre. Mais il faut insister sur la réciprocité des confirmations. Si de la chronaxie élevée il est possible de conclure à une vision tachistoscopique troublée, on peut inversement tirer, à titre aussi juste, une chronaxie élevée des troubles qu'on a constatés dans la vision tachistoscopique. Avec l'une des méthodes aussi bien qu'avec l'autre, on décèle certaines réactions altérées qui permettent de se faire une idée sur le fonctionnement modifié du système nerveux, de sorte qu'à partir de cette conception, on peut prévoir des troubles dans d'autres réactions, troubles vérifiables par l'autre méthode. Aucune des deux méthodes ne permet donc d'accéder plus directement que l'autre à l'organisme. Elles ne fournissent toutes deux que des faits, c'est-à-dire des matériaux nécessaires pour concevoir une idée du fonctionnement de l'organisme. Et ce n'est que quand cette idée sera plus complète et plus approfondie qu'il sera possible d'apprécier la valeur biologique des faits découverts par les méthodes physiques et chimiques, par exemple l'importance de quantités infimes de certaines substances endocriniennes dans la formation des caractères sexuels, ou bien les chimismes qui jouent dans la transplantation de tissus, etc.

En examinant l'organisme par ces méthodes, on constate donc ses réactions plutôt qu'on ne saisit directement et immédiatement les processus physiques qui se déroulent dans la substance vivante. De plus, il ne faut pas oublier la modification qu'on apporte au fonctionnement de l'organisme par l'emploi de ces méthodes. En lui appliquant un certain arrangement expérimental, on le met dans des conditions spéciales qui diffèrent sensiblement de celles de la vie normale; la différence la plus importante consiste, ici encore, dans l'isolement artificiel plus ou moins complet de certaines régions ou de certains organes. Les faits établis par les méthodes de la physique et de la chimie sont, en grande partie, conditionnés par l'emploi de ces méthodes. Il ne faut donc pas croire que ces faits se produisent tels quels dans les actions que l'organisme accomplit dans les conditions normales de sa vie.

La considération des faits comme purs matériaux préside à la conception défendue par M. Goldstein, sur les rapports entre le psychique et le somatique. M. Goldstein n'aborde pas ce problème à un point de vue philosophique ou spéculatif, mais sous l'aspect qu'il revêt dans la pratique médicale. Certains auteurs envisagent les phénomènes somatiques comme primaires et les faits psychiques comme dépendants de ceux-là, tandis que certains psychiatres de nos jours tendent à voir dans les faits psychiques l'expression sinon unique, du moins principale de la vie, et considèrent par suite les faits somatiques comme conditionnés par les faits psychiques. D'après les uns aussi bien que d'après les autres, il y a donc une action, ou du somatique sur le psychique ou du psychique sur le somatique, ou bien une interaction entre les deux.

Or, une telle action, soit unilatérale, soit réciproque, ne peut être admise que si l'on considère le psychique et le somatique comme deux plans non seulement différents, mais encore séparés l'un de l'autre. Voilà la présupposition commune aux deux adversaires. Et c'est en elle que réside, selon M. Goldstein, l'erreur fondamentale. Si l'on brise l'unité de la vie de l'organisme et qu'on la décompose en un plan du somatique et en un plan du psychique, on ne parvient plus à restituer l'unité originale. C'est de cette unité qu'il faut partir et c'est à elle qu'il faut rapporter les faits désignés comme somatiques et comme psychiques.

Ces faits ne doivent être considérés que comme des manifestations vitales, donc comme des matériaux dont la réalité pour l'organisme est en cause. Il résulte de là que toute question relative à la primauté soit du somatique, soit du psychique, est une question mal posée, et l'auteur n'admet pas non plus[1] l'idée d'une interaction entre le psychique et le somatique. Il ne met pas en doute la nature particulière du somatique ni du psychique. Mais dans l'ordre biologique, ce n'est que par l'analyse d'un organisme donné dans une certaine situation, qu'il est possible d'apprécier le rôle joué soit par le psychique, soit par le somatique dans certaines conditions concrètes.

Ce qu'on constate alors n'est pas une interaction de l'un sur l'autre, mais la réaction de l'organisme en entier, tantôt en dépendance de ce qu'on appelle le somatique, tantôt en dépendance de ce qu'on appelle le psychique. Avant de souligner la différence entre le somatique et le psychique, il faut insister sur leur rapport à l'organisme en entier. Et ce n'est qu'à partir de la structure essentielle d'un organisme qu'il est possible de dégager l'importance et la signification du somatique et surtout du psychique pour la vie de cet organisme.

Dans l'anthropologie philosophique, on a trop souvent opposé la nature à l'esprit. D'après Scheler, l'être humain est constitué par un antagonisme entre la vie, impulsions et besoins aveugles, et l'esprit qui en lui-même, est impuissant. Par l'esprit, l'homme devient un ascète de la vie, il acquiert la faculté de prendre une position négative à l'égard de cette vie, faculté dans laquelle réside sa supériorité par rapport à tous les êtres vivants. Cette négation de la sphère vitale permet à l'esprit de lui emprunter l'énergie dont il a besoin pour se manifester. Ainsi, il parvient à diriger la vie qui par elle-même ne connaît ni idées ni valeurs; il la dirige en mettant à son profit l'énergie qu'il en a tirée.

D'après M. Goldstein, cette conception de l'homme où la vie et l'esprit apparaissent comme deux principes opposés sinon hostiles, envisage les phénomènes en les isolants, ou bien considère des faits dus à leur isolement effectif. La sphère vitale définie par des impulsions et par des besoins

1. « n'admet pas non plus », pour « n'admet pas plus ». *Éd.*

aveugles ne suffit même pas pour expliquer le comportement de l'animal. Les faits qu'on pourrait citer à l'appui d'une telle explication sont en général observés dans des situations spéciales qui conditionnent un certain comportement, et ces situations diffèrent sensiblement de celles où l'animal se trouve dans sa vie normale.

Les besoins de l'animal sont intégrés à une organisation individuelle; il s'agit avec eux de formes qui manifestent cette organisation dans des conditions déterminées. Ils signalent par conséquent cette organisation et renvoient à elle plutôt qu'ils ne la définissent et qu'ils ne la composent. Il est possible d'expliquer les besoins, même les formes spéciales qu'ils prennent dans les conditions de l'isolement, quand on les rapporte à l'organisme et qu'on tient compte des situations particulières dans lesquelles ils se produisent. Si, au contraire, on part des besoins et qu'on essaye de composer avec eux la vie de l'animal, on est amené à les additionner, à les superposer les uns aux autres, et on se trouve devant les mêmes difficultés que lorsqu'on cherchait à expliquer par des réflexes les actions et les réactions normales.

Le relâchement chez l'homme de la centralisation par suite de maladie, d'empoisonnement ou d'une efficacité anormale des *stimuli* extérieurs, entraîne un comportement caractérisé par une prépondérance accrue de la vie affective, des impulsions et des besoins. Mais on ne doit pas rapprocher ce comportement de l'homme malade de celui de l'animal. Le comportement morbide est désordonné ou automatisé; ce qui lui manque, en tout cas, est ce rapport au tout de l'organisme qui caractérise le comportement des animaux. La description de la sphère vitale par Scheler traduit donc non la vie en elle-même, mais certaines formes de cette vie dans les conditions de l'isolement.

D'autre part, l'esprit ne doit pas être conçu non plus comme un facteur négatif et purement inhibant à l'égard de la vie. Grâce à l'esprit, l'être humain est en mesure de mettre une distance entre lui-même et le monde, d'arrêter pour ainsi dire le cours des choses, et de considérer des possibilités, des éventualités, etc. Ainsi, il acquiert une certaine indépendance à l'égard des choses extérieures et prend en face d'elles l'attitude du spectateur. La représentation que l'homme se crée ainsi du monde et qui lui permet de prévoir les choses, le met à même d'intervenir dans le cours de ces choses et de le modifier. Cette faculté ne se superpose cependant pas simplement à la sphère vitale. Sa présence dans l'homme fait subir une conversion – et non pas une négation[1] – à toutes les fonctions vitales, de sorte qu'aucune d'entre elles n'est, chez l'homme, telle qu'elle est chez l'animal. M. Goldstein va même jusqu'à soutenir que, chez l'homme, toute

1. « et non pas une négation » pour « non une négation ». *Éd.*

action, quelle qu'elle soit, est déclenchée par la conscience définie comme fonction d'objectivation. Si cette faculté est affaiblie, il peut en résulter la prépondérance déjà citée de la vie affective. Mais cet affaiblissement peut également entraîner un tel rétrécissement du milieu où vit le malade qu'il n'y a plus de place même pour la vitalité. M. Golsdtein cite le cas d'un malade qui avait perdu toute spontanéité dans ses rapports avec le monde ; il l'avait perdue dans sa vie sexuelle également. Chez ce malade, la réduction de la spiritualité ne s'accompagnait pas d'un renforcement de l'affectivité. On ne doit donc pas concevoir l'homme comme un être qui posséderait quelque chose en plus de ce qu'il possède en commun avec les animaux.

L'antagonisme entre la vitalité et la spiritualité est un fait assez connu. Cet antagonisme tient à l'imperfection générale de l'être humain et à ce fait qu'en raison justement de sa spiritualité cet être est exposé au danger de tomber dans des situations catastrophiques. Une telle situation se produit, quand l'équilibre où vivait l'homme avec son milieu est rompu et qu'une nouvelle adaptation n'est pas encore établie. Dans ces situations, la centralisation est évidemment bien relâchée. L'antagonisme en question exprime cet état de transition entre un ordre ébranlé et un ordre supérieur, et c'est alors que l'esprit apparaît comme la négation de la vie. Il faut donc rapporter cet antagonisme à la situation dans laquelle il se produit, et il faut le considérer comme engendré par cette situation spéciale.

Mais si on le prend pour un absolu et qu'on le ramène à deux principes opposés par nature l'un à l'autre, on est fatalement amené à faire appel à un principe régulateur et on ne parvient pas à reconstituer l'unité de l'être humain. Ici encore, il faut partir de cette unité, c'est-à-dire du plus parfait, bien qu'il soit moins fréquemment réalisé. Alors il est possible de comprendre les phénomènes qui se produisent dans les conditions de l'isolement. Ces phénomènes apparaissent comme des symptômes de la modification que ces conditions spéciales font subir à l'être humain dans son unité.

Le problème n'est donc pas de composer l'être humain avec deux principes indépendants l'un de l'autre, principes que Scheler a substantifiés ; il est d'assigner à la vitalité aussi bien qu'à la spiritualité la place que chacune d'entre elles occupe dans l'organisation de l'être humain en général, et de déterminer le rôle concret que l'une et l'autre jouent, pour l'homme, dans des circonstances déterminées. Les faits vitaux aussi bien que ceux qui relèvent de la spiritualité ne sont donc, selon M. Goldstein, que des matériaux pour l'élaboration de l'idée de l'organisme humain. Ce n'est que sous le jour de leur rapport à l'organisme tout entier qu'il les considère sans admettre, préalablement à l'analyse, une conception relative à une opposition originale entre ces faits.

Il y a incontestablement chez l'homme une tension entre la vitalité et la spiritualité. Mais cette tension ne témoigne pas de deux principes opposés qui composeraient l'être humain. Il faut transporter cette tension à l'intérieur de l'unité de cet être : elle exprime une dualité profonde au sein de cette unité. La vitalité et la spiritualité non seulement coexistent dans l'organisme humain et y sont indissolublement liées l'une à l'autre ; mais dans cette liaison même, il y a, entre elles, un rapport de tension. Cette dualité caractérise l'homme et le distingue des animaux. Elle est à la base de toutes les créations et de toutes les œuvres de la civilisation.

Considérer les faits comme de purs matériaux auxquels on ne peut attribuer la réalité pour l'organisme qu'à la lumière de l'idée qu'ils servent eux-mêmes à concevoir, donc définir la science biologique comme une dialectique entre le plan des faits et celui de l'idée, c'est se réclamer du platonisme dans l'interprétation de la science biologique, plus exactement c'est redécouvrir le platonisme comme moteur ou comme ressort de cette science. M. Goldstein ne cite pas Platon. Mais il y a, dans son livre, assez de passages d'inspiration nettement platonicienne. La démarcation établie entre les « recherches empiriques » et la « réflexion philosophique » lui paraît artificielle, parce que rien d'empirique ne peut être compris sinon à la lumière de l'idée, et que le fini ne devient intelligible que par son rapport à l'infini. La connaissance scientifique consiste à établir un ordre parmi les faits. Or, un tel ordre ne peut être établi qu'à partir de l'idée située sur un plan différent de celui des faits. On peut résumer la conception des faits de M. Goldstein par le mot de Goethe d'inspiration également platonicienne : *Das Höchste wäre : zu begreifen, daß alles Factische schon Theorie ist.*

Pour éviter tout malentendu : M. Goldstein est si loin de mettre en doute les faits observés et la valeur des méthodes analytiques qui permettent de les constater, qu'il ne se lasse pas de souligner l'importance des faits obtenus par ces méthodes pour l'élaboration de l'idée de l'organisme. La conception de l'idée n'a pas d'autre appui, ni d'autre point de départ que les faits. Ce qui est en cause, ce ne sont pas les faits en tant que tels, c'est le témoignage qu'ils apportent de la réalité de l'organisme, c'est leur signification pour l'organisme. Et – rappelons-le – dans cette conception platonisante, on rend justice aux faits dans une mesure plus haute que dans l'empirisme où, tout en se réclamant de ces faits, on les aborde avec des idées théoriques qui ne peuvent être que préconçues.

APPENDICE VI

LE MONDE PERCEPTIF ET L'UNIVERS RATIONALISÉ

Ceci est un manuscrit sans date (portant la cote C 46 du Fonds), qui n'a jamais été publié, pour lequel le Fonds ne possède aucune information pourquoi ou quand il a été écrit. On peut supposer qu'il a été conçu en même temps que « Présuppositions philosophiques de la logique », Revue de métaphysique et de morale, *LVI (1951), p. 395 à 405, réimprimé dans la collection* Phénoménologie-Existence, *Paris, Armand Colin, 1953, et que « Sur une racine perceptive de l'abstraction »,* Actes du XIe Congrès International de Philosophie, *II (1953), p. 43 à 47, à l'époque où Gurwitsch avait commencé de revenir à Paris chaque été, occupait des postes temporaires, enseignant les mathématiques, et était soucieux de renouer le contact avec la phénoménologie française.*

*Ce texte porte sur Merleau-Ponty et sur d'autres auteurs qui contribuent à poursuivre les recherches husserliennes sur les fondements perceptifs de la conceptualisation logique, comme on le voit aussi dans l'*Appendice I, *ci-dessus. Ce thème central de recherche est poursuivi particulièrement dans « Perceptual Coherence as the Foundation of the Judgement of Predication »(1973), qui est réimprimé* in *Aron Gurwitsch,* Phenomenology and the Theory of Science, *édité par Lester Embree, Northwestern University Press, Evanston, Ill., 1974, p. 241 à 267.*

Lester Embree

Dans la dernière période de sa vie, Husserl a de plus en plus attiré l'attention sur le monde perceptif, tel que celui-ci figure dans la vie naturelle de tous les jours. C'est le monde dans lequel nous nous trouvons, dans lequel nous agissons, réagissons et travaillons. C'est dans ce monde que nous rencontrons nos semblables auxquels nous sommes liés par les rapports les plus divers. Tous nos désirs et espoirs, toutes nos appréhensions et craintes, tous nos plaisirs, et toutes nos souffrances, bref toute notre vie affective et émotionnelle se rapporte à ce monde; et c'est encore à lui que se réfèrent toutes nos activités intellectuelles, d'ordre pratique aussi bien que théorique. En décrivant et en analysant le monde perceptif, il faut le prendre tel qu'il s'offre en fait à la conscience naturelle de la vie de tous les jours, tel qu'il apparaît préalablement aux idéalisations que comportent l'interprétation et l'explication scientifiques.

Le monde est conçu par l'homme civilisé moderne sous la perspective des sciences physiques, telles que celles-ci se sont établies dès le XVIIe siècle. Même quand nous ne sommes pas des physiciens et que nous sommes peu familiers avec les théories de la physique et avec les résultats auxquels cette science est parvenue, nous concevons et nous interprétons[le monde] [1]par rapport à l'existence même de la physique[2].

Le monde est conçu par nous comme déterminable. Cela ne signifie pas seulement qu'il y a la possibilité d'appliquer au monde les méthodes d'analyse et d'explication qui sont propres à la physique. Considéré en lui-même, pris tel qu'il est en vérité et en réalité; le monde est déterminé, il est de nature rationnelle; et la rationalité du monde ne peut être autre que la rationalité spécifique des mathématiques et de la logique[3].

Si donc le monde est déterminable, cela veut dire que par le moyen des sciences physiques nous réussissons à dévoiler progressivement la vraie structure de l'univers. Or, ce n'est pas la science qui rend le monde déterminé; ce n'est pas elle qui introduit la rationalité mathématique dans l'univers. Tout ce que la science peut faire et qu'elle fait en effet, c'est de dégager la structure vraie et réelle du monde; cette structure qu'il a, et qu'il avait « de tout temps », indépendamment de la science même, c'est-à-dire indépendamment de l'étape historique qu'à un moment donné la science a atteinte au cours de son développement.

Le monde apparaît dans l'expérience de la vie de tous les jours sous un aspect bien différent de celui sous lequel il se présente dans les théories explicatives de la physique. Contrairement aux doctrines défendues par quelques philosophes de l'Antiquité qui repoussaient la perception comme purement illusoire, donc décevante, la pensée moderne, tout en insistant sur la différence qui sépare le monde tel qu'il est en vérité et en réalité, du monde tel qu'il s'offre en perception, assigne à la perception une fonction hautement importante. Cette fonction consiste à signaler et à indiquer la réalité mathématico-physique. Bien que les données perceptives ne soient pas des réalités mathématico-physiques, elles sont tout de même tradui-

1. Inséré par nous. *Éd.*

2. Cf. E. Husserl, *Erfahrung und Urteil*, § 10.

3. « et [de] la logique » insertion manuscrite interlinéaire qui nous semble être de l'auteur. *Éd.*

sibles dans le langage mathématique, c'est-à-dire dans le langage de ces idéalités particulières [1] qui figurent dans la physique mathématique.

Une des premières démarches de la science commençante sera donc de trouver un principe de correspondance ou de coordination qui rende possible cette traduction.

Dans l'ordre d'idées que, suivant Husserl, nous cherchons à développer ici, peu importent les différences entre les interprétations philosophiques qui peuvent être soutenues et qui ont été soutenues quant aux rapports du monde perceptif à l'univers construit par la science. D'après l'interprétation réaliste, l'univers construit par la science est un univers qui existe en soi et qui préexiste donc à sa construction. C'est un univers caché, pour ainsi dire, derrière les apparences perceptives de sorte que la tâche de la science consiste à percer à travers les apparences, tout en se laissant guider par celles-ci, pour saisir le monde sous sa forme vraie et réelle. L'idéalisme intellectualiste ne considère pas l'univers de la science comme une réalité ontologique qui existe en soi, mais, au contraire, le rapporte aux démarches de la raison et de la conscience scientifique.

L'univers construit par la science est conçu comme le corrélat de la raison constituante; l'élaboration progressive de cet univers suit et exprime l'épanouissement graduel de la raison scientifique. Ici les données perceptives servent à stimuler la raison. Non seulement, se prêtent-elles à l'interprétation rationnelle, mais encore elles l'invitent. Cela implique que les données de la perception sont de prime abord conçues sous le rapport de leur rationalisation possible, donc sous le rapport de la possibilité de cette traduction dont nous parlions tout à l'heure. Merleau-Ponty qui s'est profondément inspiré des tendances issues de la dernière phase de la pensée husserlienne a montré qu'il y a plus de parenté qu'on ne le croirait entre les théories classiques qui se sont opposées les unes aux autres [2]. Cette parenté se fonde sur l'acception, sans critique ni justification préalables, par tous les courants philosophiques modernes, de l'idée d'un univers exact, déterminé en soi-même, et en ce sens, absolu. Dans le réalisme et dans l'empiricisme cet univers absolu est posé comme réalisé dans la nature; ainsi, il apparaît comme la cause de la perception. Celle-ci provient, en dernière analyse, de ce que certains processus, considérés tels qu'ils sont conçus par la physique, agissent sur nos organes de sens et y provoquent des stimulations.

L'intellectualisme, comme nous le remarquions tout à l'heure, ne soutient pas une conception ontologique de l'univers exact et déterminé en soi de la science, mais voit dans celui-ci le produit des opérations de la

1. « particulières » pour « spécifiques ». *Éd.*
2. Merleau-Ponty, *Phénoménologie de la Perception.*

conscience constituante. Or, d'après Merleau-Ponty, « cette conscience constituante, au lieu d'être saisie directement, est construite de manière à rendre possible l'idée d'un être absolument déterminé… C'est qu'on suppose effectué quelque part ce qui n'est pour nous qu'en intention : un système de pensées absolument vrai, capables de coordonner tous les phénomènes, un géométral qui rende raison de toutes les perspectives, un objet sur lequel s'ouvrent toutes les subjectivités »[1].

En d'autres termes, de prime abord la conscience est définie en vue de ce dont il faut rendre compte dans les termes de la conscience même. Au lieu de prendre la conscience telle qu'elle s'offre en réalité immédiate et de l'analyser sous son aspect vécu, on commence par la concevoir sous le rapport de la fonction qu'elle a à accomplir et qui est de faire ressortir l'univers exact et déterminé en soi de la science[2]. Aussi l'univers de la science ne passe-t-il pas, dans l'intellectualisme, pour la cause initiale de la conscience en général ni de la perception en particulier, mais bien pour le terme final[3]. Pas plus que le réalisme ou l'empirisme, l'intellectualisme ne soumet l'idée d'un univers exact et déterminé en soi à un examen quant à son origine et sa justification.

Cette idée est prise comme *terminus ad quem* par rapport auquel s'oriente la conception de la conscience[4]. L'idée en question est comme inscrite dans la conscience à titre de terme téléologique immanent. Il lui est conforme que l'intellectualisme ne considère la perception que comme phase préparatoire ou préliminaire de la connaissance vraie. C'est le même objet qui se donne dans la perception et qui se présente à la connaissance rationnelle. Cependant, alors que celle-ci est une prise de conscience claire, distincte et explicite, le même objet s'offre, dans la perception, de façon vague, obscure et confuse[5].

1. Merleau-Ponty, *Phénoménologie de la perception*, p. 50.

2. *Id., ibid.*, p. 49 « L'intellectualisme accepte comme absolument fondée l'idée du vrai et l'idée de l'être dans lesquelles s'achève et se résume le travail constitutif de la conscience et sa réflexion prétendue consiste à poser comme puissances du sujet tout ce qui est nécessaire pour aboutir à ces idées ».

3. *Id., ibid.*, p. 39-40.

4. *Id., ibid.*, p. 51 « … l'intellectualisme laisse la conscience dans un rapport de familiarité avec l'être absolu et l'idée même d'un monde en soi subsiste comme horizon ou comme fil conducteur de l'analyse réflexive ».

5. Merleau-Ponty, *ibid.*, p. 35 se réclame de l'analyse que Descartes fait de la perception du morceau de cire et qui le mène à la conclusion « que ma perception n'est point une vision, ni un attouchement, ni une imagination, et ne l'a jamais été, quoiqu'il le semblât ainsi auparavant, mais seulement une inspection de l'esprit, laquelle peut être imparfaite et confuse, comme il était auparavant, ou bien claire et distincte, comme elle est à présent… ». On pourrait encore citer la thèse de Leibniz d'après laquelle la perception n'est qu'une pensée confuse.

Le passage de la perception à l'intellection signifie pour l'objet en question que maintenant il est dégagé dans son être réel, alors que, comme perçu, tout en étant le même, il ne se présentait pas sous son véritable aspect. Ce passage signifie donc la transition d'une apparence en laquelle la réalité était comme enveloppée à la réalité même. En ce sens nous avons pu dire tout à l'heure que les données perceptives invitent leur rationalisation.

La pensée « commune » de l'homme civilisé moderne aussi bien que la pensée réflexive du philosophe moderne est dominée par ce que Merleau-Ponty appelle le « préjugé du monde objectif »[1] ou bien, comme nous l'exprimions, par la conception du monde perceptif sous le rapport de sa rationalisation possible, c'est-à-dire sous le jour de l'univers exact et déterminé en soi, tel que celui-ci est construit par la science mathématico-physique. En poussant la pensée moderne à sa dernière conséquence, on pourrait dire, sans formuler les choses de façon trop outrée, que la pensée moderne considère le monde comme étant en réalité tel qu'il finira par se révéler quand la science aura achevé son œuvre.

Illustrons par quelques exemples cette orientation du monde perceptif vers l'univers idéal de la science. Les objets donnés dans la perception présentent des formes spatiales pour la description desquelles on se sert de notions telles que « arrondi », « pointu », « cornu », « dentelé », « ombelliforme », « corymbiforme », etc. Toutes ces notions désignent des types morphologiques qualitatifs qui ne sont pas délimités de manière précise et exacte, mais dont la définition est essentiellement vague et comporte du flottement et de la fluctuation[2].

Chacune des notions en question s'applique non seulement à une « norme » typique fixée, mais encore à toute une multiplicité de variations ou plutôt de variétés; pourvu que celles-ci ne s'éloignent pas trop de cette « norme ». Ce « ne pas s'éloigner trop » est aussi affecté d'un à peu près; en effet il est impossible de fixer exactement les limites de la zone d'application d'une telle notion. Il en est de même quand des notions telles que « circulaire », « sphérique », « droit », « plan », etc. sont employées pour rendre l'aspect perceptif de formes spatiales. Le terme « circulaire » ne désigne pas le cercle au sens de la géométrie; même pas au sens de l'ancienne géométrie « intuitive » avant l'algébrisation.

Ce qui est indiqué par ce terme est plutôt un certain type morphologique, une certaine physionomie perceptive que la figure en question

1. Merleau-Ponty, *ibid.*, p. 11-15.

2. Husserl, *Ideen zu einer reinen Phänomenologie und phänomenologischen Philosophie* (cité ci-après comme *Ideen*), § 74, et *Die Krisis der Europäischen Wissenschaften und die transcendentale Phänomenologie* (cité après comme *Krisis*) p. 99-100, dans *Philosophia*, t. I, Belgrade, 1936.

peut garder, même quand elle subit une déformation pas trop considérable. Du point de vue de la géométrie un cercle déformé n'est plus un cercle. À la conscience perceptive, au contraire, il continue à se présenter comme un cercle, bien que comme un cercle défiguré, indécis, « mauvais »[1]. D'autre part, comme Merleau-Ponty l'a bien fait remarquer, le cercle perçu, c'est-à-dire la forme spatiale à physionomie circulaire ne possède pas « d'avance et en soi » « toutes les propriétés que le géomètre a pu et pourra y découvrir »[2].

Or, les types morphologiques à définition vague et à zone d'application délimitée avec peu de précision, qui seuls existent dans le monde perceptif, nous les rapportons aux corps et aux figures « pures » et idéales des mathématiques – la sphère, le cercle, la droite, le plan, etc. au sens strictement géométrique – et nous considérons les premiers comme des approximations de ceux-ci. Alors la question se pose de savoir d'où viennent ces idéalités géométriques, ces pures formes spatiales idéalement possibles. D'où vient l'idée même de concevoir des formes-limites idéales dont les formes spatiales perçues peuvent « s'approcher », sans jamais les atteindre[3]. C'est un truisme que les formes idéales de la géométrie ne se rencontrent pas dans le monde perceptif. De plus[4], aucune opération effectuée sur des formes spatiales perceptives ne fait ressortir des figures idéales géométriques. Que nous transformions, autant qu'il nous plaira, soit effectivement, soit en imagination, une forme spatiale perçue, nous ne parviendrons qu'à d'autres formes spatiales à type morphologiques, donc du même genre que celle dont nous étions parti. Pour aboutir aux formes « pures » et idéales de la géométrie, il faut mettre en fonction une opération tout à fait spécifique, qui est l'idéalisation et que Husserl distingue de toutes les autres activités logiques ou catégorielles[5]. Le problème que nous avons soulevé concerne la nature même de l'opération d'idéalisation; il concerne encore la manière dont cette opération est motivée par l'aspect et par les structures du monde perceptif.

En considérant l'espace lui-même, au lieu de formes spatiales particulières, nous nous trouvons acheminé vers des problèmes analogues. Ne parlons pas de la méthode déductive de la géométrie, grâce à laquelle

1. De tels phénomènes attestent, selon les théoriciens de la forme, le privilège qu'ont les formes prégnantes comme la « ligne droite », le « cercle », « l'angle droit » – comprises, bien entendu, dans le sens perceptif, non géométrique. Cf. notre article « Quelques aspects et quelques développements de la Psychologie de la Forme », p. 451-454, *Journal de Psychologie normale et Pathologique*, t. XXXIII, 1936. [Cf. ici *Appendice* I.]

2. Merleau-Ponty, *Ibid.*, p. 316.

3. Husserl, *Ideen*, p. 138-139; *Krisis*, § 9 a.

4. « De plus » pour « Encore est-il qu' ». *Éd.*

5. *Id.*, *Erfahrung und Urteil*, p. 41-42; voyez aussi *Ideen*, p. 138-139.

toutes les formes géométriques idéalement possibles et toutes les relations entre ces possibilités idéales peuvent être construites à partir d'un nombre restreint d'axiomes de sorte que[1] toute vérité géométrique est impliquée dans ceux-ci, c'est-à-dire n'en est qu'une conséquence[2]. Ne parlons pas non plus de la formalisation qui est tellement caractéristique du développement moderne de la géométrie. Sous cette formalisation, le géomètre ne parle plus de « points », de « droites », de « plans » etc., mais seulement d'entités entièrement indéterminées et qui ne sont définies que par des rapports qu'on établit entre elles, rapports qui, eux aussi, ne sont définis en dernière analyse que par certaines caractéristiques tout à fait formelles.

En nous en tenant à la géométrie sous une forme sous laquelle elle ne s'est pas encore complètement émancipée de l'intuition de l'espace, insistons sur la nature homogène et isotrope de l'espace géométrique. Aucun emplacement n'est privilégié par rapport à un autre emplacement, ni une direction spatiale par rapport à une autre direction. Un système de coordonnées peut être installé n'importe où et il peut être orienté de n'importe quelle façon.

Comparons cette conception géométrique de l'espace avec l'aspect perceptif sous lequel se présente le monde réel, quant à l'ordre spatial qu'il comporte. Le monde perceptif s'offre orienté et organisé sous le rapport du haut et du bas, de la droite et de la gauche, de l'avant et du derrière, et enfin du proche et du lointain. Le centre de référence de cette structure d'organisation est le corps propre du sujet percevant. Cela est particulièrement clair en ce qui concerne l'opposition entre le proche et le lointain.

L'emplacement actuel du sujet percevant définit un *hic* absolu de telle sorte que tout emplacement autre que celui occupé par le corps propre du sujet se caractérise comme *illic*[3]. Seul le corps propre du sujet percevant est *hic*, tout autre corps est *illic*. Tenant compte de l'orientation du monde perceptif selon la droite et la gauche, l'avant et le derrière, on peut parler, avec Merleau-Ponty, de l'« installation des premières coordonnées »[4]. C'est par rapport à ce *hic* absolu que les objets effectivement perçus aussi bien que ceux qui sont perceptibles, bien que peut-être ils ne soient pas effectivement perçus à présent[5] ; bref, que tous les objets qui figurent ou qui

1. « de sorte que » pour « ainsi que ». *Éd.*

2. Cf. Husserl, *Logische Untersuchungen*, t. I, § 69-79 ; *Ideen*, § 72 ; *F.T.L.*, sect. I, chap. III.

3. Husserl, *Méditations Cartésiennes*, p. 104.

4. Merleau-Ponty, *ibid.*, p. 117 : « le mot "ici" appliqué à mon corps ne désigne pas une position déterminée par rapport à d'autres positions ou par rapport à des coordonnées extérieures, mais l'installation des premières coordonnées; l'ancrage du corps actif dans un objet, la situation du corps en face de ses tâches ».

5. « à présent » pour « au moment ». *Éd.*

peuvent figurer dans le monde perceptif se différencient en objets proches et en objets lointains, les termes de « proche » et de « lointain » devant être entendus avec ce manque de précision et de délimitation nettes qui, comme nous le disions plus haut, caractérise toutes les notions puisées directement dans l'expérience perceptive immédiate.

Cependant le sujet percevant peut se mouvoir et se meut en fait. Nous sommes libres de quitter la place où nous nous trouvons à présent pour nous rendre à un autre endroit qui à présent [1] est *illic*, mais qui, quand nous aurons effectué la locomotion, deviendra *hic*. Même si nous restons en place, nous pouvons bien nous imaginer ou chercher à nous imaginer l'aspect sous lequel le monde et les choses se présenteraient à nous, si au lieu d'être là où nous sommes en fait, nous nous placions ailleurs. En vertu de cette mobilité du sujet percevant, le *hic* absolu est affecté d'une certaine relativité. De *hic* absolu tout court il devient le *hic* absolu du moment [présent], ce qui veut dire un *illic* potentiel. Réciproquement, tout *illic* actuel acquiert le sens d'un *hic* potentiel; dans certaines conditions le *hic* actuel peut même apparaître comme un *hic* passé (quand je me souviens d'avoir été à l'endroit en question) ou bien comme un *hic* futur (quand je suis en train de m'y rendre) [2]. Ainsi la voie est préparée pour la conception de l'espace homogène. Pourtant à vrai dire, la mobilité libre du sujet percevant ne fonde que la possibilité d'installer un système de coordonnées à tout endroit auquel le sujet peut se rendre.

L'homogénéité de l'espace dans le sens de la géométrie implique au contraire l'idée qu'un système de coordonnées peut être installé n'importe où, sans égard à la question de savoir si, oui ou non, le sujet peut se rendre en fait à l'endroit qu'il choisit tout à fait librement et arbitrairement comme centre de références. Il y a donc un passage à effectuer de l'idée de « tout endroit qui est accessible au sujet » à celle de « n'importe quel endroit » sans restriction aucune [3]. Réfléchissant sur sa mobilité de fait, le sujet percevant peut bien imaginer être doué d'une liberté de locomotion plus grande que celle dont il jouit en fait. En d'autres termes, le sujet peut

1. « à présent » pour « au moment ». *Éd.*

2. Dans son analyse de l'appréhension d'autrui, Husserl, *Méditations Cartésiennes*, § 53, se réclame de la possibilité, grâce à la mobilité libre du sujet percevant, de transformer tout *illic* en un *hic*, et inversement. En effet, autrui est appréhendé comme percevant le monde pas autrement que moi, je perçois le monde, mais comme le percevant sous une perspective sous laquelle je ne le perçois pas, sous laquelle, toutefois, je le percevrais, si, littéralement, je me mettais à la place d'autrui, c'est-à-dire « si j'allais "là-bas" *(illic)* et si j'y étais ».

3. La nécessité de ce passage semble avoir échappé à l'attention de M. O. Becker (« Beiträge zur phänomenologischen Begründung der Geometrie und ihrer physikalischen Anwendungen », p. 458-459, *Jahrbuch für Philosophie und phänomenologische Forschung*, t. VI, 1923), qui, d'ailleurs, s'est bien aperçu du rapport entre la constitution de l'espace homogène et celle de l'intersubjectivité.

imaginer qu'en principe il peut se rendre à n'importe quel lieu dans l'espace, bien que des raisons d'ordre technique puissent empêcher l'actualisation de cette liberté de mouvement complète.

Le passage en question peut donc être défini comme généralisation de « l'accessibilité en fait » en « accessibilité en principe ». Notons que l'opération de l'imagination dont il s'agit ici diffère de façon caractéristique des opérations mentionnées plus haut[1] par le moyen desquelles nous parvenons à des formes idéales au sens géométrique propre à partir des types spatiaux morphologiques.

Là en effet, comme nous l'avons vu, l'opération de l'imagination, bien que nécessaire[2], a paru insuffisante, pour autant que les formes géométriques idéales qui sont des formes-limites appartiennent à un genre d'existence tout différent de celui dont ressortissent les formes qui résultent de la transformation en imagination de formes spatiales morphologiques données. Ici, au contraire, il ne semble s'agir que d'une pure extension en imagination de notre liberté de mouvement effective.

L'installation d'un système de coordonnées nous a apparu liée à un sujet percevant, à l'emplacement du corps propre de ce sujet, et enfin à ses possibilités motrices. Rien de tout cela n'est mentionné en mathématique ni en physique mathématique. C'est que celles-ci ne s'intéressent qu'à la description qu'on peut donner du monde en se plaçant à un certain point de vue, c'est-à-dire par rapport à un certain système de référence, à la formulation analytique des lois de figures définies en termes de rapports entre des éléments spatiaux, à l'expression analytique des mouvements des corps; quand ces mouvements sont soumis à certaines lois et surtout à des rapports invariants, rapports qui, parce qu'ils sont valables pour tout système de coordonnées possibles, ne dépendent d'aucun.

Du point de vue des mathématiques conçues comme science positive, c'est-à-dire en tant qu'engagées dans un travail constructif, il est parfaitement légitime de ne s'en tenir qu'aux résultats de ce travail et même qu'aux[3] démarches proprement mathématiques qui y conduisent. La réflexion philosophique sur les mathématiques ne peut cependant pas se

1. *Supra*, p. 394.

2. Husserl a souligné l'importance capitale et indispensable de l'imagination et d'opérations en imagination, surtout de la « variation libre », pour la constitution et la conception d'« idées générales pures », c'est-à-dire d'idées dans le sens Platonicien (mathématiques et autres), pour l'établissement de rapports eidétiques, rapports entre les idées en question, et enfin pour la formulation de lois eidétiques, lois *a priori* qui se fondent sur les rapports eidétiques; cf. *Logische Untersuchungen*, t. II, III, § 4-7, § 10-11; *Ideen*, § 4, § 70, p. 310, 33, 311; *Méditations Cartésiennes*, p. 59-61; *Erfahrung und Urteil*, § 87-89. Voir aussi notre article « Gelb-Goldstein's concept of "concrete" and "categorial" attitude and the phenomenology of ideation », III, c, *Philosophy and Phenomenological Research*, t. X, 1949.

3. « et même qu'aux » pour « et encore qu'aux ». *Éd.*

limiter au contenu (pour ainsi dire) patent des mathématiques. Au contraire, elle ne peut pas s'empêcher de dépasser le contenu patent des mathématiques, pour remonter aux présuppositions de sens. La fonction essentielle d'une telle réflexion consiste à dégager les conditions de la possibilité même des mathématiques, c'est-à-dire les conditions et les présuppositions dont les mathématiques tirent leur sens et par rapport auxquelles elles peuvent trouver leur justification ultime. Aussi les conditions dont il s'agit, doivent-elles être qualifiées de conditions spécifiquement philosophiques.

Or, c'est le propre de ces conditions que, tout en étayant l'édifice des mathématiques, elles n'y figurent pas de manière explicite, c'est-à-dire n'y entrent pas à titre de prémisses du raisonnement. L'intérêt du philosophe se meut donc dans une autre direction que celui du mathématicien. Alors que le philosophe, cherchant à définir, à éclaircir de manière radicale, et donc aussi à délimiter le sens des mathématiques, doit se porter sur les conditions en question, pour les dévoiler et les rendre explicites, le mathématicien peut bien les passer sous silence, puisque, en raison du caractère positif de ses recherches, ne valent pour lui, comme présuppositions de son raisonnement, que des énoncés explicitement formulés. À savoir : ou bien les axiomes qu'il pose, ou bien des théorèmes démontrés qui lui servent de points de départ pour ses déductions ultérieures.

Le point auquel nous sommes arrivé est d'importance générale ce qui justifie que nous nous y arrêtions au prix d'une digression d'une certaine longueur. Tout autant que[1] les mathématiques, la logique peut, elle aussi, être construite et être développée dans l'esprit de positivité pure. En concevant la logique comme science des formes possibles – formes de propositions aussi bien que formes d'objets (formes telles que multiplicités, combinaisons, permutations, relations de toute sorte, etc.) – on commence par définir les formes les plus élémentaires et encore les opérations fondamentales. Par l'application des opérations à des formes données on obtient des formes nouvelles.

Or, toute opération logique est dominée par la loi de la réitération. Une forme issue[2] de l'application d'une certaine opération à une forme primitive peut à son tour être soumise à cette même opération aussi bien qu'à une opération différente, de sorte qu'une[3] forme d'ordre supérieur en sera engendrée. Après avoir construit les propositions hypothétiques *p entraîne q* (p … q) et *r entraîne s* (r … s) à partir des propositions catégoriques simples *p*, *q*, *r*, *s*, on peut faire servir l'une de ces propositions hypothétiques d'antécédent, et l'autre de conséquent dans une proposition

1. « Tout autant que » pour « Pas autrement que ». *Éd.*
2. « issue » pour « sortie ». *Éd.*
3. « de sorte qu' » pour « ainsi qu' ». *Éd.*

hypothétique nouvelle et plus complexe, comme par exemple *si p entraîne q, r entraîne s* ((p ... q) ... (r ... s)); ou bien on peut construire la proposition alternative : *ou p entraîne q ou r entraîne s* ((p ... q) / (r ... s)). Avec des éléments simples on peut construire des ensembles qui, à leur tour, peuvent être comparés les uns avec les autres, ou bien à partir desquels on peut construire un ensemble d'ordre supérieur, un ensemble d'ensembles. Dans ce cas-ci, les «éléments» de l'ensemble d'ordre supérieur seront les ensembles qui ont été construits en premier lieu. L'application réitérée des opérations sur des formes engendrées par les mêmes opérations, donne des formes toujours nouvelles et qui se développent avec une complexité croissante. Toute opération recèle un théorème d'existence dans le sens mathématique. Étant donnée la validité, c'est-à-dire l'existence mathématique, de la forme plus primitive dont on se sert dans la construction – forme de proposition ou forme d'objet –, et encore la validité de l'opération en question, l'application de celle-ci à celle-là donne une forme nouvelle dont la validité et l'existence mathématique sont assurées par le procédé constructif même. Ainsi on conçoit la construction idéale de la totalité infinie des formes possibles à partir des formes primitives[1]. Si la logique est conçue et développée de la sorte, elle se présente comme une science constructive autonome. Quand il a écrit les *Logische Untersuchungen*, surtout le premier tome, Husserl a fait plus que personne pour fonder et pour établir l'autonomie de la logique.

Au lieu de s'en tenir à la logique développée sous la forme d'un calcul, comme le fait et peut légitimement le faire le logicien-technicien, (pour ainsi dire), le philosophe de la logique doit s'interroger sur le sens de ce procédé constructif et le replacer dans l'ensemble de la connaissance. Alors il se trouve amené devant des présuppositions de la logique, qui ne sont pas formulées expressément dans l'élaboration de la technique calculatoire, mais qui sont à la base de tout le procédé constructif, et qui le soutiennent. La *Formale und transzendentale Logik* de Husserl est entièrement consacrée à la mise en lumière des présuppositions en question. Relevons-en quelques-unes.

Par rapport à toute proposition, nous sommes sûrs de pouvoir y revenir en tant qu'identiquement la même aussi souvent que nous le voulons. Si une démonstration mathématique s'achève avec la formulation d'un certain théorème, celui-ci peut être repris de nouveau, soit dans un réexamen de la démonstration, soit dans une continuation du raisonnement mathématique où le même théorème qui était auparavant apparu comme résultat sert maintenant de point de départ pour des déductions ultérieures.

1. Cf. Husserl, *F.T.L.*, § 13.

Une proposition, qui avait été posée, peut être mise en doute, peut être soumise à un examen approfondi et réaffirmée avec la conscience nette qu'elle est la même que celle qui avait été posée d'abord, qui est ensuite passée par le doute, etc. Nous avons vu que par l'application d'opérations logiques à des propositions données, des propositions nouvelles à structure plus complexe sont engendrées. C'est la même proposition *p* qui est posée comme proposition indépendante et qui, quand une certaine opération lui est appliquée, entre à titre d'« élément » dans une proposition plus complexe où elle accomplit une fonction définie. Ce sont le même *p* et le même *q* qui figurent, l'un en antécédent, l'autre en conséquent, dans la proposition hypothétique *p* … *q* et qui apparaissent dans l'alternative *p* / *q*.

Partout il s'agit de l'identité idéale de propositions, corrélativement à la possibilité de les reprendre autant qu'on le veut en tant qu'identiques, et encore à la possibilité idéale de réitérer les opérations logiques [1]. Nulle part cette identité idéale de propositions n'est mentionnée parmi les axiomes ni parmi les prémisses dont part le procédé constructif de la logique. Cependant le logicien en fait constamment usage, et il ne peut nullement s'abstenir d'en faire usage. En effet sans la présupposition – ne fût-ce que sous forme tacite – qu'une proposition que le logicien considère, qu'il compare avec d'autres propositions, à laquelle il applique des opérations etc., est identiquement la même toutes les fois qu'il y revient; sans cette présupposition le développement d'un système de logique ni l'élaboration d'une technique calculatoire ne seraient évidemment possibles. Sous l'emploi des mêmes symboles se dissimule l'identité de ce qui est exprimé par les symboles.

Alors que le logicien-constructeur peut faire passer l'identité idéale de propositions en « chose qui s'entend de soi-même et qui va sans dire » et le fait en effet dans la pratique de la construction, c'est la besogne du philosophe de la logique de rendre explicites ces présuppositions tacites, de les thématiser et d'y voir des problèmes. L'identité idéale des propositions a d'autant plus besoin d'un éclaircissement approfondi qu'usage en est fait non seulement dans la pensée du logicien solitaire, mais aussi dans la communication intersubjective. Quand nous soumettons nos résultats à d'autres penseurs et examinons les leurs, dans toute discussion et collaboration, soit dans les sciences, soit dans la vie de tous les jours, il est admis ou pour mieux dire il est tacitement présupposé que les propositions et systèmes de propositions dont il s'agit sont les mêmes pour tout le monde.

De même qu'à partir de formes plus simples on peut construire, par le moyen d'opérations, des formes de plus en plus complexes, de même, dans un mouvement en sens inverse, on peut partir d'une forme d'une certaine

1. Cf. Husserl, *F.T.L.*, § 73-74.

complexité et remonter aux formes plus élémentaires dont la forme donnée se tire par voie de construction. En procédant de la sorte, on retrace l'histoire de la forme qu'on choisit comme point de départ du mouvement régressif. Avec cette histoire, il ne s'agit évidemment pas d'une histoire psychologique ; il ne s'agit pas de la manière dont effectivement la forme en question a pris naissance au cours d'un processus temporel qui, dans certaines conditions et sous l'influence de divers facteurs, se déroule dans une conscience réelle.

Rappelons ce que nous avons dit plus haut[1] à propos de la construction progressive : la validité, c'est-à-dire l'existence mathématique, de la forme à construire se tire de celle de formes plus élémentaires et encore de la légitimité des opérations qui entrent en jeu. Par conséquent, toute forme complexe renvoie de par son sens même à des formes plus élémentaires et aux opérations par le moyen desquelles elle sort de ces formes élémentaires[2]. Celles-ci sont renfermées dans la forme complexe. Elles ne font pas partie de son contenu patent, mais y sont renfermées à titre d'implications et de sédiments La signification qu'est la forme complexe dont il s'agit de faire l'analyse, en renvoyant à des « moments de sens » (*Sinnesmomente*) qui relèvent d'une échelle plus élémentaire et plus fondamentale, les recèle de ce chef à titre de présuppositions inexplicites et comme « cachées », présuppositions qui dans leur efficacité tacite n'en contribuent pas moins essentiellement à constituer la forme complexe en question. Si nous venons de parler d'une analyse, ce terme ne doit pas être entendu dans l'acception usuelle, à savoir comme décomposition d'un tout en ses parties réelles. L'analyse que nous avons en vue ici, est au contraire une analyse intentionnelle dont la fonction consiste à dégager les moments de sens effectifs sous forme de présuppositions tacites ; à dévoiler les implications pour les rendre explicites ; enfin, à replacer les sédiments dans le processus même de leur formation. Il en suit que l'histoire des formes, qui est retracée par la méthode de la régression intentionnelle, se révèle comme « histoire de sens » (« *Sinnesgeschichte* »), de même que la genèse des formes au cours du processus de construction doit être entendue comme « genèse de sens » (« *Sinnesgenesis* »).

Poursuivant jusqu'au bout l'analyse régressive, on finit par parvenir, en ce qui concerne les formes d'objets, à des objets individuels qui n'ont encore subi aucune formation logique, et, pour les formes de propositions, à des propositions catégoriques simples de la forme *S est P*, propositions dans lesquelles un prédicat « dernier », c'est-à-dire qui n'est plus réductible, est attribué à un sujet « dernier » dans le même sens d'irréductibilité,

1. Cf. *supra*, p. 399.
2. Husserl, *F.T.L.*, § 85, 97.

comme par exemple « cette table est brune[1]. Or, un objet individuel dépourvu de toute formation logique, un « substratum dernier », comme dit Husserl, est justement l'objet tel qu'il se présente en expérience perceptive préalablement à toute opération logique – dans un sens élargi – qui pourrait être appliquée à un objet, comme par exemple la collection, la permutation, la mise en relation, etc. D'autre part, une « proposition dernière » au sens qui vient d'être défini, se rapporte à un objet individuel apparaissant en expérience perceptive ; elle exprime cette apparition perceptive et doit être considérée comme l'opération logique la plus élémentaire qui puisse être appliquée à des données de l'expérience perceptive. En fin du compte, *l'analyse régressive aboutit à l'expérience perceptive préalablement à toute opération logique* ou bien, comme Husserl l'exprime, à *l'expérience antéprédicative*[2]. C'est donc à l'expérience perceptive antéprédicative qu'il faut remonter pour l'éclaircissement et la validation philosophiques radicales de la logique. À l'origine de celle-ci, par conséquent à l'origine de toute proposition, de quelle forme qu'elle soit, se trouve la proposition catégorique dernière qui ne fait qu'exprimer l'expérience perceptive.

La théorie philosophique de la logique doit donc partir de l'expérience antéprédicative, elle doit se fonder sur une théorie de cette expérience même et interpréter, sur cette base même, le développement systématique progressif de la logique par la voie de constructions et d'opérations réitérées. La première démarche que la théorie philosophique de la logique aura à prendre, en vue de la réalisation de son but, est de faire ressortir la proposition catégorique « dernière » de l'expérience antéprédicative[3]. Une des présuppositions fondamentales – peut-être même la plus fondamentale entre toutes – qui à titre de sédiment se trouve au cœur de la logique et sous forme d'implication en détermine le sens, est l'expérience perceptive antéprédicative et, corrélativement, le monde perceptif tel qu'il apparaît dans cette expérience. Mettons en relief l'efficacité de la présupposition en question.

Trop souvent on interprète l'état de formalisation avancée que la logique et les mathématiques ont atteint à l'époque moderne, comme s'il ne s'agissait dans ces sciences que de la manipulation de symboles dépourvus de toute signification. D'après cette interprétation, les symboles dont on se sert dans les calculs logiques et mathématiques pour désigner des termes ne se rapporteraient à aucun objet ; les signes d'opération, comme le signe « + », n'auraient non plus aucune signification et, en particulier, ne

1. Husserl, *F.T.L.*, § 82-84.

2. *Id., ibid.*, § 86.

3. Tel est justement l'un des thèmes principaux du livre posthume de Husserl, *Erfahrung und Urteil.*

signifieraient pas une opération véritable, comme l'addition. Ne seraient définies que certaines règles toutes formelles de la manipulation des symboles qui sont donc considérés comme une espèce de jetons. Ainsi, par exemple, a + b = b + a veut dire qu'il est toujours permis de remplacer la combinaison des symboles a + b par la combinaison b + a.

Il est tout à fait exact que les termes logiques aussi bien que mathématiques ne se rapportent à aucun objet déterminé et jouent donc le rôle de variables indéterminées. Quand, à partir d'une proposition concrète, par exemple, « cette feuille est verte », on procède à la forme de cette proposition (ce S est P), on remplace dans la proposition donnée tous les termes à contenu matériel déterminé par des termes à signification variable, de telle façon qu'abstraction est faite de tout contenu matériel et que, à l'intérieur de certaines limites, les termes ainsi formalisés se rapportent ou, pour mieux dire, peuvent se rapporter à n'importe quels objets, de quelle nature qu'ils soient[1].

Aussi des propositions qui, quant au contenu matériel des objets auxquels elles se rapportent, sont aussi différentes que celles que voici : « cette feuille est verte », « ce nombre est algébrique », « cette mélodie est triste », « ce raisonnement est bien fondé » etc. ; – ces propositions, sont toutes des exemples ou des particularisations de la même forme de proposition, à savoir « ce S est P ». N'importe quelle des propositions mentionnées peut servir d'illustration de la forme de proposition dont il s'agit, parce que, à partir de n'importe quelle, on parvient, par la voie indiquée, à la même forme.

De manière analogue, sans encore parler d'algèbre, un nombre quelconque, par exemple le nombre « 5 » peut se rapporter à tout groupe de 5 éléments ou d'unités, quels qu'en soient la nature et le contenu matériel. Il est même indifférent que[2] les éléments en question soient ou non des éléments « derniers », c'est-à-dire des objets individuels ou des groupements composés de tels objets ; il est également indifférent que dans le dernier cas tous ces groupements consistent en un même nombre d'objets individuels ou que ce nombre varie d'un groupement à l'autre. Ce qui seul est important, c'est que chaque groupement compte comme une unité dans le groupe de 5[3].

Si les notions de nombres, cardinaux aussi bien qu'ordinaux, sont formelles, c'est en raison de cette indifférence complète à l'égard de la

1. Husserl, *F.T.L.*, § 12, 23a, et 87 ; voir aussi *Logische Untersuchungen*, t. II, III, § 10, § 12-14 surtout, sur les limites que la variation en question ne doit pas dépasser. La réflexion sur ces limites mène à l'idée d'une « grammaire purement logique » ou philosophique.

2. « que » pour « si ». *Éd.*

3. Le même raisonnement s'applique également à la réunion d'éléments quelconques en un ensemble ; cf. *supra*, p. 399.

nature et à l'égard du contenu qualitatif et matériel des éléments ou des objets auxquels un nombre déterminé peut se rapporter. Ici les éléments ou les objets ne sont considérés que sous le seul rapport formel du « combien » ou du « quantième », ainsi que du point de vue de la particularisation du nombre « 5 », tout groupe de 5 objets quelconques peut être substitué à tout autre groupe de 5 objets différents.

Dans ce sens, les notions qui sont au centre des sciences formelles, notions telles que « objet », « propriété », « rapport », « relation », « pluralité », « nombre », « quantité », « tout », « partie », etc. sont qualifiées par Husserl de pure variétés du concept de « quelque chose en général » (*Ableitungsgestalten des Etwas überhaupt*) [1].

Dans la formation de ces notions, compte n'est point tenu de la nature des objets qui ne figurent que comme des matériaux se prêtant à certaines opérations, comme par exemple celles de compter, d'énumérer, de comparer, de mettre en rapport, d'établir des correspondances etc. Toutes les fois que la même opération est appliquée à des objets quelconques dont la nature qualitative et matérielle est laissée dans l'indéterminé, les corrélats correspondant à l'opération en question ne pourront pas ne pas avoir la même forme [2].

La formalisation peut être poussée plus loin, comme cela se fait quand on passe de l'arithmétique à l'algèbre. Les termes algébriques ont des significations encore plus indéterminées en ce que chaque terme de ce genre se rapporte indifféremment à n'importe quel nombre. L'algèbre comporte donc la formalisation de notions qui, à leur tour, résultent déjà d'une formalisation préalable. En poussant la formalisation jusqu'à la limite, on parvient à concevoir l'idée de la *Mannigfaltigkeitslehre* [3].

Dans celle-ci, non seulement les termes font fonction de variables indéterminées en se rapportant à des objets quelconques sans égard aucun à la nature matérielle et qualitative de ceux-ci, mais encore les significations des symboles d'opération qui, dans l'algèbre, signifient des opérations spécifiées comme par exemple l'addition, sont laissées dans l'indétermination complète sauf pour des caractères tout formels des opérations, tels que ceux qui sont exprimés par les lois d'association, de commutation et de distribution.

Or, soutenir que des symboles ont des significations indéterminées et indéfinies dans les sens d'indétermination et d'indéfinité que comporte la formalisation poussée à l'extrême est évidemment bien autre chose que de

1. Husserl, *Logische Untersuchungen* t. II, p. 252 et *F.T.L.* p. 68.

2. Husserl, *F.T.L.*, § 27a.

3. Sur l'idée de la *Mannigfaltigkeitslehre*, cf. Husserl, *Logische Untersuchungen*, t. I, § 70 et *F.T.L.*, partie I, chap. III.

les donner pour dépourvus de toute signification. Aussi, quant à la lumière dont, du point de vue de la *Mannigfaltigkeitslehre*, il faut comprendre la formule a+b = b+a, Husserl propose-t-il de remplacer l'interprétation que nous avons citée plus haut [1] par celle que voici : *...es soll für die (zunächst nur als leere Etwas, als « Denkobjekte » gedachten) Gegenstände der Mannigfaltigkeit eine gewisse Verbindungsform bestehen mit der Gesetzesform* a+b = b+a [2].

Il suit que la *Mannigfaltigkeitslehre*, c'est-à-dire les mathématiques à l'état de formalisation complètement achevée se rapportent tout de même à des objets ; indéterminés et indéfinis, il est vrai, à tous égards, sauf que les relations entre ces objets – indéterminées elles aussi – présentent certains caractères formels qui, eux et eux seuls, sont bien définis.

Cette applicabilité des mathématiques purement formelles et purement analytiques ne doit pas être considérée comme accidentelle ou extrinsèque aux mathématiques. Au contraire, leur applicabilité à des objets, déterminés seulement quant aux [3] caractères formels des relations qui subsistent entre eux, appartient au sens propre des mathématiques analytiques, et cela de par la nature même des significations de ses symboles et, partant, de par la nature de ses théorèmes [4].

Certes, du point de vue positif, du point de vue de la construction et de l'élaboration des mathématiques, son application possible ou virtuelle n'est d'aucun intérêt. Le développement effectif des mathématiques se poursuit sans que la question relative à l'existence d'objets auxquels elles puissent être appliquées y intervienne ni doive y intervenir [5]. Pour l'interprétation philosophique, au contraire, le rapport virtuel des mathématiques formalisées et analytiques à des objets possibles est de la plus haute importance, parce que l'applicabilité des mathématiques en trahit la provenance de l'expérience d'un monde qui ne peut être autre que le monde perceptif.

Or, cette provenance n'est pas seulement (et surtout elle n'est pas en premier lieu) un simple fait historique. S'il s'agit ici d'historicité, ce n'est pas une historicité de fait, mais une historicité intentionnelle. L'origine des mathématiques dans l'expérience du monde et leur développement par voie de formalisations progressives s'inscrivent dans le sens même de ces disciplines et les définissent comme sciences portant sur la structure formelle d'un monde – non seulement et même pas nécessairement du monde réel,

1. *Supra*, p. 403.
2. Husserl, *F.T.L.*, p. 88.
3. « aux » pour « à des ». *Éd.*
4. *Id., ibid.*, § 40.
5. *Id., ibid.*, p. 122-125.

mais d'un monde possible. De par leur « genèse de sens » les mathématiques analytiques se constituent comme la science la plus générale de la forme d'un monde en tant que tel.

Étudions sur un niveau plus élémentaire le rôle que l'expérience du monde joue pour la logique, plus exactement, pour le sens des principes de la logique, logique de la pure conséquence aussi bien que logique de la vérité[1]. Si l'on interprète le principe du tiers exclu en termes subjectifs[2], il se formule comme suit : toute proposition, quand elle est confrontée avec l'état de faits[3] auquel elle se rapporte, est ou bien confirmée ou bien infirmée par celui-ci[4]. Ainsi formulé, l'énoncé du principe du tiers-exclu non seulement affirme que pour toute proposition l'alternative de la confirmation et de l'infirmation est exhaustive, mais il implique encore que toute proposition peut en principe être confrontée avec un état de faits. Cette possibilité subsiste pour toute proposition, que la confrontation ait été faite effectivement, qu'elle soit faisable, ou enfin que des raisons d'ordre technique en entravent l'effectuation.

Abstraction faite de l'idéalisation que comporte cette affirmation impliquée dans le principe du tiers exclu, il est évident que la possibilité en question ne subsiste pas pour le type de propositions qui est représenté par une proposition comme « la somme des angles d'un triangle est égale à la couleur rouge ». On fera remarquer que la phrase citée, bien que correcte du point de vue grammatical, est dépourvue de sens. Elle l'est sûrement.

Pourtant, elle ne l'est pas du point de vue de la « grammaire purement logique »[5], ni parce qu'elle contient une contradiction. Sous un aspect purement et strictement formel – le seul aspect qui figure pour le logicien algébrisant et formalisant–, la phrase dont il s'agit doit être considérée comme expression d'une proposition authentique et possible. Si elle est privée de sens et, donc, impossible, c'est parce que les termes ou, comme dit Husserl, les noyaux matériels qui y figurent n'ont aucun rapport les uns

1. La logique de la pure conséquence se pose le problème de la compatibilité ou de la compossibilité de propositions en vertu de leur seule forme, sans se soucier aucunement de questions de vérité ou de fausseté dans le sens de la conformité entre une proposition et l'état de faits sur lequel elle porte. Pour autant que la compossibilité de propositions est une des conditions de la vérité, la logique de la pure conséquence se transforme en logique formelle de la vérité, dès lors qu'au lieu de ne regarder des propositions et des systèmes de propositions qu'en tant que tels, on les met en rapport à des états de faits et pose la question de leur conformité à ceux-ci. (Voir Husserl, *F.T.L.*, § 14-15, 18-20, et Appendix III). – [« état de faits » pour « état d'affaires »].

2. Sur la possibilité et même la nécessité d'analyses bilatérales objectives aussi bien que subjectives – en logique, cf. Husserl, *F.T.L.*, § 8-11 et partie II, chap. I.

3. « état de faits » pour « état d'affaires ». *Éd.*

4. Husserl, *F.T.L.*, § 77.

5. Quant à la « grammaire purement logique », voir les renvois donnés, p. 403, note 1.

avec les autres[1]. Ils n'ont rien à faire les uns avec les autres, parce que les choses auxquelles se rapportent les termes ne se rencontrent pas dans l'unité cohérente et concordante d'une expérience possible.

Par conséquent, il n'y a pas et, en principe, il ne saurait y avoir aucun état de faits avec lequel la proposition en question puisse être confrontée. Donc la question de la vérité dans le sens de la conformité avec un état de faits ne se pose pas et ne saurait se poser. Ici le tiers n'est pas exclu en ce que la proposition dont il s'agit, puisqu'elle est dépourvue de sens, est pour ainsi dire en deçà ou bien au delà, de l'opposition entre le vrai et le faux[2].

En d'autres mots, la présupposition impliquée dans le principe du tiers exclu que toute proposition peut être confrontée avec l'état de fait[3] sur lequel elle porte, n'est valable que pour des propositions dont les termes composants sont en rapport les uns avec les autres. Ce ne sont évidemment que des propositions qui remplissent cette condition, que la logique a en vue. Pourtant, en raison de la substitution à des termes matériels de symboles dont la signification reste indéterminée dans le sens exposé plus haut[4], la portée de la condition en question peut bien échapper à l'attention, comme elle a en fait échappé à l'attention des logiciens.

Il ne faut pas penser qu'une proposition comme « la somme des angles d'un triangle est égale à la couleur rouge » ne serait impossible que du point de vue de la logique de la vérité. Elle l'est autant du point de vue de la logique de la conséquence ou de la logique purement analytique. La notion de proposition qui est le thème de la logique analytique est la proposition donnée dans « l'évidence de la distinction » *(Evidenz der Deutlichkeit)*[5].

Une proposition est donnée dans l'évidence de la distinction, quand elle naît ou bien quand elle peut naître d'une activité synthétique spontanée de la pensée par laquelle les significations partielles composantes sont réunies en une unité articulée de signification qui est la signification de la proposition elle-même en tant qu'un tout. Pour l'exprimer en un langage

1. On voit par là que l'opposition entre le sens et le non-sens ne saurait pas être établie de façon absolue, ni une fois pour toutes. Husserl *(Logische Untersuchungen* t. II, III, § 12, p. 334-336) fait une distinction entre non-sens *(Unsinn]* – par exemple, « roi mais ou semblable est » (les lois de la « grammaire purement logique » sont violées) – et le contre-sens *(Widersinn)* qui tient ou bien à une contradiction formelle ou analytique (par exemple « ce livre rouge n'est pas rouge ») ou bien à une contradiction entre les termes (contre-sens synthétique ou matériel), par exemple « cette figure quadrilatère est ronde ». Le non-sens dont il s'agit dans le texte tient à l'absence totale de tout rapport entre les termes. Comme M.G. Berger *(Recherches sur les conditions de la connaissance,* p. 106-108) l'a bien vu, l'opposition entre le sens et le non-sens se répète aux niveaux les plus différents; à chaque niveau elle assume une signification spécifique et qui correspond au niveau en question.

2. Husserl, *F.T.L.*, § 90.

3. « état de fait » pour « état d'affaire ». *Éd.*

4. Cf. p. 402-404.

5. Husserl, *F.T.L.*, § 16-17.

moins atomistique, on peut dire que, par l'activité synthétique spontanée de la pensée, les significations partielles sont saisies, chacune à sa place et dans sa fonction à l'intérieur de l'unité articulée de la signification totale.

L'évidence de la distinction est la prise de conscience originelle[1] de la proposition. Ceci veut dire : la prise de conscience dans laquelle la proposition s'offre elle-même en elle-même *(Selbstgegebenheit)*, en « chair et en os »[2]. Une prise de conscience soutient envers la proposition le même rapport que celui qui prévaut entre la perception et la chose matérielle[3]. Ajoutons pourtant que ce qui se présente « en chair et en os » dans l'évidence de la distinction, c'est la proposition en tant que telle, ce n'est pas l'état de choses sur lequel elle porte, ni l'accord ou la conformité entre la proposition et l'état de choses. Cette dernière évidence est désignée par Husserl comme « évidence de la clarté » *(Evidenz der Klarheit)*[4].

Quant à la proposition qui nous sert d'exemple ici, il va sans dire qu'elle ne peut pas se présenter dans l'évidence de la distinction. Puisque l'évidence de la distinction est la prise de conscience par laquelle la proposition est saisie dans son existence idéale, c'est-à-dire dans ce mode d'existence spécifique qui appartient proprement aux significations dont les propositions font partie, il suit que la proposition en question n'a pas d'existence idéale, n'existe pas en tant que signification[5].

Chacun des mots qui figurent dans cette phrase a sa signification à lui. Mais ces significations partielles ne se réunissent pas en une signification englobante articulée qui serait celle de la proposition en tant que tout. Quand la logique de la conséquence considère des propositions, celles-ci sont évidemment prises comme ayant une existence idéale. Malgré la formalisation des symboles, il est admis implicitement et tacitement que les symboles désignent des termes qui sont en rapport les uns avec les autres. Avec ce rapport entre les termes, nous nous trouvons renvoyés à l'expérience d'un monde cohérent au sein duquel des objets de toute sorte ont affaire les uns avec les autres, sont liés les uns aux autres par les rapports les plus différents, rapports d'accord aussi bien que rapports de désaccord.

De par l'origine intentionnelle de la proposition dans l'expérience du monde, une limite est imposée à la variabilité libre et arbitraire des termes qui peuvent être substitués aux symboles formalisés. L'histoire ou la genèse intentionnelle de la proposition est donc inscrite dans la condition à

1. « originelle » pour « originale ». *Éd.*

2. Cf. *Id., Méditations Cartésiennes*, p. 8-9.

3. « Une prise de conscience soutient envers la proposition le même rapport que celui qui prévaut entre la perception et la chose matérielle », pour « C'est une prise de conscience qui est à la proposition ce que la perception est à la chose matérielle ». *Éd.*

4. *Id., F.T.L.*, § 16b.

5. *Id., ibid.*, § 89.

laquelle les termes qui peuvent figurer dans une proposition sont soumis, une condition qui est toujours tacitement admise comme remplie, mais qui n'est jamais formulée expressément, et qu'il n'y a même pas nécessité de rendre explicite tant que la logique analytique est développée de manière constructive et dans l'esprit de positivité.

Puisque toute proposition renvoie pour son existence même à un monde cohérent, la présupposition d'un monde entre, de manière inexplicite et même dissimulée ou cachée, dans la logique de la pure conséquence, bien que cette logique ne considère des propositions qu'en tant que telles, et ne les étudie que du point de vue de leur compatibilité ou incompatibilité strictement formelle, sans se soucier aucunement de questions de conformité entre une proposition et un état de choses correspondant.

En regardant de plus près les présuppositions de la logique que nous avons passées en revue, on s'aperçoit tout de suite qu'il ne s'agit pas de prémisses qu'on aurait simplement oublié de formuler et qu'on pourrait établir après coup. Ce que nos analyses très succinctes et peut-être trop succinctes font ressortir, c'est que tout l'édifice de la logique et des mathématiques se fonde sur l'expérience d'un monde. La présupposition d'un monde n'est pas une prémisse ni un axiome qui tiendrait une place bien déterminée à l'intérieur d'un système déductif et entraînerait certaines conséquences, si bien que ces conséquences ne seraient plus valables, si l'axiome du monde n'était pas admis.

Si la logique et les mathématiques présupposent le monde, c'est donc à titre de source dont elles procèdent ou bien à titre de sol nourricier dans lequel elles plongent leurs racines, puisque les entités et les formes que construisent et qu'étudient ces sciences dépendent, quant à leur existence même, du rapport au monde. Aussi la présupposition du monde ne figure-t-elle nulle part dans le contenu théorique patent de la logique, bien qu'elle en étaye l'édifice tout entier. Il est dans la nature de telles présuppositions qui ne sont pas des présuppositions dans le sens technique, mais des conditions de possibilité, donc des présuppositions au sens philosophique, d'être effectives partout et en même temps de pouvoir passer inaperçues.

C'est justement parce qu'elle est effective partout et que l'existence et la possibilité de la logique en dépend, que la présupposition du monde n'y figure pas à titre d'une prémisse parmi d'autres, et qu'aucune place déterminée à l'intérieur du système de la logique ne lui est assignée. Si la présupposition du monde est effective partout, elle l'est sous une forme dissimulée et à titre d'implication renfermée dans chaque forme valable et existante, c'est-à-dire dans chaque forme à laquelle s'intéresse la logique.

Or, la présupposition du monde n'est pas la seule, ni même la plus fondamentale présupposition du genre de celles que nous cherchons à formuler ici. D'après les analyses de Husserl, le monde se révèle comme le corrélat intentionnel d'actes de la conscience, surtout d'actes perceptifs qui s'organisent en groupes et en systèmes à structures bien déterminées[1]. C'est dans ce sens que le monde apparaît comme relatif à la vie de la conscience et surtout à la vie perceptive[2]. Si donc la logique présuppose un monde, elle présuppose aussi – également sous forme tacite et impliquée – la conscience constitutive dont le monde est le corrélat intentionnel et qui, de ce chef, est présupposé par celui-ci.

La logique présuppose la conscience, même à son propre compte. En effet, toutes les opérations par lesquelles des nombres, des ensembles, des propositions etc. sont formés, toutes celles par lesquelles des formes nouvelles sont engendrées en complexité croissante à partir de formes plus élémentaires, toutes les opérations de formalisation etc. sont des démarches de la pensée. La conscience y est donc partout impliquée. Nombres, ensembles, classes, propositions etc., bref, toutes les entités dont s'occupent la logique et les mathématiques, se révèlent comme des corrélats intentionnels ou même comme des produits d'actes de la conscience et de groupes d'actes systématiquement enchaînés les uns aux autres.

Plus haut[3], nous avons montré que toute proposition (cela vaut également pour un nombre, un ensemble etc.) est un objet idéal identique par opposition à une multiplicité d'actes qui s'y rapportent, c'est-à-dire par lesquels l'objet idéal est saisi en tant qu'identiquement le même. Que nous considérions une proposition quelconque du point de vue statique, c'est-à-dire la prenions telle quelle, ou que nous l'étudiions sous le rapport de son histoire intentionnelle, donc du point de vue de sa genèse et de son origine en d'autres propositions, nous nous trouvons renvoyés à des actes spécifiques de la conscience qui, en vue de ce que nous avons montré quant à la présupposition du monde par la logique, doivent être replacés dans la totalité de la vie consciente ou de la subjectivité transcendantale.

1. Husserl, *Ideen.* § 42, 47-51, 55, 135.

2. Il ne faut pas voir dans cet énoncé de l'idéalisme phénoménologique transcendantal une thèse sur le monde et sur son existence, mais la formulation d'un programme de recherches et d'investigations concrètes. Pour rendre compte du monde et de son existence, c'est-à-dire du sens de son existence, en termes de conscience constituante – et c'est là le but ultime de la phénoménologie–, il faut analyser les actes perceptifs particuliers aussi bien que les groupes et les systèmes en lesquels les actes particuliers s'enchaînent les uns aux autres. Il faut dégager et fixer les structures en vertu desquelles les actes perceptifs et les systèmes en lesquels s'organisent ces actes sont des prises de conscience primordiales et originales du monde et des choses que contient le monde. Pour éclaircir le sens de l'existence du monde, il faut remonter aux actes mêmes, dans lesquels le monde et les choses mondaines se présentent *modo originali* tels qu'ils figurent pour nous dans notre vie consciente. L'idéalisme phénoménologique ne se proclame donc pas, il se réalise par un travail analytique continu.

3. Cf. p. 400-401.

De même que le sens ultime du monde ne peut être tiré que de l'analyse de la vie perceptive, de même pour un éclaircissement radical des entités idéales qui figurent dans la logique et dans les mathématiques, il faut suivre une orientation bilatérale et remonter à la conscience logique et à la conscience mathématique[1]. Aussi les réflexions philosophiques sur la logique que nous avons développées, peuvent-elles mener et ont-elles en fait mené Husserl à établir le principe de l'idéalisme phénoménologique d'après lequel tout ce qui existe et tout ce qui est valable, existe et est valable grâce à certains actes et groupes d'actes et ne peut tirer son éclaircissement radical et sa justification ultime que de l'analyse de la vie consciente dans laquelle il se présente dans son existence et dans sa validité[2].

1. Cf. Husserl, *F.T.L.*, p. 231-235.
2. *Id., ibid.*, § 94.

INDEX DES NOMS

TABLE DES MATIÈRES

Imprimerie de la Manutention à Mayenne – Avril 2002 – N° 109-02
Dépôt légal : 2e trimestre 2002